張大可
韓兆琦 等 注譯

新譯資治通鑑

（十二）

晉紀四—十一

三民書局

國家圖書館出版品預行編目資料

新譯資治通鑑(十二)／張大可,韓兆琦等注譯.——初
版三刷.——臺北市：三民，2024
　冊；　公分.——(古籍今注新譯叢書)

ISBN 978-957-14-6239-4（全套:精裝）
1. 資治通鑑 2. 注釋

610.23　　105022920

古籍今注新譯叢書

新譯資治通鑑(十二)

注譯者｜張大可　韓兆琦等
創辦人｜劉振強
發行人｜劉仲傑
出版者｜三民書局股份有限公司(成立於1953年)

三民網路書店
https://www.sanmin.com.tw

地址｜臺北市復興北路386號　(復北門市)　(02)2500-6600
臺北市重慶南路一段61號(重南門市)　(02)2361-7511

出版日期｜初版一刷2017年1月
初版三刷2024年5月
全套不分售
ISBN｜978-957-14-6239-4

新譯資治通鑑 目次

第十二冊

卷第八十二

晉紀四

起屠維作噩（己酉 西元二八九年），盡著雍敦牂（戊午 西元二九八年），凡十年。

【題　解】本卷寫晉武帝太康十年（西元二八九年）至晉惠帝元康八年（西元二九八年）共十年間的全國大事，主要寫了淮南相劉頌上書指述晉朝建國以來的弊政，指出司馬氏藩王的勢力太大，而朝廷權力又過分集中於尚書，司馬炎不聽；寫了晉武帝司馬炎之死，與其臨死前皇后父楊駿廣樹黨羽，與其女共同排擠當時在京的汝南王司馬亮，而獨攬朝權；寫了傅咸、孫楚等勸楊駿秉以公心，廣納善言，與司馬氏諸王共理朝政，楊駿拒不聽從；寫了賈皇后勾結楚王司馬瑋、東安公司馬繇誅滅楊氏家族，並將楊太后迫害至死；寫了汝南王司馬亮與太保衛瓘執掌朝政，因其欲裁抑賈氏與司馬瑋、司馬繇之權，結果被賈氏與司馬瑋勾結，誣以「欲行廢立」之名，滿門誅滅；又寫了楚王司馬瑋欲誅賈氏而猶豫未決，結果被賈后、張華等人所誅，從此張華與賈氏執掌朝政，國家暫時獲得數年安定；寫了北部沿邊地區的鮮卑人拓跋祿官、拓跋猗㐌、拓跋猗盧等部勢力強大；寫了秦、雍地區的氐族首領齊萬年起兵反晉，司馬肜率兵往討，周處兵敗身死；寫了略陽一帶的氐族首領楊茂搜率部移居仇池，逐漸形成割據；寫了略陽一帶的氐族首領李特、李庠、李流兄弟，招募流民，於巴、蜀、漢中一帶逐漸形成氣候；而相反晉朝則是王戎、王衍、樂廣等一群顯官貴族倡導老、莊，崇尚清談，整個社會風氣日益頹敗，為西晉王朝的崩潰做了鋪墊。

世祖武皇帝下

太康十年（己酉　西元二八九年）

夏，四月，太廟成。乙巳❶，祫祭❷，大赦。

慕容廆❸遣使請降。五月，詔拜廆鮮卑都督❹。廆謁見何龕❺，以士大夫禮❻，巾衣詣[1]門❼。龕嚴兵❽以見之，廆乃改服戎衣而入。人問其故，廆曰：「主人不以禮待客，客何為哉❾！」龕聞之，甚慚，深敬異之。時鮮卑宇文氏❿、段氏⓫方彊，數侵掠廆，廆卑辭厚幣⓬以事之。段國單于階⓭以女妻廆，生[2]皝、仁、昭。廆以遼東⓮僻遠，徙居徒河⓯之青山⓰。

冬，十月，復明堂⓱及南郊五帝位⓲。

十一月丙辰⓳，尚書令濟北成侯荀勗卒。勗有才思，善伺人主意⓴，以是能固其寵㉑。久在中書㉒，專管機事。及遷尚書㉓，甚罔悵。人有賀之者，勗曰：「奪我鳳皇池㉔，諸君何賀邪？」

帝極意聲色，遂至成疾。楊駿㉕忌汝南王亮，排出之。甲申㉖，以亮為侍中、大司馬、假黃鉞、大都督、督豫州諸軍事，鎮[3]許昌㉗；徙南陽王柬為秦王，都督關中諸軍事；始平王瑋為楚王，都督荊州諸軍事；濮陽王允為淮南王，都督揚、江二州㉘諸軍事；並假節之國㉙。立皇子乂為長沙王，穎為成都王，晏為吳王，熾為豫章王，演為代王，皇孫遹為廣陵王。又封淮南王㉚子迪為漢王，楚王㉛子儀為毗陵王，徙扶風王暢為順陽王，暢弟歆為新野公。暢，駿之子也。琅邪王覲弟澹為東武公、繇為東安公。覲，伷之子也。

初，帝以才人㉜謝玖賜太子，生皇孫遹。宮中嘗夜失火，帝登樓望之。遹年五歲，牽帝裾㉝入闇中㉞，曰：「暮夜倉猝㉟，宜備非常，不可令照見人主。」帝由是奇之。嘗對羣臣稱遹似宣帝㊱，故天下咸歸仰之。帝知太子不才，然恃遹明慧，故無廢立之心。復用王佑㊲之謀，以太子母弟柬、瑋、允分鎮要害㊳。又恐楊氏㊴之偪㊵，復以佑為北軍中候㊶，典禁兵。帝為皇孫遹高選僚佐㊷，以散騎常侍劉寔志行清素，命為廣陵王傅㊸。

寔以時俗喜進趣㊹，少廉讓㊺，嘗著崇讓論[4]，欲令初除官㊻通謝章㊼者，必推賢讓能㊽，乃得通㊾之。一官缺則擇為人所讓最多者用之。以為：「人情爭則欲毀己所不如㊿，讓則競推於勝己。故世爭則優劣難分，時讓則賢智顯出。當此時也，能退身脩己，則讓之者多矣，雖欲守貧賤，不可得也。馳騖進趨(51)而欲人見讓(52)，猶卻行而求前(53)也。」

淮南相(54)劉頌上疏曰：「陛下以法禁寬縱，積之有素，未可一旦以[5]直繩御下(55)，此誠時宜也。然至於矯世救弊(56)，自宜漸就清肅(57)。譬猶行舟，雖不橫截迅流(58)，然當漸靡而往(59)，稍向所趨(60)，然後得濟(61)也。

「自泰始以來，將三十年(62)，凡諸事業，不茂既往(63)。以陛下明聖，猶未反叔世之敝(64)，以成始初之隆(65)，傳之後世，不無慮乎？使夫異時(66)大業，或有不安，其憂責(67)猶在陛下也。

「臣聞為社稷計，莫若封建親賢(68)。然宜審量事勢，使諸侯率義而動(69)者，其力足以維帶京邑(70)。若包藏禍心者[6]，其勢不足獨以有為(71)。其齊此甚難(72)，陛下宜與達古今之士(73)，深共籌之。周之諸侯，有罪誅放其身，而國祚不泯(74)。漢之諸侯，有罪或無子者，國隨以亡。今宜反漢之敝，循周之舊，則下固而上安矣。

「天下至大，萬事至眾，人君至少，同於天日(75)。是以聖王之化，執要於己(76)，委務於下(77)，非惡[7]勞而好逸，誠以政體宜然也。夫居事始(78)以別能否，甚難察也；因成敗以分功罪，甚易識也。今陛下每精於造始(79)而略於考終(80)，此政功所以未善也。人主誠能居易執要(81)，考功罪於成敗之後，則羣下無所逃其誅賞(82)矣。

「古者六卿分職(83)，冢宰為師(84)。秦、漢已來，九列執事(85)，丞相都總(86)。今尚書制斷[87]，諸卿奉成[88]，於古制為太重。可出眾事付外寺[89]，使得專之[90]。尚書統領大綱，若丞相之為，歲終課功[91]，校簿賞罰[92]而已，斯亦可矣。今動皆受成於上[93]，上之所失，不得復以罪下，歲終事功不建[94]，不知所責也。

「夫細過謬妄[95]，人情之所必有，而悉糾以法，則朝野無立人[96]矣。近世以來為監司[97]者，類大綱不振[98]，而微過必舉，蓋由畏避豪強而又懼職事之曠[99]，則謹密網以羅微罪[100]，使奏劾相接[101]，狀似盡公，而撓法[102]在其中矣。是以聖王不善碎密之案[103]，必責凶猾之奏[104]，則害政之姦[105]，自然禽矣。夫創業之勳，在於立教定制，使遺風繫人心，餘烈[106]匡幼弱[107]。後世憑之，雖昏猶明[108]，雖愚若智，乃足尚[109]也。

「至夫修飾官署[110]，凡諸作役[111]，恆傷太過[112]，不患不舉，此將來所不須於陛下而自能者也。今勤所不須[113]以傷所憑[114]，竊以為過矣。」帝皆不能用。

詔以劉淵為匈奴北部都尉[115]。淵輕財好施，傾心接物[116]，五部豪桀，幽、冀[117]名儒，多往歸之。

奚軻[118]男女十萬口來降。

【章　旨】以上為第一段，寫晉武帝太康十年（西元二八九年）一年中的大事，主要寫了淮南相劉頌上書指述晉朝建國以來的弊政，建議分封應行周代之舊法，和權力不宜一概集中於尚書；寫了司馬炎寵愛皇孫司馬遹，為之高選僚佐，以及皇孫之傅建議朝廷應提倡禮讓，司馬炎都不聽；此外還寫了少數民族頭領劉淵、慕容廆等初露頭角的一些活動。

【注　釋】❶乙巳　四月十一。❷祫祭　在太廟中將歷代祖先的靈牌聚集在一起進行祭祀。❸慕容廆　字奕洛瓌，鮮卑人，晉武帝時被部眾推為首領，本住棘城，後遷青山（今遼寧義縣東北），又遷大棘城（今義縣西北）。西晉末，招徠中原流人，在遼東割據，然猶奉晉名號。至其孫慕容儁稱帝，追諡慕容廆為武宣皇帝。傳見《晉書》卷一百八。❹鮮卑都督　武官名，掌管鮮卑部落的軍事。❺何龕　時為東夷校尉，駐兵於今遼寧遼陽。❻以士大夫禮　依照中國士大夫的禮儀。❼巾衣詣門　冠巾裹髮，身穿單衣，以一個普通的士人自居，謙卑至極。魏、晉間，士大夫謁見尊貴者，以冠巾單衣為守禮。❽嚴兵　戒備森嚴。❾客何為哉　我還何必遵循「巾衣」之禮呢。❿宇文氏　鮮卑部落名，遼東南單于之後，活動於今內蒙古東部一帶。詳見《魏書》卷一百三。⓫段氏　東部鮮卑部落名，活動在今遼西一帶。詳見《魏書》卷一百三。⓬厚幣　厚禮，即進貢。幣，指禮品。⓭段國單于階　段氏部落的頭領名階。史稱「段階」。⓮遼東　晉郡名，郡治襄平即今遼寧遼陽。轄境相當於今遼寧之大凌河以東。⓯徒河　晉縣名，縣治即今遼寧錦州。⓰青山　在今遼寧義縣東北。⓱復明堂　恢復明堂制度。相傳「明堂」是古代天子宣明政教的地方，凡朝會、祭祀、慶賞、選士、養老、教學等大典，均於其中舉行。但此典因無人能說清，故漢代亦不甚實行。⓲南郊五帝位　在南郊祭天時，同時祭祀五帝的神位。「五帝」即青帝、赤帝、白帝、黑帝、黃帝。舊時南郊祭天，兼設五帝之位，泰始二年將其撤除，見本書卷七十九。今又恢復之。⓳十一月丙辰　十一月壬戌朔，沒有丙辰日，疑記載有誤。⓴善伺人主意　善於窺測皇帝的心思以迎合之。伺，即察顏觀色。㉑固其寵　鞏固人主對他的寵信。㉒中書即中書省，主管接納奏章，並草擬皇帝詔令。晉時，中書省權力甚大，中書省長官（中書令）多為實際宰相。㉓尚書　即尚書省，綜理全國政務，是執行機關。㉔鳳皇池　也簡稱「鳳池」，借指中書省。因舊時頒布詔令，有使銅鳳銜書的儀式，故稱中書曰「鳳臺」。㉕楊駿　皇后楊芷的父親，當時的大權奸。㉖甲申　十一月二十三。㉗許昌　縣名，縣治在今河南許昌東，曾是漢獻帝的都城。㉘揚江二州　揚州的州治即今南京，江州的州治即今江西九江。據惠帝元康元年，有司奏請荊、揚二州疆土曠遠，難以統理，於是割揚州的豫章、鄱陽、廬陵、臨川、南康、建安、晉安，荊州的桂陽、安城、武昌，共合十郡，置江州。本年尚未設江州。疑「江二」兩字衍。㉙並假節之國　一律以「假節」的身分前往自己的封國。晉制，都督諸軍事有三等，上等「使持節」，權最重，無論平時、戰時，都可誅殺二千石（郡守）以下的官員。中等「持節」，權次重，平時不可誅殺官員，只可誅殺平民。但戰時與「使持節」權相同，可誅殺二千石以下官員。下等「假節」，權最輕，只可在戰時誅殺違犯軍令的人。㉚淮南王　司馬允，司馬炎之子。㉛楚王　司馬瑋，司馬炎的第五子。㉜才人　嬪妃中的第十四級，位次美人。晉武帝採漢、魏之制，後宮有三夫人、九嬪、美人、才人、中才人。㉝牽帝裾　拉著司馬炎的衣袖。㉞入闇中　躲到燈光照不見的地方。㉟暮夜倉猝　深更半夜地突然發生事故。㊱似宣帝　活像當年的司馬懿（司馬炎的祖父）。㊲王佑　王濟的堂兄，歷事司馬昭、司馬炎。㊳分鎮要害　分別鎮守軍事要地，指雍州的長安、荊州的襄陽、揚州的南京等等。㊴楊氏指皇后娘家的楊氏家族，如楊駿、楊珧等人。㊵偪　威脅。㊶北軍中候　禁衛軍長官，監領屯騎、越騎、步兵、長水、射聲校尉所統的北軍五營。㊷高選僚佐　選拔有聲望的名人為之充當僚屬與輔佐之官。㊸為廣陵王傅　為皇孫司馬遹的太傅官。自魏以來，諸王國皆置太師，晉朝為司馬師避諱，改「太師」為「太傅」。㊹喜進趣　喜歡鑽營，謀求向上爬。趣，同「趨」。㊺少廉讓　很少有人清廉、退讓。㊻初除官　剛被授予官職。㊼通謝章　給皇帝上謝表。㊽必推賢讓能　指在謝表上一定要推讓給別的更好的人。㊾乃得通　才給他向上轉達。㊿毀己所不如　對比自己強的人進行誹謗。(51)馳騖進趨　一個善於奔走鑽營的人。(52)欲人見讓　要想做到被別人所推薦。(53)猶卻行而求前　如同倒退著走路，還希望前進。(54)淮南相　淮南王國的相，相是諸侯國最高的行政長官，掌輔導、監督諸侯王，兼掌民政，職如郡守。(55)未可一旦以直繩御下　不可能突然使用嚴厲的刑法管理群臣。直繩，嚴格的法律。(56)矯世救弊　矯正世俗，救治時弊。(57)漸就清肅　逐漸地走向清廉嚴肅。(58)橫截迅流　在河水湍急的河面一直地駛向對岸。橫截，逕直渡過。(59)漸靡而往　漸漸斜著過去。(60)稍向所趨　望著對岸的目標。(61)濟　渡過。(62)將三十年　西晉自太始元年（西元二六五年）建立，至此共二十五年。(63)不茂既往　不比從前繁盛興旺。(64)未反叔世之敝　還沒有改變衰世的弊病。叔世，末世，衰世。(65)始初之隆　王朝開創應有的興盛。(66)異時　日後；將來某一天。(67)憂責　憂慮與責任。(68)封建親賢　分封親屬與任用賢能之人。(69)率義而動　指不論辦什麼事都能符合禮義。率，遵循。(70)維帶京邑　拱衛中央王朝。(71)不足獨以有為　不可能獨立地幹成什麼事，指篡奪君位。(72)齊此甚難　兩方面都能照顧是很難的。即一方面使諸侯王能拱衛京師，另一方面又使他們不能單獨造反。(73)達古今之士　博古通今之士。(74)國祚不泯　指不廢除他的封國。如西周懿王烹了齊哀公，改立哀公的弟弟姜靜；周宣王殺了魯君伯御，改立伯御的叔父姬稱。(75)同於天日　如同天空只有一個太陽。(76)執要於己　自己要掌握最主要的。(77)委務於下　指具體事務交給下屬辦理。(78)居事始　當事情還沒有開始辦的時候。79 精於造始　善於決策事務的該辦不該辦，如滅吳大事。80 略於考終　忽略對結局的考察。81 居易執要　不陷入繁瑣事務，而能抓住關鍵問題。82 無所逃其誅賞　即真正做到該罰則罰，該賞則賞。誅，討。83 六卿分職　每個大臣都有自己應管的職事。六卿，即《周禮》中的天官冢宰、地官司徒、春官宗伯、夏官司馬、秋官司寇、冬官司空。84 冢宰為師　天官冢宰是其首腦。冢宰，百官之長，掌國家內外事務。冢，大。85 九列執事　九卿分掌各部門的權力。九列即九卿，指少府、郎中令、衛尉、太僕、大司農、宗正、太常、典客、廷尉。86 都總　猶言「總理」、「總管」。87 尚書制斷　由尚書令決斷大事。按，此所謂「尚書制斷」實際是指一切都由皇帝直接決定。88 諸卿奉成　諸大臣就只管照章辦事。按，自東漢光武帝以來，由尚書主管各級官吏，臺閣決斷各項事務，諸卿奉命行事而已。奉成，按定好的規矩辦事。89 出眾事付外寺　將一些一般性的事情交給外面的主管部門去做。外寺，指負責執行的各部門，即上文所說的「諸卿」。90 使得專之　讓他們負起這方面的責任。91 歲終課功　年末考查他們的管理功效。92 校簿賞罰　檢查其記錄，確定其功過賞罰。93 動皆受成於上　一切都遵照上面既成的決定。動，動不動地，指所有、一切。94 事功不建　即事情辦不成。95 細過謬妄　小的過失或一些小的差錯。96 無立人　無一人可留下。97 為監司　指擔任監察和司法的官員，即御史臺官員及諸州刺史。98 類大綱不振　通常都是不解決大問題。類，一般；通常。99 懼職事之曠　怕讓人說自己沒有盡到職責。100 謹密網以羅微罪　把法網弄得密密地，專門懲治低級官員的小過失。羅，抓捕；懲治。101 奏劾相接　彈劾有罪官員的奏章不斷呈遞。102 撓法　枉法；不按法律辦事。103 碎密之案　瑣碎細小的案件。104 必責凶猾之奏　對告發大惡人的奏章一定要追究、處理。105 害政之姦　損害國家政事的大惡人。106 餘烈　遺留下來的功業。烈，業。107 匡幼弱　使後來能力不強的繼承人能得到補益與救助。匡，扶助；補正。108 雖昏猶明　即使是昏君，也能仍像明君一樣，因有好的舊章可以遵照執行。109 足尚　值得稱讚。110 脩飾官署　給各個衙門蓋房子。111 凡諸作役　各種繁多的勞役。112 恆傷太過　擔心的是搞得太多。113 勤所不須　指為修飾官署費心思。114 傷所憑　指不給後代立教定制。115 匈奴北部都尉　劉淵原任匈奴左部帥，見本書卷八十咸寧五年；本年改任北部都尉，即北部匈奴部落的軍事長官。116 傾心接物　誠心誠意地待人接物。接物，意同「待人」。117 幽冀　晉之二州名，幽州轄地為今河北北部，和與之鄰近的內蒙古、遼寧一帶地區，冀州轄地為今河北中部和與之鄰近的山東西北部地區。118 奚軻　北方的少數民族部落名，居住地不詳。

【校記】1 詣　原作「到」。據章鈺校，甲十一行本、乙十一行本、孔天胤本皆作「詣」，張敦仁《通鑑刊本識誤》同，今從改。2 生　原作「主」，顯係誤刻，今逕改。3 鎮　原作「治」。據章鈺校，甲十一行本、乙十一行本、孔天胤本皆作「鎮」，張敦仁《通鑑刊本識誤》同，今據改。按，「鎮」字義長。4嘗著崇讓論　原無此句。據章鈺校，甲十一行本、乙十一行本、孔天胤本皆有此句，張瑛《通鑑校勘記》同，今據補。5以　據章鈺校，甲十一行本、乙十一行本、孔天胤本皆無此字。6者　原無此字。據章鈺校，甲十一行本、乙十一行本、孔天胤本皆有此字，張敦仁《通鑑刊本識誤》同，今據補。7惡　據章鈺校，甲十一行本、乙十一行本、孔天胤本皆作「憚」。

【語　譯】世祖武皇帝下

太康十年（己酉　西元二八九年）

夏季，四月，太廟落成。十一日乙巳，晉武帝司馬炎在太廟中將歷代祖先的靈牌聚集在一起進行祭祀，宣布大赦天下。

鮮卑首領慕容廆派遣使者到晉朝請求投降。五月，晉武帝下詔封慕容廆為鮮卑都督。慕容廆拜訪晉國東夷校尉何龕，他依照中國士大夫的禮儀，頭上冠巾裹髮，身穿單衣，以一個普通士人的身分來到何龕軍營門口。何龕卻戒備森嚴，按照軍中之禮接見他，慕容廆於是趕緊改穿軍服而入。有人問慕容廆為什麼要這樣做，慕容廆回答說：「主人不以士大夫之禮接待客人，我何必要遵循『巾衣』之禮呢！」何龕聽到後感到非常慚愧，因此對慕容廆深感敬佩，覺得此人非同一般。當時鮮卑人中的宇文部落、段氏部落正是勢力強盛的時期，他們屢次侵擾、掠奪慕容廆部落，慕容廆對他們不僅言辭謙卑還要向他們進貢厚禮。段氏部落的首領段階把自己的女兒嫁給慕容廆為妻，她為慕容廆生了慕容皝、慕容仁、慕容昭。慕容廆認為遼東郡偏僻遙遠，於是率部落遷移到徒河縣青山一帶定居下來。

冬季，十月，晉朝恢復明堂制度以及在南郊祭天時同時祭祀五帝的神位。

十一月丙辰日，尚書令濟北成侯荀勗逝世。荀勗有才能、有思想，善於窺測、迎合皇帝的心思，因此能鞏固晉武帝對他的寵信。荀勗在中書省任職很久，專門負責機要事務。等到他升遷到尚書省擔任尚書令之後，心裡卻感到非常迷茫、惆悵。有人向他表示祝賀，荀勗說：「奪去了我在鳳凰池的職務，諸位先生還道賀什麼呢？」

晉武帝一味沉湎於聲色，遂導致疾病纏身。楊皇后的父親楊駿非常妒忌汝南王司馬亮，決心把他排擠出朝廷。十一月二十三日甲申，晉武帝任命司馬亮為侍中、大司馬、假黃鉞、大都督、總領豫州各種軍事，鎮許昌；又改封南陽王司馬柬為秦王，總領關中各種軍事；改封始平王司馬瑋為楚王，總領荊州各種軍事；改封濮陽王司馬允為淮南王，總領揚州、江州二州各種軍事；以上諸王一律以「假節」的身分前往自己的封國。封皇子司馬乂為長沙王，封司馬穎為成都王，封司馬晏為吳王，封司馬熾為豫章王，封司馬演為代王，封皇孫司馬遹為廣陵王。又封淮南王司馬允的兒子司馬迪為漢王，封楚王司馬瑋的兒子司馬儀為毗陵王，改封扶風王司馬暢為順陽王，封司馬暢的弟弟司馬歆為新野公。司馬暢，是司馬駿的兒子。封琅邪王司馬覲的弟弟司馬澹為東武公、司馬繇為東安公。司馬覲，是司馬伷的兒子。

當初，晉武帝把自己的才人謝玖賞賜給了太子司馬衷，謝玖生下皇孫司馬遹。皇宮中曾經在夜裡失火，晉武帝跑到樓上去觀察火情。當時司馬遹年方五歲，他拉著晉武帝的衣袖躲到燈光照不到的地方，對晉武帝說：「深更半夜裡突然發生火災，應該防備有意外情況發生，不能讓火光照見皇上。」晉武帝由此對司馬遹的聰明智慧感到非常驚奇。他曾經對大臣們稱讚司馬遹很像自己的祖父宣帝司馬懿，所以天下人心都歸向司馬遹，對司馬遹非常景仰。晉武帝知道太子司馬衷沒有才能，然而倚仗著皇孫司馬遹的聰明智慧，所以沒有萌生廢黜司馬衷而另立太子的念頭。晉武帝又採納王佑的計謀，任命太子的同母兄弟司馬柬、司馬瑋、司馬允分別鎮守軍事要地。又恐怕皇后娘家楊氏家族權勢過大而對皇室構成威脅，於是又任命王佑擔任北軍中候，負責統領禁衛軍。晉武帝為皇孫司馬遹精心挑選那些有聲望的名人充當僚屬與輔佐之官，認為擔任散騎常侍的劉寔品德清廉質樸，便任命他為廣陵王司馬遹的太傅。

劉寔因為當時的習俗喜歡鑽營，謀求往上爬，很少有人清廉、退讓，曾經撰寫了〈崇讓論〉，想讓剛被授予官職的官員在給皇帝上謝表的時候，一定要把授予的官職推讓給別的更好的人擔當，只有這樣才能給他向上轉達謝恩表章。一旦官員出現空缺，就從被推讓次數最多的人選中任命官員。他認為：「人之常情是：在你爭我奪的情況下，一定對那些比自己強的人進行詆毀，而在謙讓的時候就會競相推薦勝過自己的人。所以當世道盛行爭奪的時候，就很難分辨出人才的優劣，如果當時的風俗崇尚謙讓，那麼賢能有智謀的人就會顯現出來。在這種時候，如果能夠主動做到謙讓、修身自愛，推讓他的人就會很多了，即使他想要堅守貧窮低賤也是不能夠的。而一個善於奔走鑽營的人要想被人推薦，就如同倒退著走卻企圖能夠前進一樣，是根本不可能的。」

擔任淮南王國相的劉頌向晉武帝上疏說：「陛下認為法律禁令的寬鬆放縱，由來已久，不能突然之間就使用嚴厲的法律來管理群臣，這的確是時代因素使然。然而，想要矯正世俗、救治時弊，還是應該逐漸地走向清廉嚴肅。就比如水中行船，雖然不能在河水湍急的河面上逕直地駛向對岸，然而卻可以漸漸斜著橫渡過去，只要是朝著對岸的目標前進，就一定可以渡過河去。

「晉國從泰始元年以來到現在已經將近三十年了，而各種事業，並不比以前更加繁盛興旺。以陛下的聖明，還沒有改變衰世的各種弊端，以成就王朝開創時期應有的興盛，將之留傳給後世子孫，難道陛下不為此而感到憂慮嗎？假如將來有一天國家遭遇動亂不安，其憂慮與責任恐怕還是要追溯到陛下身上的。

「我聽說為了國家的長治久安考慮，沒有比分封親屬與任用賢能之人再好的辦法了。然而這樣做也應該審時度勢，如果能使每個諸侯不論辦什麼事情都能符合禮義，那麼他們的力量就完全可以拱衛朝廷。如果有諸侯包藏禍心、圖謀不軌，那麼就要使他的勢力不可能獨立地幹成什麼事情。兩方面都能照顧到確實很困難，陛下應該與博古通今的大臣，共同深入籌劃，制定出相應的對策。周朝對待諸侯的政策是：諸侯王獲了罪就將諸侯王誅殺或流放，而不廢除他們的封國。漢朝對待諸侯的政策是：諸侯王犯了罪或者沒有子嗣的，諸侯國也就隨之消亡了。如今應該一改漢朝的弊端，遵循周朝的舊制，那麼下邊的諸侯國穩固而朝廷也就安定了。

「天下地域廣大，各種事務繁雜，而人君又最少，就像天上的太陽一樣獨一無二。所以聖明的君王治理國家、推行教化，自己只要抓住最主要、最關鍵的部分就可以了，而把那些具體的事務全部交給下屬去辦理，這並不是君王好逸惡勞，實在是政治體制所決定的必須要那樣做罷了。當事情還沒有開始辦的時候就判斷出某人能否辦好，確實是很難判斷的；如果用辦事的成敗來區分辦事人員的功勞與罪過，就很容易識別人才了。

如今陛下往往善於決策事情的該辦與不該辦而忽略了對辦事結果的考察，這就是導致政務、功業沒能做到盡善盡美的原因。陛下如果確實能不陷入處理那些繁瑣的事務之中而能抓住最關鍵的問題，根據事情的成敗來考核官員的功勞與罪過，再根據功過進行獎賞和處罰，那麼所有的官員就能做到有罪被誅、有功受賞了。

「古代每個大臣都有自己應管的職事，天官冢宰作為六卿的首腦掌管國內外大事。自從秦朝、漢代以來，由九卿分掌各部門的權力，丞相總攬全局。如今由尚書令決斷大事，諸大臣只管照章辦事，和古代的制度相比尚書令的事務太重。可以將一些一般性的事務交給外面的主管部門去做，讓他們負起這方面的責任。尚書令總攬全局，就像丞相所負的職責那樣，年末考察他們的管理功效，只需檢查其紀錄、確定其功過賞罰就可以了。如今下邊的一切行動都是遵照上邊既成的決定去做，上邊決策有了失誤，也不能歸罪於下邊的執行者，到年底的時候事情辦不成功，卻不知道應該去責備誰。

「小的過失或一些小的差錯，人人在所難免，如果全部嚴格地用法律進行糾正，那麼無論是官府還是民間，恐怕就沒有一個人能夠留得下來。近世以來擔任監察和司法的官員，通常都是不解決大問題，而對輕微的過錯卻有錯必糾，這是由於他們既畏懼、躲避權勢豪門，又懼怕別人說自己沒有盡到職責，就只好把法網弄得密密地，專門懲治低級官員的小過失，使彈劾有罪官員的奏章不斷呈遞，表面上似乎大公無私，而徇私枉法的事情卻隱藏在其中了。所以聖明的君王不喜歡批閱瑣碎細小的案件，而對於那些告發大惡人的奏章一定要追究、處理，那麼損害國家政事的大惡人，自然就在掌握之中了。創業者的功勳，在於建立教化和確定制度，使良好的遺風能夠維繫人心，遺留下來的功業使後世能力不強的繼承人能得到補益與救助。後世的繼承人憑藉著這些好的典章制度，即使他是一個昏聵的君主，也仍能像明君一樣，即使他是一個愚笨的君主，也能像睿智的君主一樣，這才是最值得稱讚的。

「至於給各個衙門蓋房子，各種繁多的勞役，經常擔心的是搞得太多，而不用憂慮這些事情辦不成功，這些事情不需要陛下為之擔憂，將來他們自己有能力辦好。如今陛下勤於去做那些根本不需要陛下費心的事情，卻不肯在推行教化和完善法律制度方面下工夫，我認為這種做法是不對的。」對於這些建議，晉武帝全都沒有採納。

晉武帝下詔任命劉淵為匈奴北部都尉。劉淵輕視財物，樂善好施，誠心誠意地待人接物，匈奴五部的豪傑，幽州、冀州有名的知識分子，許多人都去歸附了他。

奚軻部落男女十萬人前來投降晉朝。

孝惠皇帝上之上

永熙元年（庚戌　西元二九〇年）

春，正月辛酉朔❶，改元太熙。○己巳❷，以王渾為司徒。

司空、侍中、尚書令衛瓘子宣尚繁昌公主❸。宣嗜酒，多過失。楊駿惡瓘，欲逐之，乃與黃門❹謀共毀宣，勸武帝奪公主❺。瓘慚懼，告老遜位。詔進瓘位太保，以公就第❻。

劇陽康子❼魏舒薨。

三月甲子❽，以右光祿大夫石鑒為司空。

帝疾篤❾，未有顧命❿。勳舊之臣多已物故⓫，侍中、車騎將軍楊駿獨侍疾禁中。大臣皆不得在左右，駿因輒以私意改易要近⓬，樹其心腹。會帝小間⓭，見其新所用者，正色謂駿曰：「何得便爾⓮？」時汝南王亮尚未發⓯，乃令中書作詔，以亮與駿同輔政，又欲擇朝士有聞望⑯者數人佐之。駿從中書借詔觀之，得便藏去。中書監華廙恐懼，自往索之，終不與。會帝復迷亂⑰，皇后奏以駿輔政，帝頷之⑱。

夏，四月辛丑⑲，皇后召華廙及中書令何劭，口宣帝旨作詔，以駿為太尉、太子太傅、都督中外諸軍事、侍中、錄尚書事。詔成，后對廙、劭⑳以呈帝，帝視而無言。廙，歆㉑之孫。劭，曾㉒之子也。遂趣汝南王亮赴鎮㉓。帝尋小間㉔，問：「汝南王來未？」左右言未至，帝遂困篤㉕。己酉㉖，崩于含章殿㉗。帝宇量弘厚㉘，明達好謀，容納直言，未嘗失色於人㉙。

太子即皇帝位，大赦，改元㉚，尊皇后曰皇太后，立妃賈氏㉛為皇后。

楊駿入居太極殿㉜，梓宮將殯㉝，六宮出辭㉞，而駿不下殿㉟，以虎賁㊱百人自衛。

詔石鑒與中護軍張劭監作山陵㊲。

汝南王亮畏駿，不敢臨喪㊳，哭於大司馬門㊴外。出營城外㊵，表求過葬而行㊶。或告㊷亮欲舉兵討駿者，駿大懼，白太后，令帝為手詔與石鑒、張劭，使帥陵兵㊸討亮。劭，駿甥也，即帥所領趣鑒速發。鑒以為不然，保持之㊹。亮問計於廷尉何勗，勗曰：「今朝野皆歸心於公[45]，公不討人而畏人討邪？」亮不敢發。夜，馳赴許昌，乃得免。駿弟濟及甥河南尹李斌皆勸駿留亮[46]，駿不從。濟謂尚書左丞傅咸曰：「家兄若徵大司馬[47]，退身避之[48]，門戶庶幾可全。」咸曰：「宗室外戚[49]，相恃為安[50]。但[51]召大司馬還，共崇至公[52]以輔政，無為避[53]也。」濟又使侍中石崇見駿言之，駿不從。

五月辛未[54]，葬武帝于峻陽陵。

楊駿自知素無美望，欲依魏明帝即位故事，普進封爵[55]，以求媚於眾。左軍將軍傅祇[56]與駿書曰：「未有帝王始崩，臣下論功者也。」駿不從。祇，嘏[57]之子也。丙子[58]，詔中外羣臣[59]皆增位一等，預喪事[60]者增二等，二千石[61]已上皆封關中侯[62]，復租調一年[63]。散騎常侍石崇、散騎侍郎何攀共上奏，以為：「帝正位東宮[64]二十餘年，今承大業，而班賞行爵[65]，優於泰始革命之初[66]及諸將平吳之功，輕重不稱[67]。且大晉卜世無窮[68]，今之開制[69]，當垂于後[70]。若有爵必進，則數世之後，莫非公侯矣。」不從。

詔以太尉駿為太傅、大都督、假黃鉞，錄朝政[71]，百官總己以聽[72]。傅咸謂駿曰：「諒闇[73]不行久矣[74]。今聖上謙沖[75]，委政於公，而天下不以為善，懼明公未易當[76]也。周公大聖，猶致流言[77]，況聖上春秋非成王之年[78]乎？竊謂山陵既畢[79]，明公當審思進退之宜，苟有以察其忠款[80]，言豈在多！」駿不從。咸數諫駿，駿[1]漸不平，欲出咸為郡守。李斌曰：「斥逐正人，將失人望。」乃止。楊濟遺咸書曰：「諺云：『生子癡，了官事[81]。』官事未易了也。想慮破頭[82]，故具有白。」咸復書曰：「衛公有言：『酒色殺人，甚於作直[83]。』坐酒色死，人不為悔。而逆畏以直致禍[84]，此由心不能正，欲以苟且為明哲[85]耳。自古以直致禍者，當由矯枉過正，或不忠篤[86]，欲以亢厲為聲[87]，故致忿[88]耳，安有悾悾忠益[89]而返見怨疾[90]乎！」

楊駿以賈后險悍，多權略[91]，忌[92]之，故以其甥段廣為散騎常侍，管機密，張劭為中護軍[93]，典禁兵。凡有詔命，帝省訖[94]，入呈太后[95]，然後行之。

駿為政嚴碎專愎[96]，中外多惡之。馮翊太守孫楚[97]謂駿曰：「公以外戚居伊、霍之任[98]，當以至公[99]、誠信、謙順處之。今宗室彊盛，而公不與共參萬機[100]，內懷猜忌，外樹私昵[101]，禍至無日矣。」駿不從。楚，資之孫也。

弘訓少府[102]蒯欽，駿之姑子也，數以直言犯駿，他人皆為之懼。欽曰：「楊文長雖闇[103]，猶知人之無罪不可妄殺，不過疏我，我得疏，乃可以免[104]。不然，與之俱族(105)矣。」

駿辟匈奴東部(106)人王彰為司馬，彰逃避不受。其友新興張宣子(107)怪而問之，彰曰：「自古一姓二后(108)，未有不敗。況楊太傅(109)昵近小人，疏遠君子，專權自恣，敗無日矣。吾踰海出塞(110)以避之，猶懼及禍，柰何應其辟(111)乎！且武帝不惟(112)社稷大計，嗣子既不克負荷(113)，受遺者(114)復非其人，天下之亂，可立待也。」

秋，八月壬午(115)，立廣陵王遹為皇太子。以中書監何劭為太子太師(116)，衛尉裴楷為少師(117)，吏部尚書王戎為太傅(118)，前太常張華為少傅(119)，衛將軍楊濟為太保(120)，尚書和嶠為少保(121)。拜太子母謝氏為淑媛(122)。賈后常置謝氏於別室，不聽(123)與太子相見。

初，和嶠嘗從容(124)言於武帝曰：「皇太子有淳古之風(125)，而末世多偽(126)，恐不了陛下家事(127)。」武帝默然。後與荀勖等同侍武帝，武帝曰：「太子近入朝差長進(128)，卿可俱詣之(129)，粗及世事(130)。」既還，勖等並稱太子明識雅度(131)，誠如明詔。嶠曰：「聖質如初(132)。」武帝不悅而起。及帝即位，嶠從太子遹入朝，賈后使帝問曰：「卿昔謂我不了家事，今日定如何？」嶠曰：「臣昔事先帝，曾有斯言。言之不效(133)，國之福也。」

冬，十月辛酉(134)，以石鑒為太尉，隴西王泰(135)為司空。○以劉淵為建威將軍、匈奴五部大都督(136)。

【章 旨】以上為第二段，寫晉惠帝永熙元年（西元二九〇年）一年間的大事，主要寫了晉武帝司馬炎之死，與其臨死前皇后父楊駿操縱政權，廣樹黨羽，與其女共同排擠當時在京的汝南王司馬亮，而後假傳遺詔令楊駿獨攬朝權；寫了傅咸、孫楚等勸楊駿秉以公心，廣納善言，與司馬氏諸王共理朝政，楊駿拒不聽從，以及賈充之女控制晉惠帝，迫害惠帝生母等等。

【注 釋】❶正月辛酉朔　正月初一是辛酉日。❷己巳　正月初九。❸尚繁昌公主　娶繁昌公主為妻。繁昌公主是司馬炎之女，「繁昌」是封地的名稱。尚，高攀，娶帝王之女的敬稱。❹黃門　即宦官。❺奪公主　即強令離婚。❻以公就第　即以菑陽公的身分退職，回家賦閒。❼劇陽康子　魏舒被封為劇陽子，康字是諡，子是爵位。❽三月甲子　三月初五。❾疾篤　病情沉重。❿未有顧命　沒有留下遺詔。⓫物故　去世。⓬輒以私意改易要近　隨便按著自己的意思更換皇帝身邊的重要親近官員。⓭會帝小間　剛好司馬炎的病勢又稍微好轉。⓮何得便爾　怎能變成了這個樣子。⓯尚未發　還沒有離開京城。去年已下令派汝南王司馬亮往鎮許昌。⓰聞望　聲望。⓱迷亂　神智昏迷。⓲頷之　點頭。⓳四月辛丑　四月十二。⓴對廙劭　當著華廙、何劭的面。㉑歆　華歆，字子魚，曹操的心腹。傳見《三國志》卷十三。㉒曾　何曾，字穎考，魏晉之交時司馬氏的心腹。傳見《晉書》卷三十三。㉓趣汝南王亮赴鎮　催促汝南王司馬亮離開京城，到許昌上任。趣，催促。㉔尋小間　過了不久又稍稍清醒過來。尋，不久。間，略好一些。㉕困篤　病重垂危。㉖己酉　四月二十。㉗含章殿　在皇后宮中。按，司馬炎終年五十五歲。㉘宇量弘厚　器宇度量開闊寬宏。按，就其對待母弟司馬攸而言，未必弘厚。㉙未嘗失色於人　從沒有在別人面前表現過不應當表現的臉色。㉚改元　在此之前是晉武帝太熙元年，改元後為晉惠帝永熙元年。㉛妃賈氏　此賈妃即賈充之女，名南風。㉜太極殿　宮廷裡的前殿。㉝梓宮將殯　皇帝的棺木將要移入靈堂，供群臣弔唁。㉞六宮出辭　後宮嬪妃出來號哭送別。㉟不下殿　不出太極殿，怕有人趁其不在發動政變。㊱虎賁　皇帝身邊的衛士。㊲監作山陵　主管為司馬炎修建陵墓。㊳臨喪　進宮哭喪。㊴大司馬門　大司馬府的外門。司馬亮以大司馬的身分出鎮許昌，此時尚在京城的大司馬府中。(40)出營城外　在京城之外紮營。(41)表求過葬而行　上表請求參加完葬禮後再去許昌。(42)或告　有人向楊駿報告。(43)帥陵兵　率領修建陵墓的士兵。(44)保持之　擔保司馬亮不會舉兵，而自己按兵不動。(45)歸心於公　都傾向於您。公，敬稱司馬亮。(46)留亮　將司馬亮留在京城，共同輔政。(47)徵大司馬　指徵召大司馬司馬亮回京輔政。(48)退身避之　自己辭職退避。(49)宗室外戚　皇帝的家族與皇后家族這兩部分人。(50)相恃為安　互相倚靠共同辦事是最安全的。(51)但　只要能夠。(52)共崇至公　共同本著公正無私的原則。(53)無為避　根本用不著自請辭職避位。(54)五月辛未　五月十三。(55)普進封爵　給官僚貴族們普遍升級。(56)左軍將軍傅祗　左軍將軍平時無具體職掌，有戰事則典禁兵戍衛京師，或率軍出征。傅祗，字子莊，傅嘏之子。晉武帝時，起家為太子舍人，後為滎陽太守，以建造沈萊堰，造福於民。後又官居廷尉、左軍將軍、司隸校尉。傳見《晉書》卷四十七。(57)嘏　傅嘏，字蘭石，曹魏時的才臣。傳見《三國志》卷二十一。(58)丙子　五月十八。(59)中外羣臣　朝廷與地方上的所有臣工。(60)預喪事　參與為司馬炎辦喪事的一切官員人等。(61)二千石　指郡太守與諸國之相一級的官員。(62)關中侯級別在關內侯之下。關內侯比列侯低一等，沒有正式封地，只在關內地區享有一小塊食邑。「關中侯」是當年曹操所設，食邑比關內侯還要小。(63)復租調一年　免除土地稅與勞役稅一年。(64)正位東宮　指正式被立為太子。(65)班賞行爵　遍行獎賞，升官進爵。(66)泰始革命之初　指司馬炎篡位稱帝之時。革命，指改朝換代。(67)輕重不稱　功勞的大小與所得賞賜的厚薄不相稱。(68)卜世無窮　預計將傳國久遠。《左傳》宣公三年有「卜世三十，卜年七百」之語，此改用舊文。(69)今之開制　現在的開創制度。(70)當垂于後　應當能夠流傳到後代給後人作榜樣。(71)錄朝政　總管一切朝廷政務。(72)總己以聽　謂約束自己，聽命於楊駿。(73)諒闇　古代天子的守喪之禮，據說在居喪三年期間閉口不言，不管朝政，一切都聽宰相的安排。諒闇，即閉口不言。(74)不行久矣　自漢文帝實行短喪制度，嗣君很快便自行聽政，「諒闇三年」的制度，已有四百多年不實行了。(75)謙沖　謙虛，實際是呆傻、弱智。(76)未易當　難以承當這分重任。(77)猶致流言　周公輔佐成王忠心耿耿，結果管叔、蔡叔散布流言，說周公想篡權。事見《史記・周本紀》。(78)非成王之年　當年周成王姬誦登極時只有十二歲，而司馬衷本年已三十二歲。(79)山陵既畢　司馬炎的喪事辦完之後。(80)苟有以察其忠款　意謂只要您能體諒我的忠心。(81)生子癡二句　意謂只有傻小子才想快刀斬亂麻地解決國家問題。了，了斷；解決。楊濟是以老莊哲學看待人事關係。(82)想慮破頭　意謂我是怕你掉腦袋。(83)酒色殺人二句　意謂死於酒色的人遠比死於言行正直的人為多。按，此「衛公」指晉代的權臣衛瓘。(84)逆畏以直致禍　自己首先害怕直言直行會引來禍端。逆，預先；事先。(85)以苟且為明哲　將苟且敷衍、不負責任說成是「既明且哲」。《詩經・烝民》有所謂「既明且哲，以保其身。」(86)不忠篤　不夠忠正誠懇。(87)以亢厲為聲　只圖落個剛直的名聲。亢厲，剛正嚴厲。(88)故致忿以致招來怨恨。89悾悾忠益 一片赤誠地盡心做好事。悾悾，誠懇的樣子。90返見怨疾 反而是遭到嫉恨。91權略 權術謀略。92忌 畏忌。93張劭為中護軍 張劭是楊駿的另一個外甥。中護軍是掌管宮廷衛戍部隊的長官。94帝省訖 皇帝看過中書起草的詔令後。95太后 即楊駿之女、司馬炎的皇后楊芷。96嚴碎專愎 嚴厲瑣碎而又專斷，自以為是。97孫楚 孫資之孫。孫資歷事曹操、曹丕、曹叡。傳見《三國志》卷十四。98伊霍之任 伊尹、霍光般的權位。伊尹是商代大臣，霍光是漢代的大臣，都以受遺命輔佐少主聞名。99至公 大公無私；全心為公。100不與共參萬機 不與這些司馬氏的王公共同協商國家大事。101樹私昵 拉起了一夥子私黨親信。102弘訓少府 為弘訓宮管理金錢物資的官。當時司馬師的夫人羊徽瑜居於弘訓宮。103楊文長雖闇 楊駿即使為人昏庸。楊駿字文長。闇，昏聵無能。104乃可以免 指將來不致因他而牽連滅門。105與之俱族 跟著他一起被滅族。106匈奴東部 即匈奴左部，居於今之山西太原一帶。107新興張宣子 新興郡人，姓張名宣子。晉時的新興郡治九原，即今山西忻州。108一姓二后 一個家庭出兩個皇后，指司馬炎的第一個皇后楊豔和第二個皇后楊芷。109楊太傅 指楊駿。110蹈海出塞 越過大海，逃到塞外。111應其辟 接受他的聘請，到他的部下為官。112不惟 不考慮。113不克負荷 不能擔當治理天下的重任。克，能。負荷，擔當。114受遺者 指受遺命輔佐嗣主的人。115八月壬午 八月二十六。116太子太師 掌輔導太子。117少師 太子少師，協掌輔導太子。118太傅 太子太傅，掌輔導太子，位在太子太師下，太子太保上。119少傅 太子少傅。協助太子太傅輔導、翼護太子。120太保 太子太保，職掌同「太子太師」。121少保 太子少保，職掌同「太子少師」。122淑媛 九嬪之一，是九嬪妃的第二級。據〈晉志〉，晉時的九嬪為淑妃、淑媛、淑儀、修華、修容、修儀，婕妤、容華、充華。123不聽 不准許。124從容 像是漫不經心地自然說起。125淳古之風 不瞭解現代事務，含蓄地說他呆傻。126末世多偽 現時社會充滿詭詐。127恐不了陛下家事 恐怕管理不了你們家族應管的事務，即治理國家。不了，處理不了；不能完成。128差長進 稍微有些長進。差，略；稍。129俱詣之 一起到他跟前。130粗及世事 稍微談談當世之事。131明識雅度 既有高明的見識，又有優雅的氣度。132聖質如初 太子的氣質品性還和從前一樣。133不效 得不到證明。134十月辛酉 十月初六。135隴西王泰 司馬泰，司馬懿之姪，當時被封為隴西王。傳見《晉書》卷三十七。136匈奴五部大都督 即統領山西境內的全部匈奴人。

【校 記】1駿駿 「駿」字原不重。據章鈺校，甲十一行本、乙十一行本、孔天胤本皆重「駿」字，張敦仁《通鑑刊本識誤》同，今據補。

【語 譯】孝惠皇帝上之上

永熙元年(庚戌 西元二九〇年)

春季,正月初一日辛酉,改年號為「太熙」。〇初九日己巳,晉武帝司馬炎任命王渾為司徒。擔任司空、侍中、尚書令的衛瓘的兒子衛宣娶司馬炎之女繁昌公主為妻。衛宣嗜酒,過失很多。楊駿憎惡衛瓘,就想藉機把衛瓘逐出朝堂,於是便與黃門官密謀共同詆毀衛宣,並勸說晉武帝強行讓繁昌公主與衛宣離婚。衛瓘對此感到既慚愧又恐懼,於是告老辭職。晉武帝下詔,擢升衛瓘為太保,以菑陽公的身分退職回家賦閒。

劇陽子魏舒逝世,諡號為「康」。

三月初五日甲子,晉武帝任命右光祿大夫石鑒為司空。

晉武帝病情沉重,卻還沒有留下遺詔。元老重臣大多數都已經去世,只有侍中、車騎將軍楊駿獨自在皇宮中侍奉病重的晉武帝。其他的大臣都不能到晉武帝身邊侍奉,楊駿於是就按照自己的心意隨意更換皇帝身邊的重要親近官員,安插自己的心腹。遇上晉武帝病情稍微有些好轉,看見自己身邊全都換上了新人,就嚴肅地對楊駿說:「怎麼能變成這個樣子?」當時汝南王司馬亮還沒有離開京城到許昌赴任,於是晉武帝命令中書省寫詔書,讓司馬亮與楊駿共同輔政,又想在朝中選擇幾個有聲望的人協助他們輔政。楊駿從中書省借出詔書觀看,乘便藏匿起來。中書監華廙感到非常恐懼,就親自到楊駿那裡向他索要詔書,但楊駿卻始終沒有把詔書歸還給他。遇上晉武帝再次陷入神志昏迷狀態,楊皇后奏請讓楊駿輔政,晉武帝點了點頭。

夏季,四月十二日辛丑,楊皇后召集華廙和中書令何劭,口頭宣布皇帝的旨意,讓他們書寫詔書,任命楊駿為太尉、太子太傅、掌管朝廷內外各種軍事、侍中、負責朝廷機要。詔書寫成之後,楊皇后當著華廙、何劭的面呈交給晉武帝過目,晉武帝只是看了看而沒有說話。華廙,是華歆的孫子。何劭,是何曾的兒子。於是催促汝南王司馬亮離開京城到許昌赴任。不久,晉武帝忽然又清醒過來,問:「汝南王司馬亮來了沒有?」他身邊的人說沒有到,晉武帝隨即病勢垂危。二十日己酉,晉武帝在含章殿駕崩。晉武帝器宇軒昂、度量寬宏仁厚，聰明豁達而有謀略，能夠包容、接納正直的言論和建議，從來沒有在別人面前表現過不該有的臉色。

太子司馬衷即皇帝位，大赦天下，改年號為「永熙」。尊楊皇后為皇太后，立賈妃為皇后。

楊駿進住太極殿，晉武帝的棺木將要移入靈堂以供群臣弔唁，後宮的妃嬪全都出來號哭辭別，而楊駿卻不出太極殿，還安排了一百多位虎賁侍衛保護自己。

晉惠帝司馬衷下詔，命令司空石鑒與中護軍張劭負責為晉武帝修建陵墓。

汝南王司馬亮因為懼怕楊駿，不敢進宮哭喪，就在大司馬府的外門哭喪。哭喪之後汝南王司馬亮便退出京城到城外駐紮，他上表給新皇帝司馬衷請求參加完葬禮之後再前往許昌赴任。有人向楊駿報告說司馬亮準備起兵討伐楊駿，楊駿非常害怕，就報告了楊太后，楊太后命令晉惠帝司馬衷親自寫下詔書交與司空石鑒和中護軍張劭，讓他們率領修建陵墓的軍隊去討伐汝南王司馬亮。張劭，是楊駿的外甥，他接到詔書後立即率領自己屬下的士兵並催促石鑒快速出發。石鑒認為汝南王司馬亮不會舉兵討伐楊駿，因而自己按兵不動。司馬亮向廷尉何勗請求對策，何勗說：「如今朝野人心都傾向於你，你不去討伐別人反而畏懼別人討伐你嗎？」司馬亮最終不敢舉兵討伐楊駿。夜裡，司馬亮快馬加鞭奔赴許昌赴任，才得以免除災難。楊駿的弟弟楊濟和外甥河南尹李斌都勸說楊駿把汝南王司馬亮留在京城共同輔政，楊駿不聽勸告。楊濟對擔任尚書左丞的傅咸說：「我哥哥如果徵召大司馬司馬亮回京輔政，自己辭職退避，楊氏家族恐怕還能夠保全門戶。」傅咸說：「皇帝家族與皇后家族這兩股政治勢力如果能夠互相依靠、協同輔政，其實是最安全的。只要能夠召回大司馬司馬亮，全都本著公正無私的原則以輔佐朝政，根本用不著辭職避位。」楊濟又讓擔任侍中的石崇去見楊駿，對楊駿進行規勸，楊駿根本不聽從勸告。

五月十三日辛未，把晉武帝安葬於峻陽陵。

楊駿深知自己一向沒有什麼好聲望，就想依照魏明帝曹叡即位時的故事，對官僚貴族們普遍加官進爵，以求向眾人獻媚，博得大家的好感。擔任左軍將軍的傅祗寫信給楊駿說：「從來沒有聽說帝王剛剛駕崩，臣下就論功封賞的事情。」楊駿不聽勸告。傅祗，是傅嘏的兒子。五月十八日丙子，司馬衷下詔，不論是朝廷還是地方，所有官員每人晉升一等，參與為晉武帝辦喪事的官員每人晉升二等，凡是俸祿在二千石以上的官員都晉封為關中侯，免除土地稅與勞役稅一年。散騎常侍石崇、散騎侍郎何攀共同上奏，他們認為：「陛下為東宮太子已經二十多年，如今繼承帝位，而遍行獎賞、升官晉爵的幅度，遠遠超過了晉朝建國之初和諸將平定吳國之時的獎賞，功勞的大小與所得賞賜的厚薄不相稱。而且預測大晉國將傳國久遠，現在開創的制度，應當能夠流傳後世。如果有爵位的就要晉級，那麼經過幾世之後，就沒有人不是公侯了。」這個建議也沒有被採納。

晉惠帝下詔任命太尉楊駿為太傅、大都督、假黃鉞，總管一切朝廷政務，百官都要約束自己，聽從楊駿的指揮。尚書左丞傅咸對楊駿說：「古代天子守喪三年的制度很久不實行了。如今皇上為人謙虛，把朝政委託給你，而天下人卻不認為這樣做是件好事情，我擔心你難以承當這分重任。周公是個大聖人，輔佐周成王忠心耿耿，結果還有管叔、蔡叔散布流言，說周公想篡權，更何況如今皇上的年齡已經不是周成王那樣幼小呢？我私下認為晉武帝的喪事辦完之後，你應當認真考慮考慮自己是進還是退，怎樣做才最合時宜，如果你能夠體諒我的一片忠心，哪裡還用得著我多說什麼呢！」楊駿不聽勸告。傅咸多次規勸楊駿，楊駿對他漸漸地反感起來，就想把傅咸趕出朝廷打發到地方上去擔任郡守。楊駿的外甥河南尹李斌勸阻楊駿說：「斥責、放逐正人君子，將會失去民心。」楊駿這才打消了讓傅咸去擔任郡守的念頭。楊駿的弟弟楊濟給傅咸寫信說：「諺語說：『只有傻小子才想快刀斬亂麻地解決國家問題。』其實國家的事情是很不容易了斷的。我擔心你掉腦袋，所以跟你說這些話。」傅咸回信說：「衛公曾經說過：『死於酒色的人遠比死於言行正直的人為多。』因為嗜酒好色而死，人不感到後悔。而遇到事情首先就害怕直言直行會給自己招致禍患，這是因為其心並不正直，將苟且敷衍、不負責任說成是『既明且哲』罷了。自古以來因為言行正直招致災禍的人，往往是由於矯枉過正，或者是自己原本就不夠忠正誠懇，只圖落個剛直的名聲，以致招來怨恨，豈有一片赤誠地盡心做好事反而遭到嫉恨的道理呢！」

楊駿因為賈皇后為人陰險強悍，擅長權術謀略，因而非常畏忌她，所以就讓自己的外甥段廣擔任散騎常侍，負責掌管朝政機密，另一個外甥張劭為中護軍，負責掌管禁衛軍。凡有詔令，晉惠帝看過中書省起草的詔令之後，楊駿就進宮呈給皇太后楊芷過目，然後實行。

楊駿處理朝政既嚴厲瑣碎又獨斷專行、自以為是，朝廷內外很多人都厭惡他。擔任馮翊太守的孫楚對楊駿說：「您以外戚的身分居於伊尹、霍光那樣的權位，處理朝政就應當大公無私、講究誠信、對人謙讓和順。如今司馬氏勢力強大，而您卻不許這些司馬氏的王公大臣參與協商國家大事，您對內懷有猜忌之心，在外拉起了一夥子私黨親信，恐怕用不了多久就要大禍臨頭了。」楊駿沒有聽從孫楚的勸告，依然我行我素。孫楚，是孫資的孫子。

擔任弘訓宮少府的蒯欽，是楊駿姑母的兒子，他屢次直言冒犯楊駿，別人都為他擔驚受怕。蒯欽說：「楊駿雖然為人昏庸，但他還是知道如果別人沒有犯罪是不能隨便殺害的，只不過他會疏遠我，我被他疏遠，將來才不至於受他牽連而招致滅門之禍。不然的話，我將要與他一起被滅族了。」

楊駿招聘匈奴東部人王彰為司馬，王彰逃避躲藏起來不肯接受任命。王彰的朋友新興人張宣子感到很奇怪就去問王彰，王彰回答說：「從古至今，凡是一個家庭出兩個皇后的，最終沒有不敗亡的。更何況楊太傅親近小人，疏遠君子，獨攬朝政大權又任意而行，離敗亡沒有幾天了。我即使越過大海、逃到塞外來躲避他，還恐怕大禍臨頭呢，怎麼可能接受他的聘請到他手下為官呢！況且晉武帝不能為國家的長治久安深謀遠慮，選擇的繼承人既沒有能力擔當起治理國家的重任，接受遺命輔佐嗣君的大臣又不是合適的人選，天下大亂，恐怕指日可待了。」

秋季，八月二十六日壬午，晉惠帝立廣陵王司馬遹為皇太子。任命擔任中書監的何劭為太子太師，任命擔任衛尉的裴楷為太子少師，任命吏部尚書王戎為太傅，前任太常張華為少傅，擔任衛將軍的楊濟為太保，擔任尚書的和嶠為少保。晉惠帝冊封皇太子的生母謝氏為淑媛。賈皇后經常把謝氏趕往其他宮室居住，不准許皇太子和他母親見面。

當初，和嶠曾經裝作漫不經心地和晉武帝談論說：「皇太子司馬衷不瞭解現實事務，而現實社會充滿詭詐，恐怕他管理不了陛下家族應管的事務。」晉武帝默然不語。後來和嶠與荀勗等人共同陪侍在晉武帝的身邊，晉武帝說：「太子近來入朝觀見稍微有些長進，你們可以一起到他跟前，與他稍微談些當世之事。」等從太子那裡回來之後，荀勗等都稱讚太子既有高明的見識，又有優雅的氣度，確實像陛下所說的那樣。只有和嶠說：「太子的氣質品性還是和從前一樣。」晉武帝很不高興，立即起身離去。等到司馬衷即位為皇帝，和嶠跟隨太子司馬遹入朝，賈皇后讓惠帝問和嶠說：「你過去說我處理不了家事，今日怎麼樣呢？」和嶠說：「我過去侍奉先帝時，曾經說過這樣的話。如果我說的話得不到驗證，那是國家的福氣。」

冬季，十月初六日辛酉，晉惠帝任命石鑒為太尉，任命隴西王司馬泰為司空。〇任命劉淵為建威將軍，統領山西境內的全部匈奴人。

元康元年（辛亥　西元二九一年）

春，正月乙酉朔❶，改元永平。

初，賈后之為太子妃也，嘗以妒手殺數人，又以戟擲孕妾，子隨刃墮。武帝大怒，脩金墉城❷，將廢之。荀勗、馮紞、楊珧及充華❸趙粲共營救之，曰：「賈妃年少，妒者婦人常情，長自當差❹。」楊后曰：「賈公閭❺有大勳於社稷❻，妃親其女❼，正復❽妒忌，豈可遽忘其先德❾邪？」妃由是得不廢。

后❿數誡厲妃⓫，妃不知后之助己，返⓬以后為搆己於武帝⓭，更恨之。及帝即位，賈后不肯以婦道⓮事太后，又欲干預政事，而為太傅駿所抑。殿中郎⓯

渤海孟觀、李肇，皆駿所不禮也，陰構駿，云將危社稷。黃門董猛素給事東宮⑯，為寺人監⑰，賈后密使猛與觀、肇謀誅駿，廢太后。又使肇報汝南王亮，使舉兵討駿，亮不可。肇報都督荊州諸軍事楚王瑋⑱，瑋欣然許之，乃求入朝。駿素憚瑋勇銳，欲召之而未敢，因其求朝，遂聽之。二月癸酉⑲，瑋及都督揚州諸軍事、淮南王允⑳來朝。

三月辛卯㉑，孟觀、李肇啟帝，夜作詔，誣駿謀反，中外㉒戒嚴，遣使奉詔廢駿，以侯就第㉓。命東安公繇㉔帥殿中四百人討駿，楚王瑋屯司馬門㉕，以淮南相劉頌為三公尚書㉖屯衛殿中。段廣跪言於帝曰：「楊駿孤公㉗無子，豈有反理！願陛下審之。」帝不答。

時駿居曹爽故府㉘，在武庫南，聞內有變，召眾官議之。太傅主簿㉙朱振說駿曰：「今內有變，其趣㉚可知，必是閹豎㉛為賈后設謀，不利於公㉜。宜燒雲龍門㉝以脅之，索造事者㉞。首開萬春門㉟，引㊱東宮及外營兵㊲擁皇太子入宮，取姦人。殿內震懼，必斬送之。不然，無以免難。」駿素怯懦，不決，乃曰：「雲龍門，魏明帝㊳所造，功費甚大，柰何燒之？」侍中傅祗白駿㊴，請與尚書武茂入宮觀察事勢，因謂羣僚曰：「宮中不宜空。」遂揖而下階。眾皆走，茂猶坐。

祗顧曰㊵：「君非天子臣邪？今內外隔絕㊶，不知國家所在㊷，何得安坐？」茂乃驚起。駿黨左軍將軍劉豫陳兵在門，遇右軍將軍裴頠㊸，問太傅所在。頠紿㊹之曰：「向㊺於西掖門遇公乘素車㊻，從二人㊼西出矣。」豫曰：「吾何之？」頠曰：「宜至廷尉㊽。」豫從頠言，遂委而去㊾。尋詔頠代豫領左軍將軍，屯萬春門。頠，秀㊿之子也。皇太后題帛為書，射之城外曰：「救太傅者有賞。」賈后因宣言太后同反。尋而殿中兵出，燒駿府。又令弩手[1]於閣上臨駿府而射之，駿兵皆不得出。駿逃于馬廄，就殺之(51)。孟觀等遂收駿弟珧、濟，張劭、李斌、段廣、劉豫、武茂及散騎常侍楊邈、中書令蔣俊、東夷校尉文鴦皆夷三族，死者數千人。珧臨刑，告東安公繇曰：「表在石函(52)，可問張華。」眾謂宜依鍾毓例(53)為之申理。繇不聽，而賈氏族黨趣使行刑。珧號叫不已，刑者以刀破其頭(54)。繇，諸葛誕之外孫也，故忌文鴦(55)，誣[2]以為駿黨而誅之。是夜，誅賞皆自繇出，威振內外。王戎謂繇曰：「大事之後，宜深遠權勢(56)。」繇不從。

壬辰(57)，赦天下，改元(58)。

賈后矯詔，使後軍將軍荀悝送太后於永寧宮(59)，特全(60)太后母高都君龐氏(61)之命，聽就太后居(62)。尋復諷羣公有司奏(63)曰：「皇太后陰漸姦謀(64)，圖危社稷，飛箭繫書，要募[65]將士，同惡相濟[66]，自絕于天。魯侯絕文姜[67]，春秋所許[68]。蓋奉祖宗，任至公於天下[69]。陛下雖懷無已之情[70]，臣下不敢奉詔[71]。」詔曰：「此大事，更詳之。」有司又奏：「宜廢皇[3]太后為[4]峻陽庶人[72]。」中書監張華議：「皇太后非得罪於先帝，今黨其所親[73]，為不母於聖世[74]，宜依漢廢趙太后為孝成后[75]故事，貶皇太后之號，還稱武皇后，居異宮[76]，以全始終之恩[77]。」左僕射荀愷與太子少師下邳王晃[78]等議曰：「皇太后謀危社稷，不可復配先帝，宜貶尊號，廢詣金墉城。」於是有司奏從晃等議，廢太后為庶人，詔可。又奏[5]：「楊駿造亂，家屬應誅，詔原其妻龐命，以尉[79]太后之心。今太后廢為庶人，請以龐付廷尉行刑。」詔不許。有司復固請[80]，乃從之。龐臨刑，太后抱持號叫，截髮稽顙，上表詣賈后稱妾，請全母命，不見省[81]。董養遊太學[82]，升堂[83]歎曰：「朝廷建斯堂，將以何為乎[84]？每覽國家赦書，謀反大逆皆赦，至於殺祖父母、父母不赦者，以為王法所不容故也。奈何公卿處議[85]，文飾禮典[86]，乃至此乎？天人之理既滅，大亂將作矣！」

有司收駿官屬，欲誅之。侍中傅祗啓曰：「昔魯芝為曹爽司馬，斬關赴爽[87]，宣帝[88]用為青州刺史。駿之僚佐，不可悉加罪。」詔赦之。

王寅(89)，徵汝南王亮為太宰，與太保衛瓘皆錄尚書事，輔政。以秦王柬為大將軍，東平王楙為撫軍大將軍，楚王瑋為衛將軍、領北軍中侯(90)，下邳王晃為尚書令，東安公繇為尚書左僕射，進爵為王。楙，望之子也。封董猛為武安侯，三兄皆為亭侯。

亮欲取悅眾心，論誅楊駿之功，督將侯者千八十一人(91)。御史中丞傅咸遺亮書曰：「今封賞熏赫(92)，震動天地，自古以來，未之有也。無功而獲厚[6]賞，則人莫不樂國之有禍，是禍原(93)無窮也。凡作此(94)者，由東安公。人謂殿下既至，當有以正之。正之以道(95)，眾亦何怒？眾之所怒者，在於不平耳。而今皆更倍論(96)，莫不失望。」亮頗專權勢，咸復諫曰：「楊駿有震主之威，委任親戚，此天下所以諠譁。今之處重(97)，宜反此失(98)。靜默頤神(99)，有大得失，乃維持之(100)。自非大事，一皆抑遣(101)。比過尊門(102)，冠蓋車馬，填塞街衢，此之翕習(103)，既宜弭息(104)。又夏侯長容(105)無功而暴擢為少府(106)，論者謂長容，公之姻家，故至於此。流聞四方，非所以為益也。」亮皆不從。

賈后族兄車騎司馬模(107)、從舅右衛將軍郭彰、女弟之子賈謐(108)與楚王瑋、東安王繇並預國政(109)。賈后暴戾日甚，繇密謀廢后，賈氏(110)憚之。繇兄東武公澹素惡繇，屢譖之於太宰亮曰：「繇專行誅賞，欲擅朝政。」庚戌[111]，詔免繇官。又坐有悖言[112]，廢徙帶方[113]。

於是[114]賈謐、郭彰權勢愈盛，賓客盈門。謐雖驕奢而好學，喜延[115]士大夫，郭彰、石崇、陸機[116]、機弟雲[117]、和郁[118]及滎陽潘岳[119]、清河崔基、勃海歐陽建、蘭陵繆徵、京兆杜斌、摯虞[120]、琅邪諸葛詮、弘農王粹、襄城杜育、南陽鄒捷、齊國左思[121]、沛國劉瓌、周恢、安平牽秀、潁川陳昣、高陽許猛、彭城劉訥、中山劉輿、輿弟琨皆附於謐，號曰二十四友。郁，嶠之弟也。崇與岳尤諂事謐，每候謐及廣城君郭槐[122]出，皆降車路左，望塵而拜。

太宰亮、太保瓘以楚王瑋剛愎[123]好殺，惡之，欲奪其兵權，以臨海侯裴楷[124]代瑋為北軍中候。瑋怒。楷聞之，不敢拜[125]。亮復與瓘謀，遣瑋與諸王之國[126]，瑋益忿怨。瑋長史公孫宏、舍人岐盛皆有寵於瑋，勸瑋自昵[127]於賈后，后留瑋領[128]太子少傅。盛素善[129]於楊駿，衛瓘惡其反覆[130]，將收[131]之。盛乃與宏謀，因[132]積弩將軍李肇矯稱瑋命，譖亮、瓘於賈后，云將謀廢立[133]。后素怨瓘[134]，且患二公[135]執政，己不得專恣[136]，夏，六月，后使帝作手詔[137]賜瑋曰：「太宰、太保欲為伊、霍之事[138]，王[139]宜宣詔，令淮南[140]、長沙[141]、成都王[142]屯諸宮門，免亮及瓘官。」

夜，使黃門齎[143]以授瑋。瑋欲覆奏[144]，黃門曰：「事恐漏泄，非密詔本意也。」瑋亦欲因此復私怨[145]，遂勒本軍[146]，復矯詔[147]召三十六軍[148]，告以「二公潛圖[149]不軌，吾今受詔都督中外諸軍，諸在直衛者[150]，皆嚴加警備，其在外營[151]，便相帥徑詣行府[152]，助順討逆。」又矯詔「亮、瓘官屬，一無所問，皆罷遣之[153]。若不奉詔，便軍法從事。」遣公孫宏、李肇以兵圍亮府，侍中清河王遐[154]收瓘。

亮帳下督[155]李龍白「外有變，請拒之」，亮不聽。俄而兵登牆大呼，亮驚曰：「吾無貳心，何故至此？詔書其可見乎？」宏等不許，趣[156]兵攻之。長史劉準謂亮曰：「觀此必是姦謀。府中俊乂[157]如林，猶可力戰。」又不聽，遂為肇所執，歎曰：「我之赤心，可破示天下也！」與世子矩俱死[158]。

衛瓘左右亦疑遐矯詔，請拒之，須[159]自表得報[160]，就戮未晚，瓘不聽。初，瓘為司空[161]，帳下督榮晦[162]有罪，斥遣之[163]。至是，晦從遐收瓘，輒殺瓘及子孫共九人，遐不能禁。

岐盛說瑋[164]：「宜因兵勢，遂誅賈、郭[165]以正王室，安天下。」瑋猶豫未決。會天明[166]，太子少傅張華使董猛說賈后曰：「楚王既誅二公[167]，則天下威權盡歸之矣，人主何以自安！宜以瑋專殺之罪[168]誅之。」賈后亦欲因此除瑋，深然之。

是時內外擾亂，朝廷恟懼，不知所出[169]。張華白帝，遣殿中將軍王宮齎騶虞幡[170]出麾眾[171]曰：「楚王矯詔，勿聽也！」眾皆釋仗而走。瑋左右無復一人，窘迫不知所為，遂執之，下廷尉。乙丑[172]，斬之。瑋出懷中青紙詔[173]，流涕以示監刑尚書劉頌曰：「幸託體先帝[174]，而受枉乃如此[175]乎！」公孫宏、岐盛並夷三族。

瑋之起兵也，隴西王泰[176]嚴兵[177]將助瑋。祭酒[178]丁綏諫曰：「公為宰相[179]，不可輕動。且夜中倉猝，宜遣人參審定問[180]。」泰乃止。

衛瓘女與國臣[181]書曰：「先公[182]名謚[183]未顯[184]，每怪一國蔑然無言[185]。春秋之失[186]，其咎安在[187]？」於是太保主簿[188]劉繇等執黃幡[189]，撾登聞鼓[190]，上言曰：「初，矯詔者至，公即奉送章綬[191]，單車從命[192]。如矯詔之文唯免公官[193]，而故給使榮晦[194]輒收公父子及孫，一時斬戮。乞驗盡情偽[195]，加以明刑[196]。」乃詔族誅榮晦，追復亮爵位，謚曰「文成」。封瓘為[7]蘭陵郡公，謚曰「成」。

於是賈后專朝，委任親黨，以賈模[197]為散騎常侍，加侍中。賈謐與后謀，以張華庶姓[198]，無逼上之嫌[199]，而儒雅有籌略，為眾望所依，欲委以朝政[200]。疑未決，以問裴頠，頠贊成之。乃以華為侍中、中書監，頠為侍中；又以安南將軍裴楷為中書令，加侍中，與右僕射王戎[201]並管機要。華盡忠帝室，彌縫遺闕[202]。賈后雖凶險，猶知敬重華。賈模與華、頠同心輔政，故數年之間，雖闇主在上，而朝野安靜，華等之功也。

秋，七月，分荊、揚十郡為江州203。

八月辛未204，立隴西王泰世子越為東海王。

九月甲午205，秦獻王柬206薨。○辛丑207，徵征西大將軍梁王肜208為衛將軍、錄尚書事。

【章旨】以上為第三段，寫晉惠帝元康元年（西元二九一年）的大事，主要寫了賈皇后勾結楚王司馬瑋、東安公司馬繇誣楊駿謀反，起兵誅滅楊氏家族；寫了賈皇后原本受楊太后護持，為皇后之後反而百般迫害楊太后，將其廢為庶人，將楊太后之母慘殺的情景；寫了汝南王司馬亮與太保衛瓘執掌朝政，為取悅眾心而濫肆封賞，又欲裁抑賈氏與司馬瑋、司馬繇之權，結果被賈氏與司馬瑋勾結，誣以「欲行廢立」之名，滿門誅滅；又寫了楚王司馬瑋欲誅賈氏而猶豫未決，結果被賈后、張華等人所誅，從此張華與賈氏執掌朝政，國家暫時獲得數年安定的情景。

【注釋】❶正月乙酉朔　正月初一是乙酉日。❷脩金墉城　打掃金墉城裡的住處。金墉城，洛陽城西北角的小城。❸充華　九嬪之一，是九嬪中的第九級，最低一級。❹長自當差　年齡大了就會變好。差，改變；變好。❺賈公閭　即賈充，字公閭。❻有大勳於社稷　指幫著司馬氏殺魏帝曹髦與篡取魏國政權等。❼妃親其女　賈妃是他的親閨女。❽正復　即使。❾遽忘其先德　一下子就忘了其先人對我們的恩情呢。遽，立即；一下子。❿后　指司馬炎的皇后楊芷。⓫數誡厲妃　曾多次告誡訓斥賈妃。⓬返　反而。⓭搆己於武帝　在武帝跟前說自己的壞話。搆，說壞話；陷害。⓮以婦道　按著做兒媳的本分。⓯殿

中中郎　官名，統領殿中護衛，位在殿中將軍下，由皇帝親信充任。⑯素給事東宮　一直在東宮（太子宮）供職。⑰為寺人監　充任宦官的頭領。⑱楚王瑋　司馬瑋，晉武帝的第五子。傳見《晉書》卷五十九。⑲二月癸酉　二月二十。⑳淮南王允　司馬允，字欽度，武帝之子。事跡見《晉書》卷六十四。㉑辛卯　三月初八。㉒中外　指朝廷內外。㉓以侯就第　免去職務，以臨晉侯的身分回家賦閒。㉔東安公繇　司馬繇，司馬懿的孫子，晉惠帝司馬衷的堂叔。㉕司馬門　宮城的前外門。㉖三公尚書　官名，隸尚書臺，主管審理刑獄。㉗孤公　一個孤老頭。按，段廣是楊駿的外甥，故為之分解。㉘曹爽故府　曹爽當年所住的房子。曹爽是魏末的宗室大臣，被司馬懿政變所殺。傳見《三國志》卷九。㉙太傅主簿　楊駿的僚屬。主簿相當於今之「祕書長」。㉚趣　目的。㉛閹豎　指宦官小人。㉜不利於公　將加害於您，指楊駿。㉝雲龍門　洛陽皇宮正南門。㉞索造事者　勒令裡頭交出製造事端的人。㉟萬春門　皇宮東門。㊱引　帶領。㊲東宮及外營兵　駐紮在東宮外面的警衛部隊。㊳魏明帝　曹叡，曹丕之子，西元二二七—二三九年在位。㊴白駿　告訴楊駿；給楊駿出主意。㊵顧曰　回頭對他說。㊶內外隔絕　宮內宮外消息不通。㊷不知國家所在　不知皇帝現在哪裡。國家，指皇帝司馬衷。㊸裴頠　字逸民，裴秀之子，博學稽古，為一時之傑，與賈后是表兄妹。傳見《晉書》卷三十五。㊹紿　哄騙。㊺向　剛才。㊻乘素車　乘著白色小車，一種離開朝廷的樣子。㊼從二人　有兩個人跟著。㊽宜至廷尉　應該自動到廷尉那裡去接受懲治。廷尉是國家最高的司法長官。㊾委而去　指把軍隊託付給裴頠統領，自己脫身離去。㊿秀　裴秀，字季彥，魏晉之交受知於司馬氏，為晉朝創制朝儀。傳見《晉書》卷三十五。(51)就殺之　將他殺死在馬廄中。(52)表在石函　我昔日的奏章收藏在太廟的石匣中。楊珧上表勸司馬炎不要從楊氏家族連娶二后事，見本書卷八十咸寧二年。(53)依鍾毓例　鍾毓是鍾會之兄，曾勸司馬昭不要重用其弟。鍾會叛逆被誅後，鍾毓已死，司馬昭特赦免其二子，官爵如故。事見本書卷七十八咸熙元年。(54)以刀破其頭　因楊珧哀號掙扎，劊子手無法砍準脖子，遂用刀劈開了他的頭顱。(55)故忌文鴦　諸葛誕與文鴦之父文欽一同反司馬昭，後諸葛誕殺文欽，文鴦逆降司馬昭，諸葛誕兵敗被殺，事見本書卷七十七甘露三年。(56)深遠權勢　要離開權勢遠遠地。(57)壬辰　三月初九。(58)改元　在此以前是「永平元年」，現在改稱元康元年。(59)永寧宮　自曹魏以來是太后居住的地方。(60)特全　特別開恩保全。(61)高都君龐氏　楊駿之妻，皇太后楊芷的生母，姓龐，被封為高都君。(62)聽就太后居　准許她隨其女一處居住。(63)尋復諷羣公有司奏　不久又指使大臣向皇帝建議。尋，不久。諷，示意；指使。(64)陰漸姦謀　暗地裡一直參與其父的奸謀活動。漸，染；參與。(65)要募　聚集、招募。(66)同惡相濟　指與楊駿互相幫助，共同作惡。(67)魯侯絕文姜　指魯莊公驅除其母桓公夫人文姜。文姜是齊襄公的妹妹，兄妹私通，事情洩露，齊襄公又將魯桓公殺死。由於魯國是小國，不敢得罪齊國，故魯桓公的兒子莊公繼位後，只是將文姜送回齊國。(68)春秋所許　孔子在《春秋》上對這件事寫道：「夫人遜於齊」。《穀梁傳》曰：「不言氏姓，貶之也。」許，讚許。(69)蓋奉祖宗二句　這完全是出於身為魯國祖宗基業的繼承者，對天下人所表現的一種大公無私。(70)無已之情　指對母親無盡的孝思。(71)不敢奉詔　沒法按著您的意思辦，意即反對留著楊后。(72)峻陽庶人　庶人，平民。武帝司馬炎的陵墓叫「峻陽陵」，故稱楊氏叫「峻陽庶人」。(73)黨其所親　跟她的親眷結成黨羽。(74)不母於聖世　對當今皇帝做了母親不該做的事。(75)漢廢趙太后為孝成后　趙太后即趙飛燕，漢成帝的皇后，因與其妹謀殺漢成帝的許多兒子，後被廢去「太后」稱號，只以「孝成后」相稱。事見本書卷三十五元壽元年。(76)居異宮　另找一個宮殿讓她居住。(77)全始終之恩　意即讓她一直活到死。(78)下邳王晃　司馬晃，司馬懿之兄司馬孚的兒子，被封為下邳王。(79)尉　通「慰」。(80)復固請　還是堅決請求。這些人當然都是賈后指使。(81)不見省　不被理睬。(82)董養遊太學　當時的隱士董養到太學遊覽參觀。董養是浚儀縣（今河南開封）人，事跡見《晉書・隱逸傳》。(83)升堂　登上講書的課堂。(84)將以何為乎　意謂興建太學不就是講授孝悌之義麼，而今賈氏虐待楊后，誅殺龐氏，毫無人性，還要這欺人的「太學」幹什麼。(85)公卿處議　三公及九卿等高級官員的討論意見。處議，坐而議論。(86)文飾禮典　指幹盡了喪盡天良的事，還要引經據典，為自己作粉飾。(87)斬關赴爽　司馬懿發動政變要殺曹爽，曹爽的僚屬魯芝當時正在司馬懿處，聽說後，斷然破門而出，往依曹爽。事見本書卷七十五嘉平元年。(88)宣帝　指司馬懿，司馬炎即位後謚之為宣帝。(89)壬寅　三月十九。(90)領北軍中候　兼任北軍五營的監察長官。五營指屯騎、越騎、步兵、長水、射聲，都是駐紮在京城的警衛部隊。(91)督將侯者千八十一人　督將，將軍手下的中級軍官。中級軍官被封侯的達一千多人，可見其濫封之嚴重。(92)熏赫　顯赫盛大。(93)禍原　禍亂的根源。原，通「源」。(94)作此　指興這個頭兒。(95)正之以道　糾正得合理。(96)更倍論　又加倍地封賞。(97)處重　居於重要地位，即掌管大權。(98)反此失　改變楊駿那樣的錯誤做法。(99)靜默頤神　少下命令，少說話，自己安養精神。實際是安定人心。(100)有大得失二句　有了關係國家安危的大問題，才稍微過問一下。(101)一皆抑遣　一概壓下不辦或讓別人去管。(102)比過尊門　不久前曾到過府上。比，近來；前不久。尊門，敬指司馬亮的府門。(103)此之翕習　這樣的風氣。翕習，風氣；習慣。(104)既宜弭息　應當一概剎住。既，意思同「概」。弭，息；剎住。(105)夏侯長容　夏侯駿，字長容，司馬亮的姻親。(106)暴擢為少府　一下子被提升為少府官。少府的職務是掌管皇宮的財富、物資，屬九卿一級。(107)車騎司馬模　賈模。車騎司馬是車騎將軍的高級幕僚，掌參贊軍務，管理本部武官。(108)賈謐　賈皇后的妹妹賈午嫁與韓壽所生的兒子。賈充無子，遂以韓壽的兒子韓謐為孫，改稱賈謐。(109)並預國政　共同管理國家大事。預，過問。(110)賈氏　指賈氏家族。(111)庚戌　三月二十七。(112)悖言　悖逆、不滿的言論。(113)帶方　晉郡名，在今朝鮮京畿道及忠清北道，治所在今平壤西南。114於是　此時；當時。115延　接納；招引。116陸機　字士衡，吳（今江蘇蘇州）人，東吳大司馬陸抗之子，當時有名的詩人之一。傳見《晉書》卷五十四。117機弟雲　陸雲，字士龍。傳見《晉書》卷五十四。118和郁　晉初直臣和嶠之弟。傳見《晉書》卷四十三。119潘岳　字安仁，當時有名的文學家，以容貌美麗聞名。120摯虞　字仲洽，歷任中郎、祕書監、衛尉卿等職。傳見《晉書》卷五十一。121左思　字太沖，臨淄（今山東淄博）人，貌醜口訥，但辭藻壯麗。〈三都賦〉與〈詠史〉詩為其代表。傳見《晉書》卷九十二。122廣城君郭槐　賈謐的祖母，賈充的妻子，賈皇后的生母，被封為廣城君。123剛愎　自以為是，不聽別人意見。124裴楷　字叔則，裴徽的兒子，裴頠的堂叔，當時的名士。傳見《晉書》卷三十五。125不敢拜　不敢接受該項職務。126之國　離開京都洛陽，回到各自的封地上去。127自昵　主動親近。128領　兼任。129素善　一向交情很好。130惡其反覆　討厭岐盛的反覆無常，沒有操守。131收　拘捕。132因　依靠；通過。133謀廢立　陰謀廢黜皇帝，另立新君。134后素怨瓘　因衛瓘曾暗示司馬炎不要傳位於司馬衷。事見本書卷八十。135二公　指司馬亮、衛瓘。136專恣　專權放縱，為所欲為。137作手詔　親手撰寫詔書。138伊霍之事　指行廢立。商朝的伊尹曾放逐太甲，西漢的霍光曾廢昌邑王，另立漢宣帝。139王　指稱楚王司馬瑋。140淮南　即淮南王司馬允。141長沙　即長沙王司馬乂。142成都王　即司馬穎。143齎　持；拿著。144覆奏　再重新請示一遍。145因此復私怨　趁此機會報私仇。146勒本軍　帶領著司馬瑋所掌的北軍五營。147復矯詔　又詐稱奉皇帝詔命。148三十六軍　當時洛陽城內外共三十六軍。149潛圖　祕密圖謀。150在直衛者　正在值勤、擔任衛護防守之職的人。151其在外營　其他所有在外的武裝部隊。152相帥徑詣行府　帶著本部人馬到朝廷在外地設立的辦事部門。153皆罷遣之　全部罷免、遣散。154清河王遐　司馬遐，司馬炎之子。155帳下督　諸公及諸大將帳下門前的武官名，負責警衛。156趣　催促。157俊乂　英雄才俊。158與世子矩俱死　汝南王司馬亮是司馬懿的第四子，自元康元年（西元二九一年）三月入京，當權僅四個月。至此，「八王之亂」的第一王結束。世子，長子；王位的合法繼承人。159須　等候。160自表得報　親自給皇帝上表有了答覆。161瓘為司空　武帝太康三年（西元二八二年），衛瓘為司空，永熙元年（西元二九〇年）免。162榮晦　姓榮名晦。163斥遣之　斥責並將他逐出司空府。164說瑋　勸說司馬瑋。165賈郭　指賈謐、郭彰。166會天明　正好這時天亮。167誅二公　指殺了司馬亮與衛瓘。168專殺之罪　擅自殺戮（司馬亮與衛瓘）的罪過。169不知所出　指眾人皆不知如何是好。170騶虞幡　一種繡著「騶虞」的長條旗幟。「騶虞」是古代傳說中的一種義獸，長得像白虎，身上有黑紋，性情仁慈，不吃有生命的東西，不踐踏青草，很講信義。旗幟上繡這種獸，是用來化解及阻止戰爭。171麾眾　向著眾人揮動。172乙丑　六月十三。173青紙詔　一種用青紙寫的皇帝的詔書。174託體先帝　即指他是先帝司馬炎的親生兒子。175受枉乃如此　竟然蒙受這樣的冤枉。司馬瑋自元康元年（西元二九一年）三月誅殺楊駿，至此當權共四個月。「八王之亂」的第二王至此結束。(176)隴西王泰　司馬泰。司馬懿之弟的兒子。(177)嚴兵　調集軍隊。(178)祭酒　指隴西王府的屬官。晉公府有東閣祭酒、西閣祭酒二官，以管文化、禮儀方面。(179)公為宰相　司馬泰當時任司空，與太尉、司徒同為宰相。(180)參審定問　瞭解核實情況。問，同「聞」。消息。(181)國臣　朝廷的高級官員。(182)先公　指衛瓘。(183)名謚　此指謚號。(184)未顯　即沒有。(185)蔑然無言　竟沒有人為此說話。(186)春秋之失　《春秋》大義不能得到貫徹。《公羊傳》曰：「《春秋》，君弒，賊不討，以為無臣子也。」意思是，君主被殺，臣屬不懲辦逆賊，不配當臣下；兒子不報殺父之仇，不配當兒子。(187)其咎安在　責任應該由誰來負。咎，罪過；責任。(188)太保主簿　衛瓘的屬官。(189)黃幡　黃色直掛的旗子。(190)撾登聞鼓　擂動皇宮門前向裡通報消息的大鼓。古代臣民遇有緊急事件，可以到宮門擊鼓上聞，故稱「登聞鼓」。撾，敲。(191)奉送章綬　向傳旨者交出印章綬帶。(192)單車從命　單身上車隨傳旨者而行。(193)如矯詔之文唯免公官　如果假詔書上所寫的只是免掉衛公之官。(194)故給使榮晦　從前在衛公帳下服務的榮晦。給使，供趨遣，指其曾為帳下督。(195)驗盡情偽　徹底查明事情的真偽。(196)加以明刑　給予公開的懲處。(197)賈模　賈后的堂兄。(198)庶姓　不是司馬氏家族的人。(199)無逼上之嫌　不會對皇帝（實際指對賈后一黨）構成威脅。(200)委以朝政　委派他主持朝政。(201)王戎　字濬仲，好清談，為「竹林七賢」之一。與賈氏聯姻，又曾優容趙王司馬倫黨羽孫秀，故屢經政變，竟能保全。苟媚取容，時人鄙之。傳見《晉書》卷四十三。(202)彌縫遺闕　彌補朝廷的缺失。(203)江州　轄境相當今江西、福建兩省。州治豫章，即今江西南昌，後遷尋陽（今江西九江市）。(204)八月辛未　八月二十。(205)九月甲午　九月十四。(206)秦獻王柬　司馬柬，司馬炎之子，獻字是謚。(207)辛丑　九月二十一。(208)梁王肜　司馬肜，司馬懿之子，被封為梁王，都城在今河南商丘城西南。

【校　記】 ①手　據章鈺校，甲十一行本、乙十一行本、孔天胤本皆作「士」。②誣　原無此字。據章鈺校，甲十一行本、乙十一行本、孔天胤本皆有此字，今據補。③皇　原無此字。據章鈺校，甲十一行本、乙十一行本、孔天胤本皆有此字，今據補。下文「皇太后非得罪於先帝」，原亦無「皇」字，係據甲十一行本等增補。④為　原作「曰」。據章鈺校，甲十一行本、乙十一行本、孔天胤本皆作「為」，今從改。⑤奏　據章鈺校，甲十一行本、乙十一行本、孔天胤本此字下皆有「請」字。⑥厚　原無此字。據章鈺校，甲十一行本、乙十一行本、孔天胤本皆有此字，張敦仁《通鑑刊本識誤》同，今據補。⑦為　據章鈺校，甲十一行本、乙十一行本、孔天胤本皆無此字。

【語　譯】 元康元年（辛亥　西元二九一年）

春季，正月初一日乙酉，改年號為「永平」。

當初，賈皇后做太子妃的時候，曾經因為嫉妒親手殺死了好幾個人，又用戟投擲已經懷孕的姬妾，姬妾腹中懷著的胎兒隨著刀刃劃破肚腹而墜落。晉武帝司馬炎聞訊大怒，立即派人去清掃金墉城，準備廢黜賈妃，把她囚禁到金墉城。荀勗、馮紞、楊珧以及充華趙粲共同營救賈妃，他們對晉武帝說：「賈妃年紀還小，嫉妒是女人的常情，年齡大了，她自然就會逐漸好起來。」楊皇后也勸諫晉武帝說：「她的父親賈充對國家社稷立有大功，賈妃是他的親閨女，即使她妒忌，豈能因此而立馬就忘了她先人對我們的恩情呢？」賈妃由於這個原因才沒有被廢掉。

楊皇后曾經多次告誡訓斥賈妃，賈妃不知道楊皇后是在幫助自己，反而認為楊皇后在晉武帝面前說自己的壞話，因此更加痛恨楊皇后。等到司馬衷即位，賈妃當上了皇后之後，她既不肯按著做兒媳的本分侍奉楊太后，又想要干預朝政，因而遭到太傅楊駿的壓制。擔任殿中中郎的渤海人孟觀、李肇，都是被楊駿所輕視、不以禮相待的人，於是他們便暗中誣陷楊駿，說楊駿將要危害國家社稷。黃門董猛一直在東宮供職，充任宦官的首領，賈皇后暗中指使董猛與孟觀、李肇密謀誅殺楊駿，然後再廢黜楊太后。賈皇后又派李肇去通知汝南王司馬亮，讓司馬亮起兵討伐楊駿，司馬亮認為不可以這樣做。李肇又去通知都督荊州諸軍事的楚王司馬瑋，司馬瑋欣然答應，於是司馬瑋請求入朝。楊駿一向忌憚司馬瑋的勇猛和雷厲風行的作風，早就想召他回京任職卻又不敢，現在趁司馬瑋主動請求入朝任職的機會，便立即答應了他的請求。二月二十日癸酉，司馬瑋與都督揚州諸軍事的淮南王司馬允同時入朝。

三月初八日辛卯，孟觀、李肇奏報惠帝司馬衷，司馬衷連夜寫下詔書，誣陷楊駿謀反，朝廷內外一律戒嚴，然後派使者捧著皇帝的詔書罷免了楊駿的職務，讓他以臨晉侯的身分回家賦閒。又命令東安公司馬繇率領殿中的四百禁衛軍去討伐楊駿，楚王司馬瑋率兵駐紮在司馬門，任命淮南國的國相劉頌為主管審理刑獄的三公尚書，讓他率領軍隊駐紮在殿中擔任守衛。楊駿的外甥、擔任散騎常侍的段廣跪在司馬衷面前哀求說：「楊駿只是一個孤老頭，又沒有兒子，豈有反叛的道理！希望陛下明察。」司馬衷不回答。

當時，楊駿居住在曹爽當年的府邸中，地處武庫的南邊，他聽說宮內發生政變，立即召集眾官商議對策。擔任太傅主簿的朱振對楊駿說：「如今宮內有變，目的很明顯，必然是宦官為賈皇后出謀劃策，恐怕將會加害於你。現在應該放火燒毀雲龍門，用火勢威脅皇宮，勒令宮中交出製造事端的人。然後先打開萬春門，帶領東宮和駐防於東宮外面的警衛部隊簇擁著皇太子司馬遹進入皇宮，逮捕奸黨。宮中感到震驚恐懼，必然會把主謀者殺掉送出來。否則的話，沒有辦法躲過這場災難。」楊駿一向膽小懦弱，此時更是猶豫不決，他竟然說：「雲龍門是魏明帝時修建的，耗費了巨大的財力物力，為什麼要燒掉它呢？」擔任侍中的傅祇向楊駿稟告，請求允許自己與尚書武茂入宮去觀察形勢，並趁機對同僚們說：「宮中不能沒有人。」於是向楊駿作了一個揖便下臺階而去。眾人全都散去，只有武茂還獨自坐在那裡。傅祇回頭對武茂說：「你難道不是天子的大臣嗎？如今宮內宮外消息隔絕，不知道皇帝目前在哪裡，你怎能安然地坐在這裡呢？」武茂這才驚慌起身。楊駿的黨羽擔任左軍將軍的劉豫率軍在門前守衛，他遇見擔任右軍將軍的裴頠，就向裴頠打聽太傅楊駿現在在哪裡。裴頠哄騙他說：「我剛才在西掖門遇見楊太傅乘坐著一輛白色的小車，有兩個人跟隨著從西門出去了。」劉豫說：「我應該去哪裡呢？」裴頠說：「你應該自動到廷尉那裡去接受懲治。」劉豫聽從了裴頠的勸告，他把軍隊託付給裴頠統領便脫身而去。不一會兒，有詔書命裴頠代替劉豫兼任左軍將軍，負責駐守萬春門。裴頠，是裴秀的兒子。楊太后用帛寫了一封書信，用箭射出城外，帛書上說：「誰能救出太傅楊駿，有重賞。」賈皇后趁機宣稱楊太后一同謀反。不一會兒，宮中派出軍隊，放火燒毀了楊駿的府邸。又命令弓弩手站在閣樓上居高臨下地向楊駿的府邸放箭，楊駿府中的士兵無法出門。楊駿逃到了馬廄裡，在馬廄裡被人殺死。孟觀等人隨即逮捕了楊駿的弟弟楊珧、楊濟，張劭、李斌、段廣、劉豫、武茂以及散騎常侍楊邈、中書令蔣俊、東夷校尉文鴦全部被誅滅三族，被殺死的有幾千人。

楊珧在臨刑的時候，對東安公司馬繇說：「我過去的奏章收藏在太廟的石匣裡，你們可以去詢問張華。」眾人都說應該依照鍾毓的例子為他申述理由。司馬繇不聽勸阻，而賈氏的黨羽又催促趕緊行刑。楊珧口稱冤枉，哀號掙扎不止，劊子手就用刀劈開了他的頭顱。司馬繇，是諸葛誕的外孫，所以忌恨文鴦，誣蔑文鴦是楊駿的死黨而誅殺了。這一夜，是誅殺還是賞賜都由司馬繇說了算，司馬繇的威勢震動了宮廷內外。王戎對司馬繇說：「大事之後，你應當遠離權勢。」司馬繇不聽勸告。

三月初九日壬辰，大赦天下，改年號為「元康」。

賈皇后假傳聖旨，派後軍將軍荀悝把楊太后送入永寧宮，特別開恩保全了楊太后的母親高都君龐氏的性命，並准許她隨其女兒楊太后一起居住。過了不久，賈皇后又指使大臣向司馬衷奏請說：「楊太后暗地裡一直參與其父的奸謀活動，企圖危害國家社稷，她飛箭傳書，招募將士，與楊駿互為表裡，共同作惡，自絕於天下人民。魯莊公驅逐了自己的母親桓公夫人文姜，孔子在《春秋》中對此事表示讚許。這完全是身為魯國祖宗基業的繼承者，對天下人所表現的一種大公無私。陛下雖然對母親楊皇后懷有無窮無盡的孝思，但臣下不能執行陛下的詔命留下楊太后。」晉惠帝於是又下詔說：「是不是留下楊太后這是件大事情，應該再慎重討論。」有關部門又奏請說：「應該把皇太后楊氏廢為峻陽庶人。」擔任中書監的張華建議說：「皇太后並沒有得罪先帝，而是跟她的親眷結成黨羽，對當今皇帝做了母親不應該做的事情，應該依照漢朝廢趙太后為孝成后的故事，貶黜皇太后的稱號，還稱她為武皇后，另找一個宮殿讓她居住，讓她能夠壽終。」擔任左僕射的荀愷與擔任太子少師的下邳王司馬晃等人建議說：「楊太后陰謀危害國家，不可以再配享先帝，應當貶黜她太后的尊號，廢她為庶人，把她關進金墉城。」於是有關部門奏請應該聽從司馬晃等人的意見，廢楊太后為庶人，晉惠帝下詔認為可以。於是司馬晃等人又奏請說：「楊駿謀反作亂，家屬應該一律誅殺，上次下詔寬宥了楊駿的妻子龐氏，為的是安慰楊太后之心。如今楊太后已經被廢為庶人，請把龐氏交付廷尉執行死刑。」惠帝下詔不許。有關部門一再請求，惠帝只得聽從了有司的建議。龐氏臨刑的時候，楊太后緊緊抱住她的母親放聲哀號，並剪去頭髮磕頭不止，又上表給賈皇后稱自己為妾，請求保全她母親的性命，根本不被賈皇后理睬。當時的隱士董養到太學遊覽參觀，他登上講書的課堂歎息著說：「朝廷建造這個太學堂，不就是為了講授孝悌之義麼，而今賈氏虐待楊皇后，誅殺龐氏，毫無人性，還要這欺人的『太學』幹什麼呢？我每次觀看國家的赦書，那些謀反、犯了大逆不道之罪的人都在赦免之內，而對於殺害祖父母、父母的不在赦免的範圍之內，因為殺害祖父母、父母的行為是王法所不能容忍的。為什麼三公及九卿等高級官員在討論的過程中，對這種喪盡天良的壞事，還要引經據典，極力加以粉飾，竟然到了如此的程度呢？天理人情已經喪失殆盡，天下將要大亂了！」

有關部門逮捕了楊駿的屬官，想把他們全部殺掉。擔任侍中的傅祗向晉惠帝啟奏說：「過去魯芝為曹爽擔任司馬，當聽說宣帝要除掉曹爽的時候，魯芝斷然破門而出去投奔曹爽，宣帝不僅沒有殺害魯芝還任命他為青州刺史。楊駿的僚屬，不可以全部加罪處死。」晉惠帝於是下詔赦免了楊駿的僚屬。

三月十九日壬寅，徵召汝南王司馬亮為太宰，讓他與太保衛瓘共同掌管尚書省的事務、輔佐朝政。任命秦王司馬柬為大將軍，東平王司馬楙為撫軍大將軍，楚王司馬瑋為衛將軍、兼任北軍五營的監察長官，下邳王司馬晃為尚書令，東安公司馬繇為尚書左僕射，進爵位為王。司馬楙，是司馬望的兒子。封董猛為武安侯，他的三個哥哥都被封為亭侯。

司馬亮想要討好眾人，於是評定誅殺楊駿的功勞，中級軍官被封為侯爵的就有一千零八十一人。擔任御史中丞的傅咸寫信給司馬亮說：「如今封賞的人數顯赫盛大，可謂是震天動地，是自古以來所從未有過的。如果沒有建立功勞卻受到厚賞，那麼就沒有人不樂意國家發生災禍，國家災禍的根源將要無窮無盡。首先開這個頭的，是東安公司馬繇。人們都說殿下您回到京師後，就應當對以前的這種錯誤做法予以糾正。糾正得合情合理，眾人還有什麼可惱怒的呢？眾人之所以惱怒，是由於賞賜不公平。而如今又加倍地賞賜，天下人無不對此感到失望。」司馬亮特別專擅權勢，傅咸又勸諫他說：「楊駿擁有使人主感到震恐的威勢，他只信任、重用他的親戚，這是導致天下譁然的原因。如今你處在重要的位置上，應該改變楊駿那樣的錯誤做法。少下命令、少講話、自己安養精神，有了關係國家安危的大問題，才稍微過問一下。如果不是什麼大事情，一概壓下不辦或讓別人去管。不久前我曾到過你的府上，看到冠蓋車馬填衢塞巷，這種奔走鑽營的習氣，應當一概剎住。還有夏侯長容沒有功勞卻一下子被提升為少府官，議論的人都說夏侯長容是你的親家，所以才有這樣的事發生。這件事情要是流傳到四面八方，對你實在沒有什麼益處。」司馬亮不聽勸告。

賈皇后的同族哥哥車騎司馬賈模、堂舅右衛將軍郭彰、妹妹的兒子賈謐與楚王司馬瑋、東安王司馬繇全都參與管理國家大事。賈皇后殘暴乖戾的程度一天比一天嚴重，於是東安王司馬繇密謀廢黜賈皇后，賈氏家族對此深感畏懼。司馬繇的哥哥東武公司馬澹一向討厭司馬繇，屢次地在太宰司馬亮面前說司馬繇的壞話，他說：「司馬繇獨斷專行，任意誅殺賞賜，想要自己專擅朝政。」三月二十七日庚戌，惠帝下詔罷免了司馬繇的官職。又因為司馬繇有悖逆、不滿的言論而獲罪，被貶為平民，流放到帶方郡。

當時賈謐、郭彰的權勢越來越大，賓客盈門。賈謐雖然驕傲奢侈然而愛好學習，喜歡接納、招引士大夫，郭彰、石崇、陸機、陸機的弟弟陸雲、和郁以及滎陽人潘岳、清河人崔基、勃海人歐陽建、蘭陵人繆徵、京兆人杜斌、摯虞、琅邪人諸葛詮、弘農人王粹、襄城人杜育、南陽人鄒捷、齊國人左思、沛國人劉瓌、周恢、安平人牽秀、潁川人陳眕、高陽人許猛、彭城人劉訥、中山人劉輿、劉輿的弟弟劉琨都依附於賈謐，號稱二十四友。和郁，是和嶠的弟弟。其中石崇與潘岳對賈謐尤其諂媚、侍奉，他們二人經常故意等候在賈謐的門前，當看到賈謐及廣城君郭槐出門的時候，就趕緊下車跪拜在路的左邊，一直跪拜到連車子揚起的塵土都看不見了為止。

太宰司馬亮、太保衛瓘認為楚王司馬瑋剛愎自用，嗜好殺戮，所以非常厭惡他，就想剝奪他的軍權，然後讓臨海侯裴楷取代司馬瑋為北軍中候。司馬瑋非常憤怒。裴楷聽說後，也不敢接受北軍中候的職務。司馬亮又與衛瓘商議，讓司馬瑋與其他諸侯王全都離開京城回到他們自己的封國去，司馬瑋對此更加怨恨和憤怒。擔任司馬瑋長史的公孫宏、舍人岐盛都很受司馬瑋的寵信，他們勸說司馬瑋主動去親近賈皇后，於是賈皇后留下司馬瑋兼任太子少傅。岐盛一向與楊駿交情很好，衛瓘憎惡岐盛反覆無常，沒有操守，就準備拘捕岐盛。岐盛於是與公孫宏密謀，通過積弩將軍李肇假傳司馬瑋的命令，在賈皇后面前構陷司馬亮、衛瓘，說他們準備廢黜皇帝司馬衷另立新君。賈皇后平常就很怨恨衛瓘，而且深恨司馬亮、衛瓘二人執掌朝政，使自己不能大權獨攬、為所欲為，夏季，六月，賈皇后讓司馬衷親手寫下詔書賜予司馬瑋，說：「太宰司馬亮、太保衛瓘要學伊尹、霍光的榜樣行廢立之事，楚王司馬瑋應該宣布詔書，命令淮南王司馬允、長沙王司馬乂、成都王司馬穎率兵屯駐各宮門，罷免太宰司馬亮和太保衛瓘的官職。」當天夜裡，賈皇后派黃門到司馬瑋那裡宣讀詔書。司馬瑋準備再請示一遍，黃門說：「恐怕事情會洩露，那就不是頒布密詔的本意了。」司馬瑋也想利用這個機會報復私仇，於是就統率自己手下的軍隊，又詐稱奉皇帝的詔命，召集起京城內外的三十六軍，宣告「司馬亮、衛瓘二人暗中圖謀不軌，我今天接受了皇帝的詔命負責統領朝廷內外各路軍隊，凡是正在執勤、擔任衛護防守之職的人，都要嚴加警戒，其他所有在外的武裝部隊，都要帶著本部人馬到朝廷在外地設立的辦事部門，協助正義之師討伐逆賊。」又假傳皇帝的詔命說「司馬亮、衛瓘的屬官，一概不追究，全部罷免遣散。若不奉詔，便按軍法處置。」司馬瑋派公孫宏、李肇率兵圍住司馬亮的府邸，派擔任侍中的清河王司馬遐去逮捕衛瓘。

司馬亮的帳下督李龍向司馬亮報告說「外邊情況有異常，請立即發兵抵抗」，司馬亮不聽勸告。不一會兒，外邊的士兵登上院牆大呼，司馬亮這才驚慌地說：「我對朝廷毫無二心，為什麼要這樣對待我呢？能不能讓我看一下詔書？」公孫宏等不許司馬亮觀看詔書，而是催促士兵加緊攻打。長史劉準對司馬亮說：「由此看來，必有奸謀。您府中的英雄才俊多如樹林，還可以藉此決一死戰。」司馬亮又不聽從勸告，於是司馬亮被李肇抓獲，司馬亮歎息著說：「我的一片赤誠之心，可以破開肚子讓天下人觀看！」司馬亮與長子司馬矩一同被殺死。

衛瓘左右的人也懷疑清河王司馬遐是假傳詔命，請求衛瓘率人抵抗，等候自己給皇帝上的表章有了明確答覆，再接受刑戮也不算晚，衛瓘不肯聽從勸告。當初，衛瓘為司空的時候，帳下督榮晦犯了罪，衛瓘斥責他並把他逐出了司空府。現在，榮晦跟隨清河王司馬遐前來拘捕衛瓘，他當場就殺死了衛瓘及其子孫共九人，清河王司馬遐禁止不住。

岐盛勸說司馬瑋說：「應該借助現在的兵勢，立即誅殺賈謐、郭彰，以匡扶王室，安定天下。」司馬瑋猶豫不決。此時天已大亮，擔任太子少傅的張華派董猛提醒賈皇后說：「楚王司馬瑋已經誅殺了司馬亮、衛瓘二人，如今天下的威權就全部歸屬於楚王司馬瑋掌握了，皇帝怎麼能夠得到安全！應該以司馬瑋擅自誅殺大臣的罪名除掉司馬瑋。」賈皇后也想藉機除掉司馬瑋，因此非常贊同張華的建議。當時宮內宮外一片混亂，朝廷大臣也都驚慌失措，不知道如何是好。張華稟報惠帝司馬衷，派遣擔任殿中將軍的王宮帶著「騶虞幡」出宮，王宮一邊向眾人揮動「騶虞幡」，一邊對眾人宣布：「楚王司馬瑋假傳聖旨，不要聽他的指揮！」於是眾人都放下武器四散而走。司馬瑋左右一個人也沒有了，窘迫之中不知如何是好，於是將司馬瑋逮捕，交付給廷尉審理。六月十三日乙丑，將司馬瑋斬首。臨刑時司馬瑋拿出懷中的青紙詔書，流著眼淚拿給監刑尚書劉頌觀看，說：「我有幸是先帝的親生兒子，竟然會蒙受這樣的冤枉！」公孫宏、岐盛一併被誅滅了三族。

司馬瑋起兵的時候，隴西王司馬泰調集軍隊準備增援司馬瑋。擔任祭酒的丁綏勸阻說：「你身為宰相，不可輕舉妄動。而且是在黑夜之中事起倉猝，應該派人去瞭解核實情況。」司馬泰這才沒有貿然採取行動。

衛瓘的女兒給朝中的大臣寫信說：「先父的謚號還沒有宣布，我為此感到很奇怪，全國上下竟然沒有一個人敢出來說句公道話。《春秋》大義不能得到貫徹，責任應該由誰來負呢？」於是在衛瓘屬下擔任太保主簿的劉繇等人高舉著黃幡，擂響了皇宮門前的登聞鼓，然後上奏章說：「當初，假傳聖旨的人一到，衛瓘就趕緊向傳旨者交出印章綬帶，單身一人上車跟隨傳旨者而去。如果假傳詔書的內容只是免掉衛瓘的官職，而從前曾在衛瓘手下擔任帳下督的榮晦竟然逮捕了衛瓘父子及其孫子，一時之間就誅殺了九人。請求徹底查明事情的真偽，對假傳詔書之人給予公開懲處。」於是惠帝下詔誅滅榮晦全族，追認恢復司馬亮的爵位，給司馬亮的謚號為「文成」。追封衛瓘為蘭陵郡公，謚號為「成」。

於是賈皇后專擅朝政，對自己的親信黨羽委以重任，她任命賈模為散騎常侍，兼任侍中。賈謐與賈皇后密謀，認為張華出身平民，不是司馬氏家族的人，不會對皇帝構成威脅，而且溫文儒雅，又有謀略，為眾望所歸，就想委派他主持朝政。因為猶豫不決，就去詢問裴頠，裴頠表示贊成。於是任命張華為侍中、中書監，任命裴頠為侍中；又任命安南將軍裴楷為中書令，兼侍中，與右僕射王戎共同掌管朝廷機要文書。張華對司馬氏忠心耿耿，盡心竭力彌補朝廷的缺失。賈皇后雖然兇惡陰險，尚且懂得敬重張華，賈模與張華、裴頠同心輔佐朝政，所以數年之間，雖然晉惠帝昏庸無能，而朝野安然無事，這都是張華等人的功勞。

秋季，七月，把荊州、楊州等十個郡劃分出來設置為江州。

八月二十日辛未，立隴西王司馬泰的長子司馬越為東海王。

九月十四日甲午，秦王司馬柬去世，謚號為「獻」。○二十一日辛丑，徵召征西大將軍梁王司馬肜回京師擔任衛將軍、錄尚書事。

二年（壬子　西元二九二年）

春，二月己酉❶，故楊太后卒❷于金墉城。是時❸，太后尚有侍御❹十餘人，賈后悉奪之❺，絕膳❻八日而卒。賈后恐太后有靈，或訴冤於先帝，乃覆而殯之❼，仍施諸厭劾符書、藥物❽等。

秋，八月壬子❾，赦天下。

三年（癸丑　西元二九三年）

夏，六月，弘農❿雨雹，深三尺⓫。○鮮卑宇文莫槐為其下所殺，弟普撥立。

○拓拔綽⓬卒，弟[1]子弗立。

四年（甲寅　西元二九四年）

春，正月丁酉⓭，安昌元公石鑒薨。

夏，五月，匈奴郝散⓮反，攻上黨⓯，殺長吏。○秋，八月，郝散帥眾降，馮翊都尉⑯殺之。

是歲，大饑。

司隸校尉傅咸卒。咸性剛簡⑰，風格峻整⑱。初為司隸校尉，上言：「貨賂⑲流行，所宜深絕⑳。」時朝政寬弛，權豪放恣㉑，咸奏免河南尹澹㉒等官，京師肅然㉓。

慕容廆徙居大棘城㉔。○拓拔弗卒，叔父祿官立。

五年（乙卯　西元二九五年）

夏，六月，東海㉕雨雹，深五寸。○荊、揚、兗、豫、青、徐六州大水。

冬，十月，武庫火，焚累代之寶㉖及二百萬人器械。○十二月丙戌㉗，新作㉘武庫，大調㉙兵器。

拓拔祿官分其國為三部㉚：一居上谷㉛之北，濡源之西㉜，自統之。一居代郡參合陂之北㉝，使兄沙漠汗之子猗㐌㉞統之。一居定襄㉟之盛樂㊱故城，使猗㐌弟猗盧㊲統之。猗盧善用兵，西擊匈奴、烏桓諸部，皆破之。代人衛操與從子雄㊳及同郡箕澹往依拓跋氏，說猗㐌、猗盧招納晉人。猗㐌悅之，任以國事，晉人附者稍眾㊴。

六年（丙辰　西元二九六年）

春，正月，赦天下。〇下邳獻王晃[40]薨，以中書監張華為司空。太尉隴西王泰[41]行尚書令[42]，徙封高密王[43]。

夏，郝散弟度元[44]與馮翊、北地[45]馬蘭羌、盧水胡[46]俱反，殺北地太守張損，敗馮翊太守歐陽建。

征西大將軍趙王倫[47]信用嬖人[48]琅邪[49]孫秀[50]，與雍州刺史[51]濟南解系[52]爭軍事[53]，更相表奏[54]，歐陽建亦表倫罪惡。朝廷以倫撓亂關右[55]，徵倫為車騎將軍[56]，以梁王彤為征西大將軍、都督雍・涼二州諸軍事。系與其弟御史中丞結皆表請誅秀以謝氐、羌[57]，張華以告梁王彤，使誅之，彤許諾。秀友人辛冉為之說彤曰：「氐、羌自反，非秀之罪。」秀由是得免。倫至洛陽，用秀計，深交賈、郭[58]，賈后大愛信之。倫因求錄尚書事，又求尚書令，張華、裴頠固執[59]以為不可，倫、秀由是怨之。

秋，八月，解系為郝度元所敗，秦、雍氐、羌[60]悉反，立氐帥齊萬年[61]為帝，圍涇陽[62]。御史中丞周處[63]彈劾不避權戚，梁王彤嘗違法，處按劾[64]之。冬，十一月[2]，詔以處為建威將軍，與振威將軍盧播俱隸[65]安西將軍夏侯駿，以討齊萬年。

中書令陳準言於朝曰：「駿及梁王皆貴戚[66]，非將帥之才，進不求名[67]，退不畏罪[68]。周處吳人[69]，忠直勇果，有仇無援[70]。宜詔積弩將軍孟觀[71]以精兵萬人為處前鋒，必能殄寇。不然，梁王當使處先驅，以不救而陷之[72][3]，其敗必也。」朝廷不從。齊萬年聞處來，曰：「周府君[73]嘗為新平[74]太守，有文武才，若專斷[75]而來，不可當也。或受制於人[76]，此成禽耳[77]。」

關中饑、疫。

初，略陽清水氐[78]楊駒[79]始居仇池[80]。仇池方百頃，其旁平地二十餘里，四面斗絕而高，為羊腸蟠道[81]三十六回[82]而上。至其孫千萬[83]附魏，封為百頃王[84]。千萬孫飛龍浸彊盛[85]，徙居略陽。飛龍以其甥令狐茂搜[86]為子。茂搜避齊萬年之亂，十二月，自略陽帥部落四千家還保仇池，自號輔國將軍、右賢王。關中人士避亂者多依之，茂搜迎接撫納，欲去者，衛護資送[87]之。

是歲，以揚烈將軍巴西[88]趙廞為益州刺史，發[89]梁、益[90]兵糧助雍州討氐、羌。

七年（丁巳　西元二九七年）

春，正月，齊萬年屯梁山[91]，有眾七萬，梁王肜、夏侯駿使周處以五千兵擊之。處曰：「軍無後繼，必敗，不徒亡身，為國取恥。」肜、駿不聽，逼遣之。

癸丑92，處與盧播、解系攻萬年於六陌93。處軍士未食，肜促令速進，自旦戰至暮，斬獲甚眾，弦絕矢盡，救兵不至。左右勸處退，處按劍曰：「是吾效節致命94之日也！」遂力戰而死。朝廷雖以尤肜95，而亦不能罪也。

秋，七月，雍、秦二州大旱，疾疫，米斛萬錢96。○丁丑97，京陵元公王渾98薨。

九月，以尚書右僕射王戎為司徒，太子太師何劭為尚書左僕射。戎為三公，與時浮沈99，無所匡救，委事僚寀100，輕出遊放101。性復貪吝，園田102偏天下，每自執牙籌103，晝夜會計104，常若不足105。家有好李，賣之恐人得種106，常鑽其核107。凡所賞拔，專事虛名108。阮咸之子瞻嘗見戎，戎問曰：「聖人貴名教109，老、莊明自然110，其旨同異？」瞻曰：「將無同111？」戎咨嗟良久，遂辟之112，時人謂之「三語掾113」。

是時，王衍為尚書令，南陽樂廣114為河南尹，皆善清談，宅心事外115，名重當世，朝野之人，爭慕效之。衍與弟澄好題品人物116，舉世以為儀準117。衍神情明秀，少時，山濤見之，嗟歎良久，曰：「何物老嫗118，生寧馨兒119？然誤天下蒼生120者，未必非此人也！」樂廣性沖約121清遠[4]，與物無競。每談論122，以約言析理(123)，厭人之心(124)，而其所不知，默如(125)也。凡論人，必先稱其所長，則所短不言自見。王澄及阮咸、咸從子脩、泰山胡毋輔之(126)、陳國(127)謝鯤、城陽王尼(128)、新蔡(129)畢卓皆以任放為達(130)，至於醉狂裸體，不以為非。胡毋輔之嘗酣飲，其子謙之闚而厲聲(131)呼其父字曰：「彥國年老(132)，不得為爾(133)！」輔之歡笑，呼入共飲。畢卓嘗為吏部郎(134)，比舍郎(135)釀熟(136)，卓因醉，夜至甕間(137)盜飲之，為掌酒者所縛，明旦視之，乃畢吏部也。樂廣聞而笑之曰：「名教內自有樂地，何必乃爾(138)！」

初，何晏等祖述老、莊(139)，立論以為：「天地萬物，皆以無為本(140)。無也者，開物成務(141)，無往而不存者也。陰陽恃以化生(142)，賢者恃以成德(143)。故無之為用，無爵而貴矣。」王衍之徒皆愛重之，由是朝廷士大夫皆以浮誕(144)為美，弛廢職業(145)。裴頠著崇有論(146)以釋其蔽(147)，曰：「夫利欲可損(148)，而未可絕有也，事務可節(149)，而未可全無也。蓋有飾為高談之具(150)者，深列有形之累(151)，盛陳空無之美。形器之累(152)有徵(153)，空無之義難檢(154)；辯巧之文(155)可悅，似象之言(156)足惑。眾聽眩焉(157)，溺其成說(158)。雖頗有異此心者(159)，辭不獲濟(160)，屈於所習(161)，因謂虛無之理誠不可蓋(162)。一唱百和，往而不反(163)，遂薄綜世之務(164)，賤功利[5]之用(165)，高浮游之業(166)，卑經實之賢(167)。人情所徇(168)，名利從之(169)。於是文者(170)衍其辭(171)，訥者(172)贊其旨。立言藉於虛無[173]，謂之玄妙；處官不親所職[174]，謂之雅遠[175]；奉身[176]散其廉操[177]，謂之曠達。故砥礪之風[178]，彌以陵遲[179]。放者因斯[180]，或悖吉凶之禮[181]，忽容止之表[182]，瀆長幼之序[183]，混貴賤之級，甚者至於裸裎褻慢[184]，無所不至，士行又虧[185]矣。

「夫萬物之有形者，雖生於無，然生以有為已分[186]，則無是有之所遺[187]者也。故養既化之有[188]，非無用之所能全也；治既有之眾[189]，非無為之所能脩[190]也。心非事也，而制事必由於心，然不可謂心為無也。匠非器[191]也，而制器[192]必須於匠[193]，然不可謂匠非有也。是以欲收重淵之鱗[194]，非偃息[195]之所能獲也，隕高墉之禽[196]，非靜拱之所能捷[197]也。由此而觀，濟有者皆有也[198]，虛無奚益[199]於已有之羣生哉！」然習俗已成，頠論亦不能救[200]也。

拓跋猗㐌度漠北巡[201]，因西略諸國[202]，積五歲，降附者三十餘國。

八年（戊午　西元二九八年）

春，三月壬戌[203]，赦天下。

秋，九月，荊、豫、徐、揚、冀五州大水。

初，張魯[204]在漢中[205]，賨人[206]李氏自巴西宕渠[207]往依之。魏武帝克漢中[208]，李氏將[209]五百餘家歸之，拜為將軍，遷于略陽北土[210]，號曰巴氏。其孫特、庠、流[211]

皆有材武[212]，善騎射，性任俠[213]，州黨[214]多附之。及齊萬年反，關中荐饑[215]，略陽、天水等⑥六郡民流移就穀[216]入漢川[217]者數萬家，道路有疾病窮乏者，特兄弟常營護振救[218]之，由是得眾心。流民至漢中，上書求寄食巴、蜀，朝議不許，遣侍御史[219]李苾持節[220]慰勞，且監察之，不令入劍閣[221]。苾至漢中，受流民賂，表言：「流民十萬餘口，非漢中一郡所能振贍[222]。蜀有倉儲[223]，人復豐稔[224]，宜令就食。」朝廷從之。由是散在梁、益[225]，不可禁止。李特至劍閣，太息曰：「劉禪[226]有如此地，面縛於人[227]，豈非庸才邪！」聞者異之[228]。

張華、陳準以趙王、梁王[229]相繼在關中[230]，皆雍容驕貴[231]，師老無功[232]，乃薦孟觀沈毅有文武才用，使討齊萬年。觀身當矢石，大戰十數，皆破之。

【章　旨】以上為第四段，寫晉惠帝元康二年（西元二九二年）至元康八年共七年間的大事，主要寫了北部沿邊地區的鮮卑人拓跋祿官、拓跋猗㐌、拓跋猗盧等部勢力強大，滅北方民族三十餘部，中原人亦多附之；寫了秦、雍地區的氐族首領齊萬年起兵反晉，司馬肜迫害名將周處，致周處兵敗身死；寫了略陽一帶的氐族首領楊茂搜為避齊萬年之亂，率部移居仇池，逐漸形成割據；寫了略陽一帶的氐族首領李特、李庠、李流兄弟，趁齊萬年之亂，招募流民，於巴、蜀、漢中一帶逐漸形成氣候，為日後盤據巴蜀做了伏筆；而相反在晉朝則是王戎、王衍、樂廣等一群顯官貴族大肆倡導老、莊，崇尚清談，而將為官任職、兢兢業業、勤心盡力於為國為民的人視為鄙俗，雖有裴頠著〈崇有論〉，亦無法阻止社會風氣的頹敗局面，為西晉王朝的崩潰做了鋪墊。

【注釋】❶二月己酉　二月初一。❷卒　去世。因皇太后楊芷已被廢為庶人，故稱「卒」。楊芷只活了三十四歲。❸是時　當時，指楊芷被遷到金墉城幽禁的時候。❹侍御　侍奉她的婢僕。❺悉奪之　全部把他們弄走。❻絕膳　絕食；挨餓。❼覆而殯之　把她臉朝下入棺。❽厭劾符書藥物　鎮壓鬼魂的符咒、藥物。劾，告說其惡。❾八月壬子　八月初七。❿弘農　晉郡名，郡治在今河南靈寶北。⓫深三尺　冰雹厚達三尺。⓬拓拔綽　「拔」字通常作「跋」。拓跋綽是鮮卑族的頭領，其部眾居住在今河北、山西、陝西的北部和與之臨近的內蒙古一帶地區。⓭正月丁酉　正月初一。⓮郝散　人名，匈奴部落的頭領。⓯上黨　晉郡名，郡治即今山西長治。⓰馮翊都尉　馮翊郡的武官。馮翊郡的郡治臨晉，即今陝西大荔。⓱剛簡　剛正樸直。⓲峻整　嚴肅莊重。⓳貨賂　即賄賂。⓴深絕　嚴格杜絕。㉑放恣　放縱；任意橫行。㉒河南尹澹　京都洛陽的行政長官司馬澹，字思弘，琅邪王司馬伷之子，娶賈皇后的表妹郭氏為妻。傳見《晉書》卷三十八。㉓肅然　安寧而遵紀守法的樣子。㉔大棘城　也稱棘城，舊址在今遼寧義縣西南。按，慕容廆是鮮卑部落的頭領，原居於徒河縣（今遼寧錦州）之青山。㉕東海　晉郡名，郡治郯縣，在今山東郯城北。㉖焚累代之寶　如漢高祖的斬蛇劍、王莽的人頭、孔子的木屐等文物都被焚毀。㉗十二月丙戌　十二月初一。㉘新作　重新建造。㉙調　調集；從全國各地向京城運送。㉚分其國為三部　將其部眾所佔據的今河北、山西、陝西北部和與之臨近的內蒙古一帶地區分成三個部分。㉛上谷　晉郡名，晉治沮陽，在今河北懷來東南。㉜濡源之西　濡水源頭的西部，約當今之內蒙古的太僕寺旗一帶；濡水東流經承德、遼西、遷安，至樂亭入海。㉝代郡參合陂之北　約當今之內蒙古烏蘭察布一帶地區。當時代郡的郡治在今河北蔚縣東北。當時的參合陂在今內蒙古涼城東岱海的東南角。㉞猗㐌　拓跋猗㐌，拓跋沙漠汗之子。沙漠汗前曾在晉為人質，事見本書〈晉紀二〉。㉟定襄　晉郡名，郡治善無，在今山西右玉城南。㊱盛樂　古城名，也稱石盧城，在今內蒙古和林格爾北。㊲猗盧　北魏政權的早期奠基者之一，後被諡為「穆皇帝」。㊳從子雄　衛雄，衛操之姪。從子，兄弟之子，即「姪」。㊴稍眾　日漸加多。稍，漸。㊵下邳獻王晃　司馬晃，司馬孚之子，晉帝司馬衷的叔祖。獻字是諡，下邳王的都城下邳，在今江蘇邳州南。㊶隴西王泰　司馬泰，司馬馗之子，司馬馗是司馬懿之弟。隴西王的都城襄武，即今甘肅隴西。㊷行尚書令　代理尚書令的職務。行，代理；試用。㊸高密王　都城高密，在今山東高密西南。㊹郝散弟度元　郝度元，匈奴部落頭領，其史被晉馮翊都尉所殺事見上年。㊺北地　晉郡名，郡治即今陝西耀州。㊻馬蘭羌盧水胡　居住在北地郡馬蘭山中的羌族部落，與居住在安定郡（郡治臨涇）內的盧水胡人部落。

㊼趙王倫　司馬倫，司馬懿之子。㊽嬖人　受寵幸的男人。㊾琅邪　晉郡名，郡治在今山東臨沂北。㊿孫秀　司馬倫的佞臣，慣弄權術。51雍州刺史　雍州的行政長官。雍州的州治長安，在今陝西西安西北部。52濟南解系　濟南人解系。53爭軍事　因為他們都駐兵長安城，彼此相爭當地軍事的指揮權。54更相表奏　互相上表說對方的壞話。55撓亂關右　破壞了函谷關以西地區的寧靜秩序。關右，函谷關以西。56徵倫為車騎將軍　任以為車騎將軍，從職務說是提升；目的是將他調出關中地區。57以謝氐羌　解系認為關中的氐、羌叛亂是由孫秀激起，故請斬之以安撫氐人、羌人。58賈郭　即賈謐、郭彰。59固執　堅持。60秦雍氐羌　秦州、雍州境內的氐族人與羌族人。秦州的州治冀縣，在今甘肅甘谷縣東南。61氐帥齊萬年　氐族的頭領姓齊名萬年。62涇陽　古邑名，在今甘肅平涼西北。63御史中丞周處　周處字子隱，東吳鄱陽太守周魴之子，青年時有「除三害」的故事，已見於本書《晉紀二》。晉滅吳後，為散騎常侍、御史中丞。傳見《晉書》卷五十八。御史中丞是御史大夫的僚屬，主管糾彈滿朝大臣。64按劾　調查、彈劾。65隸　隸屬；受……管轄。66皆貴戚　都是皇帝的姻親眷屬。司馬肜是晉惠帝的叔祖；司馬師的夫人姓夏侯，故稱夏侯駿為「貴戚」。67進不求名　打了勝仗，名望也不會再增高。68退不畏罪　打了敗仗也不擔心受到懲處。退，指打敗仗。69吳人　原是東吳臣民。70有仇無援　只有冤家，沒有靠山。71孟觀　字叔時，當時任積弩將軍。傳見《晉書》卷六十。72以不救而陷之　不給他提供援助，把他置於失敗的境地。73周府君　「府君」是對太守的敬稱，這裡是敬稱周處。74新平　晉郡名，郡治漆縣，今陝西彬縣。75專斷　獨當一面。76或受制於人　如果是在別人的統率下。77此成禽耳　這就如同是現成的俘虜一個。78略陽清水氏　略陽郡清水縣的氐族人。略陽郡的郡治臨渭，在今甘肅天水市東北，清水縣的縣治在今甘肅清水縣西北。79楊駒　清水氐人的頭領。80仇池　山名，以山上有仇池而得名。又因山上有平地百頃，又稱百頃山。在今甘肅成縣的西漢水北岸，山形如覆壺，四面陡絕，山上可以引泉灌田、煮土成鹽，為氐族楊氏累世居地。81羊腸蟠道　彎彎曲曲的羊腸小道。蟠，曲。82三十六回　三十六個旋回。83千萬　楊千萬。84封為百頃王　被曹魏封為百頃王。85浸彊盛　越來越強盛。浸，漸漸。以上楊氏發家史見《魏書》卷一百一。86令狐茂搜　姓令狐，名茂搜。87資送　贈送路費財物。88巴西　晉郡名，郡治即今四川閬中。89發　徵調。90梁益　梁州、益州。梁州的州治即今陝西漢中，益州州治即今四川成都。91梁山　晉縣名，也稱好時，即今陝西乾縣。92癸丑　五月初四。93六陌　古地名，在今陝西乾縣東。94効節致命　獻出生命，表現操節。95尤肜　責怪司馬肜。96斛萬錢　每斛糧食的價錢是一萬銅錢。一斛等於十斗。97丁丑　七月二十一。98京陵元公王渾　王渾的封號是京陵公，元字是諡。99與時浮沉　隨波逐流，對萬事不表態，不拿意見。100委事僚寀　把政事推給下屬官員辦理。寀，下屬。101輕出遊放　隨便地遠出遊逛。102園田　林園田產。103牙

籌　象牙籌碼。古代在珠算創始之前，人們常用的一種計算工具。(104)晝夜會計　黑夜白天地算個不停。(105)常若不足　只覺得錢少，只怕不夠用。(106)恐人得種　害怕自家的良種被他人拿去種植。(107)常鑽其核　鑽壞李子核，使其不能種植發芽。(108)專事虛名　只根據虛名表彰或任用人。(109)貴名教　看重名教；重視儒家所提倡的名分和人倫規範。(110)明自然　講究順其自然。(111)將無同　莫非是相同的嗎。意即大概是差不多吧。(112)辟之　聘任了他；聘之為司徒掾。(113)三語掾　就憑著三個字就當上了王戎的僚屬。(114)樂廣　字彥輔，善清談，累官至侍中、河南尹。傳見《晉書》卷四十三。(115)宅心事外　把所有的精力都用在「俗事」之外。清談者認為，職務分內的工作都是「俗事」。(116)題品人物　評論社會名人的特點與等級。(117)舉世以為儀準　全國都把他們所做的評定，看作是最高的準則。(118)何物老嫗　他的母親該是怎麼樣的一個女人。何物，什麼樣的。(119)生寧馨兒　生了這麼一個出眾的兒子。寧馨，這樣的。(120)誤天下蒼生　給全國的黎民百姓造成災難。(121)沖約　淡泊寡欲。(122)談論　即清談、談玄。(123)以約言析理　用簡短的話闡述一種道理。約，簡。(124)厭人之心　使人聽了感到滿意。厭，同「饜」。滿足。(125)默如默然，意即凡是自己不懂的就不說。(126)泰山胡毋輔之　複姓胡毋，名輔之。泰山是晉郡名，郡治奉高，在今山東泰安東。(127)陳國　都城即今河南淮陽。(128)城陽王尼　城陽是晉郡名，郡治即今山東莒縣。王尼，字孝孫。(129)新蔡　晉縣名，即今河南新蔡。(130)以任放為達　把為所欲為看作是通達。任為，隨意而為。(131)厲聲　大聲；高聲。(132)彥國年老　彥國，你的年齡已經大了。「彥國」是胡毋輔之的字，兒子直呼父親的字，在古代是大逆不道的表現。(133)不得為爾　不能做這樣的事情；不能再這麼喝了。(134)吏部郎　相當於後代的吏部尚書。(135)比舍郎　鄰居所住的另一位郎官。比舍，鄰居。(136)釀熟　釀製的新酒剛熟。(137)甕間　放置酒缸的房間。(138)何必乃爾　何必這種樣子，指諸人的放任。(139)祖述老莊　尊崇並闡發老子、莊子的思想學說。(140)以無為本　以「虛無」為根本。《道德經》的第一章就說：「無，名天地之始；有，名萬物之母。」(141)無也者二句　《老子》第四十章有所謂：「天下萬物生於有，有生於無。」意即萬事萬物皆自「無」而有，「無」是產生一切的根本。(142)陰陽恃以化生　陰、陽二氣就是從「無」而來。(143)恃以成德　靠著「無」而成就德行。《道德經》第二章又說：「聖人處無為之事，行不言之教，萬物作焉而不為始，生而不有，為而不恃，功成而弗居」云云。(144)浮誕　專門講一些浮誇、怪誕的話。(145)弛廢職業　拋開職內的事情不幹。(146)崇有論　思想史上著名的文章之一。(147)釋其蔽　駁斥這種侈談「虛無」的弊端。(148)可損　指應該克制、減少。(149)可節　可以減少；可以節省。(150)飾為高談之具　故意編出一套貌似高深的「理論」。(151)深列有形之累　大講現實存在的人物、事物都是糟粕，都是不好的。有形，指形體、實物。(152)形器之累　有形之物的缺點。(153)有徵　指一目瞭然。(154)難檢　難以得到檢驗，無法定其是非。(155)辯巧之文　指盛談「虛無」的文章。(156)似象之言　似是而非的言論。(157)眾聽眩焉　很多人都會被他們所迷惑。眩，迷惑。158溺其成說　被他們的一套套說法所淹沒。159雖頗有異此心者　即使也有一些不同意他們學說的人。160辭不獲濟　言辭不能說清道理。濟，完成；說清。161屈於所習　屈服於崇尚「虛無」的習俗。162誠不可蓋　真是不能掩蓋、不能超過。163往而不反　指社會風氣日下，不可扭轉。164薄綜世之務　瞧不起認真處理國家大事的人。薄，鄙視。綜，管理。165賤功利之用　看不起那些利國利民的實際功業。166高浮游之業　把從事浮誇、空談的活動看成是清高脫俗。167卑經實之賢　瞧不起盡職實幹的人。經實，從事實際工作。168人情所徇　社會風氣的趨向。徇，趨；追求。169名利從之　意謂誰跟著這麼幹，誰就有名有利。170文者　善於文章辭令的人。171衍其辭　跟著推衍闡發這方面的學說。172訥者　口才笨拙，不善於表達的人。173立言藉於虛無　說話寫文章，只要是以「虛無」的宗旨作依托。藉，依托。174不親所職　不幹自己應幹的工作。175雅遠　清高、閒遠。176奉身　持身。177散其廉操　指拋棄一切禮義廉恥。178砥礪之風　磨練、提高自己人格道德的風氣。179彌以陵遲　愈來愈衰落。180放者因斯　那些思想行為狂放的人憑藉著這種社會風氣。181悖吉凶之禮　指該哀不哀、該樂不樂等。182忽容止之表　指不修邊幅，不拘形跡。容止，儀容；儀表。183瀆長幼之序　破壞了長幼之間的應有禮節。瀆，汙；破壞。184裸裎褻慢　赤身裸體，傷風敗俗。185士行又虧　士人的操行無人講究。虧，缺；不講究。186生以有為已分　天下萬物一旦產生，就以客觀所有的形態與原來的「無」有了區別。187無是有之所遺　過去「無」是被現實的「有」所拋棄的東西。188養既化之有　養育已經生出的這些人。189治既有之眾　治理已經存在的這些人。190非無為之所能循　不是空講「無為」所能辦得到的。191匠非器　工匠並不是器物。192制器　製作器物。193必須於匠　必須由工匠來完成。194欲收重淵之鱗　想得到藏在深水裡的魚。195偃息　躺在床上不動的人。196隕高墉之禽　想把高牆上的鳥射下來。隕，落；射下。197非靜拱之所能捷　不是一個拱手靜立的人所能獲得的。捷，完成；獲得。198濟有者皆有也　救濟、養育那些客觀存在的人類，必須靠人做切實存在的工作。199奚益　有什麼益處。200不能救　不能阻止；不能挽回。201度漠北巡　越過大沙漠，向北到今蒙古南部一帶地區巡視。202西略諸國　向西攻打今內蒙古西部一帶的少數民族部落。203三月壬戌　三月十九。204張魯　字公祺，其祖父張陵創「五斗米道」，漢末劉璋佔據四川時，張魯佔據漢中，「以鬼道教民」，後被曹操所滅。傳見《三國志》卷八。205漢中　漢郡名，郡治南鄭，即今陝西漢中。三國初期先被曹操所佔，不久又被劉備所得。206賨人　湖南、四川等地的一種少數民族。207巴西宕渠　巴西郡的宕渠縣。巴西是晉郡名，宕渠縣在今四川渠縣北。208魏武帝克漢中　事在漢獻帝建安二十年（西元二一五年），見本書卷六十八。魏武帝即曹操。209將　率領。210略陽北土　略陽郡的北部地區。略陽郡的郡治臨渭，在今甘肅天水東北。211特庠流　李特、李庠、李流。李特字玄林，後創立成國政權。傳見《晉書》卷一百二十。李庠、李流都是名將，先助其兄，後佐其姪。傳見《晉書》卷一百二十。(212)有材武　有才能且有勇力。(213)性任俠　性情豪爽俠義。(214)州黨　指本家族與本鄉里的人。州、黨都是古代的居民單位名稱。(215)荐饑　連年饑荒。荐，接連。(216)流移就穀　漂泊流動到有糧食的地區找食物吃。(217)漢川　指以漢中地區為代表的漢水流域。(218)營護振救　保護救濟。(219)侍御史　屬御史大夫的屬官，負責監察糾彈。(220)持節　手執旌節，意即以皇帝的名義。節是皇帝派出使者所持的信物。(221)不令入劍閣　不讓他們進入巴、蜀境內。劍閣在今四川劍閣縣北，是當時陝西、甘肅一帶進入巴、蜀的交通要道。(222)振贍　賑濟、養活。(223)倉儲　指國家的糧倉。(224)人復豐稔　巴蜀的百姓也生活富裕。(225)梁益　二州名，梁州大體相當於今之陝西西南部與重慶市一帶地區，州治即今漢中，益州大體相當於今四川和與之臨近的貴州一帶地區，州治即今成都。(226)劉禪　蜀國的後主，劉備之子，西元二二三至二六三年在位。(227)縛於人　指蜀國被魏將鄧艾所滅，劉禪自縛向鄧艾投降。(228)異之　奇怪他能說出這種話。(229)趙王梁王　指司馬倫與司馬肜。(230)相繼在關中　曾相繼為征西將軍，駐兵於關中地區。(231)雍容驕貴　悠閒自得，傲慢尊貴。(232)師老無功　都搞得軍隊疲憊，無任何功效。

【校　記】 [1]弟　原無此字。據章鈺校，甲十一行本、乙十一行本、孔天胤本皆有此字，張瑛《通鑑校勘記》同，今據補。按，《魏書》卷一〈序紀〉、《北史》卷一〈魏本紀〉載，拓跋弗是北魏文皇帝沙漠汗之少子，為北魏平皇帝拓跋綽之姪。甲十一行本有「弟」字是。[2]十一月　原作「十月」。據章鈺校，甲十一行本、乙十一行本、孔天胤本皆作「十一月」，張敦仁《通鑑刊本識誤》、張瑛《通鑑校勘記》同，今據改。按，依《晉書》卷四〈惠帝紀〉，此所述事在十一月丙子，甲十一行本作「十一月」與《晉書》相符。[3]以不救而陷之　據章鈺校，甲十一行本、乙十一行本、孔天胤本此句皆作「而不救以陷之」，與上句連讀。張敦仁《通鑑刊本識誤》、張瑛《通鑑校勘記》同。[4]清遠　原無此二字。據章鈺校，甲十一行本、乙十一行本、孔天胤本皆有此二字，張敦仁《通鑑刊本識誤》同，今據補。[5]利　嚴衍《通鑑補》改作「烈」。[6]等　原無此字。據章鈺校，甲十一行本、乙十一行本、孔天胤本皆有此字，今據補。

【語　譯】二年（壬子　西元二九二年）

春季，二月初一日己酉，前楊太后楊芷在金墉城去世。當楊太后被遣送到金墉城幽禁的時候，身邊還有十多個僕人婢女侍奉，賈皇后全部把他們弄走了，楊太后在斷食八天後死去。賈皇后擔心楊太后死後如果有靈，就會向先帝司馬炎訴說冤情，於是就把楊太后面部朝下裝入棺材，又將各種鎮壓鬼魂的符咒、藥物等一併裝入棺材埋葬。

秋季，八月初七日壬子，大赦天下。

三年（癸丑　西元二九三年）

夏季，六月，弘農郡遭受了雹災，冰雹厚達三尺。〇鮮卑部落的首領宇文莫槐被自己的部下殺死，他的弟弟宇文普撥繼位。〇鮮卑族的頭領拓跋綽去世，弟弟的兒子拓跋弗繼位。

四年（甲寅　西元二九四年）

春季，正月初一日丁酉，安昌公石鑒去世，諡號為「元」。

夏季，五月，匈奴部落首領郝散反晉，他率領部眾攻取上黨郡，殺死了那裡的長吏。〇秋季，八月，郝散率眾投降，被馮翊郡都尉處死。

這一年，全國鬧饑荒。

擔任司隸校尉的傅咸去世。傅咸性情剛正樸直，風格嚴肅莊重。最初擔任司隸校尉的時候，就上疏說：「賄賂之風盛行，應當嚴格杜絕。」當時朝政寬大、法律鬆弛，那些權貴豪強生活放縱，任意橫行，傅咸上奏免去河南尹司馬澹等人的官職，因此京師安寧而權貴也遵守法紀，京師面貌煥然一新。

慕容廆率領部眾遷移到大棘城居住。〇拓跋弗去世，他的叔父拓跋祿官繼任。

五年（乙卯　西元二九五年）

夏季，六月，東海郡下了冰雹，厚度有五寸。〇荊州、揚州、兗州、豫州、青州、徐州六州發生洪水。

冬季，十月，朝廷武庫失火，燒毀了歷代積存下來的寶物和夠二百萬人作戰用的器械。〇十二月初一日丙戌，朝廷重新建造的武庫落成，從全國各地向京城運送武器，存入武庫中。

拓跋祿官把他的部眾按照地域分為三部分：一部分居住在上谷郡之北，濡水源頭的西部，由拓跋祿官親自統領。一部分居住在代郡參合陂以北，讓兄長沙漠汗的兒子拓跋猗㐌統領。一部分居住在定襄郡的盛樂舊城，讓拓跋猗㐌的弟弟拓跋猗盧統領。拓跋猗盧很善於用兵打仗，他向西進攻匈奴、烏桓等部落，匈奴、烏桓等都被他打敗。代郡人衛操與姪子衛雄以及同郡人箕澹前往投靠拓跋氏，他們勸說拓跋猗㐌、拓跋猗盧招納晉朝人。拓跋猗㐌非常喜歡他們，就把部落中的大事委託他們管理，晉朝歸附拓跋氏的人果然逐漸多了起來。

六年（丙辰　西元二九六年）

春季，正月，大赦天下。〇下邳王司馬晃去世，諡號為「獻」。任命中書監張華為司空。擔任太尉的隴西王司馬泰兼任尚書令，改封司馬泰為高密王。

夏季，郝散的弟弟郝度元與居住在馮翊郡、北地郡馬蘭山中的羌人部落以及盧水胡人部落同時叛亂，他們殺死了北地郡太守張損，打敗了馮翊郡太守歐陽建。

征西大將軍趙王司馬倫非常信任、重用自己所寵幸的琅邪人孫秀，他與擔任雍州刺史的濟南人解系為了爭奪當地的軍事指揮權，因而互相上表控告對方，馮翊郡太守歐陽建也上表控告司馬倫的罪行。朝廷認為司馬倫破壞了函谷關以西地區的寧靜秩序，便徵調司馬倫回京師擔任車騎將軍，任命梁王司馬肜為征西大將軍、統領雍州・涼州各種軍事。雍州刺史解系與他的弟弟擔任御史中丞的解結都上表請求誅殺孫秀以安撫氐人、羌人，張華把這個情況告訴了梁王司馬肜，讓他殺掉孫秀，梁王司馬肜答應了下來。孫秀的朋友辛冉為孫秀向梁王司馬肜求情說：「是氐人、羌人自己要造反，並不是孫秀的罪過。」孫秀因此倖免一死。趙王司馬倫到達洛陽後，便採納孫秀的計謀，傾心結交賈謐、郭彰，賈皇后因此非常喜歡、寵信司馬倫。司馬倫趁機請求擔任錄尚書事，又請求擔任尚書令，張華、裴頠堅持認為不可以，司馬倫、孫秀因此而怨恨張華、裴頠。

秋季，八月，雍州刺史解系被郝度元打敗，秦州、雍州各地的氐人、羌人於是全部背叛了晉朝，他們擁立氐人首領齊萬年為皇帝，率軍圍困了涇陽。擔任御史中丞的周處無論是對豪門權貴還是皇親國戚，只要他們違法亂紀，就毫不留情地向朝廷揭發舉報。梁王司馬肜曾經違法，周處調查清楚後便對他進行彈劾。冬季，十一月，晉惠帝司馬衷下詔任命周處為建威將軍，讓他與振威將軍盧播都歸屬於安西將軍夏侯駿管轄，以便討伐齊萬年。擔任中書令的陳準在朝中說：「安西將軍夏侯駿和梁王司馬肜雖然都是貴戚，卻不是將帥之才，打了勝仗，名譽也不會再增高，失敗了也不必擔心受到懲處。周處原是東吳的臣民，他為人忠誠率直、勇猛果敢，在朝廷中只有仇家而沒有任何靠山。應該下詔讓積弩將軍孟觀率領一萬精兵作為周處的前鋒，必然能夠蕩平賊寇。不然的話，梁王司馬肜必定讓周處做先鋒，又不給他提供援助，把他置於失敗的境地，他失敗是一定的。」朝廷沒有採納中書令陳準的意見。齊萬年聽說周處率軍前來攻打，就說：「周處曾經擔任過新平郡太守，此人文武全才，如果由他獨當一面，我們將無法抵擋。如果周處是受別人的指揮，這就會被俘虜。」

關中鬧饑荒，瘟疫流行。

當初，略陽郡清水縣的氐族部落首領楊駒開始定居於仇池。仇池是一個高聳的方圓只有一百頃大小的臺地，在它旁邊有二十多里的平地，四面的山峰陡峭高聳，有一條羊腸小道需要經過三十六道盤旋才能到達它的頂部。到他孫子楊千萬統治時期歸附了魏國，魏國封楊千萬為百頃王。到楊千萬的孫子楊飛龍統治時期，勢力逐漸強盛起來，於是便遷居到了略陽郡居住。楊飛龍把自己的外甥令狐茂搜過繼為子嗣。楊茂搜為了躲避齊萬年之亂，便於十二月，率領自己的部落總計四千家從略陽郡返回仇池居住，自己號稱輔國將軍、右賢王。關中人為了躲避戰亂，有很多人都投奔到他那裡，楊茂搜對前來投靠的人全都進行安撫和接納，想要離開的人，不僅派人護送而且還贈送路費財物。

這一年，任命揚烈將軍巴西郡人趙廞為益州刺史，徵調梁州、益州的兵力、糧食援助雍州討伐叛亂的氐人、羌人。

七年（丁巳　西元二九七年）

春季，正月，齊萬年把他的軍隊屯紮在梁山縣，他的部眾有七萬人，梁王司馬肜、安西將軍夏侯駿派周處率領五千名士兵去攻打氐人、羌人。周處說：「軍隊如果沒有後續部隊增援前方，前方的作戰部隊必定會遭到失敗，不僅僅是犧牲了自己，關鍵是使國家蒙受恥辱。」司馬肜、夏侯駿不聽勸告，逼迫周處出兵作戰。五月初四日癸丑，周處與盧播、解系率領五千軍隊到六陌攻打齊萬年。當時周處的士兵還沒來得及吃飯，司馬肜就催促周處急速進兵，周處率軍與齊萬年的軍隊從早晨一直戰鬥到傍晚，雖然斬殺俘獲了齊萬年部下很多人，但周處自己的軍隊卻已經是弓弦拉斷，弓矢用盡，又沒有救兵前來增援。周處左右的人都勸他撤退，周處手按寶劍說：「今天就是我為國獻出生命、表現節操的日子！」於是周處奮勇作戰而死。朝廷雖然因此責怪司馬肜，卻對他的罪責沒有給予任何處罰。

秋季，七月，雍州、秦州大旱，疾病流行，每斛糧食的價錢漲到了一萬銅錢。〇二十一日丁丑，京陵公王渾去世，謚號為「元」。

九月，任命尚書右僕射王戎為司徒，太子太師何劭為尚書左僕射。王戎身為三公，卻隨波逐流，對什麼事情都不拿主意，對朝廷的失誤毫無糾正、挽救，他把政事都推給下屬去辦理，而自己卻隨便地遠出遊逛。他又生性貪婪吝嗇，全國到處都有他的林園田產，他自己經常拿著象牙籌碼，白天黑夜地算計不停，總覺得錢少不夠用。王戎家裡有好品種的李子樹，賣李子的時候害怕自己家的良種被他人得到去種植，於是便把李子核鑽壞了再賣，使別人即使種植下去也不能發芽。凡是他所賞識、提拔的人，都是根據虛名而不考察實際。阮咸的兒子阮瞻曾經去拜訪王戎，王戎問他說：「聖人重視儒家所提倡的名分和人倫規範，老子、莊子則講究順其自然，他們的宗旨有什麼相同和不同的地方呢？」阮瞻回答說：「大概差不多吧？」王戎歎息了很久，於是就聘用了阮瞻，當時的人們說阮瞻就是憑藉「將無同」這三個字當上了王戎的僚屬。

當時，王衍擔任尚書令，南陽人樂廣擔任河南尹，他們兩人都善於清談，把所有的心思都用在俗事之外，而在當時他們卻都很有名望，朝廷內外的人，都非常羨慕他們、爭相仿效他們的行為。王衍與弟弟王澄專好評論社會名人的特點並把他們劃分成等級，全國於是便把他們所作的評定看作是最高的準則。王衍生得一表人才，眉清目秀，年少的時候，山濤見了他就讚歎了很久，說：「他的母親該是怎麼樣的一個女人，竟然生出了這麼一個出眾的兒子？然而給全國的黎民百姓造成災難的人，未必不是他啊！」樂廣性情淡泊寡欲，高潔幽遠，與世無爭。每次清談，總能用最簡短的話闡明一種道理，使人聽了感到滿意，而對於他所不知道的事情，他就沉默不語。在評論別人的時候，一定是先稱讚別人的長處，而別人的短處也就不言自明了。王澄和阮咸、阮咸的姪子阮脩、泰山人胡毋輔之、陳國人謝鯤、城陽人王尼、新蔡人畢卓都把為所欲為看作是通達的表現，甚至對於醉酒裸體，都不認為是什麼過錯。胡毋輔之曾經縱情飲酒，他的兒子胡毋謙之在窗外窺見了他的這個樣子，就大聲喊著他的字說：「彥國！你的年齡已經老了，不能再這麼喝了！」胡毋輔之對此反而感到很高興，就大笑著招呼他的兒子進屋一塊兒飲酒。畢卓曾經擔任過吏部郎的職務，他的鄰居、另一位郎官釀製的新酒剛熟，畢卓趁著酒醉，就在夜間到鄰居家裡放置酒甕的地方偷酒喝，被看酒的人抓住捆綁起來，天亮了一看，原來是吏部郎畢卓。樂廣聽說後笑著說：「名教之中自有樂趣，何必這種樣子呢！」

當初，何晏等人尊崇並闡發老子、莊子的思想學說，他們的理論是：「天地萬物，皆以『無』為根本。『無』，是產生一切的根本，沒有一個地方不存在著『無』。陰陽二氣就是從『無』而來，聖賢靠著『無』而成就德行。所以說『無』的作用，可以使沒有爵位的人也能夠顯貴發達起來。」王衍之流對這種理論都非常喜愛和推崇，於是朝廷士大夫都把專門講一些浮誇、怪誕的話作為美談，而把本職工作拋到一邊沒人去幹。裴頠針對這種現象寫作了一篇〈崇有論〉來駁斥這種侈談「無」的弊端，他指出：「權力和欲望可以克制、減少，而不可能徹底杜絕，事務可以減少、可以節省，而不能全部沒有。有人編出一種貌似高深的理論，大講現實存在的人物、事物都是糟粕，都是不好的，連篇累牘地陳述『無』的美好。有形之物的缺點雖然一目瞭然，但空無之論的優點卻難以得到檢驗、無法定其是非；盛談『無』的文章雖然能使人賞心悅目，但似是而非的言論卻足以迷惑人心。很多人都被他們所迷惑，被他們的一套套說法所淹沒。即使也有一些不同意他們學說的人，由於自己的言辭不能說清楚道理，便屈服於崇尚虛無的習俗，認為虛無的理論是無法掩蓋、不能超越的。因而導致了一唱百和，社會風氣每況日下，不可扭轉，於是便瞧不起認真處理國家大事的人，看不起那些利國利民的實際功業，人們把從事浮誇、空談的活動看成是清高脫俗，而瞧不起那些盡職實幹的人。社會風氣的趨向如此，誰順從了這樣的社會風氣，誰就名利雙收。於是善於文章辭令的人便跟著推衍闡發這方面的學說，而口才笨拙、不善於表達的人也表示贊同他們的宗旨。不論是說話還是寫作文章，只要是以虛無的宗旨作為依托，就被稱為玄妙；做官的不幹自己應該幹的工作，就被稱為清高、閒遠；持身拋棄一切禮儀廉恥，稱之為曠達。所以磨練、提高自己人格道德的風氣，愈來愈衰落。那些思想行為狂放的人憑藉著這種社會風氣，完全違背該哀的不哀、該樂的不樂的禮節，忽視儀表、不修邊幅、不拘形跡，破壞了長幼之間應有的禮節，混淆了尊卑的等級差別，甚至於赤身裸體、傷風敗俗，無所不為，士人的操行無人講究。

「天下萬物有形體的，雖然是由無滋生出來的，然而天下萬物一旦產生，就以客觀所有的形態與原來的無有了根本的區別，過去的『無』是被現實的『有』所拋棄的東西。養育已經生出的這些人，採用無所作為的方式是無法保全的；治理已經存在著的這些人，也不是空講『無』所能夠辦得到的。心不是事務，而辦事必須要用心，因而不能說心是『無』。工匠並不是器物，而製造器物必須靠工匠來完成，因而不能說工匠不是『有』。所以想要捕撈藏在深水裡的魚，躺在床上不動的人就無法獲得，想把高牆上的鳥射下來，不是一個拱手靜立的人所能辦到的。由此看來，救濟、養育那些客觀存在的人類，必須靠人來做那些切實存在的工作，虛無對於已有的眾生來說有什麼益處呢！」然而崇尚虛無的風氣已經形成，裴頠的崇有理論也不能阻止、不能挽回。

拓跋猗㐌越過大沙漠到漠北一帶巡視，並趁機向西攻取各少數民族部落，經過五年的時間，投降、歸附於拓跋猗㐌的有三十多個小部落。

八年（戊午　西元二九八年）

春季，三月十九日壬戌，大赦天下。

秋季，九月，荊州、豫州、徐州、揚州、冀州五個州發生了洪水。

當初，張魯在漢中的時候，賨人首領李氏從巴西郡的宕渠縣前往依附他。魏武帝曹操攻克漢中以後，李氏率領五百多家歸順了曹操，曹操任命李氏為將軍，遷移到略陽郡的北部地區居住，號稱巴氏。他的孫子李特、李庠、李流都有才能且勇力過人，又善於騎馬射箭，性格豪爽仗義，其家族與鄉里的人大都依附他們。等到齊萬年造反的時候，關中連年鬧饑荒，略陽、天水等六郡的人們漂泊流動到有糧食的地方找食物吃，進入漢水流域的就有幾萬家，逃荒的路上有人生了疾病或者特別窮困的，李特兄弟常常保護、救濟他們，因此李特兄弟深受流民的擁戴。流民來到漢中，上書朝廷請求寄居在巴、蜀謀生，朝廷討論後不予批准，卻派遣侍御史李苾手持旌節前去安撫災民，實際上是派來監視他們，不讓他們通過劍閣進入巴、蜀境內。李苾來到漢中，他接受了流民的賄賂，於是上表說：「流民十萬多人，僅憑漢中一郡無法賑濟養活他們。蜀中有國家儲藏的糧食，巴、蜀的百姓生活也很富裕，應該讓他們去巴、蜀謀生。」朝廷聽從了李苾的建議。於是災民分散到梁州、益州等地居住，而無法加以禁止。李特來到劍閣，看了那裡的地形後感慨地說：「蜀漢後主劉禪佔有這樣的地理優勢，卻把自己綁縛起來向鄧艾投降，難道他不是庸才嗎！」聽到此話的人都對他說出這種話感到奇怪。

張華、陳準認為趙王司馬倫、梁王司馬肜相繼為征西將軍而駐兵於關中，他們都很悠閒自得、傲慢尊貴，軍隊被搞得疲憊不堪，卻無任何功效，於是便向朝廷舉薦孟觀，說他沉著剛毅，是文武全才，派他去討伐齊萬年，必定能夠成功。孟觀親自冒著矢石，經過十多次大戰，終於徹底打敗了齊萬年。

【研 析】本卷共寫了晉武帝太康十年（西元二八九年）到晉惠帝元康八年（西元二九八年）共十年間的全國大事，其中可議論的主要問題有如下幾點：

其一是晉惠帝這個弱智兒終於還是被擁上皇帝寶座，於是一個白痴高高在上，下面一群城狐社鼠肆意橫行，弄得一個剛剛統一全國的西晉王朝，立刻陷入刀兵不休、政變迭起，在短短的十幾年間就被人顛覆了。造成這種惡果的罪魁禍首是誰？是晉武帝司馬炎。司馬炎自己就不是一個好材料，是他用陰謀詭計篡取了其弟司馬攸的位置，並將司馬攸迫害至死；而他本人從上臺開始就是一個酒色荒淫之徒，建國後的第一代帝王就像他這種樣子的，大概也就是隋煬帝與他稱難兄難弟。他的太子司馬衷是個弱智，他不是不知道，但就是不想斷然更換一個更好一些的。在這裡頭，賈充與其女賈南風所起的作用是關鍵性的。司馬昭、司馬炎兩代，誅殺別的任何將相大臣都從來不拖泥帶水，唯獨一碰上賈氏，就總是網開一面，格外施恩。這些在作品中都已經寫到了。唐太宗在《晉書·武帝紀》的篇後評論說：「知子者賢父，知臣者賢君；子不肖則家亡，臣不忠則國亂。國亂不可以安也，家亡不可以全也，是以君子防其始，聖人閑其端。」司馬炎顯然不是聖人，也很難說是君子。唐太宗又說：「元海當除而不除，卒令擾亂區夏；惠帝可廢而不廢，終使傾覆洪基。夫全一人者德之輕，拯天下者德之重，棄一子者忍之小，安社稷者孝之大。」說得多明白！但亦尚有可議。元海，即指劉淵，後來滅掉西晉的匈奴人。早年曾在晉朝當過人質，齊王司馬攸曾對司馬炎說：「陛下不除劉元海，臣恐并州不得久寧！」魏晉時人喜歡玩這種「先見之明」式的小把戲，《世說新語》中記了不少，究竟是真有其事，還是「事後諸葛亮」式的事後編造，都難得考察。即使當時真是有人說過這種話，司馬炎就該憑著這種腔調殺人麼？按照當時的實際人品與表現，唐太宗應該說司馬炎：「賈南風當殺而未殺，司馬衷該廢而未廢。」

其二，秦、雍地區的氐族首領齊萬年起兵反晉，朝廷派周處、盧播為將受梁王司馬彤與安西將軍夏侯駿統領以討之。中書令陳準言於朝曰：「駿及梁王皆貴戚，非將帥之才，進不求名，退不畏罪。周處吳人，忠直勇果，有仇無援。宜詔積弩將軍孟觀以精兵萬人為處前鋒，必能殄寇。不然，梁王當使處先驅，以不救而陷之，其敗必也。」朝廷不從。齊萬年聽說周處是被司馬彤、夏侯駿統領前來，高興地說：「周府君嘗為新平太守，有文武才，若專斷而來，不可當也。或受制於人，此成禽耳。」果然，司馬彤官報私仇，逼著周處打頭陣，讓周處的部隊餓著肚子出征，又整整打了一天，弦絕矢盡，而援兵不至，直到周處戰死，周處的部隊全軍覆沒。周處青年時代的著名故事是「除三害」，即殺掉南山虎、長橋蛟，並痛改了自己此前的不良行徑。但就是由這樣一位硬漢子成長起來的忠直猛將，竟斷送在兩個腐朽的紈袴貴族之手，這樣的世道、這樣的統治者，比起劉元海、石世龍來，不知要壞多少倍！這樣的政權難道不該立即滅亡？居然祖逖、劉琨還在為它浴血奮戰，真是虧負了好男兒的一腔熱血！

其三，關於王戎、王衍、樂廣等人的好老莊、善清談。企慕老、莊，發言玄遠，這是魏末正始（西元二四〇—二四八年）時期，許多官僚文人由於害怕白色恐怖，為躲避政治迫害而採取的一種姿態。在那時是出於不得已。等到晉朝的王戎、王衍等人出現，這些人無一例外都是高佔國家各種權位的特號腐朽貴族，他們飽食終日，無所用心，他們享受著一切富貴榮華，但卻絲毫不關心國家的興亡與黎民百姓的苦樂。他們以空談老、莊為「高雅」，以居官盡職為「鄙俗」。在他們的這種帶動、影響下，整個晉朝的上流社會變成了一種腐化、墮落、烏煙瘴氣的渾沌世界。後來西晉被滅，王衍被北方民族的首領石勒活捉，石勒讓人推倒一面牆壁把他砸死了。王衍臨死時說：「吾曹雖不如古人，向若不祖尚浮虛，戮力以匡天下，猶可不至今日。」這是玄學派的頭子臨死前對玄學所做的最深刻、最有力量的批判。

卷第八十三

晉紀五

起屠維協洽（己未 西元二九九年），盡上章涒灘（庚申 西元三〇〇年），凡二年。

【題解】本卷寫惠帝元康九年（西元二九九年）至永康元年（西元三〇〇年）共二年間的全國大事，主要寫了孟觀為將平定關中氐族之亂，俘獲其首領齊萬年，太子洗馬江統趁機上〈徙戎論〉，建議朝廷將居住在國境以內的少數民族統統遷出境外，朝廷不從；寫了皇后賈南風暴虐淫亂，裴頠圖謀廢黜之，張華不從；寫了中護軍趙俊、左衛率劉卞勸太子司馬遹與張華合謀廢后，太子、張華皆不從；寫了賈后誣陷太子，唆使惠帝將太子軟禁於許昌宮；寫了禁兵統領司馬雅、許超、士猗等勸趙王司馬倫廢賈后，救太子，孫秀則唆使司馬倫借賈后之手先殺了太子，而後起兵殺了賈后、賈謐，與張華、裴頠、解系、解結等人；寫了司馬倫獨攬朝權，圖謀篡位，為裝門面而引用了李重、荀組、王堪、陸機一批人；寫了中護軍淮南王司馬允起兵討司馬倫，結果反被司馬倫所滅，受牽連而死者數千人；寫了益州刺史趙廞勾結流寓巴西之秦州氐帥李特等陰圖割據巴蜀，擊殺了新任刺史耿滕與西夷校尉陳總，趙廞自立為大都督、益州刺史，控制了成都一帶地區。

孝惠皇帝上之下

元康九年（己未 西元二九九年）

春，正月，孟觀大破氐眾於中亭❶，獲齊萬年❷。

太子洗馬陳留江統❸以為戎、狄亂華，宜早絕其原❹，乃作徙戎論以警朝廷，曰：「夫夷、蠻、戎、狄❺，地在要荒❻，禹平九土❼，而西戎即敘❽。其性氣貪婪，凶悍不仁。四夷之中，戎、狄為甚❾，弱則畏服，彊則侵叛。當其彊也，以漢之[1]高祖困於白登❿，孝文軍於霸上⓫。及其弱也，以元、成之微⓬而單于入朝。此其已然之效⓭也。是以有道之君牧夷、狄⓮也，惟⓯以待之有備，禦之有常，雖稽顙執贄⓰，而邊城不弛固守⓱，彊暴為寇，而兵甲不加遠征⓲，期⓳令境內獲安，疆埸不侵⓴而已。

「及至周室失統㉑，諸侯專征㉒，封疆不固，而[2]利害異心㉓。戎、狄乘間㉔，得入中國㉕，或招誘安撫以為己用㉖。自是四夷交侵，與中國錯居㉗。及秦始皇并天下，兵威旁達㉘，攘胡㉙走越㉚，當是時，中國無復四夷㉛也。

「漢建武㉜中，馬援領隴西太守㉝，討叛羌，徙其餘種於關中，居馮翊㉞、河東㉟空地。數歲之後，族類蕃息㊱，既恃其肥彊㊲，且苦漢人侵之，永初之元㊳，羣羌叛亂，覆沒將守㊴，屠破城邑，鄧騭㊵敗北，侵及河內㊶。十年之中，夷、夏俱敝㊷，任尚、馬賢㊸，僅乃克之㊹。自此之後，餘燼不盡，小有際會㊺，輒復侵叛，中世之寇(46)，惟此為大。魏興之初(47)，與蜀分隔，疆埸之戎(48)，一彼一此(49)。武帝(50)徙武都氐(51)於秦川(52)，欲以弱寇彊國(53)，扞禦(54)蜀虜。此蓋權宜之計，非萬世之利也。今者當之(55)，已受其敝矣。

「夫關中土沃物豐，帝王所居(56)，未聞戎、狄宜在此土也。非我族類，其心必異。而因其衰敝，遷之畿服(57)，士庶翫習(58)，侮其輕弱，使其怨恨之氣毒於骨髓。至於蕃育眾盛(59)，則坐生其心(60)。以貪悍之性，挾憤怒之情，候隙乘便，輒為橫逆。而居封域之內(61)，無障塞之隔，掩(62)不備之人，收散野之積(63)，故能為禍滋蔓(64)，暴害不測(65)，此必然之勢，已驗之事也。當今之宜，宜及兵威方盛(66)，眾事未罷，徙馮翊、北地(67)、新平、安定(68)界內諸羌，著(69)先零、罕幵、析支(70)之地；徙扶風(71)、始平(72)、京兆(73)之氐，出還(74)隴右(75)，著陰平(76)、武都(77)之界。廩(78)其道路之糧，令足自致(79)，各附本種，反其舊土，使屬國(80)、撫夷(81)就安集之(82)。戎、晉不雜(83)，並得其所，縱有猾夏(84)之心，風塵之警(85)，則絕遠中國(86)，隔閡山河，雖有[3]寇暴，所害不廣矣。

「難者曰(87)：『氐寇新平，關中饑疫，百姓愁苦，咸望寧息(88)。而欲使疲悴之眾(89)，徙自猜之寇(90)，恐勢盡力屈，緒業不卒(91)，前害未及弭(92)，而後變復橫出矣。』答曰：『子以今者羣氐為尚挾餘資[93]，悔惡反善[94]，懷我德惠[95]而來柔附[96]乎？將勢窮道盡[97]，智力俱困，懼我兵誅以至於此乎？』曰：『無有餘力，勢窮道盡故也。』然則我能制其短長之命[98]，而今其進退由己[99]矣。夫樂其業者不易事[100]，安其居者無遷志[101]。方其自疑危懼[102]，畏怖促遽[103]，故可制以兵威，使之左右無違也。迨[104]其死亡流散，離逷未鳩[105]，與關中之人，戶皆為讎[106]，故可遐遷遠處，今其心不懷土[107]也。夫聖賢之謀事也，為之於未有[108]，治之於未亂，道不著而平[109]，德不顯而成。其次則能轉禍為福，因敗為功[110]，值困必濟[111]，遇否能通[112]。今子遭斂事之終[113]而不圖更制之始[114]，愛[115]易轍之勤[116]而遵覆車之軌[117]，何哉？且關中之人百餘萬口，率其少多[118]，戎、狄居半，處之與遷[119]，必須口實[120]。若有窮乏[121]，糝粒不繼[122]者，故當傾關中之穀[123]，以全其生生之計[124]，必無擠於溝壑，而不為侵掠之害[125]也。今我遷之，傳食而至[126]，附其種族[127]，自使相贍[128]，而秦地之人得其半穀[129]，此為濟行者以廩糧[130]，遺居者以積倉[131]，寬[132]關中之逼[133]，去[134]盜賊之原[135]，除旦夕之損[136]，建終年之益。若憚[137]蹔舉之小勞，而忘永逸之弘策[138]，惜日月之煩苦[139]，而遺累世之寇敵[140]，非所謂能創業垂統[141]，謀及子孫[142]者也。

「并州之胡[143]，本實匈奴桀惡之寇[144]也。建安中[145]，使右賢王去卑誘質呼廚泉[146]，聽其部落散居六郡(147)。咸熙(148)之際，以一部太強，分為三率(149)。泰始之初，又增為四(150)。於是(151)劉猛(152)內叛，連結外虜(153)；近者郝散之變(154)，發於穀遠(155)。今五部之眾，戶至數萬，人口之盛，過於西戎(156)。其天性驍勇，弓馬便利，倍於氐、羌。若有不虞風塵之慮(157)，則并州之域可為寒心(158)。

「正始(159)中，毌丘儉[4]討句驪(160)，徙其餘種於滎陽(161)。始徙之時，戶落百數，子孫孳息(162)，今以千計，數世之後，必至殷熾(163)。今百姓失職(164)，猶或亡叛，犬馬肥充(165)，則有噬齧(166)，況於夷、狄，能不為變？但顧其微弱(167)，勢力不逮(168)耳。

「夫為邦者(169)，憂不在寡(170)而在不安(171)，以四海之廣，士民之富，豈須夷虜在內(172)然後取足(173)哉！此等(174)皆可申諭發遣(175)，還其本域，慰彼羈旅懷土之思，釋我華夏纖介之憂(176)，『惠此中國，以綏四方(177)』，德施永世，於計為長也。」朝廷不能用。

散騎常侍賈謐侍講東宮(178)，對太子倨傲，成都王穎見而叱之。謐怒，言於賈后，出(179)穎為平北將軍，鎮鄴(180)。徵梁王肜(181)為大將軍、錄尚書事。以河間王顒為鎮西將軍，鎮關中。初，武帝(182)作石函之制(183)，非至親(184)不得鎮關中。顒輕財愛士，朝廷以為賢，故用之。

夏，六月戊戌[185] [5]，高密文獻王泰[186]薨。

賈后淫虐[187]日甚，私[188]於太醫令[189]程據等。又以簏箱載[190]道上年少入宮，復恐其漏泄，往往殺之。賈模[191]恐禍及己，甚憂之。裴頠與模及張華議廢后，更立謝淑妃[192]。模、華皆曰：「主上[193]自無廢黜之意，而吾等專行之，儻[194]上心不以為然，將若之何？且諸王方彊，朋黨各異[195]，恐一旦禍起，身死國危，無益社稷。」頠曰：「誠如公言。然宮中[196]逞其昏虐，亂可立待也。」華曰：「卿二人於中宮[6]皆親戚[197]，言或見信[198]，宜數為陳[199]禍福之戒，庶無大悖[200]，則天下尚未至於亂，吾曹得以優游卒歲[201]而已。」頠日夕說其從母廣城君[202]，令戒諭賈后以親厚太子，賈模亦數為后言禍福。后不能用，反以模為毀己[203]而疏之。模不得志，憂憤而卒。

【章　旨】以上為第一段，寫惠帝元康九年（西元二九九年）上半年的全國大事，主要寫了孟觀為將平定關中氐族之亂，俘獲首領齊萬年，太子洗馬江統趁機上〈徙戎論〉，建議朝廷將居住在國境以內的少數民族統統遷出境外，朝廷不從；寫了皇后賈南風暴虐淫亂，裴頠圖謀廢黜之，賈模、張華不從，為賈皇后謀殺太子張本。

【注　釋】❶中亭　地名，在今陝西武功西。❷齊萬年　秦雍地區的氐族頭領，惠帝元康六年被擁立為帝，曾破殺晉將周處，今被晉將孟觀所破獲。❸太子洗馬陳留江統　太子洗馬是太子屬官，掌管太子的學習，出入充當侍從。陳留，晉郡名，郡治小黃，在今河南開封東。江統，字應元，初為山陰令，現任太子洗馬。著〈徙戎論〉，主張徙羌、氐出關中，反映了當時民族關係的緊張。傳見《晉書》卷五十六。❹絕其原　斷絕他們作亂的根源，指把戎、狄從內地遷出。原，同「源」。❺夷蠻戎狄　據《周禮》：東方少數民族稱「夷」，南方少數民族稱「蠻」，西方少數民族稱「戎」，北方少數民族稱「狄」，但後人也時常通用。❻地在要荒　他們原來的居地都在離中原很遠的地方。要荒，指要服、荒服，古代有所謂五服，即由京城由近向遠劃成五圈，第一圈內稱甸服，第二圈內稱侯服，第三圈內稱綏服，第四圈內稱要服，第五圈內稱荒服。❼禹平九土　大禹治水，平定了全國的水患後，將中國劃分為九州。九土，即九州。❽西戎即敘　西方少數民族都服從了朝廷的安排。即敘，就序；遵守秩序。❾戎狄為甚　在周邊的少數民族當中，數西方與北方的少數民族最凶狠、最不守規矩。❿以漢之高祖困於白登　像劉邦那樣的雄主竟也被他們包圍在白登。劉邦討匈奴被困於白登事，見《史記》與本書卷十一高祖七年。白登，在今山西大同東北。⓫孝文軍於霸上　連漢文帝那樣的英明君主，為防備匈奴也得在京郊霸上一帶屯駐重兵。漢文帝為防匈奴在京城郊區的棘門、細柳、霸上駐軍事，見本書卷十五文帝後六年。霸上，亦作「灞上」，在今陝西長安東，接藍田界，即白鹿原。⓬元成之微　像漢元帝、漢成帝那樣微弱的君主臨朝。漢元帝劉奭在位的時間為西元前四八至前三三年，漢成帝劉驁在位的時間為西元前三二至前七年。匈奴在西漢後期降漢入朝事在元帝竟寧元年（西元前三三年），成帝河平四年（西元前二五年），見本書卷二十九、卷三十。⓭已然之效　過去事實的證明。⓮牧夷狄　駕御、管理少數民族。⓯惟　只有；必須。⓰稽顙執贄　指向中原王朝屈服投降。稽顙，最虔敬的叩拜禮，磕頭並四肢撲地。執贄，進獻禮品。贄，禮物。⓱不弛固守　不放鬆邊防的戒備。漢元帝時，匈奴單于請求漢王朝取消邊塞守備，大臣侯應反對。事見本書卷二十九竟寧元年。⓲兵甲不加遠征　指只把進犯的少數民族擊退，不再窮追。如西周宣王討伐北方玁狁時，只把他們驅逐到太原，兵至邊境，即行班師。⓳期　只求；只希望。⓴疆場不侵　本王朝的邊境不受侵害。㉑周室失統　失去綱紀，不能號令天下。指從西周的厲王、幽王開始。㉒專征　擅自征伐。㉓利害異心　各諸侯因利害不同而心懷異志。㉔乘間　趁機，利用諸侯相爭無暇顧及邊疆的空隙。間，縫隙。㉕得入中國　趁機入侵中原地區的國家，如戎人伐魯、狄人滅衛之類，均見於《左傳》與《史記》的魯、衛世家。㉖招誘安撫以為己用　如申侯、繒侯招西戎以滅西周，殺周幽王；王子朝、王子帶招狄族以攻其主；晉國遷陸渾之戎於伊川，與之聯合破秦於崤等等。㉗錯居　參插而居；混合居住。㉘兵威旁達　四面出兵討伐。旁，普；四面。㉙攘胡　驅逐胡人。秦將蒙恬收復河套地區，並渡河向北征討事見《史記・蒙恬列傳》。㉚走越　向南打敗越人。秦朝吞併六國後，曾派兵征服了今廣東、廣西一帶，並在其地設郡。㉛中國無復四夷　在中原地區的內部再也沒有少數民族了。指春秋、戰國以來的少數民族或者回到了原來生息的邊遠地區，或已與中原地區的人種相融合。㉜建武　東漢光武帝年號（西元二五—五七年）。㉝馬援領

隴西太守　馬援是東漢初期的名將，封伏波將軍。任隴西太守時，曾率軍擊破先零羌。後在進擊武陵「五溪蠻」時，病死軍中。傳見《後漢書》卷二十四。隴西是漢郡名，郡治狄道，即今甘肅之臨洮。㉞馮翊　漢郡名，郡治臨晉，即今陝西大荔。㉟河東　漢郡名，郡治安邑，在今山西夏縣西北。㊱族類蕃息　指該兩郡的羌族人口大量繁衍增多。㊲肥彊　身軀高大壯健。㊳永初之元　即「永初初年」。「永初」是東漢安帝的年號（西元一〇七—一一三年）。㊴覆沒將守　指打敗、殺害了當地的守軍將領及郡太守。㊵鄧騭　鄧禹之子，東漢中期有名的外戚。傳見《後漢書》卷十六。鄧騭伐羌失敗事，見本書卷四十九永初二年。㊶侵及河內　叛亂的羌軍一直攻打到今河南境內的黃河以北地區。河內是漢郡名，郡治懷縣，在今河南武陟西南。㊷夷夏俱敝　指羌族與漢族都耗盡了力量。㊸任尚馬賢　都是東漢後期的著名將領。任尚與馬賢破羌事見本書卷四十九元初四年。㊹僅乃克之　勉勉強強地平定了羌亂。僅，只；勉強。㊺小有際會　只要有一點機會。㊻中世之寇　東漢中期的敵人。㊼魏興之初　曹魏統治中原地區的前期。㊽疆埸之戎　邊境上的少數民族。㊾一彼一此　指分屬兩國，一部分屬曹魏，一部分屬蜀漢。㊿武帝　指曹操，被追諡為魏武帝。(51)武都氐　居住在武都郡內的氐族人。當時的武都郡屬於蜀國，郡治下辨，在今甘肅成縣西北。(52)秦川　古地區名，泛指今陝西、甘肅秦嶺以北平原地帶。當時屬曹魏。曹操伐蜀，把武都氐族遷到秦川事見本書卷六十八建安二十三年。(53)弱寇彊國　使敵寇（指蜀國）削弱，使本國加強。(54)扞禦　抵抗。(55)今者當之　如今碰上了該承受惡果的時期。當，碰上。(56)帝王所居　幾朝帝王居住的地方。如周朝都於豐（今陝西西安西南灃河以西）、鎬（故址在今陝西長安韋曲鎮西北），秦朝建都在咸陽（在今陝西咸陽東北二十里），漢建都長安（今陝西西安西北）等。(57)畿服　指國都的四郊。(58)翫習　習以為常；掉以輕心。(59)蕃育眾盛　發展得人口多，力量大。(60)坐生其心　其久壓心底的憤恨就要升上心頭。(61)封域之內　國境之內。(62)掩　突然襲擊。(63)散野之積　散布在田野間的莊稼。(64)為禍滋蔓　指發動叛亂，連延廣遠。(65)暴害不測　造成意想不到的危害。(66)及兵威方盛　趁著孟觀剛剛消滅了齊萬年。(67)北地　晉郡名，郡治即今陝西耀州。(68)新平安定　晉之二郡名，新平的郡治即今陝西彬縣，安定的郡治臨涇，在今甘肅鎮原東南。(69)著　安置。(70)先零罕幵析支　皆為當時的羌族部落名，居住在今青海西寧以西。(71)扶風　晉郡名，郡治池陽，在今陝西涇陽西北。(72)始平　晉郡名，郡治槐里，在今陝西興平東南。(73)京兆　晉郡名，郡治長安，在今西安西北。(74)出還　返回，搬回境外原來所住的地方。(75)隴右　泛指隴山以西，相當於今甘肅東部，寧夏南部一帶地區。(76)陰平　晉郡名，郡治在今甘肅文縣西北。(77)武都　晉郡名，郡治下辨，在今甘肅成縣西北。陰平、武都皆為白馬氐族居住之地。(78)廩　當作「稟」，發給；提供。(79)令足自致　讓他們可以一直吃到目的地。(80)屬國　指屬國都尉，管理該地區少數民族事務的軍事長官。(81)撫夷　指撫夷護軍，駐兵該地區的軍事長官。(82)就安集之　親自到那些地區加以組織安排。安集，安置；穩定。(83)戎晉不雜　讓戎族人與晉國人不再混雜居住在一起。(84)猾夏　擾亂中原。(85)風塵之警　指掀起叛亂。(86)絕遠中國　離中國內地路程懸遠。(87)難者曰　持不同意見的人會反駁說。這裡是作者的自問自答。(88)咸望寧息　都希望得到安寧休息。咸，皆；全。(89)疲悴之眾　指辛苦疲憊的關中一帶的漢族人。(90)徙自猜之寇　去驅趕那些心存猜疑的少數民族之人搬遷。(91)緒業不卒　意即不能完成這樣的任務。緒業，事業。卒，完成。(92)前害未及弭　上次的矛盾還沒有解決。弭，息停；完結。(93)尚挾餘資　還具有剩餘的反抗能力。(94)悔惡反善　後悔過去的作惡，想要回到正道上來。(95)懷我德惠　感激朝廷的恩德。(96)來柔附　前來認輸歸降。(97)將勢窮道盡　還是由於他們的大勢已去，走投無路。(98)制其短長之命　掌握著他們生命的或長或短。意即他們的死活都掌握在我們手裡。(99)進退由己　指他們遷與不遷都決定在我們。(100)不易事　不願改變自己所樂於經營的事業。(101)無遷志　沒有遷居的打算。(102)方其自疑危懼　如果是當他正處於恐懼懷疑的時刻。方，當。(103)畏怖促遽　正處在恐懼緊張的關頭。(104)迨　趁著。(105)離逷未鳩　四處逃散，尚未集結。鳩，集。(106)戶皆為讎　家家戶戶都是他們的仇敵。(107)不懷土　不留戀他們現今居住的地方。懷，戀。(108)為之於未有　要在事情尚未發生之前就做好，即所謂未雨綢繆。(109)道不著而平　沒見花多大力氣事情就解決了。(110)因敗為功　即想辦法把壞事變為好事。(111)值困必濟　陷於困境能夠得以解脫。(112)遇否能通　遇到險阻而能安然度過。「否」原是《易經》中的一個卦名，後人常用以代指倒楣、受罪。(113)敝事之終　指齊萬年作亂剛剛得以平息。(114)更制之始　指趁機改換一種好辦法。(115)愛吝惜；怕麻煩。(116)易轍之勤　把車子改到另一條道上的辛勞。易轍，改道。(117)遵覆車之軌　還沿著翻過車的舊路向前走。(118)率其少多　估算一下漢人與羌戎的人口比例。率，大略；估算。(119)處之與遷　把他們安置下來，或是把他們遷出。(120)必須口實　都得用相當數量的糧食。口實，口糧。(121)若有窮乏　如果哪裡有人挨餓。窮乏，指災荒缺糧。(122)糝粒不繼　沒有下頓下鍋的糧食。糝粒，指煮粥的楂或米。(123)傾關中之穀　拿出關中所有倉庫儲存的糧食。(124)以全其生生之計　來救濟那些飢民的生命。(125)必無擠於溝壑二句　有些得不到救濟的，他們絕不會眼巴巴地活活餓死，一定會到處進行搶奪。(126)傳食而至　讓沿途供應糧食使他們到達。傳，驛站，這裡即指沿途官府。(127)附其種族　回歸到他們原來的民族之中。(128)自使相贍　使他們自己養活自己。(129)秦地之人得其半穀　讓關中地區的漢族人得到多一倍的糧食。秦地，指今陝西以及甘肅東部一帶地區，這一帶是秦國未吞併六國以前的發祥、發展之地。半穀，多一倍的糧食。因為少數民族約佔秦地人口的一半，如把他們遷走後，秦地的漢人從官府領到的救濟自然就多了。(130)濟行者以廩糧　由官府另拿出糧食來供應搬遷的少數民族。濟，供應。廩糧，官糧。(131)遺居者以積倉　留下關中倉庫的積穀給當地的漢人食用。居者，剩下的漢人。(132)寬　緩解。(133)關中之逼　關中地區救濟飢民的壓力。134去　剷除。135盜賊之原　盜賊產生的根源，指少數民族作亂。136除旦夕之損　豁出暫時的花銷。損，破費。137憚　不願；捨不得。138永逸之弘策　一勞永逸的長遠規劃。139惜日月之煩苦　吝惜短暫的辛勞。140遺累世之寇敵　給後世子孫孫留下強大的敵人。累世，一連幾代。141創業垂統　開創大業，留傳萬世。142謀及子孫　為後世子孫作打算。143并州之胡　并州地區的匈奴人，即卷八十二所講的以劉淵為頭領的五部匈奴。并州的州治晉陽，在今山西太原西南。144本實匈奴桀惡之寇　原本是一支很兇惡的敵人，指西漢初期長期侵掠漢朝而言。145建安中　指漢魏之交。建安是漢獻帝的年號（西元一九六－二二〇年）。146使右賢王去卑誘質呼廚泉　讓去卑誘騙單于呼廚泉進京，將其扣留。呼廚泉是劉淵的祖父，當時的匈奴單于。據《後漢書・南匈奴傳》及本書卷六十七建安二年，當時曹操將呼廚泉留在洛陽當人質，而讓右賢王去卑代管南匈奴事。147聽其部落散居六郡　讓呼廚泉所統的六部匈奴散居在并州的六個郡裡。此六郡即平陽（治所在今山西臨汾西南）、西河（治所即今山西離石）、太原（治所在晉陽，今太原西南）、新興（治所九原，今山西忻州）、上黨（治所在壺關，今山西長治北）、樂平（治所沾縣，今山西昔陽西南）。148咸熙　魏末帝曹奐的年號（西元二六四－二六五年）。149分為三率　因一個郡裡的匈奴人集中為一部，勢力太大，故將其分為三部，分別由三人統領。150泰始之初二句　泰始是晉武帝司馬炎的年號（西元二六五－二七四年）。又增為四，又把一郡裡的三部變為四部。151於是　當時。152劉猛　劉猛當時是南匈奴的右賢王。153連結外虜　劉猛起兵勾結塞外少數民族進攻并州，被刺史劉欽與監軍何楨破殺事見本書卷七十九泰始七年、八年。154郝散之變　郝散是南匈奴的頭領之一，其發動叛亂進攻上黨以及被殺事，見本書卷八十二元康四年。155穀遠　也叫孤遠，即今山西沁源。156過於西戎　比剛被孟觀打敗的氐人還要強大。157不虞風塵之慮　意想不到的叛亂發生。不虞，沒想到。風塵，指戰爭、變亂。158可為寒心　感到可怕。159正始　魏末齊王曹芳的年號（西元二四〇－二四八年）。160毌丘儉討句驪　毌丘儉是魏國將領。事跡詳見《三國志》本傳。句驪，即高句驪，國都即今吉林集安。毌丘儉討滅高句驪事，見本書卷七十五正始七年。161滎陽　魏縣名，縣治在今河南滎陽東北。162孳息　繁衍增加。163殷熾　大盛。164失職　失業，指百姓失去土地，不能以耕種為生。165肥充　膘肥強壯。166噬齧　相互啃咬。167但顧其微弱　語略不順，意思是他們現在所以不造反，只是由於還處於微弱狀態。168不逮　達不到。169為邦者　治理國家的人。170寡　東西少；窮困。171而在不安　怕的是不安定。《論語・季氏》：「丘聞有國有家者，不患寡而患不均；不患貧而患不安。」172在內　留在國內。173取足　徵收到足夠的東西。174此等　這些少數民族。175申諭發遣　講明道理，打發他們上路。176釋我華夏纖介之憂　給我們中原地區減少一點擔心、憂慮。纖介，以喻其小。177惠此中國二句　語出《詩經・民勞》。意思是，既施惠給中原，又安定了四方蠻夷。178侍講東宮　在太子宮為太子講課。

(179)出　放外任。(180)鎮鄴　率兵駐紮鄴城。鄴城是北方軍事重鎮，在今河北臨漳西南。(181)徵梁王肜　調梁王司馬肜進京。司馬肜是司馬懿之子，此時正鎮守關中。(182)武帝　即晉武帝司馬炎。(183)石函之制　規定了一個制度，藏在皇家太廟的石匣中。(184)至親　跟皇帝血緣關係最親近的人。司馬顒是司馬孚的孫子，與皇帝血緣已不太近。(185)戊戌　六月初三日。(186)高密文獻王泰　司馬泰，司馬懿之姪，高密王是封號，文獻是諡。傳見《晉書》卷三十七。(187)淫虐　淫亂暴虐。(188)私　與……私通。(189)太醫令　為帝后治病的醫官頭領。(190)以篚箱載　用竹筐向後宮裝人。篚，一種用竹子編成的圓簍，方為筐，圓為篚。(191)賈模　賈皇后的堂兄，正在操縱朝權。(192)謝淑妃　名謝玖，太子司馬遹的生母。(193)主上　指惠帝司馬衷。(194)儻　倘若。(195)朋黨各異　各有各的黨羽。(196)宮中　指賈皇后。(197)於中宮皆親戚　賈模是賈皇后的堂兄，裴頠是賈南風的表兄。中宮，指皇后，即賈南風。(198)言或見信　如果你們給她提意見，也許她能聽從。(199)數為陳　多給她講講。(200)庶無大悖　也許她就不那麼肆意妄行了。庶，希望；或許。(201)優游卒歲　悠閒自在地湊合著度過這一輩子。(202)廣城君　賈充之妻郭槐，裴頠的姨母，賈皇后的母親。(203)毀己　詆毀自己。

【校　記】[1]之　原無此字。據章鈺校，甲十一行本、乙十一行本、孔天胤本皆有此字，今據補。[2]而　原無此字。據章鈺校，甲十一行本、乙十一行本、孔天胤本皆有此字，張敦仁《通鑑刊本識誤》同，今據補。[3]有　據章鈺校，乙十一行本作「為」，張敦仁《通鑑刊本識誤》同。[4]毌丘儉　原誤作「母丘儉」。毌丘，複姓。本為古地名，春秋時為衛、齊之地，人們取以為氏。[5]戊戌　原無此二字。據章鈺校，甲十一行本、乙十一行本、孔天胤本皆有此二字，今據補。[6]中宮　據章鈺校，甲十一行本、乙十一行本皆作「宮中」。

【語　譯】孝惠皇帝上之下

元康九年（己未　西元二九九年）

春季，正月，孟觀在中亭把氐人打得大敗，俘虜了氐人頭領齊萬年。

擔任太子洗馬的陳留人江統認為戎、狄少數民族擾亂中華，應該及早斷絕他們作亂的根源，把他們從內地遷移出去，於是便寫了一篇〈徙戎論〉來提醒朝廷，他在〈徙戎論〉中說：「東夷、南蠻、西戎、北狄等各少數民族，他們原來的居住地都在距離中原很遠的地方，大禹治水，平定了全國的水患之後，將中國劃分為九州，而西方的少數民族都服從了朝廷的安排。這些少數民族習性貪婪、兇悍，不講仁義。在周邊的這些少數民族當中，就數西方與北方的少數民族最兇狠、最不守規矩，在他們勢力微弱的時候就因為畏懼朝廷而表現得很順從，一旦他們的勢力強大起來就侵擾中原、反叛朝廷。當他們強大的時候，就連漢之高祖劉邦也被他們圍困在白登，漢文帝為防備匈奴的侵擾也得在京郊霸上一帶屯駐重兵。在他們勢力衰弱的時候，像漢元帝、漢成帝那樣微弱的君主臨朝的時候，匈奴單于也要入朝納貢。這是過去曾經發生過的實有例證。所以聖明的君主駕御、管理少數民族，只有經常對他們保持戒備的狀態，經常防範著他們，哪怕是在他們磕頭臣服、進獻貢品的時候，也絲毫不能放鬆邊防的戒備，在他們以強暴的方式入侵邊境的時候，邊塞守軍只要能夠把他們擊退，就不再對他們進行窮追猛打，只求邊境以內獲得平安、本朝的邊境不受侵害就可以了。

「等到周朝失去綱紀，不能號令天下，而由諸侯擅自征伐的時候，各個諸侯國的邊界都很不固定，而各諸侯因為利害關係不同心懷異志。西部和北部的少數民族便利用諸侯相爭無暇顧及邊疆的空隙，趁機入侵中原地區，而中原地區的諸侯有的竟然以利益來誘惑西方和北方的少數民族，使他們為自己所用。從此以後四方的少數民族輪番侵入中原地區，與中原的漢民混雜而居。等到秦始皇統一天下之後，秦朝以強大的兵力四面出兵討伐，向北驅逐了胡人，向南打敗了越人，那個時候，中原地區的內部再也沒有少數民族了。

「東漢光武帝統治時期，馬援受命擔任隴西太守，他率領軍隊討伐叛變的羌人，平定了羌人的叛亂之後，就將戰敗後僥倖活下來的羌人遷移到關中一帶，讓他們居住在馮翊郡、河東郡的無人地區。數年以後，這兩個地區的羌人大量繁衍、人口增多，他們仗恃著自己身軀高大壯健，又不堪忍受漢人對他們的侵害和欺侮，於是便在東漢安帝的永初初年，羌人再次叛亂，他們打敗了當地的守軍、殺害了守軍將領和郡守，城邑一個接一個地不斷被他們攻破、被他們佔領，鄧騭率軍討伐羌人叛亂又遭受失敗，叛亂的羌軍一直攻打到河內郡。十年的混戰，使羌族與漢族都耗盡了力量，任尚、馬賢也只是勉勉強強地平定了羌亂，使國家暫時得到平靜。但從此以後，羌人的殘餘勢力依然存在，只要稍微有一點機會，他們就會再次侵擾、叛亂，東漢中期的敵人，惟此最為嚴重。曹魏統治中原地區的前期，與蜀國劃疆而治，邊境上的少數民族，一部分屬於曹魏，一部分屬於蜀漢。魏武帝曹操把居住在武都郡內的氐族人遷移到秦川一帶居住，想以此來削弱蜀漢，強大自己的國力，利用羌人來抵禦蜀軍的侵擾。這些都是一時的權宜之計，並不能長久地給子孫後代帶來利益。如今到了該承受惡果的時期，我們現在已經受到了那些做法的危害。

「關中地區土地肥沃、物產豐富，是幾朝帝王居住的地方，從來沒有聽說過戎、狄等少數民族適宜在那裡居住。戎人、狄人不屬於我們民族的人，必然不會和我們一條心。我們是在他們的勢力衰微、敗落之時，強迫他們遷移到國都的四郊居住的，不論是國家官員還是平民百姓對他們已經習以為常、掉以輕心，認為他們勢力弱小因而看不起他們、隨意欺陵他們，使他們對漢人的怨恨之氣深入骨髓。一旦他們繁衍到人口眾多、勢力強盛的時候，長久積壓在他們心底的憤恨就要升上心頭。以他們那種貪婪、強悍的本性，再加上他們憤怒的情緒，一旦有機可乘，就會立即發動叛亂。而他們又居住在國境之內，沒有關隘要塞的阻隔，突然襲擊毫無防範準備的人們，搶收散布在田野裡的莊稼，所以他們發動叛亂能夠連延廣遠，造成意想不到的危害，這是必然的形勢，已經得到了驗證的事實。當今之計，應該趁著孟觀剛剛消滅了氐人首領齊萬年，軍隊還沒有班師的機會，把馮翊郡、北地郡、新平郡、安定郡境內的那些羌人一律遷走，安置到先零、罕幵、析支等羌人原先的居住地；把扶風郡、始平郡、京兆郡境內的氐人遷出境內，讓他們回到原來所居住的隴山以西地區，安置在陰平郡、武都郡兩郡的交界處。朝廷發給他們遷移路上所需要的糧食，讓他們靠著這些糧食完全可以到達目的地，各自回到本民族當中，回歸他們的故土，讓屬國都尉、撫夷護軍親自到那些地區進行組織安排。讓戎族人與晉國人不再混雜在一起，並使他們各得其所，縱然他們還有擾亂中原之心，挑起了叛亂，但因為他們距離中國內地路程懸遠，中間有山河阻隔，即使有侵略暴亂，所造成的危害也不會那麼大了。

「持有不同意見的人會反駁說：『氐族賊寇最近才被平定，關中正鬧饑荒和傳染病，百姓生活困苦不堪，都希望得到安寧休息。現在又想役使辛苦疲憊的關中一帶漢族人，去驅趕那些心存猜疑的少數民族進行遷移，恐怕是勢窮力屈，不能完成這樣的任務，上次的矛盾還沒有解決，而後患又要跟著爆發了。』回答說：『你認為今天的那些氐族部落還具有剩餘的反抗能力，他們會對過去的作惡行為感到悔恨、想要回到正道上來，因為感激朝廷的恩德而前來認輸歸降呢？還是由於他們大勢已去，走投無路，智盡力窮，畏懼我軍的誅殺迫不得已而歸順於我們呢？』答案應該是：『是因為他們再也沒有力量，在大勢已去、已經走投無路的情況下才被迫歸附於我們的。』如此的話目前他們的死活都掌握在我們手裡，而讓他們遷與不遷都決定於我們。熱愛自己職業的人就不願意改變自己樂於經營的事業，安於自己居住地方的人就沒有遷居的打算。如果是當他正處於恐懼懷疑的時刻，正處在恐懼緊張的關頭，就可以用兵威制服他們，讓他們不敢違抗命令。趁著他們剛被打敗，死的死、亡的亡，四處逃散、尚未集結起來，而與關中人民的關係，家家戶戶都是他們仇敵的時候，正是把他們遷移到遙遠地方的好時機，使他們不再留戀他們現今居住的地方。聖賢籌劃事情，要在事情尚未發生之前就做好，在變亂沒有發生之前就做好防範，沒見花多大力氣事情就解決了，行動毫不張揚而已經獲得成功。其次則是能夠轉禍為福，想辦法把壞事變為好事，陷於困境而能夠得以解脫，遭遇到險阻而能夠安然度過。如今齊萬年作亂剛剛得以平息，而不趁機改換一種好辦法，卻吝惜把車子改到另一條道上的辛勞而仍然沿著翻過車的舊路向前走，這是為什麼呢？況且關中有一百多萬人口，估算一下漢人與羌、戎等少數民族的人口比例，戎人、狄人就佔據了一半，不論是讓他們留下來還是把他們遷出去，都得需要相當數量的糧食。如果遇上災荒，糧食匱乏，有人已經沒有一粒米可以下鍋的時候，本來就應當拿出關中所有倉庫儲存的糧食，用來救濟那些飢民的生命，有些得不到救濟的，他們絕不會眼巴巴地等著活活餓死，一定會到處侵略搶奪。如今我們讓他們遷移，讓沿途官府供應他們路上需要的糧食，使他們能夠平安到達目的地，回到他們的種族當中，使他們自己養活自己，而關中地區的漢族人得到比平常多一倍的糧食，這就是由官府另拿出糧食來供應搬遷的少數民族，而留下關中倉庫的積穀給當地的漢人食用，這樣既緩解了關中地區救濟飢民的壓力，又剷除了盜賊產生的根源，豁出暫時的花銷，卻得到了整年的益處。如果捨不得暫時的辛勞，而忘掉一勞永逸的長遠規劃，吝惜暫時的辛勞，而給後世子孫留下強大的敵人，就說不上是能夠開創大業、流傳萬世，為後世子孫做長遠打算的人了。

「并州一帶的匈奴人，原本是一支很兇惡的敵人。漢末建安時期，指使匈奴右賢王欒提去卑誘騙呼廚泉單于進京扣作人質，卻聽任呼廚泉所統的六部匈奴散居在并州的六個郡裡。曹魏末年的咸熙年間，因為一個郡裡的匈奴人集中為一部，勢力太強，為了削弱他們的勢力，就將其分為三部，分別由三個人統領。晉武帝泰始初年，又把一個郡裡的匈奴人由三部變為四部。當時南匈奴右賢王劉猛在塞內作亂，並勾結塞外的少數民族進攻并州；最近又有南匈奴的頭領郝散在穀遠發動叛亂。如今匈奴五部的人口眾多，已經達到了幾萬戶，人口之多比剛被孟觀打敗的氐人還要強大。他們天生驍勇善戰，弓馬嫻熟，超過氐人、羌人一倍。如果有預想不到的叛亂發生，那麼并州一帶的情況必將讓人感到可怕。

「魏朝末年齊王曹芳執政時期，毌丘儉率軍討伐高句驪，把戰敗後的高句驪人遷徙到滎陽居住。開始遷徙的時候，只有一百多戶，後來人口繁衍子孫增加，如今已有上千戶，幾世之後，必定人口大盛。如果百姓失去土地，不能以耕種為生，還要有人逃亡叛亂，犬馬膘肥強壯之後，就要開始互相啃咬，更何況是夷、氐之人，能不叛亂嗎？他們現在之所以沒有造反，只是因為他們勢力微弱，能力達不到罷了。

「治理國家的人，所擔憂的不在於國家的貧窮而怕的是國家不安定，憑藉中國富有四海之廣，士民富庶，難道非得要把少數民族留在國境之內而後才能徵收到足夠的東西嗎！對這些少數民族都應該跟他們講明道理，打發他們上路，使他們返回到他們原來居住的區域，以撫慰他們旅居異地懷念故土的情思，給我們中原地區減少一點憂慮，正如《詩經》所說『既施惠給中原，又安定了四方的蠻夷』，恩德永遠留傳於後世，這才是長久之計。」朝廷沒有採納他的建議。

擔任散騎常侍的賈謐在太子宮為太子講課，但他對太子傲慢無禮，成都王司馬穎看見後就斥責了他。賈謐惱羞成怒，便告訴了賈皇后，於是賈皇后便把司馬穎放了外任，任命他為平北將軍，讓他率兵鎮守鄴城。而後徵調梁王司馬肜為大將軍、錄尚書事。又任命河間王司馬顒為鎮西將軍，鎮守關中。當初，晉武帝司馬炎規定了一個制度，藏在皇家太廟的石匣中，制度中規定：非跟皇帝血緣關係親近的人不得去鎮守關中。司馬顒對待財物毫不吝惜，出手大方，又喜歡結交那些有才能的人士，朝廷於是認為他賢明有才幹，所以就派他去鎮守關中。

夏季，六月初三日戊戌，高密王司馬泰去世，諡號「文獻」。

賈皇后淫亂暴虐一日甚似一日，她與太醫令程據等人通姦。又搶劫路上的美少年裝入竹筐送入宮中供她淫亂，又恐怕這些少年將消息洩露出去，所以往往不放他們出宮，在宮中就把他們殺死了。賈模擔心將來災禍會牽連到自己，所以非常擔憂。裴頠與賈模和張華商議廢黜賈后，改立謝淑妃為皇后。賈模與張華都說：「陛下沒有廢黜賈后的意思，而我等擅作主張，倘若陛下到時不同意我們的意見，那該怎麼辦呢？而且諸侯王的勢力都很強大，他們立場不同，各有各的黨羽，恐怕一旦禍起，不僅我們自己生命不保還會危及社稷，對國家沒有什麼好處。」裴頠說：「確實像你們所說的那樣。然而後宮之中賈后逞其昏庸暴虐、為所欲為，禍亂很快就會發生。」張華說：「你們二人都與賈后是親戚，你們說的話，她也許能夠聽從，你們應該多給她講講福禍的利害關係使她能引以為戒，也許她就不那麼肆意妄行了，那麼天下還不至於大亂，我等還能夠悠閒自在地湊合著度過這一輩子。」於是裴頠便一天到晚地勸說他的姨母廣城君、賈皇后的母親郭槐，讓她告誡、囑咐賈皇后要親近、厚待太子，賈模也多次為賈皇后講述禍福無門的歷史教訓。賈后不但不聽，反而認為賈模在詆毀自己而疏遠了賈模。賈模不得志，憂鬱憤懣而死。

秋，八月，以裴頠為尚書僕射。頠雖賈后親屬，然雅望素隆❶，四海惟恐其不居權位。尋詔頠專任門下事❷，頠上表固辭，以「賈模適亡❸，復以臣代之❹，崇外戚之望❺，彰偏私之舉❻，為聖朝累❼。」不聽。或謂頠曰：「君可以言，當盡言於中宮❽，言而不從，當遠引而去❾。儻二者不立，雖有十表，難以免❿矣。」頠慨然久之，竟不能從。

帝為人戇騃⑪，嘗在華林園⑫聞蝦蟆⑬，謂左右曰：「此鳴者，為官乎？為私乎⑭？」時天下荒饉，百姓餓死。帝聞之，曰：「何不食肉糜⑮[1]？」由是權在羣下，政出多門⑯，勢位之家，更相薦託⑰，有如互市⑱。賈、郭⑲恣橫，貨賂公行⑳。南陽魯褒㉑作錢神論以譏之曰：「錢之為體，有乾、坤之象㉒，親之如兄，字曰『孔方』。無德而尊，無勢而熱㉓，排金門㉔，入紫闥㉕，危可使安，死可使活，貴可使賤，生可使殺。是故忿爭㉖非錢不勝，幽滯㉗非錢不拔，怨讎㉘非錢不解，令聞㉙非錢不發㉚。洛中朱衣㉛，當塗之士㉜，愛我家兄，皆無已已㉝。執我之手，抱我終始㉞。凡今之人，惟錢而已。」

又，朝臣務以苛察相高㉟，每有疑議，羣下各立私意，刑法不壹㊱，獄訟繁滋㊲。裴頠上表曰：「先王刑賞相稱㊳，輕重無二㊴，故下聽有常㊵，羣吏安業。去元康四年大風，廟闕屋瓦㊶有數枚傾落，免太常荀寓㊷。事輕責重㊸，有違常典。五年二月有大風㊹，蘭臺主者㊺懲懼前事㊻，求索阿棟之間㊼，得瓦小邪㊽十五處，遂禁止太常㊾，復興刑獄。今年八月，陵上荊㊿一枝圍七寸二分者被斫(51)，司徒、太常奔走道路(52)，雖知事小，而按劾難測(53)，搔擾驅馳(54)，各競免負(55)。于今太常禁止未解(56)。夫刑書之文(57)有限，而舛違之故(58)無方(59)，故有臨時議處(60)之制，誠不能皆得循常也。至於此等[61]，皆為過當[62]，恐姦吏因緣[63]，得為淺深[64]也。」既而曲議[65]猶不止，三公尚書[66]劉頌[67]復上疏曰：「自近世以來，法漸多門，令甚不一。吏不知所守[68]，下不知所避[69]，姦偽者因以售其情[70]，居上者難以檢其下[71]，事同議異[72]，獄犴[73]不平。夫君臣之分，各有所司。法欲必奉[74]，故令主者守文[75]；理有窮塞[76]，故使大臣釋滯[77]；事有時宜[78]，故人主權斷[79]。主者守文，若釋之[80]執犯蹕之平[81]也；大臣釋滯，若公孫弘斷郭解之獄[82]也；人主權斷，若漢祖戮丁公之為[83]也。天下萬事，自非此類[84]，不得出意妄議[85]，皆以律令從事。然後法信於下[86]，人聽不惑[87]，吏不容姦，可以言政矣！」乃下詔：「郎、令史[88]復出法駁案[89]者，隨事以聞[90]。」然亦不能革也。

頌遷吏部尚書，建九班之制[91]，欲令百官居職希遷[92]，考課能否[93]，明其賞罰。賈、郭用權，仕者欲速[94]，事竟不行。

裴頠薦平陽韋忠[95]於張華，華辟[96]之，忠辭疾[97]不起。人問其故，忠曰：「張茂先[98]華而不實，裴逸民[99]欲而無厭[100]，棄典禮而附賊后[101]，此豈大丈夫之所為哉！逸民每有心託我[102]，我常恐其溺於深淵而餘波及我[103]，況可褰裳而就之[104]哉！」

關內侯敦煌索靖[105]知天下將亂，指洛陽宮門銅駝[106]歎曰：「會見汝在荊棘中[107]

耳！」

冬，十一月甲子朔[108]，日有食之。

初，廣城君郭槐以賈后無子，常勸后使慈愛太子。賈謐驕縱，數無禮於太子，廣城君恆切責之[109]。廣城君欲以韓壽女[110]為太子妃，太子亦欲婚韓氏以自固。壽妻賈午[111]及后皆不聽，而為太子聘王衍少女。太子聞衍長女美，而后為賈謐聘之，心不能平，頗以為言[112]。及廣城君病，臨終，執后手，令盡心於太子，言甚切至[113]。又曰：「趙粲[114]、賈午，必亂汝家事，我死後，勿復聽入[115]。深記吾言！」后不從，更與粲、午謀害太子。

太子[116]幼有令名[117]，及長，不好學，惟與左右嬉戲，賈后復使黃門輩誘之為奢靡威虐。由是名譽浸減[118]，驕慢益彰，或廢朝侍[119]而縱遊逸。於宮中為市[120]，使人屠酤[121]，手揣斤兩[122]，輕重不差。其母[123]，本屠家女也，故太子好之。東宮月俸錢[124]五十萬，太子常探取[125]二月，用之猶不足。又令西園賣葵菜[126]、藍子[127]、雞、麪等物而收其利。又好陰陽小數[128]，多所拘忌[129]。洗馬江統上書陳五事：「一曰雖有微苦[130]，宜力疾朝侍[131]。二曰宜勤見保傅[132]，咨詢善道。三曰畫室之功[133]，可宜[2]減省，後園刻鏤雜作，一皆罷遣。四曰西園賣葵、藍之屬，虧敗國體，貶損今聞。五日繕牆正瓦[134]，不必拘攣小忌。」太子皆不從。中舍人[135]杜錫[136]恐太子不得安其位[137]，每盡忠諫，勸太子修德業，保令名，言辭懇切。太子患之，置針著[138]錫常所坐氈中，刺之流血。錫，預之子也。

太子性剛，知賈謐恃中宮驕貴，不能假借[139]之。謐時為侍中，至東宮[140]，或捨之[141]，於後庭遊戲。詹事[142]裴權諫曰：「謐，后所親昵，一日交構[143]，則事危矣！」不從。謐譖太子於后曰：「太子多畜[144]私財以結小人者，為賈氏故[145]也。若宮車晏駕[146]，彼居大位，依楊氏故事[147]，誅臣等，廢后於金墉[148]，如反手耳。不如早圖之，更立慈順者，可以自安。」后納其言。乃宣揚太子之短，布於遠近。又詐為有娠[149]，內藁物產具[150]，取妹夫韓壽子慰祖[151]養之，欲以代太子。

于時朝野咸知賈后有害太子之意，中護軍[152]趙俊請太子廢后，太子不聽。左衛率[153]東平劉卞[154]以賈后之謀問張華，華曰：「不聞。」卞曰：「卞自須昌小吏，受公成拔[155]以至今日。士感知己，是以盡言，而公更有疑於卞邪？」華曰：「假令有此，君欲如何？」卞曰：「東宮俊乂如林[156]，四率[157]精兵萬人，公居阿衡之任[158]，若得公命，皇太子因朝入錄尚書事[159]，廢賈后於金墉城，兩黃門力耳[160]。」華曰：「今天子當陽[161]，太子，人子也，吾又不受阿衡之命[162]，忽相與行[163]，此是無君父，而以不孝示天下也。雖能有成，猶不免罪[3]。況權戚滿朝，威柄不一(164)，成可必乎？」賈后常使親黨微服聽察於外，頗聞卞言，乃遷卞為雍州刺史。卞知言泄，飲藥而死。

十二月，太子長子虨病，太子為虨求王爵，不許。虨疾篤，太子為之禱祀求福。賈后聞之，乃詐稱帝不豫(165)，召太子入朝。既至，后不見，置于別室，遣婢陳舞(166)以帝命賜太子酒三升，使盡飲之。太子辭以不能飲三升，舞逼之曰：「不孝邪？天(167)賜汝酒而不飲，酒中有惡物(168)邪？」太子不得已，彊飲至盡，遂大醉。后使黃門侍郎潘岳作書草(169)，令小婢承福(170)以紙筆及草(171)，因太子醉，稱詔使書之(172)。文曰：「陛下宜自了(173)，不自了，吾當入了之(174)。中宮又宜速自了(175)，不自了，吾當手了之(176)。并與謝妃共要(177)，刻期兩發(178)，勿疑猶豫，以致後患。茹毛飲血(179)於三辰(180)之下，皇天許當掃除患害，立道文(181)為王，蔣氏(182)為內主(183)。願成，當以三牲(184)祠北君(185)。」太子醉迷不覺，遂依而寫之，其字半不成(186)，后補成之以呈帝。

壬戌(187)，帝幸式乾殿，召公卿入，使黃門令董猛以太子書及青紙詔(188)示之曰：「遹書如此，今賜死。」徧示諸公王(189)，莫有言者。張華曰：「此國之大禍。自古以來，常因廢黜正嫡以致喪亂。且國家有天下日淺，願陛下詳之[190]！」裴頠以為宜先檢校傳書者[191]，又請比校[192]太子手書，不然，恐有詐妄。賈后乃出太子啓事十餘紙[193]。眾人比視[194]，亦無敢言非者。賈后使董猛矯以長廣公主辭[195]白帝曰：「事宜速決，而羣臣各不同，其不從詔者，宜以軍法從事。」議至日西，不決。后見華等意堅[196]，懼事變，乃表免太子為庶人，詔許之。於是使尚書和郁等持節詣東宮，廢太子為庶人。太子改服[197]出，再[4]拜受詔，步出承華門[198]，乘粗犢車[199]，東武公澹[200]以兵仗送太子及妃王氏[201]、三子虨、臧、尚同幽于金墉城。王衍自表離婚，許之，妃慟哭而歸。殺太子母謝淑媛及虨母保林蔣俊[202]。

【章旨】以上為第二段，寫晉惠帝元康九年（西元二九九年）下半年的全國大事，主要寫了惠帝其人的種種痴呆可笑，與國家政出多門，法令不一，裴頠建議予以規範，但無濟於事；寫了韋忠、索靖諸人皆看到了晉政衰危，國家將亂，發出了種種預言；寫了太子司馬遹長大後不學好，江統陳五事以規勸，太子不從，又故意得罪賈后的親信賈謐；寫了中護軍趙俊、左衛率劉卞勸太子與張華合謀廢后，太子、張華皆不從；寫了賈后令人灌醉太子，誘其抄寫謀反性的祭神禱文，唆使惠帝將其處死，由於張華等人堅持反對，故司馬遹暫被囚入金墉城。

【注釋】❶雅望素隆　名望素來很高。❷專任門下事　按晉制，侍中與給事黃門侍郎同管門下事，現由侍中裴頠一人專管。❸適亡　剛逝世不久。❹代之　代替賈模的職務。❺崇外戚之望　提高了外戚的聲望。崇，抬高。❻彰偏私之舉　更顯得總是偏向自己的親屬。彰，顯。❼為聖朝累　給朝廷造成汙點。累，弊病；瑕疵。❽當盡言於中宮　應該好好地勸勸賈皇后。❾遠引而去　指辭去官職，遠離朝廷。❿難以免　難逃一死。⓫戇騃　愚魯痴呆。⓬華林園　御花園之一。⓭聞蝦蟆　聽見蝦蟆的叫聲。⓮為官乎二句　是為公事叫，還是為私事叫。⓯肉糜　肉粥。⓰政出多門　政令出自於眾多掌權者之手，相互衝突。⓱更相薦託　相互推薦，相互倚託。⓲互市　相互做買賣。⓳賈郭　指賈謐、郭彰。⓴貨賂公行　公開地接受賄賂。㉑魯褒　字道元。終身不仕。傳見《晉書》卷九十四。㉒乾坤之象　意謂銅錢的周邊有天之圓，中孔有地之方。㉓無德而尊二句　能使無德者尊貴起來，能讓無勢者變為有權勢。㉔排金門　推開帝王的宮殿之門。㉕入紫闥　進入皇宮之中。㉖忿爭指官司訴訟。㉗幽滯　指困厄、埋沒。㉘怨讎　怨家仇敵。㉙令聞　好名聲。㉚非錢不發　不花錢就不能遠揚。發，傳播；遠揚。㉛洛中朱衣　洛陽城裡的達官貴人。朱衣，指官服。㉜當塗之士　大權在握的人。當塗，猶言「當道」。㉝皆無已已全都沒有止境。已已，到頭兒；窮盡。㉞執我之手二句　兩「我」字皆指錢。㉟以苛察相高　靠使用嚴刑峻法，越嚴厲越好。㊱不壹　不統一；不按法律辦事。㊲獄訟繁滋　訴訟案件越來越多。㊳刑賞相稱　懲罰與獎賞都能符合其功與過的實際。㊴輕重無二　該輕該重沒有第二條標準。㊵下聽有常　下面辦事的人有常規可遵循。㊶廟闕屋瓦　宗廟正門上面的瓦。㊷免太常荀寓　罷了太常荀寓的官。太常是九卿之一，主管守庫存祭祀。㊸責重　處罰得過於嚴重。㊹有大風　又颳大風。有，意思同「又」。㊺蘭臺主者　御史臺的主事人，如今史之類，執掌保管圖書檔案，監察百官，審核疑案。㊻懲懼前事　由上次太常被罰而對這回之事不得不認真。㊼求索阿棟之間　尋查屋頂的隱曲之處。㊽小邪　稍稍有點歪斜。㊾禁止太常　又將太常囚禁、停職。㊿陵上荊　皇家陵園裡的一棵荊樹。荊，楚地之木。(51)圍七寸二分者被斫　有一棵樹幹粗達七寸二分的樹被人砍了。圍，指樹幹的粗度。(52)奔走道路　指到處奔走請罪、求饒。(53)按劾難測　將被定成什麼罪心中無數。(54)搔擾驅馳　害怕恐慌得四處奔走。(55)各競免負　都搶著擺脫自己的罪名。(56)于今太常禁止未解　到今天太常仍被囚禁，沒有放出來。(57)刑書之文　指法律條文。(58)舛違之故　違犯法律條文的原因。(59)無方　沒有一定之規。(60)臨時議處　臨時由有關官員依事討論處置。(61)此等　指上述因自然變化而使主者受懲事。(62)過當　過分。(63)因緣　指利用「臨時議處」的機會。(64)得為淺深　故意從輕或從重地懲辦人。(65)曲議　曲解法律條文，隨意給人定罪。(66)三公尚書　掌審理刑獄。(67)劉頌　字子雅。曾為尚書三公郎，後任廷尉，執法公平。多次上書請復肉刑及劃一刑法。傳見《晉書》卷四十六。(68)不知所守　不知該根據、堅持哪一條。(69)不知所避　不知該防備什麼，躲開什麼。(70)售其情　指施展他的狡猾手段。(71)檢其下　檢查、約束他的下級。(72)事同議異　犯的過錯一樣，被定的罪名不同。(73)獄犴　官司訴訟，這裡指被處的刑罰。(74)法欲必奉　國家定出法律，是想讓人們遵照執行。(75)主者守文　主管司法者必須嚴格執行法律條文。(76)理有窮塞　道理有時說得通，有時說不通。(77)釋滯　解釋疑難問題。(78)事有時宜　有些事情需要臨時制宜。(79)故人主權斷　所以帝王可以當機立斷。(80)釋之　張釋之，西漢時的直臣。事見《史記・張釋之馮唐列傳》。(81)執犯蹕之平　堅持對冒犯了皇帝戒嚴令的人處以罰金。張釋之判違犯文帝戒嚴令的人以罰金事，見本書卷十四漢文帝三年。(82)公孫弘斷郭解之獄　公孫弘是漢武帝的宰相，有人替游俠郭解殺了人，郭解本不知情，但公孫弘說：「解雖不知，勝於其知之。」遂給郭解定為滅族。事見《史記・游俠列傳》與本書卷十八元朔二年。(83)漢祖戮丁公之為　丁公是項羽的部將，追擊劉邦時曾接受劉邦的討饒將其放走。劉邦勝利後丁公前來向劉邦討賞時，劉邦竟以丁公「不忠於其主」為名，將丁公殺掉了。事見《史記・季布欒布列傳》，也見於本書卷十五高祖五年。(84)自非此類　除了像劉邦這樣出以己心的特例而外。(85)不得出意妄議　都不能再提出什麼討論。(86)法信於下　法律不折不扣地得到執行。(87)人聽不惑　人們對法令不再懷疑。(88)郎令史　指尚書郎及尚書、蘭臺令史。(89)復出法駁案　再對司法部門判定的案件提出異議，要求重新討論的。駁案，駁回司法部門判定的案件。(90)隨事以聞　立即向朝廷報告。(91)九班之制　九級官階考核制度。(92)希遷　希望提升。(93)考課能否　考核辦事能力行還是不行。(94)欲速　想迅速升遷。(95)平陽韋忠　韋忠字子節，平陽（山西臨汾西南）人。事跡見《晉書》卷八十九。(96)辟　聘任。(97)辭疾　推說有病拒絕接受。(98)張茂先　即張華，字茂先。(99)裴逸民　即裴頠，字逸民。(100)慾而無厭　即貪得無厭。厭，滿足。(101)棄典禮而附賊后　不顧綱常而依附賈南風。(102)託我　推舉我。託，推舉；信任。(103)餘波及我　濺我一身水，意即受其連累。(104)褰裳而就之　趟著水去接近他。《詩經・褰裳》：「子惠思我，褰裳涉溱。」褰裳，提起自己的褲腿，指涉水。(105)索靖　字幼安，當時有名的文人、書法家，以有先見之明著稱。傳見《晉書》卷六十。(106)銅駝　原是漢代舊物，魏明帝曹叡把銅駝、銅人等從長安運來洛陽事，見本書卷七十三景初元年。(107)會見汝在荊棘中　我很快就會看到你在一片荒榛荊棘之中。意指天下很快就將大亂，洛陽宮殿不久將是一片廢墟。(108)十一月甲子朔　十一月初一是甲子日。(109)恆切責之　經常嚴厲地斥責他。(110)韓壽女　賈謐的妹妹。賈謐原是韓壽的兒子，給賈充作了後代，故改姓賈。(111)賈午　賈充之女，賈謐的母親，賈南風的妹妹。(112)頗以為言　很有些不滿的話。(113)切至　懇切之極。(114)趙粲　晉武帝司馬炎的妃子，投靠於賈南風。(115)勿復聽入　不要讓她們再進宮。(116)太子　司馬遹，謝淑妃所生。(117)幼有令名　令名，好名聲。事見本書卷八十二太康十年。(118)浸減　越來越不行。(119)廢朝侍　連每日清晨向父母請安的禮節也不遵行。(120)於宮中為市　指太子宮中舉辦一個市場。(121)使人屠酤　讓人切肉、賣酒。(122)手揣斤兩　自己用手掂量商品的分量。(123)其母　司馬遹的生母謝玖，即謝淑妃。(124)東宮月俸錢　太子宮每個月的月例。(125)探取　預支。(126)葵菜　一名冬葵，嫩葉可食用，莖、葉皆入藥。(127)藍子　即藍菜籽，菜葉可做藍色染料。(128)陰陽小數　陰陽家的迷信把戲，指算命、占卜等巫術。(129)多所拘忌　各種迷信忌諱甚多。(130)雖有微苦　儘管有點小病。(131)力疾朝侍　要強打精神去請早安。力疾，盡量支持。(132)勤見保傅　多多地會見太保、太傅等輔導大臣，意即多聽教誨。(133)畫室之功　指裝修牆壁的活動，與下文「刻鏤雜作」同屬「奢靡」之舉。(134)繕牆正瓦　指宮裡的一些日常土木活兒。(135)中舍人　即太子中舍人。以舍人才學美者擔任，與中庶子共掌文翰，位在中庶子下，洗馬上。(136)杜錫　字世嘏，晉武帝時的名將杜預之子。傳見《晉書》卷三十四。(137)不得安其位　意即擔心太子被廢掉。(138)著　放；放在。(139)假借　寬容。(140)至東宮　到太子住的這邊來。(141)或捨之　太子有時故意置之不理。捨，不理睬。(142)詹事　亦稱太子詹事，輔導太子，總領太子宮的官屬、庶務。(143)交構　指編造罪名，進讒陷害。(144)畜　同「蓄」。積累。(145)為賈氏故　是因為他忌恨賈氏家族。(146)宮車晏駕　婉指皇帝死。晏駕，晚出；不能按時出來。(147)依楊氏故事　照賈氏政變後對付楊氏家族的手段，事見本書卷八十二元康元年。(148)廢后於金墉　也把您廢到金墉城裡去。(149)有娠　懷孕。(150)內藁物產具　把生孩子用的禾草、產具弄進宮中。古代產婦要睡在禾稿上。(151)韓壽子慰祖　韓壽與賈午所生的兒子，名叫慰祖。(152)中護軍　官名，與中領軍同掌禁軍。(153)左衛率　即太子左衛率，領兵宿衛東宮。(154)東平劉卞　劉卞字叔龍，東平須昌（今山東東平須昌鎮）人，累官至散騎侍郎，後入為左衛率。傳見《晉書》卷三十六。(155)成拔　成全、提拔。(156)俊乂如林　極言人才之多，如江流、潘滔、王敦等皆在東宮。(157)四率　指左、右、前、後四衛率。(158)阿衡之任　宰相的權位。因殷相伊尹（字阿衡）曾任宰相，故後世稱宰相為「阿衡」。(159)入錄尚書事　總攬起國家的一切大權。(160)兩黃門力耳　只需要兩個太監就夠了。(161)當陽　指當朝執政。(162)不受阿衡之命　言司馬炎死時，並未像商湯死時那樣把下任皇帝託給自己。(163)忽相與行　忽然參加，跟著你們幹這樣的事。(164)威柄不一　各人都有大小不同的威望和權柄。(165)不豫　不愉快，隱指患病。(166)遣婢陳舞　打發一個名叫陳舞的奴婢。(167)天　指皇帝父親。臣子以君父為天，所以君父之賜為「天賜」。(168)惡物　隱稱毒藥。(169)作書草　起草一份文稿。(170)小婢承福　賈后的小婢名叫承福。(171)以紙筆及草　拿著紙、筆與草稿。(172)稱詔使書之　假說皇上讓把這個抄一遍。(173)陛下宜自了　陛下您如能自裁那就最好了。自了，自己了斷，即自殺。(174)吾當入了之　我將進去殺了您。(175)中宮又宜速自了　皇后尤其應該快點自殺。(176)吾當手了之　我將親手殺死她。(177)共要　共同約定。(178)刻期兩發　定好時間兩邊同時起事。(179)茹毛飲血　指飲血發誓。(180)三辰　指日、月、星三光。(181)道文　司馬虨的乳名。(182)蔣氏　名蔣俊，司馬遹的妃子，司馬虨的生母。(183)內主　指皇后。(184)三牲　指牛、羊、豬。(185)北君　指北帝。(186)其字半不成　有一半不成字形。(187)壬戌　十二月三十。(188)青紙詔　用青紙寫的詔書。(189)諸公王　司馬氏宗室與異姓群臣中的諸公、諸王。(190)詳之　仔細參詳。(191)檢校傳書者　審訊得到這篇文字的人。(192)比

校　比較、核對。193十餘紙　十幾張。194比視　一個一個地挨著看。195矯以長廣公主辭　假傳司馬炎的長女長廣公主的話。長廣公主嫁與甄德為妻。196意堅　即堅持主張不宜廢太子。197改服　更換了平民衣服。198承華門　太子宮門。199粗犢車　粗陋的牛車。200東武公澹　司馬澹，司馬懿之孫，司馬衷的堂叔。201妃王氏　即下文的王衍之女。202保林蔣俊　太子的妃嬪蔣俊，保林是蔣俊的品級位號名。

【校　記】1糜　原作「縻」。據章鈺校，甲十一行本、乙十一行本、孔天胤本皆作「糜」，今從改。2宜　據章鈺校，甲十一行本、乙十一行本、孔天胤本皆作「且」。3雖能有成猶不免罪　原無此八字。據章鈺校，甲十一行本、乙十一行本、孔天胤本皆有此八字，張敦仁《通鑑刊本識誤》、張瑛《通鑑校勘記》同，今據補。4再　原無此字。據章鈺校，甲十一行本、乙十一行本、孔天胤本皆有此字，張敦仁《通鑑刊本識誤》同，今據補。

【語　譯】秋季，八月，任命裴頠為尚書僕射。裴頠雖然是賈后的親屬，然而聲望素來很高，全國之人唯恐他不居於高位掌握政權。不久，晉惠帝司馬衷下詔任命裴頠獨自一人專管門下事，裴頠上表堅決辭讓，他認為「賈模剛逝世不久，現在又讓我代替他的職務，如此的話雖然提高了皇后娘家人的聲望，卻顯得朝廷總是偏向自己的親戚，而給朝廷造成汙點。」惠帝沒有接受裴頠的意見。有人對裴頠說：「你有話可以儘管說，但應該好好地勸勸賈皇后，如果你說了她不聽從，你就應當辭去官職，遠離朝廷。倘若你這兩方面都不能做到，你就是上十次奏章，也難逃一死了。」裴頠慨歎了很久，最終仍然沒能聽從勸告。

晉惠帝愚魯痴呆，曾經在華林園聽到蝦蟆的叫聲，就問左右的侍從說：「這些叫喚的東西，是為了公事而叫，還是為了私事而叫？」當時全國正在鬧災荒，很多百姓因為沒有糧食吃而被餓死了。晉惠帝聽說以後，就問：「他們沒有糧食吃，為什麼不吃肉粥呢？」所以當時的朝廷大權實際上都掌握在朝臣們的手裡，政令出自於眾多掌權者之手，往往互相衝突，有權有勢的人，更是相互推薦、互相依托，就跟集市上相互做買賣的一樣。賈謐、郭彰驕橫恣肆，公開地接受賄賂。南陽人魯褒寫了一篇〈錢神論〉來諷刺這種現象，他說：「錢的模樣，有陰陽兩面，周邊有天之圓，中孔有地之方，人們把它看作像兄長一樣親，所以稱它為『孔方兄』。它能使品行不端的人尊貴起來，能讓沒有權勢的人變得有權勢，它可以推開帝王的宮殿之門，進入皇宮之中，危險的它可以使之安定，死亡的它可以讓其復活，尊貴的它可以使之卑賤，應該活命的它可以使之喪命。所以訴訟之事非有錢不能勝訴，被埋沒的人才非有錢不能得到提拔，冤家仇敵非有錢不能化解，好名聲不花錢就得不到傳播。洛陽城裡的達官貴人，大權在握的權臣，都把錢當作家兄一樣熱愛，索求錢財全都沒有止境。他們把錢拿在手裡，把錢抱在懷中始終不肯放鬆。當今之人，只認得錢而已。」

還有，朝中眾臣全都以使用嚴刑峻法辦事為能事，越嚴厲越好，每當遇有疑難問題，大臣們就都按照自己的主意去辦，刑法因而無法統一，訴訟案件越來越多。裴頠上表說：「先王的獎賞與懲罰都能符合其功與過的實際情況，該輕該重沒有第二條標準，所以下面辦事的人有常規可以遵循，官吏們都各安其職。過去元康四年颳大風，宗廟正門頂上有幾片瓦被大風颳落了，因此罷了太常荀寓的官職。事情很輕而處罰得過於嚴重，有違於正常的法典。元康五年二月又颳大風，御史臺的主事人因為上次太常荀寓被懲處而對這回之事不得不格外認真，他親自登上屋頂，仔細巡查，終於在屋頂的隱曲之處，發現有十五處瓦稍微有點歪斜，因此又將太常囚禁、停職，再次興起刑獄。今年八月，在皇家陵園裡發現有一棵樹幹粗七寸二分的荊樹被人砍了，於是司徒、太常四處奔走請罪、求饒，雖然知道這件事情很小，但對被定成什麼罪心中無數，由於害怕驚慌而四處奔走，都爭搶著想要擺脫自己的罪名。直到現在太常還被囚禁著沒有放出來。法律條文有限，而違反法律條文的原因卻沒有一定之規，所以遇到特殊情況，臨時由有關官員對發生的事情討論處置，確實不能都遵守常規解決問題。至於上述由於自然災害而使主事者受到懲處的事情，都屬於處罰失當、過於嚴厲，這樣做恐怕會導致奸詐的官吏利用臨時議處的機會，故意從輕或從重地懲辦人。」過後，曲解法律條文、隨意給人定罪的現象仍然沒有停止，三公尚書劉頌又上疏說：「自近世以來，法令逐漸出於多門，很不統一。官吏們不知道應該根據、堅持哪一條，下邊的百姓也不知道應該防備什麼，躲開什麼，不法官吏趁機施展他們的狡猾手段，居於上位的官員難於檢查、約束他們的下級官員，所犯的過錯一樣，被定的罪名卻往往不同，司法因而很不公平。君臣的名分不同，所負的職責不同。國家定出法律，是想讓人們必須遵照執行，所以要讓主管司法的人必須嚴格執行法律條文；道理有時候說得通，有時候說不通，所以朝廷才讓大臣們解釋疑難問題；有些事情需要臨時制宜，所以帝王可以當機立斷。主管的官吏遵守法律條文，就要像漢文帝時期的大臣張釋之對冒犯了皇帝戒嚴令的人處以罰金那樣公平；大臣解釋疑難問題，就要像漢武帝的宰相公孫弘審判郭解的案子那樣果斷；君主權衡決斷，就要像漢高祖劉邦殺戮丁公後所解釋的那樣。天下的各種事務，除了像劉邦這樣出以己心的特例而外，都不能再提出什麼討論，都應該按照法律辦事。只有這樣，法律才能不折不扣地得到貫徹執行，人們對法律不再抱有懷疑態度，官吏也不包容奸詐之人，到那時才可以談論怎樣治理國家了！」晉惠帝於是下詔說：「尚書郎及尚書、蘭臺令史再對司法部門判定的案件提出異議，要立即向朝廷報告。」然而僅靠皇帝的一道詔令是不能完全革除弊端的。

劉頌升任吏部尚書之後，主持建立了九級官階考核制度，想讓百官知道克盡職守就有希望得到升遷的機會，考核辦事能力行還是不行，明確賞罰標準。然而賈謐、郭彰執掌大權，當官的人都想迅速升遷，所以這個制度最終也沒有得到實行。

裴頠把平陽人韋忠推薦給張華，張華徵聘他，想授予他官職，而韋忠卻推說有病拒絕出來做官。有人問韋忠為什麼要這樣做，韋忠說：「張華華而不實，裴頠貪得無厭，他們不顧綱常禮法而依附於賊人賈皇后，這哪裡是大丈夫的所作所為呢！裴頠每每有心推舉我，我常擔心他淹死在深淵裡而濺我一身水，又怎麼可以提起褲腿去靠近他呢！」

擔任關內侯的敦煌人索靖預料天下將要大亂，他指著洛陽宮門前的銅駱駝歎息著說：「我很快就要看到你被埋沒在荊棘叢中了！」

冬季，十一月初一日甲子，發生日蝕。

當初，廣城君郭槐因為賈皇后自己沒有生兒子，就經常勸說賈皇后，讓她對太子司馬遹慈愛一些。賈謐驕傲蠻橫，多次對太子司馬遹無禮，廣城君郭槐經常嚴厲地斥責他。廣城君郭槐希望讓韓壽的女兒為太子妃，太子也願意聘娶韓壽的女兒為妃以穩固自己的地位。韓壽的妻子賈午和賈后都不同意，卻為太子聘娶了王衍的小女兒為妃。太子聽說王衍的長女長得美貌，而賈后卻把王衍的長女聘給了賈謐，太子因此而心懷不平，很有些不滿的話。等到廣城君郭槐病重，在臨死的時候，她拉著賈后的手，諄諄囑咐賈后對太子要盡心盡力地愛護，言辭懇切至極。又說：「趙粲、賈午，必定擾亂你的家務事，我死之後，你務必不要再讓她們進宮。你要牢牢記住我說的話！」賈后不聽勸告，反而與趙粲、賈午一起變本加厲地謀害太子司馬遹。

太子司馬遹在年幼的時候就有很好的名聲，長大之後，卻不愛好學習，只與身邊的奴婢嬉戲玩耍，賈后又唆使黃門這類人故意引誘太子揮霍錢財、作威作福、虐待下屬。於是太子的名譽越來越不好，傲慢無禮等壞名聲也逐漸張揚出去，有時他竟然連清晨應該向父母請安的禮節也不遵守，而專門縱情於遊戲逸樂。他在太子宮中舉辦了一個集市，讓人切肉、賣酒，他自己用手掂量分量，能夠一點不差。他的親生母親謝玖本來出身於屠戶家庭，所以太子喜好擺弄這些東西。東宮每月的月例銀有五十萬兩，太子經常預支第二個月的月例銀，仍然感到錢不夠用。太子又讓人在西園裡向民間出售葵菜、藍菜籽、雞、麵等物品而坐收其利。太子又喜好陰陽家那套算命、占卜等迷信的小把戲，因而迷信忌諱甚多。擔任太子洗馬的江統上疏陳述五件事情勸諫太子：「一、儘管殿下有點小病，也要強打精神去給父母請早安。二、應該多多地會見太保、太傅等輔導大臣，多聽他們的教誨，多向他們諮詢為善之道。三、裝修牆壁的活動，現在應該減少以便節省開支，後園裡的刻鏤雜作一概停止，工匠一律遣散。四、在西園裡賣葵菜、藍菜籽之類的事情，有損朝廷體面，貶低了自己的身分、有損於太子的美好聲譽。五、宮裡的一些日常土木活兒，不必拘泥於瑣細的忌諱。」太子根本聽不進去。擔任太子中舍人的杜錫擔心太子被廢掉，也經常誠懇地勸諫太子要加強道德修養，學習治理國家的本領，保住自己美好的名聲等，言詞非常懇切。太子不僅不聽，反而嫉恨他，他讓人把針放置在杜錫經常坐的坐氈中，將杜錫的屁股刺破流血。杜錫，是杜預的兒子。

太子司馬遹性情剛烈，知道賈謐依仗賈后撐腰而驕縱不法又地位尊貴，因此對賈謐一點也不肯寬容。賈謐當時擔任侍中，每當他到東宮的時候，太子有時故意置之不理，躲在後庭遊戲。擔任太子詹事的裴權規勸太子說：「賈謐是皇后最親信的人，一旦編造罪名誣陷你，你的地位就危險了！」太子還是不聽勸告。賈謐在賈后面前詆毀太子說：「太子大量積蓄私人財產用來結交小人，是因為他忌恨賈氏家族的緣故。假設皇上去世，他做了皇帝，依照我們對付楊氏家族的故事誅殺臣等，把您也廢黜掉關進金墉城中，恐怕將易如反掌。不如早點把他除掉，重新立一個慈善順從的人為太子，可以確保我們平安無事。」賈后採納了賈謐的建議。於是大肆宣揚太子的短處，使遠近的人都知道。又假稱自己已經懷孕，讓人把生孩子用的禾草、產具弄進宮中，暗中卻把妹夫韓壽與妹妹賈午所生的兒子韓慰祖祕密帶進宮中撫養，宣稱是自己生的兒子，準備用他代替太子。

當時朝野上下都知道賈后有謀害太子的企圖，擔任中護軍的趙俊請求太子廢黜賈后，太子不聽。擔任太子左衛率的東平人劉卞就賈后準備謀害太子的事情詢問張華，張華說：「我沒有聽說過。」劉卞說：「我劉卞原本是一個須昌小吏，受您的成全、提拔才有今天。因為我感激您的知遇之恩，所以才對您無話不說，難道您對我還有什麼懷疑嗎？」張華說：「假設有這樣的事情，你準備怎麼辦呢？」劉卞說：「東宮人才濟濟，左、右、前、後四衛率所率領的精兵就有一萬人，您身居宰相之位，如果得到您的命令，皇太子趁機入朝總攬起國家的一切大權，廢掉賈后，將她禁閉在金墉城，只需要兩個太監的力量就足夠了。」張華說：「如今天子當朝執政，太子是天子的兒子，我又並未像商湯王臨死的時候那樣接受輔佐下任皇帝的遺詔，我忽然跟著你們幹這樣的事情，這是目無君王父母，而向天下顯示我的不忠不孝。即使成功了，還是免不了罪過。何況滿朝之中都是手握實權的皇親貴戚，他們每個人都有大小不同的威望和權力，這樣做一定能夠成功嗎？」賈后經常派遣親信黨羽微服到宮外查訪，劉卞的話也多少探聽到了一些，於是貶劉卞為雍州刺史。劉卞知道自己所說的話已經洩露出去，就喝毒藥自殺了。

十二月，太子司馬遹的長子司馬虨生病，太子向皇帝請求封司馬虨一個王爵，晉惠帝沒有答應。司馬虨病重，太子為司馬虨祈禱求福。賈后聽說後，就詐稱皇帝身體不舒服，召太子入宮。太子進宮後，賈后不接見，派人將太子安置到別的宮室中，然後打發一個叫陳舞的奴婢以皇帝的名義賞賜太子三升酒，命令太子當場全部喝下去。太子推辭說沒有飲三升酒的酒量，陳舞就逼迫太子說：「你難道不孝順嗎？天子賞給你酒你不喝，難道酒中有毒嗎？」太子不得已，勉強將三升酒喝光，於是酩酊大醉。賈后立即派黃門侍郎潘岳擬就了一份草稿，然後命令一個名叫承福的小奴婢拿著紙筆和草稿，趁著太子酒醉，假稱奉了皇帝之命讓太子照抄一遍。擬就的草稿寫的是：「陛下您如能自裁那就最好了，如果您不自己了斷，我將進去殺了您。皇后尤其應該快點自殺，不自己了斷，我將親手殺死她。我已經與謝淑妃約定好，到時間兩邊同時舉事，不要再懷疑猶豫，以招致後患。我對著日、月、星辰飲血發誓，上天允許我掃除禍害，然後立司馬虨為王，立司馬虨的母親蔣氏為皇后。我的願望一旦實現，一定用三牲祭禮祭祀北帝。」太子因為酒醉，神志不清，就按照草稿抄寫了一遍，字跡非常潦草，其中有一半都是不成字形，賈后將其修補後呈送給晉惠帝司馬衷。

十二月三十日壬戌，晉惠帝親臨式乾殿，召見公卿大臣，他讓黃門令董猛拿著太子抄寫的那份信箋和皇帝寫在青紙上的詔書展示給大家看說：「司馬遹所寫的內容如此，今賜死。」然後拿給在朝的所有王公大臣一一傳看，沒有人敢說話。張華說：「這是國家的大災禍。自古以來，經常因為廢黜嫡子而導致國家動盪不安。況且，我朝建國時間較短，希望陛下再仔細參詳！」裴頠認為應當首先審訊得到這篇文字的人，又請求核對太子的筆跡，不然的話，恐怕有欺詐行為。賈后就拿出太子所寫的啟事十幾張。大臣們一個一個地挨著看，也沒有人敢說不是太子的筆跡。賈后讓董猛假傳晉武帝司馬炎的長廣公主對惠帝說的話：「應該對此事迅速作出裁決，如果群臣意見不統一，有不服從詔命的，就要按照軍法處置。」一直商議到日頭偏西，還是決定不下來。賈后看到張華等人堅持主張不宜廢掉太子，懼怕事情發生變化，就上表請求廢黜太子，將太子貶為平民，晉惠帝表示同意。於是讓尚書和郁等人手持皇帝符節前往東宮，宣布皇帝詔命，廢太子為平民。太子改穿平民的衣服出宮，兩次叩拜後接受了詔書，步行走出太子宮的承華門，坐上粗糙、簡陋的牛車，東武公司馬澹率領軍隊押送太子司馬遹以及太子妃王氏和太子的三個兒子司馬虨、司馬臧、司馬尚一同前往金墉城，被囚禁起來。王衍上表請求允許自己的女兒與太子離婚，惠帝批准，太子妃王氏放聲痛哭被迫辭別司馬遹回到自己的娘家。朝廷下令殺死了太子的生母謝淑媛和司馬虨的母親保林蔣俊。

永康元年（庚申　西元三〇〇年）

春，正月癸亥朔❶，赦天下，改元。

西戎校尉司馬閻纘❷輿棺詣闕上書❸，以為：「漢戾太子❹稱兵拒命❺，言者猶曰罪當笞❻耳。今適受罪❼之日，不敢失道❽，猶為輕於戾太子。宜重選師傅，先加嚴誨。若不悛改❾，棄❿之未晚也。」書奏，不省。纘，圃之孫也。

賈后使黃門自首，欲與太子為逆。詔以黃門首辭⓫班示公卿⓬，遣東武公澹以千兵防衛太子，幽于許昌宮⓭，令持書御史⓮劉振持節守之⓯，詔宮臣⓰不得辭送。洗馬江統、潘滔、舍人⓱王敦、杜蕤、魯瑤等冒禁⓲至伊水⓳，拜辭涕泣。司隸校尉滿奮⓴收縛統等送獄。其繫河南獄㉑者，樂廣悉解遣之㉒；繫洛陽縣獄者，猶未釋。都官從事㉓孫琰說賈謐曰：「所以廢徙太子，以其為惡故耳。今宮臣冒罪拜辭，而加以重辟㉔，流聞四方，乃更彰太子之德也，不如釋之。」謐乃語洛陽令曹攄使釋之。廣亦不坐㉕。敦，覽之孫㉖。攄，肇之孫㉗也。太子至許㉘，遺王妃書㉙，自陳誣枉。妃父衍不敢以聞㉚。

丙子㉛，皇孫虨卒㉜。

三月，尉氏雨血㉝，妖星㉞見南方，太白晝見㉟，中台星坼㊱。張華少子韙勸華遜位(37)，華不從，曰：「天道幽遠(38)，不如靜以待之。」

太子既廢，眾情憤怒。右衛督(39)司馬雅、常從督(40)許超皆嘗給事東宮(41)，與殿中中郎(42)士猗等謀廢賈后，復太子。以(43)張華、裴頠安常保位(44)，難與行權(45)，右軍將軍趙王倫(46)執兵柄，性貪冒(47)，可假以濟事(48)，乃說孫秀(49)曰：「中宮凶妬無道，與賈謐等共誣廢太子。今國無嫡嗣(50)，社稷將危，大臣將起大事。而公(51)名奉事中宮(52)，與賈、郭親善，太子之廢，皆云豫知(53)，一朝事起，禍必相及，何不先謀之乎？」秀許諾，言於倫，倫納焉，遂告通事令史(54)張林及省事(55)張衡等，使為內應。

事將起，孫秀言於倫曰：「太子聰明剛猛，若還東宮，必不受制於人。明公素黨於賈后，道路皆知之。今雖建大功於太子，太子謂公特逼於百姓之望(56)，翻覆(57)以免罪(58)耳。雖含忍宿忿(59)，必不能深德明公(60)，若有瑕釁(61)，猶不免誅。不若遷延緩期(62)，賈后必害太子，然後廢賈后，為太子報讎，非[1]徒免禍而已，乃更可以得志(63)。」倫然之。

秀因使人行反間，言殿中人(64)欲廢皇后，迎[2]太子。賈后數遣宮婢微服於民間聽察，聞之甚懼，倫、秀因勸謐等早除太子，以絕眾望。癸未(65)，賈后使太醫令程據和毒藥[66]，矯詔使黃門孫慮至許昌毒太子。太子自廢黜[67]，恐被毒，常自煮食於前。慮以告劉振，振乃徙太子於小坊[68]中，絕其食，宮人猶竊於牆上過食與之。慮逼太子以藥，太子不肯服，慮以藥杵椎殺之[69]。有司請以庶人禮葬，賈后表請以廣陵王禮葬之[70]。

夏，四月辛卯朔，日有食之。

趙王倫、孫秀將討賈后，告右衛佽飛督[71]閭和，和從之，期以癸巳[72]丙夜一籌[73]，以鼓聲為應。癸巳[74]，秀使司馬雅告張華曰：「趙王欲與公共匡社稷[75]，為天下除害，使雅以告。」華拒之。雅怒曰：「刃將加[3]頸，猶為是言邪[76]？」不顧而出[77]。

及期[78]，倫矯詔敕三部司馬[79]曰：「中宮與賈謐等殺吾太子，今使車騎[80]入廢中宮。汝等皆當從命，事畢，賜爵關中侯，不從者誅三族。」眾皆從之。又矯詔開門，夜入，陳兵道南[81]。遣翊軍校尉齊王冏[82]將百人排閤[83]而入，華林令[84]駱休為內應，迎帝幸東堂。以詔召賈謐於殿前，將誅之。謐走入西鍾下，呼曰：「阿后[85]救我！」就斬之[86]。賈后見齊王冏，驚曰：「卿何為來？」冏曰：「有詔收[87]后。」后曰：「詔當從我出，何詔也[88]？」后至上閤[89]，遙呼帝曰：「陛下有婦，使人廢之，亦行自廢(90)矣。」是時，梁王肜(91)亦預其謀(92)。后問冏曰：「起事者誰？」冏曰：「梁、趙(93)。」后曰：「繫狗當繫頸(94)，反繫其尾，何得不然！」遂廢后為庶人，幽之於建始殿。收趙粲、賈午等付暴室(95)考竟(96)。詔尚書收捕賈氏親黨，召中書監、侍中、黃門侍郎、八座(97)皆夜入殿。尚書始疑詔有詐，郎師景(98)露版(99)奏請手詔(100)，倫等斬之以徇(101)。

倫陰與秀謀篡位，欲先除朝望(102)，且報宿怨(103)，乃執(104)張華、裴頠、解系、解結等於殿前。華謂張林曰：「卿欲害忠臣邪？」林稱詔詰之(105)曰：「卿為宰相，太子之廢，不能死節，何也？」華曰：「式乾之議(106)，臣諫事(107)具存，可覆按(108)也。」林曰：「諫而不從，何不去位(109)？」華無以對。遂皆斬之，仍夷三族。解結女適裴氏(110)，明日當嫁而禍起，裴氏欲認活之(111)，女曰：「家既如[4]此，我何以活為？」亦坐死。朝廷由是議革舊制，女不從死(112)。甲午(113)，倫坐端門(114)，遣尚書和郁(115)持節送賈庶人于金墉，誅劉振、董猛、孫慮、程據等。司徒王戎及內外官坐張、裴親黨(116)黜免者甚眾。閻纘撫張華尸慟哭，曰：「早語君遜位而不肯，今果不免，命也！」

於是趙王倫稱詔赦天下，自為使持節、都督中外諸軍事、相國、侍中，一依宣、文輔魏故事[117]。置府兵[118]萬人，以其世子[119]散騎常侍荂[120]領冗從僕射[121]，子馥為前將軍，封濟陽王[122]，虔為黃門郎[123]，封汝陰王[124]，詡為散騎侍郎，封霸城侯。孫秀等皆封大郡[125]，並據兵權。文武官封侯者數千人，百官總己[126]以聽於倫。倫素庸愚，復受制於孫秀。秀為中書令，威權振朝廷，天下皆事秀[127]而無求於倫。

詔追復故太子遹位號[128]，使尚書和郁帥東宮官屬[129]迎太子喪於許昌。追封遹子虨為南陽王，封虨弟臧為臨淮王，尚為襄陽王。

有司奏：「尚書令王衍備位大臣[130]，太子被誣，志在苟免[131]，請禁錮終身[132]。」從之。

相國倫欲收人望[133]，選用海內名德之士，以前平陽太守李重[134]、滎陽太守荀組[135]為左、右長史[136]，東平王堪[137]、沛國劉謨為左、右司馬，尚書郎陽平束皙[138]為記室[139]，淮南王文學[140]荀崧、殿中郎[141]陸機為參軍。組，勗之子。崧，彧[142]之玄孫也。李重知倫有異志，辭疾不就。倫逼之不已，憂憤成疾，扶曳受拜[143]，數日而卒。

丁酉[144]，以梁王肜為太宰，左光祿大夫何劭為司徒，右光祿大夫劉寔為司空。

太子遹之廢也，將立淮南王允為太弟[145]，議者不合。會趙王倫廢賈后，乃以允為驃騎將軍、開府儀同三司[146]，領中護軍[147]。

己亥[148]，相國倫矯詔遣尚書劉弘齎金屑酒賜賈后死[149]于金墉城。

五月己巳[150]，詔立臨淮王臧[151][5]為皇太孫，還妃王氏[152]以母之[153]。太子官屬即轉為太孫官屬，相國倫行太孫太傅[154]。

己卯[155]，謚故太子曰愍懷。六月壬寅[156]，葬于顯平陵。○清河康王遐[157]薨。

中護軍淮南王允性沈毅，宿衛將士皆畏服之。允知相國倫及孫秀有異志，陰養死士[158]，謀討之。倫、秀深憚之。秋，八月，轉允為太尉，外示優崇，實奪其兵權[159]。允稱疾不拜[160]，秀遣御史劉機逼允，收其官屬以下[161]，劾以拒詔，大逆不敬。允視詔，乃秀手書也。大怒，收御史，將斬之。御史走免，斬其令史[162]二人。厲色謂左右曰：「趙王欲破[163]我家！」遂帥國兵[164]及帳下[165]七百人直出，大呼曰：「趙王反，我將討之，從我者左袒[166]。」於是歸之者甚眾。允將赴宮，尚書左丞王輿閉掖門[167]，允不得入，遂圍相府[168]。允所將兵皆精銳，倫與戰屢敗，死者千餘人。太子左率[169]陳徽勒東宮兵鼓譟於內以應允[170]。允結陳[171]於承華門前，弓弩齊發，射倫，飛矢雨下。主書司馬眭祕[172]以身蔽倫，箭中其背而死。倫官屬皆隱樹而立，每樹輒中數百箭，自辰至未[173]。中書令陳淮，徽之兄也，欲應允，言於帝曰：「宜遣白虎幡以解鬭[174]。」乃使司馬督護伏胤[175]將騎四百持幡從宮中出。侍中汝陰王虔在門下省[176]，陰與胤誓[177]曰：「富貴當與卿共之。」胤乃懷空版[178]出，詐言有詔助淮南王。允不之覺[179]，開陣內之，下車受詔，胤因殺之，并殺允子秦王郁、漢王迪，坐允夷滅[180]者數千人。曲赦洛陽[181]。

初，孫秀嘗為小吏，事黃門郎潘岳，岳屢撻[182]之。衛尉石崇之甥歐陽建素與相國倫有隙[183]。崇有愛妾曰綠珠，孫秀使求之，崇不與。及淮南王允敗，秀因稱石崇、潘岳、歐陽建奉允[184]為亂，收之[185]。崇歎曰：「奴輩利吾財[186]爾[6]！」收者曰：「知財為禍，何不早散之！」崇不能答。初，潘岳母常誚責[187]岳曰：「汝當知足，而乾沒不已[188]乎？」及敗，岳謝母曰：「負[189]阿母！」遂與崇、建皆族誅，籍沒崇家[190]。相國倫收淮南王母弟吳王晏，欲殺之。光祿大夫傅祗爭之於朝堂，眾皆諫止，倫乃貶晏為賓徒縣王[191]。

齊王冏以功遷游擊將軍[192]，冏意不滿，有恨色。孫秀覺之，且憚其在內[193]，乃出為平東將軍，鎮許昌。

以光祿大夫陳準為太尉，錄尚書事。未幾，薨。

孫秀議加相國倫九錫[194]，百官莫敢異議。吏部尚書劉頌曰：「昔漢之錫魏[195]，魏之錫晉[196]，皆一時之用[197]，非可通行[198]。周勃、霍光[199]，其功至大，皆不聞有九錫之命也。」張林積忿不已，以頌為張華之黨，將殺之。孫秀曰：「殺張、裴已傷時望[200]，不可復殺頌。」林乃止。以頌為光祿大夫。遂下詔加倫九錫，復加其子荂撫軍將軍[201]，虔中軍將軍[202]，詡為侍中。又加孫秀侍中、輔國將軍、相國司馬，右率[203]如故，張林等並居顯要。增相府兵為二萬人，與宿衛同[204]，并所隱匿之兵[205]，數踰三萬。

九月，改司徒為丞相，以梁王肜為之，肜固辭不受。

倫及諸子皆頑鄙無識，秀狡黠貪淫，所與共事者，皆邪佞之士，惟競榮利[206]，無深謀遠略[7]，志趣乖異[207]，互相憎嫉。秀子會為射聲校尉[208]，形貌短陋，如奴僕之下[209]者，秀使尚帝女河東公主。

冬，十一月甲子[210]，立皇后羊氏[211]，赦天下。后，尚書郎泰山羊玄之[212]之女也。外祖平南將軍樂安孫旂[213]，與孫秀善，故秀立之。拜玄之光祿大夫、特進[214]、散騎常侍，封興晉侯。

詔徵益州刺史趙廞為大長秋[215]，以成都內史[216]中山耿滕[217]為益州刺史。廞，賈后之姻親也，聞徵[218]甚懼[219]，且以晉室衰亂，陰有據蜀[220]之志，乃傾倉廩，賑流民，以收眾心。以李特兄弟材武，其黨類皆巴西[221]人，與廞同郡，厚遇之，以為爪牙。特等憑恃廞勢，專聚眾為盜，蜀人患之。滕數密表[222]：「流民剛剽[223]，蜀人愞弱[224]，主不能制客，必為亂階[225]，宜使還本居[226]。若留之險地[227]，恐秦、雍之禍更移於梁、益矣。」廞聞而惡之。州被詔書[228]，遣文武千餘人迎滕。是時，成都治少城，益州治太城[229]，廞猶在太城，未去。滕欲入州[230]，功曹陳恂諫曰：「今州、郡構怨[231]日深，入城必有大禍，不如留少城以觀其變，檄諸縣[232]合村保[233]以備秦氏[234]，陳西夷行至[235]，且當待之。不然，退保犍為[236]，西渡江源[237]，以防非常。」滕不從。是日，帥眾入州[238]。廞遣兵逆[239]之，戰于西門。滕敗死，郡吏[240]皆竄走，惟陳恂面縛詣廞[241]，請滕死[242] 8，廞義而許之。

廞又遣兵逆西夷校尉陳總。總至江陽[243]，聞廞有異志，主簿蜀郡趙模曰：「今州郡不協，必生大變，當速行赴之。府是兵要[244]，助順討逆，誰敢動者？」總更緣道停留[245]，比至南安魚涪津[246]，已遇廞軍。模白總：「散財募士以拒戰，若克州軍[247]，則州可得；不克，順流而退，必無害也。」總曰：「趙益州忿耿侯[248]，故殺之，與吾無嫌[249]，何為如此？」模曰：「今州起事，必當殺君以立威，雖不戰，無益也[250]。」言至垂涕，總不聽，眾遂自潰。總逃草中，模著總服格戰。廞兵殺模，見其非是，更搜求得總，殺之。

廞自稱大都督、大將軍、益州牧，署置僚屬[251]，改易守令[252]，王官[253]被召，無敢不往。李庠[254]帥妹壻李含、天水任回、上官晶、扶風李攀、始平費他[255]、氐苻成、隗伯[256]等四千騎歸廞。廞以庠為威寇將軍，封陽泉亭侯，委以心膂[257]，使招合六郡[258]壯勇至萬餘人，以斷北道[259]。

【章　旨】以上為第三段，寫晉惠帝永康元年（西元三〇〇年）一年中的大事，主要寫了賈皇后繼續陷害太子司馬遹，將太子軟禁於許昌宮；寫了禁兵統領司馬雅、許超、士猗等勸趙王司馬倫廢賈后，救太子；孫秀則唆使司馬倫借賈后之手先殺了太子，而後起兵殺了賈謐、賈后，與張華、裴頠、解系、解結等人；寫了司馬倫獨攬朝權，圖謀篡位，為裝門面而引用了李重、荀組、王堪、陸機一批人；寫了中護軍淮南王司馬允起兵討司馬倫，結果反被司馬倫所滅，受牽連而死者數千人；寫了益州刺史趙廞勾結流寓巴西之秦州氐帥李特等陰圖割據巴蜀，擊殺了新任刺史耿滕與西夷校尉陳總，趙廞自立為大都督、益州刺史，控制了成都一帶地區。

【注　釋】❶正月癸亥朔　正月初一是癸亥日。❷西戎校尉司馬閻纘　西戎校尉的司馬官名叫閻纘。閻纘字續伯，其祖父閻圃是張魯的智囊，曾勸張魯降魏。傳見《晉書》卷四十八。❸輿棺詣闕上書　抬著棺木前往皇宮上書，以示不怕死。❹漢戾太子　漢武帝的太子劉據，衛子夫所生，戾字是其死後的諡。❺稱兵拒命　因不服奸黨所傳武帝的命令而舉兵反抗。當時奸人江充向漢武帝進讒言，奉命搜查太子宮，劉據舉兵反抗，最後兵敗被殺事，見本書卷二十二征和二年。❻言者猶曰罪當笞言者指車千秋。戾太子事件發生後，車千秋上書為太子申冤，說太子的這種行為如同「子弄父兵，罪當笞」。❼受罪　被誣陷。指賈后造作反辭，強加在太子頭上。❽不敢失道　指自己仍不反抗，聽從皇帝處置。❾悛改　悔改。❿棄　放棄，這裡即指殺。⓫首辭　自首（實即誣陷）所說的話。⓬班示公卿　發給朝臣們傳閱。⓭許昌宮　許昌（今河南許昌東）的宮殿，昔日漢獻帝所居。⓮持書御史　即「治書侍御史」，官名，主管監察文武官吏，審理疑難案件。⓯持節守之　手執朝廷的旌節監管著太子。守，看守。⓰宮臣　太子宮的百官群臣。⓱舍人　官名，即太子舍人，太子手下的屬官。⓲冒禁　不顧朝廷的禁令。⓳伊水　河水名，在京都洛陽之南。⓴司隸校尉滿奮　滿奮字武秋，曾任尚書令，現為司隸校尉之職。司隸校尉是京城所在地區的行政長官，相當於地方上的刺史。㉑河南獄　河南郡的郡治洛陽城裡的監獄。㉒樂廣悉解遣之　當時任河南尹的樂廣通通把他們放走了。㉓都官從事　司隸校尉的屬官，掌監察百官。㉔重辟　嚴法。㉕廣亦不坐　樂廣私自放人也沒有受到懲處。坐，牽連受罪。㉖敦二句　王敦是王覽的孫子。王覽是曹魏時代的顯貴王祥的異母弟。㉗攄二句　曹攄是曹肇的孫子。曹肇是魏國的宗室大臣曹休之子，曾任屯騎校尉。傳見《三國志》卷九。㉘許　即漢獻帝的舊時京城許昌。㉙遺王妃書　給他已經離婚的妻子，即王衍的女兒寫信。㉚不敢以聞　不敢把信呈報給皇帝看。當時王衍任司徒，即丞相之職。㉛丙子　正月十四。㉜皇孫虨卒　不言有何疾病，意即被賈后所殺。㉝尉氏雨血　尉氏縣降下色紅如血的雨。尉氏是晉縣名，即今河南尉氏。㉞妖星　即通常所說的賊星，即彗星。㉟太白晝見　太白星在白天出現。太白星即今所謂金星。㊱中台星拆　三台星座的中星位置出現差異。拆，位置出現變異，不像正常狀況下的挨著。按，古人迷信天人感應，認為這樣的一連串自然變化，預示著將有重大的社會災難降臨。故將天變寫之於史書。古人認為彗星出現，意味著戰火起、國君喪；金星晝見，跟太陽爭明，意味有女主當權；中台星移動不齊，意味著君臣乖戾。㊲遜位　退位；辭去丞相之職。㊳天道幽遠　天象的變化異常，人們是很難弄明白的。幽遠，高深莫測。㊴右衛督　掌管皇城禁衛軍的右部長官。㊵常從督　帝王的禁衛武官。㊶給事東宮　在東宮任職。給事，服務；任職。㊷殿中中郎　統率宮殿衛隊的長官，位在殿中將軍之下，多由皇帝親信充任。㊸以　認為；因為。㊹安常保位　循規蹈矩，保官保命。㊺難與行權　很難和他們一道採取非常的行動。按，前文已寫左衛率劉卞為此犧牲了性命。㊻趙王倫　司馬倫，司馬懿之子，司馬衷的堂叔祖，此時任右將軍。傳見《晉書》卷五十九。㊼貪冒　見利不顧一切，敢於冒險。㊽可假以濟事　可以借著他的力量除掉賈皇后。假，借助。濟，成事。㊾孫秀　司馬倫的親信僚屬。㊿嫡嗣　嫡親的合法繼位人。(51)公　敬稱司馬倫。(52)名奉事中宮　有侍奉賈皇后的名聲，隱指其與賈后關係不清。(53)皆云豫知　都說你參與了其事。豫知，參與；過問。(54)通事令史　即中書令史，中書省的辦事人員。(55)省事　官名。省是瞭解、過問的意思。56逼於百姓之望　被大多數人們的願望所推動。逼，推動；驅使。57翻覆　即今之所謂「倒戈」、「反戈一擊」。58以免罪　以求得免罪。59含忍宿忿　暫且容忍過去對你的憤恨。60必不能深德明公　肯定不可能從心眼裡感激您。61若有瑕釁　如果再讓他們抓住一些別的把柄。瑕釁，漏洞；把柄。62遷延緩期　推遲行事，拖延時間。63得志　指掌握大權，甚至篡位。64殿中人　指右衛督司馬雅、常從督許超、殿中中郎士猗等。65癸未　三月二十二。66和毒藥　配製毒藥。67自廢黜　自被廢黜以來。68小坊　指宮外的小房子。69以藥杵椎殺之　用搗藥的杵將太子打死。按，司馬遹被害時，年二十三歲。70以廣陵王禮葬之　司馬遹在未當太子前，曾封為廣陵王。71右衛佽飛督　右衛將軍的部屬。時有佽飛、虎賁二督。佽飛是古代善於射箭的勇士，漢武帝以來，作為衛士部隊的稱號。72癸巳　四月初三。73丙夜一籌　三更天的第一聲鼓響。在時鐘未發明之前，人們把一夜分為「五更」。二十一點至二十三點為「一更」，二十三點至一點為「二更」，一點至三點為「三更」，三點至五點為「四更」，五點開始稱「五更」，直到天亮。宮廷用滴漏或擊鼓報更，初更一聲，二更二聲，……五更五聲，丙夜，即三更。一籌，三更的第一聲鼓響。74癸巳　到了四月初三這一天。75共匡社稷　共同幫著朝廷解決問題，指處理賈南風。匡，正；扶助。76猶為是言邪　還堅持說這種不同意的話麼。77不顧而出　不回頭地出門走了。不顧，生氣離去的樣子。78及期　到了約定的那個時辰。79敕三部司馬　命令三支軍隊的司馬官。三部，即衛尉和衛將軍所轄的前驅、由基、強弩三部。80車騎　即車騎將軍，指趙王倫。當時趙王司馬倫以車騎將軍的職銜領右軍將軍。81道南　皇宮內的御道之南。82翊軍校尉齊王冏　齊王冏是司馬攸之子，司馬衷的堂兄弟。傳見《晉書》卷五十九。翊軍校尉是禁軍的統領。83排閤　推開內宮之門。排，推開；撞開。84華林令　即華林園令，管理華林園的長官，上屬大鴻臚。85阿后　指賈后，賈謐的姨媽。86就斬之　追到西鐘下將賈謐殺死。87收　捉拿；逮捕。88何詔也　你說的是什麼詔。89上閤　樓上。90亦行自廢　你自己也快要被人所廢了。91梁王肜　司馬懿之子，司馬倫的親兄弟。92亦預其謀　也參加了廢黜賈后。93梁趙　意即梁、趙二王。94繫狗當繫頸　意即賈后後悔沒有先殺梁王肜、趙王倫，而用全副精力去對付司馬遹了。95暴室　宮中的染織室，妃嬪有犯罪者亦繫於此處。96考竟　拷問罪行。97八座　尚書省的八位高級官員，即尚書令、尚書僕射及其下屬的六曹尚書。98郎師景　尚書郎名，姓師名景。99露版　不封口的奏章。100奏請手詔　請求見到皇帝的手詔。101斬之以徇　殺死師景，並以之示眾。目的是禁止人們再追問廢賈后是不是皇帝的意思。102朝望　朝廷上有名望的官員。103宿怨　舊仇。104執　拘捕。孫秀、司馬倫與張華、裴頠、解系結怨事，見本書卷八十二元康六年。當時孫秀造成關中之亂，解結（解系之弟）曾提出孫秀之罪當誅。105稱詔詰之　以皇帝的名義質問他。106式乾之議　在式乾殿上群臣討論賈后誣陷太子的問題時。107諫事　勸阻的奏章。108按　查找。⑩去位　辭去丞相之職。⑩適裴氏　嫁給裴家做媳婦。⑪欲認活之　想通過認這位兒媳的辦法救她活下來。認，指認親。⑫女不從死　指父兄犯罪，未嫁女子不跟著父兄一起被殺。⑬甲午　四月初四。⑭端門　皇宮的正南門。⑮和郁　晉初名臣和嶠之弟。事跡見《晉書》卷四十五。⑯張裴親黨　張華、裴頠的親戚、朋友。⑰宣文輔魏故事　像當初司馬懿、司馬昭「輔佐」曹魏皇帝的那種樣子。⑱府兵　相國府的直屬軍隊。⑲世子　司馬倫的合法繼承人。⑳散騎常侍荂　司馬荂，現任散騎常侍之職。散騎常侍是皇帝的侍從人員，自魏至晉，散騎常侍、散騎侍郎與侍中、黃門侍郎共同參與尚書奏事，都是重要官職。㉑領宂從僕射　代理宂從僕射。領，兼任。宂從，亦作「宂從」。宂從僕射是皇帝的侍衛長官。㉒濟陽王　封地濟陽郡，郡治在今河南蘭考東北。㉓黃門郎　皇帝的侍從人員，以其能出入宮廷而得名。㉔汝陰王　封地汝陰郡，郡治即今安徽阜陽。㉕封大郡　指封給大郡作采邑。㉖總己　約束自己，小心地聽命於人。㉗事秀　指聽命於孫秀。㉘位號　爵位與封號。㉙東宮官屬　太子宮舊有官員僚屬。㉚備位大臣　身居大臣之位。備位，充數；空佔著官位。㉛志在苟免　一心只顧個人的苟且偷生。指王衍斷絕與司馬遹的姻親關係，又不轉奏司馬遹陳述冤屈的書信等等。㉜禁錮終身　一輩子不讓他再做官。㉝欲收人望　想要博得人們的讚許。㉞李重　字茂曾，曾任尚書郎、中書郎等職，為官清正。傳見《晉書》卷四十六。㉟荀組　字大章，曾任太子中庶子等職。傳見《晉書》卷三十九。㊱長史　丞相、將軍屬下的諸史之長，甚有權位。㊲東平王堪　東平國的王堪。東平國的首府須昌，在今山東東平西北。㊳陽平束晳　陽平郡人姓束名晳。束晳字廣微，當時的著名學者。傳見《晉書》卷五十一。陽平是晉郡名，郡治元城，在今河北大名東。㊴記室　丞相將軍屬下的文祕官員。㊵淮南王文學　淮南王司馬允（司馬炎之子）的文學。文學是官名，或稱「文學掾」、「文學史」，執掌教育。㊶殿中郎　尚書省「殿中曹」的長官，掌擬詔書，多用文學之士。㊷彧　荀彧，曹操的重要謀士，因不滿曹操篡權，被曹操所殺。傳見《三國志》卷十。㊸扶曳受拜　指被人攙扶著接受了任命。㊹丁酉　四月初七。㊺為太弟　意即使其為日後帝位的繼承人。㊻開府儀同三司　開設辦事衙門，一切禮儀規格與丞相等職相同。三司，司徒、司馬、司空。㊼領中護軍　兼任中護軍之職。中護軍是統領宮廷警衛部隊的長官。㊽己亥　四月初九。㊾齎金屑酒賜賈后死　金屑酒，摻有黃金碎末的酒。按，賈南風死時年四十四歲。㊿己巳　五月初九。[151]臨淮王臧　前被殺太子司馬遹之子。[152]還妃王氏　讓被迫宣告與太子遹離婚的王衍之女再回來。[153]以母之　以做太孫的母親。[154]行太孫太傅　兼任太孫太傅之職，實即為了加強對未來皇帝的控制。[155]己卯　五月十九。[156]六月壬寅　六月十三。[157]清河康王遐　司馬遐，司馬炎之子，司馬衷之弟。清河王是封號，康字是諡。[158]陰養死士　暗中訓練了一支敢死隊。[159]實奪其兵權　即免去了他的中護軍之職。[160]不拜　不接受任命。[161]收其官屬以下　將司馬允手下的屬官全部拘捕。[162]令

史　指蘭臺令史，御史的屬下。(163)破　毀滅。(164)國兵　從淮南國帶來的親兵。(165)帳下　指中護軍帳下的士卒。(166)左袒　袒露開左臂的衣袖。一來用以區別擁護者，二來是學習當年周勃進入北軍，號令北軍歸附自己的姿態。(167)掖門　皇宮端門左右的旁門。(168)相府　司馬倫的府第。當時司馬倫把東宮當相國府。(169)太子左率　即太子左衛率，領兵宿衛東宮。(170)應允　響應司馬允。(171)結陳　列陣；擺開陣式。(172)主書司馬眭祕　相國府的屬官姓眭名祕。(173)自辰至未　從辰時打到未時。辰時相當於今上午七至九時，未時相當於今下午一至三時。(174)宜遣白虎幡以解鬭　「白虎幡」是帝王用以催戰的信號。解鬭應使用「騶虞幡」。陳準是想利用司馬衷的痴呆騙得白虎幡去指揮司馬允的軍隊，使司馬倫的軍隊誤認為司馬允出兵攻打司馬倫是奉皇帝之命。(175)司馬督護伏胤　殿前禁兵的武官姓伏名胤。(176)門下省　侍中的辦事機構，因在宮內，故稱「門下」。(177)陰與胤誓　意謂司馬虔拉攏伏胤，令其出去改助趙王倫。(178)懷空版　意即懷揣一道沒有寫字的詔書。版，寫詔書使用的絹帛或木版。(179)允不之覺　司馬允沒有發覺伏胤的奸詐。(180)坐允夷滅　受司馬允的牽連被滅族。(181)曲赦洛陽　對洛陽城內的犯罪者一律赦免，目的在於爭取洛陽人的擁護。曲赦，不當赦而赦。(182)撻　用鞭或用棍棒打。孫秀在潘岳手下當小吏時，狡黠而自以為是，潘岳厭惡他的為人，屢次鞭打他。(183)有隙　有仇。歐陽建彈劾司馬倫事，見本書卷八十二元康六年。(184)奉允　擁戴司馬允。(185)收之　逮捕了石崇、潘岳、歐陽建。據《晉書・石崇傳》，當時石崇正在樓上宴飲，逮捕他的武士抵達大門時，石崇對綠珠說：「我為你犯下了大罪。」綠珠哭泣說：「我當死在你之前。」於是跳樓自殺。據《太平廣記》載，白州（今廣西博白）雙角山下，有綠珠井。從前梁家女兒綠珠，美貌蓋世，石崇出使交州，用珍珠三斛買綠珠而歸。(186)利吾財　就是貪圖我的錢財。(187)誚責　諷刺斥責。(188)乾沒不已　沉溺於追求財貨而沒有止境。(189)負　辜負；對不起。(190)籍沒崇家　將石崇家的產業全部沒收歸公。(191)貶晏為賓徒縣王　當時親王的領土通常為一個郡，現在貶為一個縣。當時的賓徒縣屬昌黎郡，在今遼寧錦州北四十餘里處。(192)游擊將軍　統率禁軍的將領。當時以領軍將軍、護軍將軍、左右衛將軍、驍騎將軍、游擊將軍所領的軍隊為「六軍」。(193)在內　在朝廷之內。(194)加相國倫九錫　給司馬倫以九錫之禮，指劍履上殿、贊拜不名、納陛以登等九項特殊禮遇。(195)漢之錫魏　指漢獻帝給曹操加九錫。(196)魏之錫晉　指曹魏先後給司馬懿、司馬師、司馬昭加九錫。(197)一時之用　臨時的特殊措施，即篡位的前奏。(198)非可通行　不能當作正常的慣例。(199)周勃霍光　都是西漢權臣。周勃是劉邦的開國元勳，又平定呂氏之亂，擁立了漢文帝。事見《史記・絳侯周勃世家》。霍光是漢武帝的託命大臣，又曾廢昌邑王，另立漢宣帝。事見《漢書・霍光傳》。(200)傷時望　遭到了社會名流的反對。(201)撫軍將軍　位在四征將軍之上，且參與朝政。(202)中軍將軍　統二衛、前、後、左、右、驍騎等宿衛七營禁軍，主管京師及宮廷警衛。(203)右率　即太子右衛率，領兵宿衛東宮。(204)與宿衛同　與皇帝的警衛數量相同。[205]隱匿之兵　沒有公開的武裝部隊。[206]縈利　名聲與實利；職位與金錢。[207]志趣乖異　各人的志向趣味互不相同。[208]射聲校尉　禁軍長官，負責戍衛京師。[209]奴僕之下　奴僕中的下等。[210]十一月甲子　十一月初七。[211]羊氏　名獻容。[212]羊玄之　泰山郡（郡治即今山東泰安）人，無事跡可言。傳見《晉書》卷九十三。[213]孫旂　字伯旗，樂安（今山東高青）人，曾任衛尉、兗州刺史。傳見《晉書》卷六十。[214]光祿大夫特進　光祿大夫是光祿勳的屬官，是皇帝的參謀顧問人員。特進是一種榮譽職務，給予退休的高級官僚，禮秩如三公，無具體職務。[215]大長秋　官名，管理皇后宮的事務。[216]成都內史　成都王的內史。諸侯國的內史掌管該國的行政，地位在國相之下。[217]中山耿滕　中山郡人耿滕。中山郡的郡治即今河北定州。[218]聞徵　接到調其回京的命令。[219]甚懼　怕因自己是賈后的親戚而被殺。[220]據蜀　據蜀稱王，獨霸一方。[221]巴西　晉郡名，郡治即今四川閬中。按，李特部眾由巴西到漢中，再由漢中到略陽，後又從略陽折回祖居地巴西。事見本書卷八十二元康八年。[222]密表　向朝廷祕密報告。[223]剛剽　強硬、剽悍。[224]愞弱　怯懦、軟弱。[225]必為亂階　必然要成為西蜀地區叛亂的根源。階，基礎；條件。[226]使還本居　讓他們回到原來居住的略陽（今甘肅天水市、靜寧一帶）去。[227]險地　指當時的巴蜀地區，因其地險阻，容易據以作亂。[228]州被詔書　益州衙門接到耿滕將來繼任刺史的命令。被，接到。[229]成都治少城二句　少城即小城，太城即大城。二城都是戰國時秦國張儀所築。二城相連，都在成都城中。東是太城，西是少城。成都內史的府衙在少城；益州刺史的府衙在太城。[230]入州　指進入太城接任刺史。[231]州郡搆怨　指益州刺史趙廞與成都內史耿滕之間的結怨。諸侯國相當郡級，故稱成都曰郡。[232]檄諸縣　傳令給成都國所屬各縣。[233]合村保　合小村為大村，併小堡為大堡。保，此處同「堡」。[234]秦氏　指李特等剛從秦州（甘肅）一帶遷來的氐族人。[235]陳西夷行至　西夷校尉陳總很快就要到達。西夷校尉是負責管理西夷事務的武官，駐兵汶山（今四川茂縣北）。行，即將。[236]犍為　晉郡名，郡治武陽（今四川彭山縣東）。[237]江源　晉縣名，在今成都西南六十餘里。[238]入州　進入成都太城。[239]逆　迎；迎擊。[240]郡吏　指耿滕在成都國內的僚屬。[241]面縛詣廞　自縛雙手，往見趙廞。面縛，雙手縛於背後，身前只見其面。[242]請滕死　請求收葬耿滕的屍體。死，同「尸」。[243]江陽　晉縣名，縣治即今四川瀘州。[244]府是兵要　您在這一帶掌管軍事重任。府，校尉府，敬稱西夷校尉陳總。[245]緣道停留　沿路走走停停。[246]南安魚涪津　南安縣（今四川樂山縣）的魚涪津渡口。魚涪津，又名青衣江渡口。[247]州軍　指趙廞所帶的軍隊。[248]耿侯　敬稱耿滕。[249]無嫌　沒有仇怨。嫌，嫌隙；仇怨。[250]無益也　不能讓你免死。[251]署置僚屬　委派「大都督」、「大將軍」、「益州牧」屬下的各種官員。署，任命。[252]改易守令　撤換原有的郡守、縣令。[253]王官　朝廷任命的各地方官員。[254]李庠　李特之弟。[255]始平費他　始平郡（郡治槐里，今陝西興平東南）人姓費名他。[256]氐苻成隗伯　氐族人苻成、隗伯。[257]委

以心膂 把他當做骨幹、心腹。[258]六郡 指秦川所屬的天水、略陽等六郡。[259]以斷北道 堵住從關中入蜀的北來之道。

【校 記】[1]非 據章鈺校，甲十一行本、乙十一行本、孔天胤本皆作「豈」。[2]迎 原作「立」。據章鈺校，甲十一行本、乙十一行本、孔天胤本皆作「迎」，張敦仁《通鑑刊本識誤》同，今從改。[3]加 原作「在」。據章鈺校，甲十一行本、乙十一行本、孔天胤本皆作「加」，張敦仁《通鑑刊本識誤》同，今從改。[4]如 據章鈺校，甲十一行本、乙十一行本、孔天胤本皆作「若」。[5]臨淮王臧 原誤作「臨海王臧」。據章鈺校，甲十一行本、乙十一行本、孔天胤本皆作「臨淮王臧」，今據校正。按，司馬臧於永康元年四月封臨淮王，事見《晉書》卷五十三本傳。[6]爾 據章鈺校，乙十一行本作「耳」。[7]深謀遠略 原作「遠謀深略」。據章鈺校，甲十一行本、乙十一行本、孔天胤本皆作「深謀遠略」，今從改。[8]死 據章鈺校，甲十一行本、乙十一行本、孔天胤本皆作「喪」。

【語 譯】永康元年（庚申 西元三〇〇年）

春季，正月初一日癸亥，大赦天下，改年號為「永康」。

擔任西戎校尉司馬官的閻纘抬著棺材前往皇宮門口上書，他認為：「漢朝戾太子劉據因不服奸黨所傳武帝的命令而舉兵反抗，當時的大臣車千秋尚且說戾太子的罪過只應當受到鞭笞而已。如今司馬遹被誣陷接受懲罰的時候，不敢有非禮的行動，這和戾太子劉據的罪行比起來要輕微得多。朝廷應當重新為太子選擇師傅，首先對太子嚴加教誨。如果太子不知悔改，再廢黜太子也為時不晚。」奏書呈上之後，沒有任何回覆。閻纘，是閻圃的孫子。

賈后讓黃門自首，說自己曾經想與太子一起謀反。晉惠帝下詔將黃門自首的言辭發給朝臣傳閱，又派東武公司馬澹率領一千名士兵防衛太子逃跑，又把太子司馬遹囚禁到許昌的宮殿裡，命令治書侍御史劉振手持朝廷的旌節監管著太子，又下詔太子宮中的百官群臣不得向太子告辭，不准為太子送行。太子洗馬江統、潘滔、太子舍人王敦、杜蕤、魯瑤等人不顧朝廷的禁令一直將太子送到伊水，然後叩拜辭別，分手時痛哭流涕。司隸校尉滿奮將江統等人拘捕起來送往監獄羈押。那些被關押在河南郡監獄中的，當時任河南尹的樂廣統統把他們放走了，被送往洛陽縣監獄的，仍然沒被釋放。擔任都官從事的孫琰對賈謐說：「所以要廢掉太子，並把他流放到許昌，是因為他作惡多端的緣故。如今太子宮中的大臣不惜冒犯死罪向太子拜別送行，朝廷因此對他們加重處罰，消息傳布到四面八方，反而更顯得太子的道德高尚，不如把他們全部釋放了吧。」賈謐於是通知洛陽縣令曹攄，讓他把關押的人全部釋放。樂廣也沒有因為私自釋放太子宮臣而受到懲處。王敦，是王覽的孫子。曹攄，是曹肇的孫子。太子到達許昌後，在寫給王妃的書信中，陳述自己被誣陷的冤屈。王妃的父親王衍不敢把太子的書信呈報給惠帝司馬衷觀看。

正月十四日丙子，皇孫司馬虨病逝。

三月，尉氏縣降下色紅如血的雨，彗星出現在南方天際，太白星在白天出現，三台星座的中星位置出現差異。張華的小兒子張韙勸說張華辭去丞相之職，張華不聽勸告，說：「天象的變化高深莫測，不如靜觀事態的發展變化再作打算。」

太子被廢之後，群情激憤。擔任右衛督的司馬雅、擔任常從督的許超都曾經在太子東宮任職，於是他們便與擔任殿中中郎的士猗等人密謀廢掉賈后，恢復太子的地位。認為張華、裴頠循規蹈矩，保官保命，很難和他們一道採取非常的行動，擔任右將軍的趙王司馬倫手中握有兵權，此人生性貪婪，只要看見利益就會不顧一切地去冒險，可以借助他的力量除掉賈皇后，於是便勸說司馬倫的親信僚屬孫秀，說：「賈后兇殘妒忌，昏庸無道，與賈謐等人共同誣陷、廢黜太子。如今皇帝沒有嫡親的合法繼承人，國家將要面臨著覆亡的危險，大臣們都將有大的行動。而司馬倫有侍奉賈皇后的名聲，又與賈謐、郭彰親密友善，太子的被廢，眾人都認為他參與了其事，一旦有什麼變動，恐怕災禍必然要落到司馬倫的頭上，為什麼不先採取行動呢？」孫秀應承下來，就去勸說司馬倫，司馬倫採納了孫秀的建議，於是司馬倫告訴了中書令史張林以及省事張衡等人，讓他們作為內應。

事變將要發生，孫秀提醒司馬倫說：「太子聰明而生性剛烈、勇猛，如果讓他回到東宮，他必然不會受制於人。你平素一向依附於賈后，就連路上的行人都知道。如今你即使對太子復位立了大功，太子也會認為你是被大多數人們的願望所推動，才反戈一擊，幫助太子以求得免去自己的罪責。雖然太子暫且會容忍過去對你的憤恨，肯定不會從心眼裡感激你，如果再讓他抓住你其他方面的一些把柄，你還是難免被誅殺。不如藉故推遲行事，拖延時間，賈后必然加害太子，到那時你再廢掉賈后，為太子報仇，如此的話就不僅是免除災禍而已，更可以實現你執掌朝政的宿願。」司馬倫非常贊同孫秀的意見。

孫秀趁機派人去行使反間計，說殿中人要廢掉賈皇后，迎接太子復位。賈后屢次派宮中奴婢微服到民間訪察，聽到這個消息後心裡非常恐懼，司馬倫、孫秀趁機勸說賈謐等人早日除掉太子，以斷絕眾人的希望。三月二十二日癸未，賈后派太醫令程據配製好毒藥，假傳皇帝詔命派黃門孫慮到許昌去毒死太子。太子自從被廢黜之後，就常常擔心有人要毒害自己，所以經常親自煮飯吃。孫慮把要毒死太子的命令告訴了負責監管太子的治書侍御史劉振，劉振於是把太子轉移到宮外的一個小房裡居住，斷絕了太子的飲食來源，而許昌宮裡的人仍然偷偷地從牆上把食物遞過來給太子吃。孫慮逼太子吃藥，太子不肯吃，孫慮就用搗藥杵把太子司馬遹活活地打死了。有關部門的官員請求以平民的禮儀埋葬太子，賈后卻上表請求以廣陵王的禮儀將太子司馬遹埋葬。

夏季，四月初一日辛卯，發生日蝕。

趙王司馬倫、孫秀準備討伐賈后，他先通知了擔任右衛佽飛督的閭和，閭和表示聽從調遣，於是約定於四月初三日癸巳三更天的第一聲鼓響，內應就開始行動。到了初三日癸巳這一天，孫秀讓司馬雅轉告張華說：「趙王司馬倫想與您共同匡扶社稷，為天下除去禍害，因此讓我轉告您。」張華表示拒絕參加。司馬雅憤怒地說：「刀都架在脖子上了，還堅持說這種不同意的話麼？」說完就頭也不回地出門走了。

到了約定的那個時辰，司馬倫假傳聖旨命令三支軍隊的司馬官說：「賈后與賈謐等人殺死了太子，如今命令車騎將軍司馬倫入宮廢掉賈后。你等都要服從命令，事情成功之後，賞賜你們關中侯的爵位，如果不聽從命令，就誅滅你們的三族。」大家都表示聽從命令。又假傳聖旨打開了宮門，趁黑夜進入宮中，把軍隊布防在皇宮內的御道南側。派擔任翊軍校尉的齊王司馬冏率領一百人撞開內宮門進入內宮，擔任華林園令的駱休作為內應，將晉惠帝司馬衷迎到東堂。以皇帝的名義召賈謐來到殿前，準備在那裡殺死他。賈謐得知消息後逃到西邊的大鐘底下，大聲呼喊：「阿后快來救我！」話音剛落，武士已經追上前去將賈謐殺死在西鐘之下。賈后看見齊王司馬冏進入後宮，吃驚地問：「你為什麼來到這裡？」司馬冏回答說：「有皇帝的詔書命令逮捕你。」賈后說：「詔書應該由我簽發，你哪裡來的什麼詔書？」賈后逃到樓上，遠遠地向晉惠帝喊話說：「陛下的皇后，你讓人廢掉她，你自己也快要被人所廢了。」當時，梁王司馬肜也參與了殺害太子的陰謀。賈后問司馬冏說：「帶頭起事的是誰？」司馬冏回答說：「梁王司馬肜、趙王司馬倫。」賈后說：「拴狗要拴住狗的脖子，反而拴了狗的尾巴，怎麼能不這樣呢！」於是將賈后廢為平民，囚禁在建始殿。又派人去逮捕了趙粲、賈午等人，送到宮中的染織房進行拷問。下詔命令尚書逮捕賈氏的親信黨羽，召集中書監、侍中、黃門侍郎、尚書省的八位高級官員連夜入宮。尚書開始的時候懷疑詔書有詐，擔任尚書郎的師景用不封口的奏章遞上去請查驗是否真有皇帝的手詔，司馬倫等人立即將師景殺死示眾。

趙王司馬倫與孫秀密謀篡奪帝位，準備先除掉朝中那些有威望的大臣，且又報復了舊日的仇怨，於是在殿前逮捕了張華、裴頠、解系、解結等人。張華質問張林說：「你想殺害忠臣嗎？」張林以皇帝的名義詰責他說：「你身為宰相，太子被廢，你不能為節義而死，為什麼呢？」張華辯解說：「在式乾殿上群臣討論廢黜太子的問題時，我勸阻的奏章都還保存著，可以找出來作證。」張林進一步逼問說：「勸阻而不聽從，為什麼你不辭去丞相之職？」張華無言以對。於是幾位大臣當即被殺戮，仍舊滅了三族。解結的女兒嫁給裴家做媳婦，明天就要出嫁而今天災禍發生，裴家想通過認這位兒媳救她一命，解結的女兒卻說：「全家既然都要被殺，我活著還有什麼意義呢？」於是也一同被殺。朝廷由於這件事商議改革舊有的制度，父兄犯罪，未嫁女子不再跟著父兄一起被殺。四月初四日甲午，司馬倫親自坐鎮端門，派遣尚書和郁手持符節押送賈南風前往金墉城，將劉振、董猛、孫慮、程據等人全部處死。司徒王戎以及朝內朝外受張華、裴頠以及他們的親戚、朋友牽連而被罷黜免職的人非常多。閻纘撫摸著張華的屍體痛哭流涕，說道：「早就勸你辭職而你硬是不肯，如今果然不能避免一死，這是你命中註定的啊！」

於是，趙王司馬倫宣稱奉皇帝詔命，大赦天下，自封為使持節、都督中外諸軍事、相國、侍中，一切都仿照當年宣帝司馬懿、文帝司馬昭輔佐曹魏皇帝的那種樣子。安置一萬軍隊作為相國府的直屬軍隊，任命自己的長子擔任散騎常侍的司馬荂為代理冗從僕射，其他的幾個兒子司馬馥為前將軍，封為濟陽王，司馬虔為黃門郎，封為汝陰王，司馬詡為散騎侍郎，封為霸城侯。把大郡封給孫秀等親信作為采邑，並讓他們握有兵權。文武官員被封為侯爵的有幾千人，百官都約束自己、小心翼翼地聽命於司馬倫。而司馬倫一向昏庸愚魯，因而受制於孫秀。孫秀擔任中書令，威風和權勢震動了朝廷，天下人都聽命於孫秀而無求於司馬倫。

晉惠帝下詔恢復已故太子司馬遹的太子爵位與封號，派尚書和郁率領東宮太子的舊有官員僚屬到許昌迎接太子的靈柩。追封司馬遹的兒子司馬虨為南陽王，封司馬虨的弟弟司馬臧為臨淮王，封司馬尚為襄陽王。有關部門奏請說：「尚書令王衍身居大臣之位，太子被誣陷，他一心只顧個人的苟且偷生，應該一輩子不許他再出來做官。」司馬衷批准。

擔任了相國的司馬倫想要博得人們的讚許，便大量提拔那些在國內富有名望又有才德的人士出來做官，任命前平陽郡太守李重、滎陽郡太守荀組分別擔任左長史和右長史，任命東平人王堪、沛國人劉謨分別擔任左司馬和右司馬，任命正在擔任尚書郎的陽平郡人束皙為記室，任命在淮南王司馬允手下擔任文學的荀崧、擔任殿中郎的陸機為參軍。荀組，是荀勗的兒子。荀崧，是荀彧的玄孫。李重知道司馬倫有篡位的野心，便稱說自己有病不肯接受任命。司馬倫不停地催逼他，李重因為憂鬱憤懣，竟然真的患了重病，被人攙扶著勉強接受了任命，沒幾天他就死去了。

四月初七日丁酉，任命梁王司馬肜為太宰，任命左光祿大夫何劭為司徒，右光祿大夫劉寔為司空。

在太子司馬遹被廢黜的時候，朝廷曾經準備冊立淮南王司馬允為太弟，作為皇位繼承人，因為官員的意見不統一才沒有冊封。碰巧遇上趙王司馬倫廢掉賈后，於是任命司馬允為驃騎將軍、開府儀同三司，兼任中護軍之職。

四月初九日己亥，相國司馬倫假傳惠帝司馬衷的旨意派遣擔任尚書的劉弘帶著摻有黃金碎末的酒到金墉城中賜給賈后，賈后喝下後死在金墉城。

五月初九日己巳，晉惠帝下詔封司馬遹的兒子臨淮王司馬臧為皇太孫，讓被迫與太子司馬遹離婚的王衍之女回宮撫育皇太孫。原來太子的官屬就轉為皇太孫的官屬，相國司馬倫兼任太孫太傅。

五月十九日己卯，為已故太子司馬遹加諡號為「愍懷」。六月十三日壬寅，將太子司馬遹安葬在顯平陵。

○清河王司馬遐去世，諡號為「康」。

擔任中護軍的淮南王司馬允性格沉穩剛毅，守衛宮廷的將士都很懼怕他，也真心敬服他。司馬允知道相國司馬倫和孫秀懷有篡位的野心，就暗中訓練了一批敢死隊，密謀討伐司馬倫。司馬倫、孫秀也非常忌憚他。秋季，八月，改任司馬允為太尉，表面上是表示對司馬允的優待尊崇，實際上是解除了司馬允手中的兵權。司馬允稱病不肯接受任命，孫秀就派擔任御史的劉機去逼迫司馬允接受任命，並將司馬允手下的屬官全部拘捕，同時彈劾司馬允抗拒詔命，犯了大逆不敬之罪。司馬允看過詔書，發現竟然是孫秀的手筆。於是大怒，就將御史劉機抓了起來，準備把他殺掉。劉機尋機逃跑才算逃過一死，司馬允就將司馬倫的兩個蘭臺令史殺死了。司馬允極其嚴肅地對左右的人說：「趙王司馬倫要毀滅我的全家！」於是立即率領從淮南國帶來的親兵和中護軍帳下的七百名士兵衝出大門，大聲呼叫說：「趙王謀反，我要去討伐他，願意跟隨我的就脫去左衣袖袒露出你們的左臂。」於是追隨他的人很多。司馬允準備進入宮中，擔任尚書左丞的王輿關閉了皇宮端門左右的旁門，司馬允無法進入宮中，便率人包圍了司馬倫的相國府。司馬允率領的都是精銳之士，司馬倫屢次出戰屢次失敗，死了上千人。擔任太子左衛率的陳徽組織東宮的士兵在宮內吶喊助威聲援司馬允。司馬允在承華門前擺開陣勢，弓弩齊發射向司馬倫，箭如雨下。擔任主書司馬的眭祕用自己的身體掩護司馬倫，背上多處中箭而死。司馬倫的官屬都站在大樹後面隱藏起來以躲避司馬允一方射過來的箭，每棵樹上都被射中幾百支箭，從辰時一直戰鬥到未時。擔任中書令的陳淮，是陳徽的哥哥，他準備響應司馬允，就對惠帝說：「應該派人拿著白虎幡前去解除他們的爭鬥。」於是派遣擔任司馬督護的伏胤率領四百騎兵手持白虎幡從宮中出來。司馬倫的兒子、現任侍中的汝陰王司馬虔當時正在門下省值班，他私下裡向伏胤發誓說：「榮華富貴，我當與你共同分享。」伏胤於是懷揣一道沒有任何字跡的詔書出宮，謊稱皇帝有詔書讓他協助淮南王司馬允作戰。司馬允毫無察覺，就打開營門請進伏胤，並下車跪拜接受詔命，伏胤趁機殺死了司馬允，司馬允的兒子秦王司馬郁、漢王司馬迪也同時被殺害，因為受司馬允牽連而被誅殺、滅族的有幾千人。在這特殊情況下，特下詔對洛陽城內的罪犯一律赦免。

當初，孫秀曾經在黃門侍郎潘岳手下擔任過小官吏，潘岳屢次鞭打他。衛尉石崇的外甥歐陽建一向與相國司馬倫有仇。石崇有一個愛妾名叫綠珠，孫秀派人來向石崇索要綠珠，石崇不給。等到淮南王司馬允失敗被殺後，孫秀趁機誣陷石崇、潘岳、歐陽建擁戴司馬允作亂，於是被拘捕。石崇歎息了一聲說：「那些奴才們只是貪圖我的財產罷了！」逮捕他的人說：「你既然知道財產是禍根，為什麼不早點散掉它呢！」石崇啞口無言。當初，潘岳的母親經常諷刺斥責潘岳，對他說：「你應當知道滿足，為什麼總是沉溺於追求財貨而沒有止境呢？」等到潘岳被捕，潘岳向他的母親謝罪說：「我辜負了母親的教誨，對不起母親！」於是與石崇、歐陽建等人一道被誅殺、滅族，將石崇家的產業全部收歸朝廷。相國司馬倫逮捕了淮南王司馬允的同母弟弟吳王司馬晏，並準備殺死他。擔任光祿大夫的傅祗在朝堂上據理力爭，大臣們也都極力規勸，司馬倫這才打消了殺死司馬晏的念頭，只是把司馬晏貶黜為賓徒縣王。

齊王司馬冏因功被任命為游擊將軍，司馬冏對此很不滿意，面露憤恨之色。孫秀察覺了，孫秀對他留在京師手握兵權本來就感到不安，於是改任司馬冏為平東將軍，派他去鎮守許昌。

任命光祿大夫陳準為太尉，錄尚書事。沒過多久，陳準就去世了。

孫秀建議惠帝賜予司馬倫以九錫之禮，滿朝文武百官沒有人敢提出異議。吏部尚書劉頌說：「過去漢獻帝給魏武帝曹操加九錫，曹魏又先後給晉宣王司馬懿、晉景王司馬師、晉文王司馬昭加九錫，都是臨時的特殊措施，不可把它當作正常情況下的慣例。周勃、霍光，他們的功勞最大，卻從來沒有聽說皇帝賞賜他們九錫的詔命。」張林對劉頌的新仇舊恨一齊湧上心頭，就指控劉頌是張華的黨羽，要殺掉劉頌。孫秀說：「殺掉張華、裴頠已經遭到了社會名流的反對，現在不能再殺掉劉頌了。」張林這才罷手。任命劉頌為光祿大夫。

晉惠帝於是下詔給司馬倫加九錫之禮，又提升司馬倫的兒子司馬荂為撫軍將軍，司馬虔為中軍將軍，司馬詡為侍中。又給孫秀加上侍中、輔國將軍、相國司馬的頭銜，原來的太子右衛率的職務依然不變，張林等人都官居要職。把守衛司馬倫相府的軍隊增加到二萬人，與皇帝的警衛人員數量相同，再加上司馬倫不肯公開的隱祕部隊，軍隊數量實際上超過了三萬人。

九月，改司徒為丞相，任命梁王司馬肜為丞相，司馬肜堅決推辭不肯接受任命。

司馬倫和他的幾個兒子都是那種頑劣卑鄙、沒有見識的人，而孫秀則狡詐多端、貪財淫亂，與他共事的那些人也都是些奸佞小人，只知道追求地位與金錢，而沒有深謀遠略，每個人的志向趣味又不相同，因而互相憎恨嫉妒。孫秀的兒子孫會擔任射聲校尉，他的身材矮小，形貌醜陋不堪，就像奴僕中的下等人，孫秀讓他娶了晉帝的女兒河東公主為妻。

冬季，十一月初七日甲子，立羊獻容為皇后，大赦天下。羊皇后，是擔任尚書郎的泰山人羊玄之的女兒。她的外祖父是平南將軍樂安人孫旂，孫旂與孫秀的關係親密友善，所以孫秀立羊獻容為皇后。任命羊玄之為光祿大夫、特進、散騎常侍，封興晉侯。

晉惠帝下詔徵調益州刺史趙廞回京師洛陽擔任大長秋，任命成都王的內史中山郡人耿滕為益州刺史。趙廞是賈后的姻親，他聽到要徵調自己回京的消息後非常恐懼，而且認為晉朝勢力衰落、政局混亂，心中已有據蜀稱王、獨霸一方的志向，於是就將倉庫中的糧食全部拿出來賑濟流亡的災民以收買人心。趙廞認為流民李特兄弟有才能又有勇力，他們手下的一夥人又都是巴西郡人，與趙廞是同郡，於是趙廞特別厚待李特兄弟，把他們作為自己的爪牙。李特等人依仗趙廞的權勢，專門聚眾為盜，蜀人把他們看作是最大的禍患。耿滕多次祕密向朝廷報告說：「流民強橫、剽悍，蜀人怯懦、軟弱，主人不能控制客人，必然要成為叛亂的根源，應當讓流民回到他們原來的居住地略陽去。如果仍舊讓他們留在地形險峻、易守難攻的巴蜀一帶，恐怕秦州、雍州的災禍就要轉移到梁州、益州了。」趙廞聽到後非常憎恨耿滕。

益州衙門接到耿滕將來繼任刺史的詔書後，就派文武官員上千人前往迎接。當時，成都內史的府衙在少城，益州刺史的府衙在太城，趙廞當時還佔據著太城沒有離開。耿滕想進入太城接任刺史，擔任功曹的陳恂勸阻他說：「如今益州刺史趙廞與成都內史之間結怨日益加深，進入太城必有大禍，不如暫且留在少城坐觀其變，傳令給成都國所屬各縣，合小村為大村，併小堡為大堡，嚴密組織起來護衛自己的村落，防備李特等從秦州遷移來的氐族人的搶掠，西夷校尉陳總很快就會到達成都，不如暫且等待他到來之後再作打算。不然的話，我們就撤回犍為郡據守，向西渡過江源，以防不測的事情發生。」耿滕不聽勸告。當天，率領眾人進入太城。趙廞派兵迎擊，戰於太城西門。耿滕戰敗被殺，耿滕的僚屬全都四處逃竄，只有陳恂反綁雙手來到趙廞面前，請求收葬耿滕的屍體，趙廞讚許陳恂的義氣便答應了他的請求。

趙廞又派遣軍隊迎擊西夷校尉陳總。陳總率領軍隊到達江陽縣時，聽到了趙廞行將叛變的消息，擔任主簿的蜀郡人趙模向他獻計說：「如今州、郡官員之間不和睦，必然會有大的變亂發生，應當迅速趕到那裡。您在這一帶掌管軍事要職，您協助朝廷官員討伐叛逆，他們誰敢亂動？」陳總卻沿路走走停停，當到達南安縣的魚涪津渡口時，已經與趙廞的軍隊相遇。趙模向陳總建議說：「趕緊散發錢財，招募兵勇以抗拒趙廞，如果能夠打敗趙廞的益州軍隊，就可以佔領益州；如果打不敗他們，就順流而退，一定不會有什麼損失。」陳總說：「趙廞怨恨耿滕，所以殺死耿滕，趙廞與我卻是無仇無怨，為什麼要殺害我呢？」趙模說：「如今益州叛亂，必定要殺死你以樹立他的威嚴，即使你不與他們作戰，也不能饒你不死。」言辭懇切，以至於痛哭流涕，陳總就是不聽勸告，眾人於是自行潰散了。陳總躲藏到荒草叢中，趙模換上陳總的官服挺身出來與趙廞格鬥拼殺。趙廞的士兵殺死了趙模後，才發現他不是陳總，於是就到處搜尋，終於在雜草叢中將陳總搜出，並將他殺死。

趙廞自稱大都督、大將軍、益州牧，自行委派屬下的各種官員，撤換了原有的郡守、縣令，朝廷所任命的各級官員如果被趙廞召見，沒有人敢不去。李特的弟弟李庠率領妹婿李含、天水郡人任回・上官晶、扶風郡人李攀、始平郡人費他、氐族人苻成・隗伯等四千騎兵歸順了趙廞。趙廞任命李庠為威寇將軍，封他為陽泉亭侯，把李庠當作自己的骨幹、心腹，並派他到秦川所屬的天水、略陽等六郡招募精壯的勇士，李庠果然招集到了一萬多人，趙廞將他們布防在巴蜀北部，阻斷了從關中進入巴蜀的北來之道。

【研　析】本卷寫了惠帝元康九年（西元二九九年）、永康元年（西元三〇〇年）共二年間的全國大事，其中可議論的主要有以下幾點：

其一是萬惡的賈皇后之死。賈皇后這個既妒又醜的小女子之所以能被立為太子妃，完全是由於前一位楊皇后百般為之保駕；賈氏女在為太子妃之後，「嘗以妬手殺數人，又以戟擲孕妾，子隨刃墮」；司馬炎曾生氣地要廢掉她的太子妃號，而後一位楊皇后又百般為之說情，說什麼「妬者婦人常情，長自當差。」這兩位楊氏太后為什麼如此熱心地為賈氏女說情呢？沒有別的，就是為討好大權奸賈充，希望能與賈充結為親密之黨。沒想到賈氏女是一隻餵不熟、養不馴的豺狼。等她當了皇后之後，她殺死了後一位楊太后的生母，又活活將楊太后餓死。王志堅《讀史商語》對此寫道：「楊氏二后，一勸立賈后，一勸無廢賈后，已而弒楊后、滅其族者，即賈后也。可以為徇私誤國者之戒！」掌權者用權不出以公心，而處處為自己的私利做打算，結果搬起石頭砸自己的腳，真是活該！

其二是張華之死。賈氏女當了皇后之後，滅了楊氏一門，殺了她的婆母楊太后；又殺了太子司馬遹，對於這樣一個罪惡昭彰的女人，前後有幾起大臣找身為丞相的張華商議，想要發動政變廢掉賈氏，而張華死活不幹。結果被趙王司馬倫趁機而起，他殺了賈后、賈謐一黨，同時也連帶著殺了張華、裴頠、解系、解結等人。王志堅《讀史商語》對此說：「賈后以婦廢姑，使之稱妾，已絕膳而殺之，惠帝若不聞，此豈復有人理哉？使司馬氏諸王或其大臣唱義而起，廢帝殺后，謀於眾而置君焉，然後盡去其疵政，此亦宇內一快也，乃竟無一人焉議及此者。使如許罪人不以『弒逆』誅，而以殺太子誅；不誅於正法討罪之人，而誅於黨逆后、謀殺太子之趙王倫，使人不能無恨！」王夫之《讀通鑑論》說：「張華謀略之士，可與立功，而未可與守正，非能秉大節者也。……華之決策平吳，何其明也！執政於淫昏之廷，而『庶務粗舉，民猶安之』，何其審也！拒劉卞之說，不欲為陳蕃之為，以冀免於禍，抑不可不謂『工於全身』。然而身卒殞、國卒危者，何也？智有餘而義不足也。賈模，賈氏之黨也，知賈氏之亡晉，而以憂死；華且從容晏處，託翰墨記問以自娛，固自信其智足以游羿彀中而恃之以無懼，故晉之亡，非賈謐能亡之，華亡之也。劉卞進扶立太子之說，非不知人而妄投，亦舍華而更無可言者。華無能為矣，然後志士灰心而狂夫乘釁，棟折榱崩，則瓦解而室傾，豈更有望哉？且華之居勢非陳蕃比也。蕃依竇武以圖社稷，武不得宦官之腹心為之內應；華則賈模、裴頠以賈氏姻族為內援以相輔，其成也可八九得。然而不能者，華於賈氏廢姑殺其母之日委順其閒，則氣不可復振。蓋華者離義為智，而不知不義者之未有能智者也。是以君子於其死也不閔之。」說得好。裴頠等人，其情可閔，其死可悲。至於張華，比李斯強不了多少，其死也是活該！

其三是關於江統的〈徙戎論〉。經過五胡亂華之後，人們深感於少數民族作亂給中原地區造成的嚴重災難，於是對江統的〈徙戎論〉紛紛表示好感，正如王夫之所引的一些說法：「漢魏之際，羌胡鮮卑雜居塞內，漸為民患，徙之出塞，萬世之利也。雖不在秉國大臣之位，固且憂憤積中而不容已於切言之。即不用矣，後世且服其卓識，而謂晉有人焉。此郭欽、江統所以慷慨言之，無所隱而論之詳也。故傳之史策，而後世誦之不衰。」如果只用此論來表達一種後人回顧歷史、對前人所取做法的一種遺憾，批評他們當時只顧眼前小利，而沒想到卻為後世造成了如此深重的苦難，那是可以的。如果有人認為江統的說法在晉惠帝元康九年（西元二九九年）真的有可以付諸實踐的可能，那就顯然是非愚即妄了。所以王夫之接著說：「藉晉用之，因而下徙戎之令，群胡知其畏己，而已有可乘之勢，於方徙之際潰爛以逞，又將奚以制之使弭耳以聽耶？」晉惠帝的腐敗王朝沒有採納江統的這種餿主意，並不說明晉惠帝與其群臣有多麼高明，只是表明江統的議論太膚淺、太不識時務而已；不知蕭統為何非要把它選入《昭明文選》，司馬光為何非要把它載入《資治通鑑》。

卷第八十四

晉紀六

起重光作噩（辛酉 西元三〇一年），盡玄黓閹茂（壬戌 西元三〇二年），凡二年。

【題解】本卷寫了晉惠帝永寧元年（西元三〇一年）至太安元年（西元三〇二年）共兩年間的全國大事，主要寫了趙王司馬倫在孫秀、司馬威等人協助下，逼晉惠帝讓位，司馬倫組建朝廷、大封黨羽，排擠齊王司馬冏、成都王司馬穎、河間王司馬顒；寫了司馬冏、司馬穎、司馬顒起兵討伐司馬倫，司馬穎大破司馬倫軍，朝內王輿、司馬漼等發動政變，逼司馬倫退位，迎司馬衷復辟；寫了司馬冏把持朝權，對帝無禮，對下傲慢，而司馬穎則聽盧志之謀，韜晦退讓，於是深得眾心；寫了東萊王司馬蕤與王輿謀廢司馬冏，被司馬冏所殺；寫了司馬顒聯合長沙王司馬乂、范陽王司馬虓、成都王司馬穎等起兵討伐司馬冏，司馬冏兵敗被殺；寫了司馬乂在朝掌權，一切都聽命於遠在鄴城的司馬穎；寫了涼州刺史張軌在河西地區經營地盤，圖謀自立；寫了益州刺史趙廞據益州叛亂，被氐族頭領李特率流民所破殺；寫了益州新任刺史羅尚與廣漢太守辛冉逼迫流民北遷，李特藉流民不滿之機發兵起事，攻佔廣漢郡、梓潼郡，並進兵圍攻成都，擊敗益州刺史羅尚；寫了東北地區的鮮卑族慕容廆部大破宇文部，逐漸成了氣候等等。

孝惠皇帝中之上

永寧元年❶（辛酉　西元三〇一年）

春，正月，以散騎常侍安定張軌❷為涼州❸刺史。軌以時方多難，陰有保據河西❹之志，故求為涼州。時州境盜賊縱橫，鮮卑為寇。軌至，以宋配、氾瑗為謀主❺，悉討破之，威著西土❻。

相國倫與孫秀使牙門❼趙奉詐傳宣帝神語❽云：「倫宜早入西宮❾。」散騎常侍義陽王威❿，望之孫也，素諂事⓫倫。倫以威兼侍中，使威逼奪帝璽綬，作禪詔⓬，又使尚書令滿奮持節奉璽綬⓭禪位於倫。左衛將軍王輿、前軍將軍司馬雅等帥甲士入殿，曉諭三部司馬⓮，示以威賞，無敢違者。張林等屯守諸門⓯。乙丑⓰，倫備法駕⓱入宮，即帝位，赦天下，改元建始。帝自華林西門⓲出居金墉城，倫使張衡將兵守之。

丙寅⓳，尊帝為太上皇⓴，改金墉曰永昌宮，廢皇太孫㉑為濮陽王。立世子荂㉒為皇太子，封子馥為京兆王，虔為廣平王，詡為霸城王，皆侍中將兵㉓。以梁王肜為宰衡㉔，何劭㉕為太宰，孫秀為侍中、中書監、票騎將軍、儀同三司，義陽王威為中書令，張林為衛將軍，其餘黨與皆為卿、將㉖，超階越次㉗，不可勝紀，下至奴卒，亦加爵位。每朝會，貂蟬盈座㉘，時人為之諺曰：「貂不足，狗尾續㉙。」

是歲，天下所舉賢良、秀才、孝廉皆不試㉚，郡國計吏㉛及太學生年十六以上者[1]皆署吏㉜，守令㉝赦日在職者皆封侯，郡綱紀㉞並為孝廉㉟，縣綱紀㊱並為廉吏㊲。府庫之儲，不足以供賜與。應侯者㊳多，鑄印不給㊴，或以白板封之㊵。

初，平南將軍孫旂㊶之子弼、弟子髦、輔、琰皆附會孫秀，與之合族㊷，旬月間致位通顯㊸。及倫稱帝，四子皆為將軍，封郡侯㊹，以旂為車騎將軍、開府㊺。旂以弼等受倫官爵過差㊻，必為家禍，遣幼子回㊼責之。弼等不從，旂不能制，慟哭而已。

癸酉㊽，殺濮陽哀王臧㊾。

孫秀專執朝政，倫所出詔令，秀輒改更與奪㊿，自書青紙為詔，或朝行夕改，百官轉易(51)如流。張林素與秀不相能(52)，且怨不得開府，潛與太子荂牋，言「秀專權不合眾心，而功臣皆小人，撓亂朝廷，可悉誅之。」荂以書白倫(53)，倫以示秀。秀勸倫收林，殺之，夷其三族。秀以齊王冏、成都王穎、河間王顒，各擁彊兵，據方面(54)，惡之，乃盡用其親黨為三王參佐(55)，加冏鎮東大將軍、穎征北大將軍，皆開府儀同三司，以寵安之。

李庠驍勇得眾心，趙廞浸忌之(56)而未言。長史蜀郡杜淑、張粲說廞曰：「將軍起兵始爾(57)，而遽遣(58)李庠握彊兵於外。非我族類，其心必異，此倒戈授人(59)也，宜早圖之。」會庠勸廞稱尊號，淑、粲因白廞以庠大逆不道，引斬之，并其子姪十餘人。時李特、李流皆將兵在外，廞遣人慰撫之曰：「庠非所宜言(60)，罪應死，兄弟罪不相及(61)。」復以特、流為督將(62)。特、流怨廞，引兵歸緜竹(63)。

廞牙門將涪陵許弇(64)求為巴東監軍，杜淑、張粲固執不許。弇怒，手殺淑、粲於廞閤下，淑、粲左右復殺弇。三人，皆廞之腹心也，廞由是遂衰。

廞遣長史犍為費遠(65)、蜀郡太守李苾(66)、督護常俊督萬餘人斷北道，屯緜竹之石亭(67)。李特密收兵得七千餘人，夜襲遠等軍，燒之，死者十八九(68)，遂進攻成都。費遠、李苾及軍祭酒(69)[2]張微夜斬關(70)走，文武盡散。廞獨與妻子[3]乘小船走，至廣都(71)，為從者所殺。特入成都，縱兵大掠，遣使詣洛陽，陳廞罪狀。

初，梁州刺史羅尚聞趙廞反，表(72)「廞素[4]非雄才，蜀人不附，敗亡可計日而待。」詔拜尚平西將軍、益州刺史，督牙門將王敦(73)、蜀郡太守徐儉、廣漢太守辛冉等七千餘人入蜀。特等聞尚來，甚懼，使其弟驤於道奉迎，并獻珍玩。尚悅，以驤為騎督(74)。特、流復以牛酒勞尚於緜竹，王敦、辛冉說尚曰：「特等專為盜賊，宜因會(75)斬之。不然，必為後患。」尚不從。冉與特有舊，謂特曰：「故人相逢，不吉當凶矣。」特深自猜懼。

三月，尚至成都。汶山(76)羌反，尚遣王敦討之，為羌所殺。

齊王冏謀討趙王倫，未發，會離狐王盛(77)、潁川(78)王處穆[5]聚眾於濁澤(79)，百姓從之，日以萬數。倫以其將管襲為齊王軍司(80)，討盛、穆，斬之。冏因收襲殺之，與豫州刺史何勖、龍驤將軍董艾等起兵，遣使告成都王穎、河間王顒、常山王乂(81)及南中郎將(82)新野公歆(83)，移檄征、鎮(84)、州、郡、縣、國，稱「逆臣孫秀，迷誤趙王，當共誅討。有不從命者，誅及三族。」

使者至鄴，成都王穎召鄴令盧志(85)謀之。志曰：「趙王篡逆，人神共憤，殿下收英俊以從人望，杖大順(86)以討之，百姓必不召自至，攘臂爭進(87)，蔑不克(88)矣。」穎從之。以志為諮議參軍(89)，仍補左長史(90)。志，毓(91)之孫也。穎以兗州刺史王彥、冀州刺史李毅、督護趙驤、石超等為前鋒，遠近響應。至朝歌(92)，眾二十餘萬。超，苞(93)之孫也。

常山王乂在其國(94)，與太原內史(95)劉暾各帥眾為穎後繼。

新野公歆得冏檄，未知所從。嬖人(96)王綏曰：「趙親(97)而彊，齊疏(98)而弱，公宜從趙。」參軍孫詢(99)大言(100)於眾曰：「趙王凶逆，天下當共誅之，何親疏強弱之有！」歆乃從冏。

前安西參軍(101)夏侯奭在始平(102)，合眾數千人以應冏，遣使邀河間王顒。顒用長史隴西[6]李含謀，遣振武將軍河間張方討擒奭及其黨，腰斬之。冏檄至，顒執冏使送於倫，遣張方將兵助倫。方至華陰(103)，顒聞二王(104)兵盛，復召方還，更附二王(105)。

冏檄至揚州(106)，州人皆欲應冏。刺史郗隆(107)，慮(108)之玄孫也，以兄子鑒及諸子悉在洛陽，疑未決，悉召僚吏謀之。主簿淮南趙誘、前秀才(109)虞潭皆曰：「趙王篡逆，海內所疾。今義兵四起，其敗必矣。為明使君(110)計，莫若自將精兵，徑赴許昌(111)，上策也；遣將將兵會之(112)，中策也；量遣小軍(113)，隨形助勝，下策也。」隆退，密與別駕顧彥謀之，彥曰：「誘等下策，乃上計也。」治中留寶(114)、主簿張褒、西曹留承(115)聞之，請見，曰：「不審(116)明使君今當何施(117)？」隆曰：「我俱受二帝(118)恩，無所偏助，欲守州而已。」承曰：「天下者[7]，世祖(119)之天下也。太上(120)承代已久(121)，今上取之(122)，不平(123)。齊王順時舉事(124)，成敗可見(125)。使君不早發兵應之，狐疑遷延，變難將生，此州豈可保也？」隆不應。潭，翻(126)之孫也。隆停檄六日不下(127)，將士憤怨[8]。參軍王邃鎮石頭(128)，將士爭往歸之。隆遣從事於牛渚[129]禁之，不能止。將士遂奉邃攻隆，隆父子及顧彥皆死，傳首於冏[130]。

安南將軍、監沔北[131]諸軍事孟觀[132]，以為紫宮帝座無他變[133]，倫必不敗，乃為之固守。

倫、秀聞三王[134]兵起，大懼，詐為冏表[135]曰：「不知何賊[136]猝見攻圍[137]，臣懦弱不能自固[138]，乞中軍見救[139]，庶得歸死[140]。」以其表宣示內外[141]，遣上軍將軍孫輔、折衝將軍李嚴帥兵七千自延壽關[142]出，征虜將軍張泓、左軍將軍蔡璜、前軍將軍閭和帥兵九千自堮阪關[143]出，鎮軍將軍司馬雅、揚威將軍莫原帥兵八千自成皋關[144]出以拒冏[145]。遣孫秀子會督將軍士猗、許超帥宿衛兵三萬以拒穎[146]。召東平王楙[147]為衛將軍，都督諸軍。又遣京兆王馥[148]、廣平王虔[149]帥兵八千為三軍[150]繼援。倫、秀日夜禱祈、厭勝[151]以求福，使巫覡[152]選戰日。又使人於嵩山[153]著羽衣[154]，詐稱仙人王喬[155]，作書述倫祚長久[156]，欲以惑眾。

閏月丙戌朔[157]，日有食之。自正月至于是月[158]，五星互經天[159]，縱橫無常。

張泓等進據陽翟[160]，與齊王冏戰，屢破之。冏軍潁陰[161]，夏，四月，泓乘勝逼之，冏遣兵逆戰。諸軍[162]不動，而孫輔、徐建軍夜亂，徑歸洛[163]自首曰：「齊王兵盛，不可當，泓等已沒[164]矣！」趙王倫大恐，祕之，而召其子虔及許超還[165]。

會泓破冏露布[166]至，倫乃復遣之。泓等悉帥諸軍濟潁[167]，攻冏營。冏出兵擊其別將[168]孫髦、司馬譚等，破之，泓等乃退。孫秀詐稱已破冏營，擒得冏，令百官皆賀。

成都王穎前鋒至黃橋[169]，為孫會、士猗、許超所敗，殺傷萬餘人，士眾震駭。穎欲退保朝歌，盧志、王彥曰：「今我軍失利，敵新得志，有輕我之心。我若退縮，士氣沮衄[170]，不可復用。且戰何能無勝負，不若更選精兵，星行倍道[171]，出敵不意，此用兵之奇也。」穎從之。倫賞黃橋之功，士猗、許超與孫會皆持節。由是各不相從，軍政不一，且恃勝輕穎[172]而不設備。穎帥諸軍擊之，大戰于湨水[173]，會等大敗，棄軍南走，穎乘勝長驅濟河[174]。

自冏等起兵，百官將士皆欲誅倫、秀。秀懼，不敢出中書省。及聞河北軍敗，憂懣不知所為。孫會、許超、士猗等至，與秀謀，或欲收餘卒出戰，或欲焚宮室，誅不附己者，挾倫[175]南就孫旂、孟觀[176]，或欲乘船東走入海，計未決。辛酉[177]，左衛將軍王輿與尚書廣陵公漼[178]帥營兵七百餘人自南掖門[179]入宮，三部司馬[180]為應於內，攻孫秀、許超、士猗於中書省，皆斬之，遂殺孫奇、孫弼及前將軍謝惔等。漼，伷之子也。王輿屯雲龍門，召八坐[181]皆入殿中，使倫為詔曰：「吾為孫秀所誤，以怒三王。今已誅秀，其迎太上皇復位，吾歸老于農畝。」傳詔[182]以騶虞幡[183]敕將士解兵[184]。黃門將倫[185]自華林東門[186]出，及太子荂皆還汶陽里第[187]，遣甲士數千迎帝于金墉城，百姓咸稱萬歲。帝自端門[188]入，升殿，羣臣頓首謝罪。詔送倫、荂等赴金墉城。廣平王虔自河北還，至九曲[189]，聞變，棄軍，將數十人歸里第[190]。

癸亥[191]，赦天下，改元[192]，大酺[193]五日。分遣使者慰勞三王。梁王肜等表：「趙王倫父子凶逆，宜伏誅。」丁卯[194]，遣尚書袁敞持節賜倫死[195]，收其子荂、馥、虔、詡，皆誅之。凡百官為倫所用者皆斥免[196]，臺、省、府、衛[197]僅有存者[198]。是日[199]，成都王穎至。己巳[200]，河間王顒至。穎使趙驤、石超助齊王冏討張泓等於陽翟，泓等皆降。自兵興六十餘日，戰鬬死者近十萬人。斬張衡、閭和、孫髦于東市[201]，蔡璜自殺。五月，誅義陽王威[202]。襄陽太守宗岱承冏檄[203]斬孫旂，永饒冶令空桐機[204]斬孟觀，皆傳首洛陽，夷三族。

立襄陽王尚[205]為皇太孫。

六月乙卯[206]，齊王冏帥眾入洛陽，頓軍通章署[207]，甲士數十萬，威震京都。

○戊辰[208]，赦天下。○復封賓徒王晏[209]為吳王。

甲戌[210]，詔以齊王冏為大司馬，加九錫，備物典策[211]，如宣、景、文、武輔魏故事(212)；成都王穎為大將軍，都督中外諸軍事，假黃鉞，錄尚書事，加九錫(213)，入朝不趨(214)，劍履上殿(215)；河間王顒為侍中、太尉，加三賜(216)之禮；常山王乂為撫軍大將軍，領左軍(217)；進廣陵公漼爵為王，領尚書，加侍中；進新野公歆(218)爵為王，都督荊州諸軍事，加鎮南大將軍。齊、成都、河間三府(219)各置掾屬(220)四十人，武號森列(221)，文官備員(222)而已，識者知兵之未戢(223)也。己卯(224)，以梁王肜為太宰，領司徒(225)。

光祿大夫劉蕃女為趙世子荂妻，故蕃及二子散騎侍郎輿、冠軍將軍琨皆為趙王倫所委任。大司馬冏以琨父子有才望(226)，特宥之(227)，以輿為中書郎(228)，琨為尚書左丞(229)。又以前司徒王戎為尚書令，劉暾為御史中丞，王衍為河南尹。

新野王歆將之鎮(230)，與冏同乘謁陵(231)，因說冏曰：「成都王至親(232)，同建大勳，今宜留之與輔政。若不能爾(233)，當奪其兵權。」常山王乂與成都王穎俱拜陵，乂謂穎曰：「天下者，先帝(234)之業，王宜維正(235)之。」聞其言者莫不憂懼(236)。盧志(237)謂穎曰：「齊王眾號百萬，與張泓等相持不能決，大王逕前濟河(238)，功無與貳(239)。然[9]今齊王欲與大王共輔朝政，志聞兩雄不俱立，宜因太妃(240)微疾，求還定省(241)，委重齊王(242)，以收四海之心，此計之上也。」穎從之。帝見穎于東堂，慰勞之。

穎拜謝曰：「此大司馬冏之勳，臣無豫[243]焉。」因表稱冏功德，宜委以萬機，自陳母疾，請歸藩。即辭出，不復還營[244]，便謁太廟，出自東陽城門[245]，遂歸鄴。遣信[246]與冏別，冏大驚，馳出送穎，至七里澗[247]，及之。穎住車言別，流涕滂沱，惟以太妃疾苦為憂，不及時事[248]。由是士民之譽皆歸穎。

冏辟新興劉殷[249]為軍諮祭酒，洛陽令曹攄[250]為記室督[251]，尚書郎江統、陽平太守河內苟晞[252]參軍事，吳國張翰[253]為東曹掾[254]，孫惠為戶曹掾[255]，前廷尉正顧榮[256]及順陽王豹[257]為主簿。惠，賁[258]之曾孫；榮，雍[259]之孫也。殷幼孤貧，養曾祖母以孝聞。人以穀帛遺之，殷受而不謝，直云[260]：「待後貴當相酧[261]耳。」及長，博通經史，性倜儻[262]有大志，儉而不陋[263]，清而不介[264]，望之頹然[265]而不可侵也。冏以何勗為中領軍，董艾典樞機[266]。又封其將佐有功者葛旟、路秀、衛毅、劉真、韓泰皆為縣公，委以心膂[267]，號曰「五公[268]」。

成都王穎至鄴，詔遣使者就申前命[269]。穎受大將軍，讓九錫殊禮。表論[270]興義功臣[271]，皆封公侯。又表稱：「大司馬前在陽翟，與賊[272]相持既久，百姓困敝，乞運河北邸閣米[273]十五萬斛[274]，以賑陽翟饑民。」造棺八千餘枚，以成都國秩[275]為衣服，斂祭黃橋戰士，旌顯其家[276]，加常戰亡二等[277]；又命溫縣[278]瘞趙王倫戰士[279]

萬四千餘人，皆盧志之謀也。穎貌[10]美而神昏，不知書。然氣性敦厚，委事於志，故得成其美[280]焉。詔復遣使諭穎入輔[281]，并使受九錫。穎嬖人孟玖不欲還洛，又程太妃愛戀鄴都，故穎終辭不拜[282]。

初，大司馬冏疑中書郎陸機為趙王倫撰禪詔[283]，收，欲殺之。大將軍穎為之辯理，得免死，因表為平原內史[284]，以其弟雲為清河內史[285]。機友人顧榮及廣陵戴淵以中國[286]多難，勸機還吳[287]。機以受穎全濟[288]之恩，且謂穎有時望，可與立功，遂留不去。

【章　旨】以上為第一段，寫晉惠帝永寧元年（西元三〇一年）上半年的大事，寫了涼州刺史張軌在河西地區經營地盤，圖謀自立；寫了益州刺史趙廞據益州叛亂，氐族頭領李特破成都，歸附新任刺史羅尚；寫了趙王司馬倫在孫秀、司馬威等人協助下，逼晉惠帝退位，司馬倫組建朝廷、大封黨羽，排擠齊王司馬冏、成都王司馬穎、河間王司馬顒；寫了司馬冏、司馬穎、司馬顒起兵討伐司馬倫，司馬穎大破司馬倫軍，朝內王輿、司馬漼等發動政變，逼司馬倫退位，迎司馬衷復辟；寫了司馬冏把持朝權，司馬穎聽盧志之謀，深自韜晦、退讓，於是深得眾望等等。

【注　釋】❶永寧元年　此時本是惠帝永康二年。至正月乙丑（初九），趙王司馬倫篡位，改元建始。至四月，司馬衷恢復帝位，始改元永寧。❷安定張軌　張軌，字士彥，家世孝廉，任涼州刺史時擴建姑臧（今甘肅武威）城，立學校，定幣制，招徠中原流人。其子孫割據涼州七十餘年，曾孫張祚稱帝，追諡他為武王。傳見《晉書》卷八十六。安定是晉郡名，郡治臨涇，在今甘肅鎮原東南。❸涼州　州治即今甘肅武威。❹保據河西　盤據河西一帶地區稱王。保據，依靠、盤據。河西，指今甘肅、青海兩省的黃河以西，即河西走廊與湟水流域地區。❺謀主　猶言智囊，唯其計謀是聽。❻威著西土　猶言威震西方。著，響亮；顯赫。❼牙門　侍應於帳下的親信屬官。❽宣帝神語　司馬懿顯靈說話。司馬懿被司馬炎追謚為晉宣帝。❾宜早入西宮　應該盡早入皇宮稱帝。當時司馬倫以東宮為相國府，故稱皇宮為「西宮」。❿義陽王威　司馬威，司馬望之孫，司馬懿之弟司馬孚的曾孫。⓫諂事　諂媚；奉承。⓬作禪詔　寫讓位給趙王倫的詔書。⓭奉璽綬　捧著皇帝的璽綬。⓮三部司馬　皇宮三區禁衛營的衛士長官。⓯諸門　指宮城各門。⓰乙丑　正月初九。⓱法駕　皇帝使用的最莊嚴的車駕。⓲華林西門　華林園的西門。⓳丙寅　正月初十。⓴尊帝為太上皇　趙王倫尊惠帝司馬衷為太上皇。按，論輩分，趙王倫是惠帝司馬衷的爺爺。㉑皇太孫　故太子司馬遹之子，名臧。皇太孫在此之前已被立為惠帝未來的接班人。㉒世子荂　趙王倫的太子司馬荂。世子，對其父有繼承權的兒子。㉓皆侍中將兵　都任侍中之職，並統率軍隊。㉔宰衡　猶今之所謂「首相」。㉕何劭　何曾之子，字敬祖，晉武帝時為散騎常侍、侍中尚書。傳見《晉書》卷三十三。㉖卿將　列卿及諸中郎將，都是朝廷的重要文武官員。㉗超階越次　即破格提拔。㉘貂蟬盈座　滿座的人都佩帶貂蟬。貂尾與金蟬是當時皇帝的侍從官員帽子上的裝飾物。《後漢書．輿服志下》：「侍中，中常侍加黃金璫，附蟬為文，貂尾為飾。」㉙貂不足二句　一指用貂尾之多，同時也是諷刺許多人「濫竽充數」。成語「狗尾續貂」即由此而來。㉚皆不試　都沒有經過考試，就被照准了。舊制，各州郡所保薦的「賢良」、「秀才」、「孝廉」，進京後都是要通過策試，合格者才能錄用。㉛郡國計吏　即上計吏，郡縣派赴京師呈遞計簿的吏員。這裡指隨計吏進京的各地方政府給朝廷推薦的人才。㉜皆署吏　全部錄用為正式官吏。㉝守令　郡守、縣令。㉞郡綱紀　郡守的佐吏之長，一般即指「吏曹」。㉟並為孝廉　都授予「孝廉」的資格。㊱縣綱紀　指「主簿」、「錄事吏」等大吏。㊲廉吏　也是當時選拔人才的一個科目。㊳應侯者　被封侯的人。㊴鑄印不給　來不及鑄造官印。㊵以白板封之　用一塊白色木版做憑證。㊶孫旂　字伯旗，晉初的正直名臣。傳見《晉書》卷六十。㊷合族　續上家譜，結為一族。㊸致位通顯　獲得了顯赫的官位。㊹郡侯　被封侯者，其領地一般都是一個縣，此時則破格都賞為一個郡。㊺開府　即「開府儀同三司」，享受三公一級的排場。㊻過差　過分；超過正常規定。㊼幼子回　幼子名回。㊽癸酉　正月十七日。㊾濮陽哀王臧　即原來的皇太孫司馬臧。濮陽王是其被廢以後的封號，哀字是謚。㊿改更與奪　隨便改動其中的字句或改變其中的賞罰、升降等等。(51)轉易　指職位的變動。(52)不相能　不和睦；互不服氣。(53)白倫　告知司馬倫。(54)據方面　佔據一方；掌其一方之大權。時司馬冏鎮守許昌，司馬穎鎮守鄴城，司馬顒鎮守長安，皆為方面大員。(55)參佐　高級僚屬，如長吏、司馬等職。(56)浸忌之　愈來愈忌恨他。(57)始爾　剛開始。(58)遽遣　立刻就委派。(59)倒戈授人　把武器柄遞給別人，以比喻極易被人所殺。(60)非所宜言說了不該說的話。(61)兄弟罪不相及　兄弟之間有人犯罪，彼此是不受牽連的。(62)督將　統兵的將領。(63)緜竹　晉縣名，在今四川綿陽西南約七十里處。(64)涪陵許弇　涪陵人姓許名弇。涪陵是晉郡名，郡治在今重慶市彭水縣東南。(65)長史犍為費遠　犍為郡人姓費名遠，身為趙廞的長史之職。長史是丞相、大將手下的諸史之長。犍為郡的郡治武陽，即今四川彭山縣。(66)李苾　曾為侍御史、犍為太守。事見《晉書》卷一百二十。(67)石亭　亦稱石亭渡，在今四川什邡東二十里的雒江（雒江亦名石亭江）上，為綿竹、德陽二縣往來通道。(68)十八九　十分之八九。(69)軍祭酒　當是軍諮祭酒，官名，將軍府的主要僚屬之一。原稱軍師祭酒，因避司馬師之諱，改稱軍諮祭酒。(70)斬關　砍開城門。(71)廣都　在今四川成都西南約五六十里處。(72)表　上表向朝廷報告。(73)牙門將王敦　牙門將，大將帳前的武官名。按，此與後來成為東晉權臣的王敦不是同一個人。(74)騎督　騎兵中的小頭領。(75)因會　趁著接見會面的機會。(76)汶山　晉縣名，縣治汶江，在今四川茂縣北。(77)離狐王盛　離狐縣人姓王名盛。離狐縣後改南華縣，在今河南濮陽東南。(78)潁川　郡名，郡治在今河南許昌東。(79)濁澤　在今河南長葛西北。(80)軍司　類似「監軍」之職。(81)常山王乂　司馬乂，司馬炎之子，此時率兵鎮守常山（今河北正定南）。(82)南中郎將　東、西、南、北四中郎將之一，有的領刺史之職。(83)新野公歆　司馬歆，司馬懿之孫、司馬駿之子，趙王倫之姪。(84)移檄征鎮　向四征將軍、四鎮將軍……發出通告。檄，檄文。為討伐某人或為宣布某事而發出的通告。四征即征南、征北、征東、征西四將軍；四鎮即鎮南、鎮北、鎮東、鎮西四將軍。(85)鄴令盧志　鄴縣（在今河北臨漳西南）的縣令盧志。盧志字子道，成都王司馬穎的謀主。傳見《晉書》卷四十四。(86)大順　顧天地，順人心。(87)攘臂爭進　奮勇向前。攘臂，振臂奮起的樣子。(88)蔑不克　戰無不勝。蔑，無。(89)諮議參軍　官名，晉諸王公府皆置之，為參謀顧問人員。(90)仍補左長史　又令其任左長史之職。仍，意思同「乃」。補，增任。(91)毓　盧毓，東漢名臣盧植之子，曹魏時曾任司空。(92)朝歌　晉縣名，縣治即今河南淇縣。(93)苞　石苞，字仲容，晉朝的佐命元勳。曾事司馬昭、司馬炎。傳見《晉書》卷三十三。(94)在其國　在他的封國常山，都城即今河北正定。(95)太原內史　太原國的內史。內史是諸侯國掌管民政的官員。(96)嬖人　男寵。(97)趙親　與趙王倫的血緣關係近。新野公司馬歆的父親司馬駿與司馬倫都是司馬懿的兒子。司馬倫是司馬歆的親叔父。(98)齊疏　與齊王冏的血緣關係疏遠。齊王司馬冏是司馬歆的堂姪。(99)參軍孫詢　參軍，官名，掌參謀軍務。孫詢，《晉書》作孫洵。當作孫洵，參見《晉書》卷三十八及本書卷八十五。(100)大言　高聲嚴厲地說。(101)前安西參軍　齊王冏任安西將軍時的參軍。(102)始平　晉郡名，郡治槐里，在今陝西興平東南。(103)華陰　晉縣名，縣治在今陝西華陰東。(104)二王　指齊王司馬冏與成都王司馬穎。(105)更附二王　又改變了立場，歸從了司馬冏與司馬穎。(106)揚州　當時州治壽春，即今安徽壽縣。(107)郗隆　字弘始，趙王倫任以為揚州刺史。傳見《晉書》

卷六十七。[108]盧　指郗慮，漢獻帝時為御史大夫。[109]前秀才　曾以「秀才」的資格被當地政府向朝廷推薦過的人才。[110]明使君　敬稱郗隆。使君是古代對刺史、太守的敬稱。[111]徑赴許昌　直奔許昌。當時齊王司馬冏正駐兵許昌。[112]會之　與司馬冏的軍隊會師。[113]量遣小軍　酌量派出一支小部隊。[114]治中留寶　州刺史的高級僚屬姓留名寶。治中，刺史的高級佐吏。主選舉，由刺史自聘，職權甚重。[115]西曹留承　州刺史的西曹姓留名承。西曹，刺史的屬吏。[116]不審　不知道；不清楚。[117]何施　怎樣決定。[118]二帝　指宣帝司馬懿和武帝司馬炎。其意謂今矛盾雙方一是宣帝之子，一是武帝之子，都不好得罪。[119]世祖　指文帝司馬昭。廟號世祖。司馬昭平諸葛誕，滅蜀漢，奠定了晉朝基業。[120]太上　指太上皇司馬衷。[121]承代已久　已繼位十二年。[122]今上取之　司馬倫忽然將帝位奪過來。[123]不平　天下人都不擁護。[124]順時舉事　順應著時代潮流舉兵討伐。[125]成敗可見　成功還是失敗，顯而易見。指齊王司馬冏舉事必成，趙王倫必敗。[126]翻　虞翻，字仲翔，吳國初期的名臣。傳見《三國志》卷五十七。[127]停檄六日不下　把司馬冏的通告扣住，不下發給僚屬。[128]鎮石頭　鎮守石頭城，在今南京西北的四望山。[129]牛渚　即今安徽當塗之采石磯，由壽春去建業，須在此渡長江。[130]傳首於冏　砍下郗隆的人頭，將其送給司馬冏。[131]沔北　漢水以北，沔水是漢水的上游。[132]孟觀　字叔時，當時的名將，曾破殺齊萬年，此時駐兵宛城（今河南南陽）。傳見《晉書》卷六十。[133]紫宮帝座無他變　天空上的紫微垣沒有什麼變化。古人認為天空的紫微垣象徵著人世間帝位的動靜。[134]三王　指齊王司馬冏、成都王司馬穎、河間王司馬顒。[135]詐為冏表　偽造了一份司馬冏向皇帝求救的表章。[136]何賊　哪裡來的一股敵兵。[137]猝見攻圍　突然將我部包圍。[138]不能自固　無法保護自己。[139]乞中軍見救　請求朝廷派禁軍救助我。中軍，京城的駐軍。[140]庶得歸死　以求能讓我活著回到朝廷。[141]以其表宣示內外　將這道假造的表章發給朝裡朝外的人們看，為了藉以離間三王之間的關係。[142]延壽關　在今河南偃師東南。[143]崿阪關　在今河南登封南部。[144]成皋關　在當時的成皋縣，今河南滎陽西北，亦稱虎牢關。[145]以拒冏　以抵抗司馬冏屯聚在許昌一帶的軍隊。[146]以拒穎　當時司馬穎駐兵鄴城（今河北臨漳西南）。[147]東平王楙　司馬楙，司馬懿的姪孫，趙王倫的堂姪。[148]京兆王馥　司馬馥，趙王倫之子。[149]廣平王虔　司馬虔，趙王倫之子。[150]三軍　指分別派出抗擊齊王冏的三支軍隊。[151]厭勝　想用符籙、詛咒等迷信手段破壞三王的軍隊。[152]巫覡　女巫曰巫，男巫曰覡。[153]嵩山　中嶽，在今河南登封北。[154]著羽衣　身穿飛鳥羽毛編織的衣服。[155]王喬　或叫王子喬、王子晉，據劉向《列仙傳》說是周靈王的兒子，因喜歡吹笙，被仙人浮丘公接上嵩山。[156]述倫祚長久　說是趙王倫做皇帝的福分是長久的。[157]閏月丙戌朔　閏三月初一是丙戌日。[158]是月　此月，即閏三月。[159]五星互經天　金、木、水、火、土五星在天空交叉穿行。[160]陽翟　晉縣名，縣治即今河南禹州。[161]潁陰　晉縣名，縣治即今河南許昌，潁陰在陽翟東南，在當時的許昌西。[162]諸軍指司馬倫派出的諸路士兵。[163]徑歸洛　逕自返回京城洛陽。[164]沒　指全軍覆沒。[165]還　指召回防守河北的軍隊回京自衛。[166]露布　不緘封的報捷奏章。[167]濟潁　渡過潁水。潁水發源於河南登封西境之潁谷，東南流，過陽翟縣（禹州）城北。[168]別將　側翼的將領，指配合張泓主力行動的將領。[169]黃橋　在今河南淇縣西南。[170]沮衄　灰心喪氣。[171]星行倍道　猶言「晝夜兼程」。[172]輕穎　輕視被擊敗的司馬穎的軍隊。[173]溴水　源出河南濟源西，東南流，經孟縣北，東入黃河。[174]濟河　渡過黃河。[175]挾倫　挾持著趙王倫。[176]南就孫旂孟觀　孫旂當時鎮守湖北襄陽，孟觀鎮守河南南陽。[177]辛酉　四月初七。[178]廣陵公漼　司馬懿之孫，司馬伷之子，被封為廣陵公，廣陵是封地名。[179]南掖門　皇宮的南側門。[180]三部司馬　指前驅、由基、強弩三部，上屬於左、右衛率將軍，是朝廷的禁軍。[181]八坐　指六曹尚書並其長官尚書令、尚書僕射。[182]傳詔　官名，這裡即指傳達命令的人。[183]騶虞幡　一種畫有騶虞的幡，據說騶虞是一種仁獸，不吃活物，不踐野草，故晉時帝王以此幡作為制止戰鬥的號令。[184]解兵　停止戰鬥；解除對立狀態。[185]將倫　帶著趙王倫。將，扶；架著。[186]華林東門　華林園的東門。[187]汶陽里第　司馬倫在洛陽城汶陽里中的府第。[188]端門　皇宮的正門。[189]九曲　在今河南鞏縣西南。[190]歸里第　回到洛陽城中汶陽里的府第。[191]癸亥　四月初九。[192]改元　改元永寧，此前是司馬倫的「建始元年」。[193]大酺　讓百姓們聚會暢飲，以示同慶。古代有禁酒之令，遇有重大喜慶，朝廷始下令有此活動。[194]丁卯　四月十三。[195]賜倫死　至此，「八王之亂」的第三王結束。司馬倫自永康元年（西元三〇〇年）四月誅賈南風，自稱皇帝，到永寧元年（西元三〇一年）四月服毒自殺。當權一年，稱帝三個月。[196]斥免　罷官、驅逐。[197]臺省府衛　臺指尚書臺、御史臺、謁者署；省指門下省、中書省、祕書省；府指三公、八公的辦事衙門；衛指左、右衛將軍及六軍的統領。[198]僅有存者　意即大多數都被撤換，留下來的極少。[199]是日　這一天，四月十三。[200]己巳　四月十五。[201]東市　洛陽城裡東市場。[202]義陽王威　司馬威，司馬孚之曾孫，司馬衷的堂兄弟，在司馬倫篡位時，往奪司馬衷的玉璽，並逼司馬衷撰寫禪位詔書。[203]承冏檄　按著齊王冏所發檄文的要求。[204]永饒冶令空桐機　一個管理永饒冶煉場的官員，姓空桐，名機。永饒冶在今河南南陽城南。[205]襄陽王尚　司馬尚，前太子司馬遹之子。[206]乙卯　六月初二。[207]頓軍通章署　將其鎮軍將軍的指揮部設於通章署。頓軍，駐兵，這裡實指被其軍部所佔據。通章署原是朝廷接待全國各地上書的機關，齊王冏將其軍部設於此地，以見其驕橫。[208]戊辰　六月十五。[209]賓徒王晏　司馬晏，司馬炎之子，原封吳王，後被趙王倫貶為賓徒縣王，見本書永康元年。[210]甲戌　六月二十一。[211]備物典策　指朝廷所賜的一切器物和各種詔令。[212]如宣景文武輔魏故事　就和當年司馬懿、司馬師、司馬昭、司馬炎輔佐魏國皇帝，魏國皇帝所給予的封賞規格相同。[213]九錫　古代帝王賜給有功大臣的九種特殊待遇。[214]入朝不趨　趨指小步快走，這是古代臣子在君父面前所用的一種走路姿式。

不趨是帝王賜予大臣的特殊待遇。[215]劍履上殿　古代大臣上殿不能穿靴子、不能佩刀劍。穿著鞋子、佩帶寶劍入殿，是帝王給予大臣的特殊待遇。以上兩項都在九錫的範圍之內。[216]三賜　即賞賜給弓矢、鈇鉞、圭瓚三種器物。據《禮記・王制》，賞賜弓矢，然後有權出征；賞賜鈇鉞，然後有權誅殺；賞賜圭瓚，然後可以得到祭祀的酒。[217]領左軍　兼領左將軍統轄的部隊。[218]新野公歆　司馬懿之孫，扶風王司馬駿之子。[219]三府　三位親王的王府辦事機構。[220]掾屬　僚屬；辦事官員。[221]武號森列　指諸王的僚屬多帶有武官名號。森列，極言其多、其顯赫。按，自東漢以來，公府都置有掾屬，但不帶武號。[222]文官備員　文官都是充數而已，有職無權。[223]兵之未戢　意即仗還要接著打。戢，收斂；停止。[224]己卯　六月二十六。[225]領司徒　兼領司徒之職。司徒是三公之一，意即宰相。[226]有才望　有才幹、有聲望。[227]特宥之　特別寬饒了他們。宥，原諒；寬免。[228]中書郎　即中書侍郎，中書省的高級官員。[229]尚書左丞　掌監察百官，管理中央機構及文書章奏，與右丞同掌省內庶務。[230]將之鎮　將往赴鎮南大將軍的軍事駐地。[231]同乘謁陵　同乘一輛車往拜先帝墓陵。[232]成都王至親　成都王司馬穎是皇帝司馬衷的親弟弟。[233]不能爾　不能如此，指留京輔政。[234]先帝　指他們的父親晉武帝司馬炎。司馬乂與司馬穎為同父異母兄弟。[235]維正　維持、扶正，這裡指主持朝政。[236]憂懼　指預感到司馬冏與司馬乂、司馬穎必將兵戎相見。[237]盧志　字子道，西晉名臣。傳見《晉書》卷四十四。[238]逕前濟河　一直向前，渡過黃河。[239]功無與貳　功勞之大再無別人能比。貳，相當；相比。[240]太妃　司馬穎的母親程才人，被封為成都王太妃。[241]求還定省　請求返回原鎮地鄴城（今河北臨漳西南）去侍候母親。定省，昏定晨省，指兒女每天早晚給父母請安。[242]委重齊王　把治理朝政的重任讓給齊王司馬冏。[243]無豫　沒有參與；沒有分兒。[244]不復還營　不再回他的大將軍軍府。[245]東陽城門　洛陽城東面的北起第二門。[246]遣信　派使者。[247]七里澗　在洛陽城東二十里，澗上建有石橋。[248]不及時事　不談及時政。[249]新興劉殷　新興郡人劉殷。劉殷字長盛，以孝行聞名。事見《晉書・孝友傳》。新興郡的郡治九原，即今山西忻州。[250]曹攄　字顏遠，當時有名的清官。事見《晉書・良吏傳》。[251]記室督　漢以來三公府及大將軍府皆有記室令史，掌文書表報。現又設武將，即前所謂「武號森列」者也。[252]河內荀晞　河內郡人姓荀名晞。[253]張翰　字季鷹，當時有名的文士。事見《晉書・文士傳》。[254]東曹掾　王公府屬吏，職掌二千石長吏的選任遷除。[255]戶曹掾　三公府及都督府均置，主管戶籍田賦。[256]廷尉正顧榮　廷尉正是廷尉（主管全國司法）的屬官。顧榮字彥先，後為東晉元勳。傳見《晉書》卷六十八。[257]順陽王豹　順陽縣人姓王名豹。順陽縣的縣治在今河南淅川縣東南。[258]賁　孫賁，吳主孫權的堂兄。[259]雍　顧雍，曾為東吳宰相。[260]直云　只是說。[261]相酧　相報；償還。酧，通「酬」。[262]倜儻　不拘小節、卓犖不群的樣子。[263]儉而不陋　儉樸而不寒酸。[264]清而不介　清高而不孤僻。介，孤獨、不合群的樣子。[265]頹然　恭順的樣子。

(266)典樞機　主管機要。(267)委以心膂　委以心腹重任。心膂，心腹及左膀右臂。(268)五公　葛旟被封為「牟平公」，路秀被封為「小黃公」，衛毅被封為「陰平公」，劉真被封為「安鄉公」，韓泰被封為「封丘公」。(269)就申前命　到鄴城再次宣布上次的任命。(270)表論　上書論列。(271)興義功臣　指自己部下在討司馬倫、孫秀義舉中的功臣。如盧志、和演、董洪、王彥、趙驤等。(272)賊　指張泓等人。(273)河北邸閣米　黃河以北，自己管轄區的官方倉庫裡的糧食。邸閣，官家倉庫。(274)斛　一斛等於六石四斗。(275)以成都國秩　按自己成都封國內的等級制度。(276)旌顯其家　表彰這些戰死者的家庭。(277)加常戰亡二等　撫恤的規格比其他戰鬥死亡高兩級。(278)溫縣　縣治在今河南溫縣城西。(279)瘞趙王倫戰士　掩埋為趙王倫戰死的士兵。(280)成其美　成就了成都王穎的美名。(281)諭穎入輔　勸說成都王穎到朝廷輔佐皇帝執政。(282)不拜　不接受任命。(283)禪詔　指司馬衷被迫讓位給司馬倫的「禪讓」詔書。此事乃義陽王司馬威所為。(284)平原內史　平原國的內史。平原國的都城在今山東平原縣西南。內史在諸侯國裡掌管民政。(285)清河內史　清河國的內史。清河國的都城在今河北清河縣東南。(286)中國　中原，指黃河流域地區。(287)還吳　回到陸氏的故鄉吳郡（今江蘇蘇州）一帶去。(288)全濟　保全；救命。

【校　記】[1]者　原無此字。據章鈺校，甲十一行本、乙十一行本、孔天胤本皆有此字，張敦仁《通鑑刊本識誤》同，今據補。[2]軍祭酒　張敦仁《通鑑刊本識誤》認為「軍」下脫「諮」字，當是。本卷下文有「劉殷為軍諮祭酒」，未脫「諮」字。[3]子　原無此字。據章鈺校，甲十一行本、乙十一行本、孔天胤本皆有此字，張敦仁《通鑑刊本識誤》同，今據補。[4]素　原無此字。據章鈺校，甲十一行本、乙十一行本、孔天胤本皆有此字，今據補。[5]王處穆　原無「王」字。據章鈺校，孔天胤本有「王」字，張敦仁《通鑑刊本識誤》同，今據補。按，《晉書》卷五十九〈齊王冏傳〉作「王處穆」。[6]隴西　原無此二字。據章鈺校，甲十一行本、乙十一行本、孔天胤本皆有此二字，今據補。[7]者　原無此字。據章鈺校，甲十一行本、乙十一行本、孔天胤本皆有此字，今據補。[8]怨　據章鈺校，甲十一行本、乙十一行本、孔天胤本皆作「怒」，張敦仁《通鑑刊本識誤》同。[9]然　原無此字。據章鈺校，甲十一行本、乙十一行本、孔天胤本皆有此字，張敦仁《通鑑刊本識誤》同，今據補。[10]貌　據章鈺校，甲十一行本、乙十一行本、孔天胤本皆作「形」。

【語　譯】孝惠皇帝中之上

永寧元年（辛酉　西元三〇一年）

春季，正月，任命散騎常侍安定郡人張軌為涼州刺史。張軌認為當時國家多災多難，就暗中產生了要盤據河西一帶地區稱王的野心，所以他主動向朝廷請求擔任涼州刺史。當時涼州境內盜賊猖獗，橫行不法，鮮卑部落又不斷侵擾涼州。張軌到達涼州任所之後，任用宋配、氾瑗為智囊，採納他們的建議，徹底消滅了涼州境內的所有盜賊，打敗了鮮卑部落的侵擾，所以張軌的聲威震動了西部疆土。

擔任相國的司馬倫與孫秀讓牙門官趙奉謊稱夢見宣帝司馬懿顯靈說：「司馬倫應該盡早入宮稱帝。」擔任散騎常侍的義陽王司馬威，是司馬望的孫子，他一向諂媚、巴結司馬倫。司馬倫任命司馬威兼任侍中，讓司馬威去逼迫皇帝司馬衷交出璽綬、撰寫讓位給司馬倫的詔書，又指使擔任尚書令的滿奮手持符節、捧著皇帝的璽綬以皇帝司馬衷的名義將皇位禪讓給趙王司馬倫。擔任左衛將軍的王輿、擔任前軍將軍的司馬雅等人則率領全副武裝的士兵進入宮殿，向三部司馬宣布新任皇帝司馬倫的命令，告訴他們順從者賞、違逆者罰，所以沒有人敢於違抗命令。張林等人率領軍隊屯守在宮城各門。正月初九日乙丑，司馬倫乘坐著皇帝使用的最莊嚴的車駕進入皇宮，即位為皇帝，大赦天下，改年號為建始。將下臺的皇帝司馬衷從華林園西門出宮送往金墉城軟禁起來，司馬倫派張衡率兵看守金墉城。

正月初十日丙寅，司馬倫尊皇帝司馬衷為太上皇，將金墉城改名為永昌宮，將皇太孫司馬臧廢黜，另封司馬臧為濮陽王。司馬倫封自己的長子司馬荂為皇太子，封自己的兒子司馬馥為京兆王，司馬虔為廣平王，司馬詡為霸城王，幾個人都擔任侍中，負責統率軍隊。任命梁王司馬肜為宰衡，何劭為太宰，孫秀為侍中、中書監、票騎將軍、開府儀同三司，義陽王司馬威為中書令，張林為衛將軍，其餘的黨羽，不是被封為列卿，就是被封為諸中郎將，破格提拔的人不可勝數，就連最卑微的奴僕、士卒，也都賞給了爵位。每當朝會的時候，滿座的人都佩戴貂蟬，所以當時的人們就編造一句諺語說：「貂不足，狗尾續。」這一年，全國各地所推舉的賢良、秀才、孝廉，全都沒有經過考試就被照准了，各郡、國向朝廷舉薦的跟隨計吏一同進京的人士和國學中凡是年滿十六歲的學子全被錄用為朝廷的正式官吏，郡守、縣令凡是在大赦的那天在職的都被封為侯爵，各郡的吏曹都授予孝廉的資格，縣中的主簿、錄事吏等則被授予廉吏的資格。國家府庫中多年儲備的錢物，竟然不夠司馬倫用來賞賜。由於被封為侯爵的人數太多，連印信都來不及鑄造，有的乾脆就賞賜給一塊白色木板作為爵位的憑證。

當初，平南將軍孫旂的兒子孫弼、姪子孫髦、孫輔、孫琰都依附於孫秀，與孫秀續上了家譜，結為一族，所以他們四個人在旬月之間就都獲得了顯赫的官位。等到司馬倫稱帝後，這四個人又都被任命為將軍、被封為郡侯，又任命孫旂為車騎將軍、開府儀同三司。孫旂認為孫弼等人接受司馬倫的封賞、爵位超過了正常的制度規定，必然會給家族帶來災禍，於是就派自己的小兒子孫回去責備他的四個哥哥。孫弼等人根本聽不進去，孫旂也不能制止，只有痛哭而已。

正月十七日癸酉，司馬倫將皇太孫、濮陽王司馬臧殺死，諡號為「哀」。

孫秀專擅朝政，司馬倫所發出的詔書、命令，孫秀都要按照自己的意願改動其中的字句或改變其中的賞罰、升降等，再重新書寫在一張青紙上作為詔書發布出去，有時早晨才發布執行的詔令到了晚上就又改變了，百官的職位變動就像流水一樣不斷。張林與孫秀一向不和，而且怨恨孫秀不給他開建府署，辟置僚屬的權力，於是便暗中寫信給太子司馬荂，他在信中說「孫秀專擅朝政，不符合眾人的心意，而那些功臣都是些小人，他們擾亂了朝廷的秩序，應該把他們全部除掉。」司馬荂把張林的書信送交了司馬倫，司馬倫又把信拿給孫秀看。孫秀於是勸說司馬倫逮捕了張林，不僅殺死了張林，還誅殺了他的三族。孫秀認為齊王司馬冏、成都王司馬穎、河間王司馬顒，全都擁有強大的兵力，各自佔據一方，掌握著一方的大權，因而心裡非常忌恨他們，於是孫秀就利用職權把三王的高級僚屬全部換上了自己的親信或黨羽，又晉升司馬冏為鎮東大將軍、司馬穎為征北大將軍，都享有開府儀同三司的待遇，想以此來表示對他們的寵信，藉以安定他們。

李庠驍勇善戰，深受部眾的愛戴，趙廞越來越忌恨李庠，但嘴上還沒有說什麼。擔任長史的蜀郡人杜淑、張粲勸說趙廞說：「將軍您剛開始起兵，就馬上委派李庠率領軍隊在外地駐紮是很不妥當的。他與我們不是同種族的人，和我們必然不是一條心，這就如同把戈柄倒過來交給別人拿著，這是很危險的，應該早日想辦法把李庠除掉。」碰巧李庠前來勸說趙廞早日稱帝，杜淑、張粲趁機勸說趙廞，讓趙廞以李庠犯了大逆不道的罪名，把李庠拉出去斬首，連同他的兒子、姪子一同被處死的有十多個人。當時李特、李流都率兵在外，趙廞派人去慰問、安撫他們說：「李庠說了不該說的話，按罪應當處死，兄弟之間的罪過是不相牽連的。」又任命李特、李流為統兵的將領。李特、李流因為怨恨趙廞殺死了自己的兄長，於是便率領自己屬下的軍隊返回緜竹。

趙廞的牙門將涪陵郡人許弇請求擔任巴東監軍，杜淑、張粲堅決不同意。許弇於是大怒，就在趙廞的衙府內殺死了杜淑、張粲，杜淑、張粲的親信又把許弇殺死。杜淑、張粲、許弇這三個人都是趙廞的心腹，趙廞的勢力由此逐漸衰落下來。

趙廞派遣在自己手下擔任長史的犍為郡人費遠、擔任蜀郡太守的李苾、擔任督護的常俊率領一萬多人前往巴蜀的北部地區去截斷北方人進入蜀地的道路，軍隊就駐紮在緜竹的石亭渡口。已經返回緜竹的李特祕密地招募到了七千多人，趁黑夜襲擊費遠等人的營寨，他們放火燒營，費遠等人的軍隊損失了十之八九，李特趁勢進攻成都。費遠、李苾以及軍祭酒張微，連夜砍開城門逃走，趙廞的文武官員一時之間全部逃散。只剩下趙廞一人獨自與妻子和兒子乘坐小船逃走，到達廣都的時候，被自己的隨從殺死。李特進入成都，縱兵大肆搶掠，又派使者前往洛陽，向司馬倫陳述趙廞的罪狀。

當初，梁州刺史羅尚聽說趙廞反叛的消息後，就立即上表給朝廷說「趙廞向來沒有雄才大略，蜀人不會依附他，用不了多久時間他自己就會滅亡。」司馬倫下詔任命羅尚為平西將軍、益州刺史，統領牙門將王敦、蜀郡太守徐儉、廣漢郡太守辛冉等七千多人一起入蜀。李特等人聽說羅尚等人率軍前來，感到非常恐懼，就派自己的弟弟李驤前往途中迎候，並向羅尚獻上珍玩寶物。羅尚很高興，立即任命李驤為騎督。李特、李流又在緜竹用牛、酒犒勞羅尚，王敦、辛冉都勸說羅尚，說：「李特等人專門為賊為盜，應該趁著接見他們的機會，把他們除掉。不然的話，必為後患無窮。」羅尚不聽他們的勸告。辛冉與李特原本是老朋友，於是就提醒李特說：「故人相遇，不是吉就是凶。」李特因此而心懷疑慮、惶恐不安。

三月，羅尚到達成都。汶山縣的羌人造反，羅尚派遣王敦率軍前去討伐，王敦被羌人殺死。

齊王司馬冏密謀討伐趙王司馬倫，但還沒有採取行動，正巧離狐縣人王盛、潁川郡人王處穆在濁澤一帶招兵買馬，百姓前去投靠他們的絡繹不絕，每天大約都有一萬人左右。司馬倫任命自己的屬將管襲去為齊王司馬冏擔任軍司，前去討伐王盛、處穆，結果大獲全勝，殺死了王盛、處穆。齊王司馬冏趁機逮捕了管襲，並把管襲殺死，又聯合擔任豫州刺史的何勗、擔任龍驤將軍的董艾等人共同起兵，同時派遣使者去聯絡成都王司馬穎、河間王司馬顒、常山王司馬乂以及擔任南中郎將的新野公司馬歆，又向四征將軍、四鎮將軍以及州、郡、縣、國發布檄文，宣稱「逆臣孫秀，迷惑誤導趙王司馬倫篡奪帝位，天下人應當共同討伐他，將他誅滅。有敢不聽從命令的，一律誅滅三族。」

齊王司馬冏的使者到達鄴城，成都王司馬穎隨即召集鄴城縣令盧志就此事進行商議。盧志說：「趙王司馬倫篡逆，全國之人和天上的神仙都感到憤怒，殿下應該召集起天下那些英雄豪傑，順從人民的願望去討伐叛逆，這樣做顧天地、順人心，百姓必然不等召喚就會自然聚集到殿下這裡來，他們一定會奮勇向前，戰無不勝。」司馬穎聽從了盧志的建議。於是任命盧志為諮議參軍，又讓他擔任左長史之職。盧志，是盧毓的孫子。成都王司馬穎任命兗州刺史王彥、冀州刺史李毅、督護趙驤、石超等人為前部先鋒，不論遠近，凡是聽到成都王司馬穎起兵消息的人無不立即響應。當司馬穎的軍隊到達朝歌縣的時候，軍隊已經壯大到二十多萬人。石超，是石苞的孫子。

常山王司馬乂當時正在自己的封國常山，他聽到成都王司馬穎跟隨齊王司馬冏起兵的消息後，就與太原國的內史劉暾分別率領軍隊隨在司馬穎軍隊之後向京城洛陽進發。

新野公司馬歆收到齊王司馬冏討伐趙王司馬倫的檄文後，不知如何是好。他的男寵王綏說：「趙王司馬倫和你的血緣關係最親而他的勢力也最強大，齊王司馬冏與你的血緣關係相對較遠而且勢力弱小，你應當追隨趙王司馬倫。」擔任參軍的孫詢立即在大庭廣眾之中大聲地駁斥他說：「趙王司馬倫是叛逆的元凶，天下人應當聯合起來共同誅滅他，管他什麼關係親疏、勢力強弱呢！」於是司馬歆決心響應司馬冏的號召起兵討逆。

齊王司馬冏以前擔任安西將軍時的參軍夏侯奭當時正在始平郡，他立即召集了數千人準備響應齊王司馬冏，他派人邀請河間王司馬顒同時起兵。河間王司馬顒採用長史隴西人李含的計謀，派遣擔任振武將軍的河間人張方率軍去討伐夏侯奭，張方擒獲了夏侯奭及其黨羽，並將他們全部腰斬。齊王司馬冏所派遣的投送檄文的使者來到了河間王司馬顒這裡，司馬顒立即將使者捆綁起來，並將其轉交給趙王司馬倫，又派張方率領軍隊前去支援趙王司馬倫作戰。張方率軍到達華陰縣時，河間王司馬顒聽說齊王司馬冏與成都王司馬穎兵勢強盛，於是便見風轉舵，他立即召回張方，轉而歸附了齊王司馬冏和成都王司馬穎。

齊王司馬冏的檄文送達楊州，楊州人都主張響應齊王司馬冏的號召起兵討伐趙王司馬倫。而當時擔任楊州刺史的郗隆，是郗慮的玄孫，他因為自己哥哥的兒子郗鑒和自己的幾個兒子都在洛陽，因此猶豫不決，他把自己的僚佐全部召集起來一起商議此事。擔任主簿的淮南人趙誘以及曾以「秀才」的資格被當地政府向朝廷推薦過的虞潭等人都說：「趙王司馬倫篡逆，海內人人痛恨。如今討伐趙王司馬倫的義軍蜂擁而起，司馬倫失敗是必然的。我們為您的前途考慮，不如您親自率領精兵，直接奔赴許昌去見齊王司馬冏，這是上策；派遣其他將領率領軍隊前去與齊王司馬冏會師，這是中策；酌量派出一支小部隊響應齊王司馬冏的號召，然後根據形勢的發展變化，誰勝利就出兵幫助誰，這是下策。」郗隆回去之後，祕密與擔任別駕的顧彥商議，顧彥說：「趙誘等人所說的下策，實際上是上策。」在郗隆屬下擔任治中的留寶、擔任主簿的張褒、擔任西曹的留承聽說此事後，都請求郗隆接見，他們對郗隆說：「不知道您現在有什麼打算？」郗隆說：「我深受宣帝司馬懿和武帝司馬炎的厚恩，我不偏不倚，只想守住揚州罷了。」留承說：「天下，乃是世祖司馬昭開創的。太上皇司馬衷繼位已經很久，如今司馬倫取而代之，天下人都不擁護他。齊王司馬冏順應時代潮流舉兵討伐叛逆，誰成功誰失敗是顯而易見的。您不早日發兵響應，卻在這裡猶豫不決，遷延時日，恐怕變亂、災難很快就要發生，揚州又怎能保全呢？」郗隆沒有答應。虞潭，是虞翻的孫子。郗隆把齊王司馬冏的檄文扣押了六天不肯向下級僚屬傳達，將士們都非常憤怒。擔任參軍的王邃正在鎮守石頭城，郗隆手下的將士們都爭相前往石頭城投靠王邃。郗隆派遣手下的從事官率人在牛渚渡口進行攔截，卻無法阻止。於是將士們便遵奉王邃為主帥，進攻郗隆，郗隆父子和顧彥都被殺死，王邃等將郗隆的人頭砍下來送給了司馬冏。

擔任安南將軍、負責監管沔北諸軍事的孟觀，通過觀看星象，發現紫微垣中代表帝位的星座沒有什麼變化，因而認定司馬倫一定不會失敗，於是決心為司馬倫固守城池。

司馬倫、孫秀聽說齊王司馬冏、成都王司馬穎、河間王司馬顒三位親王起兵，感到非常恐懼，就偽造了一份齊王司馬冏向皇帝求救的表章，說：「不知道從哪裡來的一股敵兵突然將我部包圍，我由於生性懦弱無法保護自己，請求朝廷派禁軍前來救助我們，以使我能夠活著回到朝廷。」司馬倫把這個偽造的表章轉發給朝廷內外的官員觀看，企圖離間三位親王的關係，然後派上軍將軍孫輔、折衝將軍李嚴率領七千軍隊從延壽關出發，派遣征虜將軍張泓、左軍將軍蔡璜、前軍將軍閭和率領九千軍隊從崿阪關出發，派遣鎮軍將軍司馬雅、揚威將軍莫原率領八千軍隊從成皋關出發，共同抵擋屯聚在許昌一帶的司馬冏軍隊的進攻。又派遣孫秀的兒子孫會統領將軍士猗、許超，率領守衛京師的三萬精兵負責抵禦司馬穎的進攻。召回東平王司馬楙，任命他為衛將軍，負責指揮各路人馬。又派遣京兆王司馬馥、廣平王司馬虔率領八千人馬作為三支部隊的接應增援。司馬倫、孫秀日夜祈禱，企圖靠符籙、詛咒等迷信手段給自己帶來福運、擊敗三位王爺的軍隊，又讓巫婆神漢選擇作戰的日期。又派人登上嵩山，身穿飛鳥羽毛製作的衣服，詐稱是仙人王喬，寫書說趙王司馬倫做皇帝的福分是長久的，想以此來蠱惑人心。

閏三月初一日丙戌，發生日蝕。從正月一直到閏三月，金、木、水、火、土五星在天空交叉穿行，有時縱向有時橫向，完全失去了正常的排列秩序。

征虜將軍張泓等人率軍佔據陽翟縣，在與齊王司馬冏交戰的過程中，屢次將司馬冏打敗。齊王司馬冏將軍隊駐紮在潁陰縣，夏季，四月，張泓乘勝逼近司馬冏，司馬冏派軍隊迎戰張泓。而司馬倫所派遣的其他各路大軍全都按兵不動，上軍將軍孫輔、徐建所率領的軍隊夜裡突然發生變亂，於是二人便率領軍隊逕自返回京城洛陽，向司馬倫自首說：「齊王兵力強盛，銳不可當，張泓等人已經全軍覆沒了！」趙王司馬倫聽後非常恐懼，就一面將此消息封鎖起來不讓任何人知道，一面召防守黃河以北的司馬虔和許超回京師自衛。碰巧此時張泓將打敗齊王司馬冏的告捷奏章送到京城，司馬倫便將司馬虔、許超再次派往前線作戰。張泓等人率領軍隊全部渡過潁水，攻打司馬冏的營寨。司馬冏派遣軍隊打敗了配合張泓主力行動的側翼將領孫髦、司馬譚等人，張泓等這才向後撤退。孫秀在朝廷之上謊稱前方將士已攻破司馬冏的軍營，俘虜了齊王司馬冏，讓文武百官都來向司馬倫祝賀。

成都王司馬穎的前鋒部隊到達黃橋，被孫會、士猗、許超的軍隊打敗，損失了一萬多人，全軍上下因此都感到非常震驚和恐懼。司馬穎想把軍隊撤回朝歌縣防守，盧志、王彥都勸阻司馬穎說：「如今我軍作戰失利，敵軍剛剛打了勝仗，他們必定會產生輕敵的思想。如果我軍退縮，士氣就會低落、沮喪，就無法再把他們拉上戰場作戰。況且作戰哪能沒有勝負，不如重新挑選精兵，晝夜兼程，出敵不意地向對方發起攻擊，這是出奇制勝的策略。」司馬穎聽從了他們的建議。趙王司馬倫獎賞黃橋作戰的有功將士，於是士猗、許超、孫會都獲得手持皇帝旌節的獎賞。由於三人都持有皇帝的旌節，相互之間已不再有統屬關係，因而造成軍政命令的不統一，而且他們依仗著剛剛打了勝仗，便不把手下敗將司馬穎的軍隊放在眼裡，因而也就沒有戒備。司馬穎趁此機會率領諸軍對孫會等突然發動襲擊，雙方在溴水岸邊展開激戰，孫會等人被打得大敗，他們拋棄了軍隊向南逃走，齊王司馬穎乘勝長驅直入，渡過了黃河。

自從齊王司馬冏等人起兵以來，朝中的文武百官以及將士們都想要誅殺司馬倫、孫秀。孫秀非常恐懼，不敢走出中書省一步。當聽到黃河以北大軍潰敗的消息時，更是憂慮憤懣，不知道該如何是好。孫會、許超、士猗等人逃回京城洛陽，與孫秀商議對策，有人主張召集潰散的士兵重新出戰，有人主張焚毀宮室，誅殺那些不肯歸附自己的大臣，然後挾持趙王司馬倫南下投奔孫旂、孟觀，有人主張乘船向東逃入大海，議論紛紛，拿不定主意。四月初七日辛酉，擔任左衛將軍的王輿與擔任尚書的廣陵公司馬漼率領所屬的七百多名營兵從皇宮的南側門進入皇宮，三部司馬在宮內率禁衛軍響應，向孫秀、許超、士猗等人所在的中書省發起進攻，將孫秀、許超、士猗全部殺死，隨後又殺死了孫奇、孫弼以及前將軍謝惔等人。司馬漼，是司馬伷的兒子。左衛將軍王輿率領軍隊屯駐在雲龍門，他召集八坐進殿，迫使司馬倫寫下詔書說：「我被孫秀誤導，因而觸怒了三位親王。如今已經誅殺了孫秀，迎接太上皇復位，我將回歸鄉里，耕田種地以度餘年。」王輿拿到司馬倫的退位詔書後，立即派遣人手拿騶虞幡到前線去傳達命令，讓他們停止戰鬥，解除對立狀態。黃門官架著司馬倫從華林園東門出宮，太子司馬荂等也都同時回到司馬倫在洛陽城中汶陽里的府第。王輿又派數千名全副武裝的士兵到金墉城迎接太上皇司馬衷回宮，百姓都高呼萬歲。司馬衷從皇宮的端門進入皇宮，登上金鑾殿，群臣全都向司馬衷磕頭請罪。司馬衷下詔把司馬倫、司馬荂等人押送金墉城監禁。司馬倫的兒子、廣平王司馬虔從河北返回京城，當到達九曲的時候，聽到朝中發生了變故，就拋下軍隊，只帶幾十個親信回到洛陽城汶陽里的府第。

四月初九日癸亥，晉惠帝司馬衷大赦天下，改元永寧，特別准許天下人聚會暢飲五天，以示同慶。司馬衷派使者分頭去慰問齊王司馬冏、成都王司馬穎、河間王司馬顒三位親王。梁王司馬彤等人上表說：「趙王司馬倫父子兇惡叛逆，應該把他們殺掉。」十三日丁卯，司馬衷派遣擔任尚書的袁敞手持皇帝符節到金墉城賜司馬倫自裁，並將司馬倫的兒子司馬荂、司馬馥、司馬虔、司馬詡全部監押起來，隨後全部殺死。百官當中凡是被司馬倫所任用的一律罷免、驅逐出朝廷，臺、省、府、衛等部門的官員大多數都被撤換了，留下來的是極少數。當天，成都王司馬穎到達京師洛陽。十五日己巳，河間王司馬顒到達京師。成都王司馬穎派遣趙驤、石超前往陽翟縣協助齊王司馬冏討伐張泓等，張泓等人全部投降。從齊王司馬冏起兵那天開始，僅僅六十多天的時間，因戰鬥而死亡的將士就接近十萬人。在洛陽城裡的東市將張衡、閭和、孫髦等人斬首示眾，左軍將軍蔡璜自殺。五月，誅殺了義陽王司馬威。擔任襄陽太守的宗岱按照齊王司馬冏所發檄文的要求殺死了孫旂，擔任永饒冶令的空桐機殺死了孟觀，他們分別把孫旂、孟觀的人頭割下來送到京師洛陽，孫旂、孟觀被滅掉了三族。

晉惠帝司馬衷立襄陽王司馬尚為皇太孫。

六月初二日乙卯，齊王司馬冏率領軍隊進入洛陽城，他將鎮軍將軍的指揮部設在了通章署，手下全副武裝的軍隊有幾十萬，他的聲威權勢震動了整個京城。〇十五日戊辰，大赦天下。〇司馬衷再次封賓徒縣王司馬晏為吳王。

六月二十一日甲戌，司馬衷下詔任命齊王司馬冏為大司馬，加授九錫，朝廷所賞賜的一切器物和各種詔令全都根據典冊的記載，比照當初宣帝司馬懿、景帝司馬師、文帝司馬昭、武帝司馬炎輔佐魏國皇帝時，魏國皇帝所給予的封賞規格相同；司馬衷封成都王司馬穎為大將軍，都督全國諸軍事，假黃鉞，錄尚書事，加九錫，入朝朝見皇帝時不用小步快走，還允許他穿著鞋子、佩帶著寶劍上殿；任命河間王司馬顒為侍中、太尉，加賞弓矢、鈇鉞、圭瓚三種器物；任命常山王司馬乂為撫軍大將軍，兼領左將軍統轄的部隊；晉封廣陵公司馬漼為廣陵王，兼任尚書之職，加封侍中；晉封新野公司馬歆為新野王，都督荊州諸軍事，加封鎮南大將軍。齊王府、成都王府、河間王府三府的辦事機構各設置僚屬四十人，他們的僚屬大多帶有武官名號，文官則是有職無權、只是充數而已，有遠見卓識的人都知道戰亂還沒有停止。二十六日己卯，司馬衷任命梁王司馬彤為太宰，兼領司徒之職。

光祿大夫劉蕃的女兒是趙王司馬倫長子司馬荂的妻子，所以劉蕃和他的兩個兒子散騎侍郎劉輿、冠軍將軍劉琨都被司馬倫委以重任。擔任大司馬的司馬冏認為劉琨父子很有才幹和聲望，所以就特別赦免了他們，並任命劉輿為中書侍郎，任命劉琨為尚書左丞。又任命前任司徒王戎為尚書令，劉暾為御史中丞，王衍為河南尹。

新野王司馬歆準備前往鎮南大將軍的軍事駐地赴任，臨行前與司馬冏同乘坐一輛車去拜謁先帝的陵墓，他趁機勸說司馬冏說：「成都王司馬穎是皇帝的親弟弟，他與我們在推翻司馬倫、使皇帝復位的這件事情上都立了大功，如今應當把他留下來共同輔助朝政。如果你不能這樣做，就應當剝奪他的軍權。」常山王司馬乂與成都王司馬穎也一起前往拜謁先帝的皇陵，司馬乂對司馬穎說：「晉朝的天下，是先帝開創的基業，現在應該由你主持朝政。」凡是聽到他們說話的人無不為國家的安危感到憂慮和恐懼。盧志對成都王司馬穎說：「齊王司馬冏的軍隊號稱百萬，他與張泓等人相持不下、無法戰勝張泓，大王您卻勇往直前、逕直渡過了黃河，您的功勞之大，天下無人能比。然而如今齊王司馬冏準備與您共同輔佐朝政，我聽說兩雄不能並立，您應該藉口太妃身體欠佳，請求返回原鎮地鄴城去侍候母親，把治理朝政的重任讓給齊王司馬冏，以此來收買天下民心，這是計策中的最上策。」司馬穎聽從了盧志的建議。晉惠帝司馬衷在東堂接見了成都王司馬穎，對他表示慰勞。司馬穎磕頭表示感謝說：「這是大司馬司馬冏的功勳，我沒有什麼功勞。」並趁機上表稱頌司馬冏的功德，建議由司馬冏全權輔佐朝政，同時陳述自己的母親有病在身，請求允許自己回到封國去。司馬穎出宮之後，沒有再回大將軍府，而是拜謁完太廟，便從洛陽城東陽城門出城，返回了鄴城。他派了一個使者代表自己與司馬冏道別，司馬冏大吃一驚，立即騎上快馬出城送別司馬穎，一直追到七里澗才追上司馬穎。司馬穎停下車來與司馬冏告別，他淚流滿面，嘴裡說的只是擔憂太妃的疾病，而沒有談及任何時政。於是無論是官員還是普通百姓都對司馬穎稱頌備至。

大司馬司馬冏徵聘新興郡人劉殷為軍諮祭酒，徵聘洛陽令曹攄為掌管文書表報的記室督，尚書郎江統、陽平郡太守河內郡人荀晞為參軍事，吳國人張翰為東曹掾，孫惠為戶曹掾，前任廷尉正顧榮與順陽縣人王豹為主簿。孫惠，是孫賁的曾孫；顧榮，是顧雍的孫子。劉殷年幼時就父母雙亡、家境貧寒，他盡心供養自己的曾祖母，以孝順聞名當時。有人贈送給他穀米布帛，他接受饋贈後並不表示感謝，只是說：「等我以後富貴了再報答你吧。」等到劉殷長大之後，精通經學史學，生性卓犖不群、心懷大志，儉樸而不寒酸，清高而不孤僻，遠遠望去是一副非常恭順的樣子，實際上卻威嚴而不可侵犯。司馬冏任命何勗為中領軍，讓董艾掌管機要文書。又封自己將佐中的有功人員葛旟、路秀、衛毅、劉真、韓泰等都為縣公，委以心腹重任，號稱「五公」。

成都王司馬穎回到鄴城之後，惠帝司馬衷派使者到鄴城向司馬穎重新宣布以前的任命。司馬穎接受了大將軍的職務，辭讓了九錫的特殊禮遇。他上書論列自己的部下在討伐司馬倫、孫秀這一義舉中的有功人員，這些人都被封為公侯。司馬穎又上表說：「大司馬司馬冏以前在陽翟縣與賊將張泓長久對抗，使那裡的百姓陷入了生活貧困、精神疲弊之中，請將黃河以北屬於自己管轄區域內官方倉庫裡的糧食調運十五萬斛，用來賑濟陽翟縣的飢民。」又製造了八千多口棺材，根據死亡將士生前在成都封國內的級別為他們縫製衣服，收殮、祭祀那些在黃橋戰役中死難的將士，表彰這些戰死者的家庭，撫恤的規格比其他戰鬥死亡的高兩個等級；

又命令溫縣官府負責掩埋那些為趙王司馬倫而戰死的一萬四千多名將士的屍體，這些都是盧志的主意。司馬穎相貌英俊而智謀不足，不喜好讀書。然而氣質優雅、性情敦厚，他將各種事務都委託盧志辦理，所以才成就了成都王司馬穎的美名。惠帝司馬衷又派使者勸說司馬穎到朝廷輔佐皇帝執政，並讓他接受九錫的賞賜。司馬穎的男寵孟玖不願意回洛陽，再加上司馬穎的母親程太妃也留戀鄴都，所以司馬穎始終推辭，不肯接受任命。

當初，大司馬司馬冏懷疑是擔任中書郎的陸機為趙王司馬倫撰寫禪讓詔書，於是將陸機逮捕起來，準備殺掉他。大將軍司馬穎為陸機進行申辯，陸機才免於一死，司馬穎趁機上表請求任命陸機為平原國內史，任命陸機的弟弟陸雲為清河國內史。陸機的朋友顧榮以及廣陵人戴淵認為中原地區災禍接連不斷，都勸說陸機回到故鄉吳郡去。陸機覺得自己深受司馬穎的救命之恩，又覺得司馬穎在當時很有聲望，可以輔佐他建立功業，於是便決心留在中原而沒有回到故鄉去。

秋，七月，復封常山王乂為長沙王❶，遷開府❷、驃騎將軍。

東萊王蕤❸凶暴使酒❹，數陵侮大司馬冏，又從冏求開府不得而怨之，密表冏專權，與左衛將軍王輿謀廢冏。事覺，八月，詔廢蕤為庶人，誅輿三族，徙蕤於上庸❺，上庸內史陳鍾承冏旨❻潛殺之。

赦天下。

東武公澹❼坐不孝❽徙遼東❾。九月，徵其弟東安王繇復舊爵❿，拜尚書左僕射。繇舉東平王楙⓫為平東將軍[1]、都督徐州諸軍事，鎮下邳⓬。

初，朝廷符下秦、雍州⑬，使召還流民入蜀者，又遣御史馮該、張昌督之。李特兄輔⑭自略陽至蜀，言中國方亂⑮，不足復還⑯。特然之，累遣⑰天水閻式詣羅尚求權停⑱。至秋，又納賂⑲於尚及馮該，尚、該許之。朝廷論討趙廞功，拜特宣威將軍，弟流奮武將軍，皆封侯。璽書⑳下益州，條列六郡流民與特同討廞者，將加封賞。廣漢㉑太守辛冉欲以滅廞為己功，寢朝命㉒，不以實上㉓，眾咸怨之。

羅尚遣從事㉔督遣流民㉕，限七月上道。時流民布在梁、益，為人傭力㉖，聞州郡逼遣，人人愁怨，不知所為；且水潦㉗方盛，年穀未登㉘，無以為行資。特復遣閻式詣尚求停至冬㉙，辛冉及犍為太守李苾以為不可。尚舉別駕蜀郡[2]杜弢秀才㉚，式為弢說逼移利害㉛，弢亦欲寬流民一年。尚用冉、苾之謀，不從。弢乃致秀才板㉜，出還家。冉性貪暴，欲殺流民首領，取其資貨㉝，乃與苾白尚，言「流民前因㉞趙廞之亂，多所剽掠，宜因移設關㉟以奪取之。」尚移書令[3]梓潼㊱太守張演，於諸要施關，搜索寶貨。

特數為流民請留，流民皆感而恃㊲之，多相帥歸特。特乃結大營於綿竹以處流民，移辛冉㊳求自寬㊴。冉大怒，遣人分牓通衢㊵，購募㊶特兄弟，許以重賞。

特見之，悉取以歸，與弟驤改其購云「能送六郡之[4]豪[42]李、任、閻、趙、楊[5]、上官及氐、叟侯王[43]一首，賞百匹。」於是流民大懼，歸特者愈眾，旬月間過二萬人。流亦聚眾數千人。

特又遣閻式詣羅尚求申期[44]。式見營柵衝要[45]，謀掩流民[46]，歎曰：「民心方危，今而速之[47]，亂將作矣！」又知辛冉、李苾意不可回，乃辭尚還緜竹。尚謂式曰：「子且以吾意告諸流民，今聽寬矣[48]。」式曰：「明公惑於姦說，恐無寬理。弱而不可輕者民也，今趣之不以理[49]，眾怒難犯，恐為禍不淺。」尚曰：「然。吾不欺子，子其行矣！」式至緜竹，言於特曰：「尚雖云爾[50]，然未可信也。何者？尚威刑不立[51]，冉等各擁彊兵，一旦為變，亦非尚所能制，深宜為備。」特從之。冬，十月，特分為二營，特居北營，流居東營，繕甲厲兵[52]，戒嚴以待之。

冉、苾相與謀曰：「羅侯[53]貪而無斷，日復一日，令流民得展姦計。李特兄弟並有雄才，吾屬將為所虜矣。宜為決計[54]，羅侯不足復問[55]也。」乃遣廣漢都尉[56]曾元、牙門[57]張顯、劉並等潛帥步騎三萬襲特營。羅尚聞之，亦遣督護田佐[58]助元。元等至，特安臥不動，待其眾半入，發伏[59]擊之，死者甚眾。殺田佐、曾元、張顯，傳首以示尚、冉。尚謂將佐曰：「此虜成去[60]矣，而廣漢[61]不用吾言以張賊勢(62)，今若之何？」

於是六郡流民李含等[6]共推特行鎮北大將軍(63)，承制封拜(64)，以其弟流行鎮東大將軍，號東督護，以相鎮統(65)。又以兄輔為驃騎將軍，弟驤為驍騎將軍，進兵攻冉於廣漢。尚遣李苾、費遠帥眾救冉，畏特不敢進。冉出戰屢敗，潰圍奔德陽(66)。特入據廣漢，以李超為太守，進兵攻尚於成都。尚以書諭閻式，式復書曰：「辛冉傾巧(67)，曾亢小豎(68)，李叔平(69)非將帥之才。式前為節下(70)及杜景文(71)論留徙之宜(72)。人懷桑梓(73)，孰不願之(74)？但往日初至(75)，隨穀庸賃(76)，一室五分。復值秋潦(77)，乞須冬熟(78)，而終不見聽。繩之太過(79)，窮鹿抵虎(80)，流民不肯延頸受刀，以致為變。即聽式言(81)，寬使治嚴(82)，不過去九月(83)盡集(84)，十月進道，令達鄉里，何有如此也？」

特以兄輔、弟驤、子始．蕩．雄及李含、含子國．離、任回、李攀、攀弟恭、上官晶、任臧、楊褒、上官惇等為將帥，閻式、李遠等為僚佐。羅尚素貪殘，為百姓患。特與蜀民約法三章，施捨賑貸，禮賢拔滯(85)，軍政肅然，蜀民大悅。尚頻為特所敗，乃阻長圍(86)，緣郫水(87)作營，連延七百里(88)，與特相拒，求救於梁州(89)及南夷校尉(90)。

十二月，潁昌康公何劭(91)薨。

封大司馬冏子冰為樂安王，英為濟陽王，超為淮南王。

【章旨】以上為第二段，寫晉惠帝永寧元年（西元三〇一年）下半年的大事，主要寫了東萊王司馬蕤與王輿謀廢齊王司馬冏，被司馬冏所殺；寫了益州刺史羅尚與廣漢太守辛冉等逼迫流民北遷，氐族首領李特等藉流民不滿之機發兵起事，攻佔廣漢郡，並進兵圍攻成都，益州形勢緊急。

【注釋】❶復封常山王乂為長沙王　司馬乂原封為長沙王，其兄楚王瑋被賈后所殺時，司馬乂被貶為常山王，今又復封為長沙王。❷遷開府　升遷為開府儀同三司。❸東萊王蕤　司馬蕤，司馬冏之兄。❹使酒　酗酒滋事。❺上庸　晉郡名，郡治即今湖北竹山縣。❻承冏旨　按著齊王冏的意旨。❼東武公澹　司馬懿之孫，司馬淮之兄。❽坐不孝　被指控犯了不孝罪。❾遼東　晉郡名，郡治襄平，即今遼寧遼陽。❿復舊爵　恢復東安王的原來爵位。司馬繇以參與誅滅楊駿功被封為東安王，後來被汝南王亮廢去王爵，遷於帶方郡，事見本書卷八十二元康元年。⓫東平王楙　司馬孚之孫，先後依附楊氏、賈氏、趙王倫，因素與司馬繇相勾結，故得不殺。⓬下邳　諸侯國名，都城在今江蘇睢寧西北。⓭符下秦雍州　給秦州、雍州的刺史府下命令。符，命令。⓮李特兄輔　李特之兄李輔。⓯中國方亂　中原地區即將大亂。⓰不足復還　沒有必要再回到秦、雍二州去。⓱累遣　多次派遣。⓲求權停　請求暫時不要辦。⓳納賂　行賄。⓴璽書　蓋有皇帝玉璽的詔書。㉑廣漢　晉郡名，郡治在今四川廣漢北。㉒寢朝命　將朝廷封賞流民的命令扣住，不向下傳達。㉓不以實上　不據實向朝廷報告。㉔從事　從事史，刺史的屬官名。㉕督遣流民　督促、驅趕這些流民。㉖為人傭力　給人打工。㉗水潦　雨水成災。㉘未登　沒有收成。㉙求停至冬　請求延期到冬天。㉚尚舉別駕蜀郡杜弢秀才　羅尚向朝廷舉薦他的僚屬杜弢為秀才。別駕是刺史屬下的大吏，出行時單獨乘一輛車，故稱「別駕」。秀才是當時推薦人才的科目名。㉛說逼移利害　向他分析逼迫流民搬遷的嚴重危害。利害，偏義複詞，這裡即指危害。㉜致秀才板　交回了秀才的舉薦證書。致，交出；送回。㉝資貨　指金銀財寶等貴重物資。㉞因　趁著。㉟因移設關　趁他們搬遷之際設立關卡。㊱梓潼　晉郡名，郡治即今四川梓潼。㊲恃　依靠；倚賴。㊳移辛冉　給辛冉發出公文。移是文體名，性質同「檄」。此處用為動詞，猶言「致書」。㊴求自寬　請求加以寬限。㊵分牓通衢　在大街張貼告示。(41)購募　懸賞緝捕。(42)六郡之豪　從秦、雍六郡流亡到四川來的難民頭領，即下述李、任、閻、趙、上官諸大姓。(43)氐叟侯王　指原居在雍州的氐族與叟族頭領。(44)求申期　請求寬延期限。(45)營柵衝要　在各險要地段都紮營立柵，派兵把守。(46)謀揜流民　計劃著對流民發動襲擊。揜，同「掩」。乘其不意而攻之。(47)速之　加快他們的造反進程。(48)今聽寬矣　我就要按你們的要求延緩期限了。(49)趣之不以理　不講道理地逼迫人家。趣，同「促」。逼迫。(50)雖云爾　雖然是這麼說。(51)威刑不立　說話沒人聽，沒辦法管住下面的人。(52)繕甲厲兵　修造鎧甲、磨礪刀槍。(53)羅侯　敬稱羅尚。(54)宜為決計　我們自己應迅速做出決定。(55)不足復問　沒必要再請示他。(56)廣漢都尉　廣漢郡的軍事長官。(57)牙門　此指廣漢都尉屬下的各個頭領。(58)督護田佐　督護官姓田名佐。督護是將軍帳下的屬官。(59)發伏　使伏兵突然而起。(60)此虜成去　這股土匪的勢力已經形成。按，「去」字不可解，待考。(61)廣漢　此指稱廣漢太守辛冉。(62)以張賊勢　使土匪的聲勢越發增大。(63)行鎮北大將軍　暫時代行鎮北大將軍之職。按，此時李特等尚以晉臣自居。(64)承制封拜　以晉朝皇帝的名義封拜官爵。(65)以相鎮統　彼此呼應統兵撫民。(66)潰圍奔德陽　突破重圍逃到德陽。德陽縣的縣治在今四川遂寧東南。(67)傾巧　狡詐刁猾。(68)小豎　小人。(69)李叔平　即李苾，字叔平。(70)節下　敬稱羅尚。晉人稱方面專征的將帥為「節下」。(71)杜景文　即杜弢，字景文。(72)論留徙之宜　即前文所謂「說逼移利害」。(73)人懷桑梓　每個人都有思念故鄉之情。桑與梓為宅院常種的樹木，故人們遂以「桑梓」代指故鄉。(74)孰不願之　誰不想回到故鄉去呢。(75)往日初至　當初剛到蜀郡的時候。(76)隨穀庸賃　為了口糧，到處為人打工。(77)秋潦　秋雨。(78)乞須冬熟　乞求等到秋後收得糧食。須，等待。(79)繩之太過　把人逼得太急。繩，約束；限制。(80)窮鹿抵虎　鹿被趕得無處可逃時，也能夠向老虎撞去。抵，衝撞。(81)即聽式言　當初如果能聽我的話。(82)寬使治嚴　放寬期限，讓他們好好地收拾行裝。治嚴，治裝；收拾行裝。(83)不過去九月　最晚不過到九月。去，到達；過，過完。(84)盡集　全部完成準備。(85)禮賢拔滯　尊重賢人，提拔被埋沒與受壓抑的人才。(86)阻長圍　在成都周圍構築長牆以為屏障。阻，憑藉。(87)緣郫水　沿著郫水。郫水亦名郫江，岷江的支流，從四川灌縣歧出東流，經郫縣流進成都。(88)連延七百里　自都安（今四川都江堰市）到犍為郡（今四川彭山縣）共七百里。(89)梁州　州治即今陝西漢中，轄境為今陝西之西南部與四川東北部與重慶市一帶地區。(90)南夷校尉　武官名，統兵鎮守南中郡，校尉府設在今雲南祥雲，當時李毅任南夷校尉。(91)穎昌康公何卲　何卲是何曾之子，穎昌公是其封號，康字是謚。

【校　記】[1]平東將軍　原無此四字。據章鈺校，甲十一行本、乙十一行本、孔天胤本皆有此四字，張敦仁《通鑑刊本識誤》、張瑛《通鑑校勘記》同，今據補。②蜀都　原無此二字。據章鈺校，甲十一行本、乙十一行本、孔天胤本皆有此二字，張敦仁《通鑑刊本識誤》同，今據補。③令　原無此字。據章鈺校，甲十一行本、乙十一行本、孔天胤本皆有此字，張敦仁《通鑑刊本識誤》同，今據補。④之　原作「酋」。據章鈺校，甲十一行本、乙十一行本、孔天胤本皆作「之」，今據改。⑤楊　原無此字。據章鈺校，甲十一行本、乙十一行本、孔天胤本皆有此字，張敦仁《通鑑刊本識誤》同，今據補。⑥李含等　原無此三字。據章鈺校，甲十一行本、乙十一行本、孔天胤本皆有此三字，張敦仁《通鑑刊本識誤》、張瑛《通鑑校勘記》同，今據補。

【語譯】秋季，七月，晉惠帝司馬衷再次封常山王司馬乂為長沙王，升遷他為開府儀同三司、驃騎將軍。

東萊王司馬蕤生性兇狠殘暴，好酗酒滋事，曾經多次欺陵、侮辱大司馬司馬冏，又向司馬冏請求開府儀同三司，遭到司馬冏的拒絕後更是滿懷怨恨，就祕密上表指控司馬冏專權，並與左衛將軍王輿密謀廢掉司馬冏。司馬蕤的陰謀被發覺之後，八月，惠帝下詔廢司馬蕤為平民，誅滅了王輿的三族，把司馬蕤流放到上庸郡，擔任上庸郡內史的陳鍾秉承司馬冏的旨意祕密地將司馬蕤殺死了。

惠帝下詔大赦天下。

東武公司馬澹被指控犯了不孝之罪被流放到遼東郡。九月，惠帝司馬衷徵調司馬澹的弟弟司馬繇進京，恢復了他東安王的爵位，還任命他為尚書左僕射。司馬繇又舉薦東平王司馬楙為平東將軍、都督徐州諸軍事，鎮守下邳。

當初，朝廷給秦州、雍州的刺史府下命令，讓他們把流亡到蜀地的流民召回本州，又派遣御史馮該、張昌前去蜀地督促那裡的流民返回故鄉。李特的哥哥李輔從略陽來到蜀郡，向李特述說中國即將大亂，此時沒有必要返回秦州、雍州去。李特同意他哥哥李輔的見解，於是便多次派遣天水人閻式到益州刺史羅尚那裡請求暫且不要催促流民返回秦州、雍州去。到了秋季，李特又向羅尚、馮該行賄，羅尚、馮該於是答應了李特的請求。朝廷評議獎賞討伐趙廞的有功人員，於是任命李特為宣威將軍，任命李特的弟弟李流為奮武將軍，兩人都被封為侯爵。蓋有皇帝玉璽的詔書下達到益州府，要求益州府官員詳細開列出與李特一起討伐趙廞的秦州六郡流民中的有功人員，朝廷將對這些有功人員進行封賞。廣漢郡太守辛冉想把討伐趙廞的功勞全部歸為己有，就將朝廷封賞流民的詔書扣押，既不向下傳達，也不據實向朝廷報告，流民都怨恨辛冉。

益州刺史羅尚派遣從事官去督促、驅趕那些流民返回秦州、雍州，並規定出限期，讓他們七月必須踏上返回故鄉之路。當時的流民分散在梁州、益州各地，給人打工謀生，聽說州、郡官員逼迫他們回歸故鄉，因此人人愁苦、怨恨，不知如何是好；而且雨水成災，田裡的莊稼沒有收成，流民籌措不到返回家鄉的路費。李特又派閻式到益州刺史羅尚那裡請求允許他們推遲到冬季再回歸故鄉，廣漢郡太守辛冉和犍為郡太守李苾都認為規定他們回鄉的期限不能變更。羅尚向朝廷舉薦他的僚屬蜀都杜弢為秀才，杜弢即將進京，閻式向杜弢分析逼迫流民搬遷的嚴重危害，杜弢也認為應該寬限流民一年的時間。而羅尚卻聽從了辛冉、李苾的意見，不同意流民返鄉延期。杜弢於是便將秀才的舉薦證書交還給羅尚，走出官府回家去了。辛冉性情貪婪殘暴，他想殺害流民首領，奪取他們手中的貴重物資，於是就與李苾一起稟告羅尚說「流民先前趁著趙廞叛亂之機，搶劫了不少金銀財寶，現在應該趁著流民搬遷的機會設立關卡，將這些財寶從他們手中奪回來。」羅尚便寫信給梓潼郡太守張演，令張演在各處要塞設立關卡，準備搜刮、索要流民的財物。

李特為了流民的利益多次向官府請求讓流民暫時留下，因此流民都很感激李特而且把李特作為依靠，很多人都從四面八方你跟著我、我跟著你前來投奔李特。李特於是就在緜竹建造起大營房用來安置流民，同時致書給辛冉，請求他寬限流民搬遷的日期。辛冉接到李特的書信後大怒，立即派人在大街張貼告示，懸重賞緝捕李特兄弟。李特看到告示後，就把告示全部揭下來帶回住處，與弟弟李驤一起更改了告示的內容，說「能夠把從秦州、雍州六郡流亡到蜀地的李、任、閻、趙、楊、上官各姓的難民頭領以及原居住在雍州的氐族與叟族頭領的人頭砍下、送到官府，一個人頭獎賞布匹一百匹。」於是流民都非常恐懼，投奔李特的人就更多了，十天半月的時間就超過了二萬人。李流也聚集起了好幾千人。

李特再次派閻式到益州刺史羅尚那裡請求寬延期限。閻式沿途看見官府在各險要地段都紮營立柵，派兵把守，計劃著對流民發動襲擊，不由感歎地說：「民心本來不穩，如今更是在加速他們的造反進程，大亂就要爆發了！」閻式又從羅尚那裡得知辛冉、李苾堅持己見，無法使他們改變主意，於是便辭別羅尚返回緜竹。臨走時，羅尚對閻式說：「你暫且把我的意見告訴各處流民，就說我已經準備按照他們的請求延緩期限了。」閻式說：「您聽信奸邪的蠱惑，恐怕沒有放寬期限的道理吧。雖然弱小卻不可輕視的是民眾，如今不講道理地逼迫他們遷移，眾怒難犯，恐怕造成的災患將不小吧。」羅尚說：「你說得對。我不欺騙你，你只管回去對他們說吧！」閻式到達緜竹，對李特說：「羅尚雖然承諾放寬遷移的期限，然而他的話不可信。為什麼呢？羅尚說話沒有人聽，辛冉和李苾等人都擁有強大的軍隊，一旦發生變化，也不是羅尚所能夠控制得了的，我們必須做好應對的準備。」李特聽從了閻式的建議。冬季，十月，李特將流民分為兩個營，李特居住在北營，李流居住在東營，他們組織流民修繕鎧甲、磨礪刀槍，嚴加戒備，等待時局變化。

廣漢太守辛冉、犍為太守李苾互相商議說；「羅尚貪得無厭而又沒有決斷，日復一日，讓流民得以施展他們的奸計。李特兄弟全都有雄才大略，我們這些人恐怕都將成為他們的俘虜了。我們自己應當迅速做出決定，羅尚不值得我們再去向他請示。」於是派遣擔任廣漢郡都尉的曾元、牙門將張顯、劉並等人悄悄地率領三萬步兵、騎兵去偷襲李特的大營。羅尚聽到消息，也派遣督護田佐率領軍隊去幫助曾元作戰。曾元等到達李特大營時，李特安然地躺在床上一動也不動，等到曾元所率領的軍隊有一半左右進入大營時，李特預先埋伏在四周的士兵突然對官軍發起攻擊，曾元的軍隊由於猝不及防，死傷慘重。李特殺死了田佐、曾元、張顯，並把他們的人頭割下來送給益州刺史羅尚、廣漢太守辛冉觀看。羅尚對將佐們說：「這股土匪的勢力已經形成了，而廣漢郡太守辛冉不聽我的話，輕易用兵，反而使土匪的聲勢越發增大，如今該怎麼對付他們呢？」

秦、雍二州六郡的流民李含等人共同推舉李特暫時代行鎮北大將軍之職，李特以晉朝皇帝的名義，封官拜爵，任命弟弟李流暫時代理鎮東大將軍之職，號稱東督護，彼此呼應統兵撫民。又任命兄長李輔為驃騎將軍，弟弟李驤為驍騎將軍，率領軍隊前往廣漢郡攻打辛冉。益州刺史羅尚派遣犍為太守李苾、費遠率領軍隊去援救辛冉，李苾、費遠畏懼李特的勢力，不敢率軍前進。辛冉與李特交戰是屢戰屢敗，於是便突破重圍逃往德陽縣。李特趁勢佔據了廣漢郡，任命李超為廣漢郡太守，率領軍隊奔赴成都去攻打益州太守羅尚。羅尚趕緊寫信給閻式，閻式回信說：「辛冉狡詐刁滑，曾元是個卑鄙小人，李苾也不是將帥之才。我先前曾經對你和杜弢分析過讓流民暫時留下還是強迫他們立即遷移的利害得失，你不肯聽從我的建議。每個人都有思念故鄉之情，誰不想回到故鄉呢？然而流民剛到蜀地的時候，為了得到一點救命的糧食，到處為人打工，一個家庭往往四分五裂。現在又逢秋季，陰雨連綿，流民只是請求等到秋後收得了糧食再搬遷，卻始終得不到你們的允許。你們把人逼得太急了，鹿被逼得無處可逃時，也敢於向老虎撞去，流民是因為不甘心伸著脖子等著被人砍掉了腦袋，所以才起兵作亂。當初如果能聽從我的話，放寬期限，讓他們好好地收拾行裝，最晚不過到九月，他們就可以全部完成返鄉的準備，讓他們於十月踏上返鄉的道路，怎麼會出現現在的這種局面呢？」

李特任命哥哥李輔、弟弟李驤、兒子李始·李蕩·李雄以及李含、李含的兒子李國·李離、任回、李攀、李攀的弟弟李恭、上官晶、任臧、楊褒、上官惇等人為將帥，閻式、李遠等人為僚佐。羅尚一向貪婪殘暴，早已成為益州人的禍害。李特與蜀民約法三章，發放物資，賑濟災民，尊敬賢人，提拔被埋沒與受壓抑的人才，使蜀地的軍政面貌煥然一新，蜀地的百姓非常高興。羅尚頻繁地被李特打敗，於是就在成都周圍修築起高大的長牆作為屏障，又沿著郫水安營紮寨，自都安到犍為郡，連綿七百里，一面與李特對抗，一面派人向梁州和南夷校尉求救。

十二月，潁昌公何邵去世，謚號為「康」。

晉惠帝封司馬冏的兒子司馬冰為樂安王，司馬英為濟陽王，司馬超為淮南王。

太安元年❶（壬戌　西元三〇二年）

春，三月，沖太孫尚❷薨。

夏，五月乙酉❸[1]，梁孝王肜薨。○以右光祿大夫劉寔為太傅，尋以老病罷。

河間王顒遣督護衙博[4]討李特，軍于梓潼[5]。朝廷復以張微為廣漢太守，軍于德陽，羅尚遣督護張龜軍于繁城[6]。特使其子鎮軍將軍蕩等襲博，而自將擊龜，破之。蕩敗博兵於陽沔[7]，梓潼太守張演委城走，巴西丞[8]毛植以郡降。蕩進攻博於葭萌[9]，博走，其眾盡降。河間王顒更以許雄為梁州刺史。特自稱大將軍、益州牧、都督梁・益二州諸軍事。

大司馬冏欲久專大政，以帝子孫俱盡[10]，大將軍穎有次立之勢[11]，清河王覃，遐[12]之子也，方八歲，乃上表請立之[13]。癸卯[14]，立覃為皇太子，以冏為太子太師，東海王越為司空，領中書監。

秋，八月，李特攻張微，微擊破之，遂進攻特營。李蕩引兵救之，山道險隘[15]，蕩力戰而前，遂破微兵。特欲還涪[16]，蕩及司馬王幸諫曰：「微軍已敗，智勇俱竭，宜乘銳氣遂禽之。」特復進攻微，殺之，生禽微子存，以微喪還之[17]。特以其將蹇碩守德陽。李驤軍毗橋[18]，羅尚遣軍擊之，屢為驤所敗。驤遂進攻成都，燒其門。李流軍成都之北。尚遣精勇萬人攻驤，驤與流合擊，大破之，還者什一二[19]。許雄數遣軍攻特，不勝，特勢益盛。

建寧[20]大姓李叡、毛詵逐太守許俊[2]，朱提[21]大姓李猛逐太守雍約[22]以應特，眾各數萬。南夷校尉李毅討破之，斬誅。李猛奉牋[23]降，而辭意不遜，毅誘而殺之。冬，十一月丙戌[24]，復置寧州[25]，以毅為刺史。

齊武閔王冏既得志，頗驕奢擅權，大起府第，壞公私廬舍以百數，制[26]與西宮[27]等，中外失望。侍中嵇紹[28]上疏曰：「存不忘亡，易之善戒[29]也。臣願陛下無忘金墉[30]，大司馬[31]無忘潁上[32]，大將軍[33]無忘黃橋[34]，則禍亂之萌無由而兆[35]矣。」又與冏書，以為：「唐、虞茅茨[36]，夏禹卑宮[37]，今大興第舍及為三王立宅[38]，豈今日之所〔3〕急邪？」冏遜辭謝之，然不能從。

冏耽[39]於宴樂，不入朝見[40]，坐拜百官[41]，符敕三臺[42]，選用〔4〕不均，嬖寵[43]用事。殿中御史桓豹奏事[44]不先經冏府，即加考竟[45]。南陽處士[46]鄭方上書諫冏曰：「今大王安不慮危，宴樂過度，一失也。宗室骨肉，當無纖介[47]，今則不然，二失也。蠻夷不靜[48]，大王謂功業已隆，不以為念，三失也。兵革之後，百姓窮困，不聞賑救，四失也。大王與義兵盟約[49]，事定之後，賞不踰時[50]，而今猶有有〔5〕功未論者[51]，五失也。」冏謝曰：「非子，孤不聞過。」

孫惠上書曰：「天下有五難[52]、四不可，而明公皆居之。冒犯鋒刃[53]，一難也。聚致英豪，二難也。與將士均勞苦[54]，三難也。以弱勝彊，四難也。興復皇業，五難也。大名不可久荷(55)，大功不可久任，大權不可久執，大威不可久居。大王行其難而不以為難，處其不可而謂之可(56)，惠竊[6]所不安也。明公宜思功成身退(57)之道，崇親推近(58)，委重長沙、成都二王(59)，長揖(60)歸藩，則太伯(61)、子臧(62)不專美於前(63)矣。今乃忘高亢之可危(64)，貪權勢以受疑(65)，雖遨遊高臺之上，逍遙重墉(66)之內，愚竊謂危亡之憂，過於在潁、翟(67)之時也。」冏不能用，惠辭疾去。

冏謂曹攄曰：「或勸吾委權還國，何如？」攄曰：「物禁太盛(68)。大王誠能居高慮危，褰裳(69)去之，斯善之善者也。」冏不聽。

張翰、顧榮皆慮及禍，翰因秋風起，思菰菜(70)、蓴羹(71)、鱸魚膾(72)，歎曰：「人生貴適志(73)耳，富貴何為！」即引去(74)。榮故(75)酣飲，不省府事(76)。長史葛旟以其廢職(77)，白冏徙榮為中書侍郎。潁川處士庾袞聞冏朞年不朝(78)，歎曰：「晉室卑(79)矣，禍亂將興！」帥妻子逃於林慮山(80)中。

王豹致牋於冏曰：「伏思(81)元康(82)以來，宰相在位，未有一人獲終(83)者，乃事勢使然，非皆為不善也。今公克平禍亂，安國定家，乃復尋覆車之軌(84)，欲冀長存，不亦難乎？今河間(85)樹根於關右(86)，成都(87)盤桓於舊魏(88)，新野(89)大封於江、漢(90)。三王各[7]以方剛強盛之年，並典戎馬，處要害之地。而明公以難賞之功(91)，挾震主之威，獨據京都，專執大權，進則亢龍有悔[92]，退則據于蒺藜[93]，冀此求安[94]，未見其福也。」因請悉遣王侯之國[95]，依周、召之法[96]，以成都王為北州伯[97]，治鄴[98]，冏自為南州伯，治宛[99]，分河為界[100]，各統王侯，以夾輔天子。冏優令答之[101]。長沙王乂見豹牋，謂冏曰：「小子離間骨肉，何不銅駝下[102]打殺！」冏乃奏豹讒內間外[103]，坐生猜嫌[104]，不忠不義，鞭殺之。豹將死，曰：「縣[105]吾頭大司馬門[106]，見兵之攻齊也！」

冏以河間王顒本附趙王倫，心常恨之。梁州刺史安定皇甫商與顒長史李含[107]不平[108]，含被徵為翊軍校尉[109]，時商參冏軍事，夏侯奭兄亦在冏府。含心不自安[110]，又與冏右司馬趙驤有隙，遂單馬奔顒，詐稱受密詔[111]使顒誅冏，因說顒曰：「成都王至親[112]，有大功，推讓還藩，甚得眾心。齊王越親[113]而專政，朝廷側目[114]。今檄長沙王[115]使討齊，齊王必誅長沙，吾因以為齊罪而討之，必可禽也。去齊立成都，除逼建親[116]，以安社稷，大勳也。」顒從之。是時，武帝族弟范陽王虓[117]都督豫州諸軍事。顒上表陳冏罪狀，且言：「勒兵[118]十萬，欲與成都王穎、新野王歆、范陽王虓共會洛陽，請長沙王乂廢冏還第[119]，以穎代冏輔政。」顒遂舉兵，以李含為都督，帥張方[120]等趨洛陽。復遣使邀穎，穎將應之，盧志諫，不聽。

十二月丁卯(121)，顒表至，冏大懼，會百官議之，曰：「孤首唱義兵(122)，臣子之節，信著神明(123)。今二王(124)信讒作難，將若之何？」尚書令王戎曰：「公勳業誠大(125)，然賞不及勞(126)，故人懷貳心。今二王兵盛，不可當也。若以王就第(127)，委權崇讓(128)，庶可求安。」冏從事中郎葛旟怒曰：「三臺納言(129)，不恤王事(130)。賞報稽緩(131)，責不在府(132)。讒言逆亂，當共誅討，柰何虛承偽書(133)，遽令公就第乎！漢、魏以來，王侯就第，寧有得保妻子者邪？議者可斬！」百官震悚(134)失色，戎偽藥發墮廁(135)，得免。

李含屯陰盤(136)，張方帥兵二萬軍新安(137)，檄長沙王乂使討冏。冏遣董艾襲乂，乂將左右百餘人馳入宮，閉諸門，奉天子(138)攻大司馬府。董艾陳兵宮西，縱火燒千秋神武門(139)。冏使人執騶虞幡唱(140)云：「長沙王乂[8]矯詔(141)。」乂又稱：「大司馬謀反。」是夕，城內大戰，飛矢雨集，火光屬天(142)。帝幸上東門(143)，矢集御前，羣臣死者相枕(144)。連戰三日，冏眾大敗。大司馬長史(145)趙淵殺何勗(146)，因執冏以降。冏至殿前，帝惻然(147)，欲活之。乂叱左右趣牽出(148)，斬於閶闔門(149)外，徇首六軍(150)，同黨皆夷三族，死者二千餘人。囚冏子超、冰、英於金墉城，廢冏弟北海王寔。赦天下，改元(151)。李含等聞冏死，引兵還長安。

長沙王乂雖在朝廷，事無巨細，皆就鄴諮大將軍穎。穎以孫惠為參軍，陸雲為右司馬。

是歲，陳留王[152]薨，謚曰魏元皇帝。

鮮卑宇文單于莫圭[153]部眾彊盛，遣其弟屈雲攻慕容廆[154]，廆擊其別帥素怒延，破之。素怒延恥之，復發兵十萬，圍廆於棘城[155]。廆眾皆懼，廆曰：「素怒延兵雖多而無法制，已在吾筭中矣。諸君但為力戰，無所憂也。」遂出擊，大破之，追奔百里，俘斬萬計。遼東孟暉先沒於宇文部[156]，帥其眾數千家降於廆，廆以為建威將軍。廆以其臣慕輿句[157]勤恪廉靖[158]，使掌府庫。句心計默識[159]，不按簿書[160]，始終無漏。以慕輿河明敏精審[161]，使典獄訟[162]，覆訊清允[163]。

【章　旨】以上為第三段，寫晉惠帝太安元年（西元三〇二年）一年間的大事，主要寫了氐族首領李特攻殺廣漢太守、擊敗梓潼太守，進攻成都，擊敗益州刺史羅尚，勢力越來越大；寫了齊王司馬冏驕奢專權，對帝無禮，對下傲慢，鄭方、孫惠勸之，皆不聽；王豹上書，竟被打死；寫了河間王司馬顒聯合長沙王司馬乂、范陽王司馬虓、成都王司馬穎等起兵討伐司馬冏，雙方戰於洛陽城內，司馬冏兵敗被殺；寫了司馬乂在朝掌權，而又一切都聽命於遠在鄴城的司馬穎；寫了東北地區的鮮卑族慕容廆部大破宇文部，逐漸成了氣候等等。

【注　釋】❶太安元年　此時實為永寧二年，本年內齊王冏專權不臣，至十二月齊王冏被誅，晉惠帝始改稱「太安元年」。

❷沖太孫尚　皇太孫司馬尚。前太子司馬遹之子，諡「沖」。❸乙酉　五月初七。❹督護衙博　督護官姓衙名博。❺梓潼　晉郡名，郡治即今四川梓潼。❻繁城　即繁縣，故城在今四川成都市新都區東北。❼陽沔　古邑名，在今四川梓潼西北。❽巴西丞　巴西郡的郡丞，巴西郡治在今四川閬中，郡丞是太守的副職。❾葭萌　晉縣名，縣治在今四川昭化東南五十里。❿帝子孫俱盡　惠帝司馬衷的太子司馬遹與遹子司馬彪、司馬臧，前被賈后所殺。近遹子司馬尚又死，惠帝遂絕子孫。⓫穎有次立之勢　司馬穎是司馬炎的第十六子，晉惠帝無子孫，其他司馬炎的兒子都比司馬穎年紀小，故依次當為惠帝之繼承人。⓬遐　司馬遐，司馬炎之子，司馬衷之弟，已死於惠帝元康元年。⓭請立之　請立己為惠帝的繼承人。即所謂「過繼」給司馬衷為後。⓮癸卯　五月二十五。⓯險陿　險峻狹窄。陿，同「狹」。⓰還涪　退回涪縣。當時的涪縣在今四川綿陽東北，涪江的東岸。⓱以微喪還之　把張微的屍體還給了他的兒子。⓲軍毗橋　駐紮在毗橋。毗橋在今四川新都南十里。⓳什一二　十分之一二。⓴建寧　晉郡名，郡治味縣，即今雲南曲靖。㉑朱提　晉郡名，郡治即今雲南昭通。㉒太守雍約　朱提郡的太守姓雍名約。㉓奉牋　給南夷校尉李毅上書。㉔十一月丙戌　十一月十一。㉕復置寧州　前撤銷寧州事，見本書卷八十一太康五年。㉖制　格局；規模。㉗西宮　當時的皇宮，當時皇帝住西宮，太子住東宮。㉘嵇紹　字延祖，魏時名士嵇康之子。事見《晉書・忠義傳》。㉙善戒　良好的警告。《易・大傳》：「子曰：『危者，有其安者也；亡者，保其存者也；亂者，有其治者也。君子安而不忘危，存而不忘亡，然後身安而國家可保也。』」㉚無忘金墉　不要忘記自己被司馬倫囚禁在金墉城裡的屈辱。㉛大司馬　敬稱齊王冏。㉜無忘潁上　不要忘記與司馬倫的部將在潁水邊的陽翟（今河南禹州）苦戰的情景。㉝大將軍　敬稱成都王穎。㉞無忘黃橋　不要忘記在黃橋（在今河南淇縣西南）被趙王倫的部將打敗的情景。㉟無由而兆　意即不可能發生。兆，徵兆，隱指災禍的發生。㊱茅茨　用茅草苫蓋房屋。關於堯、舜的「茅茨不剪」事，見《史記・五帝本紀》。㊲卑宮　低矮的房子。有關大禹卑宮事，見《史記・夏本紀》。㊳為三王立宅　指司馬冏為三個剛封親王的兒子興建邸舍。㊴耽　沉溺；沉迷。㊵不入朝見　不入朝拜見皇帝。㊶坐拜百官　坐在齊王府內，接受文武百官的叩拜。㊷符敕三臺　給各高級官府發號施令。符敕，發命令指揮。三臺指尚書臺、御史臺、謁者臺。㊸嬖寵　弄臣；親信。㊹奏事　向皇帝奏事。㊺考竟　考問追究。晉置殿中御史四人，其職責是伺察非法，司馬冏居然「考竟」殿中御史，是目無君主。㊻處士　隱居的賢者。㊼當無纖介　不應存在任何矛盾。纖介是細小的意思，這裡隱指矛盾。㊽蠻夷不靜　指李特等佔據梁州，益州、寧州也有叛亂。㊾與義兵盟約　與共同起事討伐司馬倫的其他部隊約定好。㊿賞不踰時　意即立刻實行獎勵。古兵法有云：「賞不逾時，欲民速得為善之利也。」(51)猶有有功未論者　還有立了功至今沒有獲得獎賞的人。(52)五難　五個難得。(53)冒犯鋒刃　指起兵

討司馬倫時，親臨前線。[54]均勞苦　即所謂同甘共苦。[55]大名不可久荷　即俗所謂盛名之下難以久居。久荷，長期享有。[56]謂之可　以為可以長此無事。[57]功成身退　《老子》曰：「功成，名遂，身退，天之道。」[58]崇親推近　尊崇皇帝最近的親屬，把職位推讓給他們。[59]委重長沙成都二王　把大權交給司馬乂與司馬穎。司馬乂與司馬穎都是武帝司馬炎之子，與惠帝是親兄弟。[60]長揖　指辭去職務。[61]太伯　周文王的大伯父，吳太伯讓天下於其三弟季歷的事，見《史記・吳太伯世家》。[62]子臧　春秋時，曹宣公的庶子，名欣時，字子臧。負芻殺太子自立，諸侯拘捕之，欲立子臧，子臧不受，遂逃奔宋。事見《左傳》成公十五年。太伯、子臧都被古人說成是能以國讓人的典範。[63]不專美於前　意即你今天的行為可以與之相比美。[64]忘高亢之可危　忘了權位太高的風險。《周易・乾卦》有所謂「亢龍有悔」之語。[65]受疑　被疑為有篡位之心。[66]重墉　大牆，指王府的高牆。[67]潁翟　潁川、陽翟（今河南禹州），即前嵇紹之所謂「潁上」。[68]物禁太盛　事物發展到極點就要變化，即「樂極生悲」、「盛極則衰」的意思。[69]褰裳　提起褲腳，準備涉水的樣子，這裡即斷然離去。[70]菰菜　俗稱茭白，果狹圓柱形，名「菰米」，可煮食。[71]蓴羹　蓴菜羹。蓴，是一種多年水生草本植物，葉嫩時可食用。[72]鱸魚鱠　可生吃的鱸魚片。鱸魚是一種味道鮮美的魚，體長側扁，銀灰色，背部有小黑斑。鱠，細切的魚肉，這裡特指可生吃的魚片。[73]適志　合乎自己的心願。[74]引去　抽身退去。按，張翰時任成都王司馬穎的東曹掾。[75]故　故意。[76]不省府事　不關心、不過問成都王府的事務。按，當時顧榮任司馬穎的主簿。[77]廢職　荒廢職守，不負責任。[78]朞年不朝　一整年的時間不上朝。[79]晉室卑　晉朝的王室衰微，皇帝沒有權威。[80]林慮山　本名隆慮山，因避東漢殤帝劉隆諱而改名，在今河南林州西。[81]伏思　謙詞，意即「我想」、「我看」。[82]元康　晉惠帝司馬衷的年號（西元二九一－二九九年）。[83]未有一人獲終　沒有一個人在職位上獲得善終。指楊駿、司馬亮、張華、裴頠等都死於非命。[84]復尋覆車之軌　仍在翻過車的路上向前走。尋，沿著。軌，道路。[85]河間　指河間王司馬顒。[86]樹根於關右　指在關右（潼關以西）建有自己的根基。[87]成都　指成都王司馬穎。[88]盤桓於舊魏　盤據在鄴城（今河北臨漳西南）一帶。當年曹魏未篡權時，曾以鄴城為根據地。[89]新野　指新野王司馬歆。新野國的都城即今河南新野。司馬歆是司馬懿之孫，扶風王司馬駿之子。[90]大封於江漢　擁有漢水流域的大片疆土，指今河南西南部與湖北北部一帶地區。[91]難賞之功　過大而難以再賞的功勞。[92]亢龍有悔　《易經・乾卦》：「亢龍有悔，盈不可久也。」意思是：即令是神龍，久居巔峰也會後悔。[93]據于蒺藜　處於荊棘之中。《易經・困卦》：「困于石，據于蒺藜，入于其宮，不見其妻，凶。」[94]冀此求安　據有如此的權勢，還想求得平安。[95]悉遣王侯之國　打發受封的各王、各公、各侯，都辭去朝權，回到各自的封地上去。[96]依周召之法　依照當年周公、召公輔佐成王，分陝而治的前例。[97]北州伯　北方諸侯的霸主。伯，方伯，一方諸侯之長。[98]治鄴　以鄴城為大本營。[99]治宛　以宛縣為大本營，宛縣即今河南南陽。[100]分河為界　以黃河為分界。[101]優令答之　意同皇帝的「優詔」，即用一種禮貌、客氣的語言作回覆，但並不準備採納、實行。[102]銅駞下　意即在皇宮的正門前。駞，通「駝」。當時洛陽宮的南門前有銅駝一對，長、高各一丈，是當年曹魏由長安移來的漢宮舊物。[103]讒內間外　討好朝內的二王，離間朝外的眾家兄弟。[104]坐生猜嫌　無緣無故地造成諸王之間的相互猜疑。[105]縣　同「懸」。昔伍子胥被吳王夫差所殺。臨死時說：「縣吾目於關東門，見越之入吳也。」王豹仿伍子胥語。[106]大司馬門　大司馬府的門前。時齊王冏任大司馬之職。[107]李含　字世容，少貧困，有文武才。傳見《晉書》卷六十。[108]不平　不和睦；有怨隙。[109]翊軍校尉　武官名號，大駕出行時，與北軍五校尉並行護駕。[110]心不自安　司馬顒依附司馬倫及殺害夏侯奭事，見前文永寧元年。[111]受密詔　接受了皇帝司馬衷的祕密詔令。[112]至親　皇帝的親弟弟。[113]越親　越過皇上的親弟弟司馬穎。[114]側目　用恐懼憤怒的眼光看著他。[115]檄長沙王　給長沙王司馬乂下令。檄，發文告。[116]除逼建親　除去對皇位有威脅的人而以至親輔政。[117]虓　司馬虓，司馬懿之弟東武成侯司馬馗的孫子。[118]勒兵　統兵。[119]廢冏還第　罷奪司馬冏的職權，讓他回家。[120]張方　時任振武將軍。[121]十二月丁卯　十二月二十二。[122]首唱義兵　指首先發難討伐司馬倫。[123]信著神明　信義為神明所見。[124]二王　指河間王司馬顒與成都王司馬穎。[125]勳業誠大　功勞業績固然大。[126]賞不及勞　有些有功勞的人至今尚未得到封賞。[127]以王就第　辭去朝廷職務，以王爵的身分返回府第。[128]委權崇讓　把大權交出去，以表明自己的禮讓。[129]三臺納言　指尚書臺、御史臺、謁者臺以及各位言官。[130]不恤王事　不關心、不考慮國家大事。[131]賞報稽緩　獎賞功臣的事情拖延、遲緩。賞報，封賞；酬謝。[132]責不在府　責任不在齊王府。[133]虛承偽書　憑空根據一份偽造的詔書。[134]震悚　震駭惶恐。[135]偽藥發墮廁　假裝寒石散的藥性發作掉到了茅坑裡。[136]陰盤　晉縣名，縣治在今陝西臨潼東十三里。[137]新安　晉郡名，郡治在今河南澠池東。[138]奉天子　打著皇帝的旗號。奉，簇擁，實即「挾持」。[139]千秋神武門　洛陽皇宮的西門。[140]唱　大聲呼喊。[141]長沙王乂矯詔　意謂長沙王假傳聖旨。[142]屬天　連天；照亮天空。[143]上東門　皇城的上東門。[144]相枕　相枕藉。[145]大司馬長史　大司馬府的最高僚屬。長史，官名，為諸史之長。[146]何勗　原與司馬冏同起兵討伐趙王倫，司馬冏當政時何勗為中領軍。[147]惻然　內心憐憫的樣子。[148]趣牽出　趕緊拉出去。趣，同「促」。趕快。[149]閶闔門　皇宮的正門。按，「八王之亂」的第四王結束。司馬冏於永寧元年（西元三〇一年）三月起事，到本年（西元三〇二年）十二月被殺，當權一年零十個月。[150]徇首六軍　將司馬冏的人頭徇示各軍。[151]改元　此前為永寧二年，從此改稱「太安元年」。[152]陳留王　指曹奐，晉受魏禪之後，封魏帝曹奐為陳留王。[153]鮮卑宇文單于莫圭　鮮卑族宇文部落的首領，名叫莫圭。[154]慕容廆　鮮卑族另一個部落的首領，姓慕容名廆。是慕容儁、慕容垂的祖父，當時活動在今遼寧西部及鄰近的內蒙古東南部地區。155棘城 在今遼寧義縣西。156先沒於宇文部 先被宇文部落所統轄、裹挾。沒，淪陷；陷入。157慕輿句 人名，姓慕輿，名句。158勤恪廉靖 勤勞謹慎、清廉穩重。159心計默識 長於心算、長於記憶。160不按簿書 不用翻看帳簿。161明敏精審 思維敏捷，考慮細密精確。162典獄訟 主管審理各種犯罪與訴訟案件。163覆訊清允 覆查案件清平、公正。

【校　記】1乙酉 原作「己酉」。據章鈺校，甲十一行本、乙十一行本、孔天胤本皆作「乙酉」，今據改。2許俊 據章鈺校，甲十一行本、乙十一行本、孔天胤本皆作「杜俊」，張瑛《通鑑校勘記》同。3所 原無此字。據章鈺校，甲十一行本、乙十一行本、孔天胤本皆有此字，今據補。4用 據章鈺校，甲十一行本、乙十一行本、孔天胤本皆作「舉」。5有有 「有」字原不重。據章鈺校，甲十一行本、乙十一行本「有」字皆重，張敦仁《通鑑刊本識誤》同，今從改。6竊 原作「切」，乃「竊」之俗字，今改作「竊」。7各 原作「方」。據章鈺校，甲十一行本、乙十一行本、孔天胤本皆作「各」，今據改。8乂 據章鈺校，甲十一行本、乙十一行本、孔天胤本皆無此字。

【語　譯】太安元年（壬戌　西元三〇二年）

春季，三月，皇太孫司馬尚去世，諡號為「沖」。

夏季，五月初七日乙酉，梁王司馬彤去世，諡號為「孝」。〇任命右光祿大夫劉寔為太傅，沒過多久又因為劉寔年老多病而免去了他的太傅職務。

河間王司馬顒派遣擔任督護的衙博率領軍隊去討伐李特，衙博把軍隊駐紮在梓潼郡。朝廷又任命張微為廣漢郡太守，率軍駐紮在德陽，益州太守羅尚派遣督護張龜率領軍隊駐紮在繁城。李特派遣自己的兒子鎮軍將軍李蕩等人率軍去襲擊衙博，李特親自率領大軍前往繁城攻打張龜，把張龜打得大敗。李蕩在陽沔打敗了衙博，梓潼郡太守張演棄城逃走，擔任巴西郡郡丞的毛植代表全郡向李特投降。李蕩又在葭萌縣進攻衙博，衙博失敗後隻身逃走，他所率領的軍隊全部投降了李蕩。河間王司馬顒又任命許雄為梁州刺史。李特自稱大將軍、益州牧、統領梁州、益州二州各方面軍務。

擔任大司馬的司馬冏想要長久地專擅朝政，他認為晉惠帝司馬衷的子孫已經死光了，依照繼承順序，大將軍司馬穎很有可能成為皇位繼承人，那樣的話他就無法專擅朝政，而清河王司馬覃是司馬遐的兒子，年方八歲，於是司馬冏上表請求把清河王司馬覃過繼給惠帝司馬衷，立他為皇太子。五月二十五日癸卯，惠帝司馬衷立司馬覃為皇太子，任命司馬冏為太子太師，任命東海王司馬越為司空，兼任中書監的職務。

秋季，八月，李特率軍攻打張微，張微打敗了李特，並趁勢進攻李特的大營。李蕩率領軍隊前去救援李特，山路險峻狹窄，李蕩不顧生死，奮勇向前衝殺，終於打敗了張微的軍隊。李特想要撤回涪縣，李蕩和擔任司馬的王幸都勸阻他說：「張微的軍隊已經被我們打敗，他們此時的智謀和勇氣都已經枯竭了，我們應當憑藉著取勝的銳氣將張微一舉擒獲。」於是李特再次對張微發起進攻，殺死了張微，活捉了張微的兒子張存，把張微的屍體交還給了張微的兒子張存。

李特任命自己手下的將領蹇碩守衛德陽。李驤率領軍隊駐紮在毗橋，益州刺史羅尚派軍隊攻打李驤，屢次被李驤打敗。李驤於是進攻成都，放火燒毀了成都的城門。李流的軍隊駐紮在成都的北面。羅尚派遣一萬精兵進攻李驤，李驤與李流聯合夾擊，把羅尚的精兵打得大敗，生還的僅有十分之一二。梁州刺史許雄多次派軍進攻李特，卻始終不能取勝，李特的勢力更加強大了。

建寧郡的大族首領李叡、毛詵驅逐了建寧郡太守許俊，朱提郡的大族首領李猛驅逐了朱提郡太守雍約，以此來響應李特，他們每人都有部眾幾萬人。南夷校尉李毅率軍討伐李叡、毛詵、李猛，將他們打敗，並殺死了毛詵。李猛給南夷校尉李毅上書請求投降，而措辭傲慢無禮，李毅引誘李猛出來，將李猛殺死。冬季，十一月十一日丙戌，朝廷再次設置寧州郡，任命李毅為寧州刺史。

齊王司馬冏主持朝政的願望實現以後，便很有些驕傲自滿起來，他生活奢侈，大權獨攬，又大興土木建造私人府第，因此將朝廷以及私人的房屋拆毀了上百間，建造的府第規模與皇帝的西宮一樣宏大，朝廷內外因此對司馬冏都感到很失望。擔任侍中的嵇紹上疏給惠帝司馬衷說：「活著的人不要忘掉死去的人，這是《易經》對我們的良好警告。我希望陛下不要忘記自己被司馬倫囚禁在金墉城時的恥辱，大司馬不要忘記在潁水邊的陽翟與司馬倫的部將張泓苦戰的情景，大將軍不要忘記在黃橋被趙王司馬倫的部將孫會、士猗、許超打敗的情景，那麼禍亂的萌芽就不可能再發生了。」嵇紹又寫信給齊王司馬冏，他認為：「唐堯、虞舜用茅草苫蓋房屋，夏禹居住在低矮的房子裡，如今你大興土木為自己修建府第以及為剛被封王的三個兒子建造豪宅，這難道是朝廷所應著急的嗎？」司馬冏婉言表示感謝，然而實際行動卻依然如故。

齊王司馬冏沉湎於歡宴淫樂之中，也不入朝拜見皇帝司馬衷，只是坐在齊王府內接受文武百官的叩拜，給各高級官署發號施令，選拔、提升官吏很不公平，他的弄臣、親信操縱著權柄。殿中御史桓豹向惠帝司馬衷奏報事情事先沒有經過司馬冏的同意，於是立即遭到考問追究。南陽隱士鄭方上書規勸司馬冏說：「如今大王居安不知道思危，而歡宴逸樂又超過了限度，這是第一個失策。宗室骨肉之間，應當團結一致，沒有絲毫的芥蒂，如今卻不是這樣，這是第二個失策。蠻夷為非作歹，國內的政治局面並不平靜，而大王卻認為已經建立了豐功偉績，不再把蠻夷造反的事情放在心上，這是第三個失策。戰亂過後，百姓生活貧窮困苦，卻沒有聽說您採取任何措施給予賑濟、拯救，這是第四個失策。大王曾經與討伐司馬倫的其他軍隊訂立盟約，許諾討伐成功之後，立即進行獎賞，時至今日，卻仍然有立了功而沒有得到獎賞的人，這是第五個失策。」司馬冏感謝他說：「要不是你的提醒，我還不知道自己的過錯呢。」

孫惠給司馬冏上書說：「天下有五個難得、四個不可，而您卻全部佔有了。起兵討伐司馬倫時，親臨前線，衝鋒陷陣、不顧生死，這是第一個難得做到之處。聚集起天下的英雄豪傑，這是第二個難得做到之處。與將士同甘共苦，這是第三個難得做到之處。以弱小戰勝強大，這是第四個難得做到之處。使已經遜位的君主再次登上皇帝的寶座，這是第五個難得做到之處。盛名之下不可以久居，偉大的功業不可能永遠享有，朝政大權不可能長期執掌，強大的權威不可能永遠屬於自己。大王將五個難以做到的事情全都做到了卻不認為它難，而面對四個不可以卻認為可以長此無事，我私下裡很為您感到不安。您應該考慮功成身退的道理，尊崇皇帝最近的親屬，把職位推讓給他們，把治理國家的大權移交給長沙王司馬乂、成都王司馬穎，然後辭去職務，回到自己的封國，如此一來的話，您的行為就將與古代的吳太伯、曹子臧謙虛讓國的美名相比美。如今您竟然忘掉了權位太高的風險，貪戀權力和威勢而被疑為有篡位之心，雖然您現在能夠遨遊於高臺之上，逍遙於層層高牆的王府之中，我私下裡卻認為您現在所面臨的危險程度，超過了您在潁川、陽翟指揮作戰的時候。」司馬冏不肯聽從孫惠的規勸，孫惠於是藉口有病辭職而去。司馬冏對曹攄說：「有人勸我放棄權力回到封國，你認為這個意見怎麼樣？」曹攄回答說：「事物發展到極點就要向不好的方面轉化。大王您如果確實能夠身居高位而考慮到危險，辭去職位，提起褲腳拔腿就走，那就是再好不過的事情了。」司馬冏還是不聽勸告。

張翰、顧榮都擔心大禍會牽連到自己身上，因為當時秋風乍起，張翰便思念起自己家鄉的菰菜、蓴菜羹、鱸魚片的美味，便長歎一聲說：「人生貴在合乎自己的心願，富貴有什麼用！」立即辭去自己的成都王府東曹掾的職務回家鄉去了。顧榮故意酗酒，每天都處在沉醉當中，不關心、不過問成都王府中的政事。在成都王府擔任長史的葛旟認為顧榮荒廢職守，不負責任，就報告給司馬冏，貶顧榮為中書侍郎。潁川隱士庾袞聽說司馬冏有一年之久不朝拜皇帝，就歎息著說：「晉朝的王室衰微，皇帝沒有權威，災禍就要爆發了！」於是攜帶著妻子逃到林慮山中隱居起來。

王豹寫信給司馬冏說：「我細細想來，自從元康以來，擔任宰相職務的沒有一個人獲得善終，這是由於當時的形勢造成的，並非是他們的行為都不好。如今您能夠平定內亂，安定了國家，卻仍在翻過車的路上向前走，在這種情況下卻希望保持長久，不也是很困難嗎？如今河間王司馬顒在關右建有自己的根基，成都王司馬穎盤踞在當年曹魏的根據地鄴城一帶，新野王司馬歆擁有長江、漢水之間的大片疆土。三王各在血氣方剛、身強體壯的年齡，都手握重兵，身處有險可守的戰略要地。而您目前卻處在功勞過大已經無法再進行封賞，權威足以使皇帝感到震恐的境遇中，您獨自佔據京師，專擅朝政大權，進一步，即使是神龍，久居巔峰也會後悔，退一步，則困在布滿針刺的蒺藜之中，您希望憑藉您的權勢求得平安，我看不出其中的福分。」王豹建議司馬冏請求皇帝打發那些受封的各王、各公、各侯都辭去朝權，回到自己的封地去，依照當年周公、召公輔佐周成王分陝而治的辦法，封成都王司馬穎為北方諸侯的霸主，以鄴城為大本營，司馬冏自己擔任南方諸侯的霸主，以宛縣為大本營，兩人以黃河為分界，各自統帥所屬親王和公、侯，共同輔佐皇帝。司馬冏婉言予以答覆。長沙王司馬乂看到王豹寫給司馬冏的信箋，就對司馬冏說：「這小子膽敢離間我們兄弟之間的骨肉之情，為何不在皇宮正門前的銅駝下把他打死呢！」於是司馬冏上奏惠帝說王豹討好朝內的二王，離間朝外的諸位兄弟，無緣無故地造成諸王之間的互相猜疑，屬於不忠不義，應該用鞭子將他打死。王豹在臨死的時候說：「把我的人頭懸掛到大司馬府的門前，讓我看著外面的軍隊攻入齊王司馬冏的府第吧！」

齊王司馬冏因為河間王司馬顒原本依附於趙王司馬倫，心裡常常記恨他。擔任梁州刺史的安定人皇甫商與司馬顒的長史李含不和睦，李含被徵調為翊軍校尉，當時皇甫商正在擔任司馬冏的軍事參議官，夏侯奭的兄長也在司馬冏的大司馬府任職。李含心內感到很不安，李含又與司馬冏的右司馬趙驤有仇怨，於是李含就單人匹馬投奔了司馬顒，詐稱接受了皇帝的祕密詔書，讓司馬顒誅殺司馬冏，李含趁機對司馬顒說：「成都王司馬穎是皇帝司馬衷的至親骨肉，立有大功，卻推讓給別人，自己回到封地，他深得天下民心。齊王司馬冏越過皇上的親弟弟司馬穎而專擅朝政，朝中大臣都用恐懼憤怒的眼光看他。如果給長沙王司馬乂下令，讓司馬乂去討伐齊王司馬冏，齊王司馬冏必然誅殺長沙王司馬乂，我們就以此作為齊王司馬冏的罪狀發兵討伐他，一定能夠擒獲司馬冏。然後剝奪齊王司馬冏的權力，擁立成都王司馬穎輔政，除去對皇位有威脅的人而任用皇帝至親的人輔政，使國家得到安定，這是您的大功一件。」司馬顒聽從了李含的勸說。當時，晉武帝司馬炎的族弟范陽王司馬虓負責統領豫州各種軍事。司馬顒上表陳述司馬冏的種種罪狀，而且說：「我正統領十萬大軍，準備與成都王司馬穎、新野王司馬歆、范陽王司馬虓共同會師洛陽，請陛下派長沙王司馬乂去罷奪司馬冏的職權，讓他回家，然後讓成都王司馬穎代替齊王司馬冏輔佐朝政。」司馬顒隨即發兵，任命李含為都督，率領鎮武將軍張方等人奔赴洛陽。又派遣使者邀請成都王司馬穎，司馬穎準備響應司馬顒的號召，盧志勸阻司馬穎不要發兵，司馬穎這次沒有聽從盧志的勸告。

十二月二十二日丁卯，司馬顒的奏章送達朝廷，齊王司馬冏看後非常恐懼，立即召集文武百官商議對策，司馬冏說：「我首先發難討伐司馬倫，我這個做臣子的節操、信義為神明所共見。如今河間王司馬顒與成都王司馬穎聽信讒言發難，應該怎麼對付他們呢？」擔任尚書令的王戎說：「您的功勞業績確實很大，然而有些有功勞的人至今尚未得到封賞，所以才有人心懷二心。如今河間王和成都王二位親王的兵力強盛，無法阻擋。如果您能辭去朝廷的職務，以王爵的身分返回府第，把大權交出去，以表明自己的禮讓，或許還能夠保住自己的平安。」擔任司馬冏從事中郎的葛旟大怒說：「三臺大臣及各位言官，不關心、考慮國家大事。獎賞功臣的事情一再拖延，責任不在齊王府。奸人進獻讒言，犯上作亂，我們就應當共同討伐誅滅他們，為什麼僅憑一份偽造的詔書，就要大司馬放棄權力，辭職回家呢！自從漢、魏以來，凡是王侯回到私第的，又有哪個能保全自己的妻、子呢？應當把說這種話的人斬首！」文武官員聽了這話都感到十分震驚和惶恐、大驚失色，王戎假裝寒石散的藥性發作掉進了茅坑裡，才幸免一死。

李含率軍駐紮在陰盤縣，張方率領二萬士兵屯紮在新安郡，用檄文命令長沙王司馬乂討伐齊王司馬冏。司馬冏派遣董艾去襲擊司馬乂，司馬乂率領身邊的一百多人馳馬跑入宮中，然後關閉了所有宮門，打著惠帝司馬衷的旗號攻打司馬冏的大司馬府。董艾把軍隊布防在皇宮西面，縱火焚燒皇宮的千秋神武門。齊王司馬冏派人拿著騶虞幡大聲呼喊：「長沙王司馬乂假傳聖旨。」司馬乂也大喊：「大司馬齊王司馬冏謀反。」這一夜，雙方在洛陽城內展開大戰，飛箭如雨，火光連天。晉惠帝登上皇城東門，箭矢就落在他的面前，群臣中箭而死的一個壓著一個。連續大戰了三天，齊王司馬冏大敗。在大司馬府中擔任長史的趙淵殺死了何勗，並趁勢生擒了齊王司馬冏，然後請求投降。司馬冏被帶到殿前，晉惠帝很憐憫他，就想饒他一命。長沙王司馬乂喝令左右趕快把他拉出去，司馬冏在閶闔門外被殺，人頭被傳送到各軍示眾，司馬冏的同黨都被誅滅三族，受牽連被殺死的有二千多人。司馬冏的兒子司馬超、司馬冰、司馬英都被囚禁在金墉城，司馬冏的弟弟北海王司馬寔也被削去了爵位。大赦天下，改年號為太安。李含聽說司馬冏已死，就率領軍隊返回長安。

長沙王司馬乂雖然身在朝廷，然而事無巨細，都要到鄴城向大將軍司馬穎請示彙報。司馬穎任命孫惠為參軍，陸雲為右司馬。

這一年，陳留王曹奐去世，諡號為魏元皇帝。

鮮卑族宇文部落首領莫圭的勢力最強盛，他派他的弟弟宇文屈雲率人去攻打鮮卑另一部落首領慕容廆，慕容廆避開宇文屈雲，攻打莫圭的另一統帥素怒延，把素怒延打敗。素怒延認為這是莫大的恥辱，於是又調集十萬大軍，把慕容廆團團圍困在棘城。慕容廆的部眾都很害怕，慕容廆說：「素怒延的軍隊數量雖然很多，然而紀律渙散，不聽節制，已經在我的掌握之中了。你們只管努力作戰，不要有什麼擔憂。」慕容廆隨即命令軍隊出擊，大敗素怒延，追殺了上百里，這一戰俘虜、斬殺素怒延的將士總計約有上萬人。遼東人孟暉早先受宇文部落統轄，現在他趁機率領部眾數千家投降了慕容廆，慕容廆任命孟暉為建威將軍。慕容廆覺得自己的臣屬慕輿句一向勤勞謹慎、清廉穩重，於是就派他掌管府庫財務。慕輿句擅長心算，長於記憶，不用翻看帳簿，帳目卻始終沒有什麼遺漏。慕容廆認為慕輿河思維敏捷，考慮問題細密精確，就任命慕輿河主管審理各種犯罪與訴訟案件，於是覆查的案件得到了清平、公正的處理。

【研　析】 本卷寫了晉惠帝永寧元年（西元三〇一年）至太安元年（西元三〇二年）共兩年間的全國大事，其中可議論的有以下數點：

其一，本卷突出地寫了司馬氏諸王為爭權奪利而大動干戈，簡直是一群豺狼亂咬，沒有一個是出於保國安民之意。賈皇后對上殺了楊太后，對下殺了皇太子，其他罪行不可縷數，趙王司馬倫起兵殺掉這樣一個元凶大憝，可以說是順合天心民意的大好事；如果出以公心地清理朝綱、擺平各方的關係，豈不是有望於國家治平的一種大好時機？但司馬倫所著急的事情是趕緊篡位當皇帝，把被趕下臺的司馬衷稱為「太上皇」。別的不說，單說這孫子輩的晉惠帝，成了爺爺輩的司馬倫的「太上皇」，這就是古往今來所沒有的「今古奇觀」。接著司馬冏聯合司馬穎、司馬顒等起兵打敗司馬倫，奪得權勢後，又專權跋扈，傲慢自大，並欲「久專大政」，這就又與包藏更大禍心的司馬穎、司馬顒等關係緊張起來，很快地被司馬穎、司馬顒的同黨司馬乂所殺。胡致堂對此曾惋惜地說：「冏以賢王之子糾率諸侯入討篡逆，迎帝復位，臣子之義得矣。即當請帝下詔散遣外兵，歸重成都，留輔大政，己為之副，選建賢才，更革弊事，辭避榮寵，居以謙降，穎、顒之師何名而起哉？倫秀甫誅，臺省府衛尚爾空缺，戰死之士未加收恤，遽受九錫，以宣景文武為比，標示爭端，於是盧志獻謀，使成都王委權而去，以惡相稔。猶且未悟，方欲久專大政，驕奢荒宴，選舉不公，任用嬖幸，忠諫者遠，直

諫者誅，遂使獻王絕國不祀，良由生長富貴，不知義理故也。」（《綱鑑合編》）

其二，過去讀《世說新語》，讀到「張季鷹辟齊王東曹掾，在洛，見秋風起，因思吳中菰菜羹、鱸魚膾，曰：『人生貴得適意爾，何能羈宦數千里以要名爵？』遂命駕便歸。俄而齊王敗，時人皆謂『見機』。」當時不太理解，但總覺得張翰一定是有不好明說的原因，絕不會是只因為想起故鄉的菰菜鱸魚就辭官不幹了。只有深入地讀過《通鑑》、讀過《晉書》的相關章節時，才能具體感受到一群手無縛雞之力的文人，與一群豺狼周旋在一起的那種徒有拿著自己的小命做遊戲，而於國、於民、於家都絲毫無補的憂懼與厭倦之情。孔子曾說：「危邦不入，亂邦不居。」像是晉朝「八王」之亂這樣的時代，真可以說是最典型不過的「亂邦」了，上上下下，方方面面，沒有一個好人。類似這樣黑暗、混亂的人肉筵席時代，在中國幾千年的「相斫書」上也為數不多！

其三，關於氐族李特等人的聚眾起義。李特等人原是秦、雍一帶的流民，由於秦、雍一帶鬧災荒而流入漢中，又進而流入蜀地。晉王朝的各地政府從未對這些流民加以憐恤、為其綢繆生計。等到朝廷也感到這是一個問題時，竟突然下令叫秦、雍地區的官員去「召還」流入漢中、巴蜀的流民；讓漢中、巴蜀的官吏「督遣」這些流民返回秦、雍地區。這些流民在漢中、巴蜀剛剛有了一定的生活基礎、生存秩序，而各地的官吏們又如狼似虎地要來改變它，要逼著這些剛剛獲得穩定的災民向回流。這應該是一件多麼難辦、多麼不得人心的事！而益州刺史羅尚、廣漢太守辛冉等卻「督遣流民，限七月上道」。當時的流民「布在梁、益，為人傭力，聞州郡逼遣，人人愁怨，不知所為；且水潦方盛，年穀未登，無以為行資」。李特出面請求羅尚、辛冉等寬限幾個月到冬天，羅尚、辛冉不但不聽，還要逮捕李特等流民領袖。真真是官逼民反！於是李特兄弟子姪遂揭竿而起。他們前仆後繼，不到幾年的工夫，終於打出了一個自己的政權，國號「成」。李特的表現很像是楚漢時代的項梁，而後來更老練、更成熟的李特的兒子李雄竟做了「成國」的皇帝。面對腐朽、黑暗而又豺狼成性的晉朝統治者，李氏小王朝的創建者們要比司馬氏那一群可愛得多了。李氏政權是從腐爛西晉廢墟上組建起來的第一個新的王朝，應該為它喝采。

卷第八十五

晉紀七

起昭陽大淵獻（癸亥　西元三〇三年），盡閼逢困敦（甲子　西元三〇四年），凡二年。

【題解】本卷寫惠帝太安二年（西元三〇三年）、永興元年（西元三〇四年）共兩年間的全國大事，以及揭開「五胡十六國」序幕的「成漢」及「前趙」的建國過程。主要寫了晉長沙王司馬乂殺了與河間王司馬顒相勾結的李含、馮蓀、卞粹，司馬顒與成都王司馬穎分別派張方、陸機率軍進討司馬乂；司馬乂挾持晉惠帝大破陸機、張方；司馬穎率兵進逼洛陽；東海王司馬越操縱晉惠帝殺長沙王司馬乂向司馬穎、司馬顒求和；司馬穎自立為皇太弟，專權營私，仍居鄴城以遙控京師；司馬越糾集勢力，挾持惠帝北討司馬穎，被司馬穎打得大敗，惠帝落入司馬穎之手；幽州刺史王浚勾結鮮卑人與親司馬越的勢力進攻鄴城，司馬穎兵敗，裹挾惠帝棄鄴南入洛陽；時司馬顒的部將張方佔據洛陽，操縱朝政，裹挾惠帝西遷長安，司馬穎的一切權力被解奪，司馬越與司馬顒成了最高勢力的把持者；寫了蠻人張昌在江夏郡發動民變，奉劉尼為天子，攻殺了鎮南將軍新野王司馬歆，勢力縱橫數郡；張昌的黨羽石冰更橫行於揚、江、徐、豫等州，最後被荊州刺史劉弘所派出的陶侃與江東地區的地方官員及一些辭職居家的人士陳敏、顧祕、賀循、葛洪等起兵討平；此外還寫了氐族頭領李特圍攻成都，被刺史羅尚所殺，其弟李流之子李雄嶄露頭角，攻殺汶山太守，奪得成都，建立國家，自稱成都王；寫了匈奴首領劉宣率眾擁立劉淵為大單于，稱王建國，其身邊又有劉聰、劉曜為輔佐，匈奴的氣勢大振等等。

孝惠皇帝中之下

太安[1]二年（癸亥　西元三〇三年）

春，正月，李特潛渡江❶擊羅尚，水上軍❷皆散走。蜀郡太守徐儉以少城❸降，特入據之，惟取馬以供軍，餘無侵掠，赦其境內，改元建初❹。羅尚保太城❺，遣使求和於特。蜀民相聚為塢❻者，皆送款❼於特，特遣使就撫之，以軍中糧少，乃分六郡流民於諸塢就食。李流言於特曰：「諸塢新附，人心未固，宜質其大姓子弟❽，聚兵自守，以備不虞❾。」又與特司馬上官惇❿書曰：「納降如受[2]敵⓫，不可易⓬也。」前將軍雄⓭亦以為言。特怒曰：「大事已定，但當安民，何為更逆加疑忌⓮，使之離叛乎！」

朝廷遣荊州⓯刺史宗岱、建平⓰太守孫阜帥水軍三萬以救羅尚。岱以阜為前鋒，進逼德陽⓱，特遣李蕩及蜀郡太守李璜就德陽太守⓲任臧共拒之。岱、阜軍勢甚盛，諸塢皆有貳志⓳。益州兵曹從事⓴蜀郡任叡言於羅尚[3]曰：「李特散眾就食，驕怠無備，此天亡之時也。宜密約諸塢，刻期同發㉑，內外擊之，破之必矣。」尚使叡夜縋出城㉒，宣旨㉓於諸塢，期以二月十日同擊特。叡因㉔詣㉕特詐降，特問城中虛實。叡曰：「糧儲將盡，但餘貨帛㉖耳。」叡求出省家㉗，特許之，遂還報尚。二月，尚遣兵掩襲㉘特營，諸塢皆應之，特兵大敗，斬特及李輔、李遠，皆焚尸，傳首洛陽，流民大懼。李流[4]、李蕩、李雄收餘眾還保赤祖㉙。流㉚自稱大將軍、大都督、益州牧，保東營，蕩、雄保北營。孫阜破德陽，獲蹇碩㉛，任臧退屯涪陵㉜。

三月，羅尚遣督護何沖、常深等[5]攻李流，涪陵民藥紳㉝等[6]亦起兵攻流。流與李驤拒深，使李蕩、李雄拒紳[7]，何沖乘虛攻北營。氐苻成、隗伯在營中，叛應之。蕩母羅氏擐甲㉞拒戰，伯手刃傷其目，羅氏氣益壯。營垂破[8]，會流等破深、紳，引兵還，與沖等[9]戰，大破之。成、伯率其黨突出詣尚。流等乘勝進抵成都，尚復閉城自守。蕩馳馬逐北㉟，中矛而死。

朝廷遣侍中燕國[10]劉沈假節㊱統羅尚、許雄等軍㊲，討李流。行至長安，河間王顒留沈為軍師，遣席薳代之。

李流以李特、李蕩繼死，宗岱、孫阜將至，甚懼。李含勸流降，流從之。李驤、李雄迭諫[38]，不納。夏，五月，流遣其子世及含子胡為質於阜軍。胡兄離為梓潼太守，聞之，自郡馳還[39]，欲諫不及。退，與雄謀襲阜軍。雄曰：「為今計，當如是[40]，而二翁不從[41]，柰何？」離曰：「當劫之[42]耳。」雄大喜，乃共說流民曰：「吾屬前已殘暴蜀民，今一旦束手[43]，便為魚肉，惟有同心襲阜以取富貴耳。」眾皆從之。雄遂與離襲擊阜軍，大破之。會宗岱卒於墊江[44]，荊州軍遂退。流甚慙，由是奇雄才，軍事悉以任之。

新野莊王歆[45]為政嚴急，失蠻夷心。義陽蠻張昌[46]聚黨數千人，欲為亂。荊州以壬午詔書[47]發武勇赴益州討李流，號「壬午兵」。民憚遠征，皆不欲行。詔書督遣嚴急[48]，所經之界停留五日者，二千石[49]免官。由是郡縣官長皆親出驅逐[50]，展轉不遠[51]，輒復屯聚為羣盜。時江夏[52]大稔[53]，民就食者[54]數千口。張昌因之誑惑[55]百姓，更姓名曰李辰，募眾於安陸石巖山[56]，諸流民及避戍役[57]者多往[11]從之。太守弓欽遣兵討之，不勝。昌遂攻郡[58]，欽兵敗，與部將朱伺奔武昌[59]。歆遣騎督靳滿[60]討之，滿復敗走。

昌遂據江夏，造妖言云：「當有聖人出為民主[61]。」得山都[62]縣吏丘沈，更其姓名曰劉尼，詐云漢後[63]，奉以為天子，曰：「此聖人也。」昌自為相國，詐作鳳皇、玉璽之瑞[64]，建元神鳳[65]，郊祀[66]、服色[67]，悉依漢故事[68]。有不應募[69]者，族誅之，士民莫敢不從。又流言云[12]：「江、淮已南[70]皆反，官軍大起[71]，當悉誅之。」互相扇動，人情惶懼，江、沔間[72]所在起兵[73]以應昌，旬月間眾至三萬，皆著絳帽[74]，以馬尾作髯[75]。詔遣監軍華宏[76]討之，敗于障山[77]。

歆上言：「妖賊犬羊[78]萬計，絳頭毛面，挑刀走戟[79]，其鋒[80]不可當，請臺[81]敕諸軍[82]三道救助。」朝廷以屯騎校尉劉喬為豫州[83]刺史，寧朔將軍沛國劉弘為荊州刺史。又詔河間王顒[84]遣雍州刺史劉沈將州兵萬人，并征西府[85]五千人，出藍田關[86]以討昌。顒不奉詔，沈自領州兵至藍田[87]，顒又逼奪其眾。於是[88]劉喬屯汝南[89]，劉弘及前將軍趙驤、平南將軍羊伊屯宛[90]。昌遣其將黃林帥二萬人向豫州，劉喬擊卻之。

初，歆與齊王冏善[91]。冏敗，歆懼，自結於大將軍穎。及張昌作亂，歆表請討之[92]。時長沙王乂已與穎有隙，疑歆與穎連謀[93]，不聽[94]歆出兵，昌眾日盛。從事中郎[95]孫洵謂歆曰：「公為岳牧[96]，受閫外之託[97]，拜表輒行[98]，有何不可？而使姦凶滋蔓[99]，禍釁不測[100]，豈藩翰王室[101]、鎮靜方夏[102]之義乎？」歆將出兵，王綏[103]曰：「昌等小賊，偏裨[104]自足制之，何必違詔命，親矢石[105]也？」昌至樊城[106]，歆乃出拒之，眾潰，為昌所殺。詔以劉弘代歆為鎮南將軍，都督荊州諸軍事。六月，弘以南蠻長史廬江[13]陶侃[107]為大都護[108]，參軍蒯恆為義軍督護[109]，牙門將皮初為都戰帥，進據襄陽[110]。張昌并軍圍宛，敗趙驤軍，殺羊伊。劉弘退屯梁[111]，昌進攻襄陽，不克。

李雄攻殺汶山[112]太守陳圖，遂取郫城[113]。

【章旨】以上為第一段，寫惠帝太安二年（西元三〇三年）上半年的大事，主要寫了李特圍攻成都，形勢一片大好之際，疏忽無備，被羅尚掩襲所殺，李蕩戰死，李雄初展頭角，代替其父李流掌權，攻殺了汶山太守，奪得成都西側的要地郫城；寫了蠻人張昌在江夏郡募眾起事，奉劉尼為天子，進攻樊城，破殺了鎮南將軍新野王司馬歆，勢力縱橫已廣達數郡。

【注釋】❶渡江　指渡郫江。郫江自西北流來，由成都城北南折入岷江。❷水上軍　駐紮郫水南岸的防守部隊。❸少城　蜀郡郡府所在地，在成都的西部。❹改元建初　此時李特雖尚未稱王，實際已自成一統。❺太城　益州州府所在地，在成都之東部。❻相聚為塢　集中住在一起，周圍構築堡壘。塢，堡壘，也叫庳城。❼送款　送上表示歸附、投降的書信。❽質其大姓子弟　讓他們那裡的勢家強族的子弟出來作人質。❾不虞　不測。❿特司馬上官惇　李特的僚屬，姓上官名惇。司馬是將軍的僚屬，在軍中主管司法。⓫納降如受敵　接受投降的敵人應像對敵人開戰一樣提高警惕。⓬不可易　不可掉以輕心。易，輕視。⓭前將軍雄　李雄。⓮逆加疑忌　平白無故地事先懷疑人家。逆，預；事先。⓯荊州　州治江陵，即今湖北荊州。⓰建平　晉郡名，郡治即今重慶市巫山縣。⓱德陽　晉縣名，故城在今四川遂寧東南。⓲德陽太守　德陽原是廣漢郡中的一個縣，李特將德陽一帶升為郡，令其部下任臧為太守。⓳諸塢皆有貳志　本已向李特送款的各塢百姓又都轉過來想投靠朝廷派來的宗岱、李阜等。貳志，兩邊觀望。⓴兵曹從事　官名，刺史的僚屬。㉑刻期同發　約定日期同時動手。㉒夜縋出城夜間用繩索將人從城上繫下。㉓宣旨　傳達羅尚的意思。㉔因　於是；隨後。㉕詣　到；到……處。㉖但餘貨帛　就剩下沒處花的錢啦。貨帛，錢幣、布帛。㉗省家　探看家人。㉘掩襲　偷襲；突然發起攻擊。㉙赤祖　地名，在今四川綿竹東南。㉚流　李流，李特的四弟。㉛獲蹇碩　俘獲了李特的部將蹇碩。㉜涪陵　即涪縣，在今四川綿陽東北。㉝藥紳　人名，姓藥名紳。㉞擐甲　身披鎧甲。㉟逐北　追擊敗逃之敵。北，同「背」。㊱假節　秉持朝廷所賜的旌節。當時為提高使者的權威，授予旌節時有「使持節」、「持節」、「假節」三等。「假節」是其中的權威最低者。㊲統羅尚許雄等軍　當時，羅尚率益州軍，許雄率梁州軍，總歸劉沈節制之。㊳迭諫　輪遞著勸阻。㊴馳還　指「馳還」李流處。㊵當如是　理應如此，指襲擊孫阜軍。㊶二翁不從　兩位老人家不同意。二翁指李流、李含，李流是李雄之叔，李含是李雄的姑父。㊷劫之　用武力強迫。㊸束手　指交械投降。㊹墊江　晉縣名，縣治即今重慶市合川。㊺新野莊王歆　司馬歆，司馬懿之孫，司馬駿之子，當時駐兵於今河南新野。莊字是死後之謚。㊻義陽蠻張昌　義陽國的蠻族人張昌，少為平氏縣吏。傳見《晉書》卷一百。義陽國的都城即今河南新野。㊼壬午詔書　指正月初八（壬午日）所頒發的命令，內容是讓荊州刺史發兵救援成都的危急。㊽督遣嚴急　催促火速進兵。㊾二千石　指郡太守一級的官員。㊿親出驅逐　親自出城驅趕著赴蜀的士兵快走。(51)展轉不遠　沒有走出多遠。展轉，同「輾轉」。一處接一處被驅趕的樣子。(52)江夏　晉郡名，郡治安陸，即今湖北雲夢。(53)大稔　獲得了大豐收。(54)民就食者　外地來江夏郡找食物吃的流民。(55)誑惑　哄騙、迷惑。(56)安陸石巖山　安陸縣的石巖山，在當時的安陸縣北，今湖北的安陸南。(57)避戍役　即逃避往征蜀地李流的兵役。(58)攻郡　攻打江夏郡城，即安陸縣。(59)武昌　晉郡名，郡治即今湖北鄂城。(60)騎督靳滿　騎兵長官姓靳名滿。(61)出為民主　出來成為百姓的新主子。(62)山都　晉縣名，縣治在今湖北襄陽西北。(63)漢後　漢朝皇室的後裔。(64)詐作鳳皇玉璽之瑞　編說附近某地來了「鳳凰」，自己得了「玉璽」云云，說這是該出帝王的徵兆。鳳皇，同「鳳凰」。(65)建元神鳳　稱今年為「神鳳元年」。(66)郊祀　帝王在城外祭祀天地的大典。(67)服色　御用車馬以及朝會冠冕的顏色等等。(68)悉依漢故事　都依照漢王朝的舊規定。(69)不應募　不應徵參加張昌、劉尼的軍隊。(70)已南　以南。已，同「以」。(71)官軍大起　朝廷的軍隊大量派出。(72)江沔間　長江、沔水一帶。沔水，即今漢水。自陝西東南部流來，經湖北襄樊向東南流，於武漢入長江。(73)所在起兵　到處都起兵。所在，到處。(74)皆著絳帽　都戴著深紅色的帽子。(75)作髯　作成假鬍鬚，這裡指戴著假鬍鬚。(76)監軍華宏　此華宏應是荊州刺史的監軍。(77)敗于障山　華宏被張昌打敗於障山。障山在今湖北安陸東四十里。(78)妖賊犬羊　言張昌率領的叛民如同犬羊。(79)挑刀走戟　舞刀弄戟。(80)鋒　來頭兒；銳氣。(81)請臺　請求朝廷。臺，臺省，代指朝廷。(82)敕諸軍　命令征討軍隊。(83)豫州　州治陳縣，今河南淮陽。(84)河間王顒　司馬顒，當時正鎮守長安。(85)征西府　征西將軍府，時司馬顒為征西將軍。(86)藍田關　即嶢關。故址在今陝西藍田東南，自古為關中地區通往南陽一帶的交通要隘。(87)藍田　晉縣名，縣治在今陝西藍田西南。(88)於是　此時；當時。(89)汝南　晉郡名，郡治在今河南平輿北。(90)宛　晉縣名，縣治即今河南南陽。(91)歆與齊王冏善　事見本書卷八十四永寧元年。(92)表請討之　上表請求討伐張昌。(93)連謀　聯合策劃陰謀。(94)不聽　不讓；不允許。(95)從事中郎　官名，將軍府中的軍事參謀。(96)岳牧　古代有「四岳」、「十二牧」，各自分掌一個地區的封國，後來即用以代指專斷一方的方面大員。(97)受閫外之託　有帶兵在外的臨事制宜、先斬後奏之權。閫外，城門之外。《史記・張釋之馮唐列傳》有云：「上古王者之遣將也，跪而推轂曰：『閫以內者，寡人制之；閫以外者，將軍制之。』」(98)拜表輒行　上表以後就立即行動，不等批准。(99)而使姦凶滋蔓　如果讓張昌的勢力發展起來。而，如果。滋蔓，發展、蔓延。(100)禍釁不測　造成難以預料的惡果。(101)藩翰王室　即保衛皇家，為國家作屏障、作骨幹。(102)鎮靜方夏　保障四海的穩定安寧。方夏，四方與中夏，即指整個國家。(103)王綏　字彭祖，司馬炎開國元勳王沈之子，西晉的亂臣賊子。傳見《晉書》卷三十九。(104)偏裨　偏將；小將。(105)親矢石　親自冒著亂箭飛石向前進攻。(106)樊城　即今湖北襄樊的漢水以北部分。(107)南蠻長史廬江陶侃　南蠻長史是南蠻校尉（掌荊州少數民族事務）的長史。陶侃字士行，東晉廬江尋陽（今江西九江）人，早孤貧，初為縣吏，此時為南蠻校尉的高級僚屬。傳見《晉書》卷六十六。(108)大都護　州中諸將的統領。(109)義軍督護　為當地民兵的統領官。(110)襄陽　晉郡名，郡治即今湖北襄樊漢水以南的襄陽區。(111)梁　晉縣名，縣治在今河南汝州西。(112)汶山　晉郡名，郡治在今四川茂縣北。(113)郫城　即今四川郫縣縣城，在成都西北。

【校　記】[1]太安　原作「大安」。據章鈺校，甲十一行本、乙十一行本皆作「太安」，熊羅宿《胡刻資治通鑑校字記》同，今據改。[2]受　據章鈺校，甲十一行本、乙十一行本皆作「待」，張敦仁《通鑑刊本識誤》同。[3]羅尚　原無「羅」字。據章鈺校，甲十一行本、乙十一行本皆有「羅」字，今據補。[4]李流　原無此二字。據章鈺校，甲十一行本、乙十一行本皆有此二字，張敦仁《通鑑刊本識誤》、張瑛《通鑑校勘記》同，今據補。[5]等　原無此字。據章鈺校，甲十一行本、乙十一行本皆有此字，今據補。[6]等　原無此字。據章鈺校，甲十一行本、乙十一行本、孔天胤本皆有此字，今據補。[7]流與李驤拒深使李蕩李雄拒紳　原作「流與李驤拒紳」，脫「深使李蕩李雄拒」七字。據章鈺校，甲十一行本、乙十一行本皆未脫，張敦仁《通鑑刊本識誤》、張瑛《通鑑校勘記》同，今據補。[8]營垂破　原無此三字。據章鈺校，甲十一行本、乙十一行本皆有此三字，張敦仁《通鑑刊本識誤》、張瑛《通鑑校勘記》同，今據補。[9]等　原無此字。據章鈺校，甲十一行本、乙十一行本皆有此字，今據補。⑩燕國 原無此二字。據章鈺校，甲十一行本、乙十一行本皆有此二字，張敦仁《通鑑刊本識誤》、張瑛《通鑑校勘記》同，今據補。⑪往 原無此字。據章鈺校，甲十一行本、乙十一行本皆有此字，今據補。⑫云 原無此字。據章鈺校，甲十一行本、乙十一行本皆有此字，今據補。⑬廬江 原無此二字。據章鈺校，甲十一行本、乙十一行本皆有此二字，今據補。

【語譯】孝惠皇帝中之下

太安二年（癸亥 西元三〇三年）

春季，正月，李特率領軍隊偷偷地渡過郫江攻打益州刺史羅尚，羅尚駐紮在郫江南岸的防守部隊全部潰散、逃走。蜀郡太守徐儉獻出郡府所在地少城向李特投降，李特佔領少城之後，只徵收馬匹武裝自己的部隊，其他的東西一律不要，又赦免了成都境內的罪犯，改年號為「建初」。羅尚據守益州府治所太城，派使者向李特請求講和。那些聚居在一起、周圍構築起圍牆寨門用以自保的蜀地原有居民，也都紛紛向李特送上表示願意歸附、投降的書信，李特派使者到各個村寨裡去安撫他們，由於自己軍中缺少糧食，於是就把秦、雍六郡的流民分散到各個村寨裡以求得到食物活命。李流對李特說：「那些村寨都是剛剛歸順我們，人心還不穩固，應當讓那裡的大家族把子弟送到我們這裡來做人質，我們自己要組織起力量進行防守，以備不測事件的發生。」李流又寫信給李特的司馬上官惇說：「接受敵人的投降，就應像對敵人開戰一樣提高警惕，不可掉以輕心。」前將軍李雄也向李特表達了同樣的意見。李特非常生氣地說：「大事已定，應該做的只是安撫百姓，為什麼要平白無故地事先懷疑人家，迫使他們離開我們、背叛我們呢！」

朝廷派遣荊州刺史宗岱、建平郡太守孫阜率領三萬水軍前去救援羅尚。宗岱任命孫阜為前鋒，率軍進逼德陽縣，李特派遣李蕩和蜀郡太守李璜前往德陽協助太守任臧共同抵禦孫阜的軍隊。宗岱、孫阜的軍隊非常強盛，本已向李特送款的各個村寨又都轉過來想投靠朝廷派來的宗岱、李阜等人。擔任益州兵曹從事的蜀郡人任叡對益州刺史羅尚說：「李特把流民分散到各個村寨去就食，而且又驕傲懈怠，沒有戒備之心，這是上天賜給我們消滅他的好機會。我們應當祕密聯絡各個村寨，與他們約定好日期同時動手，到時內外夾擊，一定能打敗李特。」羅尚利用黑夜作掩護派人用繩索把任叡從城牆上送出城外，任叡到各個村寨傳達羅尚的決定，並與各村寨約定於二月十日同時攻擊李特。任叡於是到李特那裡詐降，李特向他詢問太城中的情況。任叡說：「城中儲備的糧食就要吃完了，現在只剩下錢幣和布帛。」任叡向李特請求回去探望家人，李特答應了他的請求，任叡於是返回太城向羅尚作了彙報。二月，羅尚派遣軍隊偷襲李特的軍營，各村寨也一起響應，李特的軍隊大敗，羅尚軍隊殺死了李特、李輔、李遠，焚燒了他們的屍體，還把他們的人頭送到了洛陽，流民因此非常恐懼。李流、李蕩、李雄召集起潰散的軍隊回軍據守赤祖。李流自稱大將軍、大都督、益州牧，負責守衛東營，李蕩、李雄負責保護北營。孫阜率軍攻破了德陽縣城，俘獲了李特的部將蹇碩，德陽太守任臧率軍撤退到涪陵。

三月，羅尚派遣督護何沖、常深等人率軍攻打李流，涪陵百姓藥紳等人也起兵攻擊李流。李流與李驤抵禦常深，派李蕩、李雄抵禦藥紳，何沖乘虛攻打北營。氐人苻成、隗伯當時都在北營，他們趁機叛變李氏響應何沖。李蕩的母親羅氏身披鎧甲進行抵抗，隗伯親手用刀刺傷了羅氏的眼睛，而羅氏卻越戰越勇。軍營即將被攻破，碰巧此時李流等人打敗了常深、藥紳，率軍回到北營，立即與何沖等進行交戰，大敗何沖。苻成、隗伯率領著他們的黨羽衝出北營前往羅尚那裡投降。李流等人乘勝進攻，抵達成都城下，羅尚再次關閉城門自守。李蕩策馬奔馳，在追逐敗逃的敵人時，不幸被矛刺中身亡。

朝廷派遣侍中燕國劉沈秉持朝廷所賜的旌節去統一調度羅尚、許雄等各路軍隊討伐李流。劉沈經過長安時，河間王司馬顒留下劉沈為自己擔任軍師，另派席薳代替劉沈去成都指揮各軍作戰。

李流因為李特、李蕩相繼戰死，宗岱、孫阜率軍即將到達，心裡非常恐懼。李含便勸說李流向朝廷投降，李流聽從了李含的勸告準備投降。李驤、李雄輪番勸諫，李流都不肯聽從。夏季，五月，李流派他的兒子李世和李含的兒子李胡到孫阜的軍營去作人質。李胡的哥哥李離為梓潼郡太守，聽到消息後，立即從梓潼郡飛馬回到李流那裡，準備勸阻李流，然而已經來不及了。李離退出李流的營帳後，便與李雄商議襲擊孫阜的軍隊。李雄說：「為今之計，理應如此，別無出路，然而李流、李含兩位老人家不同意，你說該怎麼辦呢？」李離說：「只有用武力脅迫他們聽從了。」李雄非常高興，於是兩人就一起去鼓動流民說：「我們這些人以前曾經用殘酷的手段摧殘過蜀地的居民，如果我們一旦繳械投降，便會成為他們任意宰割的魚肉，現在只有同心協力襲擊孫阜取得富貴，才是唯一的出路。」流民都同意他們的意見。於是李雄和李離率領著這些流民去襲擊孫阜的軍隊，把孫阜的軍隊打得大敗。恰巧此時荊州刺史宗岱在墊江縣去世，荊州的軍隊隨即撤退。李流感到非常慚愧，也因此而看出李雄的雄才大略，於是就把所有軍事重任全部交給李雄。

新野王司馬歆處理政務嚴苛急迫，因而失去了少數民族的支持。義陽國的蠻族人張昌因此聚集黨徒數千人，準備謀反作亂。荊州官員按照朝廷正月初八日壬午頒發的詔令徵調青壯年趕往益州去討伐李流，因此把這些人稱為「壬午兵」。由於人們畏懼長途遠征，所以都不願意去。而詔書又催促火速進兵，「壬午兵」如果在所經過的郡縣界內停留五天，所在郡縣二千石俸祿的官吏就要被免去官職。所以，所經過的郡縣，官員們都親自出城驅趕著赴蜀的士兵快走，沒有走出多遠，這些人被逼無奈就屯聚在一起成為盜賊。當時江夏郡的莊稼獲得了大豐收，外地到江夏郡找食物吃的流民有數千人。張昌便趁機哄騙、迷惑這些流民百姓，自己也改換姓名為李辰，他在安陸縣的石巖山招募民眾，大批的流民和逃避「壬午兵」兵役的人都前往歸附了他。江夏郡太守弓欽派兵前去討伐，卻不能取勝。張昌隨後攻打江夏郡城，弓欽作戰失敗，就與部將朱伺一起投奔武昌郡去了。新野王司馬歆派遣騎兵長官靳滿率領騎兵去討伐張昌，靳滿又被張昌打敗逃走了。

張昌隨即佔領了江夏郡，他製造妖言說：「應當有聖人出來成為百姓的新主子。」張昌物色到山都縣的縣吏丘沈，他將丘沈改名換姓叫作劉尼，又讓劉尼詐稱是漢朝皇室的後裔，尊劉尼為天子，他指著劉尼對眾人說：「這就是聖人。」張昌自封為相國，他編造說附近某地來了「鳳凰」、自己得到了「玉璽」等等，說這是該出帝王的徵兆，以騙取百姓的信任，並稱該年為「神鳳元年」，又在郊外舉行祭祀天地的大典，典禮儀式和劉尼所乘坐的車馬以及朝會時冠冕的顏色，全部依照漢王朝的舊規定。有不應徵參加張昌、劉尼軍隊的，就被誅滅全族，所以沒有人敢不聽從他們。張昌又散布流言說：「長江、淮河以南地區的人民全部造反了，朝廷已經派出大量軍隊，準備把他們全部剿滅。」由於互相煽動，人心惶恐不安，於是長江、沔水一帶到處起兵響應張昌，不到十天半月的時間張昌就聚集了三萬人，他們頭上都戴著深紅色的帽子，下巴上戴著用馬尾作的假鬍鬚。朝廷下詔派監軍華宏率領軍隊去討伐張昌，華宏在障山被張昌打敗。

新野王司馬歆給朝廷上書說：「張昌率領的叛民就像犬羊一樣，成千上萬，他們頭上戴著深紅色的頭巾、滿臉毛髮，揮舞著刀槍劍戟，其來勢銳不可擋，請朝廷命令征討軍隊，兵分三路前來救助我們。」朝廷任命擔任屯騎校尉的劉喬為豫州刺史，寧朔將軍沛國人劉弘為荊州刺史。又下詔命令河間王司馬顒派遣雍州刺史劉沈率領雍州兵一萬，和征西將軍司馬顒府中的兵力五千，從藍田關出發去討伐張昌。司馬顒不服從詔命，劉沈只得率領一萬雍州兵前往藍田縣，司馬顒又逼迫劉沈，強行奪走了劉沈的一萬軍隊。當時劉喬的軍隊駐紮在汝南郡，劉弘和前將軍趙驤、平南將軍羊伊的軍隊屯紮在宛縣。張昌派遣手下將領黃林率領二萬人向豫州進發，劉喬率軍把黃林打退。

當初，新野王司馬歆與齊王司馬冏關係密切。司馬冏失敗被殺後，司馬歆便心懷恐懼，便主動和大將軍司馬穎親近。等到張昌叛亂的時候，司馬歆上表請求討伐張昌。當時長沙王司馬乂已經與成都王司馬穎有了矛盾，司馬乂懷疑司馬歆與司馬穎聯合策劃陰謀，便不讓司馬歆出兵，以至於張昌的勢力日盛一日。擔任從事中郎的孫洵對司馬歆說：「您身為獨當一面的大員，接受皇帝的委託，擁有臨事制宜、先斬後奏的權力，上表之後就立即行動，有什麼不可以呢？如果讓張昌的勢力發展起來，造成難以預料的惡果，這難道是捍衛皇室、為國家作屏障以保障四海穩定安寧的本意嗎？」司馬歆準備親自帶領軍隊出征，王綏勸阻司馬歆說：「張昌只不過是個小毛賊，派一個屬下偏將就足以制服他，何必要違抗詔命，親自去冒亂箭飛石的危險呢？」等到張昌到達樊城的時候，司馬歆才出城迎戰，所率軍隊一觸即潰，司馬歆被張昌殺死。惠帝下詔任命劉弘接替司馬歆為鎮南將軍，統領荊州各種軍事。六月，鎮南將軍劉弘任命擔任南蠻校尉長史的廬江陶侃為大都護，任命擔任參軍的蒯恆為義軍督護，任命擔任牙門將的皮初為都戰帥，進入襄陽郡據守。張昌集結了屬下所有的軍隊圍攻宛縣，打敗了趙驤的軍隊，殺死了羊伊。荊州刺史劉弘率軍退守梁縣，張昌進攻襄陽郡城，但沒能攻克。

李雄率軍攻打汶山郡，殺死了汶山郡太守陳圖，隨後奪取了成都西側的戰略要地郫城。

秋，七月，李流徙屯郫。蜀民皆保險結塢❶，或南入寧州❷，或東下荊州，城邑皆空，野無煙火❸。流虜掠無所得，士眾飢乏。唯涪陵❹千餘家，依青城山處士❺范長生❻。平西參軍❼涪陵徐轝說羅尚，求為汶山太守，邀結長生，與共討流。尚不許，轝怒，出降於流，流以轝為安西將軍。轝說長生，使資給❽流軍糧，長生從之。流軍由是復振。

初，李含❾以長沙王乂微弱，必為齊王冏所殺，因欲以為冏罪而討之，遂廢帝，立大將軍穎，以河間王顒為宰相，己得用事❿。既而冏為乂所殺⓫，穎、顒猶守藩⓬，不如所謀⓭。穎恃功驕奢，百度⓮弛廢，甚於冏時。猶嫌乂在內⓯，不得逞其欲⓰，欲去之。時皇甫商復為乂參軍，商兄重為秦州刺史。含說顒曰：「商為乂所任，重終不為人用⓱，宜早除之⓲。可表遷重為內職⓳，因其過長安執之⓴。」重知之，露檄上尚書㉑，發隴上兵㉒以討含。乂以兵方少息，遣使詔重罷兵，徵含㉓為河南尹㉔。含就徵㉕，而重不奉詔㉖，顒遣金城㉗太守游楷、隴西㉘太守韓稚等合四郡兵攻之。顒密使含與侍中馮蓀、中書令卞粹謀殺乂。皇甫商以告乂，收含、蓀、粹，殺之。驃騎從事㉙琅邪諸葛玫、前司徒長史㉚武邑牽秀㉛皆出奔鄴。

張昌黨石冰寇揚州㉜，敗刺史陳徽，諸郡盡沒。又攻破江州㉝，別將陳貞等[1]

攻武陵㉞、零陵㉟、豫章㊱、武昌㊲、長沙㊳，皆陷之。臨淮㊴人封雲起兵寇徐州以應冰。於是荊、江、徐、揚、豫[2]五州之境，多為昌所據。昌更置牧、守㊵，皆桀盜㊶小人，專以劫掠為務。

劉弘遣陶侃等攻昌於竟陵㊷，劉喬遣其將李楊等向江夏㊸。侃等屢與昌戰，大破之，前後斬首數萬級。昌逃于下雋山㊹，其眾悉降。

初，陶侃少孤貧，為郡督郵㊺。長沙太守萬嗣過廬江，見而異之，命其子結友而去。後察孝廉㊻，至洛陽，豫章國郎中令㊼楊晫薦之於顧榮㊽，侃由是知名。既克張昌，劉弘謂侃曰：「吾昔為羊公㊾參軍，謂吾後當居身處㊿。今觀卿，必繼老夫(51)矣。」

弘之退屯於梁也，征南將軍范陽王虓(52)遣前長水校尉(53)張奕領荊州(54)。弘至，奕不受代(55)，舉兵拒弘。弘討奕，斬之。時荊部守宰(56)多缺，弘請補選，詔許之。弘敘功銓德(57)，隨才授任(58)，人皆服其公當。弘表皮初補襄陽太守。朝廷以初雖有功而望淺(59)，更以弘壻前東平太守夏侯陟為襄陽太守。弘下教(60)曰：「夫治一國者，宜以一國為心(61)。必若姻親[3]然後可用，則荊州十郡，安得十女壻然後為政哉！」乃表：「陟姻親，舊制不得相監(62)。皮初之勳，宜見酬報(63)。」詔聽之。

弘於是勸課[64]農桑，寬刑省賦，公私給足[65]，百姓愛悅。

河間王顒聞李含等死，即起兵討長沙王乂。大將軍穎上表請討張昌，許之，聞昌已平，因欲與顒共攻乂。盧志諫曰：「公前有大功而委權辭寵[66]，時望[67]美矣。今宜〔4〕頓軍關外[68]，文服入朝[69]，此霸主之事[70]也。」參軍魏郡邵續曰：「人之有兄弟，如左右手。明公欲當[71]天下之敵而先去其一手[72]，可乎？」穎皆不從。八月，顒、穎共表「乂論功不平，與右僕射羊玄之[73]、左將軍皇甫商專擅朝政，殺害忠良[74]，請誅玄之、商，遣乂還國。」詔曰：「顒敢舉大兵，內向京輦[75]，吾當親率六軍以誅姦逆。其以乂為太尉、都督中外諸軍事以禦[76]之。」

顒以張方為都督，將精兵七萬，自函谷[77]東趨洛陽。穎引兵屯朝歌[78]，以平原內史[79]陸機為前將軍、前鋒都督，督北中郎將[80]王粹、冠軍將軍牽秀、中護軍石超等軍二十餘萬，南向洛陽。機以羇旅[81]事穎，一旦頓居諸將之右[82]，王粹等心皆不服。白沙督[83]孫惠與機親厚，勸機讓都督於粹。機曰：「彼將謂吾首鼠兩端[84]，適所以速禍[85]也。」遂行。穎列軍自朝歌至河橋[86]，鼓聲聞數百里。

乙丑[87]，帝如十三里橋[88]。太尉乂使皇甫商將萬餘人拒張方於宜陽[89]。己巳[90]，帝還軍宣武場[91]。庚午[92]，舍于石樓[93]。九月丁丑[94]，屯于河橋。壬午[95]〔5〕，張方襲皇甫商，敗之。甲申[96]，帝軍于芒山[97]。丁亥[98]，帝幸偃師[99]。辛卯[100]，舍于豆田[101]。大將軍穎進屯河南[102]，阻清水為壘[103]。癸巳[104]，羊玄之憂懼而卒，帝旋軍城東[105]。丙申[106]，幸緱氏[107]，擊牽秀，走之。大赦。張方入京城，大掠，死者萬計。

李流疾篤[108]，謂諸將曰：「驍騎[109]仁明，固足以濟大事[110]。然前軍[111]英武，殆[112]天所相[113]，可共受事[114]於前軍。」流卒，眾推李雄為大都督、大將軍、益州牧，治郫城。雄使武都朴泰[115]紿羅尚[116]，使襲郫城，云己為內應。尚使隗伯將兵攻郫，泰約舉火為應，李驤伏兵於道，泰出長梯於外[117]。隗伯兵見火起，爭緣梯上，驤縱兵擊，大破之。追奔，夜至城下[118]，詐稱萬歲，曰：「已得郫城矣！」入少城，尚乃覺之，退保太城。隗伯創甚[119]，雄生獲之，赦不殺[120]。李驤攻犍為[121]，斷尚運道[122]，獲太守龔恢，殺之。

石超進逼緱氏。冬，十月壬寅[123]，帝還宮。丁未[124]，敗牽秀於東陽門[125]外。大將軍穎遣將軍馬咸助陸機。戊申[126]，太尉乂奉帝[127]與機戰于建春門[128]。乂司馬王瑚使數千騎繫戟於馬[129]，以突咸陳。咸軍亂，執而斬之。機軍大敗，赴七里澗[130]，死者如積，水為之不流。斬其大將賈崇等十六人，石超遁去。

初，宦人孟玖有寵於大將軍穎，玖欲用其父為邯鄲令[131]，左長史盧志等皆不敢違。右司馬陸雲固執不許，曰：「此縣，公府掾資[132]，豈有黃門父居之邪！」玖深怨之。玖弟超，領萬人為小督，未戰，縱兵大掠，陸機錄其主者[133]。超將鐵騎百餘人直入機麾下[134]，奪之，顧謂機曰[135]：「貉奴[136]，能作督不[137]？」機司馬吳郡孫拯[138]勸機殺之，機不能用。超宣言於眾曰：「陸機將反。」又還書與玖[139]，言機持兩端[140]，故軍不速決。及戰，超不受機節度，輕兵獨進，敗沒[141]。玖疑機殺之，譖之於穎曰：「機有二心於長沙[142]。」牽秀素諂事玖，將軍王闡、郝昌、帳下督陽平公師藩[143]皆玖所引用，相與共證之。穎大怒，使秀將兵收機。參軍事王彰諫曰：「今日之舉，彊弱異勢，庸人猶知必克[144]，況機之明達乎！但機吳人，殿下用之太過[145]，北土舊將[146]皆疾之耳。」穎不從。機聞秀至，釋戎服，著白帢[147]，與秀相見。為箋辭穎[148]，既而歎曰：「華亭鶴唳，可復聞乎[149]？」秀遂殺之。穎又收機弟清河內史雲、平東祭酒耽[150]及孫拯，皆下獄。

記室江統、陳留蔡克、穎川棗嵩等上疏，以為：「陸機淺謀致敗，殺之可也。至於反逆，則眾共知其不然。宜先檢校[151]機反狀，若有徵驗，誅雲等未晚也。」統等懇請不已，穎遲迴[152]者三日。蔡克入，至穎前，叩頭流血曰：「雲為孟玖所怨，遠近莫不聞。今果見殺，竊為明公惜之。」僚屬隨克入者數十人，流涕固請，穎惻然[153]有宥雲之[6]色[154]。孟玖扶穎入，催令殺雲、耽，夷機三族。獄吏考掠[155]孫拯數百，兩踝骨見[156]，終言機冤。吏知拯義烈，謂拯曰：「二陸之枉，誰不知之？君可不愛身乎[157]？」拯仰天歎曰：「陸君兄弟，世之奇士，吾蒙知愛[158]。今既不能救其死，忍復從而誣之乎！」玖等知拯不可屈，乃令獄吏詐為拯辭[159]。穎既殺機，意常悔之，及見拯辭，大喜，謂玖等曰：「非卿之忠，不能窮此姦[160]。」遂夷拯三族。拯門人費慈、宰意二人詣獄明拯冤，拯譬遣之[161]曰：「吾義不負二陸，死自吾分[162]，卿何為爾邪[163]？」曰：「君既不負二陸，僕又安可負君？」固言拯冤，玖又殺之。

太尉乂奉帝攻張方，方兵望見乘輿[164]，皆退走，方遂大敗，死者五千餘人。方退屯十三里橋，眾懼，欲夜遁。方曰：「勝負兵家之常，善用兵者能因敗為成[165]。今我更前作壘[166]，出其不意，此奇策也。」乃夜潛進[7]逼洛城[167]七里，築壘數重，外引廩穀[168]以足軍食。乂既戰勝，以為方不足憂。聞方壘成，十一月，引兵攻之，不利。朝議以為乂、穎兄弟，可辭說而釋[169]。乃使中書令王衍等往說穎，令與乂分陝而居[170]。穎不從。乂因致書於穎，為陳利害，欲與之和解。穎復書：「請斬皇甫商等首，則引兵還鄴。」乂不可。

顒進兵逼京師，張方決千金堨[171]，水碓皆涸[172]，乃發王公奴婢手舂給兵[173]。一品已下不從征[174]者，男子十三以上皆從役。又發奴助兵[175]。公私窮踧[176]，米石萬錢。詔命所行[177]，一城[178]而已。驃騎主簿[179]范陽祖逖[180]言於乂曰：「劉沈[181]忠義果毅，雍州兵力足制河間[182]，宜啟上為詔與沈，使發兵襲顒。顒窘急，必召張方以自救，此良策也。」乂從之。沈奉詔馳檄四境[183]，諸郡多起兵應之。沈合七郡之眾，凡萬餘人，趣長安[184]。

乂又使皇甫商間行[185]，齎[186]帝手詔，命游楷[187]等罷兵，敕皇甫重進軍討顒。商間[8]行至新平[188]，遇其從甥[189]。從甥素憎商，以告顒，顒捕商，殺之。

十二月，議郎周玘[190]、前南平內史[191]長沙王矩[192]起兵江東[193]，以討石冰，推前吳興[194]太守吳郡顧祕都督揚州九郡[195]諸軍事，傳檄州郡，殺冰所署將吏。於是前侍御史賀循[196]起兵於會稽[197]，廬江內史廣陵華譚[198]及丹陽葛洪[199]、甘卓[200]皆起兵以應祕。玘，處之子。循，邵之子。卓，寧之曾孫也。

冰遣其將羌毒[201]帥兵數萬拒玘，玘擊斬之，冰自臨淮[202]退[9]趨壽春[203]。征東將軍劉準[204]聞冰至，惶懼不知所為。廣陵度支[205]廬江陳敏統眾[206]在壽春，謂準曰：「此等[207]本不樂遠戍[208]，逼迫成賊，烏合之眾，其勢易離，敏請督帥[10]運兵[209]為公破之。」

準乃益斂兵[210]，使擊之。

閏月[211]，李雄急攻羅尚。尚軍無食，留牙門張羅守城，夜，由牛鞞水[212]東走，羅開門降。雄入成都，軍士飢甚，乃帥眾就穀於郪[213]，掘野芋而食之。許雄坐討賊不進，徵即罪[214]。

安北將軍、都督幽州諸軍事王浚[215]，以天下方亂，欲結援夷狄，乃以一女妻鮮卑段務勿塵[216]，一女妻素怒延[217]；又表[218]以遼西郡[219]封務勿塵為遼西公。浚，沈[220]之子也。

毛詵之死[221]也，李叡[222]奔五苓夷帥于陵丞[223]，于陵丞詣李毅為叡請命，毅許之。叡至，毅殺之。于陵丞怒，帥諸夷反攻毅。

尚書令樂廣女為成都王妃，或譖諸太尉乂[224]。乂以問廣，廣神色不動，徐曰[225]：「廣豈以五男易一女[226]哉？」乂猶疑之。

【章　旨】以上為第二段，寫晉惠帝太安二年（西元三〇三年）下半年的大事，主要寫了長沙王司馬乂殺了與河間王司馬顒相勾結的李含、馮蓀、卞粹，司馬顒遂與成都王司馬穎聯合，分別派張方、陸機率軍進討司馬乂。司馬乂挾持晉惠帝大破陸機，接著陸機被司馬穎身邊的小人所譖殺；司馬乂又挾持晉惠帝大破張方後，司馬穎率兵進逼洛陽，雍州刺史劉沈亦率兵援救洛陽，形勢異常緊張；寫了張昌的黨羽石冰攻破揚州數郡，又攻破江州數郡，徐州又有人起事以應，於是荊、江、徐、揚、豫五州之境多為張昌的勢力所佔據；寫了荊州刺史劉弘派陶侃討伐張昌，荊州獲得平定；寫了顧祕、賀循、葛洪等人起兵討石冰；寫了氐帥李流病死，部眾推李雄為帥，李雄連續大破益州刺史羅尚，並奪得成都等等。

【注釋】❶保險結塢　據守險要，構築村落堡壘。❷寧州　州治味縣，即今雲南曲靖，轄境約當今雲南大部和與之鄰近的貴州、廣西一帶地區。❸野無煙火　原野上見不到炊煙、燈火。❹涪陵　此指涪縣，在今四川綿陽東北。❺青城山處士　青城山中的隱士。青城山在今四川都江堰市境內，是道教聖地。❻范長生　一名延元，又名九重，為天師道的首領。❼平西參軍　羅尚的僚屬，時羅尚任平西將軍。❽資給　供應。❾李含　字世容，時為司馬顒的長史。傳見《晉書》卷六十。與李流軍中的「李含」不是一個人。❿用事　掌權。⓫冏為乂所殺　事見本書卷八十四太安元年。⓬猶守藩　還都在自己的封地上，或在外地為都督、刺史。⓭不如所謀　不像原來謀劃的那樣。這句話的主語是「李含」。⓮百度　指朝廷的各種政務。⓯在內　在朝內。⓰不得逞其欲　這句話的主語仍是「李含」。⓱不為人用　指不為司馬顒所用。⓲宜早除之　皇甫商跟李含之間不和睦。事見本書卷八十四太安元年。⓳表遷重為內職　上表請求把皇甫重調到朝廷上去。⓴因其過長安執之　趁他路過長安的時候將其逮捕。執，拘捕。㉑露檄上尚書　給尚書省發出了一封不緘口的檄文。露檄，猶如今之所謂「公開信」。㉒隴上兵　即皇甫重統轄的秦州六郡之兵。隴上，指今隴山以西的甘肅東部一帶地區。㉓徵含　調動李含的職務。㉔河南尹　首都洛陽所在郡的行政長官。㉕就徵　服從調動。㉖不奉詔　不服從詔令。㉗金城　晉郡名，郡治榆中，在今甘肅蘭州東。㉘隴西　晉郡名，郡治襄武，在今甘肅隴西縣南。當時秦州刺史鎮冀城，故城在今甘肅甘谷縣東。㉙驃騎從事　驃騎將軍的從事中郎。當時司馬乂任驃騎將軍。㉚前司徒長史　前任司徒王戎的長史。㉛武邑牽秀　牽秀字成叔，當時的反覆之徒。傳見《晉書》卷六十。武邑，即今河北武邑。㉜揚州　州治建鄴，即今南京。㉝江州　州治豫章，即今江西南昌。㉞武陵　晉郡名，郡治臨沅，在今湖南常德西。㉟零陵　晉郡名，郡治泉陵，即今湖南零陵。㊱豫章　晉郡名，郡治即今江西南昌。㊲武昌　晉郡名，郡治即今湖北鄂城。㊳長沙　晉郡名，郡治臨湘，即今湖南長沙。㊴臨淮　晉郡名，郡治即今江蘇盱眙。㊵更置牧守　重新任命各州、各郡的行政長官，指刺史、太守等。㊶桀盜　大盜。㊷竟陵　晉郡名，郡治石城，在今湖北鍾祥北。㊸江夏　晉郡名，郡治安陸，即今湖北雲夢。當時劉喬任豫州刺史，李楊率兵由豫州（州治河南淮陽）向安陸。㊹下雋山　在今湖南沅陵境。㊺郡督郵　廬江郡的督郵。廬江郡的郡治舒城，在今安徽廬江縣西南。督郵，太守的僚屬，代表郡守督察諸縣，宣達教令，檢查囚徒。(46)察孝廉　以「孝廉」的資格被舉薦到朝廷。察，選送；保薦。(47)豫章國郎中令　豫章國的郎中令。豫章國是惠帝司馬衷之弟司馬熾的封國。郎中令是守衛宮廷的長官。司馬熾即未來的晉懷帝。(48)顧榮　曾為齊王司馬冏的屬官，陸機的友人，後為東晉名臣。傳見《晉書》卷六十八。(49)羊公　即羊祜，晉初元勳，滅吳有大功。傳見《晉書》卷三十四。(50)當居身處　會擔當我現在的職務。身，羊祜自稱。(51)必繼老夫　一定會接替擔任我現在的職務。劉弘當時為鎮南將軍、都督荊州諸軍事。(52)范陽王虓　司馬虓，司馬炎的族弟。(53)長水校尉　武官名，上屬領軍將軍，秩比二千石。(54)領荊州　代理荊州刺史。(55)不受代　不交出荊州刺史的職權。(56)荊部守宰　荊州管區內的各郡、縣長官。(57)敘功銓德　按功勞大小、品德高低。敘、銓，都是比較、衡量的意思。(58)隨才授任　依照才能委任官職。(59)望淺　資歷、聲望不夠。(60)下教　下令。教是一種文體名，指王公大官給下屬下達的諭令。(61)以一國為心　意即應考慮全國的利益。(62)舊制不得相監　按老規定不能成為上下級關係。(63)宜見酬報　應該獲得酬報。見，被。(64)勸課　勉勵督促。(65)公私給足　官府和百姓都富足起來。(66)委權辭寵　交出權力，謝絕恩寵。事見本書卷八十四永寧元年。(67)時望　當時的名聲威望。(68)頓軍關外　把軍隊駐紮在洛陽的城關之外。(69)文服入朝　身穿文官服飾進朝拜見皇帝。(70)霸主之事　古代齊桓公、晉文公一樣的事業，指輔佐天子、號令諸侯。(71)當　對付；應付。(72)先去其一手　指司馬穎欲除司馬乂。司馬穎跟司馬乂都是司馬炎的兒子，而司馬顒不過是疏遠的族兄。(73)羊玄之　晉惠帝羊皇后之父。傳見《晉書》卷九十三。(74)殺害忠良　指殺掉李含等人。(75)內向京輦　向著京城、朝廷。輦，皇帝的車駕。(76)禦　抵抗。(77)函谷　此指函谷舊關，在今河南靈寶東北。(78)朝歌　即今河南淇縣。(79)平原內史　平原國的內史。平原國的都城在今山東平原縣南。內史在諸侯國掌民政。(80)北中郎將　地位高於一般將領，多派出鎮鄴。(81)羈旅　原指漂泊作客，此處指陸機是從東吳歸降過來的人，沒有任何根基。(82)居諸將之右　居眾將領之上。(83)白沙督　防守白沙的武官。白沙是地名，在河北臨漳東南。(84)首鼠兩端　形容瞻前顧後，意即在敵我之間腳踩兩條船。(85)適所以速禍　更加促使大禍臨頭。速禍，加速災禍的降臨。(86)河橋　即黃河上的富平津大橋，在今河南孟州西南，孟津東北。(87)乙丑　八月二十四。(88)如十三里橋　到達十三里橋。十三里橋在洛陽城西，離城十三里，因以為名。(89)宜陽　晉縣名，故城在今河南宜陽西。(90)己巳　八月二十八。(91)宣武場　在洛陽城北。(92)庚午　八月二十九。(93)舍于石樓　住宿在石樓。石樓在宣武場附近。(94)九月丁丑　九月初六。(95)壬午　九月十一。(96)甲申　九月十三。(97)軍于芒山　駐軍在洛陽城北的芒山。(98)丁亥　九月十六。(99)偃師　縣名，縣治在今河南偃師城西北。地處洛陽城之東北。(100)辛卯　九月二十。(101)豆田　地名，在洛陽城東。(102)河南　黃河之南。(103)阻清水為壘　依傍濟水紮下營盤。清水，即濟水，相傳發源於河南濟源，在滎陽城北穿過黃河東流入山東。(104)癸巳　九月二十二。(105)旋軍城東　率軍回到洛陽城東。(106)丙申　九月二十五。(107)幸緱氏　到達緱氏縣。幸，敬稱帝王駕臨。緱氏縣城在今河南偃師東南。(108)疾篤　病危。(109)驍騎　指李驤，李流之弟，時為驍騎將軍。(110)濟大事　成就大事業。(111)前軍　指李雄，李特的兒子，時為前將軍。(112)殆　大概；幾乎。(113)天所相　天之所助。(114)受事　猶言「聽命」。(115)武都朴泰　武都郡人姓朴名泰。武都郡的郡治下辨，在今甘肅成縣西北。(116)紿羅尚　欺騙羅尚。(117)出長梯於外　從城上給城外放下長梯。(118)夜至城下　連夜追到成都城下。(119)創甚　受傷很重。(120)赦不殺　赦他不死。隗伯原本也是流民的首領，前不久叛歸羅尚。(121)犍為　晉郡名，郡治武陽，在今四川彭山縣東，成都南。(122)運道　運輸物資的通路。(123)十月壬寅　十月初二。(124)丁未　十月初七。(125)東陽門　洛陽城的中東門。(126)戊申　十月初八。(127)奉帝　挾持著晉惠帝。奉，擁戴，實乃劫持。(128)建春門　洛陽城的上東門。(129)繫戟於馬　在戰馬的兩肋綁上長戟。(130)七里澗　在洛陽城東。(131)邯鄲令　邯鄲縣（即今河北邯鄲）的縣令。(132)此縣二句　在這個縣當縣令的，都是為下一步到三公府當大吏作準備。(133)錄其主者　逮捕了其中的肇事主犯。(134)麾下　指大將的指揮所。(135)顧謂機曰　回頭望著陸機說。(136)貉奴　罵人語。貉，亦稱「狗獾」，外形如狐，較短。(137)能作督不　看你還能當得成這都督否。不，同「否」。(138)孫拯　字顯世，仕吳為黃門侍郎，入晉為涿縣令。附傳見《晉書》卷五十四。(139)還書與玖　給成都王穎身邊的孟玖寫回信。(140)持兩端　腳踩兩條船。(141)敗沒　戰敗死於敵軍。(142)有二心於長沙　指與長沙王司馬乂相勾結。(143)陽平公師藩　陽平郡（郡治元城，今河北大名東）人姓公師名藩。(144)必克　一定能打敗長沙王司馬乂。(145)用之太過　過於重用。(146)北土舊將　舊日晉朝的將領，「北土」指與「吳」相對而言。(147)著白帢　戴上文士的禮帽。(148)為牋辭穎　寫了一封信向司馬穎告辭。(149)華亭鶴唳二句　華亭在今上海松江縣西，這裡代指陸機的故鄉。這兩句話是模仿李斯當年臨死前所說的「吾欲與若復牽黃犬俱出上蔡東門逐狡兔，豈可得乎？」感慨是因為貪圖名利而招致送命。(150)平東祭酒耽　平東將軍的祭酒陸耽，陸機的二弟。平東祭酒是平東將軍的僚屬。(151)檢校　檢查核對。(152)遲迴　遲疑反覆。(153)惻然　憐憫的樣子。(154)有宥雲之色　臉上露出了想寬恕陸雲的意思。(155)考掠　拷打。(156)兩踝骨見　兩腳的踝骨都露了出來。(157)君可不愛身乎　你怎麼能夠這麼不愛護自己呢。可，怎能。(158)吾蒙知愛　我蒙受他們的賞識與厚愛。(159)詐為拯辭　偽造了孫拯的口供。(160)窮此姦　追查清楚這個奸賊的真相。窮，徹底查清。(161)譬遣之　勸導、打發他回去。(162)死自吾分　死是我的本分。(163)卿何為爾邪　你們為什麼要這樣。(164)乘輿　皇帝的車駕，這裡即指晉惠帝。(165)因敗為成　即轉敗為勝。(166)更前作壘　再向前推進修築工事。(167)潛進逼洛城　偷偷地向前逼近洛陽城。(168)外引廩穀　從城外運來倉庫中的糧食。(169)可辭說而釋　可以通過言語調停，解開怨仇。(170)分陝而居　西周初，曾把全國以陝縣為界分為東西兩部，讓周公與召公各統一部。這裡是引周、召舊例，想使司馬穎、司馬乂也分天下為二，各統一半。(171)千金堨　當時的水壩名，在洛陽城西。(172)水碓皆涸　由於河水枯乾，舂米用的水碓都停止轉動。涸，枯竭。(173)手舂給兵　用手搗米供給軍隊。(174)不從征　指平時享有特權，可以不服兵役的人。(175)發奴助兵　徵調奴僕補充兵源。(176)公私窮踧　公家與私人都窮困到了極點。踧，同「蹙」。窮困。(177)詔命所行　皇帝詔書所能達到的範圍。(178)一城指洛陽城。(179)驃騎主簿　驃騎將軍司馬乂的主簿。主簿是掌管文書案卷的文官。(180)范陽祖逖　祖逖字士雅，范陽遒縣（今河北淶水縣）人，幽、冀望族，青年時與劉琨同為司州主簿，中夜聞雞起舞，並有才名。傳見《晉書》卷六十二。(181)劉沈　時為雍州刺史，駐兵安定，今甘肅鎮原東南。(182)河間　指河間王司馬顒，當時也駐兵長安。(183)馳檄四境　飛馬向雍州各郡傳達檄文。(184)趣長安　向長安圍去。趣，同「趨」。向。(185)間行　化裝抄小路而行。(186)齎　攜帶。(187)游楷　時為金城郡（郡治即今蘭州）內史，受司馬顒指揮。(188)新平　晉郡名，郡治漆縣，即今陝西彬縣。(189)從甥　堂外甥。(190)周玘　名臣周處之子。傳見《晉書》卷五十八。(191)南平內史　南平郡的內史，南平郡的郡治在今湖北公安西北。(192)長沙王矩　長沙人姓王名矩。(193)起兵江東　在今長江東南的江蘇、安徽南部一帶地區起兵。(194)吳興　晉郡名，郡治即今浙江湖州。(195)揚州九郡　指丹陽、宣城、毗陵、吳、吳興、會稽、東陽、新安、臨海九郡。(196)賀循　會稽山陰人，賀邵之子，曾為趙王倫屬吏，辭病歸家，後為東晉名臣。傳見《晉書》卷六十八。(197)會稽　晉郡名，郡治即今浙江紹興。(198)廣陵華譚　華譚字令思，東吳地區的才學之士，曾任淮陵太守、廬江內史。傳見《晉書》卷五十二。廣陵即今江蘇揚州。(199)丹陽葛洪　丹陽是晉郡名，郡治即今南京。葛洪字稚川，丹陽句容人，當時著名的道士。著有《抱朴子》等。曾因參加討石冰被任伏波將軍。傳見《晉書》卷七十二。(200)甘卓　字季思，丹陽人，吳將甘寧之孫。曾以參加討石冰被封侯。傳見《晉書》卷七十。(201)羌毒　人名，姓羌名毒。(202)臨淮　諸侯國國名，都城在今江蘇盱眙東北。(203)趨壽春　奔赴壽春（即今安徽壽縣）。(204)征東將軍劉準　當時駐兵壽春。(205)廣陵度支　廣陵郡的度支。度支，官名，主管財政收支、漕運、倉廩庫藏等事。(206)統眾　統率人馬。(207)此等　指石冰的部眾。(208)不樂遠戍　不願意被抓去當兵入巴蜀。(209)運兵　度支手下主管運輸的士兵。(210)益敏兵　給陳敏增派了一些人。(211)閏月　閏十二月。(212)牛鞞水　即今之沱江，經成都城東南流，經簡陽、內江，至瀘州入長江。(213)就穀於郪　前往郪縣找食物吃。郪縣，在今四川三臺西南，成都東。(214)徵即罪　調回洛陽治罪。當時許雄任梁州刺史，奉命入蜀協助討伐李氏所率之流民。(215)王浚　王沈之子，字彭祖，晉末的亂臣。傳見《晉書》卷三十九。(216)段務勿塵　姓段名務勿塵，《魏書》作「務目塵」，當時活動於今遼西一帶。(217)素怒延　匈奴族宇文部落的頭領。(218)表　上書朝廷。(219)遼西郡　郡治陽樂，在今遼寧義縣西。(220)沈　王沈，魏末司馬氏的黨羽，曾出賣魏帝曹髦，致曹髦被殺。事見本書卷七十七景元元年。(221)毛詵之死　毛詵，建寧郡的大姓，曾逐其太守以應李特，被南夷校尉李毅所殺。事見本書卷八十四太安元年。[222]李叡　建寧郡的大姓，曾與毛詵一道逐其太守。[223]五苓夷帥于陵丞　寧州的少數民族部落頭領姓于名陵丞。[224]或譖諸太尉乂　有人在司馬乂前說樂廣的壞話。[225]徐曰　慢條斯理地說。[226]豈以五男易一女　意思是說如果自己為救女兒而私通司馬穎，則身邊的五個兒子將被司馬乂所殺，自己是不會幹這種賠本買賣的。

【校　記】[1]等　原無此字。據章鈺校，甲十一行本、乙十一行本皆有此字，張敦仁《通鑑刊本識誤》同，今據補。[2]徐揚豫　據章鈺校，甲十一行本、乙十一行本、孔天胤本皆作「揚豫徐」。[3]姻親　原作「親姻」。據章鈺校，甲十一行本、乙十一行本二字皆互乙，今據改。[4]宜　原作「若」。據章鈺校，甲十一行本、乙十一行本皆作「宜」，今據改。[5]壬午　原作「王子」。嚴衍《通鑑補》改作「壬午」，當是，今據改。[6]之　原無此字。據章鈺校，甲十一行本、乙十一行本皆有此字，今據補。[7]進　原無此字。據章鈺校，甲十一行本、乙十一行本皆有此字，今據補。[8]間　據章鈺校，甲十一行本、乙十一行本皆無此字。[9]退　原無此字。據章鈺校，甲十一行本、乙十一行本、孔天胤本皆有此字，張瑛《通鑑校勘記》同，今據補。[10]帥　原無此字。據章鈺校，甲十一行本、乙十一行本、孔天胤本皆有此字，張敦仁《通鑑刊本識誤》同，今據補。

【語　譯】秋季，七月，李流把大本營遷移到郫縣。蜀地原住居民全都據守險要，構築起村落堡壘以自守，有人向南逃亡到了寧州，有人向東逃亡進入了荊州，蜀地的城邑都成了空城，原野上見不到炊煙，晚上看不到燈火。李流搶掠不到東西，軍隊飢餓乏糧。只有涪縣還有一千多戶人家，依附於青城山中的隱士范長生。擔任平西參軍的涪陵人徐轝勸說益州刺史羅尚，請求羅尚派自己去擔任汶山郡太守，邀請、聯絡范長生共同討伐李流。羅尚沒有同意，徐轝大怒，出來後就投降了李流，李流任命徐轝為安西將軍。徐轝勸說范長生，讓他供應李流軍糧，范長生聽從了徐轝的意見。李流的軍隊由於得到了范長生資助的糧食，於是軍威重新振作起來。

當初，李含認為長沙王司馬乂勢力弱小，必然會被齊王司馬冏殺害，想以此作為齊王司馬冏的罪名而討伐司馬冏，然後廢掉晉惠帝司馬衷，立大將軍司馬穎為皇帝，任用河間王司馬顒為宰相，自己就可以趁機掌握朝廷大權。結果反而是齊王司馬冏被長沙王司馬乂所殺，司馬穎、司馬顒還都在自己的封地上，或在外地為都督、刺史，不像李含原來所謀劃的那樣。司馬穎仗恃討伐司馬冏有功而驕傲自滿起來，生活上也越來越奢侈，朝廷的各種政務荒廢的程度，超過了司馬冏當政的時期。而李含還要嫌棄司馬乂在朝內掌權，使自己的欲望不能得逞，就想要除掉司馬乂。當時皇甫商又成為司馬乂的參軍，皇甫商的哥哥皇甫重擔任秦州刺史。李含於是勸說司馬顒說：「皇甫商是司馬乂所重用的人，皇甫重最終不會被你所用，應當早日把他除掉。可以上表請求把皇甫重調回朝廷之內任職，趁皇甫重進京路過長安的時候將他逮捕。」皇甫重得知消息後，給尚書省發出了一封不緘口的檄文，一面調動自己管轄之內秦州六郡的軍隊準備討伐李含。司馬乂因為戰爭剛剛停止，軍隊才得到休息，於是就派遣使者到皇甫重那裡命令他罷兵，同時調動李含的職務，任命李含為河南尹。李含服從了調動，而皇甫重卻拒不服從詔命，司馬顒於是派遣金城郡太守游楷、隴西郡太守韓稚等會合四郡的兵力攻打皇甫重。司馬顒祕密指使李含與擔任侍中的馮蓀、擔任中書令的卞粹謀劃殺害司馬乂。皇甫商把司馬顒的陰謀告訴了司馬乂，司馬乂逮捕了李含、馮蓀、卞粹，把他們全部處死。在驃騎將軍司馬乂手下擔任從事中郎的琅邪人諸葛玫、前任司徒王戎的長史武邑人牽秀全都逃離朝廷投奔了在鄴城的成都王司馬穎。

張昌的黨羽石冰率眾攻打揚州，打敗了揚州刺史陳徽，揚州各郡全部陷落。隨後又攻陷了江州。張昌的其他將領陳貞等又率眾進攻武陵郡、零陵郡、豫章郡、武昌郡、長沙郡，將五郡全部攻佔。臨淮郡人封雲也起兵攻打徐州城以響應石冰。於是荊州、江州、徐州、揚州、豫州五州境內，大部分郡縣都被張昌所佔領。張昌重新任命各州、各郡的刺史、太守等，所委任的都是一些江洋大盜或小毛賊，他們專門以劫掠為能事。

劉弘派遣陶侃等人前去攻打盤踞在竟陵郡的張昌，劉喬派他的部將李楊等率兵進攻江夏郡。陶侃與張昌經過多次交鋒，終於將張昌打得大敗，前後共斬殺張昌部眾數萬級。張昌逃入了下儁山，他的部眾全部投降。

當初，陶侃在年紀很小的時候就成了孤兒，又家境貧寒，曾經擔任廬江郡的督郵。長沙郡太守萬嗣路過廬江郡時見到了陶侃，認為他異於常人，就讓他的兒子和陶侃結為朋友而後離去。後來陶侃以「孝廉」的資格被舉薦到朝廷，陶侃來到洛陽，擔任豫章國郎中令的楊晫把陶侃推薦給顧榮，陶侃從此知名度越來越高。

陶侃打敗張昌之後，劉弘對陶侃說：「我過去是羊祜的參軍，羊祜曾經對我說，我以後會接任他的職務。如今我看你，也必定會接替我的職務。」

在荊州刺史劉弘退兵後駐守梁縣的時候，征南將軍范陽王司馬虓任命前任長水校尉張奕為代理荊州刺史。劉弘返回荊州時，張奕不肯交出荊州刺史的職權，並發兵抗拒劉弘。劉弘討伐張奕，將張奕殺死。當時荊州境內的各郡、縣長官的位置大多數還都空缺著，劉弘上表請求補選郡、縣長官，晉惠帝下詔同意。劉弘根據討伐張昌時戰功的大小、品德的高低，依照每個人的實際才能給予委任，人們都佩服劉弘處事公平、任用恰當。劉弘上表請求朝廷任命皮初補襄陽郡太守之缺。朝廷認為皮初雖然有功勞而資歷、聲望不夠，就改任劉弘的女婿、前任東平郡太守夏侯陟為襄陽郡太守。劉弘對他的下屬下達諭令說：「治理一個國家的人，應該考慮全國的利益。如果必須是姻親然後才可以任用，那麼，荊州有十個郡，我哪裡去找十個女婿去擔任太守呢？」於是上表說：「夏侯陟是我的姻親，按照舊有的規定我們不能成為上下級關係。皮初的功勞，應該獲得酬報。」惠帝採納了他的意見。劉弘在荊州對耕種、養蠶的人給予勉勵，按時進行督促，放寬刑罰，減輕賦稅，官府和百姓於是逐漸富足起來，百姓都從心眼裡愛戴他、擁護他。

河間王司馬顒聽到李含等人已經被長沙王司馬乂殺死的消息後，立即起兵討伐司馬乂。大將軍司馬穎上表請求討伐張昌，已經得到朝廷的批准，後來聽說張昌已經被陶侃平定了，於是就想趁機與司馬顒聯合起來共同攻打司馬乂。盧志勸諫說：「您以前曾經建立了很大的功勞並主動交出權力、謝絕了皇帝對您的恩寵，當時您的名聲威望布滿天下。現在您應該把軍隊駐紮在洛陽城的城關之外，身穿文官服飾進朝拜見皇帝，這是古代霸主輔佐天子、號令諸侯一樣的事業呀。」擔任參軍的魏郡人邵續說：「人有兄弟，就如同有了左右手。您想對付天下的敵人卻先去掉自己的一隻手，這可以嗎？」司馬穎對他們的勸告都不聽從。八月，司馬顒、司馬穎共同上表說：「司馬乂論功行賞不公平，他與擔任右僕射的羊玄之、擔任左將軍的皇甫商專擅朝政，殺害忠良，請求除掉羊玄之、皇甫商，遣送司馬乂回到他的封國去。」惠帝下詔說：「司馬顒竟敢率領大軍，指向京師，我要親自率領六軍去誅殺這個奸佞逆賊。朕任命司馬乂為太尉，統領朝廷內外諸軍事，抵禦司馬顒。」

司馬顒任命張方為都督，率領七萬精兵，從函谷關出發向東直奔洛陽。司馬穎率領軍隊駐紮在朝歌，他任命平原國內史陸機為前將軍、前鋒都督，統率北中郎將王粹、冠軍將軍牽秀、中護軍石超等總計二十餘萬大軍，向南逼近洛陽。陸機以東吳降將的身分依附於司馬穎，一下子就位居諸將之上，王粹等人因此而心中不服。擔任白沙督的孫惠與陸機關係親密，他勸說陸機把都督的職位讓給王粹。陸機說：「如此的話，他們將會認為我瞻前顧後、在敵我之間腳踩兩條船，反而會加速災禍的降臨。」於是陸機率領軍隊出發了。司馬穎把軍隊布防在朝歌到黃河富平津大橋一線，戰鼓之聲不絕，聲聞數百餘里。

八月二十四日乙丑，晉惠帝前往洛陽城西的十三里橋。太尉司馬乂派遣皇甫商率領一萬多軍隊到宜陽縣迎戰司馬顒的軍事統帥張方。二十八日己巳，惠帝率軍回到洛陽城北的宣武場。二十九日庚午，住宿在宣武場附近的石樓。九月初六日丁丑，屯紮在河橋。十一日壬午，張方率軍襲擊皇甫商，將皇甫商打敗。十三日甲申，惠帝駐軍在洛陽城北的芒山。十六日丁亥，晉惠帝駕臨洛陽城東北的偃師縣。二十日辛卯，住宿在洛陽城東的豆田。大將軍司馬穎率軍屯紮在黃河南岸，挨著濟水紮下營盤。二十二日癸巳，羊玄之因為過度憂慮恐懼而死，惠帝率軍回到洛陽城東。二十五日丙申，惠帝到達緱氏縣，發兵攻打牽秀，牽秀被打敗逃走。宣布大赦天下。張方率軍進入京城洛陽，大肆搶掠，洛陽城內死的人數以萬計。

益州流民首領李流病危，他對屬下諸將說：「驍騎將軍李驤仁義聰明，固然能夠成就大事業。然而前將軍李雄英明勇武，大概是上天所助，你們應該共同聽命於前將軍李雄。」李流去世後，眾人推舉李雄為大都督、大將軍、益州牧，治所設在郫城。李雄派武都郡人朴泰去欺騙益州刺史羅尚，引誘羅尚前來襲擊郫城，說自己會為羅尚作內應。羅尚於是派遣隗伯率兵攻打郫城，朴泰和羅尚約好以城內舉火為號作為內應，李驤把軍隊埋伏在隗伯進城的道路兩旁，朴泰從城上給城外放下長梯。隗伯的軍隊看到城內火起，都爭相緣梯而上，李驤縱兵出擊，把隗伯打得大敗。李驤率軍連夜追趕隗伯，一直追到成都城下，李驤讓軍士們齊聲歡呼萬歲，向城內喊話說：「快開城門，已經攻下郫城了！」李驤的軍隊進入少城後，羅尚才發覺自己上了當，慌忙退保太城。隗伯身受重傷，被李雄活捉，李雄赦他不死。李驤率軍攻打犍為郡，截斷了羅尚運送物資的通路，擒獲了犍為郡太守龔恢，將龔恢斬首。

司馬顒的中護軍石超率軍進逼緱氏縣。冬季，十月初二日壬寅，晉惠帝回到洛陽皇宮。初七日丁未，朝廷的軍隊在洛陽城的東陽門外打敗了司馬顒的冠軍將軍牽秀。大將軍司馬穎派遣將軍馬咸協助陸機作戰。初八日戊申，太尉司馬乂陪同惠帝到建春門與陸機作戰。在司馬乂手下擔任司馬的王瑚讓幾千騎兵在馬的兩肋上捆上長戟，然後衝擊馬咸的軍陣。馬咸軍立即大亂，馬咸被生擒活捉並立即被殺死。陸機率領的軍隊也隨之大敗，士兵跳入城東七里澗以躲避追殺，被淹死的不計其數，澗水為之不流。司馬穎手下大將賈崇等十六人全部被斬殺，只有石超逃走了。

當初，宦官孟玖深受大將軍司馬穎的寵愛，孟玖想讓他的父親擔任邯鄲縣令，左長史盧志等人都不敢違抗。右司馬陸雲堅決不同意，說：「凡在這個縣當縣令的，都是為下一步到三公府當大吏做準備，怎麼能讓宦官的父親到那裡去擔任縣令呢！」孟玖因此非常怨恨陸雲。孟玖的弟弟孟超，是一個率領一萬人的小督，還沒有作戰，就縱兵大肆搶掠，陸機逮捕了肇事的主犯。孟超便率領一百多名鐵騎逕直衝入陸機的指揮所，搶奪被捕的肇事者，並回頭望著陸機說：「狗獾奴，我看你這都督還當得成當不成？」在陸機手下擔任司馬的吳郡人孫拯勸說陸機殺了孟超，陸機沒有採納孫拯的意見。孟超向眾人宣稱說：「陸機要造反。」又給成都王司馬穎身邊的孟玖寫信，說陸機腳踩兩條船，所以不能速戰速決。等到作戰的時候，孟超又不接受陸機的調度指揮，輕兵獨進，戰敗而死。孟玖懷疑是陸機殺死了孟超，就在司馬穎面前進讒言說：「陸機和長沙王司馬乂有勾結，對您有二心。」冠軍將軍牽秀一向諂媚討好孟玖，將軍王闡、郝昌以及擔任帳下督的陽平郡人公師藩都是孟玖所舉薦而被任用的，於是共同作證誣陷陸機。司馬穎於是雷霆大發，立即派牽秀率兵去逮捕陸機。擔任參軍事的王彰勸阻說：「今日作戰，兩方軍事力量強弱懸殊，連最平庸的人都知道我們一定能夠取勝，何況是聰明賢達的陸機呢！但陸機原本是吳國人，殿下又太過於重用他，北方舊有的將領因此而嫉恨他罷了。」司馬穎沒有聽從王彰的勸告。陸機聽說牽秀率軍前來，便脫下軍服，戴上文士的禮帽，出帳與牽秀相見。他寫了一封信向司馬穎告辭，不久又歎息著說：「故鄉華亭臺白鶴的叫聲，我還能再聽到嗎？」牽秀隨即將陸機殺死。司馬穎又逮捕了陸機的弟弟清河國內史陸雲、平東將軍的祭酒陸耽以及孫拯，把他們全都關進了監獄。

擔任記室的江統、陳留人蔡克和穎川人棗嵩等都上疏給司馬穎，他們認為：「陸機因為沒有深謀遠慮而導致失敗，以此為罪名殺掉他是可以的。至於說陸機反叛，那麼所有的人都知道他絕無此事。如果懷疑陸機反叛，也應當先搜集核實陸機反叛的證據，如果有真憑實據，再誅殺陸雲等也為時不晚。」江統等人一而再、再而三地向司馬穎懇請，司馬穎遲疑反覆了三天還沒有拿定主意。蔡克來到司馬穎面前，磕頭流血說：「孟玖怨恨陸雲，不論遠近無人不知。現在如果一定要殺死陸雲，我心裡真為您感到惋惜。」司馬穎的僚屬跟隨蔡克進諫的有幾十個，他們都痛哭流涕，堅持請求司馬穎赦免陸雲等人，司馬穎對陸雲也很同情憐憫，於是臉上流露出準備寬恕陸雲的表情。孟玖趕緊把司馬穎扶入王宮，他催逼著司馬穎趕快殺掉陸雲、陸耽，誅滅陸機的三族。獄吏上百次地拷打孫拯，把孫拯打得血肉模糊，兩腳的踝骨都露了出來，而孫拯始終堅持說陸機冤枉。獄吏知道孫拯講義氣、性情剛烈，他對孫拯說：「陸機、陸雲的冤枉，誰不知道呢？你怎麼能夠這麼不愛護自己的身體呢？」孫拯仰天長歎說：「陸氏兄弟是世上的奇才，我蒙受他們的賞識與厚愛。如今我既然不能把他們從死亡線上拯救出來，又怎麼忍心再落井下石誣陷他們呢！」孟玖等人知道孫拯不可屈服，就命令獄吏偽造了一份孫拯的供詞。司馬穎殺死陸機之後，心裡也常常感到後悔，等到見了孫拯的假供詞，又高興起來，他對孟玖說：「如果不是你對我忠心耿耿，就不可能追查清楚這個奸賊的真相。」於是誅滅了孫拯的三族。開始的時候，孫拯的門人費慈、宰意二人到獄中為孫拯鳴冤，孫拯勸導、打發他們回去，說：「我已拿定了主意，絕不辜負陸氏兄弟對我的知遇與厚愛，為他們而死是我的本分，你們為什麼要這樣呢？」費慈、宰意說：「您既然不辜負陸氏兄弟，我們又怎麼可以辜負您呢？」堅持為孫拯喊冤叫屈，孟玖因此也把他們二人殺死。

太尉司馬乂挾持惠帝進攻司馬顒手下的軍事統帥張方，張方的士兵望見惠帝司馬衷的車駕，全都向後撤退，張方的軍隊於是大敗，損失了五千多人。張方撤退到洛陽城西的十三里橋駐紮下來，士兵們心懷恐懼，準備連夜逃跑。張方說：「勝敗乃兵家常事，善於用兵的人能夠轉敗為勝。如今我們雖然打了敗仗反而要再向前推進修築工事，出其不意，這就是奇計。」於是就在夜幕的掩護下悄悄地向前逼近洛陽城，在離洛陽城七里遠的地方修築了好幾道防禦工事，又從城外的倉庫中運來足夠的糧食，以滿足軍隊的需要。司馬乂取得勝利後，就認為張方已經不值得擔憂。後來聽說張方在離城很近的地方修好了工事，便於十一月率軍攻打張方，結果作戰失利。朝中大臣經過商議，認為司馬乂、司馬穎是骨肉兄弟，可以通過言語調停解開他們之間的仇怨。於是就派遣擔任中書令的王衍等人去勸說司馬穎，讓司馬穎與司馬乂將天下一分為二，各自統領一半。司馬穎不同意。司馬乂趁機託他們帶信給司馬穎，為司馬穎陳述利害關係，希望與司馬穎和解。司馬穎回信說：「請你殺掉皇甫商等人，我就率兵返回鄴城。」司馬乂又不肯答應。

司馬穎率軍逼近京師洛陽，張方決開千金堨水壩，洛陽城內由於河水乾涸，舂米用的水碓都停止了轉動，於是朝廷就動員王公大臣的奴婢用手搗米以供給軍隊食用。一品以下官員平時享有可以不服兵役的人以及十三歲以上的男子都必須擔負作戰任務。又徵調各家的奴僕去補充兵員。此時洛陽城內公家和民間都窮困到了極點，一石米要上萬銅錢。惠帝詔書所能達到的範圍，只有一個洛陽城而已。在驃騎將軍司馬乂手下擔任主簿的范陽人祖逖對司馬乂說：「雍州刺史劉沈為人忠誠義氣、處事果斷剛毅，雍州的兵力，總共可以制服河間王司馬顒，應該請求皇上下詔給劉沈，命令劉沈發兵襲擊司馬顒。一旦司馬顒感到形勢窘迫危急，必然召回張方以自救，這才是解除洛陽之圍的好計策。」司馬乂聽從了祖逖的建議。劉沈接到朝廷的詔書後，立即飛馬向雍州各郡傳達檄文，很多郡都起兵響應劉沈。劉沈會集了七個郡的兵力，總共有一萬多人，向司馬顒所在的長安進發。

司馬乂又讓皇甫商悄悄地化裝抄小路而行，攜帶著惠帝的親筆詔書，到游楷那裡命令他們停止攻打皇甫重，命令皇甫重進軍討伐司馬顒。皇甫商從小路到達新平郡，遇到了他的堂外甥。他的堂外甥一向憎惡皇甫商，就將皇甫商到來的消息報告了司馬顒，司馬顒派人逮捕了皇甫商，把皇甫商殺死。

十二月，擔任議郎的周玘、前任南平郡內史長沙人王矩在長江東南起兵，討伐張昌手下的大將石冰，他們推舉前任吳興郡太守吳郡人顧祕擔任揚州九郡諸軍事的統帥，顧祕把討伐石冰的檄文傳達到各個州郡，號召人們共同誅殺石冰任命的將軍和官吏。於是前任侍御史賀循在會稽郡起兵，廬江內史廣陵人華譚以及丹陽人葛洪、甘卓都起兵響應顧祕的號召。周玘，是周處的兒子。賀循，是賀邵的兒子。甘卓，是甘寧的曾孫。

石冰派遣他的將領羌毒率領數萬軍隊迎戰周玘，被周玘擊殺，石冰親率大軍由臨淮國後撤奔赴壽春。駐守壽春的征東將軍劉準聽到石冰率軍前來攻打的消息後，驚慌失措，不知道該如何應付。擔任廣陵郡度支的廬江人陳敏正好率領著一支負責運輸物資的軍隊停留在壽春，陳敏對劉準說：「石冰手下的這些人本來是因為不願意被抓去當兵、遠赴巴蜀作戰，被逼無奈而成為盜賊，他們是一群烏合之眾，很容易作鳥獸散，請允許我督率手下這些運輸物資的士兵為你擊敗石冰。」劉準於是給陳敏增派了一些士兵，讓陳敏去迎戰石冰。

閏十二月，李雄加緊攻打困守在太城的益州刺史羅尚。羅尚由於軍中沒有食物，就留下牙門將張羅負責守衛太城，其他人趁黑夜沿著牛鞞水向東撤走，張羅等羅尚退走就立即打開太城城門向李雄投降了。李雄進入成都，由於軍隊非常飢餓，就率領軍隊退出成都城前往郪縣找食物吃，他們靠挖掘野芋來充飢。梁州刺史許雄被指控奉命入蜀討賊卻停滯不前，被調回洛陽治罪。

安北將軍、都督幽州諸軍事的王浚，認為中原已經陷入戰亂，就想結交夷狄作為自己的外援，於是就把自己的一個女兒嫁給了鮮卑段務勿塵為妻，把另一個女兒嫁給了素怒延；又向朝廷上表請求將遼西郡封給段務勿塵，封段務勿塵為遼西公。王浚，是王沈的兒子。

建寧郡的大姓毛詵曾因驅逐其太守以響應李特而被南夷校尉李毅所殺，一同起兵的建寧郡大姓李叡於是投奔了五苓夷酋長于陵丞，于陵丞親自到寧州刺史李毅那裡為李叡求情，李毅答應了于陵丞的請求。李叡到了李毅那裡，李毅卻違背了諾言把李叡殺死了。于陵丞聽說後非常惱怒，就率領各少數民族反叛朝廷，率眾攻打李毅。

尚書令樂廣的女兒是成都王司馬穎的王妃，於是就有人在太尉司馬乂面前說樂廣的壞話。司馬乂以此問樂廣，樂廣神情自若，慢條斯理地說：「我難道要用五個兒子的性命去換取一個女兒的性命嗎？」雖然如此，司馬乂仍然懷疑樂廣。

永興元年❶（甲子　西元三〇四年）

春，正月丙午❷，樂廣以憂卒。

長沙厲王乂❸屢與大將軍穎戰，破之，前後斬獲六七萬人。而乂未嘗虧奉上之禮❹，城中糧食日窘❺，而士卒無離心。張方以為洛陽未可克，欲還長安。而東海王越❻慮事不濟❼，癸亥❽，潛與殿中諸將夜收乂❾送別省❿。甲子⓫，越啟帝，下詔免乂官，置金墉城。大赦，改元⓬。城既開，殿中將士見外兵⓭不盛，悔之，更謀劫出乂以拒穎。越懼，欲殺乂以絕眾心。黃門侍郎潘滔曰：「不可，將自有靜之者⓮。」乃遣人密告張方。丙寅⓯，方取乂於金墉城，至營，炙而殺之⓰，方軍士亦為之流涕。

公卿皆詣鄴謝罪⓱。大將軍穎入京師，復還鎮于鄴。詔以穎為丞相，加東海王越守尚書令⓲。穎遣奮武將軍石超等率兵五萬屯十二城門⓳，殿中宿所忌者⓴，穎皆殺之。悉代去宿衛兵㉑。表盧志為中書監，留鄴，參署㉒丞相府事。

河間王顒頓軍於鄭[23]，為東軍[24]聲援。聞劉沈兵起，還鎮渭城[25]，遣督護虞夔逆戰[26]於好畤[27]。夔兵敗，顒懼，退入長安，急召張方。方掠洛中官私奴婢萬餘人而西。軍中乏食，殺人雜牛馬肉食之。

劉沈渡渭[28]而軍[29]，與顒戰，顒屢敗。沈使安定太守衙博[30][1]、功曹[31]皇甫澹以精甲五千襲長安，入其門[32]，力戰至顒帳下。沈兵來遲，馮翊[33]太守張輔[34]見其無繼，引兵橫擊之[35]，殺博及澹，沈[2]兵遂敗，收餘卒而退。張方遣其將敦偉[36]夜擊之。沈軍驚潰，沈與麾下南走[37]，追獲之。沈謂顒曰：「知己之惠[38]輕，君臣之義重，沈不可以違天子之詔，量彊弱以苟全[39]。投袂[40]之日，期之必死[41]，菹醢[42]之戮，其甘如薺[43]。」顒怒，鞭之而後腰斬。新平太守江夏張光數為沈畫計[44]，顒執而詰之。光曰：「劉雍州不用鄙計[45]，故令大王得有今日。」顒壯之[46]，引與歡宴，表為右衛司馬[47]。

羅尚逃至江陽[48]，遣使表狀[49]。詔尚權統[50]巴東[51]、巴郡[52]、涪陵[53]，以供軍賦[54]。尚遣別駕李興詣鎮南將軍劉弘求糧，弘綱紀[55]以運道阻遠[56]，且荊州自空乏[57]，欲以零陵[58]米五千斛[59]與尚。弘曰：「天下一家，彼此無異，吾今給之，則無西顧之憂[60]矣。」遂以三萬斛給之，尚賴以自存。李興願留為弘參軍，弘奪其手版[61]

而遣之(62)。又遣治中(63)何松領兵屯巴東為尚後繼(64)。于時流民在荊州者十餘萬戶，羈旅(65)貧乏，多為盜賊。弘大給(66)其田及種糧，擢其賢才，隨資敘用(67)，流民遂安。二月[3]乙酉(68)，丞相穎表廢皇后羊氏(69)，幽于金墉城，廢皇太子覃(70)為清河王。

陳敏與石冰戰數十合，冰眾十倍於敏，敏擊之，所向皆捷，遂與周玘合攻冰於建康。三月，冰北走，投封雲(71)。雲司馬張統斬冰及雲以降，揚、徐二州平。

周玘、賀循皆散眾還家，不言功賞(72)。朝廷以陳敏為廣陵相(73)。

河間王顒表請立丞相穎為太弟(74)。戊申(75)，詔以穎為皇太弟，都督中外諸軍事，丞相如故。大赦。乘輿服御(76)皆遷于鄴，制度一如(77)魏武帝故事(78)。以顒為太宰、大都督、雍州牧，前太傅劉寔(79)為太尉。寔以老固讓不拜。

太弟穎僭侈(80)日甚，嬖倖用事(81)，大失眾望，司空東海王越與右衛將軍陳眕及長沙王[4]故將(82)上官巳等謀討之。

秋，七月丙申朔(83)，陳眕勒兵入雲龍門(84)，以詔召三公百僚入[5]殿中，戒嚴討穎。石超奔鄴。戊戌(85)，大赦，復皇后羊氏及太子覃。己亥(86)，越奉帝北征(87)，以越為大都督。徵前侍中嵇紹(88)詣行在(89)。侍中秦準謂紹曰：「今往，安危難測，卿有佳馬(90)乎？」紹正色曰：「臣子扈衛乘輿(91)，死生以之(92)，佳馬何為！」

越檄召四方兵，赴者雲集，比[93]至安陽[94]，眾十餘萬，鄴中震恐。穎會羣僚問計，東安王繇[95]曰：「天子親征，宜釋甲[96]縞素[97]，出迎請罪。」穎不從，遣石超帥眾五萬拒戰。折衝將軍喬智明勸穎奉迎乘輿[98]，穎怒曰：「卿名曉事[99]，投身事孤。今主上為羣小所逼，卿柰何欲使孤束手就刑邪！」

陳昣二弟匡、規自鄴赴行在[100]，云鄴中皆已離散，由是不甚設備。己未[101]，石超軍奄至[102]，乘輿[103]敗績於蕩陰[104]，帝傷頰[105]，中三矢，百官侍御皆散。嵇紹朝服[106]，下馬登輦[107]，以身衛帝，兵人引紹於轅中斫[108]之。帝曰：「忠臣也，勿殺！」對曰：「奉太弟令，惟不犯陛下一人耳。」遂殺紹，血濺帝衣。帝墮於草中，亡六璽[109]。石超奉帝幸其營[110]，帝餒甚[111]，超進水，左右奉秋桃[112]。穎遣盧志迎帝，庚申[113]，入鄴。大赦，改元曰建武[114]。左右欲浣帝衣[115]，帝曰：「嵇侍中血，勿浣也。」

陳昣、上官巳等奉太子覃守洛陽。司空越奔下邳[116]，徐州都督東平王楙[117]不納[118]，越徑還東海[119]。太弟穎以越兄弟[120]宗室之望[121]，下令招之[122]，越不應命。前奮威將軍孫惠上書勸越邀[6]結藩方[123]，同獎王室[124]。越以惠為記室參軍，與參謀議[125]。北軍中候苟晞[126]奔范陽王虓[127]，虓承制[128]以晞行兗州刺史[129]。

初，三王[130]之起兵討趙王倫也，王浚擁眾[131]挾兩端[132]，禁所部士民[133]不得赴三王召募。太弟穎欲討之而未能，浚心亦欲圖穎[134]。穎以右司馬和演[135]為幽州刺史，密使殺浚。演與烏桓單于審登[136]謀與浚游薊城[137]南清泉，因而圖之。會[138]天暴雨，兵器霑濕，不果[139]而還。審登以為浚得天助，乃以演謀告浚。浚與審登密嚴兵[140]，約并州刺史東嬴公騰[141]共圍演，殺之，自領幽州營兵[142]。騰，越之弟也。太弟穎稱詔徵浚[143]，浚與鮮卑段務勿塵[144]、烏桓羯朱[145]及東嬴公騰同起兵討穎，穎遣北中郎將王斌及石超擊之。

太弟穎怨東安王繇前議[146]，八月戊辰[147]，收繇殺之。初，繇兄琅邪恭王覲[148]薨，子睿嗣[149]。睿沈敏有度量，為左將軍，與東海參軍王導[150]善。導，敦之從父弟也，識量清遠[151]，以朝廷多故，每勸睿之國[152]。及繇死，睿從帝在鄴，恐及禍，將逃歸。穎先敕諸[7]關津[153]，無得出貴人[154]。睿至河陽[155]，為津吏所止[156]。從者宋典自後來，以鞭拂睿[157]而笑曰：「舍長[158]，官禁貴人，汝亦被拘邪？」吏乃聽過。至洛陽，迎太妃夏侯氏[159]俱歸國。

丞相從事中郎王澄發孟玖姦利[160]事，勸太弟穎誅之，穎從之。

上官巳在洛陽，殘暴縱橫[161]。守河南尹周馥，浚[162]之從父弟也，與司隸滿奮等謀誅之。事洩，奮等死，馥走得免。司空越之討太弟穎也，太宰顒遣右將軍、馮翊太守張方將兵二萬救之，聞帝已入鄴，因命方鎮洛陽。巳與別將(163)苗願拒之，大敗而還。太子覃夜襲巳、願，巳、願出走，方入洛陽。覃於廣陽門(164)迎方而拜，方下車扶止之，復廢覃及羊后。

初，太弟穎表匈奴左賢王劉淵為冠軍將軍，監五部軍事(165)，使將兵在鄴。淵子聰驍勇絕人，博涉經史，善屬文(166)，彎弓三百斤。弱冠(167)游京師，名士莫不與交。穎以聰為積弩將軍。

淵從祖右賢王宣(168)謂其族人曰：「自漢亡以來，我單于徒有虛號(169)，無復尺土，自餘王侯(170)，降同編戶(171)。今吾眾雖衰，猶不減二萬，柰何斂首[8]就役(172)，奄過百年(173)！左賢王(174)英武超世，天苟(175)不欲興匈奴，必不虛生此人(176)也。今司馬氏骨肉相殘，四海鼎沸，復呼韓邪之業(177)，此其時矣。」乃相與謀，推淵為大單于，使其黨呼延攸詣鄴告之(178)。

淵白穎，請歸會葬(179)，穎弗許。淵令攸先歸，告宣等使招集五部及雜胡(180)，聲言助穎，實欲叛之。及王浚、東嬴公騰起兵，淵說穎曰：「今二鎮(181)跋扈，眾十餘萬，恐非宿衛(182)及近郡士眾所能禦也。請為殿下還說五部以赴國難(183)。」穎曰：「五部之眾，果可發否[184]？就能發之[185]，鮮卑、烏桓[186]，未易當也。吾欲奉乘輿還洛陽[187]，以避其鋒[188]，徐傳檄天下，以逆順制之[189]，君意何如？」淵曰：「殿下武皇帝[190]之子，有大勳於王室，威恩遠著[191]，四海之內，孰不願為殿下盡死力者？何難發之有？王浚豎子[192]，東嬴疏屬[193]，豈能與殿下爭衡[194]邪！殿下一發鄴宮[195]，示弱於人，洛陽不可得而[9]至。雖至洛陽，威權不復在殿下也。願殿下撫勉士眾[196]，靖以鎮之[197]。淵請為殿下以二部[198]摧東嬴，三部梟王浚[199]，二豎之首，可指日而懸也。」穎悅，拜淵為北單于、參丞相軍事。

淵至左國城[200]，劉宣等上大單于之號[201]，二旬之間，有眾五萬，都於離石[202]，以聰為鹿蠡王[203]。遣左於陸王宏[204]帥精騎五千，會[205]穎將王粹拒東嬴公騰。粹已為騰所敗，宏無及[206]而歸。

王浚、東嬴公騰合兵擊王斌[207]，大破之。浚以主簿祁弘為前鋒，敗石超于平棘[208]，乘勝進軍。候騎[209]至鄴，鄴中大震，百僚奔走，士卒分散。盧志勸穎奉帝還洛陽。時甲士尚有萬五千人，志夜部分[210]。至曉將發，而程太妃[211]戀鄴不欲去，穎狐疑未決。俄而[212]眾潰，穎遂將帳下數十騎與志奉帝御犢車[213]南奔洛陽。倉猝上下無齎[214]，中黃門[215]被囊中齎私錢三千，詔貸之[216]，於道中買飯，夜則御中黃門布被[217]，食以瓦盆[218]。至溫[219]，將謁陵[220]，帝喪履[221]，納[222]從者之履，下拜流涕。及濟河[223]，張方自洛陽遣其子羆帥騎三千，以所乘車[224]奉迎帝。至芒山[225]下，方自帥萬餘騎迎帝。方將拜謁，帝下車自止之。帝還宮，奔散者稍還[226]，百官粗備[227]。

辛巳[228]，大赦。

王浚入鄴，士眾暴掠，死者甚眾。使烏桓羯朱追太弟穎，至朝歌，不及。浚還薊，以鮮卑多掠人婦女，命敢有挾藏者斬，於是沈於易水[229]者八千人。

東嬴公騰乞師於拓拔猗㐌[230]以擊劉淵，猗㐌與弟猗盧合兵擊淵於西河[231]，破之，與騰盟于汾東[232]而還。

劉淵聞太弟穎去鄴[233]，歎曰：「不用吾言，逆自奔潰[234]，真奴才也！然吾與之有言矣，不可以不救。」將發兵擊鮮卑、烏桓。劉宣等諫曰：「晉人奴隸御我[235]，今其骨肉相殘，是天棄彼而使我復呼韓邪之業也。鮮卑、烏桓，我之氣類[236]，可以為援，柰何擊之！」淵曰：「善！大丈夫當為漢高、魏武[237]，呼韓邪何足效哉！」宣等稽首曰：「非所及也。」

荊州兵擒斬張昌[238]，同黨皆夷三族。

李雄以范長生有名德[239]，為蜀人所重[240]，欲迎以為君而臣之[241]，長生不可。諸將固請雄即尊位[242]。冬，十月，雄即成都王位，大赦，改元[10]建興[243]，除晉法，約法七章[244]。以其叔父驤為太傅，兄始為太保，李離為太尉，李雲為司徒，李璜為司空，李國為太宰，閻式為尚書令，楊褒為僕射。尊母羅氏為王太后，追尊父特為成都景王。雄以李國、李離有智謀，凡事必咨[245]而後行，然國、離事雄彌謹[246]。

劉淵遷都左國城[247]，胡、晉歸之者愈眾。淵謂羣臣曰：「昔漢有天下久長，恩結於民[248]。吾漢氏之甥[249]，約為兄弟[250]，兄亡弟紹[251]，不亦可乎？」乃建國號曰漢。劉宣等請上尊號[252]，淵曰：「今四方未定，且可依高祖稱漢王[253]。」於是即漢王位，大赦，改元曰元熙。追尊安樂公禪[254]為孝懷皇帝，作漢三祖[255]五宗[256]神主[257]而祭之。立其妻呼延氏為王后。以右賢王宣為丞相，崔游[258]為御史大夫，左於陸王宏為太尉，范隆為大鴻臚，朱紀為太常，上黨崔懿之、後部[259]人陳元達[260]皆為黃門郎，族子曜[261]為建武將軍。游固辭不就。

元達少有志操，淵嘗招之，元達不答。及淵為漢王，或謂元達曰：「君其懼乎[262]？」元達笑曰：「吾知其人久矣，彼亦亮吾之心[263]，但恐不過三二日，驛書[264]必至。」其暮，淵果徵元達。元達事淵，屢進忠言，退而削草[265]，雖子弟莫得知也。

曜生而眉白，目有赤光，幼聰慧，有膽量，早孤，養於淵。及長，儀觀[266]魁偉，性拓落高亮[267]，與眾不羣，好讀書，善屬文，鐵厚一寸，射而洞之[268]。常自比樂毅[269]及蕭、曹[270]，時人莫之許[271]也，惟劉聰重之，曰：「永明[272]，漢世祖、魏武之流，數公[273]何足道哉！」

帝既還洛陽，張方擁兵專制朝政，太弟穎不得復豫事[274]。豫州都督范陽王虓、徐州都督東平王楙[275]等上言：「穎弗克負荷[276]，宜降封一邑[277]，特全其命。太宰[278]宜委以關右之任[279]，自州郡以下，選舉授任，一皆仰成[280]。朝之大事，廢興損益，每輒疇咨[281]。張方為國效節，而不達變通[282]，未即西還[283]，宜遣還郡，所加方官，請悉如舊。司徒戎、司空越[284]，並忠國小心，宜幹機事[285]，委以朝政。王浚有定社稷之動[286]，宜特崇重，遂撫幽朔[287]，長為北藩[288]。臣等竭力扞城[289]，藩屏[290]皇家，則陛下垂拱[291]，四海自正矣。」

張方在洛既久[292]，兵士剽掠殆竭，眾情喧喧[293]，無復留意[294]，議欲奉帝遷都長安；恐帝及公卿不從，欲須帝出而劫之[295]。乃請帝謁廟[296]，帝不許。十一月乙未[297]，方引兵入殿，以所乘車迎帝，帝馳避後園竹中。軍人引帝出，逼使上車，帝垂泣從之。方於馬上稽首[298]曰：「今寇賊縱橫，宿衛[299]單少，願陛下幸臣壘[300]，臣盡死力以備不虞[301]。」時羣臣皆逃匿，唯中書監盧志侍側，曰：「陛下今日之事，當一從右將軍[302]。」帝遂幸方壘，令方具車[303]載宮人、寶物。軍人因妻略後宮[304]，分爭府藏[305]，割流蘇武帳[306]為馬帴[307]，魏、晉以來蓄積，掃地無遺。方將焚宗廟宮室，以絕人返顧[308]之心。盧志曰：「昔[11]董卓無道，焚燒洛陽[309]，怨毒之聲，百年猶存，何為襲之[310]？」乃止。

帝停方壘三日，方擁帝及太弟穎、豫章王熾[311]等趨長安。王戎出奔郟[312]。太宰顒帥官屬步騎三萬迎于霸上[313]，顒前拜謁，帝下車止之。帝入長安，以征西府[314]為宮。唯尚書僕射荀藩、司隸劉暾、河南尹周馥等[12]在洛陽為留臺[315]，承制行事[316]，號東、西臺[317]。藩，勗[318]之子也。丙午[319]，留臺大赦，改元復為永安。辛丑[320]，復皇后羊氏。

羅尚移屯巴郡[321]，遣兵掠蜀中，獲李驤[322]妻昝氏及子壽。

十二月丁亥[323]，詔太弟穎以成都王還第，更立豫章王熾為皇太弟。帝兄弟二十五人，時存者惟穎、熾及吳王晏。晏材資[13]庸下，熾沖素好學[324]，故太宰顒立之。詔以司空越為太傅，與顒夾輔帝室，王戎參錄[325]朝政。又以光祿大夫王衍為尚書左僕射。高密王略[326]為鎮南將軍，領司隸校尉[327]，權鎮洛陽[328]。東中郎將模[329]

為寧北將軍，都督冀州諸軍事，鎮鄴。百官各還本職。令州郡蠲除苛政[330]，愛民務本[331]，清通[332]之後，當還東京[333]。大赦，改元[334]。略、模，皆越之弟也。王浚既去鄴，越使模鎮之。顒以四方乖離[335]，禍難不已，故下此詔和解之，冀獲少安[336]。越辭太傅不受。又詔以太宰顒都督中外諸軍事，張方為中領軍、錄尚書事，領京兆太守[337]。

東嬴公騰遣將軍聶玄擊漢王淵，戰於大陵[338]，玄兵大敗。淵遣劉曜寇太原[339]，取泫氏[340]、屯留[341]、長子[342]、中都[343]。又遣冠軍將軍喬晞寇西河[344]，取介休[345]。介休令賈渾不降，晞殺之。將納其妻宗氏，宗氏罵晞而哭，晞又殺之。淵聞之，大怒曰：「使天道有知，喬晞望有種乎[346]！」追還[347]，降秩[348]四等。收渾屍，葬之。

【章　旨】以上為第三段，寫惠帝永興元年（西元三〇四年）一年間的大事，主要寫了東海王司馬越操縱晉惠帝殺長沙王司馬乂向司馬穎、司馬顒求和，司馬穎自立為皇太弟，專權營私，仍居鄴城以遙控京師；寫了司馬越糾集勢力，挾持惠帝北討司馬穎，結果被司馬穎打得大敗，嵇紹為衛護惠帝而死，惠帝遂落入司馬穎之手；寫了幽州軍閥王浚勾結北方的鮮卑人與司馬越的勢力進攻鄴城，司馬穎兵敗，裹挾惠帝棄鄴南入洛陽；時司馬顒的部將張方佔據洛陽，操縱朝政；張方又裹挾惠帝西遷長安，司馬穎的一切權力被解奪，司馬越與司馬顒成了最高勢力的把持者；寫了陶侃在江漢一帶破殺張固，陳敏、賀循等人在揚、徐二州大破石冰，席捲大江南北的民變被削平；寫了匈奴首領劉宣率眾擁立劉淵為大單于，稱王建國，又有劉聰、劉曜為輔佐，匈奴的氣勢大振；又寫了李雄在巴蜀即成都王位，正式成為國家等等。

【注　釋】❶永興元年　此時實際是太和三年，長沙王司馬乂被囚後，改元永安；至惠帝西遷長安後，才改元「永興」。❷正月丙午　正月初八。❸長沙厲王乂　「厲」是司馬乂死後司馬穎給他加的惡諡。❹未嘗虧奉上之禮　在對待晉惠帝的禮數上沒有欠缺。❺日窘　越來越少。❻東海王越　司馬越，司馬馗之孫，司馬泰之子，論輩分是惠帝司馬衷的堂叔。❼慮事不濟　擔心朝廷不能獲勝。濟，成。❽癸亥　正月二十五。❾收乂　將司馬乂逮捕起來。❿送別省　送往其他官署羈押。⓫甲子　正月二十六。⓬改元　改元「永安」。此之前稱「太安三年」。⓭外兵　城外進來的軍隊，即司馬穎的攻城軍隊。⓮自有靜之者　有人會出來解決這一問題。靜，定；完成。⓯丙寅　正月二十八。⓰炙而殺之　先用火燒烤，而後殺掉。按，此「八王之亂」之第五王結束。司馬乂自太安元年（西元三〇二年）十二月取代司馬冏，到本年（西元三〇四年）正月被殺，當權一年零兩個月。⓱詣鄴謝罪　到鄴城（今河北臨漳西南）謝罪。時司馬穎鎮鄴。⓲守尚書令　代理尚書令之職。⓳十二城門　洛陽東城有建春門、東陽門、清明門；西城有廣陽門、閶闔門、西明門；南城有開陽門、津陽門、平昌門、宜陽門；東城有大夏門、廣莫門，共十二門。⓴殿中宿所忌者　司馬穎過去所忌恨的殿中禁軍將領。㉑悉代去宿衛兵　把守衛宮廷的禁軍都換上自己的人，把原來的都打發走。㉒參署　參與管理。盧志為「中書監」，理應進朝，但司馬穎仍將其留在鄴城，以利於他們共同遙控朝廷。㉓鄭　晉縣名，縣治即今陝西華縣。㉔東軍　指河間王顒派出的張方的軍隊。㉕渭城　即秦朝的都城咸陽，漢朝建國後，改稱之曰渭城。在今陝西咸陽東北二十里。㉖逆戰　迎戰。指迎戰劉沈。㉗好畤　晉縣名，縣治在今陝西乾縣東。㉘渭　指渭水，從西方流來，經長安城北，東流入黃河。㉙軍　駐紮；列陣。㉚安定太守衙博　安定郡的太守姓衙名博。安定郡的郡治臨涇，在今甘肅鎮原東。㉛功曹　郡太守的僚屬，主管郡裡的人事工作。㉜入其門　攻入長安城門。㉝馮翊　晉郡名，郡治即今陝西大荔。㉞張輔　司馬顒的黨羽。㉟橫擊之　從側面攔腰攻擊。㊱敦偉　姓敦，名偉。㊲南走　向南逃跑。㊳知己之惠　指劉沈原被派入蜀討李流，中經長安被司馬顒留作軍師，繼而又使其任雍州刺史事。㊴量彊弱以苟全　知道朝廷方面的力量不夠就拋棄大義以求生。㊵投袂　甩袖而起，指起兵討司馬顒。《左傳》宣公十四年，楚國使者被宋人所殺，「楚子聞之，投袂而起。」袂，袖子。㊶期之必死　已下定了必死的決心。㊷葅醢　被剁成肉醬。㊸其甘如薺　如同吃薺菜一樣甘甜。《詩經．谷風》：「誰謂荼苦，其甘如薺。」㊹畫計　籌劃計策；出主意。㊺不用鄙計　不採納我的計謀。㊻壯

之　佩服他的氣概。(47)右衛司馬　右衛將軍的司馬。當時司馬顒任右衛將軍。(48)江陽　晉郡名，郡治即今四川瀘州。(49)遣使表狀　派使者向朝廷報告情況。(50)權統　暫時管理。(51)巴東　晉郡名，郡治魚復，今重慶市奉節東。(52)巴郡　郡治江州，即今重慶市。(53)涪陵　晉郡名，郡治在今重慶市彭水縣。以上三郡，本屬梁州，今暫歸羅尚統管。(54)軍賦　軍需供應。(55)綱紀　刺史的主要僚屬參佐。(56)運道阻遠　自湖北江陵到四川東部道路崎嶇難行而又遙遠。(57)自空乏　自己也不富裕。(58)零陵　晉郡名，郡治即今湖南零陵。(59)五千斛　五千石，十斗為一石，也稱一斛。(60)無西顧之憂　意謂羅尚統御的巴東、巴郡、涪陵三郡如果穩定，則四川的戰亂就不會再擴展到荊州。(61)手版　即「笏」，古代臣僚拜見君主時手裡所拿一種狹長板子，用玉、象牙或竹製成。上面可以記事，同時也是一種尊敬的表示。(62)遣之　打發他回江陽，意即不挖別人的牆腳。(63)治中　刺史的高級僚屬。(64)為尚後繼　為羅尚做聲援。後繼，猶言「後續」。(65)羈旅　寄居異鄉。(66)大給　充分供應。(67)隨資敘用　按照條件加以任用。資，材智。(68)乙酉　二月十七。(69)皇后羊氏　名獻容，羊玄之之女。傳見《晉書》卷三十一。(70)皇太子覃　司馬炎之孫，司馬遐之子，原封清河王，因惠帝子孫死絕，齊王冏遂立覃為太子。事見本書卷八十四太安元年，今又被廢。(71)封雲　徐州境內的另一變民首領。(72)不言功賞　不提自己的功勞、不求獎賞，極言其處於亂世，能自薄名利。(73)廣陵相　廣陵國相，廣陵國的都城在淮陰，即今江蘇淮陰。(74)太弟　皇太弟，帝位的合法繼承人。(75)戊申　三月十一。(76)乘輿服御　指皇帝使用的車駕以及各種生活用品。(77)一如　一切依照。(78)魏武帝故事　當年曹操、曹丕稱魏王時建國於鄴的做法。(79)劉寔　字子真，有先見之明，著有〈崇讓論〉。傳見《晉書》卷四十一。(80)僭侈　超越禮制，驕橫奢侈。(81)嬖倖用事　寵幸者掌權。嬖倖，弄臣；男寵。(82)長沙王故將　長沙王司馬乂的老部下。(83)七月丙申朔　七月初一是丙申日。(84)雲龍門　在洛陽皇宮中的門。(85)戊戌　七月初三。(86)己亥　七月初四。(87)奉帝北征　簇擁著皇帝司馬衷北討司馬穎。(88)嵇紹　嵇康之子，司馬乂當國時任侍中，司馬乂死，被免職。今討司馬穎，又召其官復原職。(89)行在　皇帝出行時暫時住宿的地方。(90)卿有佳馬　意思是讓他隨時準備逃跑。(91)扈衛乘輿　即護衛皇帝。(92)死生以之　意即全力投入，生死不移。(93)比　待；等到。(94)安陽　晉縣名，縣治在今河南安陽南，北距鄴城四十里。(95)東安王繇　司馬懿之孫，司馬伷之子。(96)釋甲　脫下鎧甲，解除武裝。(97)縞素　身穿素服，表示請罪。(98)奉迎乘輿　前往迎接皇帝。(99)卿名曉事　你號稱明白事理。(100)赴行在　前往皇帝所在的地方，為施行緩兵計。(101)己未　七月二十四。(102)奄至　突然抵達。(103)乘輿　指惠帝司馬衷。(104)敗績於蕩陰　在蕩陰被司馬穎打得大敗。蕩陰，即今河南湯陰，在安陽南。(105)傷頰　嘴角兩側的面部受傷。(106)朝服　言身穿朝服，極言其態度之莊重。(107)登輦　登上皇帝所坐的車。(108)斫　用刀砍。(109)亡六璽　丟失了皇帝的六顆御璽。(110)奉帝幸其營　將皇帝帶到了他的營中。幸，敬指皇帝駕臨某處。(111)餒甚　飢餓得很。(112)秋桃　桃本是夏令水果，秋桃一般不能進奉皇帝，此時奉秋桃，極言其無以充飢。(113)庚申　七月二十五。(114)改元曰建武　在此之前稱「永安元年」。(115)欲浣帝衣　想把皇帝的髒衣服洗一洗。(116)奔下邳　逃向下邳郡。郡治在今江蘇睢寧西北。(117)東平王楙　司馬楙，司馬孚之孫，司馬懿之姪孫，是皇帝司馬衷的叔伯輩。(118)不納　不接納；不准其進入徐州城。(119)徑還東海　逕直地返回了自己的封地都城。東海國的都城即今山東郯城。(120)越兄弟　指司馬越的兄弟司馬騰、司馬略、司馬模，都是司馬泰的兒子，司馬懿的姪孫。(121)宗室之望　在皇族中享有聲望。(122)招之　指招其進京。(123)邀結藩方　聯合其他藩王。(124)同獎王室　共同輔佐皇帝司馬衷。獎，扶助。(125)與參謀議　參與司馬越的重大決策討論。(126)北軍中候苟晞　北軍中候是衛戍京城部隊的監軍。苟晞字道將，有名的貪暴官僚，以巴結權貴著稱。傳見《晉書》卷六十一。(127)奔范陽王虓　當時司馬虓任都督豫州諸軍事，駐兵許昌。(128)承制　假託皇帝的名義。(129)行兗州刺史　行，代理。兗州的州治廩丘，在今山東鄆城西北。(130)三王　指成都王穎、齊王冏、河間王顒。三王起兵討趙王倫事，見本書卷八十四永寧元年。(131)擁眾　手握重兵。(132)挾兩端　兩頭觀望，等誰勝歸誰。(133)所部士民　所管轄下的官員與百姓。當時王浚任幽州都督。(134)圖穎　圖謀剷除司馬穎。(135)和演　司馬穎的心腹，曾為司馬穎出謀劃策，起兵討趙王倫。(136)烏桓單于審登　烏桓是少數民族名，當時與漢人雜居在今遼寧西部、河北東北部一帶地區。其頭領名叫審登。(137)薊城　即今北京市的西南部。(138)會　恰好碰上。(139)不果　沒有幹成。(140)密嚴兵　暗中布置軍隊。(141)東嬴公騰　司馬騰，司馬泰之子，司馬越的親兄弟。(142)幽州營兵　幽州刺史所統轄的軍隊。(143)稱詔徵浚　假稱皇帝的詔命徵召王浚回京。(144)段務勿塵　鮮卑首領，王浚的女婿。(145)烏桓羯朱　烏桓的頭領名叫羯朱。(146)東安王繇前議　指提議讓自己身穿素服去向天子請罪。(147)八月戊辰　八月初三。(148)琅邪恭王覲　司馬覲，司馬懿之孫，司馬伷之子，琅邪王是其封號，恭字是謚。(149)子睿嗣　此繼位為琅邪王的即日後的東晉元帝司馬睿。(150)東海參軍王導　東海王司馬越的參軍王導，字茂弘，後來東晉的開國元勳。傳見《晉書》卷六十五。(151)識量清遠　有氣度，有遠見。(152)勸睿之國　勸司馬睿返回自己的琅邪封國，在今山東臨沂東北。(153)先敕諸關津　預先給各關卡、渡口下了命令。(154)無得出貴人　不准放走一個貴族人士。(155)河陽　晉縣名，也是渡口名，在今河南孟州西。(156)為津吏所止　被渡口的檢查官員攔住。(157)拂睿　驅趕司馬睿。拂，輕打；驅趕。(158)舍長　看房子的奴僕。(159)太妃夏侯氏　司馬睿的生母。(160)發孟玖姦利　揭發了孟玖的作奸犯科，謀取私利。(161)縱橫　橫行霸道。(162)浚　周浚，字開林，曾隨王渾伐吳有功。傳見《晉書》卷六十一。(163)別將　別路的將領，以與自己部下的將領相區別。(164)廣陽門　洛陽西城南頭第一個門。(165)監五部軍事　監管五部匈奴的軍隊，當時五部匈奴散居在今山西境內。(166)善屬文　擅長於寫文章。(167)弱冠　指二十歲。《禮記・曲禮》：「人生十年曰幼學，二十年曰弱冠。」(168)右賢王宣　劉宣，右賢王是匈奴西部地區的最高首領，通常由單于的兒子或兄弟擔任。(169)單于徒有虛號　只吃俸祿，無絲毫權力，無一點封土。事見本書卷六十七建安二十一年。(170)自餘王侯　除單于以外的其他匈奴王侯。(171)降同編戶　降低成了平民，編入戶籍，無高下之分。(172)斂首就役　俯首貼耳地去給別人當奴隸。(173)奄過百年　匆匆地過完一輩子。(174)左賢王　指劉淵。(175)苟　假如。(176)虛生此人　白白地降生這麼好的一個人才。(177)復呼韓邪之業　恢復呼韓邪單于當年的勳業。呼韓邪單于是漢宣帝時的匈奴首領，因當時匈奴內亂，呼韓邪逆率五萬人南來投降了漢朝，這裡是想重振昔日匈奴雄風。(178)詣鄴告之　到鄴城稟告劉淵。(179)會葬　參加族人的葬禮。(180)雜胡　其他少數民族。(181)二鎮　指王浚所統的幽州與司馬騰所統的并州。(182)宿衛　指朝廷禁軍。(183)赴國難　意即讓他們來援救國家的危難。(184)果可發否　是不是真能服從徵調。(185)就能發之　即使能夠調動。(186)鮮卑烏桓　指與鮮卑、烏桓相互勾結的幽、并二州。(187)奉乘輿還洛陽　帶著皇帝到洛陽去。(188)避其鋒　避開他們的鋒芒。(189)以逆順制之　意即調集全國的力量仗順以討其逆。(190)武皇帝　指司馬炎。(191)遠著　遠播；遠近聞名。(192)豎子　無知的奴才。(193)疏屬　疏遠的皇親，司馬騰是司馬懿之弟司馬馗的孫子，與司馬衷、司馬穎的關係已經很遠。(194)爭衡　爭高低。(195)一發鄴宮　一旦離開鄴城，指向南方撤退。(196)撫勉士眾　撫慰、勉勵部眾。(197)靖以鎮之　穩妥地鎮守好鄴城。(198)二部　兩個匈奴部落的兵力。(199)梟王浚　打敗王浚，將王浚的人頭懸掛高竿。(200)左國城　故址在今山西離石北。(201)上大單于之號　意即讓劉淵正式即大單于之位。(202)離石　即今山西離石。(203)以聰為鹿蠡王　劉聰是劉淵之子，鹿蠡王是匈奴王號名，地位在左、右賢王之下。(204)左於陸王宏　「左於陸」是其王號，「宏」是其王之名。(205)會　會同；和……一道。(206)無及　來不及趕到。(207)王斌　時為成都王司馬穎的北中郎將。(208)平棘　晉縣名，縣治在今河北趙縣城東。(209)候騎　偵察騎兵。(210)部分　部署分派。(211)程太妃　司馬穎的生母。(212)俄而　很快地；轉眼之間。(213)御犢車　乘坐著牛車。按，皂輪犢車是當時諸公的座車，今讓惠帝亦乘此車，以見其混亂無序。(214)無齎　沒有攜帶衣食。(215)中黃門　高等侍從宦官。(216)詔貸之　皇帝把他的這些錢借過來。(217)御中黃門布被　蓋著中黃門的這條布被睡覺。御，用。(218)食以瓦盆　吃飯用的器皿是瓦製的。(219)溫　晉縣名，縣治在今河南溫縣城西南二十里。(220)謁陵　掃墓。司馬氏是溫縣人，自司馬懿以下的諸陵都在洛陽，司馬懿的父親司馬防及其以上祖先，全葬在溫縣。(221)喪履　丟失了鞋子。(222)納　這裡指腳上穿著。(223)濟河　渡過黃河。(224)以所乘車　用張方自己平常乘坐的車子。這是當時所能找到的最高級的車子了。(225)芒山　也叫「北芒」，在洛陽城北，黃河南岸。(226)稍還　陸續回來。(227)粗備　大略齊備。(228)辛巳　八月十六。(229)沈於易水　鮮卑人既不敢「挾藏」，遂將所掠的婦女投入易水。易水在今河北易縣境內。(230)拓拔猗㐌　後來北魏政權創始者的祖先，當時活動在今山西與內蒙古的交界一帶。(231)西河　晉郡名，郡治即今山西離石。[232]汾東　汾河東岸。汾河自山西西北部流來，中經太原、臨汾等市，西南流至河津縣入黃河。[233]去鄴　離開了鄴城。[234]逆自奔潰　敵人未到，先自逃跑。[235]奴隸御我　像對待奴隸一樣地對待我們。御，對待；使用。[236]氣類　同類，意謂鮮卑、烏桓、東胡等民族，與匈奴都有血緣關係，同稟北方的剛強之氣而生。[237]漢高魏武　漢高祖劉邦，漢王朝的創造者；魏武帝曹操，為魏國奠定基礎的人。[238]擒斬張昌　變民首領張昌去年被劉弘的將領陶侃打敗，逃到下儁山（今湖南沅陵境），今乃被陶侃部所擒斬。[239]有名德　有名望、有道德。[240]重　尊敬。[241]臣之　當他的臣屬。[242]即尊位　登基稱王。[243]改元建興　即宣布獨立，史稱成漢（前蜀）。至此，「八王之亂」引起的「大分裂時代」正式揭幕。[244]約法七章　指廢去晉法不用，自己與境內流民約定了七條法令。[245]咨　請教。[246]彌謹　越發恭謹。[247]遷都左國城　指從離石縣遷到左國城。左國城仍在離石境內，在縣城之北。[248]恩結於民　指恩德深入人心，從而人心穩定。[249]漢氏之甥　漢朝皇帝曾嫁女於匈奴單于，故劉淵自稱「漢氏之甥」。[250]約為兄弟　意謂匈奴單于與漢朝皇帝是兄弟關係。[251]兄亡弟紹　兄長的國家漢朝滅亡了，理應由作為弟弟的匈奴單于來接續。[252]上尊號　指稱皇帝。[253]依高祖稱漢王　依照漢高祖劉邦的樣子先稱「漢王」。劉邦在滅秦後，被項羽封為漢王。[254]安樂公禪　劉備的兒子劉禪。劉禪被司馬炎篡位後，降號稱安樂公。[255]三祖　指劉邦、劉秀、劉備。[256]五宗　指劉恆（西漢文帝太宗）、劉徹（西漢武帝世宗）、劉詢（西漢宣帝中宗）、劉莊（東漢明帝顯宗）、劉炟（東漢章帝肅宗）。[257]神主　靈牌。[258]崔游　劉淵的老師，字子相。[259]後部　指五部匈奴中的北部，住在今山西忻州一帶。[260]陳元達　字長宏，本姓高，隱居至四十歲，劉淵稱王，為黃門郎，屢進忠言。事見《晉書》卷一百三。[261]族子曜　劉淵同族的遠房姪子劉曜。劉曜的事跡見《晉書》卷一百三。[262]君其懼乎　你害怕了吧。[263]亮吾之心　明白我的心思。[264]驛書　驛站傳送的書信，這裡指劉淵徵聘他出山為官的文書。[265]削草　把草稿銷毀。[266]儀觀　儀態；儀表。[267]拓落高亮　磊落豁達，見識高遠。[268]射而洞之　一箭將其射穿。洞，穿透。[269]樂毅　戰國名將，曾為燕國大破強齊。事見《史記・樂毅列傳》。[270]蕭曹　蕭何、曹參，劉邦的開國元勳，又都相繼為漢相國。事見《史記》中的〈蕭相國世家〉、〈曹相國世家〉。[271]莫之許　沒有人讚許他的「自比」，意即對他不理解、不相信。[272]永明　劉曜的字。[273]數公　指樂毅、蕭何、曹參。[274]復豫事　再干預政事。[275]東平王楙　司馬楙，司馬孚之孫，司馬顒的堂兄弟。[276]弗克負荷　沒有能力擔負國家重任。《左傳》昭公七年：「其父析薪，其子弗克負荷。」[277]降封一邑　降掉王位，除去封土，只留給他一個縣，意即降之為侯。[278]太宰　指司馬顒。[279]委以關右之任　把函谷關以西的事務交給他負責。[280]一皆仰成　意即都由他全權處理。這段話實際是剝奪司馬顒的相權。[281]每輒疇咨　有什麼事都去向他徵求意見。[282]不達變通　不能根據實際情況靈活地處理問題。[283]未即西還　還沒有回到西邊。當時張方名義上是馮翊（郡治即今陝西大荔）

太守。(284)司徒戎司空越　指王戎、司馬越。(285)宜幹機事　應讓他們主管朝廷的機要事務。(286)定社稷之勳　穩定社稷的功勳，指舉兵討伐司馬穎。(287)遂撫幽朔　就讓他鎮撫幽州、朔方，指今河北、山西的北部地區。(288)北藩　國家北方的屏障。(289)扞城　即捍衛國家。(290)藩屏　維護；為……做屏障。(291)垂拱　垂衣拱手，清閒無事的樣子。(292)在洛既久　從八月至今（十月），已達兩個月之久。(293)眾情喧喧　指張方士兵的怨言很多，情緒不定。(294)無復留意　不想在洛陽再住下去。(295)欲須帝出而劫之　想等一個皇帝出來的機會劫持他。須，等候。(296)謁廟　拜見太廟。(297)十一月乙未　十一月初一。(298)馬上稽首　在馬上做了個點頭行禮的樣子。(299)宿衛　護衛宮廷的軍隊。(300)幸臣壘　到我的兵營。(301)以備不虞　以防止意想不到的事情發生。(302)一從右將軍　一切都聽右將軍張方的安排。(303)具車　安排車輛。(304)妻略後宮　姦淫搶奪後宮的妃嬪宮女。略，搶掠。(305)府藏　皇家府庫的儲存。(306)流蘇武帳　流蘇指宮廷床帳或儀仗幡車上的穗子，用五彩羽毛或絲線製成。武帳是皇帝所用帳幔的一種，因圍中陳列兵器，故稱「武帳」。(307)馬韀　馬鞍下面的墊子。韀，同「韉」。(308)返顧　回頭，指留戀洛陽。(309)焚燒洛陽　董卓焚燒洛陽事，見本書卷五十九初平元年。(310)何為襲之　怎麼能又接著幹董卓所幹的事情。(311)豫章王熾　司馬熾，司馬炎之子，惠帝之弟。(312)郟　即今河南郟縣，離洛陽不遠。(313)霸上　古地名，在今陝西西安東，因地處霸水西高原上得名。(314)征西府　征西將軍司馬顒的府衙。(315)留臺　朝廷的留守機關。(316)承制行事　以皇帝的名義處理事物。(317)號東西臺　洛陽為東臺，長安為西臺。(318)勗　荀勗，西晉初期的權臣之一，賈充的死黨。傳見《晉書》卷三十九。(319)丙午　十一月十二日。(320)辛丑　十一月初七。(321)巴郡　郡治即今重慶市。(322)李驤　李雄之叔，時為成國的太傅。(323)十二月丁亥　十二月二十四。(324)沖素好學　恬靜、謙虛而好學。(325)參錄　參與管理。(326)高密王略　司馬略，司馬泰之子，司馬懿的姪孫。(327)司隸校尉　都城洛陽地區的行政長官，級別同於刺史。(328)權鎮洛陽　臨時鎮守洛陽。(329)東中郎將模　司馬模，司馬泰之子，與司馬越、司馬略是親兄弟。(330)蠲除苛政　廢除苛暴的政令。蠲，廢除。(331)務本　努力發展農業生產。本，農業，與工商業之稱「末」相對而言。(332)清通　局勢太平，道路暢通。(333)東京　指洛陽。(334)改元　改元「永興」。(335)乖離　相互矛盾，互不統屬。(336)少安　稍微安定一點。(337)京兆太守　長安地區的行政長官，級別同於郡守。(338)大陵　縣名，縣治在今山西文水縣東北。(339)太原　諸侯國名，都城晉陽，在今山西太原西南。(340)泫氏　晉縣名，縣治即今山西高平。(341)屯留　晉縣名，縣治在今山西屯留南。(342)長子　晉縣名，縣治在今山西長子西。(343)中都　晉縣名，縣治在今山西平遙西南。(344)西河　晉郡名，郡治即今山西離石。(345)介休　晉縣名，縣治在今山西介休東南十五里。(346)望有種乎　還能希望自己有後代嗎。因為喬晞太殘虐無道了。種，指子孫、後裔。(347)追還　從前線將其調回。(348)降秩　降級。

【校 記】①衜博 張敦仁《通鑑刊本識誤》作「衛博」。②沈 原無此字。據章鈺校，甲十一行本、乙十一行本、孔天胤本皆有此字，張敦仁《通鑑刊本識誤》、張瑛《通鑑校勘記》同，今據補。③二月 原作「三月」。據章鈺校，甲十一行本、乙十一行本、孔天胤本皆作「二月」，張敦仁《通鑑刊本識誤》同，今據改。按，《晉書》卷四〈惠帝紀〉作「二月」。④王 原無此字。據章鈺校，甲十一行本、乙十一行本、孔天胤本皆有此字，張敦仁《通鑑刊本識誤》同，今據補。⑤入 原誤作「及」。據章鈺校，甲十一行本、乙十一行本、孔天胤本皆作「入」，今據校正。⑥邀 原作「要」。據章鈺校，甲十一行本、乙十一行本、孔天胤本皆作「邀」，今據改。⑦諸 原無此字。據章鈺校，甲十一行本、乙十一行本、孔天胤本皆有此字，今據補。⑧斂首 據章鈺校，甲十一行本、乙十一行本、孔天胤本皆作「手受」。⑨而 據章鈺校，甲十一行本、乙十一行本、孔天胤本皆無此字。⑩改元 據章鈺校，甲十一行本、乙十一行本、孔天胤本此下皆有「曰」字。⑪昔 原無此字。據章鈺校，甲十一行本、乙十一行本、孔天胤本皆有此字，張敦仁《通鑑刊本識誤》同，今據補。⑫等 原無此字。據章鈺校，甲十一行本、乙十一行本、孔天胤本皆有此字，今據補。⑬資 據章鈺校，甲十一行本、乙十一行本、孔天胤本皆作「質」。

【語 譯】永興元年（甲子 西元三〇四年）

春季，正月初八日丙午，尚書令樂廣因為憂慮過度而去世。

長沙厲王司馬乂屢次與大將軍司馬穎作戰，終於打敗了司馬穎，前後總計斬殺、俘獲了司馬穎六、七萬人。而司馬乂在對待惠帝司馬衷的禮數上沒有絲毫欠缺，洛陽城中的糧食一天比一天緊缺，而士卒沒有一點叛離之心。張方認為無法攻下洛陽城，就想率領軍隊退回長安。而東海王司馬越擔心朝廷不能戰勝張方，便在正月二十五日癸亥這天，暗中與守衛皇宮的將領趁黑夜逮捕了司馬乂，將司馬乂送往其他官署羈押起來。二十六日甲子，司馬越啟奏惠帝司馬衷，惠帝下詔免去司馬乂的一切職務，並把司馬乂送入金墉城監押起來。大赦天下，改年號為「永興」。等到洛陽城門打開之後，宮中將士看見城外司馬穎攻城的軍隊並不是很強大，有些後悔，就想改變主意劫出司馬乂繼續抵抗司馬穎。司馬越聽說後害了怕，就想殺掉司馬乂以斷絕將士們的念頭。擔任黃門侍郎的潘滔勸阻司馬越說：「你不能這樣做，自然會有人出來解決這一問題。」於是就派人悄悄地去告訴了張方。二十八日丙寅，張方從金墉城帶走了司馬乂，回到自己的軍營後，就先用火燒烤司馬乂，然後把司馬乂殺死，就連張方的將士都為司馬乂的慘死流下了眼淚。

王公大臣都到鄴城向司馬穎請罪。大將軍司馬穎進入洛陽城，不久又返回鄴城。惠帝下詔任命司馬穎為丞相，東海王司馬越代理尚書令。司馬穎派遣奮武將軍石超等人率領五萬軍隊分別把守洛陽的十二個城門，過去他所忌恨的殿中禁軍將領，把他們全都殺死了。又把守宮廷的禁軍都換上了自己的人。司馬穎上表推薦盧志擔任中書監，但仍留守鄴城，參與管理丞相府的事務。

河間王司馬顒把軍隊駐紮在鄭縣，目的是為了聲援前往東方作戰的張方部。當聽說劉沈起兵，就一面率領軍隊退回渭城防守，一面派遣擔任督護的虞夔到好時縣去迎戰劉沈。虞夔被劉沈打敗，司馬顒非常恐懼，趕緊退入長安，立即派人召喚張方回長安。張方縱兵掠奪了洛陽城中官府和私家的奴婢總計一萬多人向西部的長安撤退。張方因為軍中缺乏食物，就將人殺死，然後把人肉和牛馬肉摻合在一起食用。

劉沈率軍渡過渭水後列好陣勢，與司馬顒交戰，司馬顒屢次失敗。劉沈派安定郡太守衛博、擔任功曹的皇甫澹率領五千名全副武裝的精銳士兵襲擊長安城，攻破長安城門，經過奮力拼殺，一直殺到司馬顒的帳下。由於劉沈的主力部隊沒有及時趕來接應，馮翊郡太守張輔看到衛博、皇甫澹後邊沒有援軍，就率領軍隊從側翼攔腰截殺，殺死了衛博和皇甫澹，劉沈於是失敗，他招集起殘兵敗將退出了長安城。張方派遣手下部將敦偉率軍連夜追擊。劉沈的軍隊猶如驚弓之鳥，立即潰散，劉沈率領部分人馬向南逃跑，被追兵追上俘虜了。劉沈對司馬顒說：「比較起來，您對我的知遇之恩為輕，君臣大義為重，我不能違抗天子的詔令，明知道朝廷方面的力量不夠就拋棄大義以求生。我甩袖而起之日，就已經下定了必死的決心，即使您把我剁成肉醬，我也覺得像吃薺菜一樣甘甜。」司馬顒大怒，就用鞭子狠狠地抽打劉沈，然後才把劉沈腰斬。新平郡太守江夏人張光屢次為劉沈出謀劃策，司馬顒逮捕了張光並責備他。張光說：「雍州刺史劉沈不採納我的計策，所以才使得大王能有今日。」司馬顒很佩服張光的氣概，就赦免了張光並拉他與自己一起飲酒，還上表推薦張光擔任右衛將軍的司馬。

益州刺史羅尚逃到江陽郡後，立即派遣使者向朝廷報告情況。惠帝下詔令羅尚暫時管理巴東郡、巴郡、涪陵郡，負責供給軍需。羅尚派遣擔任別駕的李興到鎮南將軍劉弘那裡請求支援一些糧食，劉弘的僚屬認為運糧的道路崎嶇難走而且路途遙遠，加上荊州自己的糧食也不富裕，就想從零陵郡調撥五千石米給羅尚。劉弘說：「天下原本是一家，彼此沒有什麼兩樣，我今天把糧食調撥給他，就不用再擔憂西部的戰火延燒到荊州了。」於是劉弘便調撥三萬石糧食給羅尚，羅尚依靠這批糧食才得以保存下來。李興希望留下來為劉弘擔任參軍，劉弘奪下李興的手版，打發李興返回江陽郡。劉弘又派遣擔任治中的何松率領軍隊駐紮在巴東作為羅尚的聲援部隊。當時，滯留在荊州的流民有十多萬戶，由於客居異鄉，生活貧窮，物資匱乏，大多數人都成了盜賊。劉弘充分僅應給他們田地和糧種讓他們耕種，提拔他們當中那些有能力的人，按照他們的資格經歷加以任用，流民於是逐漸安定下來。

二月十七日乙酉，丞相司馬穎上表廢黜皇后羊獻容，把羊皇后幽禁在金墉城，廢皇太子司馬覃為清河王。

陳敏率領手下那支運送物資的隊伍與石冰大戰數十個回合，當時石冰的軍隊數量是陳敏的十倍，陳敏攻擊石冰，所向披靡，又與周玘領導的義軍會合，共同攻打被石冰所佔領的建康城。三月，石冰失敗後向北逃走，去投靠封雲。封雲司馬張統殺死了石冰與封雲向陳敏投降，楊州、徐州全部平定。周玘、賀循把他們的部下全部遣散，自己也返回老家，他們在人前從不提及自己的功勞，也不向朝廷要求獎賞。朝廷任命陳敏為廣陵國相。

河間王司馬顒上表請求惠帝立丞相司馬穎為繼承皇位的皇太弟。三月十一日戊申，惠帝下詔封司馬穎為皇太弟，都督中外諸軍事，丞相的職位依然不變。大赦天下。皇帝所專用的車駕、服飾以及各種生活用品全都搬遷到鄴城，一切依照漢朝末年曹操、曹丕稱魏王時建國於鄴的做法。任命司馬顒為太宰、大都督、雍州牧，任命前任太傅劉寔為太尉。劉寔自稱年老多病，堅決辭讓，不肯接受任命。

皇太弟司馬穎超越禮制，驕橫奢侈一日勝過一日，他的寵幸者掌握著朝政大權，完全違背了眾人的願望，司空東海王司馬越、右衛將軍陳眕和長沙王司馬乂的老部下上官巳等人密謀討伐司馬穎。

秋季，七月初一日丙申，陳眕率兵進入雲龍門，用詔書召集三公和文武百官進入殿中，宣布戒嚴，討伐司馬穎。石超逃出京城，直奔鄴城向司馬穎報信。初三日戊戌，大赦天下。恢復了羊獻容的皇后地位和司馬覃的太子地位。初四日己亥，司馬越簇擁著惠帝向北討伐司馬穎，任命司馬越為大都督。徵調前任侍中嵇紹到惠帝的臨時住所仍然擔任侍中。現任侍中的秦準對嵇紹說：「如今前去討伐司馬穎，安危難以預料，你有沒有好馬？」嵇紹嚴肅地對他說：「臣子負責護衛皇帝的車駕，就應當全力以赴，生死與共，要好馬幹什麼呢！」

東海王司馬越發布檄文，號召四方起兵勤王，響應號召的人像濃雲湧起一般彙集起來，等到惠帝到達安陽縣的時候，已經聚集起了十多萬人，鄴城的司馬穎為此深感震驚和恐懼。司馬穎召集起他的僚屬徵求應對的計策，東安王司馬繇說：「天子親自前來征討，就應當脫下鎧甲，解除武裝，身穿素服，出去迎接皇帝，向皇帝請罪。」司馬穎不同意這樣做，他派遣石超率領五萬士兵前去迎戰。折衝將軍喬智明也勸說司馬穎前去迎接皇帝的車駕，司馬穎大怒，說：「你號稱明白事理，投身侍奉於我。如今皇帝被眾多奸佞小臣逼迫前來征討，你為什麼竟然要我束手就擒，去遭受刑戮呢！」

陳眕的兩個弟弟陳匡、陳規從鄴城來到皇帝司馬衷的臨時住所，述說鄴城中的人都已經四處逃散，司馬越因此而放鬆了戒備。七月二十四日己未，石超率軍突然到來，向朝廷的軍隊發起攻擊，惠帝等人在蕩陰被打得大敗，惠帝不僅臉頰受了傷，身上還中了三箭，身邊的文武百官和侍奉人員全都逃散了。只有侍中嵇紹身穿朝服，下馬登上皇帝所坐的車輦，用自己的身體護衛著惠帝，司馬穎的士兵把嵇紹從惠帝的車上拉下來，就在車轅中用亂刀砍起來。惠帝大聲說：「他是忠臣，不要殺死他！」士兵回答說：「奉皇太弟的命令，只不許侵犯陛下一人。」於是砍死了嵇紹，嵇紹的鮮血濺了惠帝一身。惠帝從乘輿上墜落到荒草叢中，丟失了皇帝的六顆御璽，石超將惠帝帶到自己的營中，此時惠帝飢餓得很，石超送上水，左右的人遞上秋桃。司馬穎派遣盧志前來迎接惠帝惠帝；二十五日庚申，惠帝進入鄴城。大赦天下，改年號為「建武」。左右侍奉的人想把惠帝的髒衣服洗一洗，惠帝說：「那是侍中嵇紹的鮮血，不要洗。」

陳眕、上官巳等人保護太子司馬覃守衛洛陽城。司空司馬越逃到下邳郡，徐州都督東平王司馬楙不准許司馬越進入徐州城，司馬越便逕直返回自己的封地都城。皇太弟司馬穎認為司馬越兄弟在皇族中很有聲望，於是下令召司馬越進京，司馬越不服從命令。前任奮威將軍孫惠上書勸司馬越聯合其他藩王，共同輔佐皇帝司馬衷。司馬越任命孫惠為記室參軍，參與司馬越的重大決策討論。擔任北軍中候的苟晞投奔了范陽王司馬虓，司馬虓假託皇帝的名義任命苟晞代理兗州刺史。

當初，成都王司馬穎、齊王司馬冏、河間王司馬顒起兵討伐趙王司馬倫的時候，安北將軍王浚手握重兵，兩頭觀望，他下令禁止管轄區域內的官員與百姓不得響應三王的號召前去應徵入伍。太弟司馬穎想要討伐王浚卻未能付諸實施，王浚心裡也早就圖謀剷除司馬穎。司馬穎任命擔任右司馬的和演為幽州刺史，暗中指使他殺掉王浚。和演與烏桓單于審登密謀，約王浚一同遊覽薊城南邊的清泉，趁機殺死王浚。恰好天降暴雨，兵器全被雨水打溼，殺掉王浚的預謀無法實現，只得無功而返。烏桓單于審登卻認為王浚是得到了上天神靈的佑護，於是就把和演的陰謀告訴了王浚。王浚與烏桓單于審登結盟，暗中布置軍隊，約請并州刺史東嬴公司馬騰共同圍剿和演，殺死了和演之後，王浚便將幽州刺史和演所統轄的軍隊掌握在自己手中。司馬騰，是司馬越的弟弟。太弟司馬穎假稱皇帝的詔命徵召王浚入京，王浚與鮮卑人的首領段務勿塵、烏桓的頭領羯朱以及東嬴公司馬騰共同起兵討伐司馬穎，司馬穎派遣北中郎將王斌以及石超共同迎擊王浚等。

太弟司馬穎對東安王司馬繇先前建議自己放下武器、身穿素服迎接皇帝司馬衷深感怨恨，便於八月初三日戊辰這一天逮捕了司馬繇，殺死了他。當初，司馬繇的哥哥琅邪恭王司馬覲去世，由他的兒子司馬睿繼承了琅邪王的王位。司馬睿為人深沉敏銳，很有氣度，擔任左將軍，與東海王司馬越的參軍王導親密友善。王導，是王敦的堂弟，有氣度、有遠見，因為朝廷不斷發生變故，就經常勸說司馬睿返回自己的琅邪封國。司馬繇被殺時，司馬睿正跟隨惠帝留在鄴城，他擔心災禍會降臨到自己頭上，就想逃回自己的封國。司馬穎預先已經下令各處關卡和渡口，不准放走一個貴族人士。司馬睿逃到河陽縣，被渡口的檢查官員攔住。跟隨司馬睿的宋典從後邊趕過來，他一邊用馬鞭輕輕敲打著司馬睿一邊笑著說：「你這看房子的奴僕，官家禁止貴人通行，你怎麼也成了貴人而被拘留了？」渡口檢查官聽了，就放他們過去了。司馬睿到達洛陽，接了自己的母親夏侯氏一同回到自己的封國琅邪。

擔任司馬穎丞相從事中郎的王澄揭發了孟玖作奸犯科、謀取私利的事實，勸說太弟司馬穎誅殺孟玖，司馬穎聽從了王澄的建議殺死了孟玖。

上官巳在洛陽，殘酷暴虐、橫行霸道。代理洛陽太守的河南尹周馥，是周浚的堂弟，他與擔任司隸校尉的滿奮等人密謀誅殺上官巳。密謀洩露，滿奮等人反而被上官巳所殺，周馥聞訊逃走才免於一死。司空司馬越討伐司馬穎的時候，太宰司馬顒派遣右將軍、馮翊郡太守張方率領二萬軍隊救援司馬穎，聽說惠帝已經被司馬穎接入鄴城，就趁機命令張方鎮守洛陽。上官巳與另外一支部隊的將領苗願拒絕張方進入洛陽城，張方被打得大敗而回。太子司馬覃趁黑夜率人襲擊上官巳、苗願，上官巳、苗願倉皇出逃，張方得以進入洛陽。太子司馬覃在廣陽門迎接張方並向張方行跪拜禮，張方趕緊下車扶起太子司馬覃，阻止他行如此大禮，張方再次廢黜了太子司馬覃與皇后羊獻容。

當初，太弟司馬穎上表奏請任命匈奴左賢王劉淵為冠軍將軍，負責監管五部匈奴的軍隊，讓劉淵率領軍隊在鄴城駐防。劉淵的兒子劉聰驍勇善戰，超過常人，而且博覽群書，精通經史，又擅長於寫作文章，能拉開三百斤的硬弓。他二十歲那年到京師洛陽遊覽，當時的知名人士全都與他結交。司馬穎任命劉聰為積弩將軍。

劉淵的堂祖父右賢王劉宣對他的族人說：「自從漢朝滅亡以來，我們徒有一個單于的虛名，卻沒有一尺封土，其他匈奴王侯全被降低成了平民，編入戶籍，已經沒有高下之分。如今我們的勢力雖然衰弱，但還不少於二萬人，為什麼要俯首貼耳、心甘情願地去給別人當奴隸，匆匆地度過一輩子呢！左賢王劉淵英武絕倫，無人能比，假如上天根本不想讓匈奴興旺發達，一定不會白白地降生這麼好的一個人才。如今司馬氏骨肉相殘，四海鼎沸，恢復呼韓邪單于當年的勳業，現在正是好時機。」於是就與其他人商議，共同推舉劉淵為大單于，然後派他的親信呼延攸到鄴城去報告劉淵。

左賢王劉淵向司馬穎告假，請求回去參加族人的葬禮，司馬穎不同意。劉淵讓呼延攸先回去，讓他轉告從祖右賢王劉宣等人先召集起匈奴五部的人馬和其他少數民族，宣稱是為了援助司馬穎，實際是為了叛變作準備。等到王浚、東嬴公司馬騰起兵的時候，劉淵趁機對司馬穎說：「如今幽州的王浚、并州的司馬騰飛揚跋扈，擁有十多萬軍隊，恐怕不是朝廷禁軍和附近郡國的軍隊所能抵禦得了的。請允許我回去為殿下去說服匈奴五部的人馬前來援救國家的危難。」司馬穎說：「匈奴五部的人馬，是不是真能服從徵調？即使能夠調動，也難以對付與鮮卑、烏桓勾結起來的幽、并二州的兵馬。我準備帶著皇帝回洛陽去，暫且避開他們的鋒芒，再慢慢通告天下，號召全國的正義力量討伐叛逆，你看怎麼樣？」劉淵說：「殿下是武皇帝司馬炎的兒子，對皇室有很大的功勞，聲威和恩德遠近聞名，四海之內，誰不願意為殿下拚死效力呢？匈奴五部的兵力，有什麼難於調動呢？王浚是個無知的奴才，東嬴公司馬騰則是疏遠的皇親，他們怎能與殿下爭高低呢！殿下一旦離開鄴城，就等於向人示弱，恐怕回不到洛陽。即便是能夠回到洛陽，大權也不會再掌握在您的手中了。希望殿下撫慰勉勵您的部眾，穩妥地鎮守好鄴城。我將為殿下用匈奴二個部落的兵力去摧毀東嬴公司馬騰，用匈奴三個部落的兵力把王浚的人頭懸掛在高竿之上，二個賊子的人頭指日就可以懸掛起來。」司馬穎聽了非常高興，立即封劉淵為北單于、參與謀劃丞相府的各種軍事。

劉淵抵達左國城，右賢王劉宣等人讓劉淵正式即位為大單于，二十天的時間內，劉淵就召集了五萬人馬，把離石城作為都城，任命兒子劉聰為鹿蠡王。派左於陸王劉宏率領五千精銳騎兵，會同司馬穎的將領王粹去抵抗東嬴公司馬騰。此時王粹已經被司馬騰打敗，劉宏來不及趕到王粹那裡，只得率軍返回。

王浚、東嬴公司馬騰合兵一處攻打司馬穎的北中郎將王斌，把王斌打得大敗。王浚任命主簿祁弘為前部先鋒，祁弘在平棘縣打敗了石超，然後乘勝前進。王浚的偵察騎兵到達鄴城，鄴城內的人們驚恐萬狀，百官僚屬全都逃走，士兵也四散逃走。盧志勸說司馬穎趕快帶著皇帝返回京都洛陽。當時司馬穎的帶甲士兵還有一萬五千人，盧志連夜部署。天明時準備啟程，而司馬穎的母親程太妃卻留戀鄴城不願意離開，司馬穎因此猶豫不決。不久部眾潰散，司馬穎只得率領帳下的幾十個騎兵與盧志侍奉著晉惠帝乘坐著牛車向南逃往洛陽。倉猝間所有的人都沒有顧得上攜帶衣食，只有中黃門的被囊中攜帶著三千私房錢，惠帝下詔把他的這三千錢借過來，沿途買些食物吃，夜裡惠帝就蓋著中黃門的這條布被，餓了就用瓦盆吃飯。惠帝到達溫縣的時候，想去拜謁皇家陵墓，而此時連鞋子都丟失了，只得穿上侍從的鞋子，他在祖先的陵墓前磕頭下拜，痛哭流涕。等到渡過黃河，張方從洛陽派遣他的兒子張羆率領三千騎兵，用張方平時乘坐的車子迎接惠帝。到達芒山腳下，張方又親自率領一萬多騎兵前來迎接惠帝。張方正要叩拜皇帝，惠帝趕緊下車親自阻止他行拜謁之禮。惠帝回到洛陽皇宮，逃散的人也都陸續回來，文武百官大略齊備。八月十六日辛巳，大赦天下。

王浚率領軍隊進入鄴城，部下的士兵大肆搶掠，兇狠殘暴，被殺死的人很多。王浚派烏桓頭領羯朱率人追殺皇太弟司馬穎，一直追到朝歌縣，也沒有追上。王浚返回薊城，因為鮮卑人掠奪了很多晉朝婦女，王浚下令，膽敢攜藏漢族婦女的一律斬首，鮮卑人不敢違背王浚的命令，遂將掠奪來的八千婦女全部投入易水活活淹死了。

東嬴公司馬騰請求拓跋猗㐌派軍隊援助自己進攻劉淵，拓跋猗㐌與他的弟弟拓跋猗盧聯合起來在西河郡進攻劉淵，打敗了劉淵之後，與司馬騰在汾河東岸結盟，然後班師而回。

劉淵聽說皇太弟司馬穎已經離開鄴城，便歎息著說：「太弟司馬穎不聽我的話，敵人未到，自己就先逃跑了，真是個奴才！然而我曾經對他有過承諾，不能不去救他。」準備發兵攻打鮮卑、烏桓。右賢王劉宣等人勸阻他說：「晉人就像對待奴隸一樣對待我們，如今他們骨肉相殘，這是上天拋棄了他們而讓我們恢復呼韓邪單于的偉大功業。鮮卑人、烏桓人，和我們都有血緣關係，可以讓他們作為我們的後援，為什麼要攻打他們呢！」劉淵說：「說得好！大丈夫就應當效法漢高祖劉邦、魏武帝曹操，呼韓邪單于哪裡值得我去效仿呢！」劉宣等人磕頭說：「您的志向我們永遠也趕不上。」

荊州軍隊擒獲了變民首領張昌，並把張昌斬首，張昌的黨羽全部被誅滅三族。

李雄認為隱士范長生很有名望、有道德，深受巴蜀人的尊敬，就想迎接他作為國君而自己做他的臣屬，范長生認為不可以。諸將領堅決請求李雄登基稱王。冬季，十月，李雄登上成都王位，實行大赦，改元建興，廢除晉朝的法律，約定了七條法令。李雄任命叔父李驤為太傅，哥哥李始為太保，李離為太尉，李雲為司徒，李瑱為司空，李國為太宰，閻式為尚書令，楊褒為僕射。李雄尊奉自己的母親羅氏為王太后，追尊自己的父親李特為成都景王。李雄認為李國、李離足智多謀，所以凡是遇到事情必定先請教他們而後實行，而李國、李離侍奉李雄也越發恭敬。

劉淵將國都從離石縣城遷到左國城，胡人、晉朝人歸附劉淵的越來越多。劉淵對群臣說：「過去漢朝統治天下時間很久，恩德深入民心。我是漢朝皇帝的外甥，匈奴單于與漢朝皇帝是兄弟關係，兄長的國家滅亡了，理應由作為弟弟的匈奴單于來接續，不也可以嗎？」於是建國號為漢。劉宣等人請求劉淵稱帝，劉淵說：「如今四方還沒有平定，暫且依照漢高祖劉邦的樣子先稱『漢王』吧。」於是劉淵即漢王位，實行大赦，建年號為元熙。追尊安樂公劉禪為孝懷皇帝，設置漢朝三祖、五宗的靈牌進行祭祀。立妻子呼延氏為王后。任命右賢王劉宣為丞相，崔游為御史大夫，左於陸王劉宏為太尉，范隆為大鴻臚，朱紀為太常，上黨郡人崔懿之、五部匈奴中的北部人陳元達都為黃門郎，遠房姪子劉曜為建武將軍。崔游堅決推辭不肯接受任命。

黃門郎陳元達少年時就有遠大的志向和高尚的節操，劉淵曾經招聘過他，但陳元達沒有應聘。等到劉淵做了漢王，有人對陳元達說：「你害怕嗎？」陳元達笑著說：「我瞭解劉淵已經很久了，他也明白我的心思，只怕二三天之內，驛站必定有書信送來。」當天傍晚，劉淵果然派人送來徵聘陳元達的聘書。陳元達輔佐劉淵盡心竭力，屢次進獻忠言，然而退朝之後就把草稿銷毀，即使是他的子弟也不知道他究竟寫了些什麼。

建武將軍劉曜生下來眉毛就是白的，兩目充滿紅光，自幼就很聰明、有智慧、有膽量，他很早就成了孤兒，是劉淵收養了他。劉曜長大後，儀表堂堂、相貌魁偉，性格磊落豁達，見識高遠，出類拔萃，愛好讀書，善於寫作文章，能用箭射穿一寸厚的鐵板。他經常把自己比作樂毅和蕭何、曹參，但當時沒有人讚許他的自比，只有劉聰很看重他，說：「劉曜，是漢世祖劉秀、魏武帝曹操一流的人物，樂毅、蕭何、曹參這幾個人又哪裡值得和他相比呢！」

晉惠帝回到洛陽之後，張方手握重兵、專擅朝政，太弟司馬穎無法再干預朝政。豫州都督范陽王司馬虓、徐州都督東平王司馬楙等人上疏說：「司馬穎沒有能力擔負起國家的重任，應當廢除他的王位，收回他的封土，只留給他一個縣作為食邑，只要能夠保全他的性命就行了。至於太宰司馬顒，應當委任他去全權處理函谷關以西的事務，自州郡以下，一切官員的選拔任命，都由他全權負責。朝廷的重大事情，如應興應廢，應增應減等，都應向他徵求意見。張方雖然能為國效忠守節，然而他不能根據實際情況靈活地處理問題，又沒有及時回到他的西部任所，應當讓他回到馮翊郡太守的崗位上，所有加給張方的官銜，依舊保留不變。司徒王戎、司空司馬越二人忠於國事，小心謹慎，應該讓他們主管朝廷的機要事務，委託他們主持朝政。安北將軍王浚有穩定社稷的功勳，應當特別尊崇重用，讓他鎮撫幽州、朔方，永遠作為國家北方的屏障。我等將會盡心竭力捍衛國家，維護皇家利益，陛下只需垂衣拱手，四海之內自然就國泰民安了。」

馮翊太守張方在洛陽已經很久了，他手下的士兵四處剽掠劫奪，洛陽城裡已經是民窮財盡，士兵們便開始喧譁吵鬧，不想在洛陽再待下去，張方提議帶著惠帝遷都長安；他擔心惠帝和公卿大臣不同意，就想等惠帝出宮的機會劫持他。於是張方奏請惠帝去拜謁太廟，惠帝不同意。十一月初一日乙未，張方率領士兵進入宮殿，用自己乘坐的車子接惠帝出宮，惠帝趕緊跑到後園的竹叢中躲避起來。張方的士兵把惠帝從竹叢中拉出來，硬逼著他上車，惠帝痛哭流涕，只得聽從他們的安排。張方騎在馬上向惠帝低了低頭算是行了禮，說：「如今賊寇縱橫，護衛宮廷的軍隊勢力單薄，人員缺少，希望陛下駕臨我的兵營，我將竭盡死力保護陛下，以防止意想不到的事情發生。」當時群臣全都逃避躲藏起來，只有中書監盧志在惠帝身邊侍奉，盧志說：「陛下，今天的事情，應當一切聽從右將軍張方的安排。」惠帝只好跟隨張方來到軍營，讓張方準備車輛裝載宮人、寶物。士兵趁機姦淫搶奪後宮的妃嬪宮女，互相爭搶皇家府庫儲存的物品，他們用刀割下宮廷床帳、儀仗幡車以及武帳上的穗子充作馬鞍墊，魏、晉以來歷年的蓄積，被一掃而光。張方準備焚燒宗廟、宮室，以斷絕人們對洛陽的留戀之心。盧志勸阻張方說：「過去董卓慘無人道，焚燒了洛陽，怨恨詛咒他的聲音，一百年後還可以聽得到，你怎麼能幹董卓所幹的那種事情呢？」張方這才打消了焚燒宮殿的念頭。

惠帝在張方的營壘中停留了三天，張方才挾持著惠帝以及太弟司馬穎、豫章王司馬熾等趕往長安。司徒王戎逃出洛陽，奔往郟縣。太宰司馬顒率領所有官屬與步兵、騎兵三萬人到霸上迎接惠帝，司馬顒向前叩拜，惠帝下車阻止了他。惠帝進入長安，就以征西將軍司馬顒的府衙作為皇宮。只有尚書僕射荀藩、司隸校尉劉暾、河南尹周馥等在洛陽作為朝廷的留守機關，以皇帝的名義處理政務，因此洛陽被稱為東臺，長安被稱為西臺。荀藩，是荀勗的兒子。十一月十二日丙午這天，洛陽留守朝廷宣布大赦，又改年號為永安。初七日辛丑，恢復羊獻容的皇后地位。

益州刺史羅尚率軍移屯巴郡，他派軍隊到蜀中搶掠，俘獲了成都國太傅李驤的妻子昝氏和他的兒子李壽。

十二月二十四日丁亥，惠帝下詔免去司馬穎的太弟封號，讓他以成都王的身分返回他的府第，改立豫章王司馬熾為皇太弟。惠帝司馬衷兄弟二十五人，當時活著的只有成都王司馬穎、豫章王司馬熾和吳王司馬晏三個人。司馬晏天生愚笨、智力低下，而司馬熾恬靜、謙虛而好學，所以太宰司馬顒立他為皇太弟。惠帝下詔，任命司空司馬越為太傅，與太宰司馬顒共同輔佐皇室，司徒王戎參與管理朝政。又任命光祿大夫王衍為尚書左僕射。任命高密王司馬略為鎮南將軍，兼任司隸校尉，臨時鎮守洛陽。任命東中郎將司馬模為寧北將軍，都督冀州諸軍事，鎮守鄴城。文武百官各自回到各自的崗位。命令州郡廢除各種苛暴的政令，要愛護百姓，努力發展農業生產，等到局勢穩定、道路暢通以後，再回到東京洛陽。大赦天下，改年號為永興。司馬略、司馬模，都是司馬越的弟弟。王浚離開鄴城之後，司馬越派司馬模鎮守鄴城。司馬顒因為四方矛盾重重，互不統屬，災禍結束無期，所以下達此項詔書以緩解矛盾，希望能夠獲得暫時的安定。司馬越拒絕接受太傅的職位。惠帝又下詔任命太宰司馬顒負責統領中外諸軍事，張方為中領軍、錄尚書事，兼任京兆太守。

東嬴公司馬騰派遣將軍聶玄領兵攻打漢王劉淵，在大陵縣展開激戰，聶玄的軍隊被劉淵打得大敗。

漢王劉淵派建武將軍劉曜率領軍隊進攻太原，攻取了泫氏縣、屯留縣、長子縣、中都縣。劉淵又派遣冠軍將軍喬晞侵奪晉國的西河郡，攻佔了介休縣。介休縣縣令賈渾不肯投降，喬晞就把賈渾殺死。喬晞想趁機霸佔賈渾的妻子宗氏，宗氏一邊大罵喬晞一邊哭，喬晞又把宗氏殺死。劉淵聽到這個消息，非常憤怒，他說：「如果老天有知，喬晞難道還指望自己有後代嗎！」趕緊把喬晞從前線調回來，降了四級。收殮賈渾的屍體，安葬了他。

【研 析】本卷寫了晉惠帝太安二年（西元三〇三年）、永興元年（西元三〇四年）共兩年間的全國大事，以及「五胡十六國」中首先成立的「成漢」與「前趙」的建國經過。其中可議論的人物與事件有以下幾點：

其一，關於陸機其人。陸機是吳國大臣陸抗之子，火燒連營、大破劉備於猇亭的名將陸遜之孫。陸機與其弟陸雲在江東地區的名氣很大，不知司馬炎是出於真心還是說說笑話，他說平定東吳最大的收穫莫過於獲得陸氏兄弟。陸機、陸雲都是當時著名文學家，陸機的詩歌被鍾嶸列為上品，陸機的〈文賦〉在古代文學批評史上佔有重要的地位。但就是這樣一個人竟然捲入八王之亂，被司馬穎任為後將軍、河北大都督，統二十多萬人討伐司馬乂，結果被打得大敗，接著又被孟玖、石超進讒言，陸氏兄弟遂被司馬穎所殺。臨死前陸機還說：「華亭鶴唳，可復聞乎？」和秦朝丞相李斯臨死前抒發的遺憾差不多。陸機本是個文人，偏偏受命要當什麼將軍，其不自量力的情景自然比戰國時代的趙括還要可笑；另外，既然一腦門子名利思想，不顧一切地向上爬，那就應該死心蹋地，別到後來又說什麼後悔不該出來做官。王夫之《讀通鑑論》說：「士有詞翰之美而樂之以自見，遂以累其生平而喪之，陸機其左鑒矣。機之身名兩殞，瀕死而悔，發為『華亭鶴唳』之悲，唯其陷身於司馬穎不能自拔，而勢不容於中止也。其受穎之羈紲而不能自拔，唯受穎辯理得免之恩而不忍負之也。機之為司馬倫撰禪詔也，無可貰其死。人免之於鈇鉞之下，肉其白骨，而遽料其敗，速去之以避未然之禍，此亦殆無人理矣。故機之死，不死於為穎將兵之日，而死於為倫撰詔之時，其死已晚矣。」王志堅《讀史商語》則說：「二陸之先，吳之大臣也。宗國覆敗，為之子孫者埋名不仕可也；曾未幾何時，而兄弟已在洛矣。視張子房、陶元亮為何如哉？其保廟之智姑不必論。」又說：「〈陸機傳〉稱機『與賈謐親善，以進趨獲譏』；又云『豫誅謐功，賜爵關中侯』。果爾，機蓋反覆人耳！」總之，陸機的人品不足說，其被列為「上品」的詩歌到今天又有幾首能流傳於人口呢？大略是「虛名」而已。陸機的生與陸機的死，都倒楣在這個「虛」字上。

其二，本卷後來在寫到成都王司馬穎打敗挾持惠帝「親征」的司馬越時，「帝傷頰，中三矢，百官侍御皆散」，這時有一位「忠臣」挺身而出，他「下馬登輦，以身衛帝」，被司馬穎的士兵拉下來，殺死在惠帝車下，鮮血濺在了惠帝的衣服上，這就是當年「竹林七賢」中最負盛名的嵇康的兒子嵇紹。嵇康因為憎惡司馬昭的壟斷朝權、誅除異己而憤世嫉俗，寫了著名的〈與山巨源絕交書〉，最後被司馬昭強加罪名殺害。在這個問題上古往今來的人們都同情嵇康，而批判司馬昭之流，似乎沒有異議。唯獨嵇紹竟然為了護持司馬昭的孫子而不惜獻出生命，不知嵇康怎麼會有嵇紹這樣一個兒子？王夫之《讀通鑑論》對此說：「死而不得其所者謂之刑戮之民，其嵇紹之謂矣。紹之不可死而死，非但逆先人之志節以殉讎賊之子孫也。惠帝北征，豈惠帝之暗能知紹而任之乎？司馬越召之耳。罔也，乂也，穎也，顒也，越也，安忍無親，而為至不仁，一也。偶然而假託以正，奉土木偶人之孱主以逞，君子逆風猶當避其腥焉；紹曰『臣子扈衛乘輿，死生以之』，妄言耳！樂為司馬越之斯役而忘其死也。不知有父者，惡知有君？名之可假，勢之可依，奉要領以從之，非刑戮之民而誰邪？秦準謂紹曰『君有佳馬乎』，導之以免於刑戮而不悟，妄人之妄，以自斃而已矣。」即使不講「父母之仇，不共戴天」那種老話，但是非感總該有一些吧？除了被「三綱五常」弄昏了頭的封建主義的孝子賢孫外，誰還能同情嵇紹的這種死法呢？

其三，本卷寫了「李成」政權的始發者李特的創業與其因輕敵而招致兵敗身死。作品寫李特剛剛到達蜀地時感慨地說：「劉禪有如此之地而面縛於人，豈非庸才邪？」待至勢力壯大，攻入成都的少城後，「惟取馬以供軍，餘無侵掠，赦其境內，改元建初」等等，也很有王者的風範，很像是秦楚之際的項梁。結果由於輕敵而被羅尚所殺，也與項梁當年被章邯所殺的情景大致相似。更令人敬佩的是李特的夫人羅氏，當外遭敵兵襲擊、內有叛徒響應的時候，「羅氏擐甲拒戰，伯手刃傷其目，羅氏氣益壯」，一直堅持到援軍到來。他們的活動都為其子李雄的建國稱帝奠定了基礎。

卷第八十六

晉紀八

起旃蒙赤奮若（乙丑 西元三〇五年），盡著雍執徐（戊辰 西元三〇八年），凡四年。

【題 解】本卷寫晉惠帝永興二年（西元三〇五年）至晉懷帝永嘉二年（西元三〇八年）共四年間的西晉與前趙、成漢等國的大事，主要寫了晉東海王司馬越倡言討伐張方，迎接惠帝回洛陽，被東方軍閥推之為盟主；寫了河間王司馬顒挾持惠帝下令讓司馬越等離朝就國，越等不從；寫了豫州刺史劉喬與成都王司馬穎聯合大破司馬越，司馬穎進據洛陽；寫了司馬顒殺其部將張方，欲與司馬越講和，司馬越派部將祁弘攻入長安，將惠帝帶回洛陽；寫司馬穎因失去司馬顒的支援而到處流落，最後被范陽王司馬虓所捕殺；寫了司馬越毒死惠帝司馬衷，改立太弟司馬熾為皇帝；寫了司馬越以懷帝司馬熾的名義調司馬顒進京，途中將其殺死；寫懷帝即位後多問朝政，司馬越不滿，自請出鎮許昌，其兄弟四人各自佔據一方；寫了軍閥陳敏因破石冰之功而割據江東，但因殘暴不仁，被其部下顧榮、周玘、甘卓、錢廣等與征東將軍劉準內外應和所破殺，而琅邪王司馬睿在王導等人支持下網羅世家大族，逐漸搭起新政權的班底；寫了匈奴劉淵派其部將劉聰、石勒、劉靈、王彌等攻魏、趙，攻青、徐、兗、豫等州，乃至攻入許昌、圍攻洛陽；而劉淵則遷都蒲子，即皇帝位，國號「漢」，史稱「前趙」。成都王司馬穎的餘部汲桑以及羯人石勒等破殺東燕王司馬騰後，亦輾轉投奔劉淵；寫了成都王李雄即皇帝位，國號「大成」，史稱「成漢」，以范長生為「天地太師」，趁漢中流民起事而派兵援救，盡徙漢中民入蜀等等。

孝惠皇帝下

永興二年（乙丑　西元三〇五年）

夏，四月，張方廢羊后❶。

游楷等攻皇甫重❷，累年不能克❸，重遣其養子昌求救於外。昌詣司空越，越以太宰顒新與山東❹連和❺，不肯出兵。昌乃與故殿中人❻楊篇詐稱越命，迎羊后於金墉城，入宮，以后令發兵討張方，奉迎大駕❼。事起倉猝，百官初皆從之。俄❽知其詐，相與❾誅昌。顒請遣御史宣詔喻重令降，重不奉詔。先是，城中不知長沙厲王❿及皇甫商已死⓫，重獲御史騶人⓬，問曰：「我弟將兵來，欲至未⓭？」騶人曰：「已為河間王所害。」重失色⓮，立殺騶人⓯。於是城中知無外救，共殺重以降。顒以馮翊太守張輔⓰為秦州刺史。

六月甲子⓱，安豐元侯王戎⓲薨于郟⓳。

張輔至秦州，殺天水太守封尚，欲以立威。又召隴西太守韓稚，稚子朴勒兵⓴

擊輔。輔軍敗，死。涼州㉑司馬楊胤言於張軌㉒曰：「韓稚擅殺刺史，明公杖鉞一方㉓，不可[1]不討。」軌從之，遣中督護氾瑗㉔帥眾二萬討稚，稚詣軌降。未幾㉕，鮮卑若羅拔能㉖寇涼州。軌遣司馬宋配擊之，斬拔能，俘十餘萬口，威名大振。

漢王淵攻東嬴公騰㉗，騰復乞師於拓跋猗㐌，衛操㉘勸猗㐌助之。猗㐌帥輕騎數千救騰，斬漢將綦毋豚㉙。詔假㉚猗㐌大單于，加操右將軍。甲申㉛，猗㐌卒，子普根代立。

東海中尉㉜劉洽以張方劫遷車駕，勸司空越起兵討之。秋，七月，越傳檄山東征、鎮㉝、州、郡云：「欲糾帥義旅㉞，奉迎天子，還復舊都㉟。」東平王楙㊱聞之，懼。長史王脩說楙曰：「東海，宗室重望㊲。今興義兵，公宜舉徐州以授之，則免於難，且有克讓㊳之美矣。」楙從之。越乃以司空領徐州都督，楙自為兗州刺史，詔即遣使者劉虔授之㊴。是時，越兄弟並據方任㊵，於是范陽王虓㊶及王浚㊷等共推越為盟主，越輒㊸選置刺史以下，朝士㊹多赴之。

成都王穎既廢㊺，河北人多憐之㊻。穎故將公師藩等自稱將軍，起兵於趙、魏㊼，眾至數萬。初，上黨武鄉㊽羯人石勒㊾有膽力，善騎射。并州㊿大饑，建威將軍閻粹說東嬴公騰執諸胡於山東(51)，賣充軍實(52)。勒亦被掠，賣為茌平人師懽奴[53]，懽奇其狀貌[54]而免之[55]。懽家鄰於馬牧[56]，勒乃與牧帥汲桑[57]結[58]壯士為羣盜。及公師藩起，桑與勒帥數百騎赴之[59]。桑始命勒以石為姓，勒為名。藩攻陷郡縣，殺二千石長吏[60]，轉前[61]攻鄴。平昌公模[62]甚懼。范陽王虓遣其將苟晞救鄴，與廣平[63]太守譙國丁紹共擊藩，走之。

八月辛丑[64]，大赦。

司空越以琅邪王睿[65]為平東將軍，監徐州諸軍事，留守下邳[66]。睿請王導[67]為司馬，委以軍事。越帥甲士[2]三萬，西屯蕭縣[68]，范陽王虓自許屯于滎陽[69]。越承制以豫州刺史劉喬[70]為冀州刺史，以范陽王虓領豫州刺史。喬以虓非天子命，發兵拒之。虓以劉琨[71]為司馬，越以劉蕃[72]為淮北護軍，劉輿[73]為潁川太守。喬上尚書[74]，列輿兄弟罪惡，因引兵攻許，遣其[3]長子祐將兵拒越於蕭縣之靈壁，越兵不能進。東平王楙在兗州，徵求不已[75]，郡縣不堪命[76]。范陽王虓遣苟晞還兗州[77]，徙楙都督青州[78]。楙不受命，背山東諸侯[79]，與劉喬合。

太宰顒聞山東兵起，甚懼。以公師藩為成都王穎起兵，壬午[80]，表[81]穎為鎮軍大將軍、都督河北諸軍事，給兵千人。以盧志為魏郡[82]太守，隨穎鎮鄴，欲以撫安之[83]。又遣建武將軍呂朗屯洛陽。

顒發詔[84]，今東海王越等各就國，越等不從。會[85]得劉喬上事[86]，冬，十月丙子[87]，下詔稱：「劉輿迫脅范陽王虓，造構凶逆[88]。其今鎮南大將軍劉弘[89]、平南將軍彭城王釋[90]、征東大將軍劉準[91]，各勒所統[92]，與劉喬并力，以張方為大都督，統精卒十萬，與呂朗共會許昌，誅輿兄弟。」釋，宣帝弟子穆王權之孫也。丁丑[93]，顒使成都王穎領將軍樓褒〔4〕等，前車騎將軍石超、領北中郎將王闡等據河橋[94]，為劉喬繼援。進喬鎮東將軍，假節。

劉弘遺喬及司空越書，欲使之解怨釋兵，同奬[95]王室，皆不聽。弘又上表曰：「自頃[96]兵戈紛亂，猜禍鋒生[97]，疑隙[98]搆於羣王[99]，災難延于宗子[100]。今夕〔5〕為忠，明旦〔6〕為逆，翩其反而[101]，互為戎首[102]。載籍以來[103]，骨肉之禍未有如今者也。臣竊悲之！今邊陲無備豫之儲[104]，中華[105]有杼軸之困[106]。而股肱之臣[107]，不惟國體[108]，職競尋常[109]，自相楚剝[110]。萬一四夷乘虛為變，此亦猛虎交鬬自效於下莊[111]者矣。臣以為宜速發明詔詔越等，令兩釋猜嫌，各保分局[112]。自今以後，其有不被詔書[113]，擅興兵馬者，天下共伐之。」時太宰顒方拒關東[114]，倚喬為助，不納其言。

喬乘虛襲許，破之。劉琨將兵救許，不及，遂與兄輿及范陽王虓俱奔河北[115]，琨父母為喬所執。劉弘以張方殘暴，知顒必敗，乃遣參軍劉盤為都〔7〕護[116]，帥諸軍受司空越節度。

時天下大亂，弘專督江、漢[117]，威行南服[118]。謀事有成者，則曰「某人之功」；如有負敗[119]，則曰「老子[120]之罪」。每有興發[121]，手書守相[122]，丁寧款密[123]。所以人皆感悅，爭赴之[124]，咸曰：「得劉公一紙書，賢於十部從事[125]。」前廣漢太守辛冉[126]說弘以從橫之事[127]，弘怒，斬之。

有星孛于北斗[128]。○平昌公模遣將軍宋冑趣河橋[129]。

十一月，立節將軍周權詐被檄[130]，自稱平西將軍，復立羊后。洛陽令何喬攻權，殺之，復廢羊后[131]。太宰顒矯詔[132]，以羊后屢為姦人所立，遣尚書田淑敕留臺[133]賜后死。詔書屢[8]至，司隸校尉劉暾等上奏，固執[134]以為：「羊庶人門戶殘破[135]，廢放空宮，門禁峻密[136]，無緣得與姦人搆亂[137]，眾無愚智，皆謂其冤。今殺一枯窮[138]之人，而令天下傷慘，何益於治！」顒怒，遣呂朗收暾。暾奔青州，依高密王略。然羊后亦以是得免。

十二月，呂朗等東屯滎陽，成都王穎進據洛陽。

劉琨說冀州刺史太原溫羨[139]，使讓位於范陽王虓。虓領冀州，遣琨詣幽州乞師於王浚。浚以突騎資之[140]，擊王闡於河上，殺之。琨遂與虓引兵濟河，斬石超於滎陽。劉喬自考城[141]引退。虓遣琨及督護田徽東擊東平王楙於廩丘[142]，楙走還國[143]。琨、徽引兵東迎越，擊劉祐[144]於譙[145]。祐敗死，喬眾遂潰，喬奔平氏[146]。司空越進屯陽武[147]，王浚遣其將祁弘帥突騎、鮮卑、烏桓[148]為越先驅。

初，陳敏[149]既克石冰[150]，自謂勇略無敵，有割據江東之志。其父怒曰：「滅我門者，必此兒也！」遂以憂卒。敏以喪去職。司空越起[151]敏為右將軍、前鋒都督。越為劉祐所敗，敏請東歸收兵[152]，遂據歷陽[153]叛。吳王常侍[154]甘卓[155]棄官東歸，至歷陽，敏為子景娶卓女，使卓假稱皇太弟[156]令，拜敏揚州[157]刺史。敏使弟恢及別將錢端等南略江州[158]，弟斌東略諸郡[159]。江州刺史應邈[9]、揚州刺史劉機、丹楊[160]太守王曠皆棄城[10]走。

敏遂據有江東，以顧榮[161]為右將軍，賀循[162]為丹楊內史，周玘[163]為安豐[164]太守，凡江東豪傑名士，咸加收禮，為將軍、郡守者四十餘人。或有老疾，就加秩命[165]。循詐為狂疾，得免，乃以榮領丹楊內史。玘亦稱疾，不之郡[166]。敏疑諸名士終不為己用，欲盡誅之。榮說敏曰：「中國喪亂，胡夷內侮[167]，觀今日之勢，不能復振，百姓將無遺種[168]。江南雖經石冰之亂，人物[169]尚全，榮常憂無孫、劉之主[170]有以存之[171]。今將軍神武不世[172]，勳效已著[173]，帶甲數萬，舳艫山積[174]。若能委信君子[175]，使各得[11]盡懷[176]，散蔕芥之嫌[177]，塞讒諂之口，則上方數州[178]，可傳檄而定，不然，終不濟也[179]。」敏乃止[12]。敏命僚佐推己為都督江東諸軍事、大司馬、楚公，加九錫，列上尚書[180]；稱被中詔[181]，自江入沔漢[182]，奉迎鑾駕[183]。

太宰顒以張光[184]為順陽[185]太守，帥步騎五千詣荊州討敏。劉弘遣江夏太守陶侃、武陵[186]太守苗光屯夏口[187]，又遣南平[188]太守汝南應詹督水軍以繼之。

侃與敏同郡[189]，又同歲舉吏[190]。隨郡[191]內史扈懷言於弘曰：「侃居大郡，統彊兵，脫[192]有異志，則荊州無東門[193]矣。」弘曰：「侃之忠能，吾得之已久，必無是也。」侃聞之，遣子洪及兄子臻詣弘以自固[194]。弘引為參軍，資而遣之[195]。曰：「賢叔征行[196]，君祖母年高，便可歸也[197]。匹夫之交，尚不負心，況大丈夫乎！」

敏以陳恢為荊州刺史，寇武昌，弘加侃前鋒督護[198]以禦之。侃以運船為戰艦[199]，或以為不可[200]。侃曰：「用官船擊官賊[201]，何為不可？」侃與恢戰，屢破之。又與皮初、張光、苗光共破錢端於長岐[202]。

南陽太守衛展[203]說弘曰：「張光，太宰腹心[204]，公既與東海[205]，宜斬光以明向背[206]。」弘曰：「宰輔得失[207]，豈張光之罪！危人自安[208]，君子弗為也。」乃表光殊勳，乞加遷擢。

是歲，離石大饑，漢王淵徙屯黎亭209，就邸閣穀210。留太尉宏211守離石，使大司農卜豫212運糧以給之213。

【章　旨】以上為第一段，寫晉惠帝永興二年（西元三〇五年）一年間的大事，主要寫了晉東海王司馬越倡言要討伐張方，迎接惠帝回洛陽，東方諸軍閥推之為盟主；寫了河間王司馬顒挾持惠帝下令讓司馬越等各回師就國，越等不從；寫了豫州刺史劉喬起兵反對司馬越，河北地區的成都王司馬穎又在司馬顒的支持下擁眾數萬，與豫州刺史劉喬相應和，大破司馬越軍，司馬穎進據洛陽；寫了司馬顒令荊州刺史劉弘配合張方、劉喬等守河橋以抵抗司馬越的勢力；而荊州刺史劉弘致書劉喬與司馬越，勸其雙方和解、共獎王室，司馬顒不從；寫了劉琨助范陽王司馬虓取得冀州刺史，乞兵於幽州刺史王浚，王浚勾結少數民族武裝大破劉喬；寫了軍閥陳敏因破石冰之功遂有割據江東之意，欲網羅江東名士為之服務，人多不從；陳敏派兵西取荊州，被劉弘所派的陶侃所打敗；還寫了涼州刺史張軌的勢力開始壯大，以及羯人石勒的初露頭角等等。

【注　釋】❶張方廢羊后　皇后羊獻容這已是第三次被廢。❷游楷等攻皇甫重　游楷時任金城郡（郡治即今甘肅蘭州）的太守，屬司馬顒一黨。皇甫重時任秦州（州治冀縣，即今甘肅天水市）刺史，原是長沙王司馬乂一黨。❸累年不能克　游楷等自太安二年（西元三〇三年）攻秦州刺史皇甫重，至今首尾三年。❹山東　崤山以東，與當時所謂關東含義相同，此指關東地區的軍閥司馬越之黨。❺連和　和解，見於去年（西元三〇四年）司馬顒所發布的一連串任命司馬越等人的詔書。此時晉惠帝正在長安，受司馬顒控制。❻故殿中人　曾在禁衛軍供職的人，此時在洛陽，屬所謂「東臺」。❼奉迎大駕　奉迎惠帝司馬衷回洛陽。❽俄　後來；不久。❾相與　彼此聯合。❿長沙厲王　指司馬乂，厲字是諡。⓫皇甫商已死　皇甫商是皇甫重之弟。長沙王司馬乂被張方所殺，見本書卷八十五永興元年；皇甫商被司馬顒所殺，見太安二年。⓬獲御史騶人　抓到御史的馬夫。⓭欲至未　快要到了麼。⓮失色　大驚失色。⓯立殺騶人　立刻誅殺馬夫滅口，以免走漏風聲。⓰張輔　因其抗擊並破殺雍州刺史劉沈，保衛司馬顒有功，故司馬顒擢以為秦州刺史。⑰甲子　六月初四。⑱安豐元侯王戎　王戎早年與阮籍等共稱「竹林七賢」，後成為晉朝的元勳，為人圓滑，居官不任事，自以為清高。被封為安豐侯，元字是謚。⑲郟　即今河南郟縣。王戎聞晉惠帝被張方挾至長安，奔郟避亂，見卷八十五永興元年。⑳勒兵　調集軍隊。㉑涼州　州治姑臧，即今甘肅武威。㉒張軌　字士彥，此時為涼州刺史，後來成為涼州地區的軍閥。傳見《晉書》卷八十六。㉓杖鉞一方　指掌握一個地方的軍事大權。鉞，是帝王授予大將的大斧，表示有生殺之權。㉔中督護氾瑗　中督護姓氾名瑗。中督護是將軍帳下的中級武官，地位高於一般督護。㉕未幾　沒過多久。㉖若羅拔能　鮮卑部落的首領，姓若羅，名拔能。㉗東嬴公騰　司馬騰，司馬越的親兄弟，時任并州刺史，州治在今山西太原西南。㉘衛操　字德至，為晉使者，數見拓跋力微，後率衛雄及鄉人姬澹等投附拓跋猗㐌、猗盧，為輔相招納晉人。劉淵、石勒反晉時，他勸拓跋猗㐌仍奉晉室，是最早投附拓跋部的漢族士人。傳見《魏書》卷二十三。㉙綦毋豚　姓綦毋，名豚。㉚詔假　下詔授予。假，加；授予。㉛甲申　六月二十四。㉜東海中尉　東海王司馬越的中尉，東海國的都城在今山東郯城北，中尉是諸侯國掌管軍事的長官。㉝征鎮　指四征將軍、四鎮將軍。㉞糾帥義旅　集合、統領各方為正義而戰的軍隊。㉟還復舊都　重新回到洛陽。㊱東平王楙　司馬楙，河間王司馬顒之堂弟，時任徐州都督。㊲宗室重望　有崇高威望的皇族人物。㊳克讓　能夠謙讓。㊴遣使者劉虔授之　下面自己做好了交易，司馬越再讓朝廷派人履行委任手續。㊵並據方任　都握有一方之大權。時司馬越都督徐州，弟司馬略都督青州，司馬模都督冀州。㊶范陽王虓　司馬馗之孫，司馬懿之姪孫。范陽國的都城即今河北涿州。㊷王浚　時任幽州刺史。幽州的州治也在涿州。㊸輒　每；總是。㊹朝士　指沒有跟從惠帝前往長安的朝廷官員。㊺既廢　被剝奪一切權力。事見本書卷八十五永興元年。㊻多憐之　司馬穎鎮守鄴城初期，在盧志輔佐下，享有聲譽，後雖因驕侈專權，遭到反對，但河北人民厭亂而思舊，所以同情司馬穎。㊼趙魏　戰國時期國名，後也成為地區名，趙指今河北南部的邯鄲一帶，魏指今河南東部開封一帶。㊽上黨武鄉　上黨郡的武鄉縣。上黨郡的郡治在今山西潞城東北，武鄉縣的縣治在今山西榆社西北。㊾羯人石勒　羯族人姓石名勒。羯族是當時北方的少數民族名，與匈奴關係較近，漢末隨南匈奴遷居今山西境內。石勒字世龍，幼年被掠賣為耕奴，後投劉淵為將軍，後來雄據河北，自稱趙王，史稱後趙。傳見《晉書》卷一百四。㊿并州　晉州名，州治晉陽，在今山西太原西南。(51)執諸胡於山東　逮捕一些少數民族的人運送到太行山以東地區。執，捕抓。山東，此指太行山之東。(52)賣充軍實　賣了他們以購買軍需物資。(53)賣為茌平人師懽奴　賣到茌平縣的師懽家中為奴。茌平縣的縣治在今山東茌平西二十里。師懽，姓師名懽。(54)奇其狀貌　看著他的相貌奇特。(55)免之　不讓他當奴隸了。(56)馬牧　官家的牧馬場。(57)牧帥汲桑　管理牧馬場的頭目姓汲名桑。

汲桑後成為割據今河北南部、山西東南部一帶的武裝頭領之一。(58)結　聚集。(59)赴之　前往投奔。(60)二千石長吏　即郡太守、郡都尉一級的長官。(61)轉前　轉戰而前。(62)平昌公模　司馬模，司馬越的親兄弟，當時為冀州都督，駐兵信都，今河北冀州。(63)廣平　晉郡名，郡治廣平，在今河北雞澤縣東南。(64)八月辛丑　八月庚申朔，沒有「辛丑」日，此處記載有誤。(65)琅邪王睿　司馬睿，司馬懿的曾孫，司馬伷之孫，司馬覲之子，即日後的晉元帝。(66)下邳　晉縣名，縣治在今江蘇睢寧西北。(67)王導　字茂弘，後來的東晉建國元勳。傳見《晉書》卷六十五。(68)蕭縣　即今安徽蕭縣。(69)自許屯于滎陽　由許昌移兵屯駐到滎陽。許昌是范陽王虓的大本營所在地，在今河南許昌東，當時的豫州刺史治河南項縣，距許昌二百里。當時的滎陽即今河南滎陽東北之古滎鎮。(70)劉喬　字仲彥，南陽（今屬河南）人，先因誅楊駿有功，賜爵關中侯，拜尚書右丞。後出為威遠將軍、豫州刺史。傳見《晉書》卷六十一。(71)劉琨　字越石，其姐為趙王司馬倫的兒媳。司馬倫敗，劉琨離京師。傳見《晉書》卷六十二。(72)劉蕃　劉琨之父，官至光祿大夫。傳見《晉書》卷六十二。(73)劉輿　字慶孫，劉蕃之子，劉琨之兄，前曾為中書郎。傳見《晉書》卷六十二。(74)上尚書　上書給尚書省。尚書省是綜理全國政務的中央行政機構。(75)徵求不已　沒完沒了地徵收賦稅。(76)不堪命　不能忍受；無法活下去。(77)還兗州　指回到兗州接替司馬楙。司馬虓用苟晞為兗州刺史，事見本書卷八十五永興元年。(78)青州　州治即今山東淄博。(79)山東諸侯　崤山之東的司馬氏諸王。(80)壬午　八月二十三。(81)表　上書推薦。(82)魏郡　郡治鄴縣，即司馬穎的大本營所在地，在今河北臨漳西南。(83)撫安之　指撫慰公師藩。(84)顒發詔　以皇帝司馬衷的名義頒發詔書。(85)會　恰值。(86)上事　上書舉報東海王司馬越起兵及列舉劉輿、劉琨罪惡的事情。(87)十月丙子　十月十八日。(88)造搆凶逆　製造叛亂。(89)劉弘　時都督荊州。(90)彭城王釋　司馬釋，司馬越的堂兄弟，時駐兵宛縣（今河南南陽）。(91)劉準　時都督楊州。(92)各勒所統　各自率領自己所轄的軍隊。(93)丁丑　十月十九。(94)河橋　洛陽城東北的黃河大橋，在今孟州南。(95)同獎　共同輔佐。(96)頃　前不久；近來。(97)猜禍鋒生　由於互相猜忌而造成兵連禍結。鋒生，似應作「蜂生」，極言其多。(98)疑隙　相互猜疑，形成矛盾。(99)搆於羣王　在各諸侯王之間結下怨仇。(100)延于宗子　一直波及到皇族的子弟之間。(101)翩其反而　沒有是非標準，頃刻之間就會變為仇敵。《詩經・角弓》有所謂「辟辟角弓，翩其反矣」，劉弘這裡是引用舊詩句，以形容現實的動亂之多、變化之快。(102)互為戎首　此起彼伏地挑起戰端。(103)載籍以來　自有歷史記載以來。(104)無備豫之儲　沒有以防不測的庫存的糧食。(105)中華　指中原、內地。(106)有杼軸之困　指織出的布匹不夠人穿。杼、軸都是舊時織機上的部件。(107)股肱之臣　指朝廷中的骨幹大臣。(108)不惟國體　不考慮國家的大事。(109)職競尋常　為了一點小小的私利而爭競不休。舊時八尺為尋，倍尋為常，此處用以指些小的利益。(110)楚剝　殘酷吞剝。(111)自效於卞莊　自己給卞莊送上門去。卞莊是古代的勇士，有一天他同時遇到兩隻虎，遂挑動牠們互相爭鬥，待至兩敗俱傷，卞莊遂趁勢將其同時獲取。112各保分局　各自保守好自己的轄地。113不被詔書　沒有接到皇帝詔書。被，接受。114方拒關東　正跟關東（函谷關以東）的司馬越等人軍事力量相對抗。115俱奔河北　以投河北地區的成都王穎。116都護　官名，總領行營諸將。117江漢　指今湖北一帶的長江、漢水流域。118南服　即南方地區。服指服事天子。119負敗　失敗。120老子　當時人謙指自己，與今流氓倚勢陵人的自稱「老子」不同。121興發　興師動眾，徵調賦稅。122手書守相　親自寫信給自己治下的郡守和封國宰相。123丁寧款密　囑咐得親切詳細。124爭赴之　爭先恐後地去投歸他。125買於十部從事　比任刺史手下的十個從事史還強。從事史是分別主管州內各郡事務的辦事長官。126辛冉　原任廣漢郡守，因激起李特等流民之變（事見本書卷八十四永寧元年），失敗後逃到劉弘處。127說弘以從橫之事　隱指勸說劉弘割據稱王。128有星孛于北斗　有彗星出現在北斗星附近，古人把彗星出現看成是將有大亂的徵兆。孛，火光四射的樣子。129趣河橋　意即進攻河橋。趣，同「趨」。時河間王顒委派石超、王闡等守衛河橋。130詐被檄　假稱是聽從司馬越的命令。131復廢羊后　這是羊皇后第四次被廢黜。132矯詔　假傳惠帝司馬衷的意旨。133留臺　留守洛陽的朝廷，當時也稱「東臺」。134固執　堅持；堅持自己的意見。135門戶殘破　指其父羊玄之前已因被討憂懼而死。136門禁峻密　指戒備森嚴。137搆亂　勾結作亂。138枯窮　潦倒窮愁，走投無路。139溫羨　字長卿，曾任豫州刺史。傳見《晉書》卷四十四。140以突騎資之　調撥給他一些精銳騎兵。資，助；送。141考城　縣名，縣治在今河南蘭考東南。142廩丘　縣名，縣治在今山東鄆城西北，時為兗州的州治所在地。143走還國　逃回到他的封國，今山東東平。144劉祐　劉喬之子。145譙　即今安徽亳州。146平氏　縣名，縣治在今河南桐柏西。147陽武　縣名，縣治在今河南原陽東南。148帥突騎鮮卑烏桓　率領精銳騎兵與鮮卑、烏桓的人馬。149陳敏　字令通，初為小吏，以平張昌、石冰之亂，官至廣陵相。傳見《晉書》卷一百。150既克石冰　事見本書卷八十五太安二年。151起　由居喪中將其拔出、委任。152收兵　收聚兵馬。153歷陽　縣名，縣治即今安徽和縣。154吳王常侍　吳王府的侍從官。當時的吳王為司馬晏，司馬炎之子，吳國的都城即今蘇州。155甘卓　字季思，吳將甘寧的曾孫。先事吳王，以討石冰功封侯。傳見《晉書》卷二十九。156皇太弟　即司馬熾，司馬炎之子。157揚州　州治在今江蘇南京。158南略江州　向南攻取江州。江州的州治豫章，即今江西南昌。略，開拓；攻取。159東略諸郡　向東攻取歷陽以東的長江東側諸郡縣。160丹楊　晉郡名，郡治在今南京。161顧榮　字彥先，吳郡吳縣（今蘇州）人，原吳國人，吳亡，與陸機、陸雲同赴洛陽，號為「三俊」。「八王之亂」中，歷任諸王僚屬，縱酒酣醉自保，後見機引退還吳。傳見《晉書》卷六十八。162賀循　字彥先，會稽山陰（今浙江紹興）人，世仕吳。初任陽羨、武康令，陸機薦入洛，補太子舍人。「八王之亂」起，引退南歸。傳見《晉書》卷六十八。(163)周玘　字宣佩，「八王之亂」時，辭官不就。傳見《晉書》卷五十八。(164)安豐　晉郡名，郡治安風，在今安徽霍邱西南。(165)就加秩命　派使者到他的病床前去宣布任命。(166)不之郡　不去安豐上任。(167)內侮　向內地發動攻擊。(168)將無遺種　意謂將徹底滅亡，不留下一個後代。(169)人物　人口與物資。(170)孫劉之主　孫權、劉備那種能割據一方的主子。(171)有以存之　來使這片地區的黎民百姓得以存活。(172)神武不世　神聖英武、蓋世無雙。不世，世上無二。(173)勳效已著　功勳業績（指平石冰）已為眾人所共見。(174)舳艫山積　極言戰艦之高大而且多。(175)委信君子　推心置腹地委任一些謀略之士。(176)使各得盡懷　能充分地讓他們發表各自的意見。(177)散帶芥之嫌　消除各種矛盾、疑慮。帶芥，同「蔕介」。小魚刺，這裡指小矛盾、小過節。(178)上方數州　指長江上游的幾個州。如荊、江、豫、梁、益等州。(179)終不濟也　無論如何不能成功。(180)列上尚書　聯名上報尚書省。(181)稱被中詔　假說是得到了朝廷的命令，即皇后羊獻容頒布的詔書。(182)沔漢　即漢水，今漢水古稱沔水。(183)奉迎鑾駕　想迎惠帝到江南。(184)張光　字景武。先任新平太守、右衛司馬。傳見《晉書》卷五十七。(185)順陽　縣名，縣治在今河南淅川縣東。(186)武陵　郡名，郡治臨沅，在今湖南常德西。(187)夏口　即今湖北武漢。(188)南平　郡名，郡治在今湖北公安西北。(189)侃與敏同郡　都是廬江郡（郡治在今安徽廬江縣西南）人。(190)同歲舉吏　在同一年被推薦到京師。(191)隨郡　郡名，郡治即今湖北隨縣。(192)脫　倘或。(193)荊州無東門　時陶侃屯駐夏口，在州治荊州（州治即今江陵）的東面，故稱夏口有變則「荊州無東門」。(194)詣弘以自固　送自己的子姪到荊州以為人質，以免除別人對自己的懷疑，使自己的地位得以鞏固。(195)資而遣之　給他們路費讓他們回去。(196)賢叔征行　你的叔叔每天打仗在外。賢叔，對陶臻敬稱陶侃。(197)便可歸也　意即你們應該回家侍奉老人。(198)前鋒督護　先頭部隊的指揮官。(199)以運船為戰艦　將運輸船當作戰船使用。(200)或以為不可　因為這些運輸船不屬陶侃管轄。(201)用官船擊官賊　用國家的運輸船來消滅國家的敵人。(202)長岐　即「長岐戍」，在今湖北黃陂西南，靠近沔水。(203)衛展　字道舒，衛瓘之後，歷任尚書郎、南陽太守。傳見《晉書》卷三十六。(204)太宰腹心　司馬顒的心腹。(205)既與東海　既然跟東海王司馬越站在一邊。(206)以明向背　以表明立場，擁護誰、反對誰。(207)宰輔得失　謂司馬氏諸王間的是非曲直。宰輔，國家的執政大臣。(208)危人自安　以危害別人來求得自己的安全。(209)黎亭　在今山西壺關縣。(210)就邸閣穀　到邸閣的官家糧庫找食物吃。(211)太尉宏　劉宏。(212)大司農卜豫　劉淵政權的大司農姓卜名豫。大司農是朝官名，主管農業與全國財政。(213)運糧以給之　運送邸閣糧庫之穀以供應劉宏。

【校　記】①不可　據章鈺校，甲十一行本、乙十一行本、孔天胤本此下皆有「以」字。②士　據章鈺校，甲十一行本、乙十一行本、孔天胤本皆作「卒」。③其 原無此字。據章鈺校，甲十一行本、乙十一行本、孔天胤本皆有此字，今據補。④樓褒 原誤作「劉褒」。據章鈺校，甲十一行本、乙十一行本、孔天胤本皆作「樓褒」，張瑛《通鑑校勘記》同，今據校正。按，下文作「樓褒」，尚不誤。《晉書》卷五十九〈河間王顒傳〉載顒遣將據河橋事，書作「樓褒」。⑤夕 原作「日」。據章鈺校，甲十一行本、乙十一行本、孔天胤本皆作「夕」，張敦仁《通鑑刊本識誤》、張瑛《通鑑校勘記》同，今據改。⑥旦 原作「日」。據章鈺校，甲十一行本、乙十一行本、孔天胤本皆作「旦」，張敦仁《通鑑刊本識誤》、張瑛《通鑑校勘記》同，今據改。⑦都 據章鈺校，孔天胤本作「督」，張敦仁《通鑑刊本識誤》同。⑧屢 據章鈺校，甲十一行本、乙十一行本、孔天胤本皆作「累」。⑨江州刺史應邈 原無此六字。據章鈺校，甲十一行本、乙十一行本、孔天胤本皆有此六字，今據補。⑩城 據章鈺校，甲十一行本、乙十一行本、孔天胤本皆作「官」。⑪得 原無此字。據章鈺校，甲十一行本、乙十一行本、孔天胤本皆有此字，張敦仁《通鑑刊本識誤》同，今據補。⑫敏乃止 原無此三字。據章鈺校，甲十一行本、乙十一行本、孔天胤本皆有此三字，張敦仁《通鑑刊本識誤》、張瑛《通鑑校勘記》同，今據補。

【語譯】孝惠皇帝下

永興二年（乙丑 西元三〇五年）

夏季，四月，張方再一次廢黜了羊獻容皇后。

金城郡太守游楷等人率軍攻打秦州刺史皇甫重，數年不能取勝，皇甫重派遣他的養子皇甫昌到別處求援。皇甫昌來到司空司馬越那裡，司馬越因為太宰司馬顒剛與自己和解，所以不肯發兵。皇甫昌就與曾在禁衛軍供職的楊篇謊稱奉了司馬越的命令，前往金墉城迎接羊獻容皇后回到皇宮。羊獻容皇后回宮後，皇甫昌就以羊獻容皇后的名義下令發兵討伐張方，以迎接惠帝返回洛陽。由於事情來得突然，文武百官開始的時候都聽從了皇甫昌的命令。不久，得知是皇甫昌假傳羊獻容皇后的命令，便互相聯合起來殺死了皇甫昌。河間王司馬顒請求皇帝派遣御史到皇甫重那裡宣布詔命，讓皇甫重投降，皇甫重不肯接受詔命。早先，秦州治所冀縣城中的人並不知道長沙王司馬乂和皇甫商已死，皇甫重抓獲了前來宣布詔命的御史的馬夫，他問那個馬夫說：「我弟弟皇甫商率領救兵前來，現在快到了麼？」馬夫回答說：「皇甫商已經被河間王司馬顒殺害了。」皇甫重大驚失色，立即殺死了馬夫。此時城中已經知道外面不可能再有援兵，便一起殺死了皇甫重向河間王司馬顒投降。司馬顒任命馮翊郡太守張輔為秦州刺史。

六月初四日甲子，安豐元侯王戎在郟縣去世。

新被任命為秦州刺史的張輔一到秦州，就殺死了天水郡太守封尚，想以此樹立自己的威信。他又召見隴西太守韓稚，韓稚的兒子韓朴調集軍隊攻打張輔。張輔兵敗被殺。擔任涼州司馬的楊胤對涼州刺史張軌說：「隴西太守韓稚擅自殺死秦州刺史張輔，您身為涼州刺史，負責掌管一個地方的軍政大權，不能不去討伐他。」張軌聽從了楊胤的意見，便派遣擔任中督護的氾瑗率領二萬軍隊去討伐韓稚，韓稚向張軌投降。沒過多久，鮮卑部落首領若羅拔能進犯涼州。張軌派遣屬下司馬宋配率兵迎擊，斬殺了若羅拔能，俘獲了鮮卑族十多萬人，於是威名大振。

漢王劉淵率軍攻打東嬴公司馬騰，司馬騰再次向拓跋猗㐌求救，衛操勸說拓跋猗㐌援助司馬騰。拓跋猗㐌便親自率領幾千輕騎兵前去救援司馬騰，斬殺了漢將綦毋豚。晉惠帝司馬衷下詔授予拓跋猗㐌為大單于，加封衛操為右將軍。六月二十四日甲申，拓跋猗㐌去世，他的兒子拓跋普根繼位。

在東海王司馬越手下擔任中尉的劉洽因為張方擅自劫持皇帝的車駕遷都長安，便勸說司空司馬越起兵討伐張方。秋季，七月，司馬越通令山東各征、鎮、州、郡說：「我準備親自率領各方為正義而戰的軍隊，迎接天子的車駕，重新回到京師洛陽。」東平王司馬楙聽到司馬越起兵的消息後，感到非常恐懼。擔任司馬楙長史的王脩勸說司馬楙說：「東海王司馬越，在皇室中享有很高的威望。如今將舉義兵，你就應該把徐州全部交付給他管轄，這樣不僅可以免除你的災難，而且還可以享受到謙讓的美名。」司馬楙聽從了王脩的建議。司馬越於是以司空的身分兼任徐州都督，司馬楙自己充任兗州刺史，晉惠帝得知消息後立即派劉虔為使者正式任命司馬越為徐州都督，司馬楙為兗州刺史。當時，司馬越兄弟三人全都掌握著一方的軍政大權，因此范陽王司馬虓和幽州刺史王浚等人共同推舉司馬越為盟主，司馬越從此專擅了選拔、安置刺史以下官員的大權，那些沒有跟隨惠帝前往長安的朝廷官員大多數都投奔了司馬越。

成都王司馬穎被廢之後，河北人都很同情他。司馬穎的舊將公師藩等人自稱將軍，在邯鄲、開封一帶起兵，他們很快就召集起了幾萬人。當初，上黨郡武鄉縣的羯族人石勒膽識過人，善於騎馬射箭。并州鬧饑荒，建威將軍閻粹勸說東嬴公司馬騰抓捕一些胡人，把他們轉賣到太行山以東地區，用賣得的錢購買糧食以補充軍糧的不足。石勒當時也被抓捕起來，被賣到山東茌平縣師懽家做家奴，師懽看到石勒相貌奇特就免除了他的奴隸身分。師懽的家緊鄰著官府的牧馬場，石勒與牧馬場的頭頭汲桑一起，糾集了一批身強力壯的人做起了強盜。等到公師藩起兵時，汲桑與石勒便率領著手下的幾百人馬投奔了公師藩。汲桑讓石勒以「石」作為姓氏，「勒」作為他的名字。公師藩攻下郡、縣，殺掉了俸祿二千石的郡守等官吏，轉而向前攻打鄴城。擔任冀州都督的平昌公司馬模感到非常恐懼。范陽王司馬虓派遣自己手下的將領苟晞率軍去救援鄴城，苟晞與廣平郡太守譙國人丁紹聯合起來共同打敗了公師藩，公師藩退走。

八月辛丑日，大赦天下。

司空司馬越任命琅邪王司馬睿為平東將軍，監管徐州各種軍事，負責留守下邳。司馬睿聘請王導為司馬，將軍事重任全部委託給他處理。司馬越親自率領三萬名全副武裝的士兵，向西進駐蕭縣，范陽王司馬虓由許昌移兵到滎陽屯紮。司馬越秉承皇帝旨意任命豫州刺史劉喬為冀州刺史，任命范陽王司馬虓兼任豫州刺史。劉喬認為司馬虓擔任的豫州刺史不是天子所任命，就發兵抵制司馬虓任豫州刺史。司馬虓任命劉琨為司馬，司馬越任命劉蕃為淮北護軍，任命劉輿為潁川郡太守。劉喬給尚書省上書，一條一條地列舉了劉輿、劉琨兄弟的罪惡，趁機率兵攻打許昌，他又派自己的長子劉祐率領軍隊到蕭縣的靈壁阻擊司馬越，使司馬越的軍隊無法前進。東平王司馬楙在兗州地區沒完沒了地徵收賦稅，兗州各郡縣的百姓已經到了忍無可忍的地步。范陽王司馬虓於是派苟晞回兗州接替東平王司馬楙的職務，改派東平王司馬楙都督青州各種事務。東平王司馬楙不肯接受新的任命，他背叛了崤山以東地區的司馬氏諸王，轉而與劉喬聯合起來。

太宰司馬顒聽說崤山以東起兵，感到非常恐懼。因為公師藩是為了成都王司馬穎而起兵，八月二十三日壬午，司馬顒上書推薦司馬穎為鎮軍大將軍、都督河北諸軍事，並撥給司馬穎一千名士兵。任命盧志為魏郡太守，跟隨司馬穎鎮守鄴城，想以此撫慰公師藩。又派建武將軍呂朗率領軍隊駐紮在洛陽。

太宰司馬顒以東帝的名義頒發詔書，命令東海王司馬越等人全都回到自己的封國去，司馬越等人拒絕服從命令。此時恰值尚書省收到豫州刺史劉喬上書舉報東海王司馬越起兵以及列舉劉輿、劉琨兄弟罪惡的奏章，冬季，十月十八日丙子，朝廷下詔宣稱：「劉輿脅迫范陽王司馬虓製造叛亂。命令鎮南大將軍劉弘、平南將軍彭城王司馬釋、征東大將軍劉準，各自率領自己所轄的軍隊，與豫州刺史劉喬一起同心協力前去鎮壓司馬虓叛亂，任命張方為大都督，統率十萬精兵，與建武將軍呂朗一起到許昌會師，共同誅討劉輿、劉琨兄弟。」彭城王司馬釋是宣帝司馬懿姪子穆王司馬權的孫子。十九日丁丑，司馬顒派遣成都王司馬穎率領將軍樓褒等人，前車騎將軍石超以及兼任北中郎將的王闡等據守洛陽城東北的河橋，作為劉喬的援軍。晉升劉喬為鎮東將軍，假節。

鎮南大將軍劉弘寫信給豫州刺史劉喬和司空司馬越，希望他們之間能夠化解仇恨，停止爭鬥，共同輔佐朝廷，但他們雙方都不肯聽從劉弘的勸告。劉弘又上表給朝廷說：「近來戰爭紛紛不斷，形勢混亂不堪，由於互相猜忌而造成兵連禍結，由於互相猜疑而使諸王之間結下怨仇，這種災難一直波及到皇族的子弟之間。今夕還是忠臣，明早就成了叛逆，是非沒有標準，頃刻之間就會變為仇敵，此起彼伏地挑起戰端。自有歷史記載以來，骨肉相殘所造成的災禍從來沒有像今天這樣殘酷、劇烈。我內心感到非常悲痛！如今邊陲沒有用來防範不測的庫存糧食，內地織出的布匹供不應求。然而朝廷中的股肱大臣，不考慮國家的大事，卻常常為了一點小小的私利而爭競不休，自己人跟自己人相互殘酷吞剝。萬一國家四周的少數民族趁著國庫空虛發生叛亂，這就像兩隻猛虎相爭而自己給卞莊送上門去一樣。我認為應該趕緊下詔，命令司馬越等人相互之間解除猜忌，各自守衛好自己的轄區。從今以後，如果有人沒有接到皇帝的詔書就擅自興兵，天下的人就共同討伐他、誅滅他。」當時，太宰司馬顒正與函谷關以東的司馬越等人進行軍事對抗，他想借助豫州刺史劉喬的力量消滅異己，所以不肯採納劉弘的建議。

劉喬乘虛襲擊許昌，打敗了司馬虓。劉琨率兵趕赴許昌救援，還沒有趕到許昌，許昌已經被劉喬攻破，劉琨於是便與哥哥劉輿以及范陽王司馬虓一起逃往河北投奔成都王司馬穎，劉琨的父母都被劉喬俘獲。劉弘因為張方為人殘暴，所以知道司馬顒必定失敗，於是就派擔任參軍的劉盤擔任都護，率領各軍接受司馬越的調度、指揮。

當時天下大亂，鎮南將軍劉弘獨自負責治理長江、漢水一帶，他的威望遍布南方地區。謀劃的事情獲得成功，劉弘就說「這是某某人的功勞」；如果謀劃的事情失敗了，他就說「這是我的罪過」。每逢遇到興師動眾、徵調賦稅的時候，他都要親自寫信給自己治下的郡守和封國宰相，囑咐得親切詳細。所以人人心懷感動、非常喜悅，都爭先恐後地去投奔他，都說：「能夠得到劉公的一紙書信，比任刺史手下的十個從事史還強。」前任廣漢郡太守辛冉勸說劉弘割據稱王，劉弘大怒，當即把辛冉殺死。

北斗星附近出現了光芒四射的彗星。〇平昌公司馬模派遣將軍宋胄率軍攻打守衛河橋的石超、王闡等。

十一月，立節將軍周權假稱聽從了司馬越的命令，自稱為平西將軍，恢復羊獻容的皇后地位。洛陽令何喬率軍攻打周權，殺死了周權，又廢掉了羊獻容的皇后地位。太宰司馬顒假傳惠帝的旨意，因為羊獻容皇后屢次被奸人所擁立，就派遣尚書田淑下令留守洛陽的朝廷賜皇后羊獻容自殺。詔書屢次送達洛陽，司隸校尉劉暾等上奏，堅持認為：「皇后羊獻容已經被廢為平民，她的父親羊玄之前已因被討憂懼而死，她被廢之後幽禁在空曠的金墉城，周圍戒備森嚴，她根本沒有機會與奸人勾結作亂，眾人當中無論是愚笨的還是聰明的，都認為羊獻容冤枉。如今殺掉一個潦倒窮愁、走投無路的女人，而使天下人感到悲傷悽慘，這對治理國家有什麼好處呢！」司馬顒聽說後勃然大怒，立即派遣建武將軍呂朗去逮捕劉暾。劉暾逃奔青州，投靠了高密王司馬略。然而羊獻容卻因此而免去一死。

十二月，建武將軍呂朗等人率軍向東進發，駐紮在滎陽，成都王司馬穎進兵佔據了洛陽。

劉琨勸說冀州刺史太原人溫羨，讓他把冀州刺史的位置讓給范陽王司馬虓。於是司馬虓兼任冀州刺史，而後派遣劉琨前往幽州向王浚請求援兵。幽州刺史王浚調撥了一些精銳騎兵協助劉琨作戰，攻擊守衛河橋的北中郎將王闡，把王闡殺死。劉琨於是與司馬虓率軍渡過黃河，在滎陽殺死了前車騎將軍石超。劉喬慌忙從考城縣撤軍。司馬虓派遣劉琨和擔任督護的田徽向東進軍，進攻駐紮在廩丘的東平王司馬楙，司馬楙逃回了他的封國。劉琨、田徽率軍向東迎接司馬越，在譙縣攻打豫州刺史劉喬的兒子劉祐。劉祐戰敗身亡，劉喬的軍隊隨即潰散，劉喬逃往平氏縣。司空司馬越率軍屯紮在陽武縣，王浚派遣他的將領祁弘率領精銳騎兵和鮮卑、烏桓的人馬為司馬越打前鋒。

當初，陳敏打敗了石冰之後，便認為自己的智勇謀略蓋世無雙，就產生了割據江東的念頭。他父親憤怒地說：「滅我家門的，必定是這個兒子！」竟因此而憂鬱身亡。陳敏因為父親去世需要守喪而辭去職務。司空司馬越在陳敏居喪期間就委任他為右將軍、前鋒都督。司馬越被劉祐打敗後，陳敏向司馬越請求回到東方收聚兵馬，於是趁機佔據歷陽縣叛變。在吳王司馬晏王府中擔任侍從官的甘卓拋棄官職返回吳地，他經過歷陽縣的時候，陳敏為自己的兒子陳景聘娶了甘卓的女兒為妻，陳敏讓甘卓謊稱接受了皇太弟司馬熾的命令，任命陳敏為楊州刺史。陳敏讓自己的弟弟陳恢和統領另一支軍隊的將領錢端等人向南攻取江州，另一個弟弟陳斌向東攻取長江以東各郡縣。江州刺史應邈、楊州刺史劉機、丹楊郡太守王曠都棄城逃走。

陳敏於是佔據了長江以東地區，他任命顧榮為右將軍，任命賀循為丹楊郡內史，任命周玘為安豐郡太守，凡是長江以東的豪傑和知名人士，都被陳敏招攬到自己帳下，陳敏對他們優禮相待，被任命為將軍、郡守的就有四十多人。有人年老多病，陳敏就派人到他的病床前宣布任命。賀循因為佯裝瘋癲，才推掉此一授任，陳敏於是任命顧榮兼任丹楊內史。周玘也推說自己有病，沒有去安豐郡上任。陳敏懷疑這些知名人士最終都不會被自己所用，就想把他們全部殺掉。顧榮勸說陳敏說：「中原地區戰亂不止、國家滅亡在即，周邊的胡人、夷人向內地發動進攻，縱觀今天中國的形勢，朝廷恐怕再也沒有能力復興了，中原的百姓恐怕就要被滅絕了。長江以南雖然經過石冰的擾亂破壞，人口與物資還算比較完全，我經常擔憂沒有像孫權、劉備那樣能夠割據一方的君主來保全這片土地上的黎民百姓。如今將軍您神聖英武、蓋世無雙，功勳和業績已為眾人所共見，現在已經擁有幾萬帶甲的士兵，戰艦高大數量眾多，聚集在一起就像山一樣。如果您能夠推心置腹地委任一些謀略之士，讓他們能夠盡情地發表各自的意見，消除他們之間的那些小矛盾和猜忌，堵塞那些奸佞小人進獻讒言的利口，那麼長江上游的幾個州，就可以憑藉一紙文告加以平定，否則的話，您無論如何不能獲得成功。」陳敏這才作罷。陳敏命令僚佐推舉自己為都督江東諸軍事、大司馬、楚公，加九錫，聯名上奏尚書省；又假稱自己得到了朝廷的命令，要從長江進入沔水，到長安把皇帝司馬衷接到江南。

太宰司馬顒任命張光為順陽郡太守，要他率領五千步兵、騎兵前往荊州討伐陳敏。鎮南將軍劉弘派遣江夏郡太守陶侃、武陵郡太守苗光屯兵夏口，又派遣南平郡太守汝南人應詹率領水軍作為後續部隊。

陶侃與陳敏都是廬江郡人，又是在同一年被推舉到京師洛陽擔任官職的。擔任隨郡內史的扈懷提醒劉弘說：「陶侃佔據著一個大郡，又統領著一支強大的軍隊，倘若他懷有二心，那麼荊州往東的門戶就被他堵死了。」劉弘說：「陶侃的忠誠、能力，我很早就已經瞭解了，他必定不會懷有二心。」陶侃聽到這個消息之後，就派自己的兒子陶洪和哥哥的兒子陶臻到劉弘那裡作人質，以免除別人對自己的懷疑，使自己的地位得以鞏固。劉弘任命陶洪、陶臻為參軍，資助他們路費，打發他們仍舊回到陶侃那裡去。劉弘對陶臻他們說：「你的叔叔每天在外打仗，你們的祖母年事已高，你們可以回家去侍奉你們的祖母。平民百姓之間互相交往，尚且懂得不違背良心、忘恩負義，何況是男子漢大丈夫呢！」

陳敏任命自己的弟弟陳恢為荊州刺史，率領軍隊劫掠武昌，劉弘擢升陶侃為前鋒督護抵禦陳恢的進攻。陶侃把運輸船當作戰艦使用，有人認為運輸船不可以隨便徵用。陶侃說：「用國家的運輸船攻擊國家的賊人，有什麼不可以呢？」陶侃與陳恢作戰，屢次打敗陳恢。又與皮初、張光、苗光聯合作戰，在長岐打敗了錢端。

南陽郡太守衛展勸說劉弘說：「張光是太宰司馬顒的心腹，你既然與東海王司馬越站在一邊，就應當殺掉張光以表明自己擁護東海王的立場。」劉弘說：「司馬諸王之間的是非曲直，豈是張光的罪過！以危害別人來求得自己的安全，君子是不會那樣做的。」劉弘上表陳奏張光的特殊功勳，請求朝廷對張光進行提拔獎賞。

這一年，離石鬧饑荒，漢王劉淵遷移到黎亭屯駐，到邸閣的官家倉庫找糧食吃。他留下太尉劉宏駐守離石，派擔任大司農的卜豫負責將邸閣糧庫的糧食運送給他。

光熙元年（丙寅　西元三〇六年）

春，正月戊子朔，日有食之。

初，太弟中庶子❶蘭陵繆播❷有寵於司空越。播從弟右衛率胤❸，太宰顒前妃之弟也。越之起兵，遣播、胤詣長安說顒，令奉帝還洛，約與顒分陝為伯❹。顒素信重播兄弟，即欲從之。張方自以罪重❺，恐為誅首❻，謂顒曰：「今據形勝之地❼，國富兵彊，奉天子以號令，誰敢不從，柰何拱手受制於人！」顒乃止。及劉喬敗，顒懼，欲罷兵，與山東❽和解。恐張方不從，猶豫未決。

方素與長安富人郅輔親善❾，以為帳下督。顒參軍河間畢垣嘗為方所侮，因說顒曰：「張方久屯霸上❿，聞山東兵盛，盤桓不進，宜防其未萌⓫。其親信郅輔具知其謀。」繆播、繆胤復說顒：「宜急斬方以謝⓬，山東可不勞而定。」顒使人召輔，垣迎說輔曰：「張方欲反，人謂卿知之。王若問卿，何辭以對？」輔驚曰：「實不聞方反，為之柰何？」垣曰：「王若問卿，但言爾爾⓭，不然，必不免禍。」輔入，顒問之曰：「張方反，卿知之乎？」輔曰：「爾。」顒曰：「遣卿取之，可乎？」又曰：「爾。」顒於是使輔送書於方，因殺之。輔既昵於方，持刀而入，守閤者⓮不疑。方火下⓯發函，輔斬其頭。還報，顒以輔為安定太守。

送方頭於司空[1]越以請和，越不許。

宋冑襲河橋，樓裒⑯西走。平昌公模遣前鋒督護馮嵩會宋冑逼洛陽。成都王穎西奔長安，至華陰⑰，聞顒已與山東和親⑱，留不敢進。呂朗屯滎陽，劉琨以張方首示之，遂降。司空越遣祁弘、宋冑、司馬纂⑲帥鮮卑西迎車駕，以周馥為司隸校尉、假節，都督諸軍，屯澠池⑳。

三月，惤令㉑劉柏根[2]反，眾以萬數，自稱惤公，王彌㉒帥家僮從之。柏根以彌為長史，彌從父弟桑㉓為東中郎將。柏根寇臨淄㉔，青州都督高密王略㉕使劉暾將兵拒之。暾兵敗，奔洛陽，略走保聊城㉖。王浚遣將討柏根，斬之，王彌亡入長廣山㉗為羣盜。

寧州㉘頻歲饑疫㉙，死者以十萬計。五苓夷㉚彊盛，州兵㉛屢敗，吏民流入交州㉜者甚眾，夷遂圍州城㉝。李毅㉞疾病，救援路絕，乃上疏言：「不能式遏寇虐㉟，坐待殄斃㊱。若不垂矜恤㊲，乞降大使㊳，及臣尚存，加臣重辟㊴。若臣已死，陳尸為戮㊵。」朝廷不報㊶。積數年，子釗㊷自洛往省㊸之。未至㊹，毅卒。毅女秀㊺，明達有父風，眾推秀領寧州事㊻。秀獎厲戰士，嬰城固守㊼，城中糧盡，炙鼠拔草而食之。伺夷稍怠，輒出兵掩擊㊽，破之。

范長生[49]詣成都[50]。成都王雄門迎，執版[51]，拜為丞相，尊之曰「范賢」[52]。夏，四月己巳[53]，司空越引兵屯溫[54]。初，太宰顒以為張方死，東方兵必可解。既而東方兵聞方死，爭入關[55]。顒悔之，乃斬郅輔，遣弘農[56]太守彭隨、北地太守刁默將兵拒祁弘等於湖[57]。五月壬辰[58]，弘等擊隨、默，大破之，遂西入關。又敗顒將馬瞻、郭偉於霸水[59]，顒單馬逃入太白山[60]。弘等入長安，所部鮮卑大掠，殺二萬餘人。百官奔散，入山中，拾橡實[61]食之。己亥[62]，弘等奉帝乘牛車東還，以太弟太保[63]梁柳為鎮西將軍，守關中。六月丙辰朔[64]，帝至洛陽，復羊后。辛未[65]，大赦，改元[66]。

馬瞻[67]等入長安，殺梁柳，與始平[68]太守梁邁共迎太宰顒於南山[69]。弘農太守裴廙、秦國[70]內史賈龕、安定[71]太守賈疋等起兵擊顒，斬馬瞻、梁邁。疋，詡[72]之曾孫也。司空越遣督護麋晃將兵擊顒，至鄭[73]，顒使平北將軍牽秀屯馮翊[74]。顒長史楊騰詐稱顒命，使秀罷兵。騰遂殺秀，關中皆服於越，顒保城[75]而已。

成都王雄即皇帝位，大赦，改元曰晏平[76]，國號大成。追尊父特曰景皇帝，廟號始祖，尊王太后[77]曰皇太后。以范長生為天地太師[78]，復其部曲[79]，皆不豫征稅[80]。諸將恃恩，互爭班位[81]。尚書令閻式上疏，請考[82]漢、晉故事[83]，立百官制度，從之。

秋，七月乙酉朔，日有食之。

八月，以司空越為太傅，錄尚書事，范陽王虓為司空，鎮鄴，平昌公模為鎮東大將軍，鎮許昌，王浚為驃騎大將軍、都督東夷・河北諸軍事，領幽州刺史。越以吏部郎穎川【3】庾敳[84]為軍諮祭酒[85]，前太弟中庶子胡母輔之[86]為從事中郎，黃門侍郎河南【4】郭象[87]為主簿，鴻臚丞[88]阮脩為行參軍，謝鯤為掾。輔之薦樂安光逸[89]於越，越亦辟[90]之。敳等皆尚虛玄，不以世務嬰心[91]，縱酒放誕，敳殖貨無厭[92]，象薄行，好招權[93]，越皆以其名重於世，故辟之。

祁弘之入關也，成都王穎自武關[94]奔新野[95]。會新城元公劉弘[96]卒，司馬郭勱[97]作亂，欲迎穎為主。治中[98]順陽【5】郭舒奉弘子璠[99]以討勱，斬之。詔[100]南中郎將劉陶收穎[101]。穎北渡河，奔朝歌，收故將士，得數百人，欲赴公師藩。九月【6】，頓丘[102]太守馮嵩執之，送鄴，范陽王虓不忍殺而幽[103]之。公師藩自白馬[104]南渡河，兗州[105]刺史苟晞討斬之。

進東嬴公騰爵為東燕王[106]，平昌公模為南陽王[107]。

冬，十月，范陽王虓薨。長史劉輿[108]以成都王【7】穎素為鄴人所附，祕不發喪，偽令人為臺使稱詔[109]，夜，賜穎死[110]，并殺其二子。穎官屬先皆逃散，惟盧志隨從，至死不怠[111]，收而殯之。太傅越召志為軍諮祭酒。

越將召劉輿[112]，或曰：「輿猶膩[113]也，近則污人。」及至，越疏之。輿密視[114]天下兵簿及倉庫、牛馬、器械、水陸之形，皆默識[115]之。時軍國多事，每會議，自長史潘滔以下，莫知所對。輿應機辨畫[116]，越傾膝酬接[117]，即以為左長史，軍國之務，悉以委之。輿說越遣其弟琨鎮并州，以為北面之重[118]。越表琨為并州刺史，以東燕王騰為車騎將軍、都督鄴城諸軍事，鎮鄴。

十一月己巳[119]，夜，帝食䴵中毒[120]。庚午[121]，崩于顯陽殿[122]。

羊后自以於太弟熾為嫂，恐不得為太后，將立清河王覃[123]。侍中華混諫曰：「太弟在東宮已久[124]，民望素定，今日寧可易乎[125]！」即露版[126]馳召太傅越，召太弟入宮。后已召覃至尚書閤[127]，疑變，託疾而返。癸酉[128]，太弟即皇帝位，大赦，尊皇后曰惠皇后，居弘訓宮，追尊母王才人[129]曰皇太后，立妃梁氏為皇后。

懷帝始遵舊制，於東堂[130]聽政。每至宴會，輒與羣官論眾務，考經籍。黃門侍郎傅宣歎曰：「今日復見武帝之世[131]矣！」

十二月壬午朔，日有食之。

太傅越以詔書徵河間王顒為司徒，顒乃就徵[132]。南陽王模遣其將梁臣邀[133]之於新安[134]，車上扼殺[135]之，并殺其三子。

◯辛丑[136]，以中書監溫羨為左光祿大夫，領司徒，尚書左僕射王衍為司空。

◯己酉[137]，葬惠帝于太陽陵[138]。

劉琨至上黨[139]，東燕王騰即自井陘[140]東下。時并州饑饉，數為胡寇[141]所掠，郡縣莫能自保。州將[142]田甄、甄弟蘭、任祉、祁濟、李惲、薄盛等及吏民萬餘人，悉隨騰就穀冀州[143]，號為「乞活」，所餘之戶不滿二萬。寇賊縱橫，道路斷塞。琨募兵上黨，得五百人，轉鬬而前。至晉陽[144]，府寺[145]焚毀，邑野蕭條。琨撫循勞徠[146]，流民稍集。

【章　旨】以上為第二段，寫惠帝光熙元年（西元三〇六年）一年間的大事，主要寫了河間王司馬顒殺其部將張方，欲與東海王司馬越講和，司馬越派部將祁弘等打破司馬顒的防守，攻入長安，將惠帝司馬衷帶回洛陽；寫成都王司馬穎因失司馬顒的支援而到處流落逃竄，被范陽王司馬虓所捕殺；寫了司馬越毒死惠帝，改立太弟司馬熾為皇帝，得到朝臣擁戴；寫了司馬越以新皇帝的名義調司馬顒進京，途中將其殺死；寫了司馬越寵任劉輿，任用劉琨為并州刺史；寫了膠東地區劉柏根、王彌叛亂，大破高密王司馬略，後被北方軍閥王浚所敗；寫了寧州五苓夷乘饑疫大破州兵，圍南夷校尉李毅於州城，李毅病死，其女李秀率眾守城，打敗五苓夷；寫了成都王李雄即皇帝位，國號「大成」，以范長生為天地太師等等。

【注　釋】❶太弟中庶子　太弟司馬熾的中庶子。中庶子，太子屬下的官名，陪侍太子以及主管奏事、諫議等。❷蘭陵繆播　蘭陵郡人姓繆名播。蘭陵郡的郡治在今山東棗莊東南。繆播字宣則，曾為祭酒。傳見《晉書》卷六十。❸右衛率胤　右衛率繆胤。右衛率是太子的衛隊長官。❹分陝為伯　意即與東海王越對掌朝權。像周朝的周公、召公一樣以河南陝縣為界，分中國而治。❺自以罪重　張方曾大掠洛陽，並劫持皇帝西遷。❻為誅首　被討伐、懲治的首犯。❼形勝之地　形勢險要的地區，指關中地區東有黃河、崤山之險而言。❽山東　指崤山以東司馬氏諸王。❾與長安富人郅輔親善　據《晉書・張方傳》：「初，方從山東來，甚微賤，長安富人郅輔厚相供給；方貴，以輔為帳下督，甚昵之。」❿霸上　在當時的長安東南城郊，今西安東。⓫未萌　指隱藏未發的叛逆活動。⓬以謝　向天下人請罪。謝，請罪。⓭爾爾　猶言「嗯、嗯」，唯唯諾諾的樣子，並不是明言是非。⓮守閤者　守衛內門的侍衛。⓯火下　燈下。⓰樓褒　河間王顒的部將。⓱華陰　晉縣名，縣治在今陝西華陰東。⓲和親　和解、親善。⓳司馬纂　司馬越的部將，其人來歷不詳。⓴澠池　晉縣名，縣治在今河南澠池縣城西。㉑惤令　惤縣的縣令。當時的惤縣在今山東龍口市西南二十五里。㉒王彌　當地的世家子弟，後成為西晉末期的地方軍閥之一。傳見《晉書》卷一百。㉓從父弟桑　堂兄弟王桑。從父，古稱叔、伯。㉔臨淄　即山東淄博的臨淄區，當時為青州都督的指揮部所在地。㉕高密王略　司馬略，司馬越的親兄弟，被封為高密王，都城在今山東高密西南。㉖聊城　晉縣名，縣治在今山東聊城西北十五里。㉗長廣山　在長廣縣（今山東萊陽東）境內。長廣也是郡名，郡治不其，在今山東即墨西南。㉘寧州　州治滇池，在今雲南晉寧東北。㉙頻歲饑疫　連年鬧災荒、鬧流行病。㉚五苓夷　寧州地區的少數民族名，於太安二年開始與當地官府作對，見本書卷八十五。㉛州兵　寧州官府的軍隊，即下文所說的李毅所部。㉜交州　晉州名，州治龍編，在今越南河內東北。㉝州城　指寧州的州治滇池。㉞李毅　當時任南夷校尉，駐守寧州。㉟式遏寇虐　平息盜賊。「式遏寇虐」是《詩經・生民》中的句子。㊱坐待殄斃　坐等著被盜賊所殺。殄，滅。㊲若不垂矜恤　朝廷如果不可憐我們，指派兵救援。垂，謙詞，敬稱對方施恩。矜恤，可憐、救助。㊳乞降大使　請朝廷派高級使臣。㊴加臣重辟　代表朝廷處我以極刑。重辟，嚴刑，指處死。㊵陳尸為戮　戮屍示眾。㊶不報　沒有回音，不置可否。㊷子釗　李毅的兒子李釗。㊸自洛往省　由洛陽到滇池探看父親。㊹未至　在李釗還沒有到達滇池的時候。㊺毅女秀　李毅的女兒名秀，當時隨父住在滇池。㊻領寧州事　臨時管理寧州刺史的事情。領，代理。㊼嬰城固守　據城堅守。嬰城，環城。㊽掩擊　襲擊，出其不意地予以反擊。㊾范長生　涪陵人，信奉道教，在成都西北的青城山上聚眾自守。李特兵敗身死，李流處於困境的時候，范長生對李氏提供過援助。李雄主事後，還曾欲擁立范長生為首領，范長生沒有答應。㊿詣成都　由青城山到達成都，當時成都已經成了李雄政權的都城。

(51)執版　指李雄手執笏板，對范長生表示禮節。(52)尊之曰范賢　不稱名，尊稱曰「范大賢」。(53)己巳　四月十三。(54)溫　晉縣名，縣治在今河南溫縣西南三十里。(55)爭入關　一定要進入潼關，在今陝西潼關縣北。(56)弘農　晉郡名，郡治在今河南靈寶北。(57)湖　晉縣名，縣治在今河南靈寶西北。(58)壬辰　五月初七。(59)霸水　亦作「灞水」，源出陝西藍田東南，流經長安城東，北入渭水。(60)太白山　在今陝西眉縣南，接洋縣界，離長安三百里。(61)橡實　櫟樹果實。(62)己亥　五月十四。(63)太弟太保　太弟司馬熾的太保，太保是帝王的輔導官，地位崇重，但無實權。(64)六月丙辰朔　六月初一是丙辰日。(65)辛未　六月十六。(66)改元　在此之前稱永興三年，自此改元後稱「光熙元年」。(67)馬瞻　太宰司馬顒的部將。(68)始平　晉郡名，郡治槐里，在今陝西興平東南。(69)南山　即太白山，秦嶺上的一個山峰名。(70)秦國　即當時的扶風郡，郡治槐里，在今陝西興平東南。(71)安定　晉郡名，郡治臨涇，在今甘肅涇川縣北。(72)詡　賈詡，曹操的心腹謀士，曾任太尉，封壽鄉侯。傳見《三國志》卷十。(73)鄭　晉縣名，縣治即今陝西華縣。(74)屯馮翊　駐兵於馮翊郡的郡治，即今陝西大荔。(75)保城　指固守長安城。(76)改元曰晏平　李雄的第一個年號稱「建初」，第二個年號稱「建興」，至此又改稱「晏平」。(77)王太后　李雄原為成都王，故稱其母羅氏為「王太后」，並非姓王。(78)天地太師　因范長生是道教「法師」，故有這種奇特名號。(79)復其部曲　免除其部下人眾的勞役、賦稅。復，免除。(80)不豫征稅　不在交納賦稅的範圍之內。(81)班位　官職的級別位次。(82)考　參考。(83)漢晉故事　漢朝、晉朝有關此類事務的處理方法。故事，先例。(84)庾敳　字上嵩，司馬越的親信，為人放達而不拘禮法，頗為世人所推重。傳見《晉書》卷五十。(85)軍諮祭酒　將軍府的主要僚屬。(86)胡母輔之　姓胡母，名輔之。當時有名的放達之士。傳見《晉書》卷四十九。(87)郭象　當時著名的學者，曾為《莊子》、《爾雅》等書作注釋。(88)鴻臚丞　官名，鴻臚卿的副手，掌管少數民族事務。(89)樂安光逸　樂安縣人姓光名逸，字孟祖，放達不拘禮法，為當時的「八達」之一。傳見《晉書》卷四十九。樂安即今山東博興。(90)辟　聘用。(91)不以世務嬰心　一切為官應盡的職務都不放在心上。世務，社會人間的一切事務。嬰心，掛心。(92)殖貨無厭　搜刮財物，永不滿足。(93)招權　即俗所謂「招權納賄」，賣弄權柄，助人為非作歹，以獲得錢財。(94)武關　在今陝西商南縣南。(95)新野　即今河南新野。(96)新城元公劉弘　新城公是劉弘封號，元字是諡。當時劉弘任荊州刺史。(97)司馬郭勱　劉弘的僚屬郭勱，時任劉弘軍中的司馬官。(98)治中　刺史手下的高級僚屬。(99)奉弘子璠　推劉弘的兒子劉璠為主官。(100)詔　這裡即指命令。主語是郭舒、劉璠。(101)收穎　逮捕成都王穎。(102)頓丘　晉郡名，郡治在今河南清豐西南。(103)幽囚禁。(104)白馬　即白馬津，在今河南滑縣東北，歷代為軍事爭奪的要地。(105)兗州　晉州名，州治廩丘，在今山東鄆城西北。(106)東燕王　東燕國的都城燕縣，在今河南延津東北。(107)南陽王　南陽國的都城即今河南南陽。(108)長史劉輿　范陽王虓的長史劉輿。劉輿是劉琨之兄。(109)偽令人為臺使稱詔　派人扮作朝廷派來的使臣傳達皇帝的命令。臺使，朝廷的使者。(110)賜穎死　此「八王之亂」的第六王結束。司馬穎自永興元年（西元三〇四年）正月當丞相，到十月逃到洛陽，當權十個月。後經兩年輾轉流徙，到此時被殺。(111)至死不怠　直到成都王死，盧志對他的態度從無倦怠之容。(112)將召劉輿　將召劉輿而任用之。(113)膩　油脂。(114)密視　偷看。(115)默識　心裡暗記。(116)應機辨畫　趁機為之分析事理，出謀劃策。(117)傾膝酬接　促膝長談，虛心接受採納。(118)北面之重　北方的得力捍衛者。(119)己巳　十一月十七。(120)食餠中毒　吃餅中毒。這自然是司馬越所為，只是寫史者不欲明寫而已。餠，同「餅」。(121)庚午　十一月十八。(122)崩于顯陽殿　司馬衷死時年四十八歲。(123)清河王覃　司馬覃，惠帝之弟司馬遐的兒子。(124)太弟在東宮已久　司馬熾被立為皇太弟，見本書卷八十五永興元年，至今已三年。(125)寧可易乎　怎麼能隨便改換呢。易，改換。(126)露版　不封口的文書，猶今所謂「公開信」、「明文宣布」。(127)尚書閤　尚書省所在地。(128)癸酉　十一月二十一。(129)王才人　司馬熾的生母，姓王，原來的封號為「才人」，在嬪妃中居第十四級。(130)東堂　太極殿的東屋。(131)武帝之世　當年司馬炎為皇帝的局面。(132)就徵　接受調令前往洛陽。(133)邀　攔截。(134)新安　晉郡名，郡治在今河南澠池縣東。(135)扼殺　扼住咽喉使其窒息而死。按，「八王之亂」中的第七王結束。司馬顒自永興元年（西元三〇四年）十月挾持皇帝入長安，到光熙元年（西元三〇六年）四月東方諸侯軍迎皇帝東回，當權一年零七個月，又過了八個月被殺。(136)辛丑　十二月二十。(137)己酉　十二月二十八。(138)太陽陵　在今河南洛陽北邙山的南麓。(139)上黨　晉郡名，郡治壺關，在今山西長治北。(140)井陘　山道名，也是關塞名。其東口稱井陘關，也稱土門關，在今河北鹿泉市的井陘山上，其西口即娘子關。是當時并州與冀州兩州間的交通要道。(141)胡寇　指劉淵為首的少數民族。(142)州將　并州刺史屬下的將領。(143)就穀冀州　到河北地區找食物吃。冀州的州治即今河北冀州。(144)晉陽　在今太原西南，是當時并州的州治所在地。(145)府寺　官府的衙門。(146)撫循勞徠　安撫尚在的居民，號召遠方的流散人口來歸。

【校記】[1]司空　原無此二字。據章鈺校，甲十一行本、乙十一行本、孔天胤本皆有此二字，張敦仁《通鑑刊本識誤》、張瑛《通鑑校勘記》同，今據補。[2]劉柏根　原作「劉伯根」。據章鈺校，甲十一行本、乙十一行本、孔天胤本皆作「劉柏根」，下文同，今據改。[3]潁川　原無此二字。據章鈺校，甲十一行本、乙十一行本、孔天胤本皆有此二字，張敦仁《通鑑刊本識誤》、張瑛《通鑑校勘記》同，今據補。[4]河南　原無此二字。據章鈺校，甲十一行本、乙十一行本、孔天胤本皆有此二字，張敦仁《通鑑刊本識誤》、張瑛《通鑑校勘記》同，今據補。[5]治中順陽　原無此四字。據章鈺校，甲十一行本、乙十一行本、孔天胤本皆有此四字，張敦仁《通鑑刊本識誤》、張瑛《通鑑校勘記》同，今據補。⑥九月　原無此二字。據章鈺校，甲十一行本、乙十一行本、孔天胤本皆有此二字，張敦仁《通鑑刊本識誤》同，今據補。⑦成都王　原無此三字。據章鈺校，甲十一行本、乙十一行本、孔天胤本皆有此三字，張敦仁《通鑑刊本識誤》、張瑛《通鑑校勘記》同，今據補。

【語　譯】光熙元年（丙寅　西元三〇六年）

春季，正月初一日戊子，發生日蝕。

當初，為太弟司馬熾擔任中庶子的蘭陵人繆播很受司馬越的寵信。繆播的堂弟、擔任右衛率的繆胤，是太宰司馬顒前妃的弟弟。司馬越起兵勤王的時候，派遣繆播、繆胤兄弟倆到長安勸說司馬顒，希望司馬顒能夠將惠帝司馬衷送回洛陽，並約定與司馬顒對掌朝權，像周朝的周公、召公一樣以河南陝縣為界，分中國而治。司馬顒一向看重、信任繆播兄弟，就想聽從司馬越的建議。張方深知自己罪惡深重，恐怕自己成為被討伐、懲治的首犯，就阻止司馬顒說：「如今您佔據著形勢險要的地區，國富兵強，以天子的名義命令諸侯，誰敢不聽從您，為什麼要拱手受制於人呢！」司馬顒於是改變了主意。等到豫州刺史劉喬兵敗之後，司馬顒感到非常恐懼，就想罷兵，與崤山以東的司馬越等人和解。又擔心張方不肯聽從自己，所以猶豫不定。

張方一向與長安富豪郅輔親密友善，他任命郅輔擔任自己的帳下督。為司馬顒擔任參軍的河間人畢垣曾經受到張方的侮辱，就藉機對司馬顒說：「張方長期駐紮在霸上，他聽說崤山以東司馬越等人兵強馬壯，就故意逗留，遲遲不肯率軍前進，要提防他發動叛變。張方的親信郅輔最瞭解他的陰謀。」繆播、繆胤又勸說司馬顒：「應該趕緊將張方斬首，以向天下人謝罪，這樣山東不用興師動眾就能夠平定了。」司馬顒於是派人召喚郅輔，畢垣提前去迎接郅輔，他對郅輔說：「張方想要謀反，人們都說你知道情況。大王如果問你，你用什麼言語回答大王呢？」郅輔一聽大驚，說：「我確實沒有聽說張方要謀反，我該怎麼辦呢？」畢垣說：「大王如果問你有關張方謀反的事情，你只管『嗯、嗯』，不要正面回答就可以了，不然的話，你必然躲避不了災禍。」郅輔來到司馬顒跟前，司馬顒問他說：「張方準備謀反，你知道嗎？」郅輔回答說：「嗯。」司馬顒說：「派你去逮捕他，可以嗎？」郅輔又回答說：「嗯。」司馬顒於是派郅輔送信給張方，命他尋機殺死張方。郅輔一向與張方關係密切，所以當郅輔持刀進入張方住處的時候，負責守衛內門的侍衛對郅輔一點也沒有產生懷疑。張方在燈光下展開書信準備觀看的時候，郅輔出其不意砍下了張方的人頭。郅輔回去向司馬顒交差，司馬顒任命郅輔為安定郡太守。司馬顒把張方的人頭送給司空司馬越請求和解，司馬越不肯答應。

宋胄襲擊河橋守軍，守衛河橋的樓褒向西撤走。平昌公司馬模派前鋒督護馮嵩與宋胄會師後一同逼近洛陽。成都王司馬穎向西逃往長安，當他到達華陰縣的時候，聽說司馬顒已經與崤山以東的司馬越和解、親善，便停留在華陰縣不敢再向長安前進。建武將軍呂朗的軍隊屯紮在滎陽，劉琨把張方的人頭拿給呂朗觀看，呂朗於是向劉琨投降。司空司馬越派遣祁弘、宋胄、司馬纂率領鮮卑援軍前往長安迎接惠帝回洛陽，任命周馥為司隸校尉、假節，統領諸軍，駐紮在澠池縣。

三月，惤縣縣令劉柏根謀反，他手下的部眾有上萬人，自稱為惤公，王彌率領家中的奴僕追隨劉柏根。劉柏根任命王彌為長史，任命王彌的堂兄弟王桑為東中郎將。劉柏根率眾劫掠臨淄，擔任青州都督的高密王司馬略派劉暾率兵抵禦劉柏根。劉暾兵敗後逃奔洛陽，司馬略逃到聊城縣堅守不出。幽州刺史王浚派遣將領討伐劉柏根，把劉柏根殺死，王彌逃到長廣山做了強盜。

寧州連年鬧饑荒，瘟疫流行，死了大約有十萬人。寧州地區的少數民族五苓夷部落日漸強盛起來，他們到處搶掠，寧州派出討伐他們的官兵屢遭失敗，官吏和百姓因此有許多人逃往交州，五苓夷隨即圍困了寧州州治所在地滇池城。當時以南夷校尉的身分駐守寧州的李毅身患重病，又沒有援軍救援，李毅於是向朝廷上疏說：「我不能平息盜賊以保一方百姓平安，現在正坐以待斃。朝廷如果不可憐我們，立即派援軍來救，就請求朝廷派遣一位高級使臣，趁我還有一口氣，將我處以極刑。如果使者到來時我已經死去，就將我戮屍示眾，以向寧州的百姓謝罪。」朝廷沒有給予答覆。過了幾年，李毅的兒子李釗從洛陽前往滇池城探望父親。還沒有到達滇池城，李毅就去世了。李毅的女兒李秀，明達事理，具有父親的風範，眾人就推舉李秀臨時管理寧州刺史的事務。李秀獎勵戰士，據城堅守，滇池城中的糧食用盡了，就燒烤老鼠、挖掘野草充飢。即便如此，李秀一旦抓住五苓夷賊寇懈怠的機會，就派士兵出城出其不意地予以反擊，終於把賊寇打敗，保全了滇池城。

范長生從青城山前往成都，成都王李雄親自到門口迎接，李雄手執笏板，任命范長生為丞相，尊稱范長生為「范大賢」。

夏季，四月十三日己巳，司空司馬越率領軍隊駐紮在溫縣。當初，太宰司馬顒認為張方被處死，崤山以東司馬越等人的勤王軍隊一定會解散。不久，司馬越等人聽到張方已死的消息後，反而都爭先恐後地一定要進入潼關。司馬顒這時才為殺死張方而感到後悔，於是殺死了郅輔，然後派遣弘農郡太守彭隨、北地郡太守刁默率領軍隊到湖縣迎戰祁弘等人。五月初七日壬辰，祁弘等大敗彭隨、刁默，隨即向西進入潼關。又在霸水岸邊打敗了司馬顒的將領馬瞻、郭偉，司馬顒單人匹馬逃入太白山。祁弘等率領所部進入長安城，他所率領的鮮卑人在長安大肆搶掠，殺死了二萬多人。朝廷官員四散奔逃，有人逃入山中，靠撿拾橡實充飢。十四日己亥，祁弘等侍奉惠帝乘坐著牛車東還洛陽，任命太弟司馬熾的太保梁柳為鎮西將軍，鎮守關中。六月初一日丙辰，晉惠帝回到洛陽，恢復了羊獻容的皇后地位。十六日辛未，實行大赦，改年號為「光熙」。

馬瞻等進入長安，殺死了梁柳，與始平郡太守梁邁共同到太白山迎接太宰司馬顒。弘農郡太守裴廙、秦國內史賈龕、安定郡太守賈疋等起兵攻打司馬顒，殺死了馬瞻、梁邁。賈疋是賈詡的曾孫。司空司馬越派遣擔任督護的麋晃率領軍隊進攻司馬顒，到達鄭縣，司馬顒派遣平北將軍牽秀率軍駐紮在馮翊郡的郡治所在地。司馬顒的長史楊騰詐稱奉了司馬顒的命令，讓牽秀停止作戰。楊騰趁機殺死了牽秀，關中於是都歸服於司馬越，司馬顒只能固守長安城而已。

成都王李雄即位稱帝，實行大赦，改年號為「晏平」，國號為「大成」。李雄追尊自己的父親李特為景皇帝，廟號為始祖廟，尊母親羅氏王太后為皇太后。任命范長生為天地太師，免除范長生部下人眾的勞役、賦稅，所有的人都不在繳納賦稅的範圍之內。李雄屬下諸將倚仗李雄的恩寵，互相爭奪官職的級別位次。擔任尚書令的閻式因此上疏，建議大成皇帝李雄參考漢朝、晉朝有關此類事務的處理方法，建立起百官制度，李雄採納了閻式的建議。

秋季，七月初一日乙酉，發生日蝕。

八月，晉惠帝封司馬越為太傅，兼管尚書省的事務，封范陽王司馬虓為司空，鎮守鄴城，封平昌公司馬模為鎮東大將軍，鎮守許昌，封王浚為驃騎大將軍、都督東夷・河北諸軍事，兼任幽州刺史。司馬越任命吏部郎潁川人庾敳為軍諮祭酒，任命前任太弟司馬穎的中庶子胡母輔之為從事中郎，黃門侍郎河南人郭象為主簿，鴻臚丞阮脩為行參軍，謝鯤為掾。胡母輔之向司馬越推薦樂安縣人光逸，司馬越也予以聘用。庾敳等人都崇尚玄虛，一切為官應盡的職務都不放在心上，縱情飲酒，行為放蕩怪誕，庾敳搜刮財物從來不知道厭倦，郭象品行輕薄，喜好抓權，又好賣弄權柄以獲得錢財，由於這些人在當時的社會上名氣都很大，所以司馬越全部聘用了他們。

祁弘進入潼關的時候，成都王司馬穎從武關逃奔到新野縣。正巧趕上新城元公劉弘去世，在劉弘手下擔任司馬的郭勱趁機作亂，他想迎接司馬穎，奉司馬穎為主子。治中順陽人郭舒推舉劉弘的兒子劉璠為主官，討伐郭勱，將郭勱殺死。郭舒、劉璠命令南中郎將劉陶逮捕成都王司馬穎。司馬穎向北渡過黃河，投奔朝歌，他召集舊有部將，聚集起幾百人，準備投奔公師藩。九月，頓丘郡太守馮嵩逮捕了司馬穎，把他送往鄴城，鎮守鄴城的范陽王司馬虓不忍心殺害司馬穎，就把司馬穎幽禁起來。公師藩從白馬津向南渡過黃河，兗州刺史苟晞率軍討伐公師藩，把公師藩殺死。

晉惠帝晉封東嬴公司馬騰為東燕王，封平昌公司馬模為南陽王。

冬季，十月，范陽王司馬虓去世。司馬虓的長史劉輿因為鄴城人一向擁護成都王司馬穎，於是就將司馬虓的死訊封鎖起來，沒有對外發布，派人扮作朝廷派來的使臣傳達皇帝的命令，夜裡，逼迫司馬穎自殺，同時被殺的還有司馬穎的兩個兒子。司馬穎的屬官早已全都逃散，只有盧志跟隨在司馬穎左右，直到成都王司馬穎死亡，盧志對司馬穎的態度從無倦怠之容，他收殮了司馬穎的屍體，把司馬穎安葬。太傅司馬越徵召盧志擔任軍諮祭酒。

司馬越準備召用劉輿，有人說：「劉輿好像油脂，誰接近他誰就會受到他的汙染。」劉輿到了洛陽之後，司馬越對他很疏遠、冷淡。劉輿偷偷地察看朝廷檔案，對全國的兵力名簿以及倉庫、牛馬、器械、水路、陸路的交通情況等，全都暗記在心。當時全國混戰、政務繁雜，每次會議，從長史潘滔以下，沒有人知道該怎麼應對。而劉輿趁機為之分析事理、出謀劃策，講得頭頭是道，司馬越於是和劉輿促膝長談，對他的建議虛心接受、採納，即時任命劉輿為左長史，有關軍國大事，全部委託劉輿辦理。劉輿勸說司馬越派遣他的弟弟劉琨去鎮守并州，作為守衛北方的得力捍衛者。司馬越上表請求任命劉琨為并州刺史，任命東燕王司馬騰為車騎將軍、統管鄴城諸軍務，鎮守鄴城。

十一月十七日己巳夜裡，晉惠帝吃麥餅中毒。十八日庚午，在顯陽殿駕崩。

羊皇后認為自己是太弟司馬熾的嫂子，恐怕司馬熾即位後自己不能成為皇太后，就想立清河王司馬覃為皇帝。擔任侍中的華混進諫說：「太弟司馬熾被立為東宮儲君已經很久了，天下人早已對他寄予厚望，如今怎麼能隨便改換呢！」並立即用不封口的文書派快馬通知太傅司馬越，同時召太弟司馬熾入宮。羊皇后已經將司馬覃召到了尚書閣，司馬覃懷疑情況發生了變化，就推說有病立即退出尚書閣返回自己的府邸。十一月二十一日癸酉，太弟司馬熾即皇帝位，發布大赦令，尊羊皇后為惠皇后，移居弘訓宮，追尊自己的母親王才人為皇太后，立王妃梁氏為皇后。

懷帝司馬熾開始著手恢復以前的朝廷制度，在太極殿的東堂聽取群臣奏報、商討朝政。每到宴會的時候，就與群官討論各種政務、考究經書典籍。黃門侍郎傅宣歎息著說：「如今又看到了當年武帝在位時的局面了！」

十二月初一日壬午，發生日蝕。

太傅司馬越用皇帝詔書徵調河間王司馬顒到洛陽擔任司徒，司馬顒接受調令前往洛陽。南陽王司馬模派遣屬下將領梁臣到新安郡攔截司馬顒，就在司馬顒乘坐的車上將司馬顒活活地掐死，同時還殺死了司馬顒的三個兒子。

十二月二十日辛丑，任命中書監溫羨為左光祿大夫，兼任司徒，尚書左僕射王衍為司空。〇二十八日己酉，將惠帝司馬衷安葬在太陽陵。

并州刺史劉琨到達上黨郡，東燕王司馬騰立即從井陘東下。當時并州正鬧災荒，又多次遭受劉淵為首的胡人的搶掠，各郡縣沒有能力保護自己。并州刺史屬下的將領田甄、田甄的弟弟田蘭、任祉、祁濟、李惲、薄盛等人以及吏民一萬多人，都跟隨著司馬騰到河北地區去找食物吃，這些人被稱為「乞活」，并州剩下的不足二萬戶居民。賊寇猖獗，道路不通。劉琨便到上黨郡招募軍隊，招到了五百人，他們一路輾轉作戰，向并州進發。劉琨等人到達晉陽的時候，并州官府的衙門已經被大火燒毀，村野蕭條。劉琨安撫尚存的居民，號召遠方的流散人口回歸故里，逃亡的人逐漸返回家鄉。

孝懷皇帝上

永嘉元年（丁卯　西元三〇七年）

春，正月癸丑❶，大赦，改元❷。

吏部郎周穆，太傅越之姑子也，與其妹夫御史中丞諸葛玫說越曰：「主上之為太弟，張方意也。清河王本太子❸，公宜立之。」越不許。重言之❹，越怒，斬之。

二月，王彌❺[1]寇青、徐二州，自稱征東大將軍，攻殺二千石❻。太傅越以公車令❼東萊鞠羨為本郡❽太守以討彌，彌擊殺之。

陳敏刑政無章❾，不為英俊所附。子弟凶暴，所在為患❿。顧榮、周玘等憂之。盧江內史華譚⑪遺⑫榮等書曰：「陳敏盜據吳、會⑬，命危朝露⑭。諸君或剖符名郡⑮，或列為近臣⑯，而更⑰辱身姦人之朝⑱，降節叛逆之黨，不亦羞乎！吳武烈父子⑲皆以英傑之才，繼承大業。今以陳敏凶狡⑳，七弟頑冗㉑，欲躡㉒桓王之高蹤㉓，蹈㉔大皇之絕軌㉕，遠度諸賢㉖，猶當未許㉗也。皇輿東返㉘，俊彥㉙盈朝，將舉六師㉚以清建業㉛，諸賢㉜何顏復見中州之士邪！」榮等素有圖敏之心㉝，及得書，甚慚，密遣使報征東大將軍劉準㉞，使發兵臨江㉟，己為內應，剪髮為信㊱。準遣揚州刺史劉機等出歷陽㊲討敏。

敏使其弟廣武將軍昶將兵數萬屯烏江㊳，歷陽太守宏屯牛渚㊴。敏弟處知顧榮等有貳心，勸敏殺之，敏不從。

昶司馬錢廣，周玘同郡人也。玘密使廣殺昶，因[2]宣言州下㊵已殺敏，敢動者誅三族。廣勒兵㊶朱雀橋㊷南，敏遣甘卓討廣，堅甲精兵㊸悉委之。顧榮慮敏疑之[3]，故往就敏。敏曰：「卿當四出鎮衛㊹，豈得就我㊺邪？」榮乃出，與周玘共說甘卓曰：「若江東之事可濟，當共成之。然卿觀茲事勢㊻，當有濟理不㊼？敏既常才㊽，政令反覆，計無所定㊾，其子弟各已驕矜，其敗必矣。而吾等安然坐受其官祿，事敗之日，使江西諸軍㊿函首送洛(51)，題曰(52)『逆賊顧榮、甘卓之首』，此萬世之辱也。」卓遂詐稱疾迎女[53]，斷橋，收船南岸[54]，與玘、榮及前松滋侯相丹楊紀瞻[55]共攻敏。

敏自帥萬餘人討卓，軍人隔水[56]語敏眾曰：「本所以戮力陳公[57]者，正以顧丹楊、周安豐[58]耳。今皆異[59]矣，汝等何為？」敏眾狐疑未決，榮以白羽扇揮[4]之，眾皆潰去。敏單騎北走，追獲之於江乘[60]，歎曰：「諸人誤我，以至今日！」謂弟處曰：「我負卿[61]，卿不負我！」遂斬敏於建業，夷三族，於是會稽等郡盡殺敏諸弟。

時平東將軍周馥代劉準鎮壽春。三月己未朔[62]，馥傳敏首至京師。詔徵顧榮為侍中，紀瞻為尚書郎。太傅越辟周玘為參軍，陸玩為掾。玩，機之從弟也。榮等至徐州[63]，聞北方愈亂，疑不進。越與徐州刺史裴盾書曰：「若榮等顧望[64]，以軍禮發遣[65]。」榮等懼，逃歸。盾，楷[66]之兄子，越妃兄也。

西陽夷[67]寇江夏，太守楊珉請督將議之。諸將爭獻方略，騎督朱伺[68]獨不言。珉曰：「朱將軍何以不言？」伺曰：「諸人以舌擊賊，伺惟以力耳。」珉又問：「將軍前後擊賊，何以常勝？」伺曰：「兩敵共對[69]，惟當忍之。彼不能忍，我能忍，是以勝耳。」珉善之。

詔追復楊太后(70)尊號。丁卯(71)，改葬之，謚曰武悼。

庚午(72)，立清河王覃弟豫章王詮為皇太子(73)。辛未(74)，大赦。

帝親〔5〕覽大政，留心庶事(75)。太傅越不悅，固求出藩(76)。庚辰(77)，越出鎮許昌。

以高密王略(78)為征南大將軍，都督荊州諸軍事，鎮襄陽；南陽王模(79)為征西大將軍，都督秦、雍、梁、益四州〔6〕諸軍事，鎮長安；東燕王騰(80)為新蔡王，都督司、冀二州諸軍事，仍鎮鄴。

公師藩既死，汲桑逃還苑(81)中，更聚眾劫掠郡縣，自稱大將軍，聲言為成都王報仇。以石勒為前驅，所向輒克。署(82)勒討〔7〕虜將軍，遂進攻鄴。時鄴中府庫空竭，而新蔡武哀王騰(83)資用甚饒(84)。騰性吝嗇，無所振惠(85)，臨急(86)，乃賜將士米各數升，帛各丈尺，以是人不為用。夏，五月，桑大破魏郡太守馮嵩，長驅入鄴。騰輕騎出奔，為桑將李豐所殺。桑出成都王穎棺，載之車中，每事啟而後行(87)。遂燒鄴宮，火旬日不滅(88)，殺士民萬餘人，大掠而去。濟自延津(89)，南擊兗州(90)。太傅越大懼，使苟晞(91)及將軍王讚等〔8〕討之。

秦州流民鄧定、訇氏等據成固(92)，寇掠漢中。梁州刺史張殷遣巴西(93)太守張燕討之。鄧定等飢窘(94)，詐降於燕，且賂之，燕為之緩師(95)。定密遣訇氏求救於成。成主雄遣太尉離、司徒雲、司空璜將兵二萬救定，與燕戰，大破之，張殷及漢中太守杜孟治棄城走。積十餘日，離等引還，盡徙漢中民於蜀。漢中人句方、白落帥吏民[96]還守南鄭[97]。

石勒與苟晞等相持於平原[98]、陽平[99]間數月，大小三十餘戰，互有勝負。秋，七月己酉朔，太傅越屯官渡[100]，為晞聲援。

己未[101]，以琅邪王睿為安東將軍、都督揚州．江南諸軍事、假節，鎮建業。

八月己卯朔，苟晞擊汲桑於東武陽[102]，大破之。桑退保清淵[103]。○分荊州、江州八郡為湘州[104]。

九月戊申[105]，琅邪王睿至建業。睿以安東司馬王導為謀主，推心親信，每事咨焉。睿名論素輕[106]，吳人不附，居久之，士大夫莫有至者，導患之。會睿出觀禊[107]，導使睿乘肩輿[108]，具威儀[109]，導與諸名勝[110]皆騎從。紀瞻、顧榮等見之驚異，相帥拜於道左。導因說睿曰：「顧榮、賀循，此土之望[111]，宜引之[112]以結人心。二子既至，則無不來矣。」睿乃使導躬造循、榮[113]，二人皆應命而至。以循為吳國內史，榮為軍司[114]，加散騎常侍，凡軍府政事[115]，皆與之謀議。又以紀瞻為軍[9]祭酒，卞壼[116]為從事中郎，周玘為倉曹屬[117]，琅邪劉超為舍人[118]，張闓及魯國孔衍為參軍。壼，粹[119]之子；闓，昭[120]之曾孫也。王導說睿：「謙以接士，儉以足用，以清靜為政，撫綏新舊[121]。」故江東歸心焉。睿初至，頗以酒廢事，導以為言[122]。睿命酌，引觴覆之，於此遂絕。

苟晞追擊汲桑，破其八壘，死者萬餘人。桑與石勒收餘眾，將奔漢[123]。冀州刺史譙國丁紹[124]邀之於赤橋[125]，又破之。桑奔馬牧[126]，勒奔樂平[127]。太傅越還許昌，加苟晞撫軍將軍、都督青．兗諸軍事，丁紹寧北將軍、監冀州諸軍事，皆假節。

晞屢破彊寇，威名甚盛，善治繁劇[128]，用法嚴峻。其從母依之[129]，晞奉養甚厚。從母子求為將，晞不許，曰：「吾不以王法貸人[130]，將無後悔邪[131]？」固求之，晞乃以為督護。後犯法，晞杖節斬之[132]，從母叩頭救之，不聽。既而素服哭之曰：「殺卿者，兗州刺史；哭弟者，苟道將也！」

胡部大[133]張訇督、馮莫突等擁眾數千，壁于上黨[134]。石勒往從之，因說訇督等曰：「劉單于[135]舉兵擊晉，部大拒而不從，自度終能獨立乎？」曰：「不能。」勒曰：「然則安可不早有所屬？今部落[136]皆已受單于賞募[137]，往往聚議，欲叛部大而歸單于矣。」訇督等以為然。冬，十月，訇督等隨勒單騎歸漢，漢王淵署訇督為親漢王，莫突為都督部大[138]，以勒為輔漢將軍、平晉王以統之[139]。

烏桓張伏利度[140]有眾二千，壁于樂平[141]。淵屢招，不能致。勒偽獲罪於淵，往奔伏利度。伏利度喜，結為兄弟，使勒帥諸胡寇掠，所向無前，諸胡畏服。勒知眾心之附己，乃因會[142]執伏利度，謂諸胡曰：「今起大事，我與伏利度誰堪為主？」諸胡咸推勒。勒於是釋伏利度，帥其眾歸漢。淵加勒督山東征討諸軍事，以伏利度之眾配之。

十一月戊申朔[143]，日有食之。〇甲寅[144]，以尚書右僕射和郁[145]為征北將軍，鎮鄴。

乙亥[146]，以王衍為司徒。衍說太傅越曰：「朝廷危亂，當賴方伯[147]，宜得文武兼資以任之。」乃以弟澄為荊州都督，族弟敦為青州刺史。語之曰：「荊州有江、漢之固[148]，青州有負海之險[149]。卿二人在外而吾居中，足以為三窟矣[150]。」澄至鎮[151]，以郭舒為別駕，委以府事。澄日夜縱酒，不親庶務，雖寇戎交急，不以為懷。舒常切諫，以為宜愛民養兵，保全州境，澄不從。

十二月戊寅[152]，乞活[153]田甄、田蘭、薄盛等起兵，為新蔡王騰報讎，斬汲桑于樂陵[154]，棄成都王穎棺於故井中，穎故臣收葬之。

甲午[155]，以前太傅劉寔為太尉。寔以老固辭，不許。庚子[156]，以光祿大夫高光為尚書令。

前北軍中候呂雍、度支校尉陳顏等謀立清河王覃為太子，事覺，太傅越矯詔囚覃於金墉城。

初，太傅越與苟晞親善，引升堂，結為兄弟。司馬潘滔說越曰：「兗州衝要，魏武以之創業[157]。苟晞有大志，非純臣也，久令處之，則患生心腹矣。若遷于青州，厚其名號[158]，晞必悅。公自牧兗州[159]，經緯諸夏[160]，藩衛本朝[161]，此所謂為之於未亂[162]者也。」越以為然。癸卯[163]，越自為丞相，領兗州牧，都督兗、豫、司、冀、幽、并諸軍事。以晞為征東大將軍、開府儀同三司，加侍中、假節、都督青州諸軍事，領青州刺史，封東平郡公。越、晞由是有隙。

晞至青州，以嚴刻[164]立威，日行斬戮，州人謂之「屠伯」。頓丘[165]太守魏植為流民所逼[166]，眾五六萬，大掠兗州。晞出屯無鹽[167]以討之。以弟純領青州，刑殺更甚於晞。晞討植，破之。

初，陽平[168]劉靈少貧賤，力制奔牛[169]，走及奔馬[170]。時人雖異之，莫能舉[171]也。靈撫膺歎曰：「天乎！何當亂也[172]？」及公師藩起，靈自稱將軍，寇掠趙、魏[173]。會王彌為苟純所敗，靈亦為王讚所敗，遂俱遣使降漢。漢拜彌鎮東大將軍、青、徐二州牧，都督緣海諸軍事，封東萊公，以靈為平北將軍。

李釗[174]至寧州[175]，州人奉釗領州事。治中[176]毛孟詣京師，求刺史[177]，屢[10]上奏，不見省[178]。孟曰：「君亡親喪[179]，幽閉窮城[180]，萬里訴哀[181]，精誠無感，生不如死！」欲自刎。朝廷憐之，以魏興[182]太守王遜為寧州刺史，仍詔交州[183]出兵救李釗。交州刺史吾彥[184]遣其子咨將兵救之。

慕容廆[185]自稱鮮卑大單于。○拓跋祿官[186]卒，弟猗盧[187]總攝三部[188]，與廆通好。

【章旨】以上為第三段，寫懷帝永嘉元年（西元三〇七年）一年間的大事，主要寫了懷帝即位後多問朝政，東海王司馬越不滿，自請出鎮許昌，其兄弟四人各自佔據一方；寫了司馬越任王衍為司徒，王衍任其二弟王澄、王敦皆為都督、刺史，以為其個人的進退營就「三窟」；寫了割據江東的軍閥陳敏殘暴不仁，被其部下顧榮、周玘、甘卓、錢廣等與征東將軍劉準內外應和所破殺，而後琅邪王司馬睿在王導等人支持下網羅世家大族，逐漸搭起新政權的班底；寫了成都王司馬穎的餘部汲桑以羯人石勒為前鋒，破殺東燕王司馬騰，大掠鄴城，後來被兗州刺史苟晞所破，石勒遂輾轉改投劉淵；其後又有獨自起兵失敗的王彌、劉靈等人皆往投之，劉淵的勢力越來越壯大。寫了東北方的慕容廆自稱「鮮卑大單于」，另一個鮮卑頭領拓跋猗盧也「總攝三部」，勢力漸漸興起，以及成都李雄趁漢中流民起事而派兵援救，大破州郡兵，遂盡徙漢中民入蜀等等。

【注釋】❶正月癸丑　正月初二。❷改元　在此之前稱惠帝光熙元年，自此開始改稱懷帝永嘉元年。❸本太子　清河王司馬覃早由齊王冏立為太子，後幾經廢黜。❹重言之　周穆、諸葛玫又一再進言。❺王彌　王彌前被幽州軍閥王浚打敗，逃入長廣山中。❻二千石 指州郡的太守、郡尉一級的官吏。❼公車令 皇宮公車門的守衛官員。❽本郡 即東萊郡，郡治即今山東萊州市。❾刑政無章 司法、行政雜亂無章。❿所在為患 人到哪裡，就成為哪裡的災難。⓫華譚 字令思，廣陵（今江蘇揚州）人。祖、父仕吳，入晉後，華譚先後曾為鄄城令、尚書郎、郟令，遷廬江內史。傳見《晉書》卷五十二。⓬遺給；致。⓭吳會 吳郡、會稽郡，代指江東地區。⓮命危朝露 像早晨的露珠一樣，轉眼就乾，極言陳敏的政權長不了。⓯剖符名郡 指曾為朝廷的某郡太守。⓰列為近臣 顧榮曾任朝廷侍中、散騎常侍；周玘曾任議郎。⓱更 竟然。⓲辱身姦人之朝 指在陳敏手下為吏。⓳吳武烈父子 指孫堅及其子孫策、孫權。孫堅後被謚為武烈皇帝。⓴凶狡 兇暴狡猾。㉑頑冗 愚蠢；庸劣。冗，通「宂」。㉒躡 追蹤；仿效。㉓桓王之高蹤 孫策當年的豪邁行為。孫策死後被追謚為長沙桓王。蹤，足跡，指開國創業。㉔蹈 踐；遵循。㉕大皇之絕軌 孫權當年那種別人難以企及的行動。孫權即位後稱吳大帝。絕軌，無法企及的軌跡。㉖遠度諸賢 即使他想超過你們諸位。㉗猶當未許 那也是不能令人同意的。㉘皇輿東返 指惠帝司馬衷自長安返回洛陽。㉙俊彥 俊傑英才。㉚舉六師 發動朝廷的軍隊。㉛清建業 掃清陳敏所盤據的江東地區。㉜諸賢 以稱顧榮、周玘等。㉝圖敏之心 除掉陳敏的想法。㉞征東大將軍劉準 當時率朝廷的軍隊駐紮壽春，即今安徽壽縣。㉟臨江 南進到江邊。㊱剪髮為信 剪下一綹頭髮作為信物。㊲出歷陽 由歷陽出兵。歷陽是晉縣名，縣治即今安徽和縣。㊳屯烏江 駐兵在烏江口。烏江是長江上的渡口名，也稱烏江浦，在安徽和縣東北四十里的烏口鎮。㊴牛渚 在今安徽當塗西北的長江邊，北部凸入長江中，名采石磯，自古為大江南北重要渡口。㊵州下 即揚州刺史的州城建業，今南京。㊶勒兵 部署軍隊。㊷朱雀橋 建業城南秦淮河上的浮橋。㊸堅甲精兵 堅固的鎧甲和銳利的兵器，這裡即指精兵強將。㊹四出鎮衛 到四處走走安定人心，以保衛建業。㊺就我 到我身邊來。㊻觀茲事勢 看看當前的這種形勢。㊼有濟理不 有成就大業的希望嗎。㊽常才 庸才；一般人的資質。㊾計無所定 沒有個一定的行動計畫。㊿江西諸軍 雲集長江西岸的朝廷的各路人馬。(51)函首送洛 把我們的人頭裝到匣子裡送到洛陽。(52)題曰 盒子上寫著。(53)詐稱疾迎女 假說自己患病，將其女兒接回家中。甘卓女兒嫁與陳敏之子事，見惠帝永興二年。(54)斷橋二句 截斷朱雀橋，把船隻都拉到秦淮河的南岸。(55)前松滋侯相丹楊紀瞻 曾經任過松滋（湖北松滋）侯國宰相的丹楊人姓紀名瞻。紀瞻字子思，丹楊秣陵（今南京）人。傳見《晉書》卷六十八。(56)軍人隔水 錢廣、甘卓一方的軍人隔著秦淮河。(57)戮力陳公 為陳敏效力。(58)顧丹楊周安豐 即顧榮、周玘，因陳敏任顧榮為丹楊太守，任周玘為安豐太守。(59)今皆異 現在的形勢都已經變了。(60)江乘 晉縣名，縣治在今江蘇句容北，為長江下游的重要渡口，當南北交通要衝。(61)我負卿 我對不起你。指當初沒聽陳處之勸殺顧榮等。(62)三月己未朔 三月初九是己未日。

此句記事似有誤。(63)徐州　即今江蘇徐州，當時為徐州的州治所在地。(64)顧望　觀望，指猶豫不前。(65)以軍禮發遣　意思就是把他們武裝押送前來。(66)楷　裴楷，字叔則，晉初名臣。裴頠的堂叔。傳見《晉書》卷三十五。(67)西陽夷　西陽縣的少數民族。西陽縣的縣治在今湖北黃岡東。(68)朱伺　字仲文，勇武善水戰，後為東晉名臣。傳見《晉書》卷八十一。(69)兩敵共對　兩軍對壘。(70)楊太后　皇后楊芷，楊駿之女，司馬炎死後，被賈充之女、惠帝賈皇后所逼死。見本書卷八十二元康元年。(71)丁卯　三月十七。(72)庚午　三月二十。(73)豫章王詮為皇太子　豫章王司馬詮是司馬瑕之子，晉惠帝與晉懷帝的親姪子。因懷帝司馬熾自己無子，故過繼司馬詮為皇太子。(74)辛未　三月二十一。(75)庶事　各種政務。(76)出藩　離開朝廷到自己的封地上去做都督刺史。(77)庚辰　三月三十。(78)高密王略　司馬略，東海王司馬越的親兄弟。(79)南陽王模　司馬模，也是東海王司馬越的親兄弟。(80)東燕王騰　司馬騰，也是東海王司馬越的親兄弟。(81)苑　牧馬場，這裡指山東茌平的牧馬場。汲桑在此地起兵後投奔公師藩，藩死，逃回原地。(82)署　委任。(83)新蔡武哀王騰　司馬騰，新蔡王是其封號，武哀是謚。(84)資用甚饒　家裡的資財非常多。(85)無所振惠　對部下軍民不給予任何救濟。振，同「賑」。(86)臨急　指汲桑的大軍逼近鄴城。(87)啓而後行　向棺木稟告後，再開始行動。(88)火旬日不滅　一連燒了十幾天。按，袁紹於漢獻帝初平二年（西元一九一年）據守鄴城，開始興建宮殿，後曹操又加以擴充。前後歷一百一十七年，至此全部化為灰燼。(89)濟自延津　從延津渡過黃河。延津，是黃河渡口名，舊址在今河南衛輝東南，滑縣西南。(90)兗州　州治廩丘，在今山東鄆城西北。(91)苟晞　字道將，先為齊王司馬冏、長沙王司馬乂的部將，後又跟從司馬越。傳見《晉書》卷六十一。(92)成固　晉縣名，縣治在今陝西城固西北十八里。(93)巴西　晉郡名，郡治即今四川閬中。(94)飢窘　飢餓窘迫。(95)緩師　對之放緩進攻。(96)帥吏民　率領殘留下來的官吏百姓。(97)南鄭　即今陝西漢中，當時梁州的州治、漢中郡的郡治都在這裡。(98)平原　晉郡名，郡治在今山東平原縣西。(99)陽平　晉郡名，郡治元城，在今河北大名東。(100)官渡　地名，在今河南中牟東北，臨古卞水。(101)己未　七月十一。(102)東武陽　晉縣名，縣治在今山東陽穀西北。(103)清淵　晉縣名，縣治在今山東臨清西南四十里。(104)分荊州江州八郡為湘州　分出荊州的衡陽、長沙、湘東、零陵、邵陽、營陽、建昌及江州的桂陽共八郡，建立湘州，州治即今湖南長沙。(105)戊申　九月初一。(106)名論素輕　名望、聲價一向不高。(107)禊　古人消除不祥的一種祭祀名，常於春秋二季在水濱舉行。(108)肩輿　軟轎；滑竿。(109)具威儀　使用全部的儀仗。(110)諸名勝　江東地區的各位社會名流。(111)此土之望　是這個地區享有聲望的人物。(112)引之　請出他們。(113)躬造循榮　親自到賀循、顧榮家裡邀請。(114)軍司　將軍屬下的司馬官。(115)軍府政事　都督府和揚州刺史府的一切事務。(116)卞壼　字望之，東晉名臣。傳見《晉書》卷七十。(117)倉曹屬　猶言「倉曹掾」，司馬睿手下主管糧秣物資的官員。(118)舍人　侍從官員，以備參謀顧問之用。(119)粹　卞粹，河間王司馬顒的黨羽，企圖謀殺司馬乂，被司馬乂所殺，見本書卷八十五太安元年。(120)昭　張昭，字子布，東吳孫權的開國元勳。傳見《三國志》卷五十二。(121)撫綏新舊　好好地安撫這些江東地區的本地人和剛從中原渡江過來的人。綏，安；安撫。(122)導以為言　王導對此提出意見。(123)將奔漢　正要去投奔劉淵。(124)丁紹　字叔倫，譙國（安徽亳州）人，曾為廣平太守、徐州刺史、荊州刺史、冀州刺史。傳見《晉書》卷九十。(125)邀之於赤橋　邀，截擊。赤橋，在今山東聊城西北。(126)馬牧　即原先他所在的山東茌平的養馬場。(127)樂平　晉縣名，縣治即今山西昔陽。(128)繁劇　繁重複雜的事務。一般指難以治理的政區。(129)其從母依之　他的姨母前往他的官府投靠。(130)不以王法貸人　意即你若在我手下為吏，日後犯了罪我是不會寬饒的。貸，饒恕；寬免。(131)將無後悔邪　日後你不會後悔嗎。(132)杖節斬之　手握朝廷所賜之「節」，將其姨母兄弟處死。仗節，表示這是按王命行事。(133)胡部大　匈奴部落的頭領。匈奴人稱其部落頭領叫「部大」。(134)壁于上黨　駐紮在上黨郡。上黨郡治在今山西潞城東北。(135)劉單于　指劉淵。(136)部落　部下；部屬。(137)賞募　被花錢收買。(138)都督部大　一個地區的各「部大」的首領。(139)以統之　指統率張訇督等人的各個部落。(140)張伏利度　烏桓部落的首領，姓張，名伏利度。(141)樂平　晉郡名，郡治沾縣，在今山西昔陽西南。(142)因會　趁聚會的時刻。(143)戊申朔　十一月丁未朔，非戊申。此處恐記載有誤。(144)甲寅　十一月初八。(145)和郁　晉初名臣和嶠之弟，以精幹著稱。附傳見《晉書》卷四十五。(146)乙亥　十一月二十九。(147)方伯　一方的諸侯之長，當時指都督、刺史等方面大員。(148)江漢之固　長江、漢水為荊州的屏障。(149)負海之險　有背靠大海的險要形勢。(150)足以為三窟矣　《戰國策・齊策》：馮諼謂孟嘗君曰：「狡兔有三窟，僅得免其死耳。」此言其王氏家族的勢力日後不會再有危險了。(151)至鎮　即到達荊州都督的軍府，在今湖北襄樊。(152)十二月戊寅　十二月初二。(153)乞活　由山西集體逃荒到冀州找食物吃的東燕王司馬騰的亂兵。田甄、田蘭等都是并州的州將。(154)樂陵　晉縣名，縣治在今山東樂陵東南三十里。(155)甲午　十二月十八。(156)庚子　十二月二十四。(157)魏武以之創業　曹操以兗州作為根據地創業的事，見本書卷六十、六十一。(158)厚其名號　提高他的名位。(159)自牧兗州　自己任兗州刺史。牧，這裡用如動詞，管理；擔任。(160)經緯諸夏　治理全國。(161)藩衛本朝　捍衛朝廷。(162)為之於未亂　即通常所謂「防患未然」、「未雨綢繆」。(163)癸卯　十二月二十七。(164)嚴刻　嚴酷苛刻。(165)頓丘　晉郡名，郡治在今河南清豐西。(166)為流民所逼　言太守魏植被逼與流民一道抄掠兗州。(167)無鹽　晉縣名，縣治在今山東東平東二十里。(168)陽平　晉郡名，郡治元城，在今河北大名東北。(169)力制奔牛　有制服奔牛之力。(170)走及奔馬　其奔跑的速度能追上奔馬。及，追上。(171)莫能舉　不能被當地政府舉薦為官吏。(172)何當亂也　什麼時候能有個天下大亂呢。(173)趙魏　指戰國時趙國所轄的今河北南部及魏國所轄的今河南東部一帶地區。(174)李釗　前寧州刺史李毅之子。(175)寧州　州治滇池，今雲南晉寧東北。(176)治中　治中從事史的省稱，州刺史的重要僚佐。(177)求刺史　求朝廷迅速任命刺史，因寧州正被夷人所攻，形勢極度危急。(178)不見省　不被朝廷所接見。省，接見；過問。(179)君亡親喪　長官李毅病死，自己的父母餓死。(180)幽閉窮城　指寧州至今被夷人所圍困。窮城，窮途末路的孤城。(181)萬里訴哀　言自己從滇池跑到洛陽向朝廷求告。(182)魏興　晉郡名，郡治興晉，在今湖北白河縣北，當時屬荊州。(183)仍詔交州　於是給交州刺史下令。仍，意思同「乃」，於是；隨即。交州的州治龍編，在今越南河內東北。(184)吾彥　人名，姓吾名彥。(185)慕容廆　鮮卑族的頭領，慕容儁與慕容垂的祖父，當時活動在今遼寧西部、內蒙古東南部一帶地區。傳見《晉書》卷一百八。(186)拓跋祿官　鮮卑族索頭部落的首領，後被諡為昭帝。(187)猗盧　拓跋猗盧，後被諡為穆帝。傳見《魏書》卷一。(188)總攝三部　成為鮮卑索頭部落三個支派的總管。按，拓跋祿官此前曾分其所屬為三部，事見本書卷八十二元康五年。

【校　記】[1]王彌　據張敦仁《通鑑刊本識誤》，此二字上當有「東萊」二字。[2]因　原無此字。據章鈺校，甲十一行本、乙十一行本、孔天胤本皆有此字，今據補。[3]疑之　二字原互乙。據章鈺校，甲十一行本、乙十一行本、孔天胤本皆作「疑之」，張瑛《通鑑校勘記》同，今據改。[4]揮　據章鈺校，甲十一行本、乙十一行本、孔天胤本皆作「麾」。按，二字通。[5]親　原作「觀」。據章鈺校，甲十一行本、乙十一行本皆作「親」，張敦仁《通鑑刊本識誤》同，今據改。[6]四州　原無此二字。據章鈺校，甲十一行本、乙十一行本、孔天胤本皆有此二字，張敦仁《通鑑刊本識誤》同，今據補。[7]討　據章鈺校，甲十一行本、乙十一行本、孔天胤本皆作「掃」，張敦仁《通鑑刊本識誤》同。[8]等　原無此字。據章鈺校，甲十一行本、乙十一行本、孔天胤本皆有此字，張敦仁《通鑑刊本識誤》同，今據補。[9]軍　據張敦仁《通鑑刊本識誤》，此字下當有「諮」字。[10]屢　據章鈺校，甲十一行本、乙十一行本皆作「累」。

【語　譯】孝懷皇帝上

永嘉元年（丁卯　西元三〇七年）

春季，正月初二日癸丑，朝廷宣布大赦，改年號為「永嘉」。

擔任吏部郎的周穆，是太傅司馬越姑姑的兒子，周穆和他妹夫御史中丞諸葛玫勸說司馬越說：「當今的皇帝司馬熾之所以能成為太弟，完全是張方的主意。清河王司馬覃本來就是太子，你應該立司馬覃為皇帝。」司馬越不答應。周穆、諸葛玫又一再進言，司馬越大怒，就將他們二人殺死了。

二月，王彌搶掠青州、徐州，自稱征東大將軍，他們殺死俸祿在二千石的太守、郡尉一級的官吏。太傅司馬越任命擔任公車令的東萊人鞠羨為東萊郡太守，讓他率兵討伐王彌，王彌率軍攻打鞠羨，又把鞠羨殺死。

佔領江東的陳敏，司法行政雜亂無章，英雄豪俊都不願歸附他。陳敏的子弟兇殘暴虐，走到哪裡就成為哪裡的禍害。被陳敏任命為丹陽郡太守的顧榮和安豐郡太守周玘等人對此很感憂慮。擔任廬江內史的華譚寫信給顧榮等說：「陳敏盤踞在江東的吳郡、會稽郡，其生命力就像早晨的露珠一樣，轉眼就乾，長久不了。你們當中，有人曾經擔任過朝廷所任命的某郡的太守，有人曾經是朝廷皇帝的近臣，而現在竟然辱沒自己做了賊人陳敏手下的官吏，失去節操成為叛逆的黨羽，難道不感到羞恥嗎！吳國武烈皇帝孫堅和他的兒子孫策、孫權都是憑藉自己英雄豪傑的雄才大略，才得以繼承大業、雄踞江東。如今的陳敏僅憑他的兇暴、狡猾，七個弟弟的愚蠢、庸劣，就企圖追蹤、仿效孫策開國創業的豪邁行為，遵循大帝孫權當年那種別人難以企及的行動，即使他想超過你們諸位，那也是不能令人同意的。惠帝司馬衷從長安返回京師洛陽以後，俊傑英才充滿朝廷，勢必發動朝廷的軍隊，掃清陳敏所盤踞的江東地區，到那時你們這些俊傑賢才有何面目再見中原人士呢！」顧榮等人其實早有除掉陳敏的想法，等到他們收到華譚的書信，都感到非常慚愧，就祕密派遣使者報告征東大將軍劉準，讓他率兵向南逼近長江岸邊，自己願意作內應，還剪下自己的一綹頭髮作為信物。劉準派遣揚州刺史劉機等人由歷陽縣出兵去討伐陳敏。

陳敏派他的弟弟廣武將軍陳昶率領幾萬軍隊駐紮在烏江口，歷陽郡太守陳宏屯兵牛渚渡口。陳敏的弟弟陳處知道顧榮等已有背叛之心，就勸說陳敏殺掉顧榮等人，陳敏沒有聽從陳處的勸告。

陳昶的司馬錢廣，和周玘是同郡人。周玘讓錢廣祕密殺死陳昶，接著宣稱揚州刺史劉機已經殺死了陳敏，誰敢違抗就誅滅他的三族。錢廣把軍隊布署在朱雀橋南，陳敏派遣甘卓討伐錢廣，陳敏把堅固的鎧甲和銳利的武器全部撥給了甘卓。顧榮擔心陳敏懷疑自己，就故意來到陳敏身邊。陳敏對顧榮說：「你應當四處走走安定人心，以保衛建業城，怎麼到我身邊來了？」顧榮這才出來，與周玘一起策反甘卓，他們對甘卓說：「如果江東的事情有成功的希望，我們應當共同輔佐陳敏建立功業。然而你看看當前的這種形勢，陳敏有成就大業的希望嗎？陳敏不過是一般人的才智，政令又反覆無常，沒有一定的行動計畫，他的子弟又都驕傲自負，失敗是肯定的。而我們這些人安安穩穩地坐在這裡享受他的高官俸祿，等到事情失敗之時，讓朝廷雲集長江西岸的各路人馬把我們的人頭裝在匣子裡送到洛陽，匣子上寫著『逆賊顧榮、甘卓之首』，這可是千秋萬載的恥辱。」甘卓於是便謊稱有病，從陳敏那裡接回自己的女兒，然後截斷朱雀橋，將船隻全部停靠在秦淮河南岸，與周玘、顧榮以及曾經擔任過松滋侯國宰相的丹楊人紀瞻共同攻擊陳敏。

陳敏親自率領一萬多人討伐甘卓，甘卓的軍隊隔著秦淮河對陳敏的軍隊喊話說：「你們竭力為陳敏效力，完全是為了丹楊郡太守顧榮、安豐郡太守周玘罷了。現在的形勢已經變了，你們還跟著陳敏做什麼呢？」陳敏的部眾正在猶豫不決，顧榮揮動手中的白羽毛扇子，示意他們逃走，陳敏的部下立即全都散去。陳敏一個人騎著馬向北逃走，逃到江乘縣渡口被人抓獲，陳敏歎息著說：「是眾人害了我，以致落到今天的下場！」陳敏對他的弟弟陳處說：「是我對不起你，不是你辜負了我！」於是在建業將陳敏斬首，滅了陳敏三族，這時會稽等郡也都分頭動手殺死了陳敏的諸位兄弟。

當時，平東將軍周馥代替劉準鎮守壽春。三月己未朔，周馥把陳敏的人頭用驛車送到京師洛陽。晉懷帝司馬熾下詔徵召顧榮為侍中，紀瞻為尚書郎。太傅司馬越徵聘周玘為參軍，陸玩為掾。陸玩，是陸機的堂兄弟。顧榮等人到達徐州，聽說北方更加混亂，便猶豫不前。司馬越在寫給徐州刺史裴盾的書信中說：「如果顧榮等人左右觀望，停滯不前，就把他們用武裝押解到京城。」顧榮等人害怕，就逃回了故鄉。裴盾，是裴楷的姪子，是司馬越王妃的哥哥。

西陽縣的少數民族搶掠江夏郡，江夏郡太守楊珉讓督將商議對策。將領們都爭相獻計獻策，唯獨擔任騎督的朱伺一言未發。楊珉問他說：「朱將軍為什麼不說話呢？」朱伺回答說：「這些人是用舌頭攻擊賊寇，我是憑力氣攻擊賊寇。」楊珉又問他：「將軍前前後後多次攻擊賊寇，憑藉什麼而保持常勝不敗呢？」朱伺回答說：「兩軍對壘，只有忍耐。對方不能忍耐，而我能夠忍耐，所以我能夠戰勝他們。」楊珉非常讚賞他的說法。

晉懷帝司馬熾下詔追復太后楊芷的尊號。三月十七日丁卯，改葬楊太后，給楊太后的謚號為「武悼」。三月二十日庚午，立清河王司馬覃的弟弟豫章王司馬詮為皇太子。二十一日辛未，實行大赦。

晉懷帝親自處理朝政，留心各種政務。太傅司馬越因此很不高興，就堅決請求離開朝廷到自己的封地上去做都督刺史。三月三十日庚辰，司馬越離開京師洛陽去鎮守許昌。

晉懷帝任命高密王司馬略為征南大將軍，統管荊州各種軍務，鎮守襄陽；任命南陽王司馬模為征西大將軍，統管秦州、雍州、梁州、益州四州諸軍務，鎮守長安；任命東燕王司馬騰為新蔡王，統管司州、冀州兩州諸軍事，仍舊鎮守鄴城。

公師藩死後，汲桑便逃回山東茌平縣的牧馬場，他重新聚集人馬在郡縣搶掠，自稱大將軍，揚言要為成都王司馬穎報仇。他任命石勒為前鋒，石勒所向披靡，攻無不克。汲桑委任石勒為討虜將軍，隨即率軍進攻鄴城。當時鄴城府庫空虛、財物枯竭，而新蔡武哀王司馬騰家中的財產非常多。司馬騰生性吝嗇，對部下軍民從來不給任何救濟，等到汲桑大軍壓境、情況已經非常緊急時，才賞賜給將士們每人幾升米，一丈來的布，所以手下的將士都不願意為他效命。夏季，五月，汲桑把魏郡太守馮嵩打得大敗，而後長驅直入鄴城。司馬騰騎馬出逃，被汲桑手下的將領李豐殺死。汲桑挖出成都王司馬穎的棺木，把棺木裝載到車子上，每件事情都先對著司馬穎的棺木稟告後，再開始行動。汲桑隨後放火焚燒毀了鄴城的宮殿，大火一連燃燒了十幾天，殺死的官吏和百姓有一萬多人，縱人大肆搶掠了一番之後才離去。汲桑從延津渡過黃河，向南進攻兗州。太傅司馬越非常恐懼，他派遣苟晞和將軍王讚等率領軍隊討伐汲桑。

秦州流民鄧定、訇氐等人盤據在成固縣，他們經常到漢中騷擾、搶掠。梁州刺史張殷派遣巴西郡太守張燕率兵討伐鄧定等人。鄧定等人因為飢餓窘迫，就向張燕詐降，又賄賂了張燕，張燕為此放緩進攻鄧定。鄧定祕密派遣訇氐去向大成國皇帝李雄求取救兵。大成國皇帝李雄派遣太尉李離、司徒李雲、司空李璜率領二萬軍隊援救鄧定，與張燕大戰，把張燕打得大敗，梁州刺史張殷和漢中郡太守杜孟治棄城逃走。李離等率軍在此停留了十多天後才率軍撤回，他們強迫漢中郡的百姓全部遷移到蜀地居住。漢中郡人句方、白落率領殘留下來的官吏百姓回到南鄭固守。

石勒與苟晞等在平原郡、陽平郡之間相持了數月，大小經過了三十多次戰鬥，互有勝負。秋季，七月初一日己酉，太傅司馬越屯兵官渡，作為苟晞的聲援部隊。

七月十一日己未，朝廷任命琅邪王司馬睿為安東將軍、都督楊州·江南諸軍事、假節，鎮守建業。

八月初一日己卯，苟晞在東武陽縣攻擊汲桑，將汲桑打得大敗。汲桑撤到清淵縣固守。○晉國把荊州、江州的衡陽、長沙、湘東、零陵、邵陽、營陽、建昌和桂陽八個郡劃分出來，設置為湘州，州治設在長沙。

九月初一日戊申，琅邪王司馬睿到達建業。司馬睿任用安東司馬王導為主要謀士，司馬睿對王導推心置腹，非常親近信任，每件事情都向王導諮詢、請教。司馬睿的名望、聲價一向不高，吳人都不肯歸附他，司馬睿在建業待了很久，也沒有士大夫前來求見、投靠，王導感到非常憂慮。碰巧司馬睿要出去觀看舉行消除不祥的祭祀，王導就讓司馬睿乘坐著兩人抬的軟轎，使用全部的儀仗，王導與中原來的那些知名人士都騎著馬跟隨在司馬睿的軟轎之後。紀瞻、顧榮等看見後感到非常驚異，便紛紛在道路左側參拜司馬睿。王導趁機對司馬睿說：「顧榮、賀循等人，是這個地區最有聲望的人物，應當請出他們，以凝聚民心。如果他們兩人來了，就沒有人不來了。」司馬睿就派王導親自到賀循、顧榮家中拜訪，二人都應命而至。司馬睿任命賀循為吳國內史，顧榮為軍司，兼任散騎常侍，凡是都督府和揚州刺史府中的一切事務，都與他們商議。又任命紀瞻為軍祭酒，任命卞壺為從事中郎，任命周玘為倉曹掾，任命琅邪人劉超為舍人，張闓和魯國人孔衍為參軍。卞壺，是卞粹的兒子；張闓，是張昭的曾孫。王導勸說司馬睿說：「結交賢士要謙虛恭敬，節儉開支就會使經費充足，政治措施應該採取清靜無為，對於江東的本地人和剛從中原渡江過來的人都要進行安撫。」司馬睿採納了王導的建議，所以江東人全都從內心擁護司馬睿。司馬睿剛到江東的時候，常常因為飲酒而耽誤了政務，王導對此提出意見。於是司馬睿命人斟滿酒，然後端起酒杯把酒潑在地上，從此司馬睿不再飲酒。

苟晞率軍追擊汲桑，連續攻破了汲桑的八個營壘，汲桑損失了上萬人。汲桑與石勒召集起殘兵敗將，準備投奔漢王劉淵。擔任冀州刺史的譙國人丁紹在赤橋截擊汲桑，又把汲桑打得大敗。汲桑於是逃回了原先他所在的山東茌平縣的養馬場，石勒逃奔到樂平縣。太傅司馬越班師回到許昌後，擢升苟晞為撫軍將軍、都督青州、兗州諸軍事，任命丁紹為寧北將軍、監冀州諸軍事，全都假節。

苟晞屢次攻破強大的賊寇，威名遠揚，他很善於治理繁重複雜的事務，執法嚴峻。他的姨母前來投靠他，苟晞對姨母非常的孝敬。姨母的兒子向他請求擔任將領，苟晞不答應，說：「我從來不因為私情而枉法，日後你不會感到後悔嗎？」姨母的兒子堅決請求苟晞讓他擔任將軍，苟晞就任命他為督護。後來姨母的兒子犯了法，苟晞手握朝廷所賜的符節將他斬首，姨母給苟晞磕頭為兒子求情，苟晞不准。苟晞將姨母的兒子殺死後，就換上素服哭祭，他說：「殺死你的人是兗州刺史苟晞，哭祭弟弟的人是苟道將啊！」

匈奴部落頭領張訇督、馮莫突等人擁有幾千人，駐紮在上黨郡。石勒前去投奔了他們，石勒趁機勸說張訇督等人說：「劉淵大單于率領軍隊攻打晉國，首領拒絕聽從他的指揮，你們自己考慮考慮，你們最終能夠獨立嗎？」張訇督等都說：「不能。」石勒又說：「既然如此，你們為什麼不及早有所歸屬呢？如今你們的部下都已經被劉淵大單于花錢收買了，他們往往聚集在一起私下商議，準備背叛你們而歸附劉淵大單于了。」張訇督等人認為石勒說得有道理。冬季，十月，張訇督等人跟隨石勒單人匹馬投奔漢王劉淵，漢王劉淵封張訇督為親漢王，封馮莫突為都督部大，任命石勒為輔漢將軍、平晉王，統領張訇督等各匈奴部落。

烏桓部落首領張伏利度擁有二千人馬，駐紮在樂平郡。劉淵屢次徵召他，張伏利度都不肯前往。石勒就假裝得罪了劉淵，前去投奔張伏利度。張伏利度非常高興，便與石勒結拜為異姓兄弟，他讓石勒率領諸胡人到處攻殺劫掠，所向無敵，諸胡人全都敬畏石勒，願意聽從石勒的調遣。石勒知道諸胡人全都真心擁戴自己，就趁聚會的時候逮捕了張伏利度，石勒對諸胡人說：「如今我們要創立大業，我與張伏利度誰更能勝任首領呢？」諸胡人全都擁戴石勒。石勒於是釋放了張伏利度，然後率領諸胡人回歸漢王劉淵。劉淵擢升石勒為都督山東征討諸軍事，又將張伏利度的舊部劃歸石勒統領。

十一月戊申朔，發生日蝕。○初八日甲寅，晉國朝廷任命尚書右僕射和郁為征北將軍，鎮守鄴城。

十一月二十九日乙亥，任命王衍為司徒。王衍勸說太傅司馬越說：「朝廷遇到危急動亂的時候，就要依靠鎮守一方的都督、刺史等地方大員，所以應當選拔那些文武兼備的人來擔任都督、刺史。」於是王衍任命自己的弟弟王澄為荊州都督，任命自己的堂弟王敦為青州刺史。王衍對他們說：「荊州有長江、漢水作為屏障，青州有背靠大海的險要形勢。你們二人在外各自鎮守一方，而我在朝廷擔任要職，完全可以作為三窟了。」王澄到達荊州都督任所之後，就任命郭舒為別駕，把軍府中各種事務全部委託郭舒辦理。王澄自己則日夜開懷暢飲，不理政務，即使是賊寇騷擾、形勢緊急，他也不放在心上。郭舒經常懇切地進行勸諫，提醒他應當愛護人民，訓養軍隊，保護荊州境內的平安，王澄置之不理。

十二月初二日戊寅，由山西集體逃荒來到冀州找食物吃的東燕王司馬騰的亂兵田甄、田蘭、薄盛等率眾起事，聲稱為新蔡王司馬騰報仇，他們在樂陵縣殺死了汲桑，把成都王司馬穎的棺木拋棄在枯井之中，司馬穎的舊臣把司馬穎的棺木撈上來重新安葬。

十二月十八日甲午，朝廷任命前太傅劉寔為太尉。劉寔以自己年老為由堅決推辭，朝廷就是不批准。二十四日庚子，任命光祿大夫高光為尚書令。

前任北軍中候呂雍、度支校尉陳顏等人密謀立清河王司馬覃為太子，事情被發覺，太傅司馬越假傳聖旨把司馬覃囚禁到金墉城。

當初，太傅司馬越與兗州刺史苟晞親密友善，互相拜見對方的母親，結為異姓兄弟。在司馬越手下擔任司馬的潘滔對司馬越說：「兗州地處要衝，魏武帝曹操憑藉兗州創立了大業。苟晞一向胸懷大志，不是忠貞不二的大臣，如果讓他長期佔據那裡，恐怕會成為心腹大患。不如把他調到青州任職，提高他的名位，苟晞必定很高興。您自己擔任兗州刺史，規劃治理全國，像屏障一樣捍衛朝廷，這就是所說的防患於未然。」司馬越認為他說得對。十二月二十七日癸卯，司馬越自任丞相，兼領兗州牧，都督兗州、豫州、司州、冀州、幽州、并州諸軍事。任命苟晞為征東大將軍、開府儀同三司，加封侍中、假節、都督青州諸軍事，兼任青州刺史，還封苟晞為東平郡公。司馬越、苟晞之間因為此事而產生了隔閡。

苟晞到達青州，以嚴酷苛刻樹立威嚴，每天都要行刑殺人，青州人都稱他是「屠伯」。頓丘郡太守魏植被流民脅迫，聚集部眾五六萬人，到兗州大肆劫掠。苟晞率軍屯紮在無鹽縣以討伐魏植。苟晞任命自己的弟弟苟純兼任青州刺史，苟純更加殘暴，刑戮超過苟晞。苟晞討伐魏植，將魏植打敗。

當初，陽平郡人劉靈年少的時候家境貧寒，地位卑賤，然而力大無比，能夠制服奔跑的牛，奔跑的速度能夠追上狂奔的馬。當時的人們雖然認為他很不一般，但是卻沒有人舉薦他。劉靈撫摸著胸膛歎息著說：「老天爺啊！什麼時候能有個天下大亂呢？」等到公師藩起兵的時候，劉靈便自為將軍，聚眾劫掠戰國時期趙國、魏國一帶地區。恰遇王彌被苟純打敗，劉靈自己也被王讚打敗，於是王彌、劉靈二人便都派使者投降了漢王劉淵。漢王劉淵任命王彌為鎮東大將軍、青、徐二州牧，統領沿海地區各種軍事，並封王彌為東萊公，任命劉靈為平北將軍。

寧州刺史李毅的兒子李釗來到寧州，寧州人就擁戴李釗暫時代理寧州刺史的職務。擔任治中從事史的毛孟前往京師洛陽，請求朝廷迅速任命寧州刺史，雖然他屢次上奏，卻不被朝廷所接見。毛孟說：「刺史李毅已經病死，我的父母也被餓死，我們被圍困在一座窮途末路的孤城之中，不遠萬里從滇池跑到洛陽向朝廷訴說苦衷，然而我的精誠卻感動不了朝廷，我活著還不如死了！」毛孟就想自殺。朝廷憐憫他，派魏興郡太守王遜為寧州刺史，晉懷帝於是下詔讓交州刺史吾彥出兵前去救援李釗。交州刺史吾彥派遣自己的兒子吾咨率領軍隊前往寧州救援李釗。

慕容廆自稱鮮卑大單于。〇鮮卑族索頭部落的頭領拓跋祿官去世，他的弟弟拓跋猗盧成為鮮卑索頭部落三個支派的總管，與鮮卑大單于慕容廆互通友好。

二年（戊辰　西元三〇八年）

春，正月丙午朔，日有食之。〇丁未[1]，大赦。〇漢王淵遣撫軍將軍聰等十將南據太行❷，輔漢將軍石勒等十將東下趙、魏。

二月辛卯❸，太傅越殺清河王覃❹。〇庚子❺，石勒寇常山❻，王浚擊破之。

涼州刺史張軌病風❼，口不能言，使其子茂攝州事❽。隴西內史❾晉昌張越❿，涼州大族，欲逐軌而代之，與其兄酒泉太守鎮及西平⓫太守曹祛謀遣使詣長安告南陽王模，稱軌廢疾⓬，請以秦州⓭刺史賈龕代之。龕將受之，其兄讓龕⓮曰：「張涼州⓯一時名士，威著西州，汝何德以代之？」龕乃止。鎮、祛上疏，更請刺史，未報⓰，遂移檄⓱廢軌，以軍司杜耽攝州事，使耽表越為刺史⓲。

軌下教⓳，欲避位，歸老宜陽⓴。長史王融、參軍孟暢蹋折鎮檄㉑，排閤㉒入言曰：「晉室多故，明公撫寧西夏㉓，張鎮兄弟敢肆凶逆，當鳴鼓誅之！」遂出，戒嚴㉔。會軌長子寔自京師還，乃以寔為中督護，將兵討鎮。遣鎮甥太府主簿㉕令狐亞先往說鎮，為陳利害。鎮流涕曰：「人誤我㉖！」乃詣寔歸罪。寔南擊曹祛，走之。

朝廷得鎮、祛疏，以侍中袁瑜為涼州刺史。治中楊澹馳詣長安，割耳盤上㉗，訴軌之被誣。南陽王模表請停瑜㉘，武威太守張琠亦上表留軌。詔依模所表，且命誅曹祛。軌於是命寔帥步騎三萬討祛，斬之。張越奔鄴，涼州乃定。

三月，太傅越自許昌徙鎮鄄城㉙。

王彌收集亡散，兵復大振，分遣諸將攻掠青、徐、兗、豫四州，所過攻陷郡縣，多殺守令，有眾數萬。苟晞與之連戰，不能克。夏，四月丁亥㉚，彌入許昌。

太傅越遣司馬王斌帥甲士五千人入衛京師，張軌亦遣督護北宮純㉛將兵衛京師。五月，彌入自轘轅㉜，敗官軍于伊北㉝，京師大震，宮城門晝閉。壬戌㉞，彌至洛陽，屯于津陽門㉟。詔以王衍都督征討諸軍事。甲子㊱，衍與王斌等出戰[1]。北宮純募勇士百餘人突陳，彌兵大敗。乙丑㊲，彌燒建春門㊳而東。衍遣左衛將軍王秉追之，戰于七里澗㊴，又敗之。

彌走渡河㊵，與王桑自軹關㊶如平陽㊷。漢王淵遣侍中兼御史大夫郊迎㊸，令曰：「孤親行將軍之館㊹，拂席洗爵㊺，敬待將軍。」及至，拜司隸校尉，加侍中、特進。以桑為散騎侍郎。

北宮純等與漢劉聰戰於河東㊻，敗之。

詔封張軌西平郡公，軌辭不受。時㊼州郡之使，莫有至者，軌獨遣使貢獻㊽，歲時不絕㊾。

秋，七月甲辰㊿，漢王淵寇平陽，太守宋抽棄郡走，河東太守路述戰死。淵徙都蒲子[51]。上郡[52]鮮卑陸逐延、氐酋單徵並降於漢。

八月丁亥[53]，太傅越自鄄城徙屯濮陽[54]。未幾[55]，又徙屯滎陽[56]。

九月，漢王彌、石勒寇鄴，和郁棄城走[57]。詔豫州刺史裴憲屯白馬[58]以拒彌，車騎將軍王堪屯東燕[59]以拒勒，平北將軍曹武屯大陽[60]以備蒲子。憲，楷之子也。

冬，十月甲戌[61]，漢王淵即皇帝位，大赦，改元永鳳[62]。十一月，以其子和為大將軍，聰為車騎大將軍，族子曜為龍驤大將軍。

壬寅[63]，并州刺史劉琨使上黨太守劉惇帥鮮卑攻壺關[64]，漢鎮東將軍綦毋達[65]戰敗亡歸。

丙午[66]，漢都督中外諸軍事、大司馬[2]、領丞相、右賢王宣[67]卒。

石勒、劉靈帥眾三萬寇魏郡[68]、汲郡[69]、頓丘，百姓望風降附者五十餘壘[70]，皆假[71]壘主將軍、都尉印綬，簡[72]其彊壯五萬為軍士，老弱安堵如故[73]。己酉[74]，勒執魏郡太守王粹于三臺[75]，殺之。

十二月辛未朔，大赦。

乙亥[76]，漢主淵以大將軍和為大司馬，封梁王；尚書令歡樂[77]為大司徒，封陳留王；后父御史大夫呼延翼為大司空，封鴈門郡公。宗室以親疏悉封郡縣王，異姓以功伐[78]悉封郡縣公侯。

成尚書令楊褒卒。褒好直言，成主雄初得蜀，用度不足，諸將有以獻金銀得官者。褒諫曰：「陛下設官爵，當網羅天下英豪，何有以官買金[79]邪？」雄謝之。雄嘗醉，推中書令杖太官令[80]。褒進曰：「天子穆穆[81]，諸侯皇皇[82]，安有天子而為酗[83]也！」雄慚而止。

成平寇將軍李鳳屯晉壽[84]，屢寇漢中，漢中民東走荊沔[85]。詔以張光為梁州刺史。荊州寇盜不禁，詔起[86]劉璠為順陽內史[87]，江、漢間翕然歸之[88]。

【章　旨】以上為第四段，寫懷帝永嘉二年（西元三〇八年）一年間的大事，主要寫了匈奴劉淵派其部將劉聰、石勒、劉靈等東攻魏、趙，大破晉兵；寫了王彌收合亡散，兵復大振，分攻青、徐、兗、豫等州，乃至攻入許昌、又圍攻洛陽，後被張軌派出的勤王軍所打敗；寫了劉淵進攻平陽、河東諸郡，遷都蒲子，即皇帝位，周邊少數民族多歸之；寫了涼州刺史張軌中風，其屬下張越、張鎮、曹祛等欲逐張軌而代之，結果被張軌與其子張寔所討平；寫了成都的李雄不斷入侵漢中，以及荊州境內的寇盜不禁，朝廷詔起劉弘之子劉璠為順陽內史，「江、漢間翕然歸之」等等。

【注　釋】❶丁未　正月初二。❷南據太行　向南佔據太行山的各個要塞。太行山蜿蜒在今山西、河北與河南的交界處。這裡指山西東南部的壺關、晉城一帶。❸二月辛卯　二月十六。❹殺清河王覃　司馬覃是司馬遐之子，惠帝司馬衷的親姪子。因惠帝的子孫早已被人殺光，故過繼司馬覃為皇太子。在已往的幾年裡，司馬覃被幾立幾廢，今被殺時年僅十四歲。❺庚子　二月二十五。❻常山　晉郡名，郡治真定，在今河北正定南。❼病風　中風癱瘓。❽攝州事　代理主持涼州刺史的政務。❾隴

西內史　隴西國的內史。隴西是諸侯國名，都城在今甘肅隴西東南。內史在諸侯國主管民政。⑩晉昌張越　晉昌郡人張越。晉昌郡的郡治在今甘肅安西縣東南。⑪西平　晉郡名，郡治即今青海西寧。⑫廢疾　即癱瘓。也指不能再治好的病。⑬秦州　州治即今甘肅天水。⑭讓龕　責備賈龕。⑮張涼州　敬稱張軌。⑯未報　朝廷沒有回音。⑰移檄　向所屬各郡縣發布通告。⑱表越為刺史　上書推薦張越為刺史。⑲下教　給所屬諸郡發布命令。教，文體的一種，指王公大臣以及方面大吏給僚屬們所下的諭令。⑳歸老宜陽　辭職回歸自己的老家宜陽縣。當時的宜陽縣治在今河南宜陽西五十里。㉑蹋折鎮檄　踏碎了張鎮所發的通告。因當時的文告都是寫在板子上，故看了生氣的人就將板子摔在地上用腳踹。㉒排閤　推開房門。閤，內室的門。㉓撫寧西夏　保障西部中國的安寧。西夏，指今河西一帶地區。㉔戒嚴　召集軍隊集合。㉕太府主簿　張軌都督府的大吏，諸文祕人員之長。太府，指都督府，刺史府則稱少府。㉖人誤我　他們哄騙了我，我上了他們的當。㉗割耳盤上　以此表示自己的忠實懇切。㉘停瑜　撤銷對袁瑜的任命。㉙鄄城　晉縣名，縣治在今山東鄄城北之舊城。㉚四月丁亥　四月十三。㉛北宮純　姓北宮，名純。㉜入自轘轅　經轘轅關攻到洛陽城下。轘轅關在今河南偃師東南的轘轅山上。㉝伊北　伊水之北。伊水發源於河南盧氏南之悶頓嶺，東北流經嵩縣、伊川，在洛陽東南匯入洛水。㉞壬戌　五月十九。㉟津陽門　洛陽城南面東頭第二門。㊱甲子　五月二十一。㊲乙丑　五月二十二。㊳建春門　洛陽東城北頭的第一門。㊴七里澗　在洛陽城東七里處。㊵渡河　北渡黃河。㊶軹關　在今河南濟源西北，是豫北平原進入山西高原的要衝，為「太行八陘」的第一陘。㊷如平陽　到達平陽郡。如，往；到達。平陽郡的郡治在今山西臨汾西南。㊸郊迎　在京城的郊外等候迎接。劉淵當時的京城是黎亭，即今山西壺關縣。㊹親行將軍之館　親自去看了你將要下榻的館舍。行，檢查；視察。㊺拂席洗爵　給你打掃了座席，洗涮了杯盤。㊻河東　晉郡名，郡治安邑，在今山西夏縣西北。㊼時　指京都洛陽危急的這幾年的時間裡。㊽貢獻　給朝廷進貢禮品。㊾歲時不絕　指按年、按季，從不間斷。㊿七月甲辰　七月初二。(51)蒲子　晉縣名，縣治即今山西隰縣。(52)上郡　郡治膚施，在今陝西榆林東南。(53)八月丁亥　八月十五。(54)濮陽　封國名，都城在今河南濮陽西南。(55)未幾　不久。(56)滎陽　晉縣名，縣治即今河南滎陽東北的古滎鎮。(57)和郁棄城走　時和郁為征北將軍，鎮守鄴城。(58)白馬　晉縣名，縣治在今河南滑縣東。(59)東燕　晉縣名，縣治在今河南延津東北三十五里。(60)大陽　晉縣名，縣治在今山西平陸西南，河南三門峽市的北面。(61)十月甲戌　十月初三。(62)改元永鳳　在此以前是劉淵的「元熙五年」。(63)壬寅　十一月初一。(64)壺關　當時上黨郡的郡治所在地，在今山西長治北。(65)綦毋達　姓綦毋，名達。(66)丙午　十一月初五。(67)右賢王宣　劉宣，劉淵之叔。(68)魏郡　郡治鄴縣，在今河北臨漳西南。(69)汲郡　郡治在今河南衛輝西。(70)五十餘壘　五十多處防禦工事。壘，百姓自己所築的村壘。

⑦假　授予。⑦簡　挑選。⑦安堵如故　像往常一樣安居，不受騷擾。⑦己酉　十一月初八。⑦三臺　位於鄴城西北。中央銅雀臺，高十丈，稱中臺；南方金雀臺，高八丈，稱南臺；北方冰開臺，也高八丈，稱北臺。曹操建於漢獻帝建安十五年（西元二一〇年）。⑦乙亥　十二月初五。⑦尚書令歡樂　劉歡樂，劉淵之子。⑦功伐　即功勳。⑦以官買金　用官職換取金錢。⑧太官令　為帝王主管膳食的官吏。⑧穆穆　雍容平易的樣子。⑧皇皇　崇敬守禮的樣子。⑧酗　耍酒瘋；酒後逞兇。⑧晉壽　縣名，縣治葭萌，在今四川昭化東南五十里。⑧荊沔　荊州北部的沔水流域，即今湖北的漢水流域。⑧詔起　朝廷下令讓其停止服喪，出來為吏。⑧順陽內史　順陽國的內史。順陽在今河南內鄉西南。⑧江漢間翕然歸之　劉璠是前荊州刺史劉弘的兒子，荊州的百姓由於懷念劉弘，所以都來歸附劉璠。翕然，服貼的樣子。

【校　記】①甲子衍與王斌等出戰　原無此九字。據章鈺校，甲十一行本、乙十一行本、孔天胤本皆有此九字，張敦仁《通鑑刊本識誤》、張瑛《通鑑校勘記》同，今據補。②大司馬　原無此三字。據章鈺校，甲十一行本、乙十一行本、孔天胤本皆有此三字，張瑛《通鑑校勘記》同，今據補。

【語　譯】二年（戊辰　西元三〇八年）

春季，正月初一日丙午，發生日蝕。〇初二日丁未，大赦。〇漢王劉淵派遣撫軍將軍劉聰等十將率領軍隊向南佔領太行山各要塞，派遣輔漢將軍石勒等十將率領軍隊向東攻取戰國時期的趙國、魏國一帶地區。

二月十六日辛卯，太傅司馬越殺死了清河王司馬覃。〇二十五日庚子，石勒率兵劫掠常山郡，王浚率領軍隊打敗了石勒。

涼州刺史張軌中風癱瘓，口不能言語，他讓自己的兒子張茂代理主持涼州刺史的政務。擔任隴西國內史的晉昌郡人張越，是涼州的大族，他想驅逐張軌自己取而代之，就與自己的哥哥酒泉郡太守張鎮和西平郡太守曹祛密謀之後派遣使者到長安向南陽王司馬模報告，說張軌已經中風癱瘓，請求司馬模任命秦州刺史賈龕接替張軌擔任涼州刺史。賈龕準備接受司馬模的任命，賈龕的哥哥責備他說：「張軌是涼州當代的知名人士，聲威震懾涼州，你有何德何能取而代之呢？」賈龕於是沒有去涼州赴任。張鎮、曹祛只得向朝廷上疏，請求朝廷再委派涼州刺史，朝廷沒有回覆，張鎮、曹祛於是向所屬各郡縣發布通告，擅自罷免了張軌涼州刺史的職務，用擔任軍司的杜耽暫時代理涼州刺史的職務，讓杜耽上書推薦張越為涼州刺史。

張軌給所屬諸郡發布諭令，想要辭職回宜陽縣老家養老。張軌的長史王融、參軍孟暢看了張鎮、曹祛發布的通告後非常憤怒，就把寫有張鎮通告的木板摔在地上用腳踏得粉碎，他們推開房門闖進張軌的臥室，對張軌說：「晉國正處在多事之秋，您保障了中國西部的安寧，張鎮兄弟竟敢如此放肆逞兇，犯上作亂，我們就應當擂動戰鼓群起討伐他們！」他們退出張軌的臥室，便召集軍隊集合。碰巧張軌的長子張寔從京師洛陽回到涼州，王融等就擁戴張寔為中督護，率領軍隊討伐張鎮。張寔派張鎮的外甥、擔任太府主簿的令狐亞先去勸說張鎮，為張鎮分析利害關係。張鎮淚流滿面地說：「他們哄騙了我，我上了他們的當！」張鎮於是親自到張寔那裡請罪。張寔率軍向南攻打曹祛，將曹祛趕走。

朝廷接到張鎮、曹祛再次請求為涼州派遣刺史的奏疏後，便任命擔任侍中的袁瑜為涼州刺史。擔任治中的楊澹飛馬趕往長安，他為了向司馬模表示自己的忠實懇切，就把自己的耳朵割下來放在盤子裡送給司馬模，向司馬模訴說張軌被誣陷的情況。南陽王司馬模於是上表請求朝廷撤銷對袁瑜的任命，武威太守張琠也上表請求讓張軌繼續留任。晉懷帝司馬熾就按照司馬模所上奏章的內容下了一道詔書，而且下令誅殺曹祛。張軌接到朝廷的詔書後就命令張寔率領三萬步兵、騎兵討伐曹祛，把曹祛殺死。張越逃奔鄴城，涼州於是平定下來。

三月，太傅司馬越將大本營從許昌遷移到鄄城縣。

王彌召集起逃亡潰散的殘兵敗將，兵威又振作起來，派遣將領分別進攻、劫掠青州、徐州、兗州、豫州，所到之處，攻陷郡縣，殺死郡守縣令，部眾很快發展到了幾萬人。苟晞與他們一連幾次交戰，都不能取勝。夏季，四月十三日丁亥，王彌攻入了許昌。

太傅司馬越派遣手下司馬王斌率領五千名全副武裝的士兵趕往洛陽保衛京師，涼州刺史張軌也派遣擔任督護的北宮純率軍前來保衛京師。五月，王彌的軍隊經轘轅關攻到洛陽城下，在伊水以北打敗了朝廷的軍隊，京師洛陽為之震動，就連京城內的皇宮大白天也是宮門緊閉。十九日壬戌，王彌到達洛陽，他把軍隊屯紮在洛陽城的津陽門。晉懷帝趕緊下詔，任命王衍統領征討諸軍事。二十一日甲子，王衍與王斌等出戰。北宮純招募了一百多名勇士，衝入王彌的軍陣，王彌的軍隊大敗。二十二日乙丑，王彌燒毀了洛陽城的建春門後向東逃竄。王衍派遣左衛將軍王秉追擊王彌，在洛陽城東的七里澗雙方展開大戰，再一次把王彌打敗。

王彌向北渡過黃河逃走，與王桑一起從軹關前往平陽郡。漢王劉淵派遣侍中兼御史大夫在京都黎亭的郊外等候迎接，劉淵讓他代表自己對王彌說：「我已經親自去了您要下榻的館舍，為您打掃了坐席、洗涮了杯盤，恭敬地等待將軍的到來。」王彌來到之後，漢王劉淵任命王彌為司隸校尉，加封侍中、朝會時位置僅次於三公的特進。任命王桑為散騎侍郎。

北宮純等人率領軍隊與漢劉聰的軍隊在河東郡展開大戰，把漢劉聰的軍隊打敗。

晉懷帝下詔封張軌為西平郡公，張軌辭讓，不肯接受封號。在京都洛陽最危急的這幾年時間裡，沒有一個州郡派遣使者到京師洛陽來進貢，只有張軌照常派遣使者給朝廷進獻禮品，按年、按季，從不間斷。

秋季，七月初二日甲辰，漢王劉淵攻掠平陽郡，平陽郡太守宋抽棄郡逃跑，河東郡太守路述在作戰中陣亡。漢王劉淵把都城由離石遷往蒲子縣。上郡的鮮卑人首領陸逐延、氐人首領單徵都投降了漢王劉淵。

八月十五日丁亥，太傅司馬越把他的辦公地點從鄄城遷到濮陽國。不久，又遷往滎陽縣。

九月，漢國的王彌、石勒率軍攻掠鄴城，負責鎮守鄴城的征北將軍和郁棄城逃走。晉懷帝下詔，命令豫州刺史裴憲率領軍隊駐紮在白馬縣抵禦王彌的進攻，車騎將軍王堪率軍屯紮在東燕縣抵禦石勒的進攻，平北將軍曹武率軍屯駐在大陽縣，防範漢國京師蒲子方向派出的軍隊。裴憲，是裴楷的兒子。

冬季，十月初三日甲戌，漢王劉淵即皇帝位，實行大赦，改年號為永鳳。十一月，劉淵任命他的兒子劉和為大將軍，劉聰為車騎大將軍，姪子劉曜為龍驤大將軍。

十一月初一日壬寅，并州刺史劉琨派遣上黨郡太守劉惇率領鮮卑人攻打壺關，漢國鎮東將軍綦毋達戰敗後逃回京師蒲子。

十一月初五日丙午，漢國都督中外諸軍事、大司馬、領丞相、右賢王劉宣去世。

石勒、劉靈率領三萬軍隊劫掠魏郡、汲郡、頓丘郡，百姓望風而降以及歸附的就有五十多座堡寨，石勒、劉靈對歸降的堡寨負責人全部授予將軍、都尉的印綬，並從他們當中挑選出五萬名強壯的男子補充兵員，而老弱之人仍然像往常一樣安居，不受騷擾。十一月初八日己酉，石勒在鄴城的三臺抓獲了魏郡太守王粹，把王粹殺死。

十二月初一日辛未，晉國實行大赦。

十二月初五日乙亥，漢主劉淵任命大將軍劉和為大司馬，並封劉和為梁王；任命尚書令劉歡樂為大司徒，封劉歡樂為陳留王；任命皇后的父親、御史大夫呼延翼為大司空，並封呼延翼為雁門郡公。對宗室成員按照關係親疏全部封為或郡王、或縣王，異姓人員則按照他們的功勳分別封為郡公、縣公、侯爵。

大成國的尚書令楊褒去世。楊褒喜好直言，大成主李雄最初得到蜀地時，由於費用不足，眾將領中就有人向國家貢獻金銀而得到官職。楊褒進諫說：「陛下設置官爵，應當網羅天下那些英雄豪傑，為什麼要用官職來換取金錢呢？」李雄對他道歉認錯。李雄曾經喝得酩酊大醉，他強迫中書令用杖擊打太官令。楊褒進諫說：「天子應當雍容平易，諸侯才能崇敬守禮，豈有身為天子而酒後逞兇的呢！」李雄感到非常慚愧，立即制止中書令擊打太官令。

大成國的平寇將軍李鳳率軍屯駐在晉壽縣，他屢次侵擾漢中郡，漢中郡的百姓被迫向東逃亡到荊州北部的沔水流域。晉懷帝下詔，任命張光為梁州刺史。荊州盜賊橫行，屢禁不止，晉懷帝下詔起用劉璠出來擔任順陽國的內史，長江、漢水之間的百姓聽說劉璠擔任順陽國的內史，全都服服貼貼地前來歸附他。

【研　析】本卷寫了晉惠帝永興二年（西元三〇五年）到晉懷帝永嘉二年（西元三〇八年）共四年間的西晉與前趙、成漢等國的大事，其中可議論的有以下幾點：

其一，惠帝光熙元年（西元三〇六年），「十一月己巳，夜，帝食麪中毒。庚午，崩于顯陽殿」。這件事情自然是東海王司馬越幹的，但史未明言，當時也沒有任何一位朝臣對此提出過追查兇手的話。對於這種現象，清代王夫之《讀通鑑論》發表見解說，這是因為天下人都希望晉惠帝死。並說：「惠帝死而亂猶甚、國猶亡；惠帝不死，則琅邪雖欲存一線於江東亦不可得。」他分析司馬越當時所處的形勢說：「貴戚之卿有易位之責，而越不能；養昏汶之主以速及於亡，而抑不可。顧懷帝之尚有可為，而非惠帝之死弗能立也。決出於倒行之一計而扳懷帝以立，己無私焉，故天下且如釋重負而想望圖存之機。故一時人心翕然胥為隱晦，以免越宮官之辟；後世亦存為疑案，而不推行鴆之人。夫人苟處不得已之勢而志非逆者，則天討不加，而清議不相摘發；為天下任惡，天下所矜而容之者也。」這倒也真是一件很有意思的歷史公案。

其二，本卷寫了荊州刺史劉弘之死，並寫了劉弘死後荊州地區不安寧，直到朝廷起用了劉弘的兒子劉璠為這個地區的行政官員，這個地區的人們才「翕然歸之」。劉弘在西晉的地方官員中向上接著羊祜，向下連著陶侃，在他們這個關係鏈上產生了荊湘地區一連串的歷史佳話。王夫之《讀通鑑論》滿懷感情地評價劉弘說：「晉保江東以存中國之統，劉弘之力也。弘任陶侃，誅張昌、平陳敏，而江東復為完土。侃長以其才，弘大以其量，唯弘能用侃，侃固在弘帡幪之中也。夫弘又豈徒以其量勝哉？弘無往不持以正者也。司馬越之討顒，顒假詔使弘攻越，弘不為顒攻越，亦不為越攻顒，而但移書以責其罷兵，正也，顒逆而越亦不順也。惡張方之凶悖，不得已擇於二者之閒而受越節度，亦正也；受越節度，終不北嚮以犯闕誅顒，亦正也；張光者，顒之私人，討陳敏有功，不以顒故而抑之，亦正也；天下方亂而一之以正，行乎其所當行，止乎其所當止，不為慷慨任事之容，不操偏倚委重之心，千載而下如見其嶽立海涵之氣象焉。使晉能舉國而任之，雖亂而可以不亡。惜乎其不能獨任，而弘亦早世以終也。微弘則周玘、顧榮、賀循無所憚而保其貞；微弘則陶侃無所託以盡其才；微弘則琅邪南遷，王導亦無資以立國。晉不能用弘，而弘能用晉。嗚呼，當危亂之世，鎮之以靜，慮之以密，守之以大正，而後可以為社稷之臣。」遺憾的是深受人民擁戴的劉璠後來竟被別有用心的山簡所詆毀，被調到他處，結果「南夏遂亂」。《晉書》的作者說：「父老追思弘，雖〈甘棠〉之詠召伯，無以過也。」

其三，本卷寫了奇女子李秀的動人事跡。寧州（今雲南一帶）地區連年饑荒，少數民族的五苓夷趁勢進攻寧州，圍南夷校尉李毅於州城。李毅年老多病，向朝廷請救，朝廷沒有回音。後來李毅病死，寧州的形勢更加危急的時刻，吏民擁戴李毅的女兒李秀權理州事。李秀「明達有父風」，她「獎厲戰士，嬰城固守，城中糧盡，炙鼠拔草而食之。」她「伺夷稍怠，輒出兵掩擊，破之。」就這樣，一直堅持了好幾年，直到她的哥哥李釗到達寧州，李秀這才交了班。說書唱戲，人們常提到晉朝的荀灌，而從來沒有提到過李秀，故而這裡特別予以表彰。

其四，司馬越把持政權後，起用一批老官僚，又重新起用了王衍。王衍其人早在本書卷八十二〈晉紀四〉裡介紹過，這是個身居高位，從來不理政事的傢伙，最大的嗜好就是清談《老》、《莊》。如今又被司馬越請上臺，王衍首先做的是把他的親弟弟王澄任為荊州都督，把他的堂弟王敦任為青州刺史，而後得意地說：「荊州有江、漢之固，青州有負海之險。卿二人在外而吾居中，足以為三窟矣。」看這些人身居高位，都是想的什麼？圖的什麼？簡直是一群行屍走肉！相比之下，看北方正在崛起的劉淵、石勒、慕容廆等等，一個個英姿勃勃，那才是真老虎呢！未來的天下沒法不是他們的。

卷第八十七

晉紀九

起屠維大荒落（己巳　西元三〇九年），盡重光協洽（辛未　西元三一一年），凡三年。

【題　解】本卷寫晉懷帝永嘉三年（西元三〇九年）到永嘉五年共三年間的西晉、前趙與成漢等國的大事，主要寫了司馬越入掌朝權，因誅除異己而眾叛親離，又因與苟晞爭權奪利，互動刀兵，因遭失敗而憂憤致死；寫了漢將石勒引兵追擊司馬越的喪車，破殺晉兵十餘萬，王衍、司馬範、司馬濟、司馬譫等一大批王公貴臣，通通都被殺死，並對司馬越剖棺焚屍，以及晉朝軍閥苟晞性行驕暴，被石勒擊敗擒殺事；寫了漢主劉淵病死，太子劉和為去威脅而謀誅劉聰、劉盛、劉乂等，結果被劉聰所殺；劉聰取得帝位後派劉粲、劉曜、王彌、石勒等分攻晉朝的河北、河南，又派呼延晏、劉曜、王彌、石勒等進攻洛陽，俘獲晉懷帝；以及晉將索綝、閻鼎、賈疋等迎秦王司馬業到長安，為司馬業繼續稱帝作準備。寫了漢將王彌與石勒鬧矛盾，陰謀除掉石勒，結果被石勒所襲殺；寫了石勒之姪石虎的殘暴善戰，為後文作伏筆；寫了司馬睿在江南網羅才俊，並將勢力向江北發展；洛陽潰散後周顗等逃投司馬睿，東晉小王朝的班底日漸齊備；此外還寫了李雄的「成國」與鄰近州郡彼此攻殺，互有勝負；拓跋猗盧部落南移并州之北部地區、鮮卑慕容廆討平素喜連、木丸津部落，勢力都逐漸壯大等等。

孝懷皇帝中

永嘉三年（己巳　西元三〇九年）

春，正月辛丑朔❶，熒惑犯紫微❷。漢太史令❸宣于脩之❹言於漢主淵曰：「不出三年，必克洛陽。蒲子崎嶇❺，難以久安。平陽❻氣象方昌❼，請徙都之。」淵從之。大赦，改元河瑞❽。

三月戊申❾，高密孝王略❿薨。以尚書左僕射山簡⓫為征南將軍，都督荊、湘、交、廣四州諸軍事，鎮襄陽。簡，濤之子也，嗜酒，不恤⓬政事。表順陽內史劉璠得眾心，恐百姓劫璠為主⓭。詔徵璠為越騎校尉⓮。南州⓯由是遂亂，父老莫不追思劉弘。

丁巳⓰，太傅越自滎陽入京師。中書監⓱王敦謂所親曰：「太傅專執威權，而選用表請⓲，尚書猶以舊制裁之⓳，今日之來，必有所誅⓴。」

帝之為太弟也，與中庶子繆播㉑親善。及即位，以播為中書監，繆胤㉒為太僕卿，委以心膂㉓。帝舅散騎常侍王延、尚書何綏、太史令高堂沖，並參機密。越疑朝臣貳於己㉔，劉輿、潘滔勸越悉誅播等。越乃誣播等欲為亂。乙丑㉕，遣平東將軍王秉帥甲士三千入宮，執播等十餘人於帝側，付廷尉殺之。帝歎息流涕而已。

綏，曾㉖之孫也。初，何曾侍武帝宴㉗，退，謂諸子曰：「主上開創大業，吾每宴見，未嘗聞經國遠圖㉘，惟說平生常事㉙，非貽厥孫謀㉚之道也。及身而已㉛，後嗣其殆乎㉜！汝輩猶可以免㉝。」指諸孫曰：「此屬㉞必及於難。」及綏死，兄嵩哭之曰：「我祖其殆聖乎㉟！」曾日食萬錢，猶云無下箸處㊱。子劭，日食二萬。綏及弟機、羨，汰侈㊲尤甚。與人書疏，詞禮簡傲㊳。河內王尼㊴見綏書，謂人曰：「伯蔚㊵居亂世而矜豪乃爾，其能免乎？」人曰：「伯蔚聞卿言，必相危害。」尼曰：「伯蔚比聞我言㊶，自已死矣！」及永嘉㊷之末，何氏無遺種㊸。

臣光曰：「何曾譏㊹[1]武帝偷惰㊺，取過目前㊻，不為遠慮，知天下將亂，子孫必與其憂㊼，何其明也！然身為僭侈，使子孫承流㊽，卒㊾以驕奢亡族，其明安在哉！且身為宰相，知其君之過，不以告㊿而私語於家，非忠臣也。」

太傅越以王敦(51)為揚州(52)刺史。

劉寔連年請老(53)，朝廷不許。尚書左丞劉坦上言：「古之養老(54)，以不事(55)為優，不以吏之(56)為重，謂宜聽寔所守(57)。」丁卯(58)，詔寔以侯就第，以王衍為太尉。

太傅越解兖州牧(59)，領司徒。越以頃來興事(60)多由殿省(61)，乃奏宿衛有侯爵者(62)

皆罷之。時殿中武官並封侯，由是出者略盡，皆泣涕而去。更使右衛將軍何倫、左衛將軍王秉領東海國兵[63]數百人宿衛。

左積弩將軍朱誕奔漢，具陳[64]洛陽孤弱，勸漢主淵攻之。淵以誕為前鋒都督，以滅晉大將軍劉景為大都督，將兵攻黎陽[65]，克之。又敗王堪於延津[66]，沈[67]男女三萬餘人於河。淵聞之，怒曰：「景何面復見朕！且天道豈能容之！吾所欲除者，司馬氏耳，細民何罪[68]！」黜景為平虜將軍。

夏，大旱，江、漢、河、洛皆竭[69]，可涉[70]。

漢安東大將軍石勒寇鉅鹿、常山[71]，眾至十餘萬，集衣冠人物[72]，別為君子營[73]。以趙郡張賓[74]為謀主[75]，刁膺為股肱[76]，夔安、孔萇、支雄、桃豹、逯明為爪牙[77]，并州諸胡、羯多從之。

初，張賓好讀書，闊達有大志，常自比張子房[78]。及石勒徇山東[79]，賓謂所親曰：「吾歷觀諸將，無如此胡將軍[80]者，可與共成大業。」乃提劍詣軍門，大呼請見，勒亦未之奇也。賓數以策干勒[81]，已而[82]皆如所言。勒由是奇之，署為軍功曹[83]，動靜咨之[84]。

漢主淵以王彌為侍中、都督青・徐・兗・豫・荊・楊六州諸軍事、征東大將軍、青州牧，與楚王聰[85]共攻壺關[86]，以石勒為前鋒都督。劉琨[87]遣護軍黃肅、韓述救之。聰敗述於西澗[88]，勒敗肅於封田[89]，皆殺之。

太傅越遣淮南內史王曠、將軍施融、曹超將兵拒聰等。曠濟河[90]，欲長驅而前，融曰：「彼乘險間出[91]，我雖有數萬之眾，猶是一軍獨受敵也。且當阻水為固[92]，以量[93]形勢，然後圖之。」曠怒曰：「君欲沮眾[94]邪？」融退曰：「彼[95]善用兵，曠闇於事勢[96]，吾屬[97]今必死矣！」曠等踰[2]太行[98]與聰遇，戰於長平[99]之間。曠兵大敗，融、超皆死。聰遂破屯留、長子[100]，凡斬獲萬九千級[101]。上黨[102]太守龐淳以壺關降漢。劉琨以都尉張倚領上黨太守，據襄垣[103]。

初，匈奴劉猛[104]死，右賢王去卑之子誥升爰[105]代領其眾。誥升爰卒，子虎立，居新興[106]，號鐵弗氏[107]，與白部鮮卑[108]皆附於漢。劉琨自將[109]擊虎，劉聰遣兵襲晉陽，不克。

五月，漢主淵封子裕為齊王，隆為魯王。

秋，八月，漢主淵命楚王聰等進攻洛陽。詔平北將軍曹武等拒之，皆為聰所敗。聰長驅至宜陽[110]，自恃驟勝[111]，怠不設備。九月，弘農[112]太守垣延詐降，夜襲聰軍，聰大敗而還。

王浚[113]遣祁弘與鮮卑段務勿塵[114]擊石勒于飛龍山[115]，大破之。勒退屯黎陽[116]。

冬，十月，漢主淵復遣楚王聰、王彌、始安王曜[117]、汝陰王景[118]帥精騎五萬寇洛陽，大司空鴈門剛穆公呼延翼[119]帥步卒繼之。丙辰[120]，聰等至宜陽。朝廷以漢兵新敗，不意其復至，大懼。辛酉[121]，聰屯西明門[122]。北宮純[123]等夜帥勇士千餘人出攻漢壁[124]，斬其征虜將軍呼延顥。壬戌[125]，聰南屯洛水[126]。乙丑[127]，呼延翼為其下所殺。其眾自大陽[128]潰歸。淵敕聰等還師，聰表稱晉兵微弱，不可以翼、顥死故還師，固請留攻洛陽，淵許之。太傅越嬰城自守。戊寅[129]，聰親祈嵩山[130]，留平晉將軍安陽哀王厲[131]、冠軍將軍呼延朗督攝留軍[132]。太傅參軍[133]孫詢說越乘虛出擊朗，斬之，厲赴水[134]死。王彌謂聰曰：「今軍既失利，洛陽守備猶固，運車在陜[135]，糧食不支數日。殿下不如與龍驤[136]還平陽，裹糧[137]發卒，更為後舉；下官亦收兵穀[138]，待命於兗、豫[139]，不亦可乎？」聰自以請留，未敢還。宣于脩之言於淵曰：「歲在辛未[140]，乃得洛陽。今晉氣猶盛，大軍不歸，必敗。」淵乃召聰等還。

天水人訇琦[141]等殺成太尉李離、尚書令閻式，以梓潼[142]降羅尚[143]。成主雄遣太傅驤、司徒雲、司空璜攻之，不克，雲、璜戰死。

初，譙周[144]有子居巴西[145]，成巴西太守馬脫殺之，其子登詣劉弘[146]請兵以復讎。弘表登為梓潼內史，使自募巴、蜀流民，得二千人，西上，至巴郡，從羅尚求益兵[147]，不得。登進攻宕渠[148]，斬馬脫，食其肝。會梓潼降，登進據涪城[149]。雄自攻之，為登所敗。

十一月甲申[150]，漢楚王聰、始安王曜歸于平陽[151]。王彌南出轘轅[152]，流民之在潁川[153]、襄城[154]、汝南[155]、南陽[156]、河南[157]者數萬家，素為居民[158]所苦，皆燒城邑，殺二千石[159]、長吏以應彌。

石勒寇信都[160]，殺冀州刺史王斌。王浚自領冀州[161]。詔車騎將軍王堪、北中郎將裴憲將兵討勒。勒引兵還，拒之。魏郡[162]太守劉矩以郡降勒。勒至黎陽，裴憲棄軍奔淮南，王堪退保倉垣[163]。

十二月，漢主淵以陳留王歡樂[164]為太傅，楚王聰為大司徒，江都王延年為大司空。遣都護大將軍曲陽王賢[165]與征北大將軍劉靈、安北將軍趙固、平北將軍王桑東屯內黃[166]。王彌表左長史曹嶷行安東將軍[167]，東徇青州[168]，且迎其家[169]，淵許之。

初，東夷校尉[170]勃海李臻與王浚約共輔晉室，浚內有異志，臻恨之。和演之死⑰也，別駕昌黎王誕⑰亡歸李臻，說臻舉兵討浚。臻遣其子成將兵擊浚。遼東⑰太守龐本素與臻有隙，乘虛襲殺臻，遣人殺成於無慮⑰。誕亡歸慕容廆。詔以勃海封釋代臻為東夷校尉。龐本復謀殺之，釋子悛勸釋伏兵請本⑰，收斬之，悉誅其家。

【章 旨】以上為第一段，寫晉懷帝永嘉三年（西元三〇九年）一年間的大事，主要寫了司馬越入掌朝權，殺不順己意者繆播、何綏等人，並加強對殿省機要人員的換班與嚴加控制；寫了漢主劉淵派劉景、石勒、王彌、劉聰等攻晉州郡，晉兵大敗；寫了劉淵派劉聰、劉曜、王彌等進攻洛陽，被晉軍所破；寫了劉淵又分兵進攻河北、河南以及山東半島，以及李雄的「成國」被天水人訇琦與譙周之孫譙登所破，損失慘重等等。

【注 釋】❶正月辛丑朔　正月初一是辛丑日。❷熒惑犯紫微　火星運行到了紫微垣的位置。熒惑，即「火星」，由於火星呈紅色，熒熒像火，亮度常有變化，而且在天空中運行，看去有時從西向東，有時又似從東向西，情況複雜，令人迷惑，所以我國古代稱它為「熒惑」。紫微，也稱「紫微垣」，星座名，古代天文學家分天體恆星為三垣，中垣有紫微十五星，亦稱「紫宮」。「犯紫微」即運行到了紫微的位置。❸漢太史令　劉淵屬下的史官。太史令，官名，掌天文、曆法、撰史等事。❹宣于脩之　宣于似應作「鮮于」。姓鮮于，名脩之。❺崎嶇　地勢崎嶇不平。❻平陽　即今山西臨汾。❼方昌　正呈昌盛之勢。❽改元河瑞　在此之前劉淵的年號是「永鳳元年」。❾三月戊申　三月初九。❿高密孝王略　司馬略，東海王司馬越的親兄弟。高密王是其封號，孝字是其死後的諡。⓫山簡　字季倫，晉初官僚山濤的幼子，永嘉初，曾任尚書左僕射，領吏部。傳見《晉書》卷四十三。⓬不恤　不關心；不憂慮。⓭劫播為主　劫制強迫劉播為荊州的一州之主。劉播是原荊州刺史劉弘之子。⓮越騎校尉　駐京城部隊的八個校尉之一。⓯南州　指荊、交、廣諸州。⓰丁巳　三月十八。⓱中書監　負責給皇帝起草政令的長官。⓲選用表請　指司馬越上表請求皇帝任用某人。⓳猶以舊制裁之　還按照老規定予以否定、駁回。裁，指不同意、不批准。⑳必有所誅　一定會殺幾個存心和他作對的人。㉑繆播　字宜則，以殺張方有功，官至中書令。傳見《晉書》卷六十。㉒繆胤　字休祖，繆播的堂弟，曾為魏都太守、冠軍將軍、南陽太守等職。傳見《晉書》卷六十。㉓委以心膂　把心腹的大事交給他管。膂，脊樑。㉔貳於己　對自己不是一心一意，左右觀望，腳踩兩條船。㉕乙丑　三月二十六。㉖曾　何曾，司馬炎的開國功臣。傳見《晉書》卷三十三。㉗侍武帝宴　參加武帝司馬炎的宴會。㉘經國遠圖　治理國家的長遠打算。㉙平生常事　過去的生活小事。㉚非貽厥孫謀　不是為後輩兒孫作打算。㉛及身而已　也就是能維持他自身這一代罷了。㉜後嗣其殆乎　他的接班人就很危險啦。殆，危險。㉝汝輩猶可以免　你們這兒子輩的還不致牽連被殺。㉞此屬　他們這些孫子輩的。㉟殆聖乎　真差不多是聖人啦。㊱無下箸處　沒有什麼東西可用筷子夾，意即都不想吃。㊲汰侈　浪費奢侈。㊳詞禮簡傲　說話傲慢，不講禮節。㊴王尼　字孝孫，當時有名的放達之士。傳見《晉書》卷四十九。㊵伯蔚　何綏的字。㊶比聞我言　等他聽到我的這些話時。比，及；等到。㊷永嘉　晉懷帝年號（西元三〇七—三一二年）。㊸無遺種　沒有一個後代留在世上。㊹譏　批評。㊺偷惰　苟且偷安，得過且過，以言其貪圖安逸，不思進取的樣子。㊻取過目前　只要眼下過得去就行了。㊼必與其憂　必定要跟著他一塊倒楣。與，捲入。㊽子孫承流　兒孫們也學著他的樣子驕侈淫逸。㊾卒　最終。㊿不以告　不把這些自己的看法對皇帝講。51王敦　字處仲，琅邪臨沂（今屬山東）人，王衍的堂弟，晉武帝的女婿，後成為東晉初期的大權奸。傳見《晉書》卷九十八。52楊州　「楊」字應作「揚」。揚州的州治即今南京。53請老　請求退休。54養老　奉養老人，這裡實際是說應該如何對待老人。55不事　不讓他們太操心任職。56吏之　讓他們居官任職。57宜聽寔所守　應當順從劉寔自己的意見。所守，所提；所堅持。58丁卯　三月二十八。59解兗州牧　免去其兗州刺史的職務。60頃來興事　近來所發生的一些政變。61多由殿省　大多出自皇帝身邊的人，打著皇帝的旗號發動政變。如誅殺楊駿、廢黜賈皇后、誅殺司馬倫、司馬冏、討伐司馬穎、囚禁羊皇后、囚禁太子司馬覃等，都是皇帝身邊的人與外部勾結所為。62宿衛有侯爵者　禁衛軍的將領有侯爵身分的。63東海國兵　來自司馬越封國的士兵。按，自此懷帝司馬熾遂被司馬越所牢牢控制。64具陳　詳細報告。65黎陽　晉縣名，縣治在今河南浚縣東北。66延津　古黃河渡口名，在今河南衛輝東北。67沈　同「沉」。68細民何罪　平民百姓有何罪過。69竭　枯乾少水。70可涉　可以淌水過河，極言其水之淺。71鉅鹿常山　晉之二郡國名，鉅鹿國的都城虞陶，在今河北寧晉西南，常山郡的郡治真定，在今河北正定西南。72集衣冠人物　把部下那些有身分的人，指晉朝投降過去的官僚士大夫們，集中在一起。73別為君子營　單獨編為一支有身分的軍隊，享受較好的待遇。74張賓　字孟孫，趙郡中丘（今河北內丘）人。傳見《晉書》卷一百五。75謀主　各項智謀的提供者。76股肱　原指大腿、胳膊，這裡即指骨幹、心腹。(77)爪牙　供驅使的得力武將。(78)張子房　即劉邦的謀士張良，字子房。事見《史記・留侯世家》。(79)徇山東　帶兵經營太行山以東的河北地區。徇，開拓；經營。(80)此胡將軍　這位胡人的將軍。古代稱匈奴人為胡，羯與匈奴有親緣關係。(81)以策干勒　求見石勒，給石勒出主意。干，求；求見。(82)已而　事後；結果。(83)軍功曹　軍中主管記功行賞的官。(84)動靜咨之　一舉一動都徵求他的意見。(85)楚王聰　劉聰，劉淵的兒子。(86)壺關　在今山西長治北。(87)劉琨　此時為并州刺史。(88)西澗　在今山西長治西郊。(89)封田　在今長治北。(90)濟河　指渡過黃河，抵達北岸。(91)乘險間出　憑藉險要地勢時而出擊。間出，不時而出。(92)阻水為固　隔著黃河作為屏障。(93)量　觀察；斟酌。(94)沮眾　動搖軍心。沮，瓦解；破壞。(95)彼　敵人，指劉聰。(96)闇於事勢　看不清敵軍的形勢。闇，愚昧；看不清。(97)吾屬　我等；我們這些人。(98)踰太行　在翻越太行山的時候。(99)長平　古地名，在今山西高平。(100)屯留長子　皆晉縣名，屯留縣治在今山西屯留南，長子在今山西長子西南。(101)級首級；人頭。(102)上黨　晉郡名，郡治潞縣，在今山西潞城東北。(103)據襄垣　意即據襄垣以守。襄垣縣治在今山西襄垣北。(104)劉猛　魏末晉初時為南匈奴單于，後外逃叛亂，被晉將所擒殺。事見本書卷七十九泰始八年。(105)誥升爰　人名。(106)新興　晉郡名，郡治九原，即今山西忻州。(107)鐵弗氏　北人以父匈奴、母鮮卑所生的子女曰「鐵弗」。劉虎始有此號，子孫因以為氏。其曾孫勃勃稱大夏天王，又改稱為「赫連氏」，其餘仍稱「鐵弗氏」。(108)白部鮮卑　鮮卑族的白部落。(109)自將　親自率軍。(110)宜陽　晉縣名，縣治在今河南宜陽西五十里。(111)驟勝　屢屢取勝。(112)弘農　晉郡名，郡治在今河南靈寶東北。(113)王浚　晉將名，此時任驃騎大將軍、幽州刺史。(114)鮮卑段務勿塵　鮮卑族一個部落的頭領，王浚的女婿。(115)飛龍山　在今河北石家莊西南。(116)黎陽　晉縣名，縣治在今河南浚縣東郊。(117)始安王曜　劉曜，劉淵的族子。傳見《晉書》卷一百三。(118)汝陰王景　劉景，劉淵的部將，原為右於陸王。(119)鴈門剛穆公呼延翼　鴈門公是呼延翼的封號，剛穆是其死後的諡。(120)丙辰　十月二十一。(121)辛酉　十月二十六。(122)西明門　洛陽西面南頭的第二門。(123)北宮純　晉將，姓北宮名純。(124)漢壁　劉聰的營壘。(125)壬戌　十月二十七。(126)洛水　洛水由西南方流來，流經洛陽城南。(127)乙丑　本月無「乙丑」日，疑記事有誤。(128)大陽　晉縣名，縣治在今山西平陸西南。(129)戊寅　本月亦無「戊寅」日，疑記事有誤。(130)祈嵩山　到嵩山祈禱。嵩山在今洛陽南登封北，即「五嶽」中的中嶽。(131)安陽哀王厲　劉厲，安陽王是其封號，哀字是諡。(132)督攝留軍　監督、統領駐紮在洛水的軍隊。(133)太傅參軍　太傅司馬越的參謀官員。(134)赴水　投河。(135)運車在陝　運糧的車隊還遠在陝縣。陝縣的縣治在今河南三門峽市西郊。(136)龍驤　指劉曜，時為龍驤將軍。(137)裹糧　攜帶糧食，這裡實指籌集糧食。(138)收兵穀　指招兵積糧。(139)待命於兗豫　到兗、豫二州去等候時機。兗州的州治廩丘，在今山東鄆城西北，豫州的州治即今河南淮陽。(140)辛未　辛未年，當時指後年（西元三一一年）。

(141)訇琦　姓訇名琦。(142)梓潼　晉郡名，郡治即今四川梓潼。(143)羅尚　晉將，原為益州刺史。兵敗後，東退巴郡，郡治在今重慶市西北。(144)譙周　蜀漢劉禪的光祿大夫，勸劉禪投降司馬氏的就是他。傳見《三國志》卷四十二。(145)巴西　晉郡名，郡治即今四川閬中。(146)劉弘　晉王朝的封疆大吏，當時任荊州刺史。(147)益兵　增加兵力。(148)宕渠　晉縣名，縣治在今四川渠縣東北。(149)涪城　在今四川綿陽東北，涪江東岸，地當成都東北之要衝。(150)十一月甲申　十一月二十。(151)平陽　劉淵的都城，在今山西臨汾西南郊。(152)轘轅　關塞名，在今河南洛陽東南的轘轅山上。(153)潁川　晉郡名，郡治許昌，今河南許昌東。(154)襄城　晉郡名，郡治即今河南襄城。(155)汝南　晉郡名，郡治即今河南息縣。(156)南陽　封國名，都城即今河南南陽。(157)河南　晉郡名，郡治即今河南洛陽。(158)居民　指當地的土著居民。(159)二千石　指郡太守一級的官員。(160)信都　即今河北冀州，當時為冀州的州治所在地。(161)自領冀州　王浚原為幽州刺史，今則憑著勢力強大自己宣布兼任冀州刺史。(162)魏郡　郡治鄴城，在今河北臨漳西南。(163)倉垣　晉縣名，在今河南開封東北。(164)陳留王歡樂　劉歡樂，劉淵的族人，被封為陳留王。(165)曲陽王賢　劉賢，劉淵的族人，被封為曲陽王。(166)內黃　晉縣名，縣治在今河南內黃西北。(167)行安東將軍　臨時充任安東將軍之職。行，代理；臨時充任。(168)東徇青州　向東開拓、攻取青州地面。徇，略地；開闢新的疆域。青州的州治臨淄，即今山東淄博之臨淄區。(169)且迎其家　王彌是東萊國人，地屬青州。(170)東夷校尉　武官名，當時駐兵於今遼寧遼陽，任務是監管東北地區的少數民族動靜。(171)和演之死　和演受司馬穎委任為幽州刺史，欲謀殺王浚，事洩被王浚所殺。事見本書卷八十五永興元年。(172)別駕昌黎王誕　和演的僚屬。別駕是州刺史的高級僚屬，出行時單獨乘一輛車。(173)遼東　封國名，其都城與東夷校尉的治所都在今遼寧遼陽。(174)無慮　晉縣名，縣治在今遼寧北鎮東南。(175)伏兵請本　先埋伏好軍隊，而後邀請龐本前來。

【校　記】[1]譏　原作「議」。據章鈺校，甲十一行本、乙十一行本、孔天胤本皆作「譏」，今從改。[2]踰　原作「於」。據章鈺校，甲十一行本、乙十一行本、孔天胤本皆作「踰」，張敦仁《通鑑刊本識誤》、張瑛《通鑑校勘記》同，今從改。

【語　譯】孝懷皇帝中

永嘉三年（己巳　西元三〇九年）

春季，正月初一日辛丑，熒惑星運行到了紫微垣的位置。漢國太史令宣于脩之對漢主劉淵說：「不出三年的時間，我們必然能夠攻克晉國的京師洛陽。我們現在的都城蒲子地勢崎嶇不平，難以長治久安。而平陽卻呈現出昌盛的氣象，請陛下將都城遷往平陽吧。」劉淵聽從了宣于脩之的建議將都城從蒲子遷移到了平陽。

在漢國內實行大赦，改年號為「河瑞」。

三月初九日戊申，晉國高密王司馬略去世。朝廷任命擔任尚書左僕射的山簡為征南將軍，都督荊州、湘州、交州、廣州四州諸軍事，鎮守襄陽。山簡，是山濤的兒子，嗜酒如命，而對軍政大事漠不關心。山簡上表給朝廷說，順陽國內史劉璠深得民心，恐怕那裡的百姓會強迫劉璠為荊州的一州之主。晉懷帝司馬熾因此下詔徵調劉璠回京師擔任越騎校尉。南方的荊州、交州、廣州各州隨後又陷入混亂，父老鄉親無不追思、懷念劉弘。

三月十八日丁巳，太傅司馬越從滎陽進入京師洛陽。擔任中書監的王敦對自己的親信說：「太傅司馬越大權在握，獨斷專行，他想任用什麼人就採用上表奏請的方式，而尚書省還用老規定予以否定、駁回，如今司馬越入朝，一定會殺幾個存心和他作對的人。」

晉懷帝為太弟的時候，與擔任中庶子的繆播關係親密友好。等到他即位做了皇帝之後，就任用繆播為中書監，任用繆播的堂弟繆胤為太僕卿，把心腹大事都交給他們去辦理。懷帝的舅父散騎常侍王延、尚書何綏、太史令高堂沖，同時參與商定朝廷的機密大事。司馬越懷疑朝廷大臣對自己不是一心一意，而是腳踩兩條船，劉輿、潘滔就藉機勸說司馬越把繆播等人全部殺掉。司馬越於是誣陷繆播等人想要謀反。三月二十六日乙丑，司馬越派遣平東將軍王秉率領三千名全副武裝的士兵闖入皇宮，在晉懷帝的身邊將繆播等十多位大臣抓捕起來，交付廷尉全部處死。晉懷帝無可奈何，只有歎息流淚而已。

何綏，是何曾的孫子。當初，何曾曾經參加晉武帝司馬炎的宴會，何曾回到家中對自己的兒子們說：「皇上雖然開創了國家大業，然而我每次參加宴會、接受召見的時候，從來沒有聽到皇上談論治理國家的長遠打算，只聽他說些過去的生活小事，這不是為子孫後輩作長遠打算的作法。看來也就是能維持他這一代罷了，他的接班人恐怕就很危險了！你們這些兒子輩的還可以平平安安不致被殺。」他又指著孫子輩的人說：「他們這些人一定會遭受劫難。」等到何綏遇害時，何綏的哥哥何嵩在哭祭何綏的時候說：「我的祖父差不多是個聖人啊！」何曾當年每天的伙食費價值萬錢，可他還說沒有什麼東西值得他拿筷子去夾。何曾的兒子何劭，每天的伙食費需要二萬錢。何綏和他的弟弟何機、何羨，奢侈浪費更加厲害。何綏寫信給別人，言辭傲慢，不講禮節。河內郡人王尼看過何綏的書信後對別人說：「伯蔚身居亂世，卻如此恃強傲物，豈能免除災禍呢？」有人提醒王尼說：「伯蔚聽到你說這樣的話，必定會傷害你。」王尼說：「等到伯蔚聽到我說這些話的時候，恐怕他的死期已經到了！」到了永嘉末年，何家竟然沒有一個後代留在世上。

司馬光說：「何曾批評晉武帝司馬炎偷安懶惰，只顧眼前得過且過，而不為子孫後代作長遠打算，因此預知天下將要發生動亂，自己的子孫必定會跟著他一塊倒楣，這是何等的先見之明啊！然而他自己卻奢侈無度，使兒孫們也學著他的樣子驕奢淫逸，最終以驕奢淫逸導致家族滅亡，他的先見之明又表現在哪裡呢！況且他身為宰相，知道皇帝的過錯卻不把自己的這些看法對皇帝講，反而私下裡告訴自己的家人，可見他不是忠臣。」

太傅司馬越任命王敦為楊州刺史。

劉寔連年請求告老還鄉，朝廷都不批准。擔任尚書左丞的劉坦上疏給朝廷說：「古代奉養老人，以不讓老人操心任職為最好，以不讓老人居官任職為尊重，朝廷應當順從劉寔自己的意願，允許他退休養老。」三月二十八日丁卯，晉懷帝下詔，准許劉寔以侯爵的身分回到自己的府第養老，任命王衍為太尉。

太傅司馬越辭去兗州刺史的職務，以太傅的身分兼任司徒。司馬越認為近來發生的一些政變，大多是皇帝身邊的人打著皇帝的旗號發動起來的，於是奏請晉懷帝之後，就將禁衛軍中有侯爵身分的人全部罷免。當時皇宮中的武官全都封了侯，因此禁衛軍軍官幾乎全部被逐出宮廷，這些人哭哭啼啼地離開了皇宮。司馬越改派右衛將軍何倫、左衛將軍王秉率領著司馬越封國東海國中的幾百名士兵負責宮廷警衛。

晉國的左積弩將軍朱誕投奔了漢國，他向漢主劉淵詳細述說了洛陽孤立和衰弱的情況，勸說漢主劉淵進攻洛陽。於是劉淵任命朱誕為前鋒都督，任命滅晉大將軍劉景為大都督，率領軍隊進攻黎陽縣，攻佔了黎陽。又在黃河延津渡口打敗了晉國的守將王堪，把俘獲的男女老幼總計三萬多人全部扔進黃河裡淹死。劉淵聽說此事後，非常惱怒地說：「劉景還有什麼臉面再來見我呢！而且他這樣做天理豈能容他！我想要消滅的，是司馬氏家族罷了，平民百姓有什麼罪過呢！」於是貶黜劉景為平虜將軍。

夏季，全國大旱，長江、漢水、黃河、洛河全都枯乾少水，人們淌著水就能過河。

漢安東大將軍石勒率軍劫掠鉅鹿、常山國，部眾達到十多萬人，他把那些有身分、有地位的人集中起來，單獨編為一支君子營，享受較好的待遇。任用趙郡人張賓為主要謀士，把刁膺作為自己的心腹骨幹，把夔安、孔萇、支雄、桃豹、逯明作為供驅使的得力武將，并州的胡人、羯人大多都投靠了石勒。

當初，張賓愛好讀書，行為豁達，心懷大志，他經常把自己比作劉邦的謀臣張良。當石勒帶兵經營太行山以東時，張賓對自己最親近的人說：「我仔細地觀察了許多將領，沒有人能夠比得上這位胡人將軍，我們可以跟隨他共同成就偉大的事業。」於是，就手提寶劍逕直前往石勒的軍門，大聲呼喊著請求石勒接見他，石勒對張賓也不認為有何奇特之處。張賓多次求見石勒，向石勒獻計獻策，而事情的發展果然都像張賓所預料的那樣。石勒從此才感到張賓確實不是尋常之人，於是就簽署命令，任命張賓為軍中主管記功行賞的軍功曹，自己的一舉一動都徵求張賓的意見。

漢主劉淵任命王彌為侍中、都督青・徐・兗・豫・荊・楊六州諸軍事、征東大將軍、青州牧，與楚王劉聰一起合力攻打晉國的壺關，任命石勒為前鋒都督。晉國并州刺史劉琨派遣護軍黃肅、韓述率軍前去救援壺關。劉聰在西澗打敗了韓述，石勒在封田打敗了黃肅，韓述、黃肅全都被殺。

太傅司馬越派遣淮南國內史王曠、將軍施融、曹超率領軍隊抵禦劉聰等人的進犯。王曠渡過黃河，抵達黃河北岸，就想長驅直入，將軍施融勸阻王曠說：「劉聰他們憑藉著險要的地勢不時出擊，我們雖然有幾萬士兵，還是一支軍隊獨自受敵。我們應當與漢軍隔著黃河，把黃河作為一道屏障，然後觀察好形勢，再想辦法消滅他們。」王曠大怒說：「你想要動搖軍心嗎？」施融退出營帳說：「劉聰善於用兵，而王曠看不清敵軍的形勢，我們這些人今天是必死無疑了！」王曠等人在翻越太行山時與劉聰的軍隊相遇，雙方在長平展開大戰。王曠被打得大敗，施融、曹超全都戰死。劉聰隨後又攻破屯留縣、長子縣，總計斬殺、俘獲了晉軍一萬九千人。上黨郡太守龐淳獻出壺關向漢軍投降。并州刺史劉琨任命都尉張倚暫時代理上黨郡太守，據守襄垣。

當初，南匈奴單于劉猛死後，右賢王劉去卑的兒子誥升爰代管劉猛的部下。誥升爰死後，兒子劉虎繼位，居住在新興郡，號稱鐵弗氏，與鮮卑族的白部落都依附漢主劉淵。晉國的并州刺史劉琨親自率領軍隊襲擊劉虎，劉聰派軍襲擊晉陽，都沒有取勝。

五月，漢主劉淵封自己的兒子劉裕為齊王，封劉隆為魯王。

秋季，八月，漢主劉淵命令楚王劉聰等進攻洛陽。晉懷帝下詔命令平北將軍曹武等人率軍抵抗，曹武等都被劉聰打敗。劉聰率軍長驅直入逼近宜陽縣，他仗恃自己屢屢取勝，就懈怠起來，毫不設防。九月，晉國弘農郡太守垣延向劉聰詐降，趁黑夜襲擊劉聰的軍隊，劉聰大敗而回。

晉國王浚派遣祁弘與鮮卑首領段務勿塵一起到飛龍山攻打石勒，把石勒打得大敗。石勒率軍撤退到黎陽駐紮。

冬季，十月，漢主劉淵再次派楚王劉聰、司隸校尉王彌、始安王劉曜、汝陰王劉景率領五萬精銳騎兵侵犯洛陽，大司空雁門剛穆公呼延翼率領步兵緊隨其後。二十一日丙辰，劉聰等到達宜陽縣。晉國朝廷認為漢兵剛剛吃了敗仗，沒有料到他們會再次大舉前來進犯，因此都非常恐懼。二十六日辛酉，劉聰把軍隊屯紮在洛陽城西面的西明門。晉將北宮純等人利用夜色作掩護率領一千多名勇士出城偷襲劉聰的營壘，斬殺了他們的征虜將軍呼延顥。二十七日壬戌，劉聰把軍隊移屯到洛陽城南的洛水岸邊。乙丑日這一天，漢國大司空呼延翼被自己的部下所殺。呼延翼所率領的步兵從大陽縣一路潰逃而回。劉淵下詔，命令劉聰等人撤軍，劉聰上表述說晉兵勢力微弱，不能因為呼延翼、呼延顥一死就撤軍回國，堅決請求留下來繼續攻打洛陽城，劉淵最後同意了劉聰的意見。太傅司馬越親自率軍固守洛陽。戊寅日這天，劉聰親自前往嵩山進行祈禱，留下平晉將軍安陽哀王劉厲、冠軍將軍呼延朗暫時代理他統領駐紮在洛水邊的這支軍隊。在太傅司馬越手下擔任參軍的孫詢勸說司馬越趁劉聰不在軍中的機會出兵攻打呼延朗，結果大獲全勝，殺死了呼延朗，劉厲跳入洛水被河水淹死。王彌對劉聰說：「如今軍隊已經失利，洛陽的防守仍然很堅固，我們運送糧食的車隊還遠在陝縣，軍中的糧食已經支撐不了幾天。殿下不如與龍驤將軍劉曜暫且返回平陽，等籌集到足夠的糧食再發兵攻打洛陽；我也回去招兵積糧，到兗州、豫州二州等候朝廷的命令，不是也可以嗎？」劉聰因為是自己請求留下來進攻洛陽的，所以不敢撤軍。宣于脩之對劉淵說：「按照以前的預測，必須等到辛未年，我們才能得到洛陽。如今晉朝的氣數仍然很盛，大軍不歸，必定要失敗。」劉淵這才召劉聰等人撤軍回國。

天水人訇琦等人殺死了大成國的太尉李離、尚書令閻式，把梓潼郡獻給晉國的羅尚，向羅尚投降。成主李雄派遣太傅李驤、司徒李雲、司空李璜率軍攻打訇琦，沒有取勝，李雲、李璜全都戰死。

當初，譙周的一個兒子居住在巴西郡，大成國的巴西郡太守馬脫將他殺死，他的兒子譙登就跑到荊州刺史劉弘那裡請求派兵為他父親報仇。劉弘上表奏請譙登為梓潼國的內史，讓譙登自己去招募巴、蜀的流民，招募到了二千人，率領著這二千人西上，到達巴郡後，又向益州刺史羅尚請求為自己增派軍隊，羅尚沒有給他增派軍隊。譙登只得率領自己招募來的這二千多人進攻宕渠縣，殺死了大成國的巴西郡太守馬脫，生吃了馬脫的肝臟，為父親報了仇。恰值訇琦獻出梓潼郡向羅尚投降，譙登便佔據了涪城。成主李雄親自率領軍隊進攻涪城，卻被譙登打敗。

十一月二十日甲申，漢國楚王劉聰、始安王劉曜率軍回到都城平陽。司隸校尉王彌南下出轘轅關，那些流亡到潁川郡、襄城郡、汝南郡、南陽國、河南郡的幾萬家流民，由於一向受土著居民的欺辱，所以他們就燒毀了城邑，殺死了郡中的太守、長吏響應王彌。

石勒率軍進犯冀州州治所在地信都，殺死了冀州刺史王斌。幽州刺史王浚便宣布由自己兼任冀州刺史。晉懷帝下詔命令車騎將軍王堪、北中郎將裴憲率軍去討伐石勒。石勒回師迎戰王堪、裴憲。魏郡太守劉矩獻出魏郡投降了石勒。石勒到達黎陽，裴憲拋下軍隊逃往淮南，王堪退兵據守倉垣縣。

十二月，漢主劉淵任命陳留王劉歡樂為太傅，任命楚王劉聰為大司徒，江都王劉延年為大司空。劉淵派都護大將軍曲陽王劉賢與征北大將軍劉靈、安北將軍趙固、平北將軍王桑，率領軍隊向東駐紮在內黃縣。王彌上表請求漢主劉淵任命左長史曹嶷臨時充任安東將軍之職，向東開拓新的疆土，奪取青州，順便接取他的家屬，劉淵批准了王彌的請求。

當初，擔任東夷校尉的勃海人李臻與幽州刺史王浚相約共同輔佐晉室，而王浚內心卻懷有圖謀不軌的野心，所以李臻非常憎恨他。和演被王浚殺死後，在和演手下擔任別駕的昌黎人王誕逃亡投奔了李臻，他勸說李臻發兵討伐王浚。李臻就派自己的兒子李成率領軍隊襲擊王浚。遼東太守龐本一向與李臻有仇怨，便乘虛襲擊李臻，把李臻殺死，又派人到無慮縣殺死了李成。王誕再次逃亡，投奔了慕容廆。晉懷帝下詔任命勃海郡人封釋接替李臻為東夷校尉。龐本又陰謀除掉封釋，封釋的兒子封悛勸說封釋預先設下伏兵，約請龐本相見，於是逮捕了龐本，把龐本殺死，並誅殺了龐本的全家。

四年（庚午　西元三一〇年）

春，正月乙丑朔❶，大赦。

漢主淵立單徵女❷為皇后，梁王和為皇太子，大赦。封子乂為北海王，以長樂王洋❸為大司馬。

漢鎮東大將軍石勒濟河，拔白馬❹。王彌以三萬眾會之，共寇徐、豫、兗州。

二月，勒襲鄄城❺，殺兗州刺史袁孚，遂拔倉垣，殺王堪。復北濟河，攻冀州諸郡，民從之者九萬餘口。

成太尉李國鎮巴西❻，帳下文石❼殺國，以巴西降羅尚。

太傅越徵❽建威將軍吳興錢璯及揚州刺史王敦。璯謀殺敦以反，敦奔建業，告琅邪王睿。璯遂反，進寇陽羨[9]。睿遣將軍郭逸等討之。周玘糾合鄉里，與逸等共討璯，斬之。玘三定江南[10]，睿以玘為吳興[11]太守，於其鄉里置義興郡[12]以旌[13]之。

曹嶷自大梁[14]引兵而東，所至皆下，遂克東平[15]，進攻琅邪[16]。

夏，四月，王浚將祁弘敗漢冀州刺史劉靈於廣宗[17]，殺之。

成主雄謂其將張寶曰：「汝能得梓潼，吾以李離之官[18]賞汝。」寶乃先殺人而亡奔梓潼，訇琦等信之，委以心腹。會羅尚遣使至梓潼，琦等出迎[1]之，寶從後閉門，琦等奔巴西。雄以寶為太尉。

幽、并、司、冀、秦、雍六州大蝗，食草木、牛馬毛皆盡。

秋，七月，漢楚王聰、始安王曜、石勒及安北大將軍趙固[2]圍河內太守裴整于懷[19]，詔征虜將軍宋抽救懷。勒與平北大將軍王桑逆擊抽，殺之。河內人執整以降，漢主淵以整為尚書左丞。河內督將郭默收整餘眾，自為塢主[20]，劉琨[21]以默為河內[22]太守。

羅尚卒於巴郡，詔以長沙太守下邳皮素代之。

庚午[23]，漢主淵寢疾[24]。辛未[25]，以陳留王歡樂為太宰，長樂王洋為太傅，江都王延年為太保，楚王聰為大司馬、大單于，並錄尚書事㉖。置單于臺㉗於平陽西，以齊王裕為大司徒，魯王隆為尚書令，北海王乂為撫軍大將軍，領司隸校尉；始安王曜為征討大都督，領單于左輔；廷尉喬智明為冠軍大將軍，領單于右輔。光祿大夫劉殷為左僕射，王育為右僕射，任顗為吏部尚書，朱紀為中書監，護軍馬景領左衛將軍，永安王安國領右衛將軍。安昌王盛、安邑王欽、西陽王璿皆領武衛將軍，分典禁兵。初，盛少時，不好讀書，唯讀孝經、論語，曰：「誦此能行㉘，足矣，安用多誦而不行乎！」李熹見之，歎曰：「望之如可易㉙，及至㉚，肅如嚴君㉛，可謂君子矣！」淵以其忠篤㉜，故臨終委以要任。丁丑㉝，淵召太宰歡樂等入禁中，受遺詔輔政。己卯㉞，淵卒，太子和㉟即位。

和性猜忌無恩。宗正呼延攸，翼之子也，淵以其無才行，終身不遷官㊱，侍中劉乘素惡楚王聰，衛尉西昌王銳恥不預顧命㊲，乃相與謀，說和曰：「先帝不惟㊳輕重之勢，使三王㊴總彊兵於內，大司馬㊵擁十萬眾屯於近郊㊶，陛下便為寄坐㊷耳。宜早為之計。」和，攸之甥也，深信之。辛巳㊸夜，召安昌王盛、安邑王欽等告之。盛曰：「先帝梓宮在殯㊹，四王㊺未有逆節，一旦自相魚肉，天下謂陛下何㊻？且大業甫爾㊼，陛下勿信讒夫之言以疑兄弟。兄弟尚不可信，他人誰足信哉！」攸、銳怒之曰：「今日之議，理無有二，領軍[48]是何言乎！」命左右刃之。盛既死，欽懼，曰：「惟陛下命。」壬午[49]，銳帥馬景攻楚王聰于單于臺，攸帥永安王安國攻齊王裕于司徒府，乘帥安邑王欽攻魯王隆，使尚書田密、武衛將軍劉璿攻北海王乂。密、璿挾乂斬關[50]歸于聰，聰命貫甲[51]以待之。銳知聰有備，馳還，與攸、乘共攻隆、裕。攸、乘疑安國、欽有異志，殺之。是日[52]，斬裕。癸未[53]，斬隆。甲申[54]，聰攻西明門[55]，克之。銳等走入南宮，前鋒隨之。乙酉[56]，殺和於光極西室[57]，收銳、攸、乘，梟首通衢[58]。

羣臣請聰即帝位，聰以北海王乂單后之子[59]也，以位讓之。乂涕泣固請[60]，聰久而許之，曰：「乂及羣公正以禍難尚殷[61]，貪孤年長故耳。此家國之事，孤何敢辭！俟[62]乂年長，當以大業歸之。」遂即位。大赦，改元光興[63]。尊單氏曰皇太后，其母張氏曰帝太后。以乂為皇太弟[64]，領大單于、大司徒。立其妻呼延氏為皇后。呼延氏，淵后之從父妹[65]也。封其子粲[66]為河內王，易為河間王，翼為彭城王，悝為高平王。仍以粲為撫軍大將軍，都督中外諸軍事。以石勒為并州刺史，封汲郡公。

略陽[67]臨渭氐酋蒲洪[68]驍勇多權略，羣氐畏服之。漢主聰遣使拜洪平遠將軍，洪不受，自稱護氏校尉、秦州刺史、略陽公。

九月辛未[69]，葬漢主淵于永光陵，諡曰光文皇帝，廟號高祖。

雍州流民多在南陽，詔書遣還鄉里。流民以關中荒殘，皆不願歸。征南將軍山簡、南中郎將杜蕤各遣兵送之，促期令發。京兆王如遂潛結壯士，夜襲二軍[70]，破之。於是馮翊嚴嶷、京兆侯脫各聚眾攻城鎮，殺令長[71]以應之。未幾，眾至四五萬，自號大將軍，領司、雍二州牧，稱藩于漢[72]。

冬，十月，漢河內王粲、始安王曜及王彌帥眾四萬寇洛陽。石勒帥騎二萬會粲于大陽[73]，敗監軍裴邈于澠池[74]，遂長驅入洛川[75]。粲出轘轅[76]，掠梁、陳、汝、潁[77]間。勒出成皋關[78]，壬寅[79]，圍陳留[80]太守王讚於倉垣[81]，為讚所敗，退屯文石津[82]。

劉琨自將討劉虎[83]及白部[84]，遣使卑辭厚禮說鮮卑拓拔猗盧[85]以請兵。猗盧使其弟弗之子鬱律[86]帥騎二萬助之，遂破劉虎、白部，屠其營。琨與猗盧結為兄弟，表猗盧為大單于，以代郡[87]封之為代公。時代郡屬幽州，王浚不許，遣兵擊猗盧，猗盧拒破之。浚由是與琨有隙。

猗盧以封邑去國懸遠[88]，民不相接，乃帥部落萬餘家自雲中[89]入鴈門[90]，從琨求陘北之地[91]。琨不能制[92]，且欲倚之為援，乃徙樓煩、馬邑、陰館、繁畤、崞[93]五縣民於陘南，以其地與猗盧。由是猗盧益盛。

琨遣使言於太傅越，請出兵共討劉聰、石勒。越忌苟晞及豫州刺史馮嵩[94]，恐為後患[95]，不許。琨乃謝猗盧之兵，遣歸國。

劉虎收餘眾，西度河，居朔方肆盧川[96]。漢主聰以虎宗室，封樓煩公。

壬子[97]，以劉琨為平北大將軍，王浚為司空，進鮮卑段務勿塵為大單于。京師饑困日甚，太傅越遣使以羽檄[98]徵天下兵，使入援京師。帝謂使者曰：「為我語諸征、鎮[99]，今日尚可救，後則無及矣！」既而卒無至者。征南將軍山簡遣督護王萬將兵入援，軍于涅陽[100]，為王如所敗。如遂大掠沔漢[101]，進逼襄陽。簡嬰城自守。荊州刺史王澄自將，欲援京師，至沶口[102]，聞簡敗，眾散而還。朝議多欲遷都以避難，王衍以為不可，賣車牛以安眾心。山簡為嚴嶷所逼，自襄陽徙屯夏口。

石勒引兵濟河，將趣[103]南陽。王如、侯脫、嚴嶷等聞之，遣眾一萬屯襄城[104]以拒勒。勒擊之，盡俘其眾，進屯宛北[105]。是時侯脫據宛，王如據穰[106]。如素與脫不協[107]，遣使重賂勒，結為兄弟，說勒使攻脫。勒攻宛，克之。嚴嶷引兵救宛，不及而降[108]。勒斬脫，因嶷，送于平陽，盡幷其眾[109]，遂南寇襄陽，攻拔江西壘壁[110]三十餘所。還，趣襄城。王如遣弟璃襲勒，勒迎擊，滅之，復屯江西。

太傅越既殺王延等[111]，大失眾望。又以胡寇益盛，內不自安，乃戎服入見，請討石勒，且鎮集兗、豫[112]。帝曰：「今胡虜侵逼郊畿[113]，人無固志，朝廷社稷倚賴於公，豈可遠出以孤根本[114]？」對曰：「臣出，幸而破賊，則國威可振，猶愈於坐待困窮也。」十一月甲戌[115]，越帥甲士四萬向許昌，留妃裴氏、世子毗及龍驤將軍李惲、右衛將軍何倫守衛京師，防察宮省[116]；以潘滔為河南尹，總留事[117]。越表以行臺[118]自隨，用太尉衍為軍司[119]，朝賢素望[120]，悉為佐吏，名將勁卒，咸入其府[121]。於是宮省無復守衛，荒饉日甚，殿內死人交橫，盜賊公行，府寺營署[122]，並掘塹自守。越東屯項[123]，以馮嵩為左司馬[124]，自領豫州牧。

竟陵王楙[125]白帝遣兵襲何倫，不克。帝委罪於楙，楙逃竄，得免。

揚州都督周馥以洛陽孤危，上書請遷都壽春[126]。太傅越以馥不先白己而直上書，大怒，召馥及淮南太守裴碩。馥不肯行，令碩帥兵先進[127]。碩詐稱受越密旨，襲馥，為馥所敗，退保東城[128]。

詔加張軌鎮西將軍，都督隴右諸軍事。光祿大夫傅祗[129]、太常摯虞[130]遺軌書，告以京師飢匱(131)。軌遣參軍杜勳獻馬五百匹，毯布三萬匹。

成太傅驤攻譙登於涪城，羅尚子宇及參佐素惡登，不給其糧(132)。益州刺史皮素怒，欲治其罪。十二月，素至巴郡(133)，羅宇等[3]使人夜殺素。建平都尉暴重(134)殺宇，巴郡亂。驤知登食盡援絕，攻涪愈急。士民皆熏鼠食之，餓死甚眾，無一人離叛者。驤子壽先在登所(135)，登乃歸之。三府(136)官屬表巴東監軍南陽韓松為益州刺史，治巴東(137)。

初，帝以王彌、石勒侵逼京畿，詔苟晞督帥州郡(138)討之。會(139)曹嶷破琅邪(140)，北收齊地，兵勢甚盛，苟純(141)閉城自守(142)。晞還救青州(143)，與嶷連戰，破之。

是歲，寧州刺史王遜到官，表李釗(144)為朱提(145)太守。時寧州外逼於成，內有夷寇，城邑丘墟。遜惡衣菜食，招集離散，勞徠(146)[4]不倦，數年之間，州境復安。誅豪右(147)不奉法者十餘家，以五苓夷昔為亂首(148)，擊滅之，內外震服。

漢主聰自以越次(149)而立，忌其嫡兄恭(150)，因恭寢(151)，穴其壁間(152)，刺而殺之。

漢太后單氏(153)卒，漢主聰尊母張氏為皇太后。單氏年少美色，聰烝(154)焉。太弟乂(155)屢以為言，單氏慚恚(156)而死。乂寵由是漸衰，然以單氏故，尚未之廢也。呼延后(157)言於聰曰：「父死子繼，古今常道。陛下承高祖(158)之業，太弟何為者哉！

陛下百年後，粲兄弟必無種[159]矣！」聰曰：「然，吾當徐思之。」呼延氏曰：「事留變生[160]。太弟見粲兄弟浸長[161]，必有不安之志。萬一有小人交構[162]其間，未必不禍發於今日[163]也。」聰心然之。乂舅光祿大夫單沖泣謂乂曰：「疏不間親[164]。主上有意於河內王[165]矣，殿下何不避之？」乂曰：「河瑞之末[166]，主上[167]自惟嫡庶之分[168]，以大位讓乂[169]。乂以主上齒長[170]，故相推奉。天下者，高祖之天下，兄終弟及[171]，何為不可？粲兄弟既壯，猶今日也[172]。且子弟之間，親疏詎幾[173]，主上寧可有此意乎[174]？」

【章　旨】以上為第二段，寫晉懷帝永嘉四年（西元三一〇年）一年間的大事，主要寫了漢主劉淵病死，太子劉和為去威脅而謀誅劉聰、劉盛、劉乂等，結果被劉聰所殺，劉聰取得帝位；寫了關中地區又因流民問題而發生變亂，王如、嚴嶷、侯脫等自稱將軍、州牧，稱藩於漢，起兵南攻荊州，荊州官軍屢敗；寫了漢將劉粲、劉曜、王彌、石勒等分兵進擊河南，洛陽孤危；司馬越因誅除異己而眾叛親離，見洛陽事無可為，遂擁兵東屯項縣；寫了拓跋猗盧部落因助劉琨破劉虎而受劉琨賞識，從而南移并州之北部地區，勢力越發壯大；蜀地的李雄政權與鄰近州郡彼此攻殺，互有勝負等等。

【注　釋】❶正月乙丑朔　正月初一是乙丑日。❷單徵女　氏族人單徵的女兒。單徵原是居住在上郡（郡治在今陝西榆林）的氏族頭領，於晉懷帝永嘉二年率部歸降劉淵。事見本書卷八十六。❸長樂王洋　劉洋，劉淵的族人。❹白馬　晉縣名，縣治在今河南滑縣東。❺鄄城　晉縣名，縣治在今山東鄄城北之舊城。❻巴西　晉郡名，郡治即今四川閬中。❼文石　姓文名石。❽徵　調；調其入朝。❾陽羨　晉縣名，縣治在今江蘇宜興南。❿三定江南　周玘於惠帝永興元年（西元三〇四年）討石冰，永嘉元年（西元三〇七年）擊陳敏，本年（西元三一〇年）誅錢璯，故稱之「三定江南」。⑪吳興　晉郡名，郡治即今浙江湖州。⑫義興郡　郡治即當時的陽羨。⑬旌　表彰其勳業。⑭大梁　今河南開封。⑮東平　諸侯國名，都城無鹽，在今山東東平東。⑯琅邪　諸侯國名，都城在今山東臨沂東北。⑰廣宗　晉縣名，縣治在今河北威縣東。⑱李離之官　李離在被訇琦殺害前為太尉之職。⑲懷　晉縣名，縣治在今河南武陟西南，當時為河內郡的郡治所在地。⑳塢主　一個防禦工事的頭領。塢，築有防禦工事的村落。㉑劉琨　字越石，此時任并州刺史。㉒河內　晉郡名，郡治野王，即今河南沁陽。㉓庚午　七月初九。㉔寢疾　臥病不起。㉕辛未　七月初十。㉖並錄尚書事　全都兼理尚書省的事務。㉗單于臺　大單于的辦事機構。㉘能行　能夠做到。㉙望之如可易　遠遠地望著，像是沒有什麼了不起。易，輕視。㉚及至　等到了跟前。㉛肅如嚴君　像是一位嚴肅的君長。㉜忠篤　忠厚、誠實。指安昌王劉盛。㉝丁丑　七月十六。㉞己卯　七月十八。㉟太子和　劉和，字玄泰，劉淵的嫡子。傳見《晉書》卷一百一。㊱不遷官　不提升官職。㊲恥不預顧命　以沒有被列為顧命大臣而感到羞愧。預，參加；加入。㊳不惟　不認真考慮。㊴三王　指安昌王劉盛、安邑王劉欽、西陽王劉璿；一說指齊王劉裕、魯王劉隆、北海王劉乂。㊵大司馬　指劉聰，時任大司馬。㊶屯於近郊　單于臺就在國都平陽（今山西臨汾西南）之西，離平陽不遠。㊷寄坐　借人家的位子坐著，比喻自己無權，且不能長久。㊸辛巳　七月二十。㊹梓宮在殯　棺材還停在堂上，沒有安葬。梓宮，棺材。㊺四王　指劉聰、劉裕、劉隆、劉乂。㊻謂陛下何　對陛下您將會有什麼評論。㊼大業甫爾　剛剛開始有這麼個大好局面。甫，始。爾，如此。㊽領軍　即劉盛，當時領武衛將軍，分典禁兵。㊾壬午　七月二十一。㊿斬關　指劈開平陽城門。(51)貫甲　穿上鎧甲。(52)是日　當天，即七月二十一。(53)癸未　七月二十二。(54)甲申　七月二十三。(55)西明門　京都平陽的城門。劉淵建都平陽，各城門都用洛陽的城門名。(56)乙酉　七月二十四。(57)殺和於光極西室　劉和在位僅七天。光極西室，光極殿的西室。(58)梟首通衢　將他們的人頭掛在十字街頭的高竿上示眾。(59)單后之子　單皇后所生的兒子，即劉淵的嫡子，而劉聰則是庶子。(60)固請　堅決推辭。(61)禍難尚殷　動盪變亂還處於嚴重狀態。(62)俟　等到。(63)改元光興　在此之前是劉淵「河瑞二年」。(64)以乂為皇太弟　意即以劉乂為未來的繼承人。(65)從父妹　堂妹。叔父、伯父家的女兒。(66)其子粲　劉粲，字士元。傳見《晉書》卷一百二。(67)略陽　晉郡名，郡治臨渭，在今甘肅天水東北。(68)氐酋蒲洪　氐族部落的首領。後改稱苻氏，苻堅的祖父。傳見《晉書》卷一百一十二。(69)九月辛未　九月十一。(70)二軍　山簡及杜蕤派來的軍隊。(71)殺令長　殺所在縣的縣令、縣長。當時人口多的大縣稱「縣令」，小縣稱「縣長」。(72)稱藩于漢　歸附於劉聰，自稱是劉聰的諸侯、部屬。(73)大陽　晉縣名，縣治在今山西平陸西南。(74)澠池　晉縣名，縣治在今河南洛寧西北。(75)洛川　地區名，指今洛陽以西洛水流域的平原地帶。[76]轘轅　關隘名，在今洛陽東南的轘轅山上。[77]梁陳汝潁　當時的四個郡國名，梁國的都城睢陽，在今河南商丘城南，陳郡的郡治即今河南淮陽，汝南郡的郡治即今河南平輿，潁川郡的郡治在今河南許昌東。[78]成皋關　又稱虎牢關，在今河南滎陽西北的汜水鎮。[79]壬寅　十月十三。[80]陳留　晉郡名，郡治小黃，在今河南開封東。[81]倉垣　鄉邑名，在今開封東北。[82]文石津　古黃河渡口名，在今河南延津東北。[83]劉虎　匈奴鐵弗部落的首領。[84]白部　鮮卑族的部落名，前歸附劉淵，故劉琨討之。[85]拓拔猗盧　北魏拓跋氏的祖先，拓跋猗㐌之子，後被諡為穆帝。[86]鬱律　拓跋弗之子，後被諡為平文帝。[87]代郡　郡治即今河北蔚縣東北之代王城。[88]封邑去國懸遠　封地代郡離自己的根據地太遠，而且隔著其他郡縣。國，指拓跋猗盧的根據地盛樂，在今內蒙古和林格爾西北的七城子。[89]雲中　晉郡名，郡治在今內蒙古托克托東北。[90]鴈門　晉郡名，郡治廣武，在今山西代縣西十五里。[91]陘北之地　陘嶺以北的地盤。陘嶺在今山西代縣西。[92]不能制　無法制止。[93]樓煩馬邑陰館繁畤崞　今山西省北部的五個縣名，樓煩縣治在今山西寧武西北，馬邑縣治即今山西朔州，陰館縣治在今山西代縣西北，繁畤縣治在今山西渾源西南，崞縣縣治在今山西渾源西。[94]越忌苟晞及豫州刺史馮嵩　司馬越將苟晞由兗州東調青州，二人產生矛盾事，見本書卷八十六永嘉元年；與馮嵩不睦事，原因不明。[95]恐為後患　怕他們乘虛襲擊洛陽。[96]朔方肆盧川　朔方郡的肆盧川。朔方郡的轄地約當今山西北部及鄰近的河北、內蒙古一帶地區。肆盧川指今山西忻州與原平市之間的平川，其地有肆盧城，在今忻州西北。[97]壬子　十月二十三。[98]羽檄　亦稱「羽書」，古時徵調軍隊的文書，上插鳥羽以表示緊急，必須速遞。[99]諸征鎮　指征東、征西、征南、征北，與鎮東、鎮西、鎮南、鎮北諸將軍。[100]涅陽　晉縣名，縣治在今河南鄧州東北，位於涅水（今趙河）之北岸。[101]沔漢　即今湖北漢水流域，漢水亦稱沔水。[102]涢口　涢水入夷水之口，在今湖北宜城西。[103]趣　趨；進取。[104]襄城　晉郡名，郡治即今河南襄城。[105]宛北　宛縣（今河南南陽）城北。[106]穰　晉縣名，縣治即今河南鄧州。[107]不協　不和。[108]不及而降　沒能救成侯脫，只好投降石勒。[109]盡并其眾　把侯脫、嚴嶷的部眾全部歸併到自己的部下。[110]江西壘壁　長江西側的軍事據點。此所謂「江西」指今武漢以西的湖北南部地區。[111]殺王延等　司馬越殺繆播、何綏、王延等殿省官員，事見上年。[112]鎮集兗豫　穩定兗、豫二州的人心。這是司馬越想離開洛陽的藉口。[113]侵逼郊畿　已經侵犯到了京城郊區。[114]以孤根本　使朝廷所在的京城形勢孤立。[115]十一月甲戌　十一月十五。[116]防察宮省　監視宮廷，以防發生反對司馬越的政變。[117]總留事　總掌司馬越不在京城時的一切後方事務。[118]行臺　中央政權的派出機構，完全行使與朝廷相同的職權。[119]軍司　行軍司馬，軍事總監。[120]朝賢素望　朝廷享有聲望的諸臣。[121]咸入其府　全都歸在他的統領之下。[122]府寺營署　指洛陽城裡的各個衙門、各處兵營。[123]項　晉縣名，縣治即今河南沈丘。[124]以馮嵩為左司馬　奪去馮嵩的豫州刺史，使之成為自己部下的僚屬。左司馬，軍中的司法官。125竟陵王楙　司馬楙，當時失職居洛陽，是反對司馬越的勢力。126壽春　即在今安徽壽州，當時為淮南郡的首府，揚州都督駐兵之地。127先進　先行向洛陽出發。128東城　晉縣名，縣治在今安徽定遠東南。129傅祗　曹魏名臣傅嘏之子，字子莊，當時很有名望。傳見《晉書》卷四十七。130摯虞　字仲治，當時有名的文學之士。傳見《晉書》卷五十一。131飢匱　饑饉；物資短缺。132不給其糧　不向他供給糧食。133巴郡　郡治江州，即今重慶市。134建平都尉暴重　建平郡的都尉姓暴，名重。建平郡的郡治即今重慶市巫山縣。135驤子壽先在登所　李壽母子先被羅尚所俘，見本書卷八十五永興元年，今被譙登所挾持而來。136三府　即平西將軍府、益州刺史府、西戎校尉府，原來都是羅尚的辦事衙門。137巴東　晉郡名，郡治在今重慶市奉節東。138督帥州郡　率領所屬州、郡的部隊，當時苟晞任青州都督。139會　正好這時。140琅邪　晉郡名，郡治開陽，在今山東臨沂北。141苟純　苟晞之弟，時領青州刺史。142閉城自守　指守青州的州治臨淄。143還救青州　當時苟晞西出兗州討伐魏植，尚未東回。事見本書卷八十六永嘉元年。144李釗　前寧州刺史李毅之子。145朱提　晉郡名，郡治即今雲南昭通。146勞徠　招徠；安撫。147豪右　豪門大戶。148五苓夷昔為亂首　五苓夷鬧事掀動寧州大亂事，見本書卷八十五太安二年。亂首，帶頭作亂。149越次　超越了兄弟的次序。劉聰在庶子中排行第四。150嫡兄恭　此處指其同母兄劉恭。劉聰、劉恭都不是劉淵的嫡子。151因恭寢　趁劉恭睡覺的時候。152穴其壁間　把牆壁鑿開一個洞。153太后單氏　劉淵的皇后，劉乂的生母。154烝　指晚輩之男淫長輩之女。155太弟乂　劉乂，單氏所生的兒子。156慙恚　羞愧生氣。157呼延后　劉聰的皇后呼延氏。158高祖　指劉淵。159無種　指被殺光，不留後代。160事留變生　問題留著不解決，到時候就會發生變亂。161浸長　漸漸長大。162交構　挑撥；煽動。163禍發于今日　發生今天留下的禍亂，指乂將殺聰。164疏不間親　關係疏遠的人不可能離間血緣親近的人。165有意於河內王　指想立河內王劉粲為太子。166河瑞之末　指劉淵剛死，劉聰開始即位的時候。河瑞，劉淵的年號（西元三〇九年）。167主上　指劉聰。168自惟嫡庶之分　自己思量自己不是嫡子，繼位為帝的名分不正。169以大位讓乂　把皇帝的位子讓給我。170乂以主上齒長　我是看著劉聰的年齡比我大。171兄終弟及　兄長死了弟弟出來繼位。172猶今日也　又和今天一樣，意思是他們可以因為年長而繼我之位，到日後再傳給我的兒子。173子弟之間二句　兒子與兄弟的血緣遠近能差多少。174主上寧可有此意乎　皇上怎麼會有這種想法呢。

【校　記】[1]迎　原作「送」。嚴衍《通鑑補》改作「迎」，當是，今據改。[2]趙固　原作「趙國」。嚴衍《通鑑補》改作「趙固」，當是，今據改。晉時有趙固，而無趙國，固曾為漢主劉聰將。本書下卷載漢主劉聰事言及趙固，「固」字尚不誤。[3]等原無此字。據章鈺校，甲十一行本、乙十一行本、孔天胤本皆有此字，張敦仁《通鑑刊本識誤》同，今據補。④徠 原作「來」。據章鈺校，甲十一行本、乙十一行本、孔天胤本皆作「徠」，今從改。

【語譯】四年（庚午 西元三一〇年）

春季，正月初一日乙丑，晉國宣布大赦。

漢主劉淵立氏族人單徵的女兒為皇后，立梁王劉和為皇太子，宣布大赦。又封兒子劉乂為北海王，任命長樂王劉洋為大司馬。

漢國鎮東大將軍石勒渡過黃河，攻克了白馬縣。王彌率領三萬軍隊與石勒會合後，共同攻打徐州、豫州、兗州。二月，石勒攻破了鄄城，殺死了兗州刺史袁孚，隨即又攻下了倉垣縣，殺死了晉國的車騎將軍王堪。又向北渡過黃河，攻打冀州所屬的各郡，百姓之中追隨石勒的多達九萬多人。

成國太尉李國鎮守巴西郡，李國的部下文石殺死了李國，獻出巴西郡向晉國的益州刺史羅尚投降。

晉國的太傅司馬越徵調建威將軍吳興郡人錢璯以及楊州刺史王敦入京。錢璯陰謀殺掉王敦以圖叛亂，王敦逃奔建業，將錢璯準備謀反的情況報告給琅邪王司馬睿。錢璯隨後發兵作亂，他率領軍隊劫掠陽羨縣。司馬睿派遣將軍郭逸等率軍討伐錢璯。周玘召集鄉里民眾，與郭逸等共同討伐錢璯，把錢璯殺死。周玘三次平定江南有功，琅邪王司馬睿任命周玘為吳興郡太守，並將周玘的家鄉設置為義興郡，以表彰周玘的功勞。

漢安東將軍曹嶷率領大軍從大梁向東進發，所到之處勢如破竹，他攻克了東平國之後，又進攻琅邪國。

夏季，四月，幽州刺史王浚的部將祁弘在廣宗縣打敗了漢國的冀州刺史劉靈，劉靈兵敗被殺。

成主李雄對他的將領張寶說：「你如果能夠攻下梓潼郡，我就把李離所擔任的太尉職務賞給你。」張寶於是就先殺了人而後逃往梓潼郡，訇琦等人不僅相信了張寶，還把他作為自己的心腹使用。碰巧益州刺史羅尚所派的使者到達梓潼城，訇琦等人出城迎接，張寶抓住這個機會在後面關閉了梓潼城門，訇琦等人無法入城只得逃奔巴西郡。李雄於是任命張寶為太尉。

幽州、并州、司州、冀州、秦州、雍州發生了嚴重蝗災，蝗蟲不僅吃光了莊稼草木，就連牛馬身上的毛都被吃光了。

秋季，七月，漢國的楚王劉聰、始安王劉曜、鎮東大將軍石勒以及安北大將軍趙固率軍將晉國的河內郡太守裴整團團圍困在懷縣城內，晉懷帝司馬熾下詔，命令征虜將軍宋抽率軍前往懷縣救援裴整。鎮東大將軍石勒與平北大將軍王桑迎戰宋抽，把宋抽殺死。河內郡人捉住了裴整向漢國投降，漢主劉淵任命裴整為尚書左丞。擔任河內郡督將的郭默召集起裴整的殘兵敗將，自封為塢主，并州刺史劉琨任命郭默為河內郡太守。

晉國的益州刺史羅尚在巴郡去世，晉懷帝下詔，任命長沙太守下邳人皮素接替羅尚益州刺史的職務。

七月初九日庚午，漢主劉淵臥病不起。初十日辛未，劉淵任命陳留王劉歡樂為太宰，長樂王劉洋為太傅，江都王劉延年為太保，楚王劉聰為大司馬、大單于，並全面兼管尚書省的事務。在平陽之西建立大單于的辦事機構——單于臺，任命齊王劉裕為大司徒，魯王劉隆為尚書令，北海王劉乂為撫軍大將軍，兼任司隸校尉；始安王劉曜為征討大都督，兼任單于左輔；擔任廷尉的喬智明為冠軍大將軍，兼任單于右輔。任命光祿大夫劉殷為左僕射，王育為右僕射，任顗為吏部尚書，朱紀為中書監，護軍馬景兼任左衛將軍，永安王劉安國兼任右衛將軍。安昌王劉盛、安邑王劉欽、西陽王劉璿都兼任武衛將軍，分別統領禁衛軍。當初，安昌王劉盛在少年的時候，不喜歡讀書，只讀《孝經》、《論語》，他說：「讀了這些書，能夠做到就足夠了，哪裡用得著讀那麼多書而不按照去做呢！」李熹見到劉盛，歎息著說：「遠遠地望著他，好像他沒有什麼了不起，但到了他跟前，他儼然就像是一位嚴肅的君長，他真可以稱得上是君子啊！」劉淵因為安昌王劉盛忠厚、誠實，所以在臨終的時候把重要的職務委任給他。十六日丁丑，劉淵將太宰劉歡樂等人召進宮中，讓他們接受遺詔輔佐朝政。十八日己卯，漢主劉淵去世，太子劉和即位為皇帝。

劉和生性猜忌，待人苛刻少恩。擔任宗正的呼延攸，是呼延翼的兒子，劉淵認為呼延攸既缺少才幹品行又不佳，所以始終不提升他的官職，侍中劉乘一向憎惡楚王劉聰，衛尉西昌王劉銳以沒有被列為顧命大臣而感到羞恥，於是這三個人就一起密謀，然後在劉和面前挑撥說：「先帝不認真考慮權勢輕重，就讓安昌王劉盛、安邑王劉欽、西陽王劉璿三個人在都城之內掌握重兵，讓大司馬劉聰統率著十萬人馬駐紮在京城的近郊，陛下等於是借人家的位子坐著。陛下應當早點拿出主意才是。」劉和，是呼延攸的外甥，因此非常聽信呼延攸等人。七月二十日辛巳夜間，劉和召見安昌王劉盛、安邑王劉欽等人，並把呼延攸等人的話告訴他們。安昌王劉盛說：「先帝的棺槨還停在堂上沒有安葬，劉聰、劉裕、劉隆、劉乂四王又沒有叛逆的真憑實據，一旦自相殘殺，天下人對您將會有怎樣的評論呢？況且大業剛剛開創出這麼個大好局面，希望陛下不要聽信那些讒夫挑撥離間的話而懷疑自己的兄弟。兄弟如果都不可信，其他人還有誰值得相信呢！」呼延攸、劉銳大怒，就衝著劉盛說：「今天商議的事情，沒有第二個道理可講，你剛才說的是什麼話呀！」立即命令左右侍從用刀捅死了劉盛。看到安昌王劉盛被殺，安邑王劉欽非常害怕，趕緊說：「我對陛下惟命是從。」二十一日壬午，西昌王劉銳率領馬景到平陽西面的單于臺攻打楚王劉聰，呼延攸率領永安王劉安國到司徒府圍攻齊王劉裕，侍中劉乘率領安邑王劉欽攻打魯王劉隆，派尚書田密、武衛將軍劉璿攻打北海王劉乂。田密、劉璿挾持著劉乂劈開平陽城門去投奔劉聰，劉聰命令士兵穿上鎧甲等待劉銳的進攻。劉銳得知劉聰已有準備，迅速返回，與呼延攸、劉乘合兵一處攻打魯王劉隆、齊王劉裕。呼延攸、劉乘懷疑劉安國、劉欽心懷異志，就先行把他們殺死。當天，殺死了齊王劉裕。二十二日癸未，又殺死了魯王劉隆。二十三日甲申，劉聰攻入平陽城的西明門。劉銳等人逃入南宮，劉聰的前鋒部隊緊追不捨。二十四日乙酉，劉聰在光極殿的西屋殺死了劉和，逮捕了劉銳、呼延攸、劉乘，將他們的人頭砍下來掛在十字街頭的高竿上示眾。

文武大臣請求劉聰即皇帝位，劉聰因為北海王劉乂是單太后所生，是皇帝劉淵的嫡子，所以就將皇帝的寶座讓給北海王劉乂。劉乂痛哭流涕，堅決請求劉聰即皇帝位，劉聰過了好久才答應，劉聰對群臣說：「北海王劉乂以及文武群臣因為時局動盪、災禍不斷，考慮我年歲較大才把我推上皇帝寶座。這是關係國家興亡的大事情，我哪裡敢再推辭！等劉乂長大之後，我就把國家大權歸還給他。」於是劉聰即皇帝位。宣布大赦，改年號為光興。尊單氏為皇太后，尊自己的生母張氏為帝太后。封北海王劉乂為皇太弟，兼任大單于、大司徒。立妻子呼延氏為皇后。皇后呼延氏，是劉淵皇后的堂妹。劉聰封自己的兒子劉粲為河內王，劉易為河間王，劉翼為彭城王，劉悝為高平王。仍然以劉粲為撫軍大將軍，都督中外諸軍事。任命石勒為并州刺史，封石勒為汲郡公。

略陽郡郡治所在地臨渭的氐族部落首領蒲洪驍勇善戰，很有權謀，其他的氐族部落都因為懼怕他而聽命於他。漢主劉聰派遣使者任命蒲洪為平遠將軍，蒲洪拒絕接受劉聰的任命，他自稱護氐校尉、秦州刺史、略陽公。

九月十一日辛未，劉聰將漢主劉淵安葬於永光陵，諡為光文皇帝，祭廟稱為高祖廟。

雍州的流民大多都滯留在南陽郡，晉懷帝下詔讓他們返回故里。而流民認為關中荒涼殘破，都不願意回去。征南將軍山簡、南中郎將杜蕤分別派遣士兵護送流民回鄉，並設定期限催促他們按期出發。京兆人王如於是悄悄地聯絡壯士，趁黑夜偷襲、打敗了山簡、杜蕤派來護送流民的軍隊。於是馮翊人嚴嶷、京兆人侯脫各自聚集民眾攻城略鎮，殺掉所在縣的縣令、縣長，以響應王如。沒過多久，王如就聚集了四五萬人，自稱大將軍，兼任司州、雍州二州刺史，歸附於劉聰，自稱是劉聰的諸侯、部屬。

冬季，十月，河內王劉粲、始安王劉曜以及王彌率領四萬軍隊進攻洛陽。并州刺史石勒率領二萬騎兵在大陽縣與河內王劉粲會師，他們在澠池縣打敗了晉國的監軍裴邈，隨後長驅直入進入洛川地區。河內王劉粲率軍出轘轅關，在梁郡、陳郡、汝南郡、潁川郡一帶縱兵搶掠。石勒率軍出成皋關，十三日壬寅，石勒企圖將陳留郡太守王讚圍困於倉垣，結果被王讚打敗，石勒將軍隊撤退到黃河文石津渡口駐紮。

劉琨獨自率領軍隊討伐匈奴鐵弗氏首領劉虎以及鮮卑族的白部落，派遣使者攜帶著厚重的禮物低聲下氣地請求鮮卑拓跋猗盧派兵幫助作戰。拓跋猗盧便派自己的弟弟拓跋弗的兒子拓跋鬱律率領二萬騎兵協助劉琨作戰，於是劉琨打敗了劉虎和白部落，踏平了他們的營寨。劉琨與拓跋猗盧結拜為異姓兄弟，劉琨向朝廷上表奏請任命拓跋猗盧為大單于，朝廷於是把代郡封給拓跋猗盧，封拓跋猗盧為代公。當時代郡屬於幽州管轄，幽州刺史王浚不同意，於是派軍隊攻打拓跋猗盧，拓跋猗盧出兵抵抗，並把王浚打敗。王浚因此與劉琨結下怨仇。

拓跋猗盧因為封地代郡離自己的根據地太遠，而且隔著其他郡縣，不便於管理，於是就率領自己部落的一萬多家從雲中郡進入雁門郡，向劉琨請求把陘嶺以北的地盤劃歸自己所有。劉琨一方面確實無法制止拓跋猗盧這樣做，另外也想倚重拓跋猗盧的勢力作自己的後援，於是便把樓煩縣、馬邑縣、陰館縣、繁時縣、崞縣五個縣的居民全部遷移到陘嶺以南地區，而把五縣的土地劃給了拓跋猗盧。因此，拓跋猗盧的勢力更加強盛起來。

并州刺史劉琨派遣使者勸說太傅司馬越，請求朝廷派遣軍隊共同討伐漢主劉聰、石勒。司馬越正在疑心苟晞和豫州刺史馮嵩，擔心他們乘虛進攻洛陽，所以沒有答應劉琨的請求。劉琨於是辭退了拓跋猗盧的援兵，打發拓跋猗盧的援軍回國。

匈奴鐵弗氏首領劉虎召集起殘兵敗將，率領著他們向西渡過黃河，在朔方郡的肆盧川定居下來。漢主劉聰因為劉虎是自己的同族，所以封劉虎為樓煩公。

十月二十三日壬子，晉國任命劉琨為平北大將軍，王浚為司空，進封鮮卑族首領段務勿塵為大單于。

京師洛陽的人民飢餓困苦的程度一天比一天嚴重，太傅司馬越派遣使者用插著鳥羽以象徵情勢緊急的文書徵調全國各地的軍隊，讓他們增援京師洛陽。晉懷帝對使者們說：「你們替我告訴各征、各鎮的將軍們，就說現在出兵勤王還有救，再晚一些，恐怕就來不及了！」使者派出去之後，卻始終沒有人前來京師勤王。征南將軍山簡派遣擔任督護的王萬率領一支軍隊入京勤王，駐紮在涅陽縣，被王如打敗。王如隨即在沔水、漢水流域大肆搶掠，大軍逼近襄陽城。山簡環城自守。荊州刺史王澄親自率領軍隊，想要援救京師，當他到達沶口的時候，聽到了山簡失敗的消息，眾人立時潰散，王澄只得返回。朝中大臣多數都主張遷都以躲避災難，只有王衍認為不妥，他賣掉了自己的車、牛以安定民心。山簡困守襄陽城，被嚴嶷所逼迫，無奈之下只得拋棄襄陽城轉移到夏口屯紮。

漢國的并州刺史石勒率軍渡過黃河，準備進取南陽郡。王如、侯脫、嚴嶷等人聽說後，就派遣一萬名士兵屯紮在襄城縣抗擊石勒的進攻。石勒向他們發起猛攻，把他們的部眾全部俘虜，隨後繼續進軍，在宛縣城北駐紮下來。當時侯脫佔據宛縣，王如佔據穰縣。王如一向與侯脫不和睦，王如派使者用重金賄賂石勒，並與石勒結為異姓兄弟，勸說石勒進攻侯脫。石勒攻擊侯脫所佔據的宛縣，宛縣很快被攻佔。嚴嶷率領軍隊趕來救援，還沒有到達宛縣，宛縣就已經被石勒攻克，嚴嶷沒能救成侯脫就向石勒投降了。石勒殺死了侯脫，囚禁了嚴嶷，派人把嚴嶷押送到京師平陽，把侯脫、嚴嶷的部眾全部收編到自己的部下，於是向南攻略襄陽郡，一連攻克了長江西側的三十多個軍事據點。石勒回軍，趕赴襄城。王如派自己的弟弟王璃率軍襲擊石勒，石勒迎戰王璃，把王璃消滅，石勒再次回到長江西側屯紮。

太傅司馬越殺死王延等人之後，大失眾望。又因為胡人的侵擾越來越猖獗，心內感到很不安，於是就身穿軍服入宮晉見皇帝司馬熾，請求前去討伐石勒，以穩定兗州、豫州的人心。晉懷帝對他說：「如今胡虜進犯，已經逼近洛陽郊區，人們早已沒有了固守之心，朝廷社稷的安危全都依賴於您，您怎麼能在這個時候遠離京師，使京師陷入孤立無援的境地呢？」司馬越回答說：「我離開京師出去作戰，如果僥倖打敗了賊寇，國威還可以重新振作起來，總比坐以待斃要好得多。」十一月十五日甲戌，司馬越率領四萬名帶甲的士兵向許昌進發，留下王妃裴氏、長子司馬毗以及龍驤將軍李惲、右衛將軍何倫守衛京師洛陽，監視宮廷，以防發生反對自己的政變；又任命潘滔為河南尹，負責司馬越不在京城時的一切後方事務。司馬越上表奏請允許朝廷的辦事機構跟隨自己，他任用太尉王衍為軍司，凡是朝廷中享有聲望的大臣，全都成了他的僚屬，有名的將領、精銳的士卒，全都歸到他的統領之下。於是皇宮、中書省已經沒有部隊守衛，慌亂、饑饉一日比一日嚴峻，皇宮之內餓死的人橫三豎四地躺倒在地上，盜賊公開搶劫，洛陽城內的各部衙門、各處兵營，全都挖掘戰壕自守。司馬越率領朝廷的四萬軍隊向東來到項縣駐紮下來，免去馮嵩豫州刺史的職務，任命馮嵩為軍中左司馬，司馬越自己兼任了豫州刺史。

竟陵王司馬楙請求晉懷帝派兵襲擊何倫，沒有取勝。晉懷帝把罪責推到司馬楙身上，司馬楙得知消息後立即逃竄，得免一死。

揚州都督周馥因為洛陽形勢孤立，危在旦夕，於是上疏奏請朝廷把都城遷往壽春。太傅司馬越因為周馥沒有事先向自己請示就直接給朝廷上書，因此大怒，他派人召周馥和淮南郡太守裴碩來見。周馥不肯去見司馬越，他讓裴碩率領軍隊先行向洛陽進發。裴碩詐稱接到司馬越的密旨讓他襲擊周馥，結果反被周馥打敗，裴碩退入東城縣據守。

晉懷帝下詔，擢升涼州刺史張軌為鎮西將軍，都督隴右諸軍事。擔任光祿大夫的傅祗、擔任太常卿的摯虞都寫信給張軌，把京師洛陽遭遇饑饉、物資極度匱乏的情況告訴了他。張軌派遣參軍杜勳向朝廷貢獻了五百匹馬、三萬匹毛毯和布匹。

成國太傅李驤率軍攻打據守涪城的譙登，羅尚的兒子羅宇以及參佐一向憎惡譙登，因此不供應糧食給譙登。益州刺史皮素瞭解情況後，非常生氣，就想治羅宇和參佐的罪。十二月，皮素到達巴郡，羅宇等人派人在夜間暗殺了皮素。建平郡的都尉暴重又殺死了羅宇，巴郡一時陷於混亂之中。李驤瞭解到譙登已經糧盡援絕，就加緊攻打涪城。涪城之內的士民用煙熏出洞裡的老鼠食用，餓死的人非常的多，但是沒有一個人出城叛逃。李驤的兒子李壽原先曾在譙登那裡，譙登把李壽放歸。三府的官員向朝廷上表奏請任命擔任巴東監軍的南陽郡人韓松為益州刺史，負責治理巴東郡。

當初，晉懷帝因為漢國的王彌、石勒進逼洛陽郊區，形勢十分危急，就下詔命令苟晞率領州郡的地方部隊前去討伐王彌、石勒。正好遇上漢將曹嶷已經攻破琅邪郡，正在向北攻取齊國，軍隊的聲勢十分浩大，苟純關閉了臨淄城門以據守。苟晞只得率領軍隊回救青州，他與曹嶷一連打了幾次仗，終於將曹嶷打敗。

這一年，寧州刺史王遜到了寧州任所，他向朝廷上表奏請任命李釗為朱提郡太守。當時寧州外部受到成國的威逼，內部又有少數民族叛亂，城邑一片廢墟。王遜身穿粗布衣服，以菜蔬當飯，他召集那些離散的居民，安撫那裡的百姓，從來不知道疲倦，幾年之間，寧州境內就恢復了平靜。王遜誅殺了十幾家不遵紀守法的豪門大戶，又因為五苓夷過去帶頭叛亂，就發兵消滅了五苓夷，於是寧州境內境外全都受到震懾而順服了。

漢主劉聰覺得自己是超越弟兄的次序而繼承皇位，因此對自己的同胞哥哥劉恭非常忌恨，趁劉恭睡覺的時候，把劉恭居室的牆壁鑿了一個洞，進去刺殺了劉恭。

漢國的皇太后單氏去世，漢主劉聰就尊奉自己的生母張氏為皇太后。皇太后單氏年輕貌美，劉聰與她通姦。太弟劉乂屢次規勸單太后，單太后因為羞愧、生氣而死。劉聰對劉乂的寵愛於是逐漸衰弱，然而因為皇太后單氏的緣故，劉乂皇太弟的地位還沒有被廢掉。劉聰的皇后呼延氏對劉聰說：「父親死了就應該由兒子繼承，這是古今不變的道理。陛下繼承高祖的大業，那麼太弟是做什麼的呢！陛下百年之後，劉粲兄弟必然連一個子孫也剩不了！」劉聰說：「你說得對，讓我慢慢想辦法。」呼延皇后又說：「事情拖延下去就會發生變亂。太弟劉乂看到劉粲兄弟漸漸長大，心裡必定感到不安。萬一有奸佞小人從中進行挑撥、煽動，災禍未必今天就不會發生。」劉聰心裡認為呼延皇后說得對。劉乂的舅父光祿大夫單沖哭著對劉乂說：「關係疏遠的人不可能離間血緣關係親近的人。陛下已經有心立河內王劉粲為太子了，殿下何不讓出太弟的位子以求免除災禍呢？」劉乂說：「河瑞末年，是主上認為自己不是嫡子，即位為帝名分不正，非要把皇位讓給我。我是看主上年齡比我大，所以把皇位推讓給他。天下，是高祖開創的天下，哥哥死了弟弟出來繼位，有什麼不可以呢？劉粲兄弟即使長大成人之後，還是和今天一樣。況且父子、兄弟之間，親疏關係能夠相差多少呢，主上怎麼會有這種想法呢？」

五年（辛未　西元三一一年）

春，正月壬申❶，苟晞為曹嶷所敗，棄城奔高平❷。

石勒謀保據江、漢❸，參軍都尉張賓以為不可。會軍中飢疫❹，死者太半❺，乃渡沔，寇江夏。癸酉❻，拔之。

乙亥❼，成太傅驤拔涪城❽，獲譙登，太保始❾拔巴西❿，殺文石。於是成主雄大赦，改元玉衡⑪。譙登至成都，雄欲宥之。登詞氣不屈，雄殺之。

巴、蜀流民布在荊、湘間，數為土民⑫所侵苦。蜀人李驤⑬聚眾據樂鄉⑭反，南平⑮太守應詹與醴陵令杜弢⑯共擊破之。王澄使成都內史⑰王機討驤，驤請降。澄偽許而襲殺之，以其妻子為賞⑱，沈八千餘人於江，流民益怨忿。

蜀人杜疇等復反。湘州⑲參軍馮素與蜀人汝班⑳有隙，言於刺史荀眺曰：「巴、蜀流民皆欲反。」眺信之，欲盡誅流民。流民大懼，四五萬家一時俱反。以杜弢州里重望㉑，共推為主。弢自稱梁、益二州牧，領湘州刺史。

裴碩求救於琅邪王睿，睿使揚威將軍甘卓等攻周馥於壽春。馥眾潰，奔項。豫州都督、新蔡王確㉒執之，馥憂憤而卒。確，騰之子也。

揚州刺史劉陶卒。琅邪王睿復以安東軍諮祭酒王敦為揚州刺史，尋加都督征討諸軍事。

庚辰㉓，平原王幹㉔薨。

二月，石勒攻新蔡，殺新蔡莊王確於南頓㉕，進拔許昌，殺平東將軍王康。

氐苻成、隗文復叛㉖，自宜都㉗趣巴東㉘，建平都尉暴重討之。重因殺韓松㉙，自領三府事。

東海孝獻王越[30]既與苟晞有隙，河南尹潘滔、尚書劉望等復從而譖之[31]。晞怒，表求滔等首，揚言：「司馬元超[32]為宰相不平[33]，使天下淆亂[34]，苟道將[35]豈可以不義使之[36]！」乃移檄諸州[37]，自稱功伐[38]，陳越罪狀。帝亦惡越專權，多違詔命，所留將士何倫等，抄掠公卿，逼辱公主。密賜晞手詔，使討之。晞數與帝文書往來，越疑之，使遊騎[39]於成皋間[40]伺之，果獲晞使及詔書。乃下檄罪狀晞[41]，以從事中郎楊瑁為兗州刺史，使與徐州刺史裴盾共討晞。晞遣騎收潘滔[42]，滔夜遁，得免。執尚書劉曾、侍中程延，斬之。越憂憤成疾，以後事付王衍。三月丙子[43]，薨于項[44]，祕不發喪。眾共推衍為元帥，衍不敢當，以讓襄陽王範，範亦不受。範，瑋[45]之子也。於是衍等相與奉越喪還葬東海。何倫、李惲[46]等聞越薨，奉裴妃及世子毗自洛陽東走，城中士民爭隨之。帝追貶越為縣王，以苟晞為大將軍、大都督，督青、徐、兗、豫、荊、揚六州諸軍事。

益州將吏共殺暴重，表巴郡太守張羅行三府事。羅與隗文等戰，死。文等驅掠[47]吏民，西降於成。三府文武共表平西司馬蜀郡王異行三府事，領巴郡太守。

初，梁州刺史張光會諸郡守於魏興[48]，共謀進取。張燕唱言[49]：「漢中[50]荒敗，迫近大賊[51]，克復之事[52]，當俟英雄。」光以燕受鄧定賂，致失漢中[53]，今復沮眾[54]，呵出，斬之。治兵進戰，累年乃得至漢中，綏撫荒殘[55]，百姓悅服。

夏，四月，石勒率輕騎追太傅越之喪[56]，及於苦縣寧平城[57]，大敗晉兵，縱騎圍而射之，將士十餘萬人相踐如山[58]，無一人得免者。執太尉衍、襄陽王範、任城王濟[59]、武陵莊王澹[60]、西河王喜[61]、梁懷王禧[62]、齊王超[63]、吏部尚書劉望、廷尉諸葛銓、豫州刺史劉喬、太傅長史庾敳等，坐之幕下[64]，問以晉故[65]。衍具陳禍敗之由，云計不在己[66]，且自言少無宦情[67]，不豫世事[68]。因勸勒稱尊號[69]，冀以自免。勒曰：「君少壯登朝，名蓋四海，身居重任，何得言無宦情邪？破壞天下，非君而誰？」命左右扶出。眾人畏死，多自陳述。獨襄陽王範神色儼然[70]，顧[71]呵之曰：「今日之事，何復紛紜[72]？」勒謂孔萇曰：「吾行天下多矣，未嘗見此輩人[73]，當可存乎？」萇曰：「彼皆晉之王公，終不為吾用。」勒曰：「雖然，要[74]不可加以鋒刃。」夜，使人排牆殺之[75]。濟，宣帝弟子景王陵之子。禧，澹之子也。剖越柩，焚其尸，曰：「亂天下者，此人也。吾為天下報之[76]，故焚其骨以告天地。」

何倫等至洧倉[77]，遇勒，戰敗，東海世子毗[78]〔1〕及宗室四十八王皆沒於勒。何倫奔下邳[79]，李惲奔廣宗[80]。裴妃[81]為人所掠賣[82]，久之，渡江。初，琅邪王睿之鎮建業，裴妃意也，故睿德之[83]，厚加存撫，以其子沖繼越後[84]。

漢趙固、王桑攻裴盾[85]，殺之。

杜弢攻長沙。五月，荀眺[86]棄城奔廣州，弢追擒之。於是弢南破零、桂[87]，東掠武昌[88]，殺二千石、長吏[89]甚眾。

以太子太傅傅祗為司徒，尚書令荀藩[90]為司空，加王浚大司馬、侍中、大都督，督幽、冀諸軍事，南陽王模為太尉、大都督，張軌為車騎大將軍，琅邪王睿為鎮東大將軍，兼督揚、江、湘、交、廣五州諸軍事。

初，太傅越以南陽王模不能綏撫關中[91]，表徵為司空[92]。將軍淳于定說模使不就徵[93]，模從之，表遣世子保[94]為平西中郎將，鎮上邽[95]。秦州刺史裴苞拒之，模使帳下都尉陳安攻苞，苞奔安定[96]，太守賈疋納之。

苟晞表請遷都倉垣，使從事中郎劉會將船數十艘、宿衛五百人、穀千斛迎帝。帝將從之，公卿猶豫，左右戀資財，遂不果行[97]。既而洛陽饑困，人相食，百官流亡者什八九[98]。帝召公卿議，將行而衛從不備[99]。帝撫手歎曰：「如何曾無車輿[100]？」乃使傅祗出詣河陰[101]，治舟楫[102]。朝士[103]數十人導從，帝步出西掖門[104]，至銅駝街[105]，為盜所掠，不得進而還。度支校尉[106]東郡魏浚率流民數百家保河陰之硤石[107][2]，時劫掠得穀麥[108]，獻之，帝以為揚威將軍、平陽太守，度支如故。

漢主聰使前軍大將軍呼延晏將兵二萬七千寇洛陽。比及河南[109]，晉兵前後十二敗，死者三萬餘人。始安王曜、王彌、石勒皆引兵會之，未至[110]，晏留輜重於張方故壘[111]；癸未[112]，先至洛陽；甲申[113]，攻平昌門[114]；丙戌[115]，克之，遂焚東陽門[116]及諸府寺。六月丁亥朔，晏以外繼不至，俘掠而去[117]。帝具舟於洛水，將東走，晏盡焚之。庚寅[118]，荀藩及弟光祿大夫組奔轘轅。辛卯[119]，王彌至宣陽門[120]。壬辰[121]，始安王曜至西明門[122]。丁酉[123]，王彌、呼延晏克宣陽門，入南宮，升太極前殿，縱兵大掠，悉收宮人[124]、珍寶。帝出華林園[125]門，欲奔長安，漢兵追執之，幽於端門[126]。曜自西明門入屯武庫[127]。戊戌[128]，曜殺太子詮、吳孝王晏、竟陵王楙、右僕射曹馥、尚書閭丘沖、河南尹劉默等，士民死者三萬餘人。遂發掘諸陵[129]，焚宮廟、官府皆盡。曜納惠帝羊皇后，遷帝及六璽[130]於平陽。石勒引兵出轘轅，屯許昌。光祿大夫劉蕃、尚書盧志奔并州[131]。

丁未[132]，漢主聰大赦，改元嘉平[133]。以帝為特進左光祿大夫，封平阿公。以侍中庾珉[134]、王儁為光祿大夫。珉，敳之兄也。

初，始安王曜以王彌不待己至，先入洛陽，怨之。彌說曜曰：「洛陽天下之中，山河四塞[135]，城池、宮室不假修營[136]，宜白主上[137]自平陽徙都之。」曜以天下未定，洛陽四面受敵，不可守，不用彌策而焚之。彌罵曰：「屠各子[138]，豈有帝王之意[139]邪！」遂與曜有隙，引兵東屯項關[140]。前司隸校尉劉暾說彌曰：「今九州糜沸[141]，羣雄競逐，將軍於漢建不世之功[142]，又與始安王相失[143]，將何以自容！不如東據本州[144]，徐觀天下之勢，上可以混壹四海[145]，下不失鼎峙之業[146]，策之上者也。」彌心然之。

司徒傅祗建行臺[147]於河陰，司空荀藩在陽城[148]，河南尹華薈在成皋[3]，汝陰[149]太守平陽李矩[150]為之立屋[151]，輸穀以給之。薈，歆[152]之曾孫也。

藩與弟組、族子中護軍崧，薈與弟中領軍恆建行臺於密[153]，傳檄四方，推琅邪王睿為盟主。藩承制以崧為襄城太守，矩為滎陽太守，前冠軍將軍河南褚翜為梁國內史。揚威將軍魏浚屯洛北石梁塢，劉琨承制假浚河南尹。浚詣荀藩諮謀軍事，藩邀李矩同會，矩夜赴之。矩官屬皆曰：「浚不可信，不宜夜往。」矩曰：「忠臣同心，何所疑乎？」遂往，相與結歡而去。浚族子該聚眾據一泉塢[154]，藩以為武威將軍。

豫章王端，太子詮之弟也，東奔倉垣，荀晞率羣官奉以為皇太子，置行臺。

端承制以晞領太子太傅、都督中外諸軍、錄尚書事，自倉垣徙屯蒙城[155]。

撫軍將軍秦王業，吳孝王[156]之子，荀藩之甥也，年十二，南奔密，藩等奉之，南趣許昌。前豫州刺史天水閻鼎[157]聚西州[158]流民數千人於密，欲還鄉里。荀藩以鼎有才而擁眾，用鼎為豫州刺史，以中書令李絙、司徒左長史彭城劉疇[159]、鎮軍長史[160]周顗[161]、司馬李述等為之參佐。顗，浚之子也。

時海內大亂，獨江東差安[162]，中國士民避亂者多南渡江。鎮東司馬王導說琅邪王睿，收其賢俊[163]，與之共事。睿從之，辟掾屬[164]百餘人，時人謂之「百六掾[165]」。以前潁川太守勃海刁協[166]為軍諮祭酒，前東海太守王承[167]、廣陵相卞壼[168]為從事中郎，江寧令諸葛恢、歷陽參軍陳國陳頵[169]為行參軍[170]，前太傅掾庾亮[171]為西曹掾[172]。承，渾之弟子。恢，靚之子。亮，袞[4]之弟子也。

江州刺史華軼[173]，歆之曾孫也。自以受朝廷之命而為琅邪王睿所督，多不受其教令。郡縣多諫之，軼曰：「吾欲見詔書耳。」及睿承荀藩檄，承制署置官司，改易長史[174]，軼與豫州刺史裴憲[175]皆不從命。睿遣揚州刺史王敦、歷陽內史甘卓與揚烈將軍廬江周訪合兵擊軼。軼兵敗，奔安成[176]。訪追斬之，及其五子。裴憲奔幽州。睿以甘卓為湘州刺史，周訪為尋陽太守，又以揚武將軍陶侃為武昌太守。

【章 旨】以上為第三段，寫晉懷帝永嘉五年（西元三一一年）上半年的大事，主要寫了東海王司馬越與苟晞爭權奪利，互動刀兵，司馬越因失敗而憂憤以死，臨死將國家大權交付與王衍執掌；寫了石勒引兵追擊司馬越的喪車，破殺晉兵十餘萬，活捉王衍、司馬範、司馬濟、司馬譫等一大批王公貴臣，最後都被石勒殺死，並對司馬越剖棺焚屍；寫了劉聰派呼延晏、劉曜、王彌、石勒等進攻洛陽，俘獲晉懷帝；寫了司馬睿在江南網羅才俊，並將勢力發展到荊州一帶。此外還有荊湘流民擁立地方官吏杜弢為主，杜弢遂自稱梁益二州牧等等。

【注 釋】❶壬申 正月十四日。❷高平 縣名，縣治在今山東微山縣西北。❸保據江漢 佔據長江、漢水地區（今湖北中部）。❹飢疫 糧食缺乏，瘟疫流行。❺太半 一大半。❻癸酉 正月十五日。❼乙亥 正月十七日。❽涪城 縣名，縣治在今四川綿陽城東北。❾太保始 李始，現為太保之職。❿巴西 郡名，郡治今四川閬中。⓫改元玉衡 在此之前為李雄「晏平六年」。⓬土民 猶言「土著」，當地的居民。⓭蜀人李驤 流亡到荊州的蜀人，與成漢太傅李驤不是同一人。⓮樂鄉 晉縣名，縣治在今湖北松滋東。⓯南平 晉郡名，郡治江安，在今湖北公安西北。⓰醴陵令杜弢 醴陵，即今湖南醴陵。杜弢，字景文，蜀郡成都人，流亡荊湘間，受南平太守應詹賞識，任以為醴陵令。傳見《晉書》卷一百。⓱成都內史 成都國的行政長官。晉惠帝時，益州大亂，割荊州的華容（今湖北監利北）、川陵（今湖北監利東）、監利（今湖北監利北）三縣，別立豐都縣（縣治在今湖北監利東北），置成都郡為成都王司馬穎的采邑，稱「成都國」。成都王穎雖前已死，此時封地尚未廢除。⓲以其妻子為賞 把李驤的妻子兒女（當做奴隸）賞給士兵。⓳湘州 晉州名，州治即今湖南長沙。⓴汝班 人名，姓汝名班。㉑州里重望 在巴蜀來的同鄉流民中，威望很高。㉒新蔡王確 司馬確，司馬騰的兒子，司馬越的姪子。被封為新蔡王，都城即今河南新蔡。㉓庚辰 正月二十二。㉔平原王幹 司馬幹，司馬懿之子。㉕南頓 晉縣名，縣治在今河南項城西。㉖氐苻成隗文復叛 氐族人苻成叛李流歸降羅尚事，見本書卷八十五太安二年。㉗宜都 即今湖北宜都。㉘趣巴東 向巴東進兵。巴東，即今重慶市奉節。㉙韓松 時為益州刺史，暫駐巴東。㉚東海孝獻王越 司馬越，東海王是其封號，孝獻二字是諡。㉛從而譖之 又附和著說苟晞的壞話。㉜司馬元超 即司馬越，字元超。㉝不平 不公平。㉞淆亂 混亂。㉟苟道將 苟晞自稱。苟晞字道將。㊱以不義使之 讓這種不仁不義之人來驅使我。㊲移檄諸州 向各州傳布文告。㊳功伐 功績。㊴遊騎遊動巡邏的騎兵。(40)成皋間　即成皋（今河南滎陽汜水鎮虎牢關）一帶，其地處於洛陽與東方的交通要衝。(41)罪狀晞　公布苟晞的罪狀。(42)收潘滔　逮捕潘滔。(43)三月丙子　三月十九。(44)薨于項　在項縣去世。「八王之亂」的第八王至此結束。司馬越自惠帝光熙元年（西元三〇六年）當權，至本年三月，歷時四年八個月。(45)瑋　司馬瑋，司馬炎之子，被封為楚王，惠帝永平元年（西元二九一年）被賈后所殺。(46)何倫李惲　司馬越留守在洛陽的重要將領。(47)驅掠　驅趕、劫持。(48)魏興　晉郡名，郡治在今陝西安康西北。(49)唱言　帶頭提出。(50)漢中　晉郡名，郡治南鄭，在今陝西漢中東。(51)大賊　指成國李雄政權。(52)克復之事　指收復南鄭與漢中地區。(53)失漢中　事見本書卷八十六永嘉元年。(54)沮眾　敗壞士氣。(55)綏撫荒殘　安撫深受戰亂之苦的百姓。(56)太傅越之喪　太傅司馬越的靈車。(57)苦縣寧平城　當時的苦縣縣治在今河南鹿邑東。(58)相踐如山　互相踐踏，屍首堆積如山。(59)任城王濟　司馬濟，司馬懿之弟，司馬通的孫子。(60)武陵莊王澹　司馬澹，司馬伷之子，司馬懿之孫。(61)西河王喜　司馬懿之弟，司馬彬的後代。(62)梁懷王禧　梁王司馬彤的過繼兒子。(63)齊王超　齊王司馬冏的兒子。(64)坐之幕下　讓他們在大營的帳前坐下來。(65)問以晉故　問他們晉王朝何以弄到這般地步。(66)云計不在己　說主意不是自己出的。(67)少無宦情　從小就沒有當官從政的願望。(68)不豫世事　不參與、不過問國家大事。(69)勸勒稱尊號　反過來倒慫恿石勒即位做皇帝。(70)儼然　此處猶言「凜然」，嚴峻鄭重的樣子。(71)顧　環顧。(72)何復紛紜　還有什麼可亂說的。(73)未嘗見此輩人　意指一個個眉目清秀，相貌堂堂。(74)要　猶言無論如何。(75)排牆殺之　推倒牆壁，趁睡覺時把他們都砸死了。(76)為天下報之　為普天下的黎民百姓申冤報仇。(77)洧倉　鄉邑名，在當時的許昌（今許昌東）城北。(78)東海世子毗　東海王司馬越的長子司馬毗。(79)下邳　晉縣名，縣治在今江蘇睢寧西北。(80)廣宗　晉縣名，縣治在今河北威縣東。(81)裴妃　東海王司馬越的妃子。(82)掠賣　劫持販賣。(83)德之　感激裴妃的好處。(84)以其子沖繼越後　把自己的兒子司馬沖過繼給她作司馬越的後代。(85)裴盾　時為晉朝之徐州刺史，鎮守彭城。(86)荀眺　時為湘州刺史，駐守長沙。(87)零桂　零陵與桂陽，皆晉郡名，零陵郡的郡治即今湖南零陵，桂陽郡的郡治即今湖南郴州。(88)武昌　晉郡名，郡治即今湖北鄂城。(89)二千石長吏　郡太守與郡中上層主事官員。(90)荀藩　字大堅，荀勗之子。曾為黃門侍郎、尚書令。傳見《晉書》卷三十九。(91)不能綏撫關中　當時關中地區饑疫流行，盜賊四起，司馬模為秦、冀、梁、益四州都督，駐守長安而不能治。(92)表徵為司空　讓皇帝召司馬模回朝擔任司空。(93)不就徵　不服朝廷的調動。(94)世子保　司馬模的世子司馬保。世子，意同太子，王位的繼承人。(95)上邽　即今甘肅天水市，當時為秦州的州治所在地。(96)安定　晉郡名，郡治臨涇，在今甘肅鎮原東南。(97)不果行　沒有成行。(98)什八九　十分之八九。(99)衛從不備　皇家衛隊零落不全。(100)曾無車輿　竟然連輛車子也沒有。曾，竟然。(101)河陰　晉縣名，縣治在今河南孟津東，在洛陽東北約五十里處。❨102❩治舟楫　籌措船隻。❨103❩朝士　朝廷官員。❨104❩西掖門　宮廷前面的西側門。❨105❩銅駝街　在洛陽城裡的皇宮南面，是當時京都最廣闊繁華的大街，因有從長安運來的漢代銅駝而得名。❨106❩度支校尉　負責運輸、貯藏國家物資的官員。❨107❩硤石　古地名，在今河南孟津西，為黃河渡口之一。❨108❩縠麥　沒有脫皮的麥粒。❨109❩比及河南　從向晉王朝發起進攻到抵達洛陽的一路上。河南，黃河以南，亦即洛陽城北。❨110❩未至　在劉曜、王彌、石勒諸軍尚未到達之前。❨111❩張方故壘　司馬顒的部將張方當年在洛陽時駐兵的營壘，在洛陽城西七里，張方佔據洛陽事，見本書卷八十五惠帝永興元年。❨112❩癸未　五月二十七。❨113❩甲申　五月二十八。❨114❩平昌門　洛陽城南面東頭第一門。❨115❩丙戌　五月三十。❨116❩東陽門　洛陽城東面南頭第二門。❨117❩俘掠而去　俘獲了一批士民、搶劫了大量財物離洛陽而去。❨118❩庚寅　六月初四。❨119❩辛卯　六月初五。❨120❩宣陽門　洛陽城南面東頭第四門。❨121❩壬辰　六月初六。❨122❩西明門　洛陽城西面南頭第二門。❨123❩丁酉　六月十一。❨124❩宮人　宮女。❨125❩華林園　洛陽皇宮中的園林。❨126❩端門　皇宮的正面第一道門。❨127❩武庫　國家的軍械庫。❨128❩戊戌　六月十二。❨129❩諸陵　晉朝歷代皇帝的陵墓。❨130❩六璽　皇帝的六方玉璽。❨131❩奔并州　指投奔劉琨。時劉蕃為并州刺史，劉蕃是劉琨的父親。❨132❩丁未　六月二十一。❨133❩改元嘉平　在此之前是劉聰的「光興二年」。❨134❩庾珉　字子琚，庾峻之子。傳見《晉書》卷五十。❨135❩山河四塞　四面有山河作屏障。❨136❩不假修營　用不著再修葺營建就可以居住。❨137❩主上　即劉聰。❨138❩屠各子　猶今所謂紈袴子弟。「屠各」是匈奴族中一個高貴的支派。歷代單于都出自於屠各一支。❨139❩帝王之意　成就帝王一統大業的志向與膽略。❨140❩項關　在河南項縣（今沈丘）境內。❨141❩糜沸　如稀粥滾沸。❨142❩不世之功　世上罕見的功勳。❨143❩相失　彼此失去和氣。❨144❩本州　指青州。王彌是青州東萊人。❨145❩混壹四海　統一天下。❨146❩鼎峙之業　與他人鼎立抗衡割據一方的事業。❨147❩行臺　朝廷的派出機構，臨時行使朝廷職權。❨148❩陽城　晉縣名，縣治今河南登封東南的告成鎮。❨149❩汝陰　晉郡名，郡治即今安徽阜陽。❨150❩李矩　字世迴，平陽（今山西臨汾）人，初為牙門將，劉淵攻平陽，他率鄉人南屯滎陽、新鄭為塢主。傳見《晉書》卷六十三。❨151❩立屋　建立官舍。❨152❩歆　華歆，字子魚，曹魏的名臣。傳見《三國志》卷十三。❨153❩密　晉縣名，在今河南新密東南。❨154❩一泉塢　又名「一合塢」、「一全塢」，在河南宜陽西。❨155❩蒙城　即蒙縣縣城，在今河南商丘東北二十二里。❨156❩吳孝王　即吳王司馬晏，司馬炎之子，孝字是謚。❨157❩閻鼎　字台臣，天水郡（治今甘肅甘谷東）人。傳見《晉書》卷六十。❨158❩西州　指甘肅一帶。❨159❩劉疇　字王喬，劉隗之子。傳見《晉書》卷六十九。❨160❩鎮軍長史　鎮軍將軍的僚屬，時司馬越之子司馬毗為鎮軍將軍。❨161❩周顗　字伯仁，安東將軍周浚之子，後為東晉名臣。傳見《晉書》卷六十九。❨162❩差安　稍稍安定。❨163❩收其賢俊　招收賢能才俊。❨164❩辟掾屬　聘請他們做自己的僚屬。❨165❩百六掾　一百零六個掾屬。❨166❩刁協　字玄亮，渤海饒安（今河北鹽山縣西南）人，西晉時曾為潁川太守，後成為元帝心腹。傳見《晉書》卷六十九。(167)王承　字安期，曾為東海王記室參軍、東海太守等職。傳見《晉書》卷七十五。(168)卞壼　字望之，濟陽冤句（今山東曹縣北）人，永嘉中任著作郎、從事中郎。傳見《晉書》卷七十。(169)陳頵　字延思。傳見《晉書》卷七十一。(170)行參軍　官職名，晉初制度，朝廷除拜為「參軍」，各府自辟為「行參軍」。以後朝廷也可除拜行參軍。(171)庾亮　字元規，後為東晉名臣。傳見《晉書》卷七十三。(172)西曹掾　丞相、諸公，或位從公府的僚屬，為西曹長官，掌府吏署用。(173)華軼　字彥夏，歷任振威將軍、江州刺史。傳見《晉書》卷六十一。(174)改易長吏　更換各州郡官員。(175)裴憲　字景思，封安定郡公。傳見《晉書》卷三十五。(176)安成　晉郡名，郡治平都，在今江西安福東南。

【校　記】1眦　原無此字。據章鈺校，甲十一行本、乙十一行本皆有此字，今據補。2硤石　原作「峽石」。據章鈺校，甲十一行本、乙十一行本皆作「硤石」，今據校改。按，《晉書》卷六十三〈魏浚傳〉亦作「硤石」。3成皋　原作「城皋」，今據嚴衍《通鑑補》改作「成皋」。按，《晉書》卷六十三〈李矩傳〉、《通鑑紀事本末》卷十二下皆作「成皋」，且二書他處亦未見有作「城皋」者，可證「成皋」之確。4衮　原作「兗」。據章鈺校，甲十一行本、乙十一行本皆作「衮」，張敦仁《通鑑刊本識誤》同，今從改。

【語　譯】五年（辛未　西元三一一年）

春季，正月十四日壬申，苟晞被漢將曹嶷打敗後，棄城逃往高平縣。

漢國并州刺史石勒圖謀佔據長江、漢水地區，擔任參軍都尉的張賓認為不可以。又遇上軍中糧食缺乏，瘟疫流行，軍人當中餓死、病死了一大半，於是石勒率領軍隊渡過沔水，進犯江夏郡。十五日癸酉，石勒的軍隊攻佔了江夏郡。

正月十七日乙亥，成國太傅李驤攻克了涪城縣，俘獲了譙登，太保李始攻下了巴西郡，殺死了叛將文石。於是成主李雄頒布大赦令，改年號為玉衡。譙登被押送到成都，成主李雄想要赦免他。譙登言辭、語氣十分強硬，毫不屈服，李雄只得將譙登殺死。

巴、蜀的流民分布在荊州、湘州之間，屢次受到當地居民的掠奪侵擾，苦不堪言。流亡到荊州的蜀人李驤於是聚集人眾佔據樂鄉縣造反，晉國南平郡太守應詹與醴陵縣令杜弢聯合起來打敗了李驤。王澄讓成都國內史王機討伐李驤，李驤請求投降。王澄假裝接受李驤的投降卻突然發動襲擊把李驤殺死，把李驤的妻子兒女當作獎品賞給了有功之人，把俘獲的八千多人全部扔到長江裡活活淹死了，流民因此更加怨恨。

流亡到荊州的蜀人杜疇等人又造反了。擔任湘州參軍的馮素與蜀人汝班有仇恨，馮素就對湘州刺史荀眺說：「巴、蜀的流民都想造反。」荀眺聽信了馮素的讒言，就想把巴、蜀的流民全部消滅。巴、蜀流民得知消息後非常恐懼，於是四五萬家流民一時之間全都起來造反。因為杜弢在巴、蜀的同鄉流民中威望最高，於是就共同推舉杜弢為首領。杜弢自稱梁州、益州二州牧，兼任湘州刺史。

淮南太守裴碩被周馥打敗後，便向琅邪王司馬睿求救，司馬睿派遣揚威將軍甘卓等率軍前往壽春攻打周馥。周馥的部眾全部潰散，周馥逃奔項縣。被豫州都督、新蔡王司馬確俘獲，周馥憂憤而死。司馬確，是司馬騰的兒子。

楊州刺史劉陶去世。琅邪王司馬睿又任命擔任安東軍諮祭酒的王敦為楊州刺史，不久，又加封王敦為都督征討諸軍事。

正月二十二日庚辰，平原王司馬幹去世。

二月，漢國并州刺史石勒率軍進攻新蔡，在南頓縣殺死了新蔡莊王司馬確，接著又攻下了許昌，殺死了平東將軍王康。

氐族人苻成、隗文再次叛變，他們從宜都向巴東方向流竄，建平都尉暴重率軍討伐苻成、隗文。暴重趁機殺死了益州刺史韓松，自己兼任了平西將軍府、益州刺史府、西戎校尉府的三府職務。

東海孝獻王司馬越與苟晞之間已經產生隔閡，河南尹潘滔、尚書劉望等人又落井下石，在司馬越面前說苟晞的壞話。苟晞知道後非常憤怒，就上表索要潘滔等的人頭，他放出風聲說：「司馬元超做宰相處事不公正，才導致天下混亂，我苟道將怎麼能讓這種不仁不義的人來驅使呢！」於是苟晞向各州傳布文告，表白自己的功績，列舉司馬越的罪狀。晉懷帝也厭惡司馬越專擅朝政，多次違背自己的旨意，司馬越離開京師時留下守衛京師的將領何倫等又橫行不法，竟然查抄、搶掠公卿大臣的財物，逼迫羞辱公主。於是懷帝就祕密賜手詔給苟晞，命令苟晞討伐司馬越。苟晞多次與晉懷帝有書信往來，這自然引起了司馬越的懷疑，司馬越就派遣騎兵在成皋一帶往來巡視偵查，果然抓獲了苟晞的使者和晉懷帝寫給苟晞的詔書。司馬越於是發布檄文公布苟晞的種種罪狀，他任命擔任從事中郎的楊瑁為兗州刺史，讓楊瑁與徐州刺史裴盾共同討伐苟晞。苟晞派遣騎兵去抓捕潘滔，潘滔連夜逃跑，才免於被抓獲。苟晞逮捕了尚書劉曾、侍中程延，將他們全部斬殺。司馬越由於憂憤過度而釀成重病，臨終前，他將後事託付給了王衍。三月十九日丙子，司馬越在項縣去世，王衍將司馬越逝世的消息封鎖起來沒有對外發布。眾人共同推舉王衍為元帥，王衍不敢承擔此項重任，他把元帥的職位推讓給襄陽王司馬範，司馬範也不敢接受。司馬範，是司馬瑋的兒子。當時王衍等人準備護送司馬越的靈柩回司馬越的封國東海安葬。司馬越留守在洛陽的重要將領何倫、李惲等人聽到司馬越去世的消息後，就保護著裴妃和司馬越的長子司馬毗離開洛陽向東而走，洛陽城中的官吏和百姓都爭相跟隨著他們。晉懷帝撤銷了司馬越的封號，貶司馬越為縣王，任命苟晞為大將軍、大都督，統管青州、徐州、兗州、豫州、荊州、楊州六州諸軍事。

益州的將吏共同殺死了建平都尉暴重，上表奏請朝廷任命巴郡太守張羅負責平西將軍府、益州刺史府、西戎校尉府三府的政務。張羅與隗文等人作戰，陣亡。隗文等劫持著當地的官吏和百姓，向西投降了成國。三府的文武官員共同上表奏請擔任平西司馬的蜀郡人王異代理三府的事務，兼任巴郡太守。

當初，梁州刺史張光在魏興郡召集各郡太守開會，共同商議收復漢中郡的辦法。張燕帶頭提出建議說：「漢中郡荒涼破敗，緊挨李雄所建大成國的國境，深受大成國的逼迫，收復漢中郡的事情，應當等待真正的英雄人物出來再去收復。」張光認為是張燕接受了鄧定的賄賂，才導致漢中郡的失守，如今張燕又敗壞士氣，於是將張燕呵斥出去，命人將他處死。張光隨後整頓軍隊，開始了收復漢中的征戰，一連征戰了好幾年才收復了漢中郡，張光安撫深受戰亂之苦的百姓，百姓們都很高興，真心擁戴張光。

夏季，四月，漢國的并州刺史石勒率領輕騎兵追趕晉國太傅司馬越的靈車，一直追到苦縣的寧平城才追上，他們把晉兵打得大敗後，又命令騎兵把潰敗的晉軍團團圍住用箭射殺，晉軍的十多萬將士互相踐踏，屍首堆積如山，無一人能夠幸免於難。石勒俘獲了晉國太尉王衍、襄陽王司馬範、任城王司馬濟、武陵莊王司馬澹、西河王司馬喜、梁懷王司馬禧、齊王司馬超、吏部尚書劉望、廷尉諸葛銓、豫州刺史劉喬、太傅長史庾敳等人，石勒讓他們在大營的帳前坐下來，向他們詢問晉王朝弄到這般地步的原因。王衍詳細地陳述了晉國禍亂衰敗的根由，並表白主意不是自己出的，而且說自己從小就沒有當官從政的願望，從不參與、不過問政治。他趁機勸說石勒做皇帝，希望以此求得石勒的寬宥。石勒說：「你在年輕的時候就入朝為官，名聲傳布四海，肩負著朝廷重任，怎麼能說沒有當官從政的願望呢？敗壞國家的責任，不是你是誰呢？」石勒下令左右跟隨的人把王衍拉出去。眾人全都怕死，多數人都主動向石勒表白了一番。唯獨襄陽王司馬範神色嚴峻凝重，環顧四周大聲斥責說：「如今到了這種地步，還有什麼可亂說的？」石勒對孔萇說：「我走遍了天下的許多地方，從來沒有見過這類的人，應當留下他們的性命嗎？」孔萇說：「他們都是晉國的王公大臣，終究不會為我們效勞。」石勒說：「雖是如此，無論如何不能用刀殺死他們。」夜間，石勒趁他們不注意時讓人推倒牆壁把他們全都砸死了。任城王司馬濟，是宣帝司馬懿弟弟的兒子景王司馬陵的兒子。梁懷王司馬禧，是司馬澹的兒子。石勒命人砍開司馬越的靈柩，焚燒了司馬越的屍體，他說：「造成天下混亂的，就是這個人。我替天下人報仇雪恨，所以焚燒了他的屍骨來告慰天地。」

何倫等人到達洧倉，遭遇石勒，被石勒打敗，東海王司馬越的長子司馬毗以及皇室的四十八個親王都被石勒殺死。何倫逃奔下邳縣，李惲逃往廣宗縣。東海王司馬越的妃子裴氏被人劫持販賣了，過了很久之後，裴氏才渡過長江投奔了鎮守建業的琅邪王司馬睿。當初，琅邪王司馬睿得以鎮守建業就是裴妃出的主意，司馬睿非常感激裴妃，所以對裴妃特別優待，對她進行慰問和安撫，並把自己的兒子司馬沖過繼給裴氏作司馬越的後代。

漢國的將領趙固、王桑率軍攻打晉朝鎮守彭城的徐州刺史裴盾，把裴盾殺死。

流民首領杜弢率領部眾進攻長沙。五月，駐守長沙的湘州刺史荀眺棄城逃往廣州，杜弢隨後追趕，俘虜了荀眺。於是杜弢向南攻下了零陵郡、桂陽郡，向東攻取武昌郡，殺死了很多俸祿在二千石的官吏和郡中上層官員。

晉懷帝任命太傅傅祗為司徒，尚書令荀藩為司空，擢升幽州刺史王浚為大司馬、侍中、大都督，統領幽州、冀州諸方面軍事，任命南陽王司馬模為太尉、大都督，涼州刺史張軌為車騎大將軍，琅邪王司馬睿為鎮東大將軍，兼管揚州、江州、湘州、交州、廣州五州諸軍事。

當初，關中地區飢疫流行，盜賊四起，太傅司馬越認為南陽王司馬模不能勝任鎮撫關中的重任，所以上表請求徵召司馬模回朝擔任司空。將軍淳于定勸說司馬模不要服從進京擔任司空的調動，司馬模聽從了淳于定的勸告，司馬模上表請求任命他的世子司馬保為平西中郎將，鎮守上邽。秦州刺史裴苞拒絕接納司馬保，於是司馬模派遣帳下都尉陳安率軍攻打裴苞，裴苞逃往安定郡，安定太守賈疋接納了裴苞。

苟晞上表請求懷帝司馬熾把國都遷往倉垣，他派遣擔任從事中郎將的劉會率領幾十艘大船、五百名警衛、一千斛糧食前往洛陽迎接晉懷帝。懷帝想聽從苟晞遷都的意見，而公卿大臣卻猶豫不決，左右的侍從人員又貪戀洛陽的家資財產，於是沒有成行。不久，洛陽城內凡是可吃的東西全都被吃光了，人們飢餓得到了人吃人的地步，文武百官中十有八九都流亡逃走了。晉懷帝召集公卿商議，準備遷都而皇家衛隊已經零落不全。晉懷帝搓著雙手感歎地說：「怎麼竟然連輛車子也沒有了？」於是便派傅祗到河陰縣去籌措船隻。數十名朝廷官員在前面引導，晉懷帝司馬熾步行從西側門走出皇宮，當來到銅駝街時，又遭遇到強盜的搶劫，因無法前進只好又回到皇宮。擔任度支校尉的東郡人魏浚率領幾百家流民守護著河陰縣的硤石，當時搶劫到一些沒有脫皮的麥粒，貢獻給晉懷帝，晉懷帝便任命魏浚為揚威將軍、平陽郡太守，原來的度支校尉職務仍舊保留不變。

漢主劉聰派遣前軍大將軍呼延晏率領二萬七千人攻打洛陽。在他們進抵黃河南岸的一路上，晉國的軍隊連續十二次被呼延晏打敗，死了三萬多人。漢國的始安王劉曜、王彌、石勒都率領軍隊前來與呼延晏會師，在劉曜、王彌、石勒各軍尚未到達洛陽之前，呼延晏把輜重留在當年司馬顒的部將張方駐軍的營壘中；五月二十七日癸未，呼延晏率先到達洛陽；二十八日甲申，呼延晏開始攻打洛陽城南面的平昌門；三十日丙戌，呼延晏攻入洛陽城，隨後放火焚燒了洛陽城東面的東陽門以及城內的各處衙門。六月初一日丁亥，呼延晏因為後續部隊沒有到達，就俘虜了一批士民、搶劫了大量財物後離開了洛陽。晉懷帝在洛水準備了船隻，準備向東撤退，呼延晏把這些船隻全部焚毀。初四日庚寅，荀藩和他的弟弟、擔任光祿大夫的荀組逃往轘轅關。初五日辛卯，漢國將領王彌率領軍隊到達洛陽城南的宣陽門。初六日王辰，始安王劉曜率領軍隊到達洛陽城西面的西明門。十一日丁酉，王彌、呼延晏攻克了洛陽城南的宣陽門，進入皇帝的南宮，他們登上太極前殿，放縱士兵大肆搶掠，把宮女、珍寶全部據為己有。晉懷帝從華林園門逃出，準備投奔長安，漢兵隨後緊追，抓住了晉懷帝，把他幽禁在皇宮的端門。劉曜從西明門進入洛陽城，駐紮在皇家的軍械庫。十二日戊戌，劉曜殺死了太子司馬詮、吳孝王司馬晏、竟陵王司馬楙、右僕射曹馥、尚書閭丘沖、河南尹劉默等人，士民死了三萬多人。劉曜派人挖掘了晉朝歷代皇帝的陵墓，然後一把火把洛陽城內的宮殿、皇家祭廟以及官府全部燒得精光。劉曜霸佔了晉惠帝司馬衷的皇后羊獻容，把晉懷帝和皇帝的六方玉璽全部帶到了漢國的都城平陽。石勒率領軍隊通過轘轅關，屯紮在許昌。光祿大夫劉蕃、尚書盧志逃往并州投奔劉琨。

六月二十一日丁未，漢主劉聰宣布大赦，改年號為「嘉平」。他把晉懷帝作為特例赦免，並任命他為左光祿大夫，封平阿公。任命侍中庾珉、王儁為光祿大夫。庾珉，是庾敳的哥哥。

當初，始安王劉曜因為王彌不等自己到達，就搶先進入洛陽城，因此對王彌懷恨在心。王彌對劉曜說：「洛陽處在天下的中心，四面有山河作為屏障，城池、宮殿用不著再修葺營建就可以居住，應當勸說主上把首都從平陽遷到洛陽。」劉曜認為天下還沒有完全安定下來，洛陽四面受敵，不利於防守，他不僅沒有採納王彌的建議，反而放火把洛陽的宮殿全部燒毀。王彌大罵劉曜說：「屠各的子孫，哪裡有帝王一統大業的志向與膽略呢！」於是與劉曜產生了矛盾，王彌便率領軍隊向東屯紮在項關。前任司隸校尉劉暾勸說王彌說：「如今中國境內就如同一鍋滾沸的稀粥，各路英雄紛紛起兵，互相角逐爭奪天下，將軍為漢國建立了世上罕見的功勳，又與始安王劉曜彼此失去和氣，將何處安身！不如前往東方據守自己的家鄉青州，慢慢觀察天下形勢的變化，伺機而動，從最好的結果來看可以統一天下擁有四海，即使不能如願以償，也能割據一方形成與他人鼎立抗衡的事業，這是上策。」王彌心裡很贊同劉暾的意見。

晉國司徒傅祗在河陰縣建置起臨時的朝廷辦事機構，司空荀藩屯紮在陽城縣，河南尹華薈屯紮在成皋，汝陰郡太守平陽人李矩為他們建造官舍，運送糧食供給他們食用。華薈，是華歆的曾孫。

荀藩與自己的弟弟荀組、擔任中護軍的族姪荀崧，以及華薈和他的弟弟擔任中領軍的華恆也在密縣建立起晉朝的朝廷辦事機構，他們向四方發布檄文，推戴琅邪王司馬睿為盟主。荀藩以皇帝的名義任命荀崧為襄城郡太守，任命李矩為滎陽郡太守，任命前冠軍將軍河南人褚翜為梁國內史。揚威將軍魏浚把軍隊屯紮在洛陽北面的石梁塢，劉琨以皇帝的名義任命魏浚為河南尹。魏浚到荀藩那裡諮詢謀劃軍事，荀藩約請李矩與魏浚一同前來相會，李矩想連夜趕往魏浚那裡。李矩的僚屬都勸阻李矩說：「魏浚的為人不可信，不應該在夜間去和他相會。」李矩說：「忠臣的心思都是一樣的，為什麼要懷疑他呢？」於是李矩連夜前往，相互都很高興，結交而後離去。魏浚的族姪魏該聚集眾人佔據著一泉塢，荀藩任命魏該為武威將軍。

晉豫章王司馬端，是太子司馬詮的弟弟，他向東逃到倉垣，大將軍荀晞便率領眾官員尊奉司馬端為皇太子，在倉垣建立起臨時小朝廷。司馬端以皇帝的名義任命荀晞兼任太子太傅、都督中外諸軍事、主管尚書省事務，從倉垣遷往蒙縣縣城駐紮。

晉撫軍將軍秦王司馬業，是吳孝王司馬晏的兒子，荀藩的外甥，年方十二歲，他向南逃到了密縣，荀藩等人侍奉著司馬業向南投奔許昌。前任豫州刺史天水郡人閻鼎在密縣聚集起甘肅一帶的幾千名流民，準備返回故鄉。荀藩認為閻鼎很有才能而且擁有幾千部眾，就任用閻鼎為豫州刺史，任命中書令李絙、司徒左長史彭城人劉疇、鎮軍長史周顗、司馬李述等人作閻鼎的僚屬輔佐閻鼎。周顗，是周浚的兒子。

當時國家大亂，唯獨長江以東地區稍微安定一些，北方中原地區的官吏、百姓為了躲避戰亂大多都向南渡過長江來到江東。擔任鎮東司馬的王導勸說琅邪王司馬睿，讓他招納賢能才俊，和他們一起治理江東。司馬睿聽從了王導的勸告，聘請了一百多人作為自己的僚屬，當時的人稱他們為「百六掾」。司馬睿任命前任潁川郡太守勃海人刁協為軍諮祭酒，任命前任東海郡太守王承、廣陵國相卞壼為從事中郎，任命江寧縣令諸葛恢、歷陽國參軍陳國人陳頵為行參軍，任命前任太傅掾庾亮為西曹掾。王承，是王渾弟弟的兒子。諸葛恢，是諸葛靚的兒子。庾亮，是庾袞弟弟的兒子。

江州刺史華軼，是華歆的曾孫。他認為自己是接受朝廷的任命擔任江州刺史，而今卻受琅邪王司馬睿的管轄，因此經常不服從司馬睿的命令。許多郡縣官員都勸諫他，華軼說：「我只不過想看見皇帝的詔書罷了。」等到司馬睿接到荀藩的檄文，以皇帝的名義設置官署，更換各州郡官員的時候，華軼與豫州刺史裴憲都不服從司馬睿的任命。司馬睿於是派遣揚州刺史王敦、歷陽國內史甘卓與揚烈將軍廬江人周訪聯合起來攻打華軼。華軼兵敗後，投奔安成郡，被周訪率兵追上殺死，華軼的五個兒子也受牽連而全部被殺。裴憲逃往幽州。司馬睿任命甘卓為湘州刺史，周訪為尋陽郡太守，又任命揚武將軍陶侃為武昌郡太守。

秋，七月，王浚設壇告類❶，立皇太子❷，布告天下，稱受中詔❸承制封拜❹，備置百官，列署征、鎮❺。以荀藩為太尉，琅邪王睿為大將軍。浚自領尚書令，以裴憲及其壻棗嵩為尚書。以田徽為兗州刺史，李惲為青州刺史。

南陽王模❻使牙門趙染戍蒲坂❼，染求馮翊太守❽不得而怒，帥眾降漢。漢主聰以染為平西將軍。八月，聰遣染與安西將軍劉雅帥騎二萬攻模于長安，河內王粲、始安王曜帥大眾繼之。染敗模兵於潼關❾，長驅至下邽❿。涼州將北宮純⓫自長安帥其眾降漢。漢兵圍長安，模遣淳于定出戰而敗。模倉庫虛竭，士卒離散，遂降於漢。趙染送模於河內王粲。九月，粲殺模。關西⓬饑饉，白骨蔽野，士民存者百無一二。聰以始安王曜為車騎大將軍、雍州牧，更封中山王⑬，鎮長安。以王彌為大將軍，封齊公。

茍晞驕奢苛暴。前遼西太守閻亨，纘⑭之子也，數諫晞，晞殺之。從事中郎明預⑮有疾，自轝⑯入諫。晞怒曰：「我殺閻亨，何關人事⑰，而轝[1]病罵我⑱？」預曰：「明公以禮待預，故預以禮自盡⑲。今明公怒預，其如遠近怒明公何⑳？桀為天子，猶以驕暴而亡，況人臣乎！願明公且置是怒㉑，思預之言。」晞不從。由是眾心離怨，加以疾疫、饑饉。石勒攻王讚於陽夏㉒，擒之。遂襲蒙城，執晞及豫章王端㉓，鎖晞頸，以為左司馬。漢主聰拜勒幽州牧。

王彌與勒外相親而內相忌，劉暾說彌，使召曹嶷之兵以圖勒。彌為書，使暾召嶷，且邀勒共向青州。暾至東阿㉔，勒游騎獲之，勒潛殺暾而彌不知。會彌將徐邈、高梁輒引所部兵㉕去，彌兵漸衰。彌聞勒擒茍晞，心惡之，以書賀勒曰：「公獲茍晞而用之，何其神也！使晞為公左，彌為公右，天下不足定㉖也。」勒謂張賓曰：「王公㉗位重而言卑，其圖我必矣。」賓因勸勒乘彌小衰㉘，誘而取之。時勒方與乞活㉙陳午相攻於蓬關㉚，彌亦與劉瑞㉛相持甚急。彌請救於勒，勒未之許。張賓曰：「公常恐不得王公之便㉜，今天以王公授我矣。陳午小豎㉝，不足憂，王公人傑，當早除之。」勒乃引兵擊瑞，斬之。彌大喜，謂勒實親己，不復疑也。冬，十月，勒請彌燕于己吾[34]。彌將往，長史張嵩諫，不聽。酒酣，勒手斬彌而并其眾。表漢主聰，稱彌叛逆。聰大怒，遣使讓勒[35]專害公輔[36]，有無君之心[37]；然猶加勒鎮東大將軍，督并、幽二州諸軍事，領并州刺史，以慰其心。苟晞、王讚潛謀叛勒，勒殺之，并晞弟純。

勒引兵掠豫州諸郡，臨江而還[38]，屯于葛陂[39]。

初，勒之為人所掠賣[40]也，與其母王氏相失[41]。劉琨得之，遣使[2]并其從子虎[42]送於勒，因遺勒書曰：「將軍用兵如神，所向無敵，所以周流天下[43]而無容足之地，百戰百勝而無尺寸之功[44]者，蓋得主[45]則為義兵，附逆[46]則為賊眾故也。成敗之數[47]，有似呼吸，吹之則寒[48]，噓之則溫[49]。今相授侍中、車騎大將軍、領護匈奴中郎將、襄城郡公，將軍其受之！」勒報書曰：「事功殊途[50]，非腐儒[51]所知。君當逞節本朝[52]，吾自夷[53]難為效[54]。」遺琨名馬、珍寶，厚禮其使，謝而絕之[55]。

時虎年十七，殘忍無度，為軍中患。勒白母曰：「此兒凶暴無賴[56]，使軍人殺之[57]，聲名可惜[58]，不若自除之。」母曰：「快牛為犢，多能破車[59]，汝小忍[60]之！」及長，便弓馬[61]，勇冠當時。勒以為征虜將軍，每屠城邑，鮮有遺類[62]。

然御眾[63]嚴而不煩，莫敢犯者，指授攻討[64]，所向無前，勒遂寵任之。

勒攻滎陽太守李矩，矩擊卻之。

初，南陽王模以從事中郎索綝[65]為馮翊太守。綝，靖[66]之子也。模死，綝與安夷護軍金城麴允[67]、頻陽令梁肅俱奔安定。時安定太守賈疋與諸氐、羌皆送任子[68]於漢，綝等遇之於陰密[69]，擁還臨涇[70]，與疋謀興復晉室，疋從之。乃共推疋為平西將軍，率眾五萬向長安。雍州刺史麴特、新平太守竺恢皆不降於漢[71]，聞疋起兵，與扶風太守梁綜帥眾十萬會之。綜，肅之兄也。漢河內王粲在新豐[72]，使其將劉雅、趙染攻新平，不克。索綝救新平，大小百戰，雅等敗退。中山王曜與疋等戰於黃丘[73]，曜眾大敗。疋遂襲漢梁州刺史[74]彭蕩仲，殺之。麴特等擊破粲於新豐，粲還平陽。於是疋等兵勢大振，關西胡[75]、晉[76]翕然[77]響應。

閻鼎欲奉秦王業[78]入關，據長安以號令四方。河陰令傅暢[79]，祗之子也，亦以書勸之，鼎遂行。荀藩[80]、劉疇[81]、周顗[82]、李述[83]等皆山東人，不欲西行，中塗逃散。鼎遣兵追之，不及，殺李絙等。鼎與業自宛趣武關[84]，遇盜於上洛[85]，士卒敗散，收其餘眾，進至藍田[86]，使人告賈疋，疋遣兵迎之。十二月，入于雍城[87]，使梁綜將兵衛之。

周顗奔琅邪王睿，睿以顗為軍諮祭酒。前騎都尉譙國桓彝[88]亦避亂過江，見睿微弱[89]，謂顗曰：「我以中州多故[90]，來此求全，而單弱[91]如此，將何以濟[92]？」既而見王導，共論世事，退，謂顗曰：「向見管夷吾[93]，無復憂矣！」

諸名士相與登新亭[94]遊宴，周顗中坐[95]歎曰：「風景不殊[96]，舉目有江河之異[97]！」因相視流涕。王導愀然[98]變色曰：「當共戮力王室[99]，克復神州[100]，何至作楚囚對泣[101]邪？」眾皆收淚謝之。

陳頵[102]遺王導書曰：「中華[103]所以傾弊[104]者，正以取才失所[105]。先白望而後實事[106]，浮競[107]驅馳，互相貢薦[108]，言重者[109]先顯，言輕者後敘[110]，遂相波扇[111]，乃至陵遲[112]。加有莊、老之俗[113]，傾惑朝廷[114]，養望者為弘雅[115]，政事者[116]為俗人，王職不卹[117]，法物[118]墜喪。夫欲制遠，先由近始。今宜改張[119]，明賞信罰[120]，拔卓茂[121]於密縣，顯朱邑[122]於桐鄉，然後大業可舉，中興可冀耳。」導不能從。

劉琨長於招懷[123]而短於撫御[124]，一日之中，雖歸者數千，而去者亦相繼。琨遣子遵請兵於代公猗盧，又遣族人高陽內史希[125]合眾於中山[126]，幽州所統代郡[127]、上谷[128]、廣寧[129]之民多歸之，眾至三萬。王浚怒，遣燕相[130]胡矩督諸軍，與遼西公段疾陸眷[131]共攻希，殺之，驅略三郡士女[132]而去。疾陸眷[3]，務勿塵之子也。猗盧遣其子六脩將兵助琨戍新興[133]。琨牙門將邢延以碧石[134]獻琨，琨以與六脩。六脩復就延求之，不得，執延妻子。延怒，以所部兵襲六脩。六脩走，延遂以新興附漢，請兵以攻并州。

李臻[4]之死[135]也，遼東附塞鮮卑[136]素喜連、木丸津[137]託為臻報仇，攻陷諸縣，殺掠士民，屢敗郡兵，連年為寇。東夷校尉封釋不能討，請與連和[138]，連、津不從。民失業，歸慕容廆者甚眾，廆稟給遣還[139]，願留者即撫存之。

廆少子鷹揚將軍翰[140]言於廆曰：「自古有為之君，莫不尊天子，以從民望，成大業。今連、津外以龐本為名[141]，內實幸災為亂。封使君[142]已誅本請和[143]，而寇暴不已。中原離亂，州師[144]不振，遼東[145]荒散[146]，莫之救恤[147]。單于[148]不若數其罪[149]而討之，上則興復遼東，下則并吞二部[150]，忠義彰於本朝[151]，私利歸於我國，此霸王之基也。」廆笑曰：「孺子乃能及此[152]乎！」遂帥眾東擊連、津。以翰為前鋒，破斬之，盡併二部之眾。得所掠民三千餘家，及前歸廆者悉以付郡[153]，遼東賴以復存。

封釋疾病，屬[154]其孫弈於廆。釋卒，廆召弈與語，說之，曰：「奇士也。」補小都督。釋子冀州主簿悛、幽州參軍抽來奔喪。廆見之曰：「此家抎抎千斤犍[155]

也。」以道不通，喪不得還156，皆留仕廆。廆以抽為長史，悛為參軍。

王浚以妻舅崔毖為東夷校尉。毖，琰157之曾孫也。

【章　旨】以上為第四段，寫晉懷帝永嘉五年（西元三一一年）下半年的大事，主要寫了漢主劉聰派降將趙染攻克長安，俘獲南陽王司馬模而殺之；寫了晉朝軍閥苟晞性行驕暴，被石勒所擒殺；寫了漢將王彌與石勒鬧矛盾，陰謀除掉石勒，結果被石勒所襲殺；寫了石勒之姪石虎的殘暴善戰，為後文作伏筆；寫了晉將索綝、閻鼎、賈疋等迎秦王司馬業到長安，為其稱帝作準備。寫了周顗等中途逃跑，到江南投奔司馬睿，東晉小王朝的班底日漸齊備，以及鮮卑慕容廆討平素喜連、木丸津部落，勢力逐漸壯大等等。

【注　釋】❶告類　一種祭祀的名稱，也叫「類祭」，以事稟告天地或稟告五帝之禮。❷立皇太子　立誰為皇太子，史書沒有記載。❸中詔　來自朝廷的詔命。❹承制封拜　以皇帝的名義任命各有關官職。❺列署征鎮　任命一系列的征、鎮級的大將軍。當時有四征、四鎮。❻南陽王模　司馬模，司馬越的親兄弟，當時正佔據著長安。❼蒲坂　晉縣名，縣治即今山西永濟西。地當黃河彎曲處，有風陵（一作封陵，今稱風陵渡）隔河與潼關相對，為河東通往關中的要衝。❽求馮翊太守　請求任馮翊太守。❾潼關　在今陝西潼關縣北，當陝西、山西、河南三省要衝。❿下邽　晉縣名，縣治在今陝西渭南市東北。⓫北宮純　涼州刺史張軌的部將，前奉命入援洛陽，值洛陽破，退入關中。⓬關西　泛指函谷關以西今陝西中部地區。⓭更封中山王　將河內王劉粲改封為中山王。⓮纘　閻纘，字續伯，晉代有名的直臣。傳見《晉書》卷四十八。⓯明預　姓明名預。⓰自轝　讓人抬著。⓱何關人事　關別人什麼事。⓲轝病罵我　自己有病還讓人抬著前來罵我。⓳以禮自盡　按禮節來盡自己的心意。⓴其如遠近怒明公何　你對那些到處都恨你的人又有什麼辦法呢。如何，奈……何。㉑且置是怒　暫且平息這種怒氣。㉒陽夏　晉縣名，縣治即今河南太康。㉓豫章王端　司馬遐之子，司馬炎之孫。㉔東阿　晉縣名，縣治在今山東東阿西南。㉕引所部兵　帶領他所屬的部隊。㉖天下不足定　平定天下不費力，沒困難。㉗王公　敬稱王彌。㉘小衰　正比較衰弱。㉙乞活　指當時由山西逃荒到太行山以東的流民，其始末見本書卷八十六惠帝光熙元年。㉚蓬關　亦作「蓬陂」，在今河南開封南。㉛劉瑞　另一支變民首領。㉜不得王公之便　謂找不到襲取王彌的機會。㉝小豎　小奴才；小毛賊。㉞燕于己吾在己吾縣舉行宴會招待王彌。燕，同「宴」。己吾縣的縣治在今河南寧陵西南四十里。(35)讓勒　責備石勒。(36)專害公輔　自作主張地殺害三公一級的輔政大臣。(37)有無君之心　心目中沒有君長。(38)臨江而還　一直打到長江邊上才回來。(39)葛陂　古湖泊或堤壩之名，舊址在今河南新蔡北，周圍三十里，久湮。(40)勒之為人所掠賣　石勒早年被掠賣，事見本書卷八十六永興二年。(41)相失　互相失散。(42)并其從子虎　連同他的姪子石虎。(43)周流天下　打遍天下，到處遊動作戰。(44)無尺寸之功　指沒得到一點封土。(45)得主　跟上一位明主。(46)附逆　依附了叛逆。(47)成敗之數　成功與失敗的關鍵。數，這裡即指關鍵。(48)吹之則寒　用力呼出去的氣是冷的。(49)噓之則溫　輕輕呵出去的氣是溫暖的。(50)事功殊途　成就偉大功業所走的道路不同。(51)腐儒　迂腐的儒生。(52)逞節本朝　堅守節操，效忠你們的朝廷。(53)吾自夷　我是一個夷狄之人。(54)難為效　難以為你們效力。(55)謝而絕之　表達道歉之意，回絕了他的招攬。(56)無賴　靠不住。(57)使軍人殺之　意謂倘使日後惹起眾怒，被軍中人殺死。(58)聲名可惜　將會敗壞我們家的名聲。(59)快牛為犢二句　讓一頭善於奔跑的牛去拉車，大都沒有好的結果，意思是用得不是地方。(60)小忍　稍稍忍耐。(61)便弓馬　精於騎馬射箭。(62)鮮有遺類　很少有人能活下來。(63)御眾　駕御部下；統領部眾。(64)指授攻討　不論交給他什麼戰鬥任務。(65)索綝　字巨秀，曾任新平太守、安西將軍等職。傳見《晉書》卷六十。(66)靖　索靖，字幼安，晉初的大書法家，有先見之明。傳見《晉書》卷六十。(67)麴允　原為金城（今甘肅蘭州）豪族。事見《晉書・忠義傳》。(68)任子　送自己的兒子去做人質。(69)陰密　晉縣名，縣治在今甘肅靈臺西五十里。(70)擁還臨涇　把這些人質帶回到臨涇。臨涇，晉縣名，縣治在今甘肅鎮原南，當時為安定郡治所在地。(71)皆不降於漢　時麴特與竺恢同守新平（今陝西彬縣）。(72)新豐　晉縣名，縣治在今陝西臨潼東北。(73)黃丘　在今陝西淳化黃嶺山下。(74)漢梁州刺史　胡三省以為「梁」字作「涼」。(75)胡　指少數民族的人。(76)晉　指漢人。(77)翕然　服貼的樣子。(78)秦王業　司馬業。「業」字也作「鄴」，司馬晏之子，司馬炎之孫。(79)傅暢　字世道。傳見《晉書》卷四十七。(80)荀藩　時為司空。(81)劉疇　時為司徒左長史。(82)周顗　時任鎮軍長史。(83)李述　時任司馬。(84)武關　在陝西商縣東一百八十五里。(85)上洛　晉縣名，在今陝西商南縣南。(86)藍田　晉縣名，縣治在今陝西藍田西三十里。(87)雍城　雍縣縣城，在今陝西鳳翔南。(88)桓彝　字議倫，後為東晉名臣。傳見《晉書》卷七十四。(89)微弱　人微勢弱。(90)中州多故　中原地區戰亂不斷。(91)單弱　指司馬睿的相貌儀表。(92)將何以濟　靠什麼能成就大業。(93)向見管夷吾　剛才我彷彿見到了管仲。管夷吾字仲，春秋時齊桓公的宰相，輔佐齊桓公成就了霸業。(94)新亭　在今南京南，地近江濱，依山為城壘，為軍事及交通重地。東晉時為朝士遊宴之所。(95)中坐　坐談當中。(96)風景不殊　自然風光和以前沒有什麼差別。(97)江河之異　意謂昔日是在黃河邊，今日乃到了長江邊，大半個國家已經淪陷了。(98)愀然　神色嚴肅的樣子。(99)戮

力王室　同心合力地報效朝廷。戮力，合力。(100)神州　指中原地區。(101)楚囚對泣　像一群囚徒相聚涕泣。囚徒之所以必稱「楚囚」乃來源於春秋時楚國鍾儀被晉人所囚的故事，見《左傳》成公九年。(102)陳頵　字延思，官至梁州刺史。傳見《晉書》卷七十一。(103)中華　中原地區，這裡指西晉政權。(104)傾弊　顛覆垮臺。(105)取才失所　選用人才失當。(106)先白望而後實事　只喜歡那些徒有虛名的人，而不考查他究竟能做些什麼事。最明顯的像王衍那種人竟幾十年間一直執掌大權。(107)浮競　指夸夸其談，有名無實的人。(108)貢薦　推薦。(109)言重者　會說會吹的人。(110)後敘　往後排列。(111)波扇　意謂遂成了一種不可挽回的風氣。(112)陵遲　頹敗衰微。(113)莊老之俗　一群信奉老莊學說的人。(114)傾惑朝廷　敗壞了整個朝廷的風氣。(115)養望者為弘雅　把專求虛名不幹實事的人說成是有雅量。養望，追求虛名。(116)政事者　指忠於職守、盡職盡責的人。(117)王職不卹　根本不考慮自己分內的工作。不卹，不關心；不考慮。(118)法物　指國家的綱常制度。(119)改張　像給樂器調絃一樣地改變各種制度措施。(120)明賞信罰　有功的一定要賞，有罪的一定要罰。(121)卓茂　字子康，西漢末年人，曾任密縣（今河南新密東南）縣令，愛民如子，教化大行。傳見《後漢書》卷二十五。這裡代指一切有政績的地方官。(122)朱邑　字仲卿，曾任舒縣桐鄉嗇夫，辦事清廉公正，被漢宣帝劉詢重用，累遷大司農丞。事見《漢書．循吏傳》。這裡是用以指有才幹的下級屬吏。(123)長於招懷　善於招攬人才，善於使人歸附。(124)短於撫御　不善於安撫、駕御。(125)高陽內史希　劉希，現任高陽內史之職。高陽內史是掌管高陽王國（都城即今河北蠡縣）民政的長官。(126)合眾於中山　在中山國招集人馬。中山國的都城盧奴，即今河北定州。(127)代郡　郡治即今河北蔚縣東北的代王城。(128)上谷　晉郡名，郡治沮陽，在今河北懷來東南。(129)廣寧　晉郡名，郡治即今河北涿鹿。(130)燕相　燕國（都城在今北京市的西南角）的最高行政長官。(131)遼西公段疾陸眷　鮮卑人，姓段，名疾陸眷，也稱段眷，務勿塵之子，王浚的外孫，被王浚推舉為遼西公。(132)三郡士女　指代郡、上谷、廣寧三郡歸附劉希的人。(133)新興　郡名，郡治九原，即今山西忻州。(134)碧石　碧玉。(135)李臻之死　李臻被龐本所殺事，見本書卷八十六永嘉三年。(136)附塞鮮卑　歸降而居住在晉朝邊境外側的鮮卑人。(137)素喜連木丸津　附塞鮮卑二部落的首領名。(138)請與連和　請求彼此和解、結合。連和，聯合；彼此結合。(139)稟給遣還　發給他們糧食，讓他們回故鄉。稟，通「廩」。發給糧食。(140)鷹揚將軍翰　慕容翰，字邕，慕容廆庶出長子，此云「少子」，誤。事見《晉書》卷一百九。(141)以龐本為名　因為遼東太守龐本殺了李臻，故而他們打著為李臻報仇的旗號發動叛亂。(142)封使君　指封釋。「使君」是對郡守的敬稱。(143)已誅本請和　龐本殺死李臻後，朝廷派封釋為東夷校尉，龐本又想殺封釋，結果被封釋所殺。事見本書卷八十六永嘉三年。(144)州師　指平州政府的軍隊，歸東夷校尉封釋所統。(145)遼東　晉郡名，郡治襄平，即今遼寧遼陽。(146)荒散　一片荒涼，百姓逃散。(147)莫之救恤　沒有人拯救、體恤他們。(148)單于　以稱其父慕容廆。(149)數其罪　列舉素喜連、木丸津的罪狀。(150)二部　指素喜連和木丸津兩個部落。(151)彰於本朝　在晉朝朝廷面前博得好名聲。(152)乃能及此　竟能想到了這一步。(153)悉以付郡　全都送交給了遼東郡。(154)屬　同「囑」。託付。(155)抎抎千斤犍　從天上降下來的千斤神牛，以比喻其人品才幹之高。抎抎，從高而下的樣子。抎，通「隕」。(156)喪不得還　封釋的靈柩沒法送回故鄉。(157)琰　崔琰，字季珪，曹操的僚屬，曹丕被立為太子頗得其力。傳見《三國志》卷十二。

【校記】[1]轝　原作「輿」。據章鈺校，「輿」字當為誤刻，甲十一行本、乙十一行本皆作「轝」，今從改。[2]遣使　原無此二字。據章鈺校，甲十一行本、乙十一行本、孔天胤本皆有此二字，張敦仁《通鑑刊本識誤》同，今據補。[3]疾陸眷　原作「疾六眷」，而上文皆作「疾陸眷」，疑「六」字為「陸」字之訛，今據嚴衍《通鑑補》改作「疾陸眷」。[4]李臻　張敦仁《通鑑刊本識誤》認為上脫「初東夷校尉」五字，當是。

【語　譯】秋季，七月，幽州刺史王浚設立祭壇祭告天地，冊立皇太子，布告天下，自稱接受朝廷的詔命以皇帝的名義冊封皇太子，設置文武百官，任命一系列的征、鎮級大將軍。任命荀藩為太尉，琅邪王司馬睿為大將軍。王浚自己兼任尚書令，任命裴憲以及裴憲的女婿棗嵩為尚書。任命田徽為兗州刺史，李惲為青州刺史。

南陽王司馬模派遣牙門將趙染守衛蒲坂縣，趙染請求任命自己為馮翊郡太守沒能如願因此發怒，便率領手下的人投降了漢國劉聰。漢主劉聰任命趙染為平西將軍。八月，劉聰派遣趙染與安西將軍劉雅率領二萬騎兵前往長安攻打司馬模，河內王劉粲、始安王劉曜率領大軍緊隨其後。趙染在潼關打敗了司馬模的軍隊，而後長驅直入抵達下邽縣。涼州將領北宮純率領他的軍隊從長安前來投降漢國。漢軍圍困了長安，司馬模派遣淳于定出戰又被漢軍打敗。當時司馬模倉庫空虛，士兵潰散，於是司馬模也投降了漢國。趙染把司馬模押送到河內王劉粲那裡。九月，劉粲殺死了司馬模。函谷關以西地區災荒嚴重，被餓死的人屍骨遮蔽了原野，官吏與百姓存活下來的不足百分之一二。劉聰任命始安王劉曜為車騎大將軍、雍州牧，改封河內王劉粲為中山王，負責鎮守長安。任命王彌為大將軍，封為齊公。

大將軍苟晞驕橫奢侈，苛刻殘暴。前任遼西郡太守閻亨，是閻纘的兒子，閻亨屢次規勸苟晞，苟晞就把閻亨殺死了。擔任從事中郎的明預當時身患重病，他讓人抬著去勸諫苟晞。苟晞十分惱怒地說：「我殺死閻亨，關別人什麼事，而你自己有病還讓人抬著來罵我？」明預說：「您以禮待我，所以我也按禮節來盡自己的心意。如今您惱怒我，可以責怪我，可您對那些到處都惱怒您的人又有什麼辦法呢？夏桀貴為天子，尚且因為驕橫殘暴而滅亡，何況您只不過是一位臣子呢！希望您暫且平息這種怒氣，好好想想我說的話對不對。」苟晞不聽勸告。因此，苟晞已經是眾叛親離，再加上瘟疫流行、鬧饑荒。石勒前往陽夏縣攻打王讚，活捉了王讚。石勒趁勢襲擊蒙縣縣城，俘虜了苟晞以及豫章王司馬端，石勒用鎖鏈鎖住苟晞的脖子，任用苟晞為左司馬。漢主劉聰任命石勒為幽州牧。

漢國大將軍王彌與幽州牧石勒表面上看似很親近而心裡卻互相忌恨，劉暾於是勸說王彌，徵調曹嶷的軍隊消滅石勒。王彌寫好書信，派劉暾前去召請曹嶷，同時邀請石勒共同進攻青州。劉暾到達東阿時，被石勒的巡邏騎兵捉住，同時截獲了王彌寫給曹嶷的書信，石勒祕密殺死了劉暾而王彌還蒙在鼓裡。碰巧王彌手下的將領徐邈、高粱分別帶領自己的部隊離開了王彌，王彌的勢力逐漸衰落。王彌聽說石勒俘虜了苟晞，心裡雖然憎惡石勒，卻寫信祝賀石勒說：「您俘虜了苟晞而任用他為左司馬，這是何等的神奇啊！如果讓苟晞做您的左司馬，讓我做您的右司馬，那麼平定天下就不在話下了。」石勒對參軍都尉張賓說：「王彌的地位尊貴而言辭謙卑，他必定是在圖謀除掉我。」張賓趁機勸說石勒藉著王彌勢力比較衰弱的機會，引誘王彌上鉤將他消滅。當時石勒正在蓬關與由山西逃荒到太行山以東地區的流民首領陳午作戰，王彌也處在與變民首領劉瑞決戰的緊急關頭。王彌向石勒請求救援，石勒沒有答應王彌的請求。張賓對石勒說：「您經常擔心找不到襲取王彌的機會，如今老天爺把消滅王彌的機會給我們送來了。流民陳午這個小毛賊不值得憂慮，王彌是人中的豪傑，應當早日除掉他。」於是石勒率領軍隊協助王彌攻打劉瑞，把劉瑞殺死。王彌感到非常高興，認為石勒確實和自己很親近，於是對石勒不再懷疑。冬季，十月，石勒在已吾縣設宴邀請王彌。王彌準備前往赴宴，他手下的長史張嵩勸阻他不要去，王彌不聽勸告。酒席宴上，大家正在開懷暢飲時，石勒趁王彌不備親手斬殺了他並兼併了他的軍隊。然後上表奏報漢主劉聰，指控王彌準備叛變。劉聰看了奏章大怒，派遣使者責備石勒自作主張殺害三公一級的輔政大臣，心目中沒有君長；然而，劉聰仍然擢升石勒為鎮東大將軍，都督并州、幽州二州諸軍事，兼任并州刺史，用以安撫石勒之心。苟晞、王讚暗中密謀背叛石勒，石勒將他們殺死，就連苟晞的弟弟苟純也沒有放過。

石勒率領軍隊劫掠豫州各郡縣，一直到達長江北岸才撤軍，他把軍隊屯紮在葛陂。

當初，石勒被人掠奪販賣的時候，與自己的母親王氏互相失散。劉琨找到了石勒的母親，他派遣使者把石勒的母親王氏以及石勒的姪子石虎送歸石勒，順便帶書信給石勒說：「將軍用兵如神，所向無敵，然而您打遍天下，到處遊動作戰卻沒有立足之地，百戰百勝而沒有得到一點封土的原因，是因為您跟上的是一位英明的君主，那麼您就是義軍，您要是依附了叛逆，您就是賊寇的緣故。成功與失敗的關鍵，就像人的呼吸一樣，用力呼出去的氣就是寒冷的，輕輕地呵氣就感覺呵出的氣是溫暖的。如今我授予您侍中、車騎大將軍、兼任護匈奴中郎將、襄城郡公，請將軍您接受我的任命！」石勒回信說：「成就偉大的功業所走的道路各有所不同，這不是迂腐的儒生所能夠瞭解的。您應當堅守節操，效忠您的朝廷，我是少數民族出身，難以為你們效勞。」石勒回贈給劉琨名馬、珍珠寶物，厚待劉琨的使者，對劉琨表達歉意之後回絕了劉琨的招攬。

當時石虎十七歲，生性殘忍得沒有節制，成為軍中的禍患。石勒對他的母親說：「這個孩子兇殘暴虐，根本靠不住，倘若他惹起眾怒，被軍人殺死，將會敗壞我們家的名聲，不如我們自己把他除掉吧。」石勒的母親說：「讓一頭善於奔跑的牛去拉車，大都沒有好的結果，你稍稍忍耐一下吧！」等到石虎長大之後，精於騎馬射箭，而且他的勇敢當時沒有人能夠比得上。石勒任命石虎為征虜將軍，每次屠殺城邑，很少有人能夠僥倖活下來。然而石虎駕御部下雖然嚴格卻不煩瑣，沒有人敢冒犯他，不論石勒交給他什麼戰鬥任務，石虎都能所向披靡，攻無不克，石勒逐漸地寵愛重用起石虎來。

石勒進攻滎陽郡太守李矩，被李矩打退。

當初，南陽王司馬模任用擔任從事中郎的索綝為馮翊郡太守。索綝，是索靖的兒子。司馬模死後，索綝與擔任安夷護軍的金城人麴允、頻陽縣令梁肅全都逃往安定郡。當時安定郡太守賈疋與那些氐人部落、羌人部落正在把自己的兒子送往漢主劉聰那裡去作人質，索綝等人在陰密縣境內與這些充作人質的人相遇，於是就將他們帶回臨涇縣，索綝與賈疋商議復興晉室之事，賈疋聽從了索綝的意見。於是共同推舉賈疋為平西將軍，率領五萬軍隊向長安進發。雍州刺史麴特、新平郡太守竺恢都沒有向漢主劉聰投降，他們聽到賈疋起兵的消息，就與扶風郡太守梁綜一起率領十萬之眾前去與賈疋會合。梁綜，是梁肅的哥哥。漢國河內王劉粲當時正駐守在新豐縣，他派遣手下將領劉雅、趙染進攻新平縣，沒有攻克。索綝率軍前往新平縣救援，與劉雅進行了大小一百多次戰鬥，終於將劉雅等人打敗擊退。中山王劉曜與賈疋在黃丘作戰，賈疋把劉曜打得大敗。賈疋隨即襲擊漢國的梁州刺史彭蕩仲，把彭蕩仲殺死。麴特等人在新豐縣打敗了漢國河內王劉粲，劉粲逃回漢國的都城平陽。於是賈疋等人的聲勢兵威極大地振作起來，函谷關以西的胡人以及漢人全都哄然而起響應賈疋。

前任豫州刺史閻鼎想要擁護秦王司馬業進入函谷關，佔據長安以號令四方。河陰縣令傅暢，是傅祗的兒子，也寫信勸說閻鼎進入函谷關，閻鼎於是開始行動。司空荀藩、司徒左長史劉疇、鎮軍長史周顗、司馬李述等人都是崤山以東的人，他們不願意西去長安，便在中途開了小差。閻鼎派軍隊追趕他們，也沒有追上，只殺了李絚等人。閻鼎與秦王司馬業從宛縣向武關前進，在上洛縣遭遇了盜賊，被盜賊打敗，士卒四處逃散，閻鼎召集起剩餘的人馬繼續前進，到達藍田縣的時候，閻鼎派人通知賈疋，賈疋派軍隊前來迎接他們。十二月，閻鼎和秦王司馬業等進入雍縣縣城，賈疋派梁綜率領軍隊保衛他們。

鎮軍長史周顗投奔琅邪王司馬睿，司馬睿任命周顗為軍諮祭酒。前騎都尉譙國人桓彝也向南渡過長江來到江東躲避戰亂，他看到司馬睿人微勢弱，就對周顗說：「我因為中原地區戰亂不斷，才來到江東尋找安全的地方，而司馬睿的相貌儀表竟然如此單薄虛弱，他靠什麼成就大業呢？」不久桓彝又見到了王導，他和王導共同談論起國家的形勢，桓彝回來後對周顗說：「剛才我彷彿見到了管仲，我對前途再也沒有什麼憂慮了！」

從中原來到江東的那些知名人士相約登上新亭遊覽、舉行宴會，周顗在坐談當中，無限感慨地歎息了一聲說：「南方北方的自然風光並沒有太大的差別，但舉目一望，昔日是在黃河邊，今日卻是到了長江邊，大半個國家已經淪陷了！」於是互相對看著痛哭流涕。王導神色立時嚴肅起來，臉色都改變了，他說：「我們應當同心協力報效朝廷，恢復中原，何必像一群囚犯那樣互相對著哭泣呢？」大家都收起眼淚，向王導謝罪。

陳頵寫信給王導說：「西晉政權之所以顛覆垮臺，是因為選用人才失當所造成的。選拔人才只喜歡選用那些徒有虛名的人，而不考查他究竟能做成什麼事情，那些夸夸其談、有名無實的人四處奔走，相互推薦，會說會吹的人首先被重用，有能力而老實巴交的人則被往後排列，並逐漸形成了一種風氣而不可挽回，終於導致國家頹敗衰微。再加上一群信奉莊子、老子學說的人，敗壞了整個朝廷的風氣，把專求虛名而不幹實事的人稱為有雅量，把恪盡職守、盡心盡責的人看作是庸俗的人，官員根本不考慮自己分內的工作，國家的綱常制度遭到破壞。要想達到長遠目標，就應當先從眼下做起。如今就應當像給樂器調絃一樣改變各種制度措施，有功的人一定要獎賞，有罪的人一定要處罰，要像當年漢光武帝劉秀把卓有政績的密縣縣令卓茂提拔起來，像漢宣帝劉詢把在舒縣桐鄉擔任小小嗇夫、然而卻辦事清廉公正的朱邑提拔重用那樣，提拔有真才實學的下級官吏，然後才可以創立大業，晉朝中興才有希望。」王導沒有聽從陳頵的建議。

劉琨善於招攬人才、使人歸附，然而卻不善於安撫、駕御那些人才，一天當中即使有幾千人來投奔他，而離他而去的人也一個接著一個。劉琨派他的兒子劉遵向代公拓跋猗盧請求援軍，又派族人高陽國內史劉希到中山國招集人馬，幽州管轄下的代郡、上谷郡、廣寧郡的人大多數都前來投靠劉希，劉希一下子就召集了三萬多人。幽州刺史王浚知道以後大怒，就派遣燕國相胡矩率領各軍，與遼西公段疾陸眷共同攻打劉希，把劉希殺死，強行把代郡、上谷郡、廣寧郡三郡中投靠劉希的那些男男女女全部掠去。段疾陸眷，是段務勿塵的兒子。拓跋猗盧派遣自己的兒子拓跋六脩率領軍隊幫助劉琨戍守新興郡。劉琨的牙門將邢延把一塊碧玉貢獻給劉琨，劉琨轉手便把碧玉賞給了拓跋六脩。拓跋六脩又向邢延索要碧玉，邢延不給，拓跋六脩就逮捕了邢延的妻兒。邢延大怒，他率領自己手下的軍隊襲擊拓跋六脩。拓跋六脩逃走，邢延於是把新興郡獻給漢主劉聰，請求劉聰派兵進攻并州。

李臻被龐本殺死之後，遼東郡歸降晉國之後沿著晉國邊境外側居住的鮮卑人素喜連、木丸津打著為李臻報仇的旗號，攻城掠縣，殺戮官吏百姓，屢次打敗遼東郡的官兵，一連數年侵擾不斷。擔任東夷校尉的封釋無力征討他們，就向素喜連等人請求和解，素喜連、木丸津不同意和解。百姓因此失掉職業無法謀生，便紛紛投奔了慕容廆，慕容廆發給他們路費、糧食，打發他們回鄉，願意繼續留下來的慕容廆就安撫他們、安排好他們的生活。

慕容廆的長子鷹揚將軍慕容翰對慕容廆說：「自古以來凡是有所作為的君主，沒有不尊稱天子，以順應民願，成就大業。如今素喜連、木丸津對外宣稱龐本殺死了李臻、要為李臻報仇，而內心卻是幸災樂禍、趁機叛亂。東夷校尉封釋已經誅殺了龐本而向素喜連、木丸津請求和解，而素喜連、木丸津仍然不斷地侵犯掠奪遼東郡。中原地區戰亂不斷，封釋所統領的平州軍隊士氣不振，導致遼東郡土地荒蕪、百姓離散，沒有人能夠拯救、體恤他們。單于您不如趁此機會一條條列舉素喜連、木丸津的罪狀而出兵征討他們，對朝廷來說是收復遼東郡，對我們來說實際上是吞併了素喜連、木丸津兩個部落，在晉朝面前博得了忠義的好名聲，私利卻歸我們自己所有，這是建立霸業的基礎啊。」慕容廆笑著對慕容翰說：「你小子竟然能想到這一步！」慕容廆於是率領軍隊向東攻打素喜連、木丸津部落。任命慕容翰為前鋒，打敗了素喜連、木丸津的部隊，殺死了素喜連、木丸津，吞併了他們兩個部落的民眾。把被素喜連、木丸津擄掠去的三千多家，以及以前投靠慕容廆的人全部送回了遼東郡，遼東郡靠了慕容廆才得以恢復生存。

封釋得了重病，他把自己的孫子封弈託付給慕容廆。封釋去世後，慕容廆召見封弈，與封弈經過一番談話之後，慕容廆非常喜歡封弈，說：「封弈真是天下奇才。」於是增補封弈做了一個小都督。封釋的兒子擔任冀州主簿的封悛、擔任幽州參軍的封抽都前來奔喪。慕容廆見了他們之後說：「這一家人個個都是天上降下來的千斤神牛啊。」因為道路不通，封釋的靈柩無法送回故鄉安葬，封悛、封抽便都留下來在慕容廆手下擔任官職。慕容廆任命封抽為長史，任命封悛為參軍。

幽州刺史王浚任命妻舅崔毖為東夷校尉。崔毖，是崔琰的曾孫。

【研　析】 本卷寫晉懷帝永嘉三年（西元三〇九年）到永嘉五年共三年間的西晉、前趙與成漢等國的大事，頭緒紛繁，可議論的事情很多，這裡只談兩點：

其一，關於「八王之亂」。本卷寫了東海王司馬越的死，這是通常所說的「八王之亂」的最後一個。司馬越是與苟晞內戰失敗而憂憤致死的，死後被石勒剖棺焚屍，並說：「亂天下者，此人也。吾為天下報之，故焚其骨以告天地。」司馬越專權跋扈，作惡多端，被剖棺焚屍，自然是大快人心的。遺憾地是西晉王朝還有一大批死有餘辜的人沒有被剖棺焚屍，這些人包括賈充、荀勗、賈南風、楊駿、王衍等等一大群。這些禍國殃民的傢伙，不僅送掉了司馬氏的江山，更可惡的是將華夏與周邊各少數民族的勞動人民推進了長達上百年的水深火熱之中。而西晉王朝的「八王之亂」就是造成這種嚴重災難的開始，而埋下「八王之亂」這種大禍的造孽者就是晉武帝司馬炎。

「八王之亂」的頭緒紛繁，很不容易理清楚，更不容易記憶，現將其事扼要撮述如下：所謂「八王」是指汝南王亮、楚王瑋、趙王倫、齊王冏、長沙王乂、成都王穎、河間王顒、東海王越，在《晉書》裡被集中收在了同一卷。其作亂相殺的順序是：楚王瑋殺了汝南王亮，楚王瑋又被賈皇后所殺；趙王倫殺賈皇后，齊王冏攻殺趙王倫；長沙王乂殺齊王冏，成都王穎殺長沙王乂；東海王越打敗成都王穎，成都王穎被人所殺；東海王越召河間王顒進京，河間王顒半路被人所殺；東海王越兵敗於軍閥苟晞，憂憤而死，死後被羯族首領石勒剖棺焚屍。王志堅《讀史商語》有一段評論西晉史事的話，說：「余觀晉八王之亂，而歎天所以報賊臣之慘也：瑋殺亮，賈后殺瑋；倫殺賈后，冏殺倫；乂殺冏，越殺乂；虓殺穎，模殺顒；李豐殺騰，劉粲殺模。其人皆持權擁兵，可以有為於天下；未幾就戮，無異羊豕。而嗣其後者，還復蹈其覆轍。惠帝死於鴆，懷、愍死於胡，僅存一琅邪王稱帝一隅……然自此迄於亡，亦遂無一帝可人意者。自古奸雄之巧未有如司馬氏之甚者也，事猜忌之主，陰盜太阿，剪除異己，而主反以為功，使天下之人陰戴私門以為固。然而其主不覺，彼亦知其子孫之不振一至是乎？噫！此輩心地，閱此可以冰冷矣。」雖然有些因果報應、宿命論的意味，但所述事實大抵實情。晉朝統治者對歷史發展做出的貢獻很少，而其罪惡是大而且多的。

其二，關於王衍一類人。早在本書卷八十二的〈晉紀四〉裡就寫過王衍等人，那裡的記載說：「是時，王衍為尚書令，南陽樂廣為河南尹，皆善清談，宅心事外，名重當世，朝野之人，爭慕效之。……衍神情明秀，少時，山濤見之，嗟歎良久，曰：『何物老嫗，生寧馨兒？然誤天下蒼生者，未必非此人也！』……王澄及阮咸、咸從子脩、泰山胡毋輔之、陳國謝鯤、城陽王尼、新蔡畢卓，皆以任放為達，至於醉狂裸體，不以為非。」等到東海王司馬越掌權時，先以王衍為尚書左僕射，接著又任以為太尉、司徒、尚書令；等到司馬越臨死前，更以國家的「後事」託付給王衍。但是這個被晉朝執政者看成香餑餑的王衍是怎麼對待國家政事的呢？當他被任為司徒後，他先是運用權力將他的親弟弟王澄任為荊州都督，將他的族弟王敦任為青州刺史。王衍對他們說：「荊州有江、漢之固，青州有負海之險。卿二人在外而吾居中，足以為三窟矣。」王澄上任後，「日夜縱酒，不親庶務，雖寇戎交急，不以為懷。舒常切諫，以為宜愛民養兵，保全州境，澄不從。」更可憎的是，當王衍被石勒活捉後，石勒問他們怎麼會把晉王朝弄成這種樣子時，「衍具陳禍敗之由，云計不在己，且自言少無宦情，不豫世事。因勸勒稱尊號，冀以自免。」真是不知人間有羞恥事！倒是石勒一針見血，痛快淋漓，他說：「君少壯登朝，名蓋四海，身居重任，何得言無宦情邪？破壞天下，非君而誰？」這樣的人難道不應該碎屍萬段？是石勒手下留情，只是推倒牆壁壓死了他們。

卷第八十八

晉紀十

起玄默涒灘（壬申 西元三一二年），盡昭陽作噩（癸酉 西元三一三年），凡二年。

【題解】本卷寫晉懷帝永嘉六年（西元三一二年）至晉愍帝建興元年（西元三一三年）共二年間的西晉、前趙與成漢等國的大事，主要寫了被俘的晉懷帝被漢主劉聰所殺，賈疋、閻鼎、荀藩等擁戴晉愍帝司馬業即位於長安，而當時長安居民僅不過百戶的淒涼慘象；寫了風雨飄搖的晉王朝中荀藩、劉琨、司馬睿三方爭權，一個兗州派有三個刺史的荒唐情景；寫了晉愍帝命令各路晉兵共同討伐劉聰，劉琨等出兵後未戰而退，司馬睿則不睬上命，拒絕出兵；寫了司馬睿建業政權從其建立伊始就承襲著西晉王朝的腐朽墮落，苟且偷安，不思改革；寫了并州刺史劉琨生活驕奢，流連聲色，寵信小人，殺戮部下，漢將劉粲、劉曜進攻并州，攻下晉陽，殺死劉琨之父母；劉琨引鮮卑拓跋猗盧部落大破漢將劉曜，奪回晉陽；而拓跋猗盧則趁機發展勢力，建立南、北二都與新平城，一個北方國家的輪廓躍然出現；寫了漢將石勒欲攻江南，被司馬睿所敗，退回襄國，陰謀自立；寫了石勒大破鮮卑段氏，使段氏專心歸附；石勒又假意臣服王浚，王浚不識其詐，為王浚被石勒所滅做伏筆；寫了隴西地區的羌人首領姚弋仲顯露頭角，受夷夏擁護，自稱雍州刺史；東北邊境的慕容廆發展壯大，為眾望所歸，都為其日後建立國家奠定了基礎。

孝懷皇帝下

永嘉六年（壬申　西元三一二年）

春，正月，漢呼延后[1]卒，諡曰武元。

漢鎮北將軍靳沖、平北將軍卜珝寇并州[2]。辛未[3]，圍晉陽。

甲戌[4]，漢主聰以司空王育、尚書令任顗女為左、右昭儀[5]，中軍大將軍王彰、中書監范隆、左僕射馬景女皆為夫人[6]，右僕射朱紀女為貴妃[7]，皆金印紫綬[8]。聰將納太保劉殷[9]女，太弟乂固諫。聰以問太宰延年、太傅景，皆曰：「太保自云劉康公[10]之後，與陛下殊源[11]，納之何害？」聰悅，拜殷二女英、娥為左右貴嬪，位在昭儀上。又納殷女孫四人皆為貴人，位次貴妃。於是六劉之寵傾後宮，聰希復出外[12]，事皆中黃門奏決[13]。

故新野王歆[14]牙門將胡亢聚眾於竟陵[15]，自號楚公，寇掠[16]荊土。以歆南蠻司馬新野杜曾[17]為竟陵太守。曾勇冠三軍，能被甲[18]游於水中。

二月壬子朔，日有食之。

石勒築壘於葛陂[19]，課農[20]造舟，將攻建業。琅邪王睿大集江南之眾於壽春，以鎮東長史[21]紀瞻[22]為揚威將軍，都督諸軍以討之。會大雨，三月不止，勒軍中飢疫，死者太半。聞晉軍將至，集將佐議之。右長史刁膺請先送款㉓於睿，求掃平河朔㉔以自贖，俟其軍退，徐更圖之。勒愀然長嘯㉕。中堅將軍夔安請就高㉖避水，勒曰：「將軍何怯邪？」孔萇等三十餘將請各將兵分道夜攻壽春，斬吳將頭，據其城，食其粟，要以今年破丹楊㉗，定江南。勒笑曰：「是勇將之計也㉘！」各賜鎧馬㉙一疋。顧謂張賓曰：「於君意何如？」賓曰：「將軍攻陷京師，囚執天子㉚，殺害王公，妻略妃主㉛，擢將軍之髮，不足以數將軍之罪㉜，柰何復相臣奉㉝乎！去年既殺王彌，不當來此。今天降霖雨㉞於數百里中，示將軍不應留此也。鄴有三臺㉟之固，西接平陽㊱，山河四塞，宜北徙據之，以經營河北；河北既定，天下無處將軍之右㊲者矣。晉之保壽春，畏將軍往攻之耳。彼聞吾去，喜於自全，何暇追襲吾後，為吾不利㊳邪！將軍宜使輜重從北道先發，將軍引大兵向壽春，輜重既遠，大兵徐還，何憂進退無地乎！」勒攘袂鼓髯㊴曰：「張君計是也！」責刁膺曰：「君既相輔佐，當共成大功，柰何遽勸孤降㊵！此策應斬，然素知君怯，特相宥耳。」於是黜膺為將軍，擢賓為右長史，號曰「右侯」。

勒引兵發葛陂，遣石虎帥騎二千向壽春。遇晉運船，虎將士爭取之，為紀瞻所敗。瞻追奔百里，前及勒軍，勒結陳待之。瞻不敢擊，退還壽春。

漢主聰封帝㊶為會稽郡公，加儀同三司㊷。聰從容謂帝曰：「卿昔為豫章王，朕與王武子㊸造卿㊹，武子稱朕於卿㊺，卿言聞其名久矣，贈朕柘弓銀研㊻，卿頗記否？」帝曰：「臣安敢忘之！但恨爾日㊼不早識龍顏。」聰曰：「卿家骨肉何相殘如此？」帝曰：「大漢㊽將應天受命，故為陛下自相驅除㊾。此殆天意㊿，非人事也。且臣家若能奉武皇帝(51)之業，九族敦睦(52)，陛下何由得之？」聰喜，以小劉貴人(53)妻帝，曰：「此名公之孫也，卿善遇之。」

代公猗盧遣兵救晉陽。三月乙未(54)，漢兵敗走。卜珝(55)之卒先奔，靳沖擅收珝(56)，斬之。聰大怒，遣使持節斬沖。

聰納其舅子輔漢將軍張寔(57)二女徽光、麗光為貴人(58)，太后張氏(59)之意也。

涼州主簿馬魴說張軌：「宜命將出師，翼戴帝室(60)。」軌從之，馳檄關中(61)，共尊輔秦王(62)，且言：「今遣前鋒督護宋配，帥步騎二萬，徑趣長安，西中郎將寔(63)帥中軍三萬，武威太守張琠帥胡騎二萬，絡繹繼發(64)。」

夏，四月丙寅(65)，征南將軍山簡卒。

漢主聰封其子敷為渤海王，驥為濟南王，鸞為燕王，鴻為楚王，勱為齊王，權為秦王，操為魏王，持為趙王。

聰以魚蟹不供，斬左都水使者[66]襄陵王攄[67]；作溫明、徽光二殿未成，斬將作大匠[68]望都公靳陵；觀漁[69]於汾水，昏夜[70]不歸。中軍大將軍王彰諫曰：「比[71]觀陛下所為，臣實痛心疾首。今愚民歸漢之志未專[72]，思晉之心猶盛，劉琨咫尺[73]，刺客縱橫，帝王輕出[74]，一夫敵[75]耳。願陛下改往修來[76]，則億兆[77]幸甚！」聰大怒，命斬之。王夫人[78]叩頭乞哀，乃囚之。太后張氏以聰刑罰過差[79]，三日不食，太弟乂、單于粲輿櫬[80]切諫[81]。聰怒曰：「吾豈桀、紂，而汝輩生來哭人[82]！」太宰延年、太保殷等公卿、列侯百餘人，皆免冠涕泣曰：「陛下功高德厚，曠世少比[83]，往也唐、虞，今則陛下[84]。而頃來[85]以小小不供，亟[86]斬王公[87]；直言忤〔1〕旨[88]，遽囚大將[89]。此臣等竊所未解，故相與憂之[90]，忘寢與食。」聰慨然曰：「朕昨大醉，非其本心，微[91]公等言之，朕不聞過。」各賜帛百匹，使侍中持節赦彰曰：「先帝[92]賴君如左右手，君著勳再世[93]，朕敢忘之！此段之過[94]，希君蕩然[95]。君能盡懷憂國，朕所望也。今進君驃騎將軍、定襄郡公，後有不逮[96]，幸數匡之[97]。」

王彌既死[98]，漢安北將軍趙固、平北將軍王桑恐為石勒所并，欲引兵歸平陽，軍中乏糧，士卒相食，乃自硤磽津[99]西渡，攻掠河北郡縣〔2〕。劉琨以其〔3〕兄子演為魏郡太守，鎮鄴。固〔4〕、桑恐演邀[100]之，遣長史臨深[101]為質於琨。琨以固為雍州[102]

刺史，桑為豫州[103]刺史。

賈疋[104]等圍長安數月，漢中山王曜連戰皆敗，驅掠士女八萬餘口，奔于平陽。秦王業自雍入于長安。五月，漢主聰貶曜為龍驤大將軍，行大司馬[105]。聰使河內王粲[106]攻傅祗於三渚[107]，右將軍劉參攻郭默於懷[108]。會祗病薨，城陷，粲遷祗子孫并其士民二萬餘戶于平陽。

六月，漢主聰欲立貴嬪劉英為皇后。張太后欲立貴人張徽光，聰不得已，許之。英尋卒[109]。

漢大昌文獻公劉殷[110]卒。殷為相，不犯顏[111]忤旨，然因事進規[112]，補益甚多。漢主聰每與羣臣議政事，殷無所是非[113]。羣臣出，殷獨留，為聰敷暢條理[114]，商榷事宜[115]，聰未嘗不從之。殷常戒子孫曰：「事君當務幾諫[116]。凡人尚不可面斥其過，況萬乘[117]乎！夫幾諫之功[118]，無異犯顏，但不彰君之過[119]，所以為優耳。」官至侍中、太保、錄尚書，賜劍履上殿[120]、入朝不趨[121]、乘輿入殿。然殷在公卿間，常恂恂[122]有卑讓之色，故能處驕暴之國，保其富貴，不失令名[123]，以壽考自終[124]。

漢主聰以河間王易[125]為車騎將軍，彭城王翼[126]為衛將軍，並典兵宿衛。高平王悝[127]為征南將軍，鎮離石；濟南王驥[128]為征西將軍，築西平城[129]以居之；魏王操為征東將軍，鎮蒲子[130]。

趙固、王桑自懷求迎於漢，漢主聰遣鎮遠將軍梁伏疵將兵迎之。未至，長史臨深、將軍牟穆帥眾一萬叛歸劉演[131]。固隨疵而西，桑引其眾東奔青州，固遣兵追殺之於曲梁[132]，桑將張鳳帥其餘眾歸演。聰以固為荊州刺史、領河南太守，鎮洛陽。

石勒自葛陂北行，所過皆堅壁清野，虜掠無所獲，軍中飢甚，士卒相食。至東燕[133]，聞汲郡向冰[134]聚眾數千壁枋頭[135]。勒將濟河，恐冰邀[136]之。張賓曰：「聞冰船盡在瀆中未上[137]，宜遣輕兵間道襲取[138]，以濟大軍[139]。大軍既濟，冰必可擒也。」秋，七月，勒使支雄、孔萇自文石津[140]縛筏潛渡，取其船。勒引兵自棘津[141]濟河，擊冰，大破之，盡得其資儲，軍勢復振，遂長驅至鄴。劉演保三臺以自固，臨深、牟穆等復帥其眾降於勒。

諸將欲攻三臺，張賓曰：「演雖弱，眾猶數千，三臺險固，攻之未易猝拔[142]，捨而去之，彼將自潰。方今王彭祖、劉越石[143]，公之大敵也，宜先取之，演不足顧也。且天下饑亂，明公雖擁大兵，遊行羇旅[144]，人無定志，非所以保萬全、制四方也。不若擇便地而據之[145]，廣聚糧儲，西稟平陽以圖幽、并[146]，此霸王之業也。邯鄲[147]、襄國[148]，形勝之地[149]，請擇一而都之。」勒曰：「右侯之計是也。」遂進據襄國。

賓復言於勒曰：「今吾居此，彭祖、越石所深忌也。恐城塹未固，資儲未廣，二寇交至[150]。宜亟收野穀[151]，且遣使至平陽，具陳鎮此[152]之意。」勒從之，分命諸將攻冀州，郡縣壁壘多降，運其穀以輸襄國；且表於漢主聰，聰以勒為都督冀．幽．并．營[153]四州諸軍事、冀州牧，進封上黨公。

劉琨移檄州郡，期以十月會平陽，擊漢。琨素奢豪，喜聲色[154]。河南徐潤以音律得幸於琨，琨以為晉陽令。潤驕恣，干預政事[155]。護軍令狐盛數以為言，且勸琨殺之，琨不從。潤譖盛於琨，琨收盛，殺之。琨母曰：「汝不能駕御豪傑以恢遠略[156]，而專除勝己，禍必及我。」

盛子泥奔漢，具言虛實。漢主聰大喜，遣河內王粲、中山王曜將兵寇并州，以令狐泥為鄉導。琨聞之，東出，收兵[157]於常山及中山[158]，使其將郝詵、張喬將兵拒粲，且遣使求救於代公猗盧。詵、喬俱敗死。粲、曜乘虛襲晉陽，太原太守高喬、并州別駕郝聿以晉陽降漢。八月庚戌[159]，琨還救晉陽，不及，帥左右數十騎奔常山。辛亥[160]，粲、曜入晉陽。壬子[161]，令狐泥殺琨父母。粲、曜送尚書盧志[162]、侍中許遐、太子右衛率崔瑋于平陽。聰復以曜為車騎大將軍，以前將軍劉豐為并州刺史，鎮晉陽。九月，聰以盧志為太弟太師，崔瑋為太傅，許遐為太保，高喬、令狐泥皆為武衛將軍。

己卯[163]，漢衛尉梁芬奔長安。

辛巳[164]，賈疋等奉秦王業為皇太子，建行臺[165]於長安，登壇告類[166]，建宗廟、社稷[167]，大赦。以閻鼎為太子詹事[168]，總攝百揆[169]。加賈疋征西大將軍，以秦州刺史、南陽王保[170]為大司馬。命司空荀藩督攝遠近，光祿大夫荀組[171]領司隸校尉、行豫州刺史，與藩共保開封。

秦州刺史裴苞據險以拒涼州兵[172]，張寔、宋配等擊破之，苞奔柔凶塢[173]。

冬，十月，漢主聰封其子恆為代王，逞為吳王，朗為潁川王，皋為零陵王，旭為丹楊王，京為蜀王，坦為九江王，晃為臨川王。以王育為太保，王彰為太尉，任顗為司徒，馬景為司空，朱紀為尚書令，范隆為左僕射，呼延晏為右僕射。

代公猗盧遣其子六脩及兄子普根、將軍衛雄、范班、箕澹帥眾數萬為前鋒，以攻晉陽，猗盧自帥眾二十萬繼之，劉琨收散卒數千為之鄉導。六脩與漢中山王曜戰於汾東[174]，曜兵敗，墜馬，中七創[175]。討虜將軍傅虎以馬授曜，曜不受，曰：「卿當乘以自免，吾創已重，自分死此[176]。」虎泣曰：「虎蒙大王識拔至此，常思效命，今其時矣。且漢室初基，天下可無虎，不可無大王也。」乃扶曜上馬，驅令渡汾[177]，自還戰死。曜入晉陽，夜，與大將軍粲、鎮北大將軍豐掠晉陽之民，踰蒙山[178]而歸。

十一月，猗盧追之，戰於藍谷[179]，漢兵大敗，擒劉豐，斬邢延[180]等三千餘級，伏尸數百里。猗盧因大獵壽陽山[181]，陳閱皮肉[182]，山為之赤。劉琨自營門步入[183]拜謝，固請進軍。猗盧曰：「吾不早來，致卿父母見害，誠以相愧。今卿已復州境，吾遠來，士馬疲弊，且待後舉，劉聰未可滅也。」遺琨馬・牛・羊各千餘疋、車百乘而還，留其將箕澹、段繁等戍晉陽。

琨徙居陽曲[184]，招集亡散。盧諶[185]為劉粲參軍，亡歸琨。漢人殺其父志及弟謐、詵；贈傅虎幽州刺史。

十二月，漢主聰立皇后張氏，以其父寔為左光祿大夫。

彭仲蕩[186]之子天護帥羣胡攻賈疋，天護陽不勝[187]而走。疋追之，夜墜澗中，天護執而殺之。漢以天護為涼州[5]刺史。眾推[188]始平太守麴允領雍州刺史。閻鼎與京兆太守梁綜爭權，鼎遂殺綜。麴允與撫夷護軍索綝、馮翊太守梁肅合兵攻鼎，鼎出奔雍，為氐竇首[189]所殺。

廣平游綸、張豺[190]擁眾數萬，據苑鄉[191]，受王浚假署[192]。石勒遣夔安、支雄等七將攻之，破其外壘。浚遣督護王昌帥諸軍及遼西公段疾陸眷、疾陸眷弟匹磾、文鴦、從弟末柸[193]部眾五萬攻勒於襄國。

疾陸眷屯于渚陽[194]，勒遣諸將出戰，皆為疾陸眷所敗。疾陸眷[6]大造攻具，將攻城，勒眾甚懼。勒召將佐謀之曰：「今城塹未固，糧儲不多，彼眾我寡，外無救援，吾欲悉眾[195]與之決戰，何如？」諸將皆曰：「不如堅守以疲敵，待其退而擊之。」張賓、孔萇曰：「鮮卑之種，段氏最為勇悍，而末柸尤甚，其銳卒皆在末柸所。今聞疾陸眷刻日[196]攻北城[197]，其大眾遠來，戰鬭連日，謂我孤弱，不敢出戰，意必懈惰。宜且勿出，示之以怯，鑿北城為突門[198]二十餘道，俟其來至，列守[199]未定，出其不意，直衝末柸帳，彼必震駭，不暇為計，破之必矣。末柸敗，則其餘不攻而潰矣。」勒從之，密為突門。既而疾陸眷攻北城，勒登城望之，見其將士或釋仗[200]而寢，乃命孔萇督銳卒自突門出擊之，城上鼓譟以助其勢。萇攻末柸帳，不能克而退。末柸逐之，入其壘門[201]，為勒眾所獲。疾陸眷等軍皆退走。

萇乘勝追擊，枕尸[202]三十餘里，獲鎧馬五千匹。疾陸眷收其餘眾，還屯渚陽。勒質末柸，遣使求和於疾陸眷，疾陸眷許之。文鴦諫曰：「今以末柸一人之故，而縱垂亡之虜[203]，得無為王彭祖所怨，招後患乎？」疾陸眷不從，復以鎧馬金銀賂勒，且以末柸三弟為質而請末柸[204]。諸將皆勸勒殺末柸，勒曰：「遼西[205]鮮卑，健國也，與我素無仇讎，為王浚所使耳。今殺一人而結一國之怨，非計也。歸之，必深德我，不復為浚用矣。」乃厚以金帛報之。遣石虎[206]與疾陸眷盟于渚陽，結為兄弟。疾陸眷引歸，王昌等[7]不能獨留，亦引兵還薊。勒召末柸，與之燕飲，誓為父子[207]，遣還遼西。末柸在塗[208]，日南嚮而拜者三[209]。由是段氏專心附勒，王浚之勢遂衰。

游綸、張豺請降於勒。勒攻信都[210]，殺冀州刺史王象。浚復以邵舉行冀州刺史，保信都[211]。

是歲大疫。

王澄[212]少與兄衍名冠海內。劉琨謂澄曰：「卿形雖散朗[213]，而內實動俠[214]。以此處世，難得其死。」及在荊州，悅成都內史[215]王機，謂為己亞[216]，使之內綜心膂[217]，外為爪牙[218]。澄屢為杜弢[219]所敗，望實俱損[220]，猶傲然自得，無憂懼之意，但與機日夜縱酒博弈[221]，由是上下離心。南平[222]太守應詹屢諫，不聽。

澄自出軍擊杜弢，軍于作塘[223]。故山簡參軍王沖擁眾迎應詹為刺史，詹以沖無賴，棄之，還南平，沖乃自稱刺史。澄懼，使其將杜蕤守江陵，徙治孱陵[224]，尋又奔沓中[225]。別駕郭舒諫曰：「使君臨州雖無異政[226]，然一州人心所繫。今西收華容[227]之兵，足以擒此小醜，柰何自棄遽為奔亡乎？」澄不從，欲將舒東下。舒曰：「舒為萬里紀綱[228]，不能匡正，令使君[229]奔亡，誠不忍渡江。」乃留屯沌口[230]。琅邪王睿聞之，召澄為軍諮祭酒，以軍諮祭酒周顗代之，澄乃赴召。

顗始至州，建平[231]流民傅密等叛迎杜弢，弢別將王真襲沔陽[232]，顗狼狽失據[233]。征討都督王敦遣武昌[234]太守陶侃、尋陽[235]太守周訪、歷陽[236]內史甘卓共擊弢，敦進屯豫章[237]，為諸軍繼援。

王澄過詣敦[238]，自以名聲素出敦右[239]，猶以舊意[240]侮敦。敦怒，誣其與杜弢通信，遣壯士搤殺[241]之。王機聞澄死，懼禍，以其父毅、兄矩皆嘗為廣州刺史，就敦求廣州[242]，敦不許。會廣州將溫卲等叛刺史郭訥，迎機為刺史，機遂將奴客門生千餘人入廣州。訥遣兵拒之，將士皆機父兄時部曲，不戰迎降。訥乃避位，以州授之。

王如[243]軍中飢乏，官軍討之，其黨多降。如計窮，遂降於王敦。

鎮東軍司顧榮、前太子洗馬衛玠[244]皆卒。玠，瓘之孫也，美風神，善清談，常以為人有不及[245]，可以情恕[246]，非意相干[247]，可以理遣[248]，故終身不見喜慍之色。

江陽太守張啓殺行[249][8]益州刺史王異而代之。啓，翼[250]之孫也，尋病卒。三府文武共表涪陵[251]太守向沈行西夷校尉，南保涪陵。

南安赤亭羌[252]姚弋仲[253]東徙榆眉[254]，戎、夏[255]襁負隨之[256]者數萬，自稱護羌校尉、雍州刺史、扶風公。

【章旨】以上為第一段，寫晉懷帝永嘉六年（西元三一二年）一年間的大事，主要寫了漢主劉聰行為殘暴，多殺大臣，廣立後宮，寵任劉氏，為其日後之亂做伏筆；寫了漢將石勒欲攻江南，被司馬睿的部將所敗，退回襄國，經營河北，陰謀自立；晉將王浚與鮮卑段氏攻石勒於襄國，石勒大破段氏，與俘獲的大將末柸結為父子，從而使段氏專心歸附，而王浚的勢力遂衰；寫了晉將賈疋大破漢將劉曜奪回長安，擁戴司馬業於長安建立行臺，與閻鼎、荀藩等組成小朝廷班底，但其內部勾心鬥角，賈、閻分別被群胡所破殺，小朝廷風雨飄搖；寫了并州刺史劉琨生活驕奢，流連聲色，寵信小人，殺戮部下，劉粲、劉曜進攻并州，攻下晉陽，殺死劉琨之父母；劉琨引鮮卑拓跋猗盧部落大破漢將劉曜，奪回晉陽，而拓跋部落勢力愈張；同時又寫了隴西地區的羌人首領姚弋仲顯露頭角，受夷夏擁護，自稱雍州刺史，為其日後建國奠定了基礎。

【注　釋】❶呼延后　劉聰的皇后，劉淵皇后單氏的堂妹。❷并州　州治晉陽，在今山西太原西南。❸辛未　正月十九。❹甲戌　正月二十二。❺昭儀　帝王嬪妃的封號名，地位僅低於皇后。❻夫人　帝王嬪妃的封號名，地位低於昭儀。❼貴妃　帝王嬪妃的封號名，地位低於夫人。❽金印紫綬　金製印章、紫色綬帶。❾劉殷　字長盛，漢族，新興郡（郡治即今山西忻州）人，先事晉，後為劉聰所用，累官至侍中、太保、錄尚書事。傳見《晉書》卷八十八。❿劉康公　周朝的卿士，食采於劉，故其後以劉為姓。⓫殊源　指來自不同的祖宗。劉康公是周王朝的官員，而劉聰是匈奴人，本姓「欒提」，因自稱是漢宗室的外甥而改姓「劉」，故曰「殊源」。⓬希復出外　很少出宮會見群臣。希，同「稀」。少。⓭事皆中黃門奏決　一切大事都通過太監的稟告來加以裁定。⓮新野王歆　司馬歆。司馬駿的兒子，繼其父位為新野王。⓯竟陵　晉郡名，郡治石城，即今湖北鍾祥。⓰寇掠　搶劫；掠奪。⓱南蠻司馬新野杜曾　新野縣人杜曾，現任南蠻校尉的司馬。傳見《晉書》卷七十。⓲被甲　身穿鎧甲。⓳葛陂　古湖泊或水壩名，在今河南新蔡北。⓴課農　督促農民種好地。㉑鎮東長史　鎮東將軍司馬睿的高級僚屬，職為諸史之長。㉒紀瞻　字思遠，丹楊秣陵（今江蘇江寧）人，曾為軍諮祭酒、侍中、尚書等。傳見《晉書》卷六十八。㉓送款　進呈禮品與書表，以表示歸附的誠意。㉔河朔　古地區名，泛指當時的黃河以北。㉕愀然長嘯　悲愁地吹口哨。「嘯」是當時人喜好做出的一種「高雅」姿態。㉖就高　轉移到地勢高的地方。㉗丹楊　晉郡名，郡治建業，即今南京。㉘是勇將之計也　這是勇猛將軍的打算。言外之意是也非自己之所想。㉙鎧馬　帶有護甲的戰馬。㉚囚執天子　指俘獲晉懷帝。㉛妻略妃主　姦佔晉王朝的嬪妃、公主。㉜擢將軍之髮二句　即「擢髮難數」典故的由來。拔你一根頭髮數你一條罪狀，你的頭髮全拔光了，你的罪還沒有數完。極言其罪行之多。㉝柰何復相臣奉　怎能還向人家去稱臣、去侍奉人家。㉞霖雨　連綿大雨。㉟三臺　指銅雀臺、金雀臺、冰井臺，都在鄴城西北，為當年曹操所建。㊱平陽　劉聰的京都，即今山西臨汾之西南部。㊲右　上面。㊳為吾不利　給我們製造麻煩，指追擊我們。㊴攘袂鼓髯　捋起衣袖，翹起鬍鬚，形容神情振奮的樣子。㊵柰何遽勸孤降　怎麼能動不動地就勸我向人投降。遽，就。㊶帝　指懷帝司馬熾，當時在劉聰手下當俘虜。㊷加儀同三司　讓其享受三司一級的禮遇。三司，指司徒、司馬、司空，亦即丞相、太尉、御史大夫一級。㊸王武子　即王濟，字武子，王渾之子。傳見《晉書》卷四十二。㊹造卿　前去拜訪你。㊺稱朕於卿　向你誇獎我。稱，稱道；誇獎。㊻柘弓銀研　桑木弓、銀硯臺。研，同「硯」。㊼爾日　當時。㊽大漢　敬稱劉聰所建的政權。㊾自相驅除　自己來為您掃清道路。驅除，為人當先驅、清道。㊿此殆天意　這大概是上天的意思。殆，大概；差不多。(51)武皇帝　指司馬炎，諡曰「武」。(52)九族敦睦　整個家族和睦一心。(53)小劉貴人　劉殷四個孫女中最小的一位。(54)乙未　三月十四。(55)卜珝　時為劉聰的平北將軍。(56)收珝拘捕卜珝。(57)張寔　劉聰的表哥，與涼州刺史張軌之子張寔同名。(58)貴人　帝王嬪妃的第五級。(59)太后張氏　劉聰的生母，劉淵的嬪妃。(60)翼戴帝室　扶助、擁戴晉朝朝廷。翼，扶助；保護。(61)馳檄關中　向關中諸州郡發布文告。檄，檄文；文告。(62)尊輔秦王　尊奉、輔佐在關中的秦王司馬業。(63)西中郎將寔　張軌之子張寔，現為西中郎將之職。(64)絡繹繼發　緊跟著陸續出發。(65)丙寅　四月十六。(66)都水使者　管理河渠水利事務的官員，有左右二人。(67)襄陵王攄　劉攄。劉聰的族人，被封為襄陵王。(68)將作大匠　主管土木建築的官員。(69)觀漁　觀看捕魚。(70)昏夜　天黑半夜。(71)比　近來。(72)未專　還不堅定。(73)劉琨咫尺　指劉琨所在的晉陽（今山西太原西南）與劉聰的都城平陽（今山西臨汾）相距很近。咫尺，極喻其近。咫，八寸。(74)輕出　輕率外出。(75)一夫敵　一個人就能對付您。(76)改往修來　改變過去的錯誤行為，注意今後的行動表現。(77)億兆　指天下黎民。(78)王夫人　劉聰的嬪妃，王彰之女。(79)過差　猶言過度。(80)輿櫬　抬著棺木，意謂抱著必死的決心。(81)切諫　懇切地提意見。(82)生來哭人　來哭我這個大活人。(83)曠世少比　當代沒有一個人比得上。(84)往也唐虞二句　古代的賢君是唐堯、虞舜，今天的賢君就數您了。(85)頃來　近來。(86)亟　屢屢地。(87)斬王公　指殺劉攄、靳陵等人。(88)忤旨　違背了您的旨意。(89)遽囚大將　指囚禁王彰。(90)相與憂之　大家都對此感到憂慮。(91)微　非；若不是。(92)先帝　指劉淵。(93)再世　兩代。(94)此段之過　我這一次的過失。(95)蕩然　釋懷；不要放在心上。(96)後有不逮　日後我再有什麼錯誤。不逮，不到位。(97)幸數匡之　希望你還多多幫助。數，多多。匡，扶正；指教。(98)王彌既死　王彌被石勒所殺事，見本書卷八十七永嘉五年。(99)硤磽津　黃河渡口名，在今河南延津北。(100)邀　襲擊。(101)長史臨深　姓臨名深，時為長史之職。(102)雍州　州治即今陝西長安，當時被漢將劉曜佔領。(103)豫州　州治即今河南淮陽。(104)賈疋　晉將，原為安定太守，時被擁為平西將軍，圍劉曜於長安。(105)行大司馬　代理大司馬之職。行，臨時代理。(106)河內王粲　劉粲，劉聰之子，被封為河內王。(107)三渚　地名，在今河南孟津西北。(108)懷　晉縣名，縣治在今河南武陟西南。(109)尋卒　不久去世。(110)大昌文獻公劉殷　大昌公是劉殷的封號，大昌是劉聰王朝的郡名，約當今之山西隰縣。文獻是劉殷死後的諡。(111)犯顏　不顧人家的喜怒，不給人家留面子。顏，臉色。(112)因事進規　趁機會提出規勸。(113)無所是非　從不說對與錯，即不表示態度。(114)敷暢條理　充分地分析是非曲直。敷暢，充分分析。(115)商榷事宜　商量事情應該怎麼幹。(116)當務幾諫　應採取婉言相勸。幾，微；婉言。(117)萬乘　萬乘之君，指皇帝。(118)功　效果。(119)不彰君之過　不暴露君主的缺點、過失。彰，暴露。(120)劍履上殿　佩帶寶劍、穿著鞋子上殿，這是古代對大臣的特殊寵待，是古代的「九錫」之一。(121)入朝不趨　在朝廷上不用採取小步快走的行路姿勢。趨，小步快走，這是古人在君父面前使用的一種走路姿勢。(122)恂恂　謙恭謹慎的樣子。(123)不失令名　不喪失美好的名聲。(124)以壽考自終　長命百歲地最後死在炕頭上。

壽考，長壽。125河間王易　劉易。126彭城王翼　劉翼。127高平王悝　劉悝。128濟南王驥　劉驥。以上四人連同下文「魏王操」都是劉聰的兒子。129西平城　在今山西臨汾西北四十里。130蒲子　縣名，縣治即今山西隰縣。131劉演　晉將名，時任魏郡太守，鎮鄴（今河北臨漳西南）。132曲梁　縣名，縣治即今河北永年。133東燕　縣名，縣治在今河南延津東北。134汲郡向冰　汲郡人姓向名冰。135壁枋頭　築堡壘在枋頭堅守。壁，築壁據守。枋頭，在今河南浚縣西南、衛輝東北。136邀　攔腰襲擊。137盡在濆中未上　都停泊在河面，沒有拖到岸上。138間道襲取　抄小路將其奪過來。139以濟大軍　以運載大軍渡河。濟，渡過。140文石津　黃河渡口名，在今河南滑縣西南，當時的枋頭東南。141棘津　黃河渡口名，在今河南延津東北，當時的文石津西南。142猝拔　很快攻下。143王彭祖劉越石　皆晉將名。王浚，字彭祖，時為幽州刺史。劉琨，字越石，時為并州刺史。144遊行羈旅　來回行軍於旅途之中。145擇便地而據之　找一塊有利的地方，在那裡紮下根來。146西稟平陽以圖幽并　向西對平陽的劉聰就說咱們要留在這裡以經營幽、并二州。147邯鄲　古都名，即今河北邯鄲，城周達數十里。148襄國　晉縣名，縣治在今河北邢臺西南。149形勝之地　形勢險要的地方。150二寇交至　指王浚、劉琨交互來攻。151野穀　田野上的莊稼。152鎮此　駐軍於此；在這裡設防。153營　州名，州治和龍，即今遼寧遼陽。按，此時還未置營州，當時只有平州。154喜聲色　喜好歌兒舞女。155干預政事　指干預劉琨州政府的行政事務。156恢遠略　意即作遠大打算。157收兵　招募軍隊。158常山及中山　晉之二郡名，常山郡的郡治真定，在今河北正定西南。中山郡的郡治盧奴，即今河北定州。159八月庚戌　八月初一。160辛亥　八月初二。161壬子　八月初三。162盧志　字子道。初為成都司馬穎謀主，洛陽失陷後，盧志投劉琨。傳見《晉書》卷四十四。163己卯　九月初一。164辛巳　九月初三。165行臺　臨時朝廷。166登壇告類　登祭壇祭天，以告即位。167社稷　社稷壇，帝王祭祀土神、穀神的地方。168太子詹事　官名，掌管太子宮的各種事務。169總攝百揆　總理朝廷的一切事務。170南陽王保　司馬保，司馬模之子。171荀組　字大章，荀勗之子、荀藩之弟。傳見《晉書》卷三十九。172涼州兵　涼州刺史張軌的軍隊。時張軌派其子張寔與宋配率軍東下援助朝廷。173柔凶塢　當時民間自建的堡寨名，在今甘肅天水西南。174汾東　汾水東岸。175中七創　七處負傷。176自分死此　自己估計要死在這裡。177驅令渡汾　用鞭子趕馬令其渡過汾河。178蒙山　在當時的晉陽西北，今山西太原西南。179藍谷　在蒙山西南。180邢延　原為劉琨部下，去年叛劉琨投劉聰。181壽陽山　在今山西壽陽東北，盂縣西南。182陳閱皮肉　把野獸的皮肉擺放在山上展覽。183自營門步入　一到營門便下馬步行，以表示對猗盧的尊敬。184陽曲　晉縣名，縣治在今山西太原北四十五里。185盧諶　字小諒，前與盧志一道被劉聰所俘，今又逃回。傳見《晉書》卷四十四。186彭仲蕩　劉聰政權的涼州刺史，永嘉五年被賈疋所殺。187陽不勝　假裝失敗。陽，同「佯」。假裝。188眾推　此指長安西晉小朝廷的眾官推薦。(189)氐竇首　氐族部落的頭領名叫竇首。(190)廣平游綸張豺　廣平郡的游綸與張豺。廣平郡的郡治在今河北雞澤東南。(191)苑鄉　晉縣名，縣治在今河北任縣東北十八里，當時屬於廣平郡。(192)假署　被人以皇帝的名義任以官職。(193)末柸　也作「末波」。傳見《魏書》卷一百三。(194)渚陽　晉縣名，縣治在今河北任縣西南約十三里。(195)悉眾　率領所有的部隊。(196)刻日　定出日子，這裡即指幾天之內。(197)北城　指襄國（今河北邢臺）的北城。(198)突門　可以迅速打開，向敵發起突然攻擊的暗門。(199)列守　列陣防守。(200)釋仗　放下兵器。(201)壘門　營堡的外門。(202)枕尸　屍體互相枕藉。(203)垂亡之虜　馬上就要滅亡的賊寇（指石勒）。(204)請末柸　請求將段末柸放回。(205)遼西　晉郡名，轄地約當今遼寧之遼河以西與內蒙古東南部一帶地區，當時鮮卑段氏就活動在這一帶。(206)石虎　石勒之姪。傳見《晉書》卷一百七。(207)誓為父子　立誓結為父子之親。(208)在塗　在返程途中。(209)日南嚮而拜者三　每天向著南方磕三次頭。(210)信都　即今河北冀州，當時為冀州的州治所在地。(211)保信都　依托於信都。保，依托；據守。(212)王澄　字平子，王衍之弟，任荊州刺史，領南蠻校尉。傳見《晉書》卷四十二。(213)形雖散朗　外表看來雖然豁達灑脫。(214)動俠　好衝動；好打抱不平。(215)成都內史　原成都王司馬穎的僚屬。內史在諸侯國掌管民政。(216)謂為己亞　說他的人品才幹僅次於自己。(217)內綜心膂　對內管理自己的心腹部下。心膂，心腹與左膀右臂。(218)外為爪牙　對外是他的得力將領。爪牙，以喻稱猛將。(219)杜弢　當時的變民首領。杜弢被變民擁為首領事見本書卷八十七永嘉五年。(220)望實俱損　聲望和實力都受到了傷害。(221)博弈　下棋。(222)南平　晉郡名，郡治江安，在今湖北公安東北。(223)作塘　晉縣名，即今湖南安鄉。(224)孱陵　晉縣名，縣治在今湖北公安南。(225)沓中　地名，在湖北公安東。(226)臨州雖無異政　主持荊州的軍政事務雖然沒有特殊的政績。(227)華容　晉縣名，縣治在今湖北潛江市西南。(228)為萬里紀綱　當時郭舒為荊州別駕，位居州吏之右，而荊州又是大州，轄境遼闊，故郭舒以「萬里紀綱」自稱。紀綱，準繩；主心骨。以比喻州里的大吏。(229)使君　以稱王澄，當時敬稱刺史、郡守曰「使君」。(230)沌口　鄉鎮名，在今武漢西南長江上，當沌水入長江之口。(231)建平　晉郡名，郡治即今重慶市巫山縣。(232)沔陽　晉縣名，縣治在今陝西勉縣城東。(233)失據　手足無措，不知如何是好。(234)武昌　晉郡名，郡治即今湖北鄂城。(235)尋陽　晉郡名，郡治即今江西九江。(236)歷陽　晉郡名，郡治即今安徽和縣。(237)豫章　晉郡名，治所即今江西南昌。(238)過詣敦　前去拜訪王敦。(239)素出敦右　向來在王敦之上。(240)以舊意　按照往常的樣子。(241)搤殺　掐死。(242)求廣州　請求派任為廣州刺史。(243)王如　關中京兆地區的亂軍頭領，自立為司、雍二州牧。事見本書卷八十七永嘉四年。(244)衛玠　字叔寶，衛瓘之孫。傳見《晉書》卷三十六。(245)人有不及　別人有什麼缺點、過失。(246)可以情恕　可以按情理予以寬恕。(247)非意相干　只要不是存心故意侵犯。干，侵犯。(248)可以理遣　可以按情理予以放過，不記在心。(249)行　代理。(250)翼　張翼，三國時蜀漢的將領。傳見《三國志》卷四十五。[251]涪陵 晉郡名，郡治在今重慶市彭水縣南。[252]南安赤亭羌 南安郡赤亭縣的羌族人。南安郡的郡治獂道，在今甘肅隴西縣東北的渭水北。赤亭縣在今甘肅隴西東北。[253]姚弋仲 羌族人，姚襄、姚萇的父親。傳見《晉書》卷一百一十六。[254]榆眉 縣名，也作「喻糜」，縣治在今陝西千陽東三十里。[255]戎夏 胡人、漢人。[256]襁負隨之 用布兜背著嬰兒跟隨著他，極言歸附者之心誠。

【校記】 [1]忤 據章鈺校，甲十一行本、乙十一行本、孔天胤本皆作「迕」。按，二字同。[2]攻掠河北郡縣 原無此六字。據章鈺校，甲十一行本、乙十一行本、孔天胤本皆有此六字，張敦仁《通鑑刊本識誤》、張瑛《通鑑校勘記》同，今據補。[3]其 原無此字。據章鈺校，甲十一行本、乙十一行本、孔天胤本皆有此字，今據補。[4]固 原無此字。據章鈺校，甲十一行本、乙十一行本、孔天胤本皆有此字，張敦仁《通鑑刊本識誤》、張瑛《通鑑校勘記》同，今據補。[5]涼州 嚴衍《通鑑補》改作「梁州」。[6]疾陸眷 原脫「疾」字。據章鈺校，甲十一行本、乙十一行本、孔天胤本皆有「疾」字，今據補。[7]等 原無此字。據章鈺校，甲十一行本、乙十一行本、孔天胤本皆有此字，今據補。[8]行 原無此字。據章鈺校，甲十一行本、乙十一行本、孔天胤本皆有此字，張敦仁《通鑑刊本識誤》同，今據補。

【語譯】 孝懷皇帝下

永嘉六年（壬申 西元三一二年）

春季，正月，漢國呼延皇后去世，謚號「武元」。

漢國鎮北將軍靳沖、平北將軍卜珝率軍進犯并州。正月十九日辛未，靳沖、卜珝的軍隊圍困了并州州治所在地晉陽。

正月二十二日甲戌，漢主劉聰封司空王育、尚書令任顗的女兒為左昭儀、右昭儀，中軍大將軍王彰、中書監范隆、左僕射馬景的女兒都被封為夫人，右僕射朱紀的女兒被封為貴妃，全都佩戴著金製的印章、紫色的綬帶。劉聰還準備納太保劉殷的女兒為妃，太弟劉乂堅決勸阻。劉聰就這件事情詢問太宰劉延年、太傅劉景，他們二人都說：「太保劉殷說他自己是周朝劉康公的後代，與陛下不是同一個祖宗，納他的女兒為妃有什麼妨害呢？」劉聰聽了非常高興，就封劉殷的二個女兒劉英、劉娥為左貴嬪、右貴嬪，名位排在昭儀的前邊。又納劉殷的四個孫女入宮，她們都被封為貴人，名位僅次於貴妃。於是，劉殷家的六個女孩受到劉聰寵幸的程度壓倒了後宮其他的眾多女性，從此劉聰很少出宮，一切國家大事全部通過宦官的稟告加以裁決。

曾經在新野王司馬歆手下擔任牙門將的胡亢在竟陵郡招集人馬，自己稱起了楚公，他率人在荊州一帶搶劫、掠奪。任命原來在司馬歆手下擔任南蠻司馬的新野人杜曾為竟陵郡太守。杜曾勇冠三軍，能身穿鎧甲在水中游泳。

二月初一日壬子，發生日蝕。

漢國鎮東大將軍石勒在葛陂修築起堡壘，督促農民耕種土地、打造戰船，準備攻打建業。琅邪王司馬睿在壽春把江南的民眾大規模集結起來，任命擔任鎮東長史的紀瞻為揚威將軍，統領各軍討伐石勒。遇上天降大雨，大雨連續下了三個多月，石勒軍中缺乏糧食、疾病流行，死的人超過了一半。又聽說晉國派揚威將軍紀瞻率軍前來討伐，趕緊召集將佐商議對策。擔任右長史的刁膺主張先向司馬睿送去禮品和表示歸附的書表，並請求掃平河朔地區來為自己贖罪，等到晉國的軍隊退去之後，慢慢再想辦法消滅司馬睿，石勒悲愁地吹了一聲口哨。擔任中堅將軍的夔安請求將軍隊遷移到地勢較高的地方躲避洪水，石勒說：「將軍怎麼這麼膽怯呢？」孔萇等三十多位將領請求把諸將分成幾路利用黑夜作掩護進攻壽春，斬下吳將的人頭，佔據他們的城池，吃他們的糧食，總之一定要在今年攻下丹楊郡，平定江南。石勒笑著說：「這是勇將的想法！」於是賞賜每人一匹帶有護甲的戰馬。石勒回頭對參軍都尉張賓說：「您的意見如何呢？」張賓說：「將軍您攻陷了晉國的京師洛陽，俘獲、囚禁了晉國的天子，殺害了晉國的王公大臣，姦佔了晉國的嬪妃、公主，就是拔下將軍的頭髮，也數不清將軍對晉國所犯的罪惡，為什麼還要給人去做臣屬，去侍奉別人呢！去年既然殺了王彌，就不應該再到這裡來。如今幾百里之內連降大雨，是上天在警示將軍不應該滯留在這裡。鄴城有建築堅固的三臺，西邊和都城平陽相連接，四周有山有河作為天然屏障，我們應當往北遷移到鄴城，以鄴城為根據地，進而攻取河北；河北安定之後，天下就再也沒有人能凌駕於將軍之上了。晉兵保衛壽春，是害怕將軍去攻打他們。他們一旦聽說我們往北撤走，高興自己得到了保全，哪還有功夫在後邊追擊我們、做對我們不利的事情呢！將軍您應當讓輜重從北道先行出發，將軍您率領大軍向壽春進發，作出一副準備攻打壽春的架勢，等到輜重走遠之後，您再率領大軍慢慢撤退，何必擔憂沒有進退的餘地呢！」石勒捋起衣袖、翹起鬍鬚，精神振奮地說：「張賓的計畫是對的！」石勒責備刁膺說：「你既然輔佐我，就應當共同建大功立大業，為什麼動不動就勸我向晉國投降呢！按你出的計策應當把你斬首，然而我平素就知道你膽怯，所以特別寬恕你。」於是貶刁膺為將軍，提拔張賓為右長史，號稱「右侯」。

石勒率領軍隊從葛陂出發，他派遣石虎率領二千騎兵向壽春方向進發。路上遇到晉軍的運糧船，石虎的將士爭先恐後地去搶奪糧食，結果被司馬睿手下的揚威將軍紀瞻打敗。紀瞻追趕了一百多里，前邊就是石勒的軍隊，石勒擺開陣勢等待紀瞻來攻。紀瞻不敢進攻，退回壽春。

漢主劉聰封晉懷帝司馬熾為會稽郡公，讓他享受三司一級的禮遇。劉聰不經意地對晉懷帝司馬熾說：「你過去當豫章王的時候，我與王濟一同去拜訪你，王濟在你面前稱讚我，你說你聽到我的名字已經很久了，還贈送我柘木弓銀硯臺，你還記得嗎？」司馬熾回答說：「我怎麼敢忘記呢！只恨當時沒有早點結識你。」劉聰說：「你們司馬氏家族骨肉之間為什麼如此互相殘害呢？」司馬熾回答說：「大漢將要順民心應天命，所以上天才使司馬氏自相殘殺，讓他們自己剷除自己，為陛下掃清道路。這是天意，與人事無關。況且我家如果能夠保住武皇帝創立的基業，九族之間和睦相處，陛下怎麼能夠得到天下呢？」劉聰大喜，就把劉殷四個孫女中最小的一位貴人送給司馬熾為妻，他對司馬熾說：「這是有名大臣的孫女，你一定要善待她。」

代公拓跋猗盧派軍隊救援晉陽。三月十四日乙未，漢軍被打敗撤走。漢國平北將軍卜珝的士兵首先逃跑，漢鎮北將軍靳沖擅自逮捕了卜珝，並把卜珝殺死。劉聰大怒，立即派使者手持符節前去斬殺了靳沖。

劉聰把他舅舅的兒子輔漢將軍張寔的兩個女兒張徽光、張麗光納入宮中封為貴人，這是劉聰的生母張太后的主意。

擔任涼州主簿的馬魴對涼州刺史張軌說：「您應當派將領率軍出征，前去扶助、護衛皇室。」張軌聽從了馬魴的建議，他立即發布檄文通報關中各地，號召共同尊奉、輔佐秦王司馬業，他在檄文中宣布說：「現在我派前鋒督護宋配，率領步兵、騎兵二萬，逕直奔赴長安，西中郎將張寔率領中軍三萬，武威太守張琠率領胡人騎兵二萬，緊隨其後陸續出發。」

夏季，四月十六日丙寅，晉征南將軍山簡去世。

漢主劉聰封自己的兒子劉敷為渤海王，封劉驥為濟南王，封劉鸞為燕王，封劉鴻為楚王，封劉勱為齊王，封劉權為秦王，封劉操為魏王，封劉持為趙王。

漢主劉聰因為魚蟹供應不足，就將擔任左都水使者的襄陵王劉攄處死；因為修建溫明殿、徽光殿沒能按期完工，就誅殺了將作大匠望都公靳陵；到汾河觀賞捕魚，半夜三更還不回宮。中軍大將軍王彰勸諫他說：「近來觀看陛下的所作所為，我實在感到痛心疾首。如今百姓歸漢的意志還不堅決，思念晉朝的心思還很強烈，劉琨近在咫尺，刺客隨處都有，陛下輕率外出，一個人就能夠對付您。希望陛下改變過去的作風，開創新的未來，那將是天下億萬人的福分！」劉聰大怒，立即下令要把王彰斬首。王彰的女兒即劉聰的王夫人為父親向劉聰磕頭求情，劉聰就把王彰囚禁起來。太后張氏認為劉聰對王彰的處罰過重，就絕食了三天，太弟劉乂、單于劉粲抱定必死的決心抬著棺材懇切地規勸劉聰。劉聰怒氣沖沖地說：「我難道是夏桀王、商紂王那樣的人嗎，而你們這些人竟然在我活著的時候就來哭弔我！」太宰劉延年、太保劉殷等公卿、列侯一百多人，都摘下官帽痛哭流涕地對劉聰說：「陛下功高德厚，當今世上沒有一個人能夠比得上您，古代的賢君是唐堯、虞舜，今天的賢君就是陛下您了。而近來只是因為魚蟹稍微有些供應不上，宮殿沒有按時修好這些很小的過失，您就屢屢地誅殺主管的王公大臣；因為直言勸諫違背了陛下的旨意，您又將大將王彰囚禁起來。這些都是我們所不能理解的，大家都對此感到憂慮，以至於廢寢忘食。」劉聰感慨地說：「我昨天喝醉了酒，並不是我的本意要這樣做，若不是你們提醒，我還不知道自己的過錯在哪裡呢。」於是賞賜每人一百匹帛，又派遣侍中手持符節前去赦免了王彰，劉聰對王彰說：「先帝依靠您就像是依靠自己的左右手，您為兩代人都建立了功勳，我哪裡敢忘掉您的功勞呢！我這一次的過錯，希望您不要放在心上。您能盡心盡力地憂國憂民，這是我所希望的。現在晉升您為驃騎將軍、定襄郡公，今後如果我再有什麼做得不好的地方，還希望您多多地加以匡正和指教。」

王彌被石勒殺死之後，漢國安北將軍趙固、平北將軍王桑恐怕被石勒所吞併，就準備率領軍隊回到平陽，因為軍中糧食缺乏，士兵之間已經開始出現格殺、相食的情況，趙固等便從黃河的硤磽津渡口向西渡過黃河，攻掠河北郡縣。并州刺史劉琨任命自己哥哥的兒子劉演為魏郡太守，負責鎮守鄴城。趙固、王桑擔心劉演會率軍襲擊他們，就派遣擔任長史的臨深到劉琨那裡去作人質。劉琨任命趙固為雍州刺史，任命王桑為豫州刺史。

晉國安定太守賈疋等率軍圍困長安已經好幾個月，漢中山王劉曜屢戰屢敗，於是放棄守城，驅趕著劫掠來的八萬多男女老幼奔往平陽。秦王司馬業從雍城進入長安。五月，漢主劉聰貶劉曜為龍驤大將軍，兼任大司馬的職務。劉聰派遣河內王劉粲率軍前往三渚攻打傅祗，派右將軍劉參前往懷縣攻打郭默。碰巧此時傅祗病逝，三渚城隨即陷落，劉粲把傅祗的子孫以及三渚的百姓總計二萬多戶全部遷往平陽。

六月，漢主劉聰想立貴嬪劉英為皇后。張太后想立貴人張徽光為皇后，劉聰迫不得已，只得順從了母親的意見。貴嬪劉英不久去世。

漢大昌文獻公劉殷去世。劉殷身為漢國的宰相，從來不當面給皇帝臉色看、不違背君主的旨意，然而卻總能尋找機會對君主進行規勸，對國家補益很多。漢主劉聰每次與大臣議論政事，劉殷從來不明確說哪樣做是對的哪樣做不對。等大臣退出之後，劉殷總是單獨留下來，為劉聰詳盡地分析事情的是非曲直，商量事情應該怎麼辦，劉聰從來沒有不依從的。劉殷經常告誡自己的子孫說：「侍奉君王務必要婉言相勸，一般的人尚且不能當面指斥他的過錯，何況是萬乘之君呢！婉言勸諫的效果無異於犯顏直諫，但因為不在眾人面前暴露君王的過錯，所以這種做法是最好的。」劉殷的官職一直做到侍中、太保、主管尚書省事務，漢主賞賜他可以佩帶寶劍、穿著鞋子上殿，在朝廷上不用採取小步快走的行路姿勢，還可以乘著轎子入宮。然而劉殷在公卿大臣之間，經常表現出謙恭謹慎、甚至有些謙卑的樣子，所以雖然身處驕橫暴虐的國度，卻始終能夠保有富貴，不喪失美好的名聲，最後能夠壽終正寢。

漢主劉聰任命河間王劉易為車騎將軍，彭城王劉翼為衛將軍，兩人都掌管禁衛軍，負責守衛皇宮。高平王劉悝為征南將軍，鎮守離石；濟南王劉驥為征西將軍，他修築西平城作為駐守之所；魏王劉操為征東將軍，鎮守蒲子縣。

趙固、王桑從懷縣請求漢主劉聰派遣軍隊迎接他們歸漢，漢主劉聰派遣鎮遠將軍梁伏疵率領軍隊前往迎接。梁伏疵還沒有到達懷縣，長史臨深、將軍牟穆已經率領一萬多人叛變，投奔了晉國的魏郡太守劉演。趙固跟隨梁伏疵西歸於漢，而王桑則率領他的人馬向東奔向了青州，趙固派遣軍隊追殺王桑，一直追到曲梁，終於把王桑殺死，王桑的部將張鳳率領殘餘人馬歸順了魏郡太守劉演。劉聰任命趙固為荊州刺史、兼任河南太守，鎮守洛陽。

石勒離開葛陂向北進軍，所過之處全都實行了堅壁清野，石勒的軍隊什麼東西也擄掠不到，士卒飢餓難忍，竟至人相食。石勒率軍來到東燕縣，聽說汲郡人向冰已經聚集了數千人在枋頭修築起堡壘進行防守。石勒率軍想要渡過黃河，懼怕向冰會半路襲擊自己。右長史張賓對石勒說：「聽說向冰的船隻都還在河中，沒有拖到岸上，應當派遣一支輕裝部隊抄小路偷襲他們，奪取他們的船隻，以便運載大軍渡河。大軍如果渡過黃河，向冰必然被我們擒獲。」秋季，七月，石勒派遣支雄、孔萇從文石津渡口捆綁筏子偷偷渡過黃河，奪取了向冰存放在河道中的船隻。石勒親自率軍從棘津渡過黃河，攻擊向冰，把向冰打得大敗，繳獲了向冰儲備的所有物資，石勒的軍威又重新振作起來，於是長驅直入抵達鄴城。負責鎮守鄴城的魏郡太守劉演佔據三臺固守，而臨深、牟穆等人則又率軍歸降了石勒。

諸將都想攻打三臺，右長史張賓勸阻說：「劉演的勢力雖然微弱，但仍然有幾千部眾，三臺地勢險要，建築堅固，不容易很快將它攻克，如果捨棄離開，他們將會自行潰散。如今幽州刺史王浚、并州刺史劉琨才是您最大的敵人，應當首先消滅他們，劉演不值得擔憂。況且如今天下正在鬧饑荒，加上戰亂不斷，您雖然擁有強大的軍隊，卻來回行軍於旅途之中，人心不定，這不是萬無一失地保全自己以控制四方的長久之計。不如選擇一個有利的地區紮下根來，大量的屯聚糧草，向西稟報漢主劉聰，就說我們要留在這裡圖謀攻佔幽州、并州，這才是霸王的偉業啊。邯鄲、襄國，是形勢險要的地方，請您選擇一處作為都城。」石勒說：「右侯的計畫很對。」於是進兵攻佔了襄國。

張賓又對石勒說：「如今我們佔據了襄國，這是幽州刺史王浚、并州刺史劉琨所最忌恨的。我擔心這裡的城牆還沒有修築堅固、城壕還沒有挖掘很深，物資還沒有儲備豐富，而王浚、劉琨就已經輪番前來攻打。我們應當趕緊搶收田野裡的莊稼，並且派遣使者去平陽，向漢主劉聰詳細陳述我們鎮守襄國的用意。」石勒聽從了張賓的建議，命令各將分頭攻打冀州，冀州各郡縣以及各處的武裝大部分都投降了石勒，石勒於是把各郡縣的糧食都運送到襄國；而且上表向劉聰報告情況，劉聰任命石勒為都督冀州・幽州・并州・營州四州諸軍事、冀州牧，晉封石勒為上黨公。

晉國并州刺史劉琨向并州各郡發布檄文，限定十月會師於平陽，進攻漢主劉聰。劉琨一向奢侈豪華，喜歡歌兒舞女。河南人徐潤就因為擅長音律而得到劉琨的寵愛，劉琨任命徐潤為晉陽縣令。徐潤驕橫恣肆，經常干預劉琨的行政事務。擔任護軍的令狐盛屢次在劉琨面前提起此事，並且勸說劉琨殺掉徐潤，劉琨不聽令狐盛的勸告。徐潤在劉琨面前進獻讒言說令狐盛的壞話，劉琨就聽從徐潤逮捕了令狐盛，把令狐盛殺死。劉琨的母親責備劉琨說：「你不能駕御英雄豪傑作遠大打算，卻專門剷除勝過自己的人，災禍一定會連累到我。」

令狐盛的兒子令狐泥投奔了漢主劉聰，他向漢主劉聰詳細地報告了劉琨的虛實情況。漢主劉聰聽了喜出望外，立即派遣河內王劉粲、中山王劉曜率領軍隊攻打并州，任命令狐泥為嚮導。劉琨聽到漢軍來攻的消息後，就到東邊的常山、中山等地招募軍隊，他派自己的部將郝詵、張喬率領軍隊抵抗劉粲，同時派遣使者向代公拓跋猗盧請求救兵。郝詵、張喬全都兵敗被殺。劉粲、劉曜乘虛襲擊晉陽，太原太守高喬、并州別駕郝聿把晉陽城拱手獻出，向漢國投降。八月初一日庚戌，劉琨回軍來救晉陽，但為時已晚，只得率領數十名親信騎兵投奔常山。初二日辛亥，劉粲、劉曜進入晉陽城。初三日壬子，令狐泥殺死了劉琨的父母為父親令狐盛報了仇。

漢河內王劉粲、中山王劉曜把俘獲的晉國尚書盧志、侍中許遐、太子右衛率崔瑋押送到漢國的都城平陽。

劉聰再次任命劉曜為車騎大將軍，任命前將軍劉豐為并州刺史，鎮守晉陽。九月，漢主劉聰任命盧志為太弟太師，任命崔瑋為太傅，任命許遐為太保，高喬、令狐泥都為武衛將軍。

九月初一日己卯，在漢國擔任衛尉的梁芬投奔了晉國佔領下的長安。

九月初三日辛巳，賈疋等人尊奉秦王司馬業為皇太子，在長安建立起晉朝的臨時小朝廷，司馬業登上祭壇祭告天地，修建宗廟、社稷壇，頒布大赦令。任命前豫州刺史閻鼎為負責掌管太子宮各種事務的詹事官，總理臨時小朝廷的一切政務。擢升賈疋為征西大將軍，任命秦州刺史、南陽王司馬保為大司馬。命令擔任司空的荀藩負責處理遠近軍務，擔任光祿大夫的荀組兼任司隸校尉、代理豫州刺史，與荀藩共同守衛開封。

秦州刺史裴苞憑藉險要地勢企圖阻擋涼州刺史張軌派出援助朝廷的軍隊東下，張寔、宋配等打敗了裴苞，裴苞逃往柔凶塢。

冬季，十月，漢主劉聰封自己的兒子劉恆為代王，劉逞為吳王，劉朗為潁川王，劉皐為零陵王，劉旭為丹楊王，劉京為蜀王，劉坦為九江王，劉晃為臨川王。任命王育為太保，王彰為太尉，任顗為司徒，馬景為司空，朱紀為尚書令，范隆為左僕射，呼延晏為右僕射。

代公拓跋猗盧派遣自己的兒子拓跋六脩和自己哥哥的兒子拓跋普根、將軍衛雄、范班、箕澹率領數萬軍隊為前鋒，進攻晉陽，拓跋猗盧親自率領二十萬大軍緊隨其後，并州刺史劉琨招集起幾千名散兵游勇作為嚮導。拓跋六脩與漢中山王劉曜在汾河以東展開激戰，劉曜被打敗，墜落馬下，身上七處負傷。漢討虜將軍傅虎把自己騎的馬讓給劉曜，劉曜不接受，說：「你應當騎著馬逃離此處，我傷勢已經很嚴重，估計會死在這裡。」傅虎哭著說：「我蒙受大王賞識，提拔為將軍，經常想著為您效命，今天就是我效命的時候。而且漢室剛剛建立，天下可以沒有傅虎，卻不能沒有大王。」於是就把劉曜扶上馬，用鞭子驅趕著戰馬渡過汾河，自己又返身而回繼續投入戰鬥，最後戰死。劉曜逃回晉陽，夜裡，與大將軍劉粲、鎮北大將軍劉豐劫持著晉陽百姓，越過蒙山準備返回。

十一月，拓跋猗盧率領大軍追趕漢軍，在藍谷又與漢軍展開激戰，再次將漢軍打得大敗，俘虜了漢國鎮北將軍劉豐，斬殺了邢延等三千多人，幾百里之內遍布著陣亡將士的屍體。拓跋猗盧趁機在壽陽山大肆狩獵，把野獸的皮、肉陳列在山頂上，整座壽陽山都被野獸的鮮血染成了紅色。晉國并州刺史劉琨從營門步行來到營帳之中拜謝拓跋猗盧，並堅決請求拓跋猗盧繼續進軍攻打漢軍。拓跋猗盧說：「我沒有早點趕來，以至於你的父母被害，實在感到慚愧。如今你已經收復了并州全境，我遠道而來，兵馬疲憊，暫且等以後有機會再作行動，劉聰不可能一下子消滅。」他贈送給劉琨馬、牛、羊各一千多頭，戰車一百輛而後返回，留下他的部將箕澹、段繁等守衛晉陽。

并州刺史劉琨遷往陽曲，招集逃亡流散的居民。盧諶是漢河內王劉粲的參軍，逃亡歸順了劉琨。漢主劉聰殺了盧諶的父親盧志以及弟弟盧謐、盧詵；漢主劉聰追認傅虎為幽州刺史。

十二月，漢主劉聰立貴人張徽光為皇后，任命張皇后的父親張寔為左光祿大夫。

彭仲蕩的兒子彭天護率領各胡人部落進攻晉國征西大將軍賈疋，彭天護佯裝失敗逃走。賈疋率軍隨後追趕，不幸夜間墜入山澗中，被彭天護捉住殺死。漢主劉聰任命彭天護為涼州刺史。長安西晉小朝廷中的眾官員推舉擔任始平太守的麴允兼任雍州刺史。擔任太子詹事的閻鼎與擔任京兆太守的梁綜爭奪權力，閻鼎殺死了梁綜。擔任始平太守兼任雍州刺史的麴允與擔任撫夷護軍的索綝、馮翊太守梁肅聯合起來攻打閻鼎，閻鼎逃離長安城投奔雍城，被氐族部落酋長竇首殺死。

廣平郡的游綸、張豺擁有幾萬人眾，他們佔據苑鄉，接受了晉國幽州刺史王浚以皇帝的名義委任的職務。石勒派遣夔安、支雄等七名將領率軍攻打游綸、張豺，攻破了他們的外圍堡壘。王浚派遣督護王昌率領各軍以及遼西公段疾陸眷、段疾陸眷的弟弟段匹磾、段文鴦、堂弟段末柸，總計五萬人馬前往襄國攻打石勒。

段疾陸眷把軍隊屯紮在渚陽，石勒派遣諸將出戰迎擊，都被段疾陸眷打敗。段疾陸眷大量製造攻城的器械，準備攻打襄國城，石勒的部眾非常害怕。石勒召集將佐商議說：「如今襄國的城牆和護城河都還不是十分堅固，儲存的糧食也不多，敵眾我寡，外無救援，我準備把全部軍隊都投入戰場與他們決一死戰，你們看怎麼樣？」諸將都說：「不如堅守城池，等敵人筋疲力盡、準備退卻的時候再出兵消滅他們。」右長史張賓、孔萇說：「鮮卑這個種族中，段姓最為勇敢、強悍，而其中的段末柸部最為厲害，他們的精銳都在段末柸那裡。如今聽說段疾陸眷已經定出日子要在幾天之內攻打北城，他們遠道而來，連日作戰，必定認為我們孤單弱小，不敢出戰，戒備一定很鬆懈。我們應該暫時不出戰，向他們表示我們很膽怯，同時把北城牆鑿開二十多個可以迅速打開的洞口，作為向敵發起突然攻擊的暗門，等到他們前來攻城，列陣防守未穩之時，我們出其不意，直接衝入段末柸的營帳，他一定非常震驚、害怕，來不及商議出計策，就已經被我們打敗了。段末柸失敗之後，其他的軍隊就會不攻自潰了。」石勒聽從了這個建議，立即派人祕密地在北城牆鑿出突擊的暗門。不久段疾陸眷進攻北城，石勒登上城牆觀望敵情，看見段疾陸眷手下的將士已經有人放下兵器躺在地上休息，石勒於是命令孔萇率領精銳士兵從挖好的暗門衝出城去襲擊敵人，城上的人則擂鼓吶喊為他們助威。孔萇率軍攻打段末柸的營帳，無法攻入而後撤。段末柸隨後追趕，闖入了石勒營堡的外門，被石勒的部眾所俘獲。段疾陸眷等軍全都退走。孔萇乘勝追擊，三十里的範圍內屍橫遍地，繳獲了佩帶鎧甲的戰馬五千匹。段疾陸眷招集起自己的殘兵敗將，退回到渚陽屯紮。

石勒把段末柸作為人質，派遣使者向段疾陸眷求和，段疾陸眷答應了石勒求和的要求。文鴦勸諫段疾陸眷說：「如今為了段末柸一個人，而放跑馬上就要滅亡的賊寇，恐怕會受到王浚的怨恨，為自己招致無窮的後患吧？」段疾陸眷沒有聽從文鴦的勸告，又用佩帶著鎧甲的戰馬和金銀賄賂石勒，並且把段末柸的三弟送到石勒那裡充作為人質以求放回段末柸。諸將都勸說石勒殺掉段末柸，石勒說：「遼西鮮卑是一個強大的國家，與我們歷來沒有冤仇，他們率軍攻打我們是因為受王浚的唆使。如果我們殺掉一個段末柸就會結下一國對我們的仇怨，這不是好計策。我們把段末柸送還給他們，他們必然對我們深懷感激，不再為王浚所利用了。」於是就帶著大量的金銀布帛作為對段疾陸眷的回贈。派遣石虎前往渚陽與段疾陸眷聯盟，雙方結為異姓兄弟。於是段疾陸眷率領軍隊回國，王浚的部將、擔任都護的王昌等人沒有能力單獨留下對抗石勒，於是也率軍返回薊縣。石勒召見段末柸，與他一起飲酒歡敘，發誓兩家結為父子之親，遣送段末柸回到遼西。段末柸非常感激，在返回途中，每天面向南方叩拜三次。從此，段氏一心依附石勒，王浚的勢力於是衰弱下來。

游綸、張豺向石勒請求投降。石勒率軍進攻冀州州治所在地信都，殺死了冀州刺史王象。幽州刺史王浚又任命邵舉代理冀州刺史，據守信都。

這一年，瘟疫大流行。

王澄從小就與哥哥王衍譽滿天下。劉琨對王澄說：「您外表看來雖然豁達瀟脫，而實際上卻好衝動、愛打抱不平。以這樣的性格活在世上，恐怕難有好下場。」等到王澄任荊州刺史的時候，非常賞識成都內史王機，認為王機的人品才幹僅次於自己，就讓王機對內管理自己的心腹部下，對外作為自己的得力幹將。王澄屢次被流民首領杜弢打敗，聲望和實力全都受到很大損害，然而王澄照樣態度傲慢、揚然自得，一點也沒有憂愁恐懼的意思，只與王機日夜縱情飲酒下棋取樂，因此，上下離心離德。擔任南平郡太守的應詹屢次勸諫，但王澄從來不肯聽從。

王澄親自率領軍隊去攻擊杜弢，他把軍隊駐紮在作塘。原來在山簡手下擔任參軍的王沖帶領眾人迎接應詹取代王澄為荊州刺史，應詹認為王沖是個流民無賴，就拋棄了王沖，回到南平，王沖索性自稱為荊州刺史。王澄很害怕，就派手下將領杜蕤守衛江陵，把治所遷到了孱陵，不久又跑到沓中。擔任別駕的郭舒勸諫王澄說：「自從您主持荊州的軍政事務以來，雖然沒有特殊的政績，但仍然是維繫全州人心的中心所在。如果向西調來華容縣的軍隊，足夠擒拿王沖這個跳樑小丑，為什麼自己要放棄努力、驚慌失措的四處逃奔呢？」王澄不聽，想帶著郭舒向東逃跑。郭舒說：「我身為荊州這樣一個轄境遼闊的大州別駕，卻不能匡扶閣下，致使閣下奔走逃亡，我實在不忍心渡過長江。」於是郭舒便留下來屯紮在沌口。琅邪王司馬睿聽說後，就召聘王澄為軍諮祭酒，改任擔任軍諮祭酒的周顗接替王澄為荊州刺史，王澄這才接受了琅邪王司馬睿的召請前來赴任。

周顗初到荊州任所，建平郡流民傅密等人聚眾叛變迎接流民首領杜弢，杜弢手下另一支部隊的將領王真率軍襲擊沔陽縣，周顗狼狽不堪、手足無措，不知如何應對。擔任征討都督的王敦派遣武昌郡太守陶侃、尋陽郡太守周訪、歷陽郡內史甘卓率領軍隊共同圍剿杜弢，王敦率軍前進到豫章紮下營寨，作為各軍的後援。

新任軍諮祭酒的王澄前去拜訪王敦，他自以為名望向來都在王敦之上，所以還依照以往的樣子在言談舉止之間侮慢王敦。王敦大怒，便誣陷王澄與杜弢互通消息，派壯士掐死了王澄。王機聽說王澄已死，懼怕牽連到自己，就以自己的父親王毅、哥哥王矩都曾經擔任過廣州刺史為由，到王敦那裡請求擔任廣州刺史，王敦不同意。正遇上廣州將領溫卲等人背叛了廣州刺史郭訥，迎接王機為廣州刺史，王機於是率領自己的家奴、賓客、門生一千多人去了廣州。廣州刺史郭訥派兵阻止王機進入廣州，而派去的這些將士都是王毅、王矩擔任廣州刺史時的老部下，他們不但不阻止王機反而向王機投降，將王機迎入廣州。郭訥只得讓出刺史的位置，把廣州讓給了王機。

亂軍首領王如軍中因為缺糧，士兵都在忍飢挨餓，再加上官軍的討伐，所以他的黨羽大部分都投降了官府。王如黔驢技窮，於是投降了王敦。

擔任鎮東軍司的顧榮、前太子洗馬衛玠全都去世。衛玠，是衛瓘的孫子，風采神態都很優美，善於高談闊論，經常認為人非聖賢，總會有些缺點和過失，可以按照情理予以寬恕，只要不是存心有意冒犯，也可以按照情理不記在心上，所以終身見不到他臉上有喜怒的表情。

江陽郡太守張啓殺死了代理益州刺史的王異，自己取而代之。張啟，是張翼的孫子，但沒過多久就病死了。三府的文武官員共同上表推薦涪陵郡太守向沈代行西夷校尉的職權，南下保衛涪陵。

南安郡赤亭縣的羌族人姚弋仲向東遷徙到榆眉縣居住，無論是胡人還是漢人，用布兜背著嬰兒跟隨姚弋仲遷徙的有幾萬人，姚弋仲自稱護羌校尉、雍州刺史、扶風公。

孝愍皇帝[1]上

建興元年（癸酉　西元三一三年）

春，正月丁丑朔[2]，漢主聰宴羣臣於光極殿，使懷帝著青衣行酒[3]。庾珉、王儁[4]等不勝悲憤，因號哭，聰惡之。有告珉等謀以平陽應劉琨[5]者，二月丁未[6]，聰殺珉、儁等故晉臣十餘人，懷帝亦遇害[7]。○大赦，復以會稽劉夫人[8]為貴人。

荀崧[9]曰：「懷帝天姿清劭[10]，少著英猷[11]。若遇承平，足為守文佳主[12]。而繼惠帝擾亂[13]之後，東海[14]專政，故無幽、厲之釁[15]，而有流亡之禍[16]矣。」

乙亥[17]，漢太后張氏卒，諡曰光獻。張后[18]不勝哀，丁丑[19]亦卒，諡曰武孝。

○己卯[20]，漢定襄忠穆公王彰[21]卒。

三月，漢主聰立貴嬪劉娥為皇后，為之起鳪儀殿[22]。廷尉陳元達切諫，以為：「天生民而樹之君，使司牧[23]之，非以兆民之命窮一人之欲[24]也。晉氏失德，大漢[25]受之，蒼生引領[26]，庶幾息肩[27]。是以光文皇帝[28]身衣大布[29]，居無重茵[30]，后妃不衣錦綺，乘輿馬[31]不食粟，愛民故也。陛下踐阼[32]以來，已作殿觀四十餘所，加之軍旅數興[33]，餽運[34]不息，饑饉疾疫，死亡相繼，而益思營繕[35]，豈為民父母之意乎！今有晉遺類[36]，西據關中[37]，南擅江表[38]，李雄奄有巴、蜀[39]，王浚、劉琨窺窬肘腋[40]，石勒、曹嶷[41]貢稟漸疏[42]。陛下釋此不憂[43]，乃更為中宮作殿[44]，豈目前之所急乎！昔太宗[45]居治安之世，粟帛流衍[46]，猶愛百金之費[47]，息露臺之役(48)。陛下承荒亂之餘，所有之地，不過太宗之二郡(49)，戰守之備(50)，非特(51)匈奴、南越而已。而宮室之侈，乃至於此，臣所以不敢不冒死而言也。」聰大怒，曰：「朕為天子，營一殿，何問汝鼠子乎！乃敢妄言沮眾(52)！不殺此鼠子，朕殿不成。」命左右：「曳出斬之！并其妻子同梟首東市(53)，使羣鼠共穴(54)。」時聰在逍遙園李中堂(55)，元達先鎖腰而入，即以鎖鎖堂下樹(56)，呼曰：「臣所言者，社稷之計，而陛下殺臣。朱雲(57)有言：『臣得與龍逢、比干遊(58)，足矣！』」左右曳之不能動。大司徒任顗、光祿大夫朱紀、范隆、驃騎大將軍河間王易(59)等叩頭出血，曰：「元達為先帝所知，受命之初(60)，即引置門下(61)，盡忠竭慮，知無不言。臣等竊祿偷安(62)，每見之未嘗不發愧。今所言雖狂直，願陛下容之。因諫諍而斬列卿，其如後世何(63)！」聰默然。

劉后聞之，密敕左右停刑(64)，手疏(65)上言：「今宮室已備，無煩更營，四海未壹，宜愛民力。廷尉之言，社稷之福也，陛下宜加封賞。而更誅之，四海謂陛下何如哉！夫忠臣進諫者固不顧其身也，而人主拒諫者亦不顧其身也。陛下為妾營殿而殺諫臣，使忠良結舌(66)者由妾，遠近怨怒者由妾，公私困弊(67)者由妾，社稷阽危(68)者由妾，天下之罪皆萃於妾(69)，妾何以當之！妾觀自古敗國喪家，未始不由婦人，心常疾[70]之，不意今日身自為之，使後世視妾由[71]妾之視昔人也。妾誠無面目復奉巾櫛[72]，願賜死此堂[73]，以塞陛下之過[74]。」聰覽之變色。

任顗等叩頭流涕不已。聰徐曰：「朕比年[75]已來，微得風疾，喜怒過差[76]，不復自制[77]。元達，忠臣也，朕未之察，諸公乃能破首明之[78]，誠得輔弼之義[79]也。朕愧戢于心[80]，何敢忘之！」命顗等冠履就坐[81]，引元達上，以劉氏表示之，曰：「外輔如公，內輔如后，朕復何憂！」賜顗等穀帛各有差[82]，更命逍遙園曰納賢園，李中堂曰愧賢堂。聰謂元達曰：「卿當畏朕，而反使朕畏卿邪？」

西夷校尉向沈卒，眾推汶山[83]太守蘭維為西夷校尉。維率吏民北出，欲向巴東[84]。成將李恭、費黑邀擊，獲之[85]。

夏，四月丙午[86]，懷帝凶問[87]至長安，皇太子[88]舉哀，因加元服[89]。壬申[90]，即皇帝位[91]，大赦，改元[92]。以衛將軍梁芬為司徒，雍州刺史麴允為尚書左僕射、錄尚書事，京兆太守索綝[93]為尚書右僕射、領吏部、京兆尹。是時長安城中戶不盈百，蒿棘成林，公私有車四乘，百官無章服、印綬[94]，唯桑版署號[95]而已。尋以索綝為衛將軍、領太尉，軍國之事，悉以委之。

漢中山王曜、司隸校尉喬智明寇長安，平西將軍趙染[96]帥眾赴之[97]，詔麴允屯黃白城[98]以拒之。

石勒使石虎攻鄴，鄴潰，劉演奔廩丘[99]，三臺[100]流民皆降於勒。勒以桃豹為魏郡太守以撫之。久之，以石虎代豹鎮鄴。

初，劉琨用陳留太守焦求為兗州刺史，荀藩又用李述為兗州刺史。述欲攻求，琨召求還。及鄴城失守，琨復以劉演為兗州刺史，鎮廩丘。前中書侍郎郗鑒[101]少以清節[102]著名，帥高平[103]千餘家避亂保嶧山[104]，琅邪王睿就用[105]鑒為兗州刺史，鎮鄒山。三人[106]各屯一郡，兗州吏民莫知所從。

琅邪王睿以前廬江內史華譚[107]為軍諮祭酒。譚嘗在壽春依周馥[108]。睿謂譚曰：「周祖宣何故反？」譚曰：「周馥雖死，天下尚有直言之士。馥見寇賊滋蔓，欲移都以紓國難[109]。執政[110]不悅，興兵討之，馥死未踰時[111]而洛都淪沒。若謂之反，不亦誣乎[112]？」睿曰：「馥位為征鎮，握彊兵，召之不入[113]，危而不持[114]，亦天下之罪人也。」譚曰：「然，危而不持，當與天下共受其責[115]，非但馥也。」

睿參佐多避事自逸，錄事參軍陳頵[116]言於睿曰：「洛中[117]承平之時，朝士以小心恭恪[118]為凡俗，以偃蹇倨肆[119]為優雅，流風相染，以至敗國。今僚屬皆承西臺餘弊[120]，養望自高[121]，是前車已覆，而後車又將尋之[122]也。請自今臨使稱疾[123]者，皆免官。」睿不從。三王之誅趙王倫[124]也，制己亥格[125]以賞功，自是循而用之。顗上言：「昔趙王篡逆，惠皇失位[126]，三王起兵討之，故厚賞以懷嚮義[127]之心。今功無大小，皆以格斷[128]，乃至金紫[129]佩士卒之身，符策[130]委僕隸之門，非所以重名器[131]，正紀綱[132]也，請一切停之。」顗出於寒微，數為正論，府中[133]多惡之，出顗為譙郡[134]太守。

吳興[135]太守周玘[136]宗族彊盛，琅邪王睿頗疑憚之。睿左右用事者[137]，多中州亡官失守[138]之士，駕御吳人，吳人頗怨。玘自以失職[139]，又為刁協[140]所輕，恥恚[141]愈甚，乃陰與其黨謀誅執政[142]，以諸南士[143]代之。事泄，玘憂憤而卒。將死，謂其子勰曰：「殺我者，諸傖子[144]也。能復之[145]，乃吾子也。」

石勒攻李惲[146]於上白[147]，斬之。王浚復以薄盛為青州刺史。

王浚使棗嵩[148]督諸軍屯易水[149]，召段疾陸眷，欲與之共擊石勒。疾陸眷不至[150]。浚怒，以重幣賂拓拔猗盧，并檄慕容廆等共討疾陸眷。猗盧遣右賢王六脩將兵會之，為疾陸眷所敗。廆遣慕容翰[151]攻段氏，取徒河[152]、新城[153]，至陽樂[154]，聞六脩敗而還，翰因留鎮徒河，壁青山[155]。

初，中國士民避亂者多北依王浚，浚不能存撫[156]，又政法不立，士民往往復去之。段氏兄弟專尚武勇，不禮士大夫。唯慕容廆政事脩明，愛重人物，故士民多歸之。廆舉其英俊，隨才授任，以河東裴嶷[157]、北平陽耽、廬江黃泓、代郡魯昌為謀主，廣平游邃、北海逄羨、北平西方虔[158]、西河宋奭及封抽、裴開為股肱，平原宋該、安定皇甫岌、岌弟真、蘭陵繆愷、昌黎劉斌及封弈、封裕典機要。裕，抽之子也。

裴嶷清方[159]有幹略[160]，為昌黎[161]太守，兄武為玄菟[162]太守。武卒，嶷與武子開以其喪歸，過廆[163]，廆敬禮之。及去，厚加資送。行及遼西，道不通，嶷欲還就廆。開曰：「鄉里在南，奈何北行？且等為流寓[164]，段氏彊，慕容氏弱，何必去此而就彼[165]也！」嶷曰：「中國[166]喪亂，今往就之，是相帥而入虎口也。且道遠[167]，何由可達？若俟其清通[168]，又非歲月可冀[169]。今欲求託足[170]之地，豈可不慎擇其人！汝觀諸段，豈有遠略，且能待國士[171]乎？慕容公修行仁義[1]，有霸王之志，加以國豐民安，今往從之，高可以立功名，下可以庇[172]宗族，汝何疑焉！」開乃從之。既至，廆大喜。陽耽清直沈敏[173]，為遼西太守[174]，慕容翰破段氏於陽樂，獲之，廆禮而用之。游邃、逄羨、宋奭，皆嘗為昌黎太守，與黃泓俱避地於薊[175]，後歸廆。王浚屢以手書召邃兄暢，暢欲赴之，邃曰：「彭祖[176]刑政不修[177]，華、戎[178]離叛。以邃度之，必不能久，兄且磐桓[179]以俟[180]之。」暢曰：「彭祖忍[181]而多疑，頃者[182]流民北來，命所在追殺之[183]。今手書[184]殷勤，我稽留不往，將累及卿。且亂世宗族宜分，以冀遺種[185]。」邃從之，卒[186]與浚俱沒。宋該與平原杜羣、劉翔先依王浚，又依段氏，皆以為不足託，帥諸流寓[187]同歸於廆。東夷校尉崔毖請皇甫岌為長史，卑辭說諭，終莫能致，廆招之，岌與弟真即時俱至。遼東張統據樂浪[188]、帶方[189]二郡，與高句麗[190]王乙弗利相攻，連年不解。樂浪王遵說統帥其民千餘家歸廆，廆為之置樂浪郡，以統為太守，遵參軍事。

王如餘黨涪陵李運、巴西王建等自襄陽將三千餘家入漢中[191]，梁州刺史張光遣參軍晉邈將兵拒之。邈受運、建賂，勸光納其降，光從之，使居成固[192]。既而邈見運、建及其徒多珍寶，欲盡取之，復說光曰：「運、建之徒，不修農事，專治器仗，其意難測，不如悉掩殺[193]之；不然，必為亂。」光又從之。五月，邈將兵攻運、建，殺之。建壻楊虎收餘眾擊光，屯于厄水[194]。光遣其子孟萇討之，不能克。

壬辰[195]，以琅邪王睿為左丞相、大都督，督陝東[196]諸軍事，南陽王保[197]為右丞相、大都督，督陝西[198]諸軍事。詔曰：「今當掃除鯨鯢[199]，奉迎梓宮[200]，令幽、并兩州勒卒三十萬直造[201]平陽，右丞相宜帥秦、涼、梁、雍之師三十萬徑詣長安，左丞相帥所領精兵二十萬徑造洛陽，同赴大期[202]，克成元勳[203]。」

漢中山王曜屯蒲坂[204]。

石勒使孔萇擊定陵[205]，殺田徽[206]。薄盛率所部降勒，山東[207]郡縣，相繼為勒所取。漢主聰以勒為侍中、征東大將軍。烏桓亦叛王浚，潛附[208]於勒。

六月，劉琨與代公猗盧會于陘北[209]，謀擊漢。

【章旨】以上為第二段，寫晉愍帝建興元年（西元三一三年）上半年的大事，主要寫了被俘的晉懷帝被劉聰所殺，與愍帝即位於長安時居民不過百戶的艱難情景；寫了漢主劉聰的兇悍好殺與皇后劉氏的睿智善諫；寫了風雨飄搖的晉王朝中劉琨、荀藩、司馬睿三方的爭權奪利，一個兗州派三個刺史的荒唐情景；寫了司馬睿建業政權的從其建立伊始就承襲著西晉王朝的腐朽，不思改革；以及東北邊境慕容廆勢力的發展壯大，為眾望所歸，和王浚與鮮卑段氏勢力的逐漸衰落等等。

【注釋】❶孝愍皇帝　名業，後改作「鄴」，武帝司馬炎之孫，懷帝司馬熾之姪，吳王司馬晏之子，過繼給秦王司馬柬為後，故前文屢稱之曰「秦王業」。❷正月丁丑朔　正月初一是丁丑日。❸著青衣行酒　穿著平民的衣裳給宴會上的人們巡迴斟酒。❹庾珉王儁　原皆晉臣，洛陽陷落時隨懷帝一道被劉聰的軍隊所俘。庾珉是庾峻之子。傳見《晉書》卷五十。❺以平陽應劉琨　想給劉琨作內應以攻取漢都平陽。❻二月丁未　二月初一。❼懷帝亦遇害　司馬熾時年三十歲。❽會稽劉夫人　會稽公劉殷之小女，即劉聰的小劉貴人，永嘉五年劉聰曾將其賜給司馬熾為妻，今又收回。❾荀崧　字景猷，潁川潁陰（今河南許昌）人，荀彧的玄孫。先為侍中、中護軍。永嘉之亂後，監江北軍事。傳見《晉書》卷七十五。❿清劭　清秀、高雅。⓫少著英猷　年少時就表現了卓越的智慧。⓬守文佳主　能當好一個維持既定局面的好皇帝。守文，猶言「守成」。⓭惠帝

擾亂　即惠帝時的前七王連續動亂。⑭東海　東海王司馬越，「八王之亂」中的最後一個。⑮無幽厲之釁　晉懷帝自身沒有周幽王、周厲王那樣的罪過。周幽王、周厲王都是歷史上有名的昏暴之君。釁，缺失，這裡即指罪過。⑯有流亡之禍　落了個像厲王、幽王一樣的顛沛流離，直到被俘被殺。按，以上荀崧語見《晉書》卷五。⑰乙亥　二月二十九。⑱張后　劉聰的皇后張徽光，張太后的姪女。⑲丁丑　二月丁未朔，沒有「丁丑」日，疑字有誤。⑳己卯　二月無「己卯」日，疑字有誤。㉑定襄忠穆公王彰　定襄公是王彰的封號，忠穆二字是王彰的謚。㉒鷬儀殿　意即說她有雌鳳的德行。鷬，同「凰」。雌鳳。㉓司牧　管轄；統領。㉔窮一人之欲　滿足一個人的欲望。窮，盡；滿足。㉕大漢　指劉聰政權。㉖引領　伸長脖子張望，形容企盼解救的樣子。㉗庶幾息肩　或許能夠鬆一口氣。庶幾，或許。息肩，放下擔子，稍稍歇息。㉘光文皇帝　漢主劉淵，謚曰「光文」。㉙身衣大布　身穿粗布衣服。㉚居無重茵　連個厚墊子也不坐，極言其儉樸。重茵，兩層坐墊。茵，褥子；毯子。㉛乘輿馬　給皇帝拉車的馬。㉜踐阼　登極做皇帝。阼，臺階。㉝軍旅數興　多次發動戰爭。㉞餽運　運輸糧秣。㉟益思營繕　越發想大興土木。㊱有晉遺類　晉王朝的殘餘勢力。㊲西據關中　指司馬業政權。㊳南擅江表　指司馬睿政權。擅，專；理有。江表，長江以南。㊴奄有巴蜀　佔據著巴蜀。奄，覆蓋；囊括。㊵窺窬肘腋　在我們身邊進行活動。窺窬，隔著牆縫偷看，指尋找可乘之機。肘腋，極喻其與我們距離之近。㊶石勒曹嶷　原來都是劉聰的部屬。㊷貢稟漸疏　對我們的進貢服從越來越不如從前。貢稟，進貢與請示報告。㊸釋此不憂　放下這些事情不考慮。㊹為中宮作殿　為皇后建造宮殿。㊺太宗　指西漢文帝劉恆。因劉淵等以漢朝的繼承者自居，故如此親熱地稱呼漢文帝。㊻流衍　極力形容其多。㊼愛百金之費　指捨不得修建一個要費百金的臺子。愛，吝惜；捨不得花費。㊽息露臺之役　將修建祭天露臺的工程停了下來。漢文帝停建露臺事，見本書卷十五文帝後七年。㊾不過太宗之二郡　當時劉聰只佔有平陽、西河二郡，約相當於西漢的河東郡（郡治在今山西夏縣西北）與西河郡（郡治平定，在今內蒙古準噶爾旗西南）的一部分。㊿戰守之備　要進攻和要防禦的對象。(51)非特　不僅僅。(52)沮眾　破壞大家的信心與士氣。(53)梟首東市　將其人頭掛在東市場的高竿上示眾。(54)使羣鼠共穴　指把陳元達全家都埋在一個坑子裡。(55)李中堂　廳堂的名字，大概堂下種有李樹。(56)以鎖鎖堂下樹　用身上的鏈子把自己纏在樹上。主語是陳元達。(57)朱雲　西漢的直臣，元帝時因多次上書抨擊尸位素餐的朝廷大臣被禁錮；成帝時，又請斬當時的佞相張禹，自己差點被殺。(58)與龍逢比干遊　能與古代的直臣相提並論。龍逢是夏末的直臣，因多次向桀直諫而被囚禁殺害；比干是殷末紂王的伯父，因犯顏強諫，被殷紂剖心而死。朱雲以上的話見《漢書·朱雲傳》與本書卷三十二成帝元延元年。(59)河間王易　劉易，劉聰之子，被封為河間王。(60)受命之初　指劉淵剛建國稱王時。事見本書卷八十五永興元年。(61)引置門下　便把他安置在門下省，指作為貼身侍臣。62竊祿偷安　意指為保官保命而有意見不提。63其如後世何　將如何向後世、向歷史作交代。64密敕左右停刑　暗中派身邊的人告訴施刑者停刑。65手疏　親手寫奏章。66結舌　閉口不言。67困弊　生計艱難。68阽危　面臨危險。69皆萃於妾　都集中在我身上。70疾　痛恨。71由　通「猶」。如同。72復奉巾櫛　再在您身邊侍候您。奉巾櫛，侍奉人梳洗，通常即指給人作妻妾。73賜死此堂　在建造此堂的工地上將我賜死。74以塞陛下之過　以平息您這次的錯誤。塞，平息；消除。75比年　近年。76過差　過度；過分。77不復自制　不能自我克制。78破首明之　磕破了頭來為之明冤。79輔弼之義　給帝王做輔佐大臣的責任。80愧戢于心　羞愧藏在心裡。81冠履就坐　戴上帽子、穿好鞋，賜座坐好。82各有差　各有一定的數量。83汶山　晉郡名，郡治在今四川茂縣城北。84欲向巴東　巴東是晉郡名，郡治魚腹縣，在今重慶市奉節東。蘭維率眾向巴東方向移動是為了躲避李雄，出川歸晉。85獲之　俘獲了蘭維。至此，西晉所置的益州刺史府、征西將軍府、西夷校尉府（即所謂「益州三府」）都被李雄消滅。86四月丙午　四月初一。87懷帝凶問　晉懷帝司馬熾被害的消息。問，意思同「聞」。88皇太子　即秦王司馬業。89加元服　即行加冕禮，即皇帝位。元服，帽子。90壬申　四月二十七。91即皇帝位　司馬業這年十四歲。92改元　改元「建興」。在此之前稱此年為「永嘉七年」。93索綝　字巨秀，索靖之子，善征戰。傳見《晉書》卷六十。94無章服印綬　沒有官服、印信。章服，古代君臣所穿的正式禮服，上面繡有日月星辰、龍蟒鳥獸等圖紋作為等級標誌。95桑版署號　用桑木板書寫官號，作為任職的憑證。96趙染　劉聰的將領。97帥眾赴之　率軍趕去參戰。98黃白城　在今陝西三原東北十里。99劉演奔廩丘　劉演是劉琨任命的兗州刺史。廩丘是晉縣名，縣治在今山東范縣東南七十里。100三臺　代指鄴城，因鄴城西北建有銅雀、金虎、冰井三臺。101郗鑒　字德徽，後為東晉名臣。傳見《晉書》卷六十七。102清節　清高，有操守。103高平　晉縣名，縣治昌邑，在今山東巨野南。104嶧山　一名鄒山，在今山東鄒城東南。105就用　就地任用。106三人　指荀藩任命的李述、劉琨任命的劉演和司馬睿任命的郗鑒三個兗州刺史。107華譚　字令思，當時的正直而有才學之臣。傳見《晉書》卷五十二。108周馥　字祖宣，先為河南尹，後為鎮東將軍、揚州都督。忠於朝廷，被司馬越與司馬睿夾擊失敗而死。傳見《晉書》卷六十一。109以紓國難　以緩和朝廷的危局。紓，緩和。110執政　當權者，指東海王司馬越。111死未踰時　死後沒過多長時間。112不亦誣乎　這不是對人的誣衊嗎。113召之不入　召他入朝他不去。114危而不持　見到朝廷危機而不出兵救助。115當與天下共受其責　意即「危而不持」的人很多，你司馬睿也是一個。116錄事參軍陳頵　錄事參軍為錄事曹的長官，掌總錄文簿，舉彈善惡，位在列曹參軍之上。陳頵字延思，官至梁州刺史，曾多次建言朝廷取消濫賞。傳見《晉書》卷七十一。117洛中　指當年建都洛陽的西晉王朝。118小心恭恪　謹慎恭敬，恪守為官職責。119偃蹇倨肆優遊傲慢，為官而不幹事。(120)承西臺餘弊　仍舊沿著洛陽政權的惡習。西臺，西北方的洛陽政權。(121)養望自高　以提高自己虛偽的「名望」為追求目標。(122)尋之　沿著已經翻車的路子繼續向前走。(123)臨使稱疾　當被差遣執行任務時裝病不去。(124)三王之誅趙王倫　成都王穎、河間王顒、長沙王乂起兵攻趙王倫事，見本書卷八十四永寧元年。(125)己亥格　「己亥」日發表的獎勵條例。(126)惠皇失位　晉惠帝司馬衷被趙王倫所廢。(127)以懷嚮義　以感動那些嚮往正義、維護朝廷的將士。懷，使……感動。(128)皆以格斷　都按「己亥格」加以封賞。(129)金紫　金質印章，紫色綬帶，原本賜予三品大員。(130)符策　皇帝授予功臣元勳的符節、策書。(131)重名器　重視名聲與器物。名聲指封爵、職位；器物指車服、印綬、儀仗等。(132)正紀綱　整頓朝廷秩序。(133)府中　指琅邪王府內。(134)譙郡　郡治即今安徽亳州。(135)吳興　晉郡名，郡治即今浙江湖州。(136)周玘　西晉名臣周處之子。傳見《晉書》卷五十八。(137)用事者　主事當權的人。(138)中州亡官失守　在中原地區丟掉官職而逃到江南。(139)自以失職　自己感到不受重用。周玘曾平定石冰、陳敏之亂，三次穩定東南局勢，而至今只為太守之職。(140)刁協　時為司馬睿的軍諮祭酒。(141)恥恚　感到羞辱氣憤。(142)執政　指來自中原地區司馬睿政權的當權者。(143)諸南士　南方土生土長的人士。(144)傖子　當時江東人對北方人的賤稱。(145)能復之　能為我報這個仇。(146)李惲　與下文「薄盛」都是由山西流亡到太行山一帶找食物吃的流民頭領，這時聽命於王浚，被王浚任為青州刺史。(147)上白　古城名，即今河北威縣。(148)棗嵩　王浚的女婿。(149)易水　河水名，自西方流來，流經今河北徐水縣北，東北流至今天津市入海。(150)疾陸眷不至　因石勒放回其堂弟段末柸，故疾陸眷感謝石勒而不至。(151)慕容翰　慕容廆之子。(152)徒河　晉縣名，縣治即今遼寧錦州。(153)新城　地址不詳，應離錦州不遠。(154)陽樂　晉縣名，縣治在今河北盧龍東，當時的遼西郡治所在地。(155)青山　應在今遼寧錦州郊區。(156)存撫　收留、安撫。(157)裴嶷　字文冀，河東聞喜（今山西聞喜）人，先為晉中書、黃門侍郎、昌黎太守。後投慕容廆，為長史。傳見《晉書》卷一百八。(158)西方虔　人名，姓西方，名虔。(159)清方　清廉方正。(160)幹略　辦大事的謀略。(161)昌黎　晉郡名，郡治即今遼寧義縣。(162)玄菟　晉郡名，郡治在今遼寧瀋陽東北。(163)過廆　路過慕容廆的地面，當時慕容廆在棘城，今遼寧錦州西北。(164)等為流寓　同樣是漂泊在外。等，同樣。(165)去此而就彼　離開這一個去投奔那一個。「此」指段氏鮮卑，當時活動在今河北與遼寧交界處。「彼」指慕容廆。(166)中國　中原地區。(167)道遠　指遼西郡到山西聞喜老家路途遙遠。(168)清通　時局太平，道路暢通。(169)非歲月可冀　不能指望一年或幾個月就能太平。(170)託足　猶言棲身、存身。(171)國士　一國之中的罕見人才。(172)庇　保護。(173)沈敏　沉著機警。(174)為遼西太守　原來為晉朝的遼西太守，郡治陽樂，在今河北盧龍東。(175)薊　今北京市的西南角。(176)彭祖　即王浚，字彭祖。(177)刑政不修　刑法政令混亂，沒有章法。(178)華戎　漢族及少數民族。(179)磐桓　徘徊；遲留。意即觀望。(180)俟　等待。(181)忍　殘忍。

(182)頃者　前不久。(183)命所在追殺之　曾命令流民所到之處的地方官員對流民驅趕捕殺。(184)手書　親筆寫信。(185)遺種　留下後代。(186)卒　最終。(187)諸流寓　各位流浪漂泊的人們。(188)樂浪　晉郡名，郡治在今朝鮮平壤城南。(189)帶方　晉郡名，郡治在今朝鮮沙里浣東南。(190)高句麗　小國名，首都在丸都，即今吉林集安。(191)漢中　晉郡名，郡治南鄭，即今陝西漢中。(192)成固　縣名。縣治在今陝西城固西北十八里。(193)掩殺　乘其不備而攻殺。(194)厄水　在今陝西南鄭境。(195)壬辰　五月十八。(196)陝東　陝縣（今河南陝縣西南）以東地區。(197)南陽王保　司馬保，司馬模的兒子。(198)陝西　陝縣以西地區。按，此以陝縣為分野劃分兩大臣的管轄區域，乃效法周初之使周公、召公分陝而治的舊例，以顯示二臣地位之崇重。(199)鯨鯢　海中大魚，以比喻兇殘不義的人，此指劉聰。(200)梓宮　指懷帝司馬熾的棺木。(201)直造　直趨。造，到達。(202)大期　約定的會師日期。(203)元勳　偉大的功勳。(204)蒲坂　晉縣名，縣治在今山西永濟西。(205)定陵　晉縣名，縣治在今河南郾城西北。(206)田徽　王浚任命的兗州刺史。(207)山東　此指太行山以東。(208)潛附　暗中歸附。(209)陘北　指今山西代縣西北的句注山之北。

【校　記】[1]修行仁義　據章鈺校，甲十一行本、乙十一行本、孔天胤本皆作「修仁行義」。

【語　譯】孝愍皇帝上

建興元年（癸酉　西元三一三年）

春季，正月初一日丁丑，漢主劉聰在光極殿宴請文武群臣，他讓晉懷帝司馬熾身穿青色的平民衣服在宴會上往來斟酒。晉臣庾珉、王儁等無法控制內心的悲哀與憤怒，便大聲號哭起來，劉聰非常厭惡。有人告發庾珉等人密謀為并州刺史劉琨做內應以攻取平陽，二月初一日丁未，劉聰殺死了庾珉、王儁等晉朝大臣十多人，晉懷帝司馬熾也同時遇害。○漢國實行大赦，劉聰又把賞給司馬熾為妻的會稽公劉殷的小女兒劉夫人封為貴人。

荀崧說：「晉懷帝天生清秀、高雅，從小就顯露出卓越的智慧。如果遇上太平年代，完全能夠當好一個維持既定局面的好皇帝。然而他繼承的是晉惠帝司馬衷時期連續動亂的局勢，又有東海王司馬越專擅朝政，所以晉懷帝雖然沒有周幽王、周厲王的罪行，卻有顛沛流離、遭受被俘被殺災禍的命運。」

二月二十九日乙亥，漢太后張氏去世，諡號「光獻」。張皇后不勝悲哀，丁丑日這天，也去世了，諡號為

「武孝」。○己卯日這天，漢國定襄忠穆公王彰去世。

三月，漢主劉聰立貴嬪劉娥為皇后，還專門為劉娥皇后建造起鷁儀殿。廷尉陳元達懇切地進行勸阻，他認為：「上天養育了人民並且為他們設立君主，是讓君主管轄、統領他們，而不是用億萬人民的生命財產來滿足君主一個人的欲望的。晉朝皇室品德敗壞，所以大漢才能接受他們的政權，天下蒼生伸長了脖子，企盼著能夠放下肩上的擔子稍微歇息一下。所以光文皇帝身穿粗布衣裳，連個厚墊子也不用，後宮的嬪妃不穿綾羅綢緞，給皇帝拉車的馬也不用糧食餵養，這些都是出於愛護百姓、為減輕人民的負擔。陛下登基以來，已經修建了四十多所宮觀，加上戰事頻繁、軍隊屢次出動，人民不斷地輸運糧秣，再加上饑荒、瘟疫不斷，死亡的百姓一個接著一個，而陛下還想大肆修建宮室，這哪裡是為民父母的本意呢！如今西邊有晉朝的殘餘勢力司馬業盤據著關中，南邊有司馬睿據守著江東，李雄佔據著巴、蜀，王浚、劉琨在我們身邊隨時都在尋找機會，石勒、曹嶷貢奉的數量、稟告的次數越來越不如從前。陛下放著這些重大的事情不考慮，卻只想著為皇后建造宮殿，這哪裡是目前的急需呢！過去漢太宗劉恆身處太平盛世，糧食布帛充盈，尚且因為捨不得花費百金而將修建祭天露臺的工程停了下來。陛下繼承的是一個災荒戰亂不斷的國家，所佔有的土地，只不過相當於太宗時期的二個郡，而需要討伐和防禦的對象，又不僅僅是匈奴、南越而已。而宮室的奢侈竟然到了如此的程度，所以我不敢不冒著被殺頭的危險來勸諫陛下。」劉聰聽了大怒，說道：「我貴為天子，營造一座宮殿，有必要詢問你這個鼠崽子嗎！你竟敢胡言亂語來破壞大家的信心和士氣！不殺掉你這個鼠崽子，我的宮殿就建不成。」他命令左右侍從說：「拉出去斬了！連同他的妻兒一塊兒拉到東邊市場斬首，把他們全家都埋在一個坑裡。」當時劉聰正在逍遙園的李中堂，陳元達先是被鐵鏈鎖著腰押到逍遙園，他就用腰中的鎖鏈把自己鎖在堂下的李樹上，大聲呼喊著說：「我所說的話，全是為了國家社稷，而陛下卻要殺掉我。朱雲曾經說過：『我死後能夠與古代的直臣龍逢、比干相提並論，就心滿意足了！』」左右侍衛要拉他去服刑，卻拉不動他。

大司徒任顗、光祿大夫朱紀、范隆、驃騎大將軍河間王劉易等都來為陳元達求情，他們磕頭磕得額頭都流出血來，說道：「陳元達是先帝所賞識重用的大臣，先帝在建國之初，便把他安置在門下省作為自己的貼身侍臣，陳元達盡忠竭慮，知無不言。而我等只知道保官保命、有意見也不提，每次見到他心裡都感到很慚愧。今天他所說的話雖然有些狂妄率直，還希望陛下能夠寬容他。因為直言規勸就斬殺公卿大臣，又怎麼向後世、向歷史作交代！」劉聰默然無語。

劉皇后聽到消息後，便暗中派身邊的人告訴施刑者停止行刑，又親手寫下奏疏呈交劉聰說：「如今宮室已經齊備，沒有必要再重新修建宮殿，四海還沒有統一，應該愛惜民力。廷尉陳元達敢於如此進言，是國家的福氣，陛下應該加以封賞。然而現在卻要誅殺他，天下之人將會怎麼評價陛下呢！直言規勸的忠臣本來就不顧及自己的人身安全，而君主拒絕勸告也是不顧及自己安全的。陛下為給我修建宮殿而殺掉進諫的忠臣，因為我而使忠臣從此閉口不敢進獻忠言，因為我而使遠近的人們內心充滿憤怒和怨恨，因為我而使國家和百姓生計艱難，因為我而使國家面臨危險，這些罪過都集中到了我的身上，我怎麼擔當得起呢！我縱觀歷史，凡是敗國喪家的，沒有不是由婦人引起的，我心裡非常痛恨她們，沒想到如今我卻要親自經歷這樣的事情，使後代的人看我就如同我看古代的人一樣。我實在是再也沒有臉面在您的身邊侍奉您了，希望您在建造此堂的工地上將我賜死，以平息陛下這次的過錯。」劉聰看了劉皇后的奏章之後，臉色都改變了。

任顗等人依然磕頭流涕不止。劉聰緩慢地說：「近年以來，我有點得了風疾，喜怒過分，不能自我克制。陳元達是個忠臣，我沒有仔細考察，你們這些人能夠磕破腦袋來為他申明冤屈，確實是盡到了輔佐君主的責任。我把慚愧隱藏在心裡，怎麼敢忘記它呢！」劉聰讓任顗等人戴好帽子、穿好鞋子，賜座坐好，叫人帶陳元達上殿，把劉皇后的表章拿給陳元達觀看，說：「皇宮外有像您這樣忠心耿耿的大臣輔佐我，皇宮之內有像劉皇后這樣明達事理的人輔助我，我還有什麼可憂慮的呢！」將穀物和布帛各有一定的數量分別賞賜給任顗等，把逍遙園改名為納賢園，把李中堂改名為愧賢堂。劉聰對陳元達說：「您本來應當畏懼我，現在怎麼反而是我畏懼您呢？」

晉國擔任西夷校尉的向沈去世，眾人一致推舉汶山郡太守蘭維接任西夷校尉的職務。蘭維率領官員、百姓向北遷移，準備前往巴東郡。成國將領李恭、費黑率軍攔截，俘獲了藺維。

夏季，四月初一日丙午，晉懷帝被害的消息傳到長安，皇太子司馬業發布訃告，進行哀悼，接著舉行加冕禮。二十七日壬申，司馬業即皇帝位，頒布大赦令，改年號為建興。任命衛將軍梁芬為司徒，雍州刺史麴允為尚書左僕射、主管尚書省事務，京兆太守索綝為尚書右僕射、兼任吏部、京兆尹。當時長安城中戶數不滿一百，遍地的蒿草荊棘，公家和私人所有的車子總計只有四輛，百官沒有官服、印綬，只是在桑木板上寫上官號，作為任職的憑證而已。不久任命索綝為衛將軍、兼任太尉，軍國大事全都委託索綝辦理。

漢中山王劉曜、司隸校尉喬智明率軍進犯長安，平西將軍趙染率領軍隊趕去參戰，晉愍帝司馬業下詔，命令尚書左僕射麴允率軍屯紮在黃白城抵擋漢軍。

石勒派遣石虎攻打鄴城，鄴城陷落，劉演逃亡廩丘，三臺的流民全都投降了石勒。石勒任命桃豹為魏郡太守以安撫這些流民。後來，又任命石虎代替桃豹鎮守鄴城。

當初，晉并州刺史劉琨任用陳留太守焦求為兗州刺史，司空荀藩又任用李述為兗州刺史。李述想要攻打焦求，劉琨將焦求招回。等到鄴城失守，劉琨又任命劉演為兗州刺史，鎮守廩丘。前中書侍郎郗鑒年少的時候就以清高、有操守而聞名於世，他率領高平縣一千多家居民固守嶧山躲避戰亂，琅邪王司馬睿就地任用郗鑒為兗州刺史，鎮守鄒山。三個兗州刺史各自駐守一郡，兗州的官員和百姓不知道到底應該聽從誰的號令。

琅邪王司馬睿任命前廬江內史華譚為軍諮祭酒。華譚曾經在壽春周馥手下任職。司馬睿問華譚說：「周馥為了什麼緣故要反叛呢？」華譚回答說：「周馥雖然已死，天下仍然有敢於為他直言的人士。周馥看到賊寇滋生蔓延，想要以遷都的方式來緩和朝廷的危局。當時的掌權者不高興，就興兵討伐他，周馥死後沒過多長時間洛陽就陷落了。如果說他反叛，這不是強加給他的罪名嗎？」司馬睿說：「周馥身為征、鎮的最高長官，手中握有強大的兵權，徵召他入朝他不去，看到朝廷有危機也不出兵去扶持救援，他也是天下的罪人啊。」華譚說：「是的，看到朝廷有危機而不去救援，天下的人都應當受到責難，而不光是周馥一個人。」

琅邪王司馬睿的僚屬大多數都好逸惡勞、遇事就躲，擔任錄事參軍的陳頵對司馬睿說：「當年建都洛陽的朝廷在天下太平無事的時候，朝中的大臣認為那些恭敬謹慎、恪盡職守的官員是凡夫俗子，認為那些優遊傲慢、為官而不管政事的行為是優雅的行為，這種風氣激盪感染，竟至敗壞了國家。如今您的僚屬全都繼承了洛陽朝廷的惡習，只知道培養提高自己虛偽的名望，還自命清高，這實際上是前面的車子已經翻覆了，而後面的車子卻仍舊沿著它的路子繼續向前走。請您從現在開始對那些一被差遣就請病假的人，一律免官。」司馬睿沒有採納這個建議。當年成都王司馬穎、河間王司馬顒、長沙王司馬乂三位親王起兵討伐趙王司馬倫的時候，在己亥日發表了獎勵條例，從那以後一直遵循沿用至今。陳頵上疏說：「過去趙王司馬倫篡權謀逆，惠帝司馬衷被趙王司馬倫廢黜失去了皇位，司馬穎、司馬顒、司馬乂三位親王起兵討伐趙王司馬倫，所以特別提高獎賞的標準，以感動那些嚮往正義、維護朝廷的將士。如今不管功勞大小，都依照這項標準執行，以至於金質印章、紫色綬帶佩帶在一般士兵的身上，過去皇帝授予功臣元勳的符節、策書，如今竟然授予了僕役奴隸，這不是重視封爵、職位以及與名聲相應的器物，整頓朝廷秩序的辦法，請停止執行這一條例。」陳頵出身於貧寒的平民家庭，因為屢次提出正確的建議，琅邪王司馬睿府中的很多人都厭惡他，於是司馬睿便打發他離開王府去擔任譙郡太守。

吳興郡太守周玘的宗族勢力非常強大，琅邪王司馬睿非常疑慮、懼怕他。司馬睿左右主事當權的人，大多都是中原那些丟掉官職而逃到江南的人，由這些人駕御吳人，吳人心中非常不滿。周玘自以為不受重用，又被軍諮祭酒刁協所輕視，就愈加感到羞辱和氣憤，於是便暗地裡與他的黨羽謀劃誅殺那些來自中原地區司馬睿政權的當權者，讓南方土生土長的人士代替他們掌權。事情敗露，周玘憂憤而死。周玘臨死的時候，對自己的兒子周勰說：「殺死我的人，是北方的那些傖奴。你要是能為我報仇，才算是我的兒子。」

石勒率軍到上白城攻打被幽州刺史王浚任命為青州刺史的流民首領李惲，殺死了李惲。王浚又任命薄盛為青州刺史。

王浚派自己的女婿棗嵩率領各軍屯紮在易水邊，他召請段疾陸眷，想與他共同進攻石勒。段疾陸眷不肯來。王浚大怒，就用重金賄賂鮮卑族首領拓跋猗盧，並傳令慕容廆等共同討伐段疾陸眷。拓跋猗盧派遣右賢王拓跋六脩率領軍隊前去會戰段疾陸眷，被段疾陸眷打敗。慕容廆派慕容翰攻打段疾陸眷，攻克了徒河縣、新城，攻進到陽樂縣時，聽說拓跋六脩兵敗撤退，慕容翰便留在徒河縣鎮守，把大本營設在青山。

當初，中原的知識分子和百姓為躲避戰亂，大多都到北方投奔幽州刺史王浚，王浚無法收留、安撫他們，而且行政、司法一片混亂，這些前來投靠的士民往往就又離開了。段氏兄弟專門崇尚武力和勇氣，不尊重、禮遇士大夫。唯有慕容廆政治清明，愛惜人才，所以士民大多都歸附了慕容廆。慕容廆從他們當中選拔那些才俊之士，根據他們的實際能力授予官職，任用河東人裴嶷、北平人陽耽、廬江人黃泓、代郡人魯昌為主要謀臣，以廣平人游邃、北海人逄羨、北平人西方虔、西河人宋奭和封抽、裴開為骨幹，用平原人宋該、安定人皇甫岌、皇甫岌的弟弟皇甫真、蘭陵人繆愷、昌黎人劉斌以及封弈、封裕掌管機要事務。封裕，是封抽的兒子。

裴嶷為人清廉方正，具有辦大事的謀略，擔任昌黎郡太守，他的哥哥裴武是玄菟郡太守。裴武去世，裴嶷與裴武的兒子裴開護送他的靈柩回鄉，路過慕容廆的轄區，慕容廆對他們的接待非常恭敬禮貌。在他們離去的時候，慕容廆還贈送給他們十分豐厚的禮物。當裴嶷與裴開來到遼西的時候，因為道路不通，裴嶷就想再回去投靠慕容廆。裴開說：「我們的家鄉在南邊，為什麼要到北邊去呢？況且同樣是漂泊在外，段氏勢力強大，慕容氏勢力微弱，何必要離開段氏而去投靠慕容氏呢！」裴嶷說：「中原地區正在遭受戰亂，如今回到家鄉，就等於是手拉著手進入虎口。而且距離家鄉路途遙遠，什麼時候才能回到家鄉呢？如果等待時局太平、道路暢通，不能指望幾個月或一年就能實現。如今要想尋找個立足之地，怎麼能不謹慎地選擇主人呢！你看他們段氏兄弟，哪一個有遠謀深慮，而且能把我們當作一國之中的罕見人才來看呢？慕容廆行仁仗義，有成就霸王之業的遠大志向，再加上國家富足、人民安樂，如今去投靠他，上可以建立功名，下可以使家族受到保護，你還懷疑什麼呢！」裴開就聽從了叔叔的勸告。他們回到慕容廆那裡，慕容廆非常高興。陽耽為人清廉正直、沉著機敏，擔任遼西郡太守，慕容翰在陽樂打敗段氏的時候俘獲了陽耽，慕容廆對陽耽不僅以禮相待而且還重用他為謀主。游邃、逄羨、宋奭，都曾經擔任過昌黎郡太守，他們與黃泓都是因為躲避戰亂而來到薊城，後來全都投靠了慕容廆。晉國幽州刺史王浚多次親手寫信徵聘游邃的哥哥游暢，游暢想要前去應聘，游邃對游暢說：「王浚的刑罰政令一派混亂，漢族和少數民族都和他離心離德、紛紛叛變。以我猜測，他必然不能長久，哥哥你暫且觀望一段時間再作決定。」游暢說：「王浚生性殘忍而且多疑，前不久流民從他那裡經過向北逃亡，他就命令沿途各地的官員對流民進行追殺。如今他多次親筆給我寫信，態度殷勤，我若拖延不去，將會連累於你。況且處在亂世，宗族應該分開，希望能夠為宗族留下後代。」游邃聽從了哥哥的意見，最終游暢與王浚同歸於盡。宋該與平原人杜羣、劉翔早先曾經投靠王浚，後來又投奔段氏，認為他們都靠不住，便率領那些四處漂泊流浪的人士一同投奔了慕容廆。東夷校尉崔毖請求皇甫岌擔任長史，態度謙卑，一說再說，卻始終沒能將他說動，慕容廆徵聘皇甫岌，皇甫岌便與自己的弟弟皇甫真即時趕往那裡。遼東人張統佔據著樂浪、帶方二郡，他與高句麗王乙弗利互相攻殺，戰爭連年不斷。樂浪人王遵說服張統，率領著兩個郡一千多戶歸順了慕容廆，慕容廆特意為張統設置了樂浪郡，任命張統為樂浪郡太守，任命王遵為參軍事。

亂民首領王如的餘黨涪陵人李運、巴西人王建等從襄陽率領三千多家進入漢中，晉梁州刺史張光派遣擔任參軍的晉邈率軍阻止他們進入。晉邈接受了李運、王建的賄賂，就勸說張光接受他們投降，張光聽從了晉邈的勸說，把李運、王建等人安置在漢中郡的成固縣。不久晉邈看到李運、王建和他們的黨羽擁有很多珍寶，就想全部奪取過來歸為己有，就又去對張光說：「李運、王建這些人，不從事農業生產，專門製造器械，他們的意圖實在難於預測，不如乘其不備把他們全部殺掉；不然的話，他們必定會作亂。」張光又聽從了他的建議。五月，晉邈率軍攻打李運、王建，把李運、王建殺死。王建的女婿楊虎召集殘餘的人眾準備襲擊張光，他把軍隊屯紮在厄水邊。張光派遣他的兒子張孟萇前去討伐，不能取勝。

五月十八日壬辰，晉愍帝司馬業任命琅邪王司馬睿為左丞相、大都督，負責陝縣以東的各方面軍事，南陽王司馬保為右丞相、大都督，負責陝縣以西的各方面軍事。司馬業下詔說：「現在應當掃除劉聰這樣兇殘的敵人，奉迎先帝的靈柩回京，命令幽州、并州派三十萬士兵直抵漢都城平陽，右丞相司馬保應當率領秦州、涼州、梁州、雍州的三十萬軍隊逕直前來長安，左丞相司馬睿率領二十萬精兵直接奔赴洛陽，在約定好的會師日期，建立偉大的功勳。」

漢中山王劉曜將軍隊屯駐在蒲坂縣。

石勒派孔萇襲擊定陵縣，殺死了王浚任命的兗州刺史田徽。王浚所任命的青州刺史薄盛率領他的部下向石勒投降，太行山以東的郡縣，都相繼被石勒所佔領。漢主劉聰任命石勒為侍中、征東大將軍。烏桓也背叛了王浚，暗中歸附了石勒。

六月，晉并州刺史劉琨與代公拓跋猗盧在陘北會見，謀劃共同攻打漢主劉聰之事。

秋，七月，琨進據藍谷❶，猗盧遣拓拔普根屯于北屈❷。琨遣監軍韓據自西河而南❸，將攻西平❹。漢主聰遣大將軍粲等拒琨，驃騎將軍易❺等拒普根，蕩晉將軍蘭陽等助守西平。琨等聞之，引兵還。聰使諸軍仍屯所在，為進取之計。帝遣殿中都尉劉蜀詔左丞相睿以時❻進軍，與乘輿❼會於中原。八月癸亥❽，蜀至建康。睿辭以方平定江東，未暇北伐。以鎮東長史刁協為丞相左長史，從事中郎彭城劉隗為司直❾，邵陵內史廣陵戴邈為軍諮祭酒，參軍丹陽張闓為從事中郎，尚書郎潁川鍾雅為記室參軍❿，譙國桓宣為舍人，豫章熊遠為主簿，會稽孔愉為掾。劉隗雅習⓫文史，善伺候睿意⓬，故睿特親愛之。

熊遠上書，以為：「軍興⓭以來，處事不用律令，競作新意，臨事立制⓮，朝作夕改，至於主者[15]不敢任法[16]，每輒關諮[17]，非為政之體也。愚謂凡為駁議[18]者，皆當引律令、經傳，不得直以情言[19]，無所依準[20]，以虧舊典[21]。若開塞隨宜[22]，權道制物[23]，此是人君之所得行，非臣子所宜專用也。」睿以時方多事，不能從。

初，范陽祖逖[24]少有大志，與劉琨俱為司州[25]主簿，同寢，中夜[26]聞雞鳴，蹴琨覺[27]，曰：「此非惡聲[28]也。」因起舞[29]。及渡江[30]，左丞相睿以為軍諮祭酒。逖居京口[31]，糾合驍健[32]，言於睿曰：「晉室之亂，非上無道[33]而下怨叛[34]也，由宗室爭權，自相魚肉，遂使戎狄乘隙[35]，毒流中土[36]。今遺民既遭殘賊[37]，人思自奮[38]。大王誠能命將出師，使如逖者統之，以復中原，郡國豪傑，必有望風響應者矣。」睿素無北伐之志，以逖為奮威將軍、豫州刺史，給千人廩[39]，布三千疋，不給鎧仗，使自召募。逖將其部曲[40]百餘家渡江，中流[41]，擊楫[42]而誓曰：「祖逖不能清中原[43]而復濟[44]者，有如大江[45]！」遂屯淮陰[46]，起冶鑄兵[47]，募得二千餘人而後進。

胡亢[48]性猜忌，殺其驍將數人。杜曾[49]懼，潛引王沖[50]之兵使攻亢。亢悉精兵出拒之，城中空虛，曾因殺亢而并其眾。

周顗屯潯水城[51]，為杜弢[52]所困，陶侃使明威將軍朱伺救之，弢退保泠口[53]。

侃曰：「弢必步向武昌[54]。」乃自徑道[55]還郡以待之，弢果來攻。侃使朱伺逆擊[56]，大破之，弢遁歸長沙。周顗出潯水投王敦於豫章，敦留之。陶侃使參軍王貢告捷於敦，敦曰：「若無陶侯[57]，便失荊州矣。」乃表侃為荊州刺史，屯沔江[58]。左丞相睿召周顗，復以為軍諮祭酒。

初，氐王楊茂搜[59]之子難敵[60]遣養子販易於梁州[61]，私賣良人子[62]一人，張光[63]鞭殺之。難敵怨曰：「使君初來，大荒[64]之後，兵民之命仰我氐活[65]，氐有小罪，不能貰也[66]？」及光與楊虎[67]相攻，各求救於茂搜，茂搜遣難敵救光。難敵求貨[68]於光，光不與。楊虎厚賂難敵，且曰：「流民珍貨，悉在光所[69]。今伐我，不如伐光。」難敵大喜。光與虎戰，使張孟萇居前，難敵繼後。難敵與虎夾擊孟萇，大破之，孟萇及其弟援皆死。光嬰城自守。九月，光憤激成疾。僚屬勸光退據魏興[70]，光按劍曰：「吾受國重任，不能討賊，今得死如登仙，何謂退也！」聲絕而卒。州人推其少子邁領州事，又與氐戰沒[71]，眾推始平太守胡子序領梁州。

荀藩薨于開封。

漢中山王曜、趙染攻麴允于黃白城[72]，允累戰皆敗。詔以索綝為征東大將軍，將兵助允。

王貢自王敦所還至竟陵，矯[73]陶侃之命，以杜曾為前鋒大都督，擊王沖，斬之，悉降其眾。侃召曾，曾不至。貢恐以矯命獲罪，遂與曾反擊侃。冬，十月，侃兵大敗，僅以身免。敦表侃以白衣領職[74]。侃復帥周訪等進擊杜弢，大破之，敦乃奏復侃官。

漢趙染謂中山王曜曰：「麴允率大眾在外，長安空虛，可襲也。」曜使染帥精騎五千襲長安。庚寅[75]夜，入外城。帝奔射鴈樓。染焚龍尾[76]及諸營，殺掠千餘人。辛卯旦[77]，退屯逍遙園[78]。壬辰[79]，將軍麴鑒自阿城[80]帥眾五千救長安。癸巳[81]，染引還。鑒追之，與曜遇於零武[82]，鑒兵大敗。

楊虎、楊難敵急攻梁州，胡子序棄城[83]走，難敵自稱刺史。

漢中山王曜恃勝而不設備。十一月，麴允引兵襲之，漢兵大敗，殺其冠軍將軍喬智明，曜引歸平陽。

王浚以其父字處道[84]，自謂應「當塗高」之讖[85]，謀稱尊號[86]。前勃海太守劉亮、北海太守王摶、司空掾高柔[87]切諫，浚皆殺之。燕國霍原志節清高，屢辭徵辟[88]。浚以尊號事問之，原不答。浚誣原與羣盜通，殺而梟其首。於是士民駭怨，而浚矜豪[89]日甚，不親政事，所任皆苛刻小人，棗嵩、朱碩貪橫尤甚。北州謠曰：

「府中赫赫朱丘伯(90)，十囊五囊入棗郎(91)。」調發殷煩(92)，下不堪命，多叛入鮮卑(93)。從事韓咸監護柳城(94)，盛稱慕容廆能接納士民，欲以諷浚。浚怒，殺之。

浚始者唯恃鮮卑、烏桓以為彊，既而皆叛之。加以蝗旱連年，兵勢益弱。石勒欲襲之，未知虛實，將遣使覘(95)之，參佐請用羊祜、陸抗故事(96)，致書於浚。勒以問張賓，賓曰：「浚名為晉臣，實欲廢晉自立，但患四海英雄莫之從耳。其欲得將軍(97)，猶項羽之欲得韓信(98)也。將軍威振天下，今卑辭厚禮，折節(99)事之，猶懼不信，況為羊、陸之亢敵(100)乎！夫謀人(101)而使人覺其情(102)，難以得志矣。」勒曰：「善！」十二月，勒遣舍人王子春、董肇多齎珍寶，奉表於浚(103)，曰：「勒本小胡(104)，遭世饑亂，流離屯厄(105)，竄命冀州，竊相保聚以救性命。今晉祚淪夷(106)，中原無主，殿下州鄉貴望(107)，四海所宗(108)，為帝王者，非公復誰？勒所以捐軀起兵，誅討暴亂者，正為殿下驅除(109)爾。伏願陛下應天順人，早登皇祚。勒奉戴(110)殿下如天地父母，殿下察勒微心，亦當視之如子也。」又遺棗嵩書，厚賂之。

浚以段疾陸眷新叛，士民多棄己去，聞勒欲附之，甚喜，謂子春曰：「石公一時豪[1]傑(111)，據有趙、魏，乃欲稱藩(112)於孤，其可信乎？」子春曰：「石將軍才力彊盛，誠如聖旨(113)。但以殿下中州貴望，威行夷、夏，自古胡人為輔佐名臣則有矣，未有為帝王者也。石將軍非惡[114]帝王不為而讓於殿下，顧以帝王自有曆數[115]，非智力之所取；雖彊取之，必不為天人之所與[116]故也。項羽雖彊，終為漢有。石將軍之比殿下，猶陰精[117]之與太陽，是以遠鑒前事，歸身殿下，此乃石將軍之明識所以遠過於人也，殿下又何怪乎！」浚大悅，封子春、肇皆為列侯，遣使報聘[118]，以厚幣[119]酬之。

游綸兄統[120]為浚司馬，鎮范陽，遣使私附於勒，勒斬其使以送浚。浚雖不罪統，益信勒為忠誠，無復疑矣。

是歲，左丞相睿遣世子紹鎮廣陵[121]，以丞相掾蔡謨[122]為參軍。謨，克之子也。

漢中山王曜圍河南尹魏浚於石梁[123]，兗州刺史劉演、河內太守郭默遣兵救之。曜分兵逆戰於河北[124]，敗之。浚夜走，獲而殺之。

代公猗盧城盛樂[125]以為北都，治故平城[126]為南都，又作新平城[127]於㶟水之陽[128]，使右賢王六脩鎮之，統領南部。

【章旨】以上為第三段，寫晉愍帝建興元年（西元三一三年）下半年的大事，主要寫了晉愍帝命令諸路共同討伐劉聰，劉琨與拓跋猗盧出兵未戰，司馬睿則乾脆拒絕出兵；寫了祖逖的年少有志，向司馬睿請兵北伐，司馬睿僅予之千人之餉，實令其過江自生自滅；寫了陶侃大破流民首領杜弢，被王敦舉為荊州刺史；寫了氐王楊茂搜大破梁州刺史張光，倔強於仇池，其子楊難敵攻克梁州，自稱梁州刺史；寫了石勒假意臣服王浚，王浚不識其詐，為王浚之滅亡做伏筆，以及代王猗盧建立南、北都與新平城，勢力空前壯大等等。

【注　釋】❶藍谷　在今山西太原西南。❷北屈　晉縣名，縣治在今山西吉縣東北二十一里。❸自西河而南　沿著今山西與陝西交界的黃河南進。❹西平　即西平城，在當時的平陽（今山西臨汾）城西。❺驃騎將軍易　劉易，劉聰之子。❻以時　按指定時間。❼乘輿　皇帝的車駕，這裡即指晉愍帝。❽八月癸亥　八月二十。❾司直　官名，協助丞相察舉不法。❿記室參軍　丞相府的記室曹長官，掌文疏表奏。⓫雅習　一向熟悉。⓬善伺候睿意　善於揣摩司馬睿的心思。伺候，揣測。⓭軍興　戰爭爆發，指八王之間的戰亂以及少數民族起兵攻晉等等。⓮臨事立制　遇到一件事就立一種章程。⓯主者　主管具體事務的官員。⓰不敢任法　不能依法令辦事。⓱每輒關諮　每件事情都要向朝廷請示、報告。⓲駁議　提出不同意見。⓳直以情言　僅僅憑著感覺說話。⓴依準　依據、標準。㉑以虧舊典　以造成與原有規定相違背。㉒開塞隨宜　幹什麼與不幹什麼，都因時因地而隨機應變。㉓權道制物　權衡情勢以採取措施。㉔范陽祖逖　范陽是晉郡名，郡治即今河南衛輝。祖逖字士雅。傳見《晉書》卷六十二。㉕司州　州治在首都洛陽，其行政長官即司隸校尉。㉖中夜　半夜。㉗蹴琨覺　將劉琨踢醒。蹴，踢。㉘此非惡聲　這不是令人厭惡的聲音。當時人認為半夜雞叫，預示不祥。㉙起舞　起床舞劍，刻苦練武。㉚渡江　因北方動亂，祖逖渡江到建業（今南京）。㉛京口　即今江蘇鎮江。㉜糾合驍健　集合了一群勇猛的武士。㉝上無道　皇上暴虐無道。㉞下怨叛　百姓因怨恨朝廷而造反。㉟戎狄乘隙　各少數民族趁機起兵，如成都的李雄是氐族人、平陽的劉淵是匈奴人、襄國的石勒是羯族人。㊱毒流中土　禍害遍及中原。㊲殘賊　摧殘、殺害。賊，殺。㊳人思自奮　每個人都想奮起自救。㊴給千人廩　發給他一千人的軍餉。㊵部曲　部下。當時南方的大族，門下都有許多歸附者，稱作蔭戶，具有某種奴隸的意思。㊶中流　江心。㊷擊楫　手拍著船槳。楫，槳。㊸清中原　使中原獲得太平穩定。㊹復濟　再渡江回來。㊺有如大江　意即讓這滾滾的江水為我作證。按，這句話說得不完整，但古人宣誓多是這麼說。如《左傳》僖公二十四年重耳起誓有所謂「所不與舅氏同心者，有如白水」，句式即與此相同。㊻淮陰　晉縣名，縣治即今江蘇淮陰。㊼起冶鑄兵　搭起煉鐵爐，鑄造兵器。㊽胡亢　原是荊州刺史的部將，後佔據竟陵（今湖北潛江縣西北），自稱「楚公」。事見上年。㊾杜曾　時被胡亢任命為竟陵太守。傳見《晉書》卷一百。㊿王沖　荊州地區的變民首領。(51)潯水城　即漢晉時期的潯陽縣治，在今湖北黃梅西南。(52)杜弢　字景文，益州流亡到荊州的變民首領，自立為荊州刺史。傳見《晉書》卷一百。(53)泠口　泠水（今瀟水）與營水的匯合處，在今湖南寧遠西南。(54)步向武昌　奔向武昌。當時武昌郡的郡治即今湖北鄂城。(55)徑道　小道；捷徑。(56)逆擊　迎頭痛擊。(57)陶侯　敬稱陶侃。(58)沔江　即沌口，在今武漢西南郊。(59)楊茂搜　氐族頭領。氐族自漢代以來居於仇池（今甘肅成縣西），至楊茂搜，遂割據一方，一連數世。傳見《魏書》卷一百一。(60)難敵　楊茂搜之子，名難敵。(61)販易於梁州　到梁州（州治即今陝西漢中）一帶做買賣。(62)良人子　清白人家的子女，以別於奴隸。(63)張光　時任梁州刺史。(64)大荒　大災荒。(65)仰我氐活　靠我們氐族人將他們養活。按，當時的仇池有一塊平原，氐族封閉自立，生活稍好，故能救濟外地逃來的難民。(66)不能貰也　難道就不能饒過他們嗎。貰，通「赦」。寬免。(67)楊虎　梁州的變民首領。(68)求貨　求索賄賂。(69)悉在光所　指張光部將晉邈殺流民奪取的珍寶。(70)魏興　晉郡名，郡治在今陝西安康西北。(71)戰沒　陣亡。(72)黃白城　在今陝西三原北十里，離今耀州不遠。(73)矯　假傳。(74)白衣領職　以平民身分權理原來職務。(75)庚寅　十一月十九。(76)龍尾　駐紮在龍山尾的兵營，龍山在今陝西長安北。(77)辛卯旦　十一月二十的凌晨。(78)退屯逍遙園　主語是晉愍帝。(79)壬辰　十一月二十一。(80)阿城　即秦阿房宮之故地，在今陝西長安西北。(81)癸巳　十一月二十二。(82)零武　也作「靈武」，晉縣名，縣治在今陝西咸陽東，與寧夏的靈武不是一地。(83)棄城　放棄州城，即今陝西漢中。(84)其父字處道　王浚之父王沈，字處道。王沈出賣魏帝曹髦事，見本書卷七十七景元元年。(85)應當塗高之讖　漢末的陰謀家們編造了一種「預言」，說是「代漢者當塗高」。於是袁術、曹丕等都引這條讖語，來為自己篡位作輿論。袁術的「術」字當「街道」講，與塗（途）義近。曹丕說「魏」是宮前的闕門，正好迎路高起。今王浚又說其父的名字中有「道」字，也與「當塗高」相合。讖，讖語；將來要應驗的預言。(86)謀稱尊號　陰謀篡位做皇帝。尊號，帝王之號。(87)司空掾高柔　司空府的大吏姓高名柔。王浚原為司空，擢升他為大司馬的詔書已經發布，但還未送出，京都洛陽即已陷落，所以王浚的司空府仍保持至今。高柔，與三國時魏國的高柔同名，不是同一個人。(88)徵辟　徵聘；聘任。(89)矜豪　狂妄自大，目中無人。(90)朱丘伯　即朱碩，字丘伯。(91)棗郎　指棗嵩。(92)調發殷煩　徵糧、徵兵的次數繁多。(93)叛入鮮卑　逃走投奔慕容廆。(94)柳城　晉縣名，縣治在今遼寧朝陽南，當時是慕容廆部落的駐地。(95)覘　窺測；偵察。(96)羊祜陸抗故事　羊祜為晉國將領，陸抗為吳國將領，二人雖處敵對之國，但鄰境為官，彼此坦誠相待，事見本書卷七十七泰始八年。(97)將軍　敬稱石勒。(98)項羽之欲得韓信　項羽派武陟說韓信，勸其脫離劉邦事。見《史記‧淮陰侯列傳》及本書卷十高祖四年。(99)折節　放下架子，屈己下人。(100)亢敵　彼此身分對等。(101)謀人　算計別人；打別人的主意。(102)覺其情　覺察你的意圖。(103)奉表於浚　給王浚上表，意即尊之為帝王。(104)小胡　石勒是羯人，羯是匈奴民族中的一個小支派，故謙稱「小胡」。(105)屯厄　即指艱難困頓。「屯」是《周易》中的一個卦名，常用以代指艱難。(106)晉祚淪夷　指晉朝的國運不濟。淪夷，衰微。(107)州鄉貴望　同州鄉親中的高門貴族。王浚是太原人，石勒是武鄉縣人，同屬并州。(108)四海所宗　為全國上下所尊仰。(109)驅除　為你做先驅，為你掃除障礙。(110)奉戴　擁戴。(111)一時豪傑　同一個時代中的罕見人物。(112)稱藩　稱臣。承認人家是自己的宗主，自己是人家統帥下的一個部落、小侯國。(113)誠如聖旨　的確是像您所說。(114)非惡　不是討厭；不是不喜歡。(115)曆數　天命。意謂誰當帝王都是天定，不是人力所能改變。(116)所與　所贊同；所擁護。(117)陰精　月亮。(118)報聘　回訪。(119)厚幣　厚禮。(120)游綸兄統　游統，本是廣平（今河北雞澤）的民眾首領，後投歸王浚，見本書卷八十八永嘉六年。(121)廣陵　晉郡名，郡治即今江蘇淮陰。(122)蔡謨　字道明，東晉初期的名臣。傳見《晉書》卷七十七。其父蔡克，是當時著名的方正之士。(123)石梁　堡塢名，在今河南洛陽東。(124)河北　黃河之北，即富平津（今河南孟州西南、孟津東北）之北。(125)城盛樂　在盛樂築城。盛樂，在今內蒙古和林格爾西北。(126)平城　在今山西大同東北。(127)新平城　在今山西應縣西南。(128)灅水之陽　桑乾河的北岸。灅水也叫桑乾水，發源於山西寧武南，流經今朔縣南，應縣北，東北流入河北省、北京市，稱永定河。

【校　記】[1]豪　據章鈺校，甲十一行本、乙十一行本皆作「英」。

【語　譯】秋季，七月，劉琨率領軍隊進駐藍谷，拓跋猗盧派遣拓跋普根率軍駐紮在北屈縣。劉琨派遣監軍韓據率領軍隊沿著黃河南進，準備攻打西平城。漢主劉聰派遣大將軍劉粲等人抵抗劉琨的進攻，驃騎將軍劉易等人抵抗拓跋普根，蕩晉將軍蘭陽等人協助防守西平城。劉琨等得知漢主劉聰已經做好迎戰準備，便率軍而回。漢主劉聰命令各軍原地駐紮，做好進攻的準備。

晉愍帝司馬業派遣擔任殿中都尉的劉蜀傳達皇帝的詔命，讓左丞相司馬睿按照規定時間準時進軍，到中原與皇帝相會。八月二十日癸亥，劉蜀奉命來到建康傳達詔命。左丞相司馬睿以剛剛平定江東，無暇顧及北伐為由拒絕出兵。司馬睿任命擔任鎮東長史的刁協為丞相左長史，任命擔任從事中郎的彭城人劉隗為司直，任命擔任邵陵內史的廣陵人戴邈為軍諮祭酒，任命擔任參軍的丹陽人張闓為從事中郎，任命擔任尚書郎的潁川人鍾雅為記室參軍，任命譙國人桓宣為舍人，任命豫章人熊遠為主簿，任命會稽人孔愉為掾。彭城人劉隗一向熟悉文學歷史，善於揣摩司馬睿的心思而曲意逢迎，所以司馬睿特別親近他寵信他。

新被任命為主簿的熊遠上書給琅邪王司馬睿，他認為：「自從戰爭爆發以來，處理政務全都不遵照舊有的法律條令，而是競相標新立異，遇到一件事情就臨時訂立一種章程，甚至是早晨剛剛制定的法令到了傍晚就又改變了，以至於主管具體事務的官員不能依法辦事，每件事情都要向朝廷請示、報告，這不是正常的政治體制。我認為凡是提出不同意見的，都應當援引法律條文，或是依據對法律條文的解釋，而不能僅僅憑著自己的感覺說話，沒有根據、沒有標準，以造成與舊有的典章律令相違背。至於幹什麼與不幹什麼，都因時因地隨機應變，權衡情勢以採取措施，這是君主才有的權力，而不是臣子所應擅自決定的。」司馬睿認為時下正是多事之秋，所以沒有採納這個建議。

當初，范陽人祖逖在年輕的時候就胸懷大志，他與劉琨都擔任司州主簿，他們住在同一個寢室裡，半夜聽到雞叫，他就用腳把劉琨踢醒，說：「這可不是令人厭惡的聲音。」於是立即起床練習舞劍、苦練武功。由於北方戰亂不斷，祖逖渡過長江來到建業避亂，左丞相司馬睿任命祖逖擔任軍諮祭酒。祖逖住在京口，他聚集起一些勇猛的壯士，對司馬睿說：「晉國戰亂不斷，並不是因為皇帝暴虐無道引起百姓怨恨朝廷而導致造反，而是由於宗室之間為爭權奪利而自相殘殺，於是讓各少數民族鑽了空子趁勢起兵，導致災禍遍及中原。如今，遺留在中原的百姓因為飽受少數民族的摧殘、殺害，人人都想奮起自救。大王如果真能任命像我這樣的人為將領統帥軍隊北伐，恢復中原，中原各郡、各封國的英雄豪傑必定聞風響應。」然而司馬睿向來就沒有北伐的雄心壯志，他任命祖逖為奮威將軍、豫州刺史，撥給他一千人的軍餉，三千匹布，但不給他鎧甲武器，而讓他自己去招募軍隊。祖逖率領他的部下一百多家向北渡過長江，在到達江心時，祖逖用手敲擊著船槳向天發誓說：「如果我祖逖不能使中原獲得太平穩定，就絕不再渡過長江回到江南，這滾滾的長江水可以為我作證！」祖逖率領這一百多戶人屯紮在淮陰縣，他們搭起煉鐵爐打造兵器，又招募了二千多人而後進軍北伐。

胡亢生性猜忌，他殺死了自己手下好幾位驍勇的將領。被胡亢任命為竟陵太守的杜曾因此心懷恐懼，就暗中引誘荊州地區的變民首領王沖的軍隊攻打胡亢。胡亢把自己的全部精兵都派出城外迎戰王沖，城中兵力空虛，杜曾趁機殺死胡亢吞併了他的軍隊。

周顗屯駐在潯水城，被自立為荊州刺史的變民首領杜弢所圍困，陶侃派明威將軍朱伺率軍前去解救周顗，杜弢於是將軍隊撤退到泠口。陶侃說：「我估計杜弢必定偷襲武昌。」於是就抄近路返回武昌做好迎戰杜弢的軍事部署，杜弢果然率軍來攻武昌。陶侃派朱伺率軍迎頭痛擊，把杜弢打得大敗，杜弢逃回了長沙。周顗率領軍隊離開潯水城前往豫章郡投靠王敦，王敦收留了他。陶侃派遣擔任參軍的王貢到王敦那裡報捷，王敦說：「如果沒有陶侃，就失去荊州了。」於是上表保舉陶侃為荊州刺史，率軍駐守沔江。左丞相司馬睿徵召周顗回到建業，仍然命他為軍諮祭酒。

當初，氐族頭領楊茂搜的兒子楊難敵派遣他的養子到梁州一帶做買賣，他竟然私自販賣了一個清白人家的女兒，梁州刺史張光就用鞭子把楊難敵的養子抽死了。楊難敵非常怨恨張光，他對張光說：「你剛來的時候，正值大災荒之後，你的軍隊、百姓全部依靠我們氐人來養活，氐人犯了點小罪，難道就不能饒過他們嗎？」等到張光與楊虎互相攻殺的時候，兩人都來向楊茂搜求救，楊茂搜派遣楊難敵率軍去救張光。楊難敵向張光索取賄賂，張光不給。而楊虎卻用大量的財物賄賂楊難敵，並且對楊難敵說：「流民手裡的珍寶，全都在張光那裡。如今你攻打我，不如去攻打張光。」楊難敵一聽非常高興。張光與楊虎作戰時，派張孟萇為前鋒，派楊難敵作後援。楊難敵便與楊虎前後夾擊張孟萇，把張孟萇打得大敗，張孟萇和他的弟弟張援全都戰死。張光只得據城堅守。九月，張光因憤怒過度病倒了。張光的僚屬都勸說他撤到魏興郡據守，張光手按寶劍嚴肅地說：「我接受國家重託擔任梁州刺史，不能消滅賊寇，如果作戰而死我覺得就像升到仙界一樣，為什麼要撤退呢！」話剛說完，便倒地身亡了。梁州人共同推舉張光的小兒子張邁為代理梁州刺史，張邁又在與氐人的戰鬥中陣亡，眾人這才推舉始平太守胡子序兼任梁州刺史。

荀藩死在了開封。

漢國中山王劉曜、趙染到黃白城攻打麴允，麴允屢戰屢敗。晉愍帝於是下詔，任命索綝為征東大將軍，率領軍隊援助麴允與漢軍作戰。

王貢從王敦那裡返回，到達竟陵時，他假傳陶侃的命令，任命杜曾為前鋒大都督，讓杜曾率軍襲擊王沖，把王沖殺死，吞併了王沖的軍隊。陶侃徵調杜曾，杜曾不來。王貢懼怕自己假傳陶侃之命而獲罪，就與杜曾聯合起來反擊陶侃。冬季，十月，陶侃被王貢和杜曾打得大敗，僅自身逃得性命。王敦上表請求讓陶侃以平民的身分權理荊州刺史職務。陶侃又率領周訪等人攻打杜弢，把杜弢打得大敗，王敦就又上奏請求恢復陶侃荊州刺史的職務。

漢國將領趙染對中山王劉曜說：「麴允率領大軍出外作戰，長安城內必定兵力空虛，可以乘此機會襲擊長安。」劉曜於是派趙染率領五千精兵襲擊長安。十一月十九日庚寅夜間，趙染的軍隊攻入長安外城。晉愍帝逃到射鴈樓。趙染放火焚燒了龍山尾以及駐紮在附近各處的軍營，殺死、劫掠了一千多人。二十日辛卯凌晨，晉愍帝撤退到逍遙園。二十一日壬辰，晉國將軍麴鑒率領五千軍隊從阿城趕來救援長安。二十二日癸巳，趙染率軍退走。麴鑒率軍追趕，在零武與漢中山王劉曜的軍隊相遇，雙方展開激戰，麴鑒被劉曜打敗。

楊虎、楊難敵加緊進攻梁州城，胡子序放棄州城逃跑，楊難敵於是進入梁州城自稱梁州刺史。

漢中山王劉曜因為自己打了勝仗而放鬆警戒。十一月，晉尚書左僕射、主管尚書省事務的麴允率領軍隊襲擊劉曜，將劉曜所率領的漢軍打得大敗，將劉曜手下的冠軍將軍喬智明殺死，劉曜率領敗軍退回漢國都城平陽。

王浚因為自己父親王沈的字為「處道」，就自認為與當年「當塗高」的讖語相合，於是就陰謀篡位做皇帝。前任勃海太守劉亮、北海太守王摶、司空掾高柔都非常誠懇地進行勸諫，王浚把他們全都殺死了。燕國人霍原志向遠大、操守清廉，屢次辭去朝廷的徵召、任命。王浚向他諮詢登基稱帝的事情，霍原不做任何回答。王浚就誣陷霍原與盜賊串通勾結，將霍原殺死，還把霍原的人頭割下來示眾。於是，不論官吏還是百姓都非常驚恐、怨恨，而王浚的狂妄自大、目中無人卻是一天比一天厲害，他不再親自處理政務，而所任用的又都是一些苛刻的小人，棗嵩、朱碩兩人尤其貪婪蠻橫。北州的民間歌謠說：「府中赫赫朱丘伯，十囊五囊入棗郎。」徵糧、徵兵的次數繁多，百姓實在不堪忍受，就有好多人逃走投奔了鮮卑部落首領慕容廆。擔任從事的韓咸駐守柳城，他在王浚面前極力稱讚慕容廆多方接納士民的美德，想以此諷諫王浚。不料王浚聽了大怒，竟然把韓咸殺死。

王浚開始的時候只是因為依靠了鮮卑、烏桓的勢力才顯得很強大，後來鮮卑、烏桓都背叛了他。再加上連年的蝗災、旱災，王浚的勢力就越來越弱。漢征東大將軍石勒想攻打王浚，但不瞭解王浚的虛實，就準備以派遣使者的名義去那裡偵察情況，參佐請求石勒像當年羊祜、陸抗那樣彼此坦誠相待，送信給王浚，和王浚友好平等往來。石勒詢問張賓，張賓說：「王浚名義上雖說還是晉臣，而實際上正準備廢掉晉室自立為皇帝，只是擔心四海的英雄不肯聽從他罷了。他想要得到將軍的幫助，就像項羽想要得到韓信一樣。將軍威震天下，如今即使是用謙卑的言辭、厚重的禮物，放下架子甘居其下，恐怕他也不會信任你，何況是採用羊祜、陸抗的故事以平等的身分相對待呢！算計別人而讓別人察覺你的意圖，就很難獲得成功了。」石勒說：「你說得對！」十二月，石勒派遣舍人王子春、董肇攜帶著大量珍寶來到王浚那裡，向王浚獻上石勒的表章，說：「石勒本是匈奴民族中的一個小支派，遭遇饑荒戰亂，流離失所、處境艱難，逃命來到了冀州，與眾胡人私下裡聚集在一起，只是為了保全性命。如今晉國的國運衰微，中原沒有主人，而殿下在同州鄉親中是尊貴的高門貴族，為全國上下所尊崇，作為帝王的人選，除了您還有誰更合適呢？石勒所以不顧性命起兵，誅殺討伐暴君、平定叛亂，正是為了給殿下做先驅、為殿下掃除障礙。但願陛下應天意順民心，早日登上皇位。石勒擁戴殿下就像擁戴天地父母一樣，請殿下洞察我的一片忠心，也應當把我看作是您的兒子一樣。」又寫信給棗嵩，用厚禮賄賂他。

王浚正因為段疾陸眷背叛了自己，許多士民也都離開自己投靠了別人而苦惱，聽到石勒想要歸附自己，非常高興，他對石勒的使者王子春說：「石勒是當今時代的罕見人物，佔據著趙、魏的廣大領土，卻想向我稱臣，他的話能相信嗎？」王子春回答說：「石將軍的才能很強、勢力很大，確實像您所說的那樣。但是，殿下是中州的高門望族，您的威名傳遍了少數民族地區和漢族聚居區，自古至今，胡人作為有名的輔佐大臣確實有過，但卻從來沒有胡人做帝王的。石將軍並不是厭惡帝王所以不稱帝而把帝位讓予殿下，只是因為帝王是由上天安排、有一定的天命，不是靠人的智慧、力量所能改變的；即使強行佔有，也必然得不到蒼天的保佑、得不到人民的擁護。項羽雖然勢力強大，最終還是漢王劉邦佔有了天下。石將軍與殿下相比，就像月亮與太陽一樣，所以，石勒將軍以史為鑑，投身於殿下，這就是石將軍的遠見卓識勝過其他人的地方，殿下又何必感到奇怪呢！」王浚大喜，封王子春、董肇都為列侯，派遣使者回訪石勒，又贈送豐厚的禮物作為回報。

游綸的哥哥游統在王浚手下擔任司馬，負責鎮守范陽郡，他派遣使者暗中依附石勒，石勒殺了游統的使者，並將使者的屍體送給王浚。王浚雖然沒有責罰游統，卻更加相信石勒對自己的忠誠，不再對石勒有所懷疑。

這一年，左丞相司馬睿派遣長子司馬紹鎮守廣陵，任命擔任丞相掾的蔡謨為參軍。蔡謨，是蔡克的兒子。劉漢中山王劉曜把擔任河南尹的魏浚圍困在石梁，兗州刺史劉演、河內郡太守郭默派遣軍隊前去解救。劉曜分出一部分軍隊在黃河以北迎戰劉演、郭默的援軍，把援軍打得大敗。魏浚聽到援軍失敗的消息，連夜逃走，被劉曜俘虜並處死。

代公拓跋猗盧在盛樂築城作為北都，把舊平城作為南都，又在灅水北岸修建新平城，派遣右賢王拓跋六脩率軍鎮守，統領南部地區事務。

【研　析】本卷寫晉懷帝永嘉六年（西元三一二年）至晉愍帝建興元年（西元三一三年）共二年間的西晉與前趙、成漢等國的大事，其中可議論的有以下幾點：

其一，本卷寫了晉懷帝司馬熾被漢主劉聰所俘，文章寫司馬熾見劉聰的情景說：「聰從容謂帝曰：『卿昔為豫章王，朕與王武子造卿，武子稱朕於卿，卿言聞其名久矣，贈朕柘弓銀研，卿頗記否？』帝曰：『臣安敢忘之！但恨爾日不早識龍顏。』聰曰：『卿家骨肉何相殘如此？』帝曰：『大漢將應天受命，故為陛下自相驅除。此殆天意，非人事也。且臣家若能奉武皇帝之業，九族敦睦，陛下何由得之？」一副卑躬屈膝之態可掬。相比當年劉禪降魏後進見司馬炎的情景：「晉王與禪宴，為之作故蜀技，旁人皆為之感愴，而禪喜笑自若。王謂賈充曰：『人之無情，乃至於此；雖使諸葛亮在，不能輔之久全，況姜維邪？』他日，王問禪曰：『頗思蜀否？』禪曰：『此間樂，不思蜀也。』郤正聞之，謂禪曰：『若王後問，宜泣而答曰：「先人墳墓，遠在岷、蜀，乃心西悲，無日不思。」因閉其目。』會王復問，禪對如前。王曰：『何乃似郤正語邪？』禪驚視曰：『誠如尊命。』左右皆笑。」情態有「莊」與「諧」之不同，但一副喪家狗向新主子搖尾乞憐的心思是一樣的。讓人為他們「精明一世」的父祖感到羞恥。倒是吳主孫皓回答司馬炎的幾句話令人聽著提神。當司馬炎以一種勝利者的神氣對被捉來的吳主孫皓說：「朕設此座以待卿久矣。」皓曰：「臣於南方，亦設此座以待陛下。」賈充謂皓曰：「聞君在南方鑿人目、剝人面皮，此何等刑也？」皓曰：「人臣有弒其君及奸回不忠者，則加此刑耳。」充默然甚愧，而皓顏色無怍。孫皓當然也不是什麼好人，但在關鍵時刻能不失身分，能給心術本來不正而又盛氣陵人者以針鋒相對地反駁，有此一節，孫皓這個歷史罪人似乎平添了一抹英雄氣概。

其二，西晉的滅亡，一來是由於司馬炎倒退的分封制，為軍閥混戰播下了種子；二來是西晉朝廷的腐朽墮落，清談放蕩，為官而不盡職。前車之鑑是章明昭著的，而司馬睿、王導等人所組建的江南小王朝，又從一開始就緊依著西晉王朝的老路走下去，而絲毫不想悔改。陳頵曾給王導寫信說：「中華所以傾弊者，正以取才失所。先白望而後實事，浮競驅馳，互相貢薦，言重者先顯，言輕者後敘，遂相波扇，乃至陵遲。加有莊、老之俗，傾惑朝廷，養望者為弘雅，政事者為俗人，王職不卹，法物墜喪。夫欲制遠，先由近始。今宜改張，明賞信罰，拔卓茂於密縣，顯朱邑於桐鄉，然後大業可舉，中興可冀耳。」這是多麼切中時弊的金玉良言，但是「導不能從」。陳頵又給司馬睿上書說：「洛中承平之時，朝士以小心恭恪為凡俗，以偃蹇倨肆為優雅，流風相染，以至敗國。今僚屬皆承西臺餘弊，養望自高，是前車已覆，而後車又將尋之也。請自今臨使稱疾者，皆免官。」結果是「睿不從」。後來陳頵又對司馬睿的朝綱紊亂、濫封濫賞提出批評，陳頵遂因其

「出於寒微，數為正論」，而為府中眾人之所惡，被趕出了朝廷。東晉王朝雖然也勉強維持了百來年，但從來沒有一個像樣的皇帝，公而忘私的肱股大臣也很少，看來從壓根兒爛起的朝廷，是難得有藥石可醫的。

其三，漢主劉聰，從一上臺就沉迷女色，好殺成性。他「以司空王育、尚書令任顗女為左、右昭儀，中軍大將軍王彰、中書監范隆、左僕射馬景女皆為夫人，右僕射朱紀女為貴妃，皆金印紫綬。」又「拜殷二女英、娥為左右貴嬪，位在昭儀上。又納殷女孫四人皆為貴人，位次貴妃。於是六劉之寵傾後宮，聰希復出外，事皆中黃門奏決。」這樣的行為，連古代以淫荒著名的夏桀、殷紂也望塵莫及，其喪敗不消說是指日可待的。但劉聰的這些女人中也真有令讀者賞心悅目的人在。當劉聰要為皇后劉娥建造勞民傷財的鵾儀殿時，諫官陳元達強烈提出反對，劉聰發起牛脾氣，要將陳元達滿門抄斬；朝廷的許多功臣元老以及劉聰的兒子們百般為之求情無效；「劉后聞之，密敕左右停刑，手疏上言：『今宮室已備，無煩更營，四海未壹，宜愛民力。廷尉之言，社稷之福也，陛下宜加封賞。而更誅之，四海謂陛下何如哉！……陛下為妾營殿而殺諫臣，使忠良結舌者由妾，遠近怨怒者由妾，公私困弊者由妾，社稷阽危者由妾，天下之罪皆萃於妾，妾何以當之！妾觀自古敗國喪家，未始不由婦人，心常疾之，不意今日身自為之，使後世視妾由妾之視昔人也。妾誠無面目復奉巾櫛，願賜死此堂，以塞陛下之過。』聰覽之變色。」於是收回成命。古人常稱妹喜、妲己、楊玉環等女人為「禍水」，將一個王朝滅亡的責任加在她們頭上，這自然不公平。但若說她們一點作用不起，恐也不合事實。試以楊玉環而論，「姊妹弟兄皆列土，可憐光彩生門戶」；「一騎紅塵妃子笑，無人知是荔枝來」，難道她就沒有責任？不妨對比一下劉皇后，就可知其中的差距究竟有多大！

卷第八十九

晉紀十一

起閼逢閹茂（甲戌 西元三一四年），盡柔兆困敦（丙子 西元三一六年），凡三年。

【題 解】 本卷寫晉愍帝建興二年（西元三一四年）至建興四年共三年間的西晉與前趙、成漢等國的大事，主要寫了石勒騙得王浚信任不存戒心後，突然襲取幽州，俘殺王浚；寫了劉琨被石勒的部將打敗，進退失據，只好逃到薊城依附段匹磾；寫了變民頭領杜弢被陶侃打敗，投降司馬睿，旋又叛變於臨川、豫章，最後被陶侃討平；寫了陶侃被王敦罷去荊州刺史，改任廣州，陶侃則果斷、及時地消滅了廣州的叛亂分子王機，穩定了廣州一帶的秩序；寫了漢將劉曜打敗晉將麴允，又進攻長安，攻陷外城，晉帝司馬業向劉曜投降，以及《通鑑》作者引入了晉臣干寶所寫的對西晉政治的大段評論；寫了拓跋猗盧寵愛少子，虐待長子六脩，被六脩所殺；六脩又被普根所殺，普根又死，國人遂立猗盧之子鬱律為君；寫了漢主劉聰荒淫酒色，殺戮大臣，小人設謀挑動丞相劉粲與太弟劉乂的矛盾，為其日後的內亂、覆亡埋下伏筆；寫了李雄的勢力擴大，已經佔有益州、梁州、寧州以及荊州的部分地區，以及遼西一帶的鮮卑慕容氏勢力發展，為各地人士所歸附等等。

孝愍皇帝下

建興二年（甲戌　西元三一四年）

春，正月辛未❶，有如日❷隕于地。又有三日相承❸，出西方而東行❹。○丁丑❺，大赦。

有流星出牽牛❻，入紫微❼，光燭地❽，墜于平陽北，化為肉，長三十步，廣二十七步。漢主聰惡之，以問公卿。陳元達以為「女寵❾太盛，亡國之徵。」聰曰：「此陰陽❿之理，何關人事！」聰后劉氏賢明，聰所為不道，劉氏每規正⓫之。己丑⓬，劉氏卒，謚曰武宣。自是嬖寵競進，後宮無序矣。

聰置丞相等七公⓭。又置輔漢等十六大將軍，各配兵二千，以諸子為之⓮。又置左右司隸，各領戶二十餘萬，萬戶置一內史⓯。單于左右輔⓰，各主六夷⓱十萬落⓲，萬落置一都尉。左、右選曹尚書，並典選舉。自司隸以下六官⓳，皆位亞僕射⓴。以其子粲為丞相、領大將軍、錄尚書事，進封晉王。江都王延年錄尚書六條事㉑，汝陰王景㉒為太師，王育為太傅，任顗為太保，馬景為大司徒，朱紀為大司空，中山王曜為大司馬。

壬辰㉓，王子春等及王浚使者至襄國㉔，石勒匿其勁卒㉕精甲，羸師虛府以示之㉖，北面拜使者㉗而受書。浚遺勒麈尾㉘，勒陽不敢執㉙，懸之於壁，朝夕拜之，曰：「我不得見王公，見其所賜，如見公也。」復遣董肇奉表于浚，期以三月中旬親詣幽州奉上尊號㉚。亦脩牋㉛于棗嵩㉜，求并州牧、廣平公。

勒問浚之政事於王子春，子春曰：「幽州去歲大水，人不粒食㉝，浚積粟百萬，不能賑贍，刑政苛酷，賦役殷煩，忠賢內離，夷狄外叛。人皆知其將亡，而浚意氣自若㉞，曾無懼心㉟，方更置立臺閣，布列百官，自謂漢高、魏武㊱不足比也。」勒撫几笑曰：「王彭祖真可擒也。」浚使者還薊，具言石勒形勢寡弱，款誠無二㊲。浚大悅，益驕怠，不復設備。

楊虎㊳掠漢中吏民以奔成㊴，梁州人張咸等起兵逐楊難敵。難敵去，咸以其地歸成，於是漢嘉、涪陵㊵、漢中之地皆為成有。成主雄以李鳳為梁州㊶刺史，任回為寧州㊷刺史，李恭為荊州刺史。

雄虛己㊸好賢，隨才授任，命太傅驤㊹養民於內，李鳳等招懷於外，刑政寬簡，獄無滯囚㊺。興學校，置史官。其賦民男丁歲穀三斛，女丁半之，疾病又半之，戶調㊻絹不過數丈，綿數兩。事少役希㊼，民多富實，新附者皆給復除㊽。是時天下大亂，而蜀獨無事，年穀屢熟，乃至閭門㊾不閉，路不拾遺。漢嘉夷王沖歸㊿、朱提審炤(51)、建寧爨量(52)皆歸之。巴郡嘗告急，云有晉兵。雄曰：「吾常憂琅邪[53]微弱，遂為石勒所滅，以為耿耿[54]，不圖[55]乃能舉兵，使人欣然。」然雄朝無儀品[56]，爵位濫溢，吏無祿秩[57]，取給於民，軍無部伍[58]，號令不肅，此其所短也。

二月壬寅[59]，以張軌為太尉、涼州牧，封西平郡公，王浚為大司馬、都督幽、冀諸軍事，荀組[60]為司空、領尚書左僕射兼司隸校尉，行留臺事，劉琨為大將軍、都督并州諸軍事。朝廷以張軌老病，拜其子寔為副刺史。

石勒纂嚴[61]，將襲王浚，而猶豫未發。張賓曰：「夫襲人者，當出其不意。今軍嚴經日而不行[62]，豈非畏劉琨及鮮卑、烏桓為吾後患乎？」勒曰：「然。為之柰何？」賓曰：「彼三方智勇無及將軍者，將軍雖遠出，彼必不敢動；且彼未謂將軍便能懸軍千里[63]取幽州也。輕軍[64]往返，不出二旬，藉使彼雖有心，比[65]其謀議出師，吾已還矣。且劉琨、王浚，雖同名晉臣，實為仇敵。若脩牋于琨，送質[66]請和，琨必喜我之服[67]而快浚之亡[68]，終不救浚而襲我也。用兵貴神速，勿後時[69]也。」勒曰：「吾所未了[70]，右侯已了之，吾復何疑！」

遂以火宵行，至柏人[71]，殺主簿游綸，以其兄統在范陽，恐泄軍謀故也。遣使奉牋送質于劉琨，自陳罪惡，請討浚以自效。琨大喜，移檄州郡[72]，稱「己與猗盧方議討勒，勒走伏無地(73)，求拔幽都以贖罪。今便當遣六脩(74)南襲平陽，除僭偽(75)之逆類，降(76)知死之逋羯(77)，順天副民(78)，翼奉(79)皇家，斯乃曩年(80)積誠靈祐(81)之所致也。」

三月，勒軍達易水(82)，王浚督護孫緯馳遣白浚(83)，將勒兵拒之(84)，游統禁之。浚將佐皆曰：「胡(85)貪而無信，必有詭計，請擊之。」浚怒曰：「石公來，正欲奉戴我耳。敢言擊者斬！」眾不敢復言。浚設饗(86)以待之。壬申(87)，勒晨至薊(88)，叱門者開門。猶疑有伏兵，先驅牛羊數千頭，聲言上禮(89)，實欲塞諸街巷。浚始懼，或坐或起。勒既入城，縱兵大掠。浚左右請禦之，浚猶不許。勒升其聽事(90)，浚乃走出堂皇(91)，勒眾執之。勒召浚妻，與之並坐，執浚立於前。浚罵曰：「胡奴調乃公(92)，何凶逆如此！」勒曰：「公位冠元台(93)，手握彊兵，坐觀本朝傾覆，曾不救援，乃欲自尊為天子，非凶逆乎？又委任姦貪，殘虐百姓，賊害忠良，毒徧燕土(94)，此誰之罪也？」使其將王洛生先[1]以五百騎送浚于襄國。浚自投于水，束而出之，斬于襄國市(95)。

勒殺浚麾下精兵萬人，浚將佐等[2]爭詣軍門謝罪，饋賂交錯，前尚書裴憲(96)、從事中郎荀綽獨不至，勒召而讓(97)之曰：「王浚暴虐，孤討而誅之，諸人皆來慶謝，二君獨與之同惡[98]，將何以逃其戮乎？」對曰：「憲等世仕晉朝，荷[99]其榮祿。浚雖凶粗，猶是晉之藩臣，故憲等從之，不敢有貳[100]。明公苟不脩德義，專事威刑，則憲等死自其分[101]，又何逃乎！請就死。」不拜而出。勒召而謝之，待以客禮。綽，勗[102]之孫也。勒數[103]朱碩、棗嵩等以納賄亂政，為幽州患，責游統以不忠所事[104]，皆斬之。籍[105]浚將佐、親戚家貲皆至巨萬[106]，惟裴憲、荀綽止有書百餘袟[107]，鹽米各十餘斛[108]而已。勒曰：「吾不喜得幽州，喜得二子。」以憲為從事中郎，綽為參軍。分遣流民，各還鄉里。勒停薊二日，焚浚宮殿，以故尚書燕國劉翰行幽州刺史，戍薊，置守宰[109]而還。孫緯遮擊[110]之，勒僅而得免。

勒至襄國，遣使奉王浚首獻捷[111]于漢，漢以勒為大都督、督陝東[112]諸軍事、驃騎大將軍、東單于，增封十二郡。勒固辭，受二郡而已。

劉琨請兵於拓跋猗盧以擊漢，會猗盧所部雜胡萬餘家謀應石勒，猗盧悉誅之，不果[113]赴琨約。琨知石勒無降意，乃大懼，上表曰：「東北八州[114]，勒滅其七[115]，先朝所授，存者惟臣。勒據襄國，與臣隔山[116]，朝發夕至，城塢駭懼，雖懷忠憤，力不從願耳。」

劉翰不欲從石勒，乃歸段匹磾[117]，匹磾遂據薊城。王浚從事中郎陽裕，躭之兄子也，逃奔令支[118]，依段疾陸眷。會稽朱左車、魯國孔纂、泰山胡母翼自薊逃奔昌黎，依慕容廆。是時中國流民歸廆者數萬家，廆以冀州人[119]為冀陽郡[120]，豫州人為成周郡[121]，青州人為營丘郡[122]，并州人為唐國郡[123]。

初，王浚以邵續[124]為樂陵太守，屯厭次[125]。浚敗，續附於石勒，勒以續子乂為督護[126]。浚所署勃海太守東萊劉胤棄郡依續，謂續曰：「凡立大功，必杖大義。君，晉之忠臣，柰何從賊以自汙乎！」會段匹磾以書邀續同歸左丞相睿，續從之。其人皆曰：「今棄勒歸匹磾，其如乂何[127]？」續泣曰：「我豈得顧子而為叛臣哉！」殺異議者數人。勒聞之，殺乂。續遣劉胤使江東，睿以胤為參軍[128]，以續為平原[129]太守。石勒遣兵圍續，匹磾使其弟文鴦救之，勒引去。

襄國大饑，穀二升直[130]銀一斤，肉一斤直銀一兩。

杜弢將王真襲陶侃於林障[131]，侃奔灄中[132]。周訪[133]救侃，擊弢兵，破之。

夏，五月，西平武穆公張軌[134]寢疾，遺令：「文武將佐，務安百姓，上思報國，下以寧家。」己丑[135]，軌薨。長史張璽等表世子寔攝父位。

漢中山王曜、趙染寇長安。六月，曜屯渭汭[136]，染屯新豐[137]，索綝將兵出拒之。染有輕綝之色。長史魯徽曰：「晉之君臣，自知強弱不敵，將致死於我[138]，不可輕也。」染曰：「以司馬模之彊，吾取之如拉朽[139]，索綝小豎，豈能汙吾馬蹄、刀刃邪！」晨，帥輕騎數百逆之，曰：「要當獲綝而後食。」綝與戰于城西[140]，染兵敗而歸，悔曰：「吾不用魯徽之言以至此，何面目見之！」先命斬徽，徽曰：「將軍愚愎[141]以取敗，乃復忌前害勝[142]，誅忠良以逞忿，猶有天地[143]，將軍其得死於枕席乎[144]！」詔加索綝驃騎大將軍、尚書左僕射、錄尚書，承制行事[145]。

曜、染復與將軍殷凱帥眾數萬向長安，麴允逆戰於馮翊[146]。允敗，收兵，夜，襲凱營，凱敗死。曜乃還攻河內太守郭默[147]于懷[148]，列三屯[149]圍之。默食盡，送妻子為質，請糴於曜[150]。糴畢，復嬰城固守。曜怒，沈默妻子于河而攻之。默欲投李矩[151]於新鄭，矩使其甥郭誦迎之，兵少，不敢進。會劉琨遣參軍張肇帥鮮卑五百餘騎詣長安，道阻不通，還，過矩營，矩說肇，使擊漢兵。漢兵望見鮮卑，不戰而走，默遂率眾歸矩。漢主聰召曜還屯蒲坂[152]。

秋，趙染攻北地[153]，麴允拒之，染中弩而死。

石勒始命州郡閱實戶口[154]，戶出帛二匹，穀二斛。

冬，十月，以張寔為都督涼州諸軍事、涼州刺史、西平公。

十一月，漢主聰以晉王粲為相國、大單于，總百揆[155]。粲少有俊[3]才，自為宰相，驕奢專恣，遠賢親佞，嚴刻愎諫❶⑤⑥，國人始惡之。

周勰157以其父遺言158，因吳人之怨，謀作亂，使吳興功曹徐馥矯稱叔父丞相從事中郎札159之命，收合徒眾，以討王導、刁協。豪傑翕然160附之，孫皓族人弼亦起兵於廣德161以應之。

【章　旨】以上為第一段，寫愍帝建興二年（西元三一四年）一年間的大事，主要寫了石勒騙得王浚信任不存戒心後，突然襲取幽州，俘殺王浚；而漢主劉聰則兩次派兵進攻長安，皆大敗而回；寫了李雄的勢力擴大，已經佔有益州、梁州、寧州以及荊州的部分地區，且行善政於其國，獨偏安於一隅；寫了鮮卑慕容氏勢力發展，為各地人士所歸附；以及涼州地區的張軌病死，其子張寔繼其父位等等。

【注　釋】❶正月辛未　正月初一。❷有如日　有個像似太陽的物體。❸三日相承　三個太陽接連出現。❹出西方而東行　從西方升起，向東方運行。胡三省曰：「《天文占》云：『三、四、五、六日俱出並爭，天下兵作。』又曰：『三日並出，不過三旬，諸侯爭為帝。』」按，所謂「三日相承」與「出西方而東行」云云是不可能的事，這是古人對天文現象的一種錯覺。❺丁丑　正月初七。❻出牽牛　出現在牽牛星附近。牽牛即俗所謂牛郎星，隔銀河與織女星相對。❼入紫微　指流星進入紫微垣的區域。❽光燭地　星光照亮地面。❾女寵　皇宮中受寵的女人。❿陰陽　泛指自然界的變化，因古人將一切天文、四時都與陰陽相比附。⓫規正　規勸使之改正。⓬己丑　正月十九。⓭七公　七個三公一級的高官，即下文所云晉王劉粲至中山王劉曜七人。⓮以諸子為之　以劉聰的兒子充當頭領，目的是監視控制。⓯內史　主管民政的官員。⓰單于左右輔　匈奴單于的左右輔助官員。⓱六夷　六個少數民族，即胡、羯、鮮卑、氐、羌、巴蠻（或曰烏桓）。⓲十萬落　十萬個小股。落，群落，即通常所謂「股」。⓳司隸以下六官　指內史、單于左輔、單于右輔、都尉、左選曹尚書、右選曹尚書六位官員。⓴位亞僕射　級別在僕射之下。㉑錄尚書六條事　此職始見於此。「六條」所指內容，史書均無記載，似與錄尚書事職權相當，總領尚書臺政務。㉒汝陰王景　劉景。㉓壬辰　正月二十二。㉔襄國　即今河北邢臺，當時石勒的都城。㉕匿其勁卒　把他的精兵都隱蔽起來。㉖贏師虛府以示之　把一些老弱病殘的士兵和一些空虛的倉庫讓他們看。㉗北面拜使者　讓王浚的使者面南而立，自己面朝北方拜見，以表示臣服。㉘麈尾　一種表示風雅的拂塵，用麈（鹿的一種）的尾毛製成，以玉為柄，用以拂蚊蠅或搧涼風。同時，又可增加威儀，顯示身分，流行於魏晉時期的貴族之間。㉙陽不敢執　假裝不敢拿在手裡。陽，同「佯」。假裝。㉚奉上尊號　意即擁立他做皇帝。㉛脩牋　即寫信。牋是上給王公的一種文體名。㉜棗嵩　王浚的部將，也是王浚的女婿。㉝不粒食　沒有糧食吃。㉞意氣自若　自己得意洋洋，依然如故。㉟曾無懼心　沒有一點恐懼之情。曾，根本；絲毫。㊱漢高魏武　漢高祖劉邦、魏武帝曹操。㊲款誠無二　忠實誠懇，絕無二心。㊳楊虎　梁州一帶的變民頭領。因楊難敵佔據漢中，自稱刺史，故率眾離漢中入川。㊴奔成　往投自稱成國的李雄政權。㊵漢嘉涪陵　二郡名，漢嘉郡的郡治在今四川邛崍西南，涪陵郡的郡治漢復，在今重慶市彭水縣東南。㊶梁州　州治即今漢中。㊷寧州　州治滇池，在今雲南晉寧東北，昆明南。㊸虛己　謙卑虛心。㊹太傅驤　李驤，李特之弟，李雄之叔。㊺滯囚　長期監禁的囚犯。㊻戶調　按戶徵收的賦稅。㊼希　同「稀」。少。㊽復除　免除勞役、賦稅。㊾閭門　里巷的門，這裡即指家門。㊿夷王沖歸　夷族部落酋長，名沖歸。(51)朱提審炤　朱提郡的夷王名審炤。朱提，晉郡名，郡治即今雲南昭通。(52)建寧爨量　建寧郡的夷王名爨量。建寧郡的郡治味縣，即今雲南曲靖。(53)琅邪　指司馬睿，最初被封為琅邪王。(54)耿耿　憂慮不安。(55)不圖　沒想到。(56)無儀品　沒有固定的儀容、等級。(57)無祿秩　沒有朝廷發給的俸祿。(58)無部伍　沒有嚴格的軍事編制。(59)二月壬寅　二月初二。(60)荀組　字大章，愍帝之舅，荀藩之弟，時為留臺總管，駐守在今河南開封。(61)纂嚴　戒嚴；集結軍隊。(62)經日而不行　已經好幾天還沒有行動。(63)懸軍千里　遠離後方，孤軍深入地去奔襲敵人。(64)輕軍　輕裝的精銳部隊。(65)比　等到。(66)送質　派出人質。(67)喜我之服　為我們對他的降服而高興。(68)快浚之亡　對王浚的覆滅感到高興。(69)勿後時　不要錯過時機。(70)未了　未想清楚、未做決斷的事情。(71)柏人　晉縣名，縣治在今河北隆堯西。(72)移檄州郡　向各州各郡發布文告。(73)走伏無地　猶言無處躲、無處藏。(74)六脩　拓跋猗盧之子，為其部落的右賢王。(75)僭偽　盜用尊號，冒稱皇帝，指劉聰。(76)降　使之來降。(77)知死之逋羯　自知其罪當死而逃亡在外的羯人，指石勒。(78)副民　符合民心。(79)翼奉　擁戴。(80)曩年　以往多少年。(81)積誠靈祐　我們的精誠感動上蒼，上蒼對我們保佑的結果。祐，保佑。(82)易水　西自太行山流來，經今河北易縣境內，東流至天津市入海。(83)馳遣白浚　派人飛馬報告王浚。(84)勒兵拒之　調集軍隊加以阻擋。(85)胡　指石勒。石勒是羯人，胡人的一種。(86)設饗　擺下筵席。(87)壬申　三月初三。(88)薊　古城名，即今北京市，當時王浚幽州刺史的防地。(89)上禮　呈獻禮物，禮物指牛羊數千頭。(90)聽事　長官辦理政事、會見僚屬的正廳。(91)堂皇　此指王浚的內堂。堂之無四壁者曰皇。(92)調乃公戲弄你老子。93位冠元台　地位處於朝廷的百官之首。元台，意即朝廷。94燕土　燕國故土，即今河北東北部和與之臨近的遼寧、內蒙古部分地區，當時為王浚的轄區。95襄國市　襄國的市場。古時處決罪人多在市場，以示與百姓共棄之。96裴憲　原為豫州刺史，被司馬睿打敗後，逃歸王浚。事見本書卷八十七永嘉五年。97讓　責備。98同惡　和惡人站在一起。99荷　蒙受。100有貳　懷有二心。101死自其分　死正是我們的本分。102勗　荀勗為司馬炎的佐命功臣，荀組之父。傳見《晉書》卷三十九。103數　歷數其罪狀。104不忠所事　指去年游統曾派密使想帶其范陽郡以附石勒。105籍　查抄；登記。106巨萬　也稱「大萬」，即「億」，單位指銅錢。107百餘袟　百餘套。袟，意思同「帙」，書套。108斛　古容量單位，一斛等於十斗。與一石相同。109守宰　郡太守與縣令。110遮擊　攔路伏擊。111獻捷　獻戰利品。112陝東　陝縣以東，取周初周公與召公分陝而治之意。113不果　沒有實現；沒有做到。114東北八州　晉朝時，中國東北部共有六個州，即幽州、冀州、豫州、兗州、青州、并州。此指經朝廷任命的東北六州和王浚承制所授的八個刺史，即冀州刺史王斌、王象，兗州刺史袁孚、田徽，豫州刺史王確，青州刺史苟晞、李惲，幽州刺史王浚。115勒滅其七　指除并州（刺史劉琨）外，其他皆被石勒所滅。116隔山　隔著太行山。117段匹磾　鮮卑人，段務勿塵之子，疾陸眷之弟。與劉琨相結，離其家族而自立。118令支　晉縣名，縣治在今河北遷安西，遼西鮮卑段氏的都城在此。119冀州人　指逃歸慕容氏的冀州人的聚集之地。120冀陽郡　僑置郡名，當在今河北平泉境。121成周郡　僑置地點不詳。122營丘郡　僑置郡名，在今河北山海關附近。123唐國郡　僑置地點不詳。124邵續　字嗣祖，晉室忠臣。傳見《晉書》卷六十三。125厭次　晉縣名，縣治即今山東惠民之桑落墅。126以續子乂為督護　實際是拿他作人質。127其如乂何　對邵乂又怎麼辦呢。128為參軍　為司馬睿的參軍。129平原　晉郡名，郡治在今山東平原縣西南。130直　同「值」。價值。131林障　晉縣名，縣治在今湖北漢陽城東。132灄中　晉縣名，在今湖北黃陂西南。133周訪　字士達，東晉名臣，與陶侃為兒女親家。傳見《晉書》卷五十八。134西平武穆公張軌　西平公是張軌的封號，武穆是謚。135己丑　五月二十。136渭汭　渭水入黃河處，在陝西潼關縣北。137新豐　晉縣名，縣治在今陝西臨潼東北。138致死於我　意即和我們拼命。致死，拼命。139取之如拉朽　打敗他如同推倒一棵朽木。按，趙染破司馬模事見本書卷八十七懷帝永嘉五年。140城西　指新豐城西。141愚愎　既愚昧又剛愎自用。142忌前害勝　忌恨比自己強的人，殘害勝過自己的人。143猶有天地　意謂假如還有皇天后土的話。144其得死於枕席乎　你還能夠死在炕頭上嗎。意即你定然不得好死。145承制行事　以皇帝的名義行事，先斬後奏。146馮翊　晉郡名，郡治在今陝西大荔。147郭默　原為土匪塢主，被劉琨任為河內太守。傳見《晉書》卷六十三。148懷　晉縣名，縣治在今河南武陟西南。149三屯　三個大陣營。150請糴於曜　請求向劉曜購買糧食。151李矩　字世回，時任滎陽太守，駐兵於今河南新鄭。[152]蒲坂　晉縣名，縣治即今山西永濟西之蒲州。[153]北地　晉郡名，郡治泥陽，在今陝西耀縣東南。[154]閱實戶口　清查戶口。閱，核查。[155]總百揆　總領文武百官。[156]愎諫　剛愎拒諫。[157]周勰　字彥和，周玘之子。傳見《晉書》卷五十八。[158]其父遺言　周勰之父周玘受排擠而死，恨北方人，臨死囑其子為之報仇事，見本書卷八十八建興元年。[159]丞相從事中郎札　周札，司馬睿的從事中郎。[160]翕然　順從的樣子。[161]廣德　晉縣名，縣治在今安徽廣德東。

【校　記】[1]先　原無此字。據章鈺校，甲十一行本、乙十一行本、孔天胤本皆有此字，今據補。[2]等　原無此字。據章鈺校，甲十一行本、乙十一行本、孔天胤本皆有此字，今據補。[3]俊　據章鈺校，甲十一行本、乙十一行本皆作「儁」。按，二字同。

【語　譯】孝愍皇帝下

建興二年（甲戌　西元三一四年）

春季，正月初一日辛未，有一個像似太陽的物體墜落到地面上。又有三個太陽接連出現，從西方升起，向東方運行。〇初七日丁丑，實行大赦。

有一顆流星出現在牽牛星座附近，進入紫微垣的區域，星光照亮了地面，最後墜落在漢國都城平陽的北面，墜地後變成了一塊肉，長三十步，寬二十七步。漢主劉聰非常厭惡這件事，就詢問公卿大臣。陳元達認為「這是皇宮中受寵的女人太多，是國家滅亡的徵兆。」劉聰說：「這是自然界的變化，與人世間的事情有什麼關聯呢！」劉聰的皇后劉氏非常賢明、聰慧，劉聰的所作所為不符合正道，劉皇后每每規勸他改正。正月十九日己丑，劉皇后去世，諡號「武宣」皇后。從此之後，後宮之中那些受寵幸的美女競相爭寵，明爭暗鬥，再也沒有秩序可言了。

劉聰設置了丞相等七個三公一級的高官。又設置輔漢大將軍等十六個大將軍，每人配備二千士兵，由他的兒子們分別擔任。又設置左司隸、右司隸，各管轄二十多萬戶，每一萬戶再設置一個內史。單于的左輔助官員、右輔助官員，分別主管六個少數民族的十萬股小部隊，每一萬股設置一名都尉。設置左選曹尚書、右選曹尚書，共同掌管選舉官吏之事。從司隸以下的內史、單于左右輔官、都尉、左右選曹尚書六位官員，級別都在僕射之下。劉聰任命自己的兒子劉粲為丞相、兼任大將軍、負責尚書省事務，進封為晉王。江都王劉延年主管尚書臺六條所規定的事務，任命汝陰王劉景為太師，任命王育為太傅，任命任顗為太保，任命馬景為大司徒，任命朱紀為大司空，任命中山王劉曜為大司馬。

正月二十二日壬辰，石勒的舍人王子春等陪同王浚的使者到達石勒所在的襄國，石勒把自己的精銳士兵、精良鎧甲全都隱藏起來，展現在王浚使者面前的是羸弱的士兵、空虛的府庫，石勒面向北拜見王浚的使者、接受王浚的書信。王浚贈給石勒一把用麈尾製成的拂塵，石勒假裝不敢拿在手裡，而是恭恭敬敬地把拂塵懸掛在牆壁上，早晚向著拂塵頂禮膜拜，石勒說：「我不能親眼看見王公，見到王公賞賜給我的東西，就像親眼見到王公一樣。」他再次派董肇向王浚遞交表章，約定在三月中旬親自前往幽州，擁戴王浚做皇帝。另外也寫信給棗嵩，請求任命自己為并州牧、廣平公。

石勒向王子春詢問王浚的政務，王子春說：「幽州去年發生大洪水，百姓連一粒糧食都沒有，而王浚囤積的糧食上百萬，卻捨不得拿出來賑濟、贍養災民，他的刑法苛刻、政令殘酷，賦稅很重、徭役頻繁，府內的忠良賢能與他離心離德，外部的少數民族都相繼背叛了他。人們都知道他將要滅亡，而王浚自己卻仍舊得意洋洋、依然如故，沒有一點恐懼之情，最近又在大興土木，修建亭臺樓閣，設置文武百官，自認為漢高祖劉邦、魏武帝曹操都比不上他。」石勒撫摸著桌案笑著說：「看來真的可以活捉王浚了。」王浚的使者回到薊城，詳細的彙報了他們從石勒那裡看到的情況，說石勒經濟單薄、實力弱小，忠實誠懇，沒有二心。王浚聽了非常高興，就更加驕傲、懈怠起來，對石勒再也沒有一點戒備之心。

梁州變民首領楊虎劫持著漢中的官吏、百姓進入四川去投奔成主李雄，梁州人張咸等聚眾起兵驅逐了自稱梁州刺史的楊難敵。楊難敵離開梁州，張咸就把梁州全部獻給了成主李雄，於是漢嘉郡、涪陵郡、漢中郡全部成了成國的領土。成主李雄任命李鳳為梁州刺史，任命任回為寧州刺史，任命李恭為荊州刺史。

李雄為人謙恭，喜歡招賢納士，並能量才而用，他任用太傅李驤主持內政，休養士民，命李鳳等人在朝廷以外招附流民，國家刑法寬鬆，政令簡明，監獄裡沒有長期關押的罪犯。他興辦學校，設置史官。規定繳納賦稅的標準是：男丁每年繳納三斛穀物，女丁每年繳納一斛半穀物，患有疾病的繳納的穀物在上述基礎上減少一半，按戶徵收的賦稅每年不過是幾丈絲綢，幾兩棉絮。國家事務不繁人民傜役很少，所以百姓大多都很富足殷實，對於新來投奔的人，就全部免除他們的勞役和賦稅。當時天下大亂，而唯有蜀地沒有戰亂，穀物連年豐收，社會治安良好，以至於百姓家家夜不閉戶，路上丟失了東西也沒有人拾取。漢嘉郡夷族部落酋長沖歸、朱提郡夷族部落酋長審炤、建寧郡夷族部落酋長爨量全都前來歸附。巴郡曾經向李雄告急，說有晉兵進犯。李雄說：「我經常擔心琅邪王司馬睿勢單力薄，會被石勒消滅，因而對此常常感到憂慮不安，沒想到琅邪王竟然能夠發兵打仗，真讓人感到高興。」然而李雄朝會時沒有一定的儀容、等級，爵位氾濫，官吏也沒有從朝廷領取的俸祿，所有開銷都直接向百姓索取，軍隊沒有嚴格的軍事編制，號令也不整肅，這是他的美中不足。

二月初二日壬寅，晉愍帝司馬業任命張軌為太尉、涼州牧，封為西平郡公，王浚為大司馬、都督幽州・冀州諸軍事，荀組為司空、兼任尚書左僕射、司隸校尉，主持留守朝廷的政務，劉琨為大將軍、統領并州各種軍務。朝廷因為張軌已經年老多病，就任命他的兒子張寔為副刺史。

石勒已經下令戒嚴，集結起軍隊，準備襲擊王浚，卻又猶豫不決，沒有下達出兵的命令。張賓說：「襲擊別人，就應當出其不意，攻其不備。如今軍隊整裝待發已經好幾天卻不下令出發，難道是擔心并州刺史劉琨以及鮮卑、烏桓人在背後攻擊我們嗎？」石勒說：「正是。應該怎麼辦呢？」張賓說：「他們三方的智慧和勇氣沒有人能比得上將軍，將軍即使遠出作戰，他們也一定不敢輕舉妄動；況且他們並不清楚將軍會遠離後方，孤軍深入一千里去攻取幽州。軍隊輕裝往返用不了二十天，就算他們有心襲擊我們，等到他們商議好了出師，我們已經回來了。再說劉琨、王浚，雖然名義上都是晉朝的臣子，實際上互為仇敵。如果寫信給劉琨，送人質與劉琨講和，劉琨必定因為我們歸附於他而心喜，為王浚的覆亡而高興，肯定不會為救援王浚而來襲擊我們。用兵貴在神速，千萬不要錯過時機。」石勒說：「我未想清楚、未做決斷的事情，右侯已經為我分析清楚、為我做了決斷，我還有什麼可懷疑的呢！」

於是，大軍連夜舉著火把趕路，到達柏人縣，先殺死了主簿游綸，因為游綸的哥哥游統在王浚手下擔任司馬、正率兵鎮守范陽，恐怕游綸給他的哥哥通風報信。同時派遣使者攜帶著書信、人質前往劉琨那裡，陳述自己的罪惡，請求討伐王浚為自己贖罪，為劉琨效勞。劉琨果然非常高興，他立即向各州郡發布通告說「我已經與代公拓跋猗盧商議共同討伐石勒，石勒因為走投無路，所以請求攻取幽州以贖罪。現在就應當派遣拓跋六脩向南攻取劉聰的老窩平陽，剷除僭稱皇帝的逆賊，使自知其罪當死而逃亡在外的石勒前來歸降，這真是上順天意、下合人心，擁戴皇室，這是我以往多年積蓄的精誠感動了上蒼，上蒼對我們保佑的結果。」

三月，石勒的軍隊到達易水，在王浚手下擔任督護的孫緯派人將石勒率軍來攻的消息飛馬報告給王浚，並準備調集軍隊阻擊石勒，游統阻止了孫緯。王浚的將佐們都說：「胡人生性貪婪而不守信用，此來必定有詭計，請出兵迎頭痛擊他。」王浚怒氣沖沖地說：「石公此次前來，只是想尊奉我、擁戴我稱帝罷了。膽敢再說迎擊的一律斬首！」眾人都不敢再言語。王浚擺下筵席等待石勒的到來。初三日壬申的早晨，石勒到達薊城城下，他呵斥守門的人打開了城門。石勒疑心王浚在城內設有埋伏，就先驅趕著幾千頭牛羊進入城內，聲稱是貢獻給王浚的禮物，實際上是想堵塞各處街巷，防止王浚集結軍隊。王浚這時才感到有些恐懼，開始坐立不安起來。石勒已經進入城中，他放縱士兵大肆搶掠。王浚身邊的人請求阻止石勒，王浚還不允許。石勒登上王浚辦理公務的正廳，王浚才走出內室，石勒的人就立即將他捆綁起來。石勒喚出王浚的妻子，讓她與自己並排坐在一起，將被縛的王浚拉到面前。王浚大罵說：「胡奴竟敢戲弄你老子，怎麼兇殘悖逆到了如此的程度！」石勒說：「你位居朝廷百官之首，手中握有強大的軍隊，袖手旁觀自己的國家滅亡，竟然不肯發兵救援，卻想自立為天子，難道這不是兇殘悖逆嗎？你又委任奸佞貪官，殘酷虐害百姓，誅殺忠良，荼毒遍及燕國故土，這是誰的罪過呢？」石勒派遣自己的將佐王洛生先率領五百名騎兵把王浚押送回襄國。途中王浚自己投水企圖自殺，押送的人員把他的手腳捆住拉到岸上，到達襄國後就在襄國的市場上將他斬首示眾。

石勒斬殺了王浚的上萬精兵，王浚的將佐等爭相到石勒的軍營門口認罪並請求寬恕，饋送的禮品、賄賂的財物前後堆積，只有以前曾經擔任過尚書的裴憲、擔任從事中郎的荀綽沒有到，石勒派人將他們找來，責備他們說：「王浚為人兇暴殘酷，我率軍前來討伐他、把他殺死，眾人都來向我慶賀、請罪，唯獨你們與惡人站在一起，你們準備用什麼方式逃避殺戮呢？」二人回答說：「裴憲、荀綽世代做晉朝的官員，享受晉朝的榮耀和俸祿。王浚雖然兇殘粗暴，畢竟還是晉朝的封疆大臣，所以我們跟隨他，不敢有貳心。您如果沒有美好的政令、不講禮儀，而專門依靠威權和刑法，那麼死是我等的本分，又何必逃避呢！請您立即把我們處死。」說完並不叩拜，扭頭就走。石勒趕緊將他們召回、向他們道歉，並以對待賓客的禮節對待他們。荀綽，是荀勗的孫子。石勒歷數朱碩、棗嵩等人大肆收受賄賂、擾亂政務，成為幽州的禍患等罪狀，責備游統對待自己所侍奉的人不忠誠，把他們全殺了。查抄、登記王浚將佐、親戚的家產，這些人的家產全都在萬萬以上，唯獨裴憲、荀綽，每人僅有一百多函書籍，十多斛鹽、米而已。石勒說：「我對得到幽州並不感到喜悅，喜悅的是得到了這兩位先生。」於是任命裴憲為從事中郎，荀綽為參軍。分別遣散流民，讓他們各自返回故鄉。石勒在薊城停留了二天，他焚毀了王浚修建的宮室，任命故尚書燕國人劉翰代理幽州刺史，守衛薊城，又指派了各級官吏，然後班師。王浚手下的都護孫緯率軍在半路截擊石勒，把石勒打得大敗，石勒僅僅逃得性命而已。

石勒回到襄國之後，就派使者把王浚的人頭進獻給漢主劉聰，向劉聰告捷，漢主劉聰任命石勒為大都督、統管陝縣以東地區各種軍事、驃騎大將軍、東單于，增加十二個郡的封邑。石勒堅決推辭，只接受了二個郡的封邑。

劉琨向拓跋猗盧請求出兵攻打漢主劉聰，正趕上拓跋猗盧部下的雜胡有一萬多家正在密謀策劃準備響應石勒，拓跋猗盧就把這一萬多家全都殺死了，因此沒能按時赴約。劉琨知道了石勒沒有向自己投降的誠意，因此心裡非常害怕，就向長安的晉愍帝上表說：「東北六個州的八個州官，已經先後被石勒消滅了七個，先朝所任命的刺史，現在只剩下我一個人還活在這個世上。石勒佔據著襄國，與我的轄區之間僅隔著一座太行山，他的軍隊早晨出發傍晚就能到達，我這裡城池堡寨的軍民都非常驚慌恐懼，我雖然滿懷忠憤，然而卻力不從心。」

石勒所任命的幽州刺史劉翰不願意跟隨石勒，就歸順了段匹磾，段匹磾於是佔有了薊城。在王浚手下擔任從事中郎的陽裕，是陽耽哥哥的兒子，王浚被滅之後，他逃往令支縣，投靠了遼西公段疾陸眷。會稽人朱左車、魯國人孔纂、泰山人胡母翼都從薊城逃到了昌黎，歸順了慕容廆。當時中原地區的流民歸附慕容廆的有好幾萬家，慕容廆為逃來歸附的冀州人設置僑置郡冀陽郡，為逃來歸附的豫州人設置了僑置郡成周郡，為逃來歸附的青州人設置了僑置郡營丘郡，為逃來歸附的并州人設置了僑置郡唐國郡。

當初，晉幽州刺史王浚任命邵續為樂陵太守，屯駐在厭次縣。王浚失敗被殺後，邵續歸附了石勒，石勒任命邵續的兒子邵乂為督護。王浚任命的勃海太守東萊人劉胤拋棄了太守職務依附了邵續，他對邵續說：「凡是建立大功業的人，必須依仗大義而行。您，是晉朝的忠臣，為什麼要服從盜匪，自己汙辱自己呢！」當時正趕上段匹磾寫信約請邵續一同歸順左丞相司馬睿，邵續於是答應了段匹磾的邀請。那些人都說：「如果背叛石勒歸附段匹磾，那您的兒子邵乂怎麼辦呢？」邵續哭著說：「我怎能為了顧及自己的兒子而為叛臣呢！」就把好幾個堅持不同意見的人殺死了。石勒聽說後，殺死了邵乂。邵續派遣劉胤出使江東，司馬睿任命劉胤為參軍，任命邵續為平原太守。石勒派軍隊圍攻邵續，段匹磾也派自己的弟弟段文鴦率兵趕來救援邵續，石勒率軍隊退走。

石勒的都城襄國遭遇了大饑荒，二升穀子價值一斤白銀，一斤肉價值一兩白銀。

流民首領杜弢的屬將王真率眾到林障襲擊荊州刺史陶侃，陶侃抵禦不住王真的進攻，於是逃往灄中。尋陽郡太守周訪派軍隊趕來救援陶侃，攻打杜弢的軍隊，把杜弢軍打得大敗。

夏季，五月，晉西平武穆公張軌得了重病，他留下遺囑說：「文武將佐，務必要安撫百姓，對上時刻想著報效國家，對下要想著安定、和睦家庭。」二十日己丑，張軌去世。擔任長史的張璽等人上表保舉張軌的長子張寔代行他父親的職務。

漢中山王劉曜、漢將趙染率軍進犯長安。六月，劉曜把軍隊屯紮在渭汭，趙染把軍隊駐紮在新豐縣城，索綝率軍出來抵抗。趙染臉上流露出蔑視索綝的神色。擔任長史的魯徽提醒趙染說：「晉朝的君臣知道他們自己力量弱小，不是強大漢軍的對手，必將與我們以死相拼，千萬不可輕視他們。」趙染說：「以司馬模的兵強馬壯，我打敗他就像拉倒一棵腐朽的樹木一樣容易，索綝這小子，豈能汙染了我的馬蹄、刀刃嗎！」凌晨，趙染親自率領幾百名輕騎兵迎戰索綝，他下令說：「一定要等活捉索綝後再吃早飯。」索綝率軍與趙染在新豐縣城城西展開激戰，趙染兵敗而回，他非常後悔地說：「我沒有聽從魯徽的話以至於遭此慘敗，還有何臉面再見魯徽！」於是先下令殺死魯徽，魯徽說：「趙將軍愚昧而又剛愎自用，自取失敗，他不知反省自己，反而還忌恨比自己強的人、殺害勝過自己的人，誅殺忠良來掩蓋自己的失誤、洩自己的私憤，如果還有皇天后土的話，趙將軍恐怕會不得好死吧！」晉愍帝下詔擢升索綝為驃騎大將軍、尚書左僕射、錄尚書，以皇帝的名義行事、先斬後奏。

漢中山王劉曜、趙染又與將軍殷凱一道率領幾萬大軍進犯長安，晉尚書左僕射麴允在馮翊郡迎擊漢軍。麴允作戰失敗，收兵回營，夜間，麴允率軍偷襲了殷凱的大營，殷凱倉皇迎戰，戰敗身亡。劉曜於是率軍轉向懷縣進攻河內太守郭默，他設置了三座大營把郭默圍困其中。郭默軍中的糧食吃盡了，就把自己的妻兒送到劉曜那裡作人質，請求向劉曜購買糧食。等糧食買到手後，郭默又閉城堅守。劉曜大怒，就把郭默的妻兒沉到河中淹死，然後繼續攻城。郭默想到新鄭縣投奔滎陽太守李矩，李矩派自己的外甥郭誦前來迎接郭默，因為兵少，郭誦不敢前進。正趕上劉琨派遣參軍張肇率領五百多名鮮卑騎兵前往長安，因為道路不通，在返回途中，路過李矩的營寨，李矩就勸說張肇率領這五百多名鮮卑騎兵襲擊漢軍。漢軍望見鮮卑的軍隊，不戰而逃，郭默於是率眾投靠了李矩。漢主劉聰召回劉曜，讓劉曜把軍隊屯紮在蒲坂縣。

秋季，漢將趙染率軍進攻北地郡，晉尚書左僕射麴允率軍抵抗，趙染被弩箭射中而死。

石勒開始命令各州郡清查、核實戶口，規定每戶交納賦稅的數量是二匹帛、二斛穀。

冬季，十月，晉愍帝任命張軌的長子張寔為都督涼州諸軍事、涼州刺史、西平公。

十一月，漢主劉聰任命晉王劉粲為相國、大單于，總領文武百官。劉粲從小就很有才幹，但自從做了宰相，就逐漸地驕奢淫逸起來，他專權驕橫，疏遠賢臣、親近奸佞，為人殘忍苛刻、剛愎自用又拒絕別人的勸諫，漢國的人們開始厭惡他。

周勰牢記父親周玘的遺言，利用東吳本地居民對來自北方司馬睿政權的怨恨，陰謀造反，讓擔任吳興郡功曹的徐馥假傳他叔父、擔任丞相從事中郎的周札的命令，招聚人馬，聲稱要討伐王導、刁協。各處的英雄豪傑紛紛前來歸附他，孫皓的族人孫弼也在廣德起兵響應周勰。

三年（乙亥　西元三一五年）

春，正月，徐馥殺吳興太守袁琇，有眾數千，欲奉周札為主。札聞之，大驚，以告義興❶太守孔侃。勰知札意不同，不敢發❷。馥黨懼，攻馥，殺之，孫弼亦死。札子續亦聚眾應馥，左丞相睿議發兵討之。王導曰：「今少發兵則不足以平寇，多發兵則根本❸空虛。續族弟黃門侍郎莚❹忠果❺有謀，請獨使莚往，足以誅續。」睿從之。莚晝夜兼行，至郡❻，將入，遇續於門，謂續曰：「當與君共詣孔府君❼，有所論❽。」續不肯入，莚牽逼與俱。坐定，莚謂孔侃曰：「府君何以置賊在坐❾？」續衣中常置刀，即操刀逼莚，莚叱郡傳教❿吳曾格殺之。莚因欲誅勰，札不聽，委罪於從兄邵而誅之。莚不歸家省母，遂長驅⓫而去，母狼狽追之⓬。睿以札為吳興⓭太守，莚為太子右衛率⓮。以周氏吳之豪望⓯，故不窮治，撫勰⓰如舊。

詔平東將軍宋哲屯華陰⑰。○成主雄立后任氏。

二月丙子⑱，以琅邪王睿為丞相、大都督、督中外諸軍事，南陽王保⑲為相國，荀組⑳為太尉、領豫州牧，劉琨為司空、都督并．冀．幽三州諸軍事。琨辭司空，不受。

南陽王模之敗㉑也，都尉陳安往歸世子保於秦州㉒。保命安將千餘人討叛羌，寵待甚厚。保將張春疾㉓之，譖安，云有異志，請除之。保不許，春輒伏刺客以刺安。安被創㉔，馳還隴城㉕，遣使詣保，貢獻不絕。

詔進拓跋猗盧爵為代王，置官屬，食代、常山二郡㉖。猗盧請㉗并州從事鴈門莫含㉘於劉琨，琨遣之。含不欲行，琨曰：「以并州單弱，吾之不材而能自存於胡、羯㉙之間者，代王㉚之力也。吾傾身竭貲㉛，以長子為質㉜而奉之者，庶幾㉝為朝廷雪大恥也。卿欲為忠臣，柰何惜共事之小誠㉞，而忘徇國㉟之大節乎！往事代王，為之腹心，乃一州之所賴也。」含遂行。猗盧甚重之，常與參大計㊱。

猗盧用法嚴，國人犯法者或舉部就誅㊲，老幼相攜而行。人問：「何之？」曰：「往就死。」無一人敢逃匿者。

王敦遣陶侃、甘卓㊳等討杜弢，前後數十戰，弢將士多死，乃請降於丞相睿，睿不許。弢遣南平㊴太守應詹㊵書，自陳昔與詹「共討樂鄉㊶，本同休戚㊷。後在湘中㊸，懼死求生，遂相結聚㊹。儻㊺以舊交之情，為明枉直㊻，使得輸誠盟府㊼，廁列義徒㊽，或北清中原，或西取李雄，以贖前愆㊾，雖死之日，猶生之年也。」詹為啟呈其書㊿，且言「弢，益州秀才，素有清望(51)，為鄉人所逼(52)。今悔惡歸善，宜命使撫納，以息江、湘(53)之民。」睿乃使前南海太守王運受弢降，赦其反逆之罪，以弢為巴東監軍。弢既受命，諸將猶攻之不已。弢不勝(54)憤怒，遂殺運復反，遣其將杜弘、張彥殺臨川(55)內史謝摛，遂陷豫章。

三月，周訪擊彥，斬之，弘奔臨賀(56)。◯漢大赦，改元建元(57)。

雨血(58)於漢東宮延明殿，太弟乂(59)惡之，以問太傅崔瑋、太保許遐。瑋、遐說乂曰：「主上往日以殿下為太弟者，欲以安眾心耳，其志在晉王(60)久矣，王公已下莫不希旨附之(61)。今復以晉王為相國，羽儀威重(62)，踰於東宮(63)，萬機之事，無不由之(64)。諸王皆置營兵以為羽翼，事勢已去，殿下非徒不得立也，朝夕且有不測之危，不如早為之計。今四衛(65)精兵不減五千，相國輕佻(66)，正煩(67)一刺客耳。大將軍(68)無日不出，其營可襲而取。餘王(69)並幼，固易奪也。苟殿下有意，二萬精兵指顧可得(70)，鼓行(71)入雲龍門(72)，宿衛之士，孰不倒戈以迎殿下者！大司馬(73)

不慮其為異[74]也。」乂弗從。東宮舍人荀裕告[75]瑋、遐勸乂謀反，漢主聰收瑋、遐於詔獄[76]，假以他事殺之。使冠威將軍卜抽將兵監守東宮，禁乂不聽朝會[77]。乂憂懼不知所為，上表乞為庶人，并除諸子之封，褒美晉王，請以為嗣。抽抑而弗通[78]。

漢青州刺史曹嶷盡得齊、魯[79]間郡縣，自鎮臨菑[80]，有眾十餘萬，臨河置戍[81]。石勒表稱：「嶷有專據東方之志，請討之。」漢主聰恐勒滅嶷，不可復制，弗許。

聰納中護軍靳準二女月光、月華，立月光為上皇后，劉貴妃為左皇后，月華為右皇后。左司隸陳元達極諫，以為並立三后，非禮[82]也。聰不悅，以元達為右光祿大夫，外示優崇，實奪其權。於是太尉范隆等皆請以位讓元達。聰乃復以元達為御史大夫，儀同三司。月光有穢行[83]，元達奏之，聰不得已廢之。月光慚恚自殺，聰恨元達。

夏，四月，大赦。

六月，盜發漢霸、杜二陵[84]及薄太后陵[85]，得金帛甚多。朝廷以用度不足[1]，詔收其餘[86]以實內府[87]。○辛巳[88]，大赦。

漢大司馬曜攻上黨[89]。八月癸亥[90]，敗劉琨之眾於襄垣[91]。曜欲進攻陽曲[92]，漢主聰遣使謂之曰：「長安未平，宜以為先[93]。」曜乃還屯蒲坂。

陶侃與杜弢相攻，弢使王貢[94]出挑戰，侃遙謂之曰：「杜弢為益州小吏，盜用庫錢，父死不奔喪。卿本佳人[95]，何為隨之？天下寧有白頭賊[96]邪？」貢初橫腳馬上[97]，聞侃言，斂容下腳[98]。侃知可動，復遣使諭之，截髮為信，貢遂降於侃。弢眾潰，遁走，道死。侃與南平太守應詹進克長沙[99]，湘州悉平。丞相睿承制赦其所部[100]，進王敦鎮東大將軍，加都督江・揚・荊・湘・交・廣六州諸軍事、江州刺史。敦始自選置[101]刺史以下，寖益驕橫[102]。

初，王如之降[103]也，敦從弟稜愛如驍勇，請敦配己麾下。敦曰：「此輩險悍難畜[104]，汝性狷急[105]，不能容養[106]，更成禍端。」稜固請，乃與之。稜置左右，甚加寵遇。如數與敦諸將角射爭鬬[107]，稜杖之，如深以為恥。及敦潛畜異志[108]，稜每諫之。敦怒其異己，密使人激如令殺稜。如因閒宴[109]，請劍舞為歡，稜許之。如舞劍漸前，稜惡[110]而呵之，如直前殺稜。敦聞之，陽驚[111]，亦捕如誅之。

初，朝廷聞張光死[112]，以侍中第五猗[113]為安南將軍、監荊・梁・益・寧四州諸軍事、荊州刺史，自武關[114]出。杜曾[115]迎猗於襄陽[116]，為兄子娶猗女，遂聚兵萬人，與猗分據漢、沔[117]。

陶侃既破杜弢，乘勝進擊曾，有輕曾之志。司馬魯恬諫曰：「凡戰，當先料其將[118]。今使君[119]諸將無及曾者，未易可逼也。」侃不從，進圍曾於石城[120]。曾軍多騎兵，密開門突侃陳[121]，出其後，反擊之，侃兵死者數百人。曾將趨順陽[122]，下馬拜侃，告辭而去。

時荀崧都督荊州、江北諸軍事，屯宛[123]，曾引兵圍之。崧兵少食盡，欲求救於故吏襄城[124]太守石覽。崧小女灌年十三，帥勇士數十人，踰城突圍夜出，且戰且前，遂達覽所[125]。又為崧書[126]，求救於南中郎將周訪。訪遣子撫帥兵三千，與覽共救崧，曾乃遁去。

曾復致牋於崧，求討丹水[127]賊以自效，崧許之。陶侃遺崧書曰：「杜曾凶狡，所謂鴟梟[128]食母之物。此人不死，州土[129]未寧，足下當識[130]吾言。」崧以宛中兵少，藉曾為外援，不從。曾復帥流亡二千餘人圍襄陽，數日，不克而還。

王敦嬖人吳興錢鳳疾[131]陶侃之功，屢毀之。侃將還江陵，欲詣敦自陳。朱伺及安定皇甫方回諫曰：「公入必不出[132]。」侃不從。既至，敦留侃不遣，左轉[133]廣州刺史，以其從弟丞相軍諮祭酒廙為荊州刺史。荊州將吏鄭攀、馬雋等詣敦，上書留侃。敦怒，不許。攀等以侃始滅大賊[134]，而更被黜，眾情憤惋；又以廙忌戾難事[135]，遂帥其徒三千人屯涓口[136]，西迎杜曾。廙為攀等所襲，奔于江安[137]。杜曾與攀等北迎第五猗以拒廙。廙督諸軍討曾，復為曾所敗。敦意[138]攀承侃風旨[139]，被甲持矛將殺侃，出而復還者數四[140]。侃正色曰：「使君雄斷，當裁天下[141]，何此不決乎[142]！」因起如廁。諮議參軍梅陶、長史陳頒言於敦曰：「周訪與侃親姻[143]，如左右手，安有斷人左手而右手不應者乎！」敦意解，乃設盛饌以餞之。侃便夜發[144]，敦引其子瞻為參軍[145]。

初，交州[146]刺史顧祕卒，州人以祕子壽領州事。帳下督梁碩起兵攻壽，殺之，碩遂專制交州。王機自以盜據廣州[147]，恐王敦討之，更求交州[148]。會杜弘[149]詣機降[150]，敦欲因機以討碩，乃以降杜弘[151]為機功，轉交州刺史。機至鬱林[152]，碩迎前刺史脩則子湛[153]行州事[154]以拒之。機不得進，乃更與杜弘及廣州將溫卲、交州秀才劉沈謀復還據廣州。陶侃至始興[155]，州人皆言宜觀察形勢，不可輕進，侃不聽，直至廣州，諸郡縣皆已迎機矣。杜弘遣使偽降，侃知其謀，進擊弘，破之，遂執劉沈於小桂[156]。遣督護許高討王機，走之。機病死于道，高掘其尸，斬之。諸將皆請乘勝擊溫卲，侃笑曰：「吾威名已著，何事遣兵[157]，但一函紙[158]自定耳。」乃下書諭之。卲懼而走，追獲於始興。杜弘詣王敦降，廣州遂平。

侃在廣州無事，輒朝運百甓[159]於齋外，暮運於齋內。人問其故，答曰：「吾方致力中原，過爾優逸，恐不堪事[160]，故自勞[161]耳。」○王敦以杜弘為將，寵任之。

九月，漢主聰使大鴻臚賜石勒弓矢[162]，策命勒為陝東伯[163]，得專征伐，拜刺史、將軍、守宰，封列侯，歲盡集上[164]。

漢大司馬曜寇北地[165]，詔以麴允為大都督、驃騎將軍以禦之。冬，十月，以索綝為尚書僕射、都督宮城諸軍事。曜進拔馮翊[166]，太守梁肅奔萬年[167]。曜轉寇上郡[168]。麴允去黃白城[169]，軍于靈武[170]，以兵弱，不敢進。

帝屢徵兵於丞相保[171]，保左右皆曰：「蝮蛇[172]螫手，壯士斷腕。今胡寇方盛，且宜斷隴道[173]，以觀其變。」從事中郎裴詵曰：「今蛇已螫頭，頭可斷乎？」保乃以鎮軍將軍胡崧行前鋒都督，須諸軍集乃發。麴允欲奉帝往就保，索綝曰：「保得天子，必逞其私志[174]。」乃止。於是自長安以西，不復貢奉朝廷，百官飢乏，採稆[175]以自存。

涼州軍士張冰得璽，文曰「皇帝行璽」，獻於張寔，僚屬皆賀。寔曰：「是非人臣所得留。」遣使歸于長安[176]。

【章 旨】以上為第二段，寫晉愍帝建興三年（西元三一五年）一年間的大事，主要寫了拓跋猗盧受晉封為代王，食代、常山二郡，劉琨派部下莫含往事猗盧，與之密切結合；寫了變民頭領杜弢被陶侃打敗，投降司馬睿，旋又叛變於臨川、豫章，最後被陶侃討平；寫了變民頭領杜曾遊動於荊州北部，先破陶侃於石城，又圍荀崧於襄陽；寫了王敦被司馬睿加官進爵，專橫驕縱，先借用王如殺死王稜，又設謀欲害陶侃；寫了陶侃被王敦罷去荊州刺史，改任廣州，陶侃則果斷、及時地消滅了廣州的叛亂分子王機，穩定了廣州一帶的秩序；寫了漢將劉曜進攻關中地區，司馬業小朝廷的形勢更加危急等等。

【注 釋】❶義興 晉郡名，郡治即今江蘇宜興。❷發 發動變亂。❸根本 指京都建康（今南京）。❹黃門侍郎莛 周莛，周處之孫，周札之姪。傳見《晉書》卷五十八。❺忠果 忠誠果敢。❻至郡 依下文，應是義興郡。❼孔府君 即孔侃。當時對郡太守敬稱「府君」。❽有所論 有事要討論。❾置賊在坐 讓亂賊坐在這裡。❿傳教 郡太守的屬官名，主管宣讀教令。⓫長驅 快馬加鞭。⓬狼狽追之 艱難而不顧體面地追趕兒子。⓭吳興 晉郡名，郡治即今浙江湖州。⓮太子右衛率 太子宮的警衛部隊頭領。⓯豪望 豪門望族。⓰撫勰 對待周勰。⓱詔平東將軍宋哲屯華陰 這句話的主語是晉愍帝小朝廷。華陰，晉縣名，縣治在今陝西華陰城東。⓲丙子 二月十二。⓳南陽王保 司馬保，司馬模之子，當時駐兵於今甘肅天水市。⓴荀組 當時駐守河南開封。㉑南陽王模之敗 司馬模被漢將劉粲、趙染打敗、俘獲、殺害事，見本書卷八十七永嘉五年。㉒秦州 州治冀縣，在今甘肅甘谷東，後移上邽，即今甘肅天水市。㉓疾 嫉妒。㉔被創 被刺傷。㉕隴城 即今甘肅張家川回族自治縣。㉖食代常山二郡 將代郡、常山郡劃給他作為領地。代郡的郡治即今河北蔚縣東北的代王城，常山郡的郡治真定，在今河北正定南。㉗請 請求要此人。㉘鴈門莫含 雁門郡人姓莫名含。雁門郡的郡治廣武，在今山西代縣西南。㉙胡羯 指匈奴人劉聰和羯人石勒。㉚代王 指拓跋猗盧。㉛傾身竭貲 傾心相奉與貢獻全部資財。㉜以長子為質 當時劉琨派長子劉遵在拓跋部落做人質。㉝庶幾 希望；就是為了。㉞惜共事之小誠 留戀與劉琨合作的情誼。小誠，指二人之間的私人感情。㉟徇國 給國家做貢獻。㊱與參大計 參與重大決策的謀劃。㊲舉部就誅 整個部落都被處死。㊳甘卓 字季思，平石冰、陳敏之亂有大功，為官有惠政。傳見《晉書》卷七十。㊴南平 晉郡名，郡治即今湖北公安。㊵應詹 字思遠，當時有名的地方官。傳見《晉書》卷七十。㊶共討樂鄉 杜弢原來是地方官，曾與應詹合作共同討伐樂鄉地區的民變。㊷同休

戚　意即同甘苦、同憂樂。休指幸福，戚指痛苦。(43)湘中　湘州，州治即今湖南長沙。(44)結聚　指聚眾造反。杜弢在湘州被流民推為首領事，見卷八十七懷帝永嘉五年。(45)儻　同「倘」。如果。(46)為明枉直　幫我向司馬睿說明我的委屈。枉直，偏義複詞，這裡即指枉，委屈。(47)輸誠盟府　指向司馬睿表明誠意。當時琅邪王司馬睿為東南各方鎮的盟主，故稱盟府。(48)廁列義徒　加入到正義隊伍的行列。(49)前愆　往日的罪惡。(50)啟呈其書　看過他的信後，將信交給司馬睿。(51)清望　清高的名聲。(52)為鄉人所逼　杜弢所以成為變民首領，是被同鄉的變民所擁立。(53)江湘　即江州、湘州。江州的州治豫章，即今江西南昌。(54)不勝　控制不住。(55)臨川　晉郡名，郡治臨汝，在今江西撫州城西。(56)臨賀　晉縣名，縣治在今廣西賀州。(57)改元建元　在此之前劉聰的年號是嘉平。(58)雨血　天降血雨（雨中含有某種化學成分，呈現血紅色）。(59)太弟乂　劉乂，劉淵的嫡子，劉聰的同父異母弟。(60)志在晉王　想把天下傳給他的兒子劉粲。劉粲時為晉王。(61)希旨附之　迎合著他的心思，順著他的旨意辦。(62)羽儀威重　使用的儀仗和他的實際權柄。羽儀，用鳥羽裝飾的儀仗，這裡即泛指表示身分的儀仗隊。威重，權勢。(63)踰於東宮　遠遠地超過了太弟您。東宮，太弟劉乂的宮殿。(64)無不由之　一切都由他（劉粲）裁決。(65)四衛　指東宮左、右、前、後四衛率所統的軍隊。(66)相國輕佻　相國劉粲好隨便活動，出入戒備不嚴。輕佻，不穩重，這裡指疏於防備。(67)正煩　只需要派出。煩，麻煩；動用。(68)大將軍　指劉粲的弟弟勃海王劉敷。(69)餘王　劉聰的其他兒子。(70)指顧可得　一舉手、一回頭的時間就可以集合起來。指顧，極言成事之容易。(71)鼓行　擂著戰鼓長驅直入。(72)雲龍門　宮殿的正門。(73)大司馬　指中山王劉曜，時任大司馬之職。(74)不慮其為異　即不必擔心劉曜會有什麼反對的表現。(75)告　告發。(76)詔獄　關押由皇帝發來的犯人的監獄。(77)不聽朝會　不允許他再會見部下、僚屬。(78)抑而弗通　將其奏章壓下，不向劉聰轉呈。(79)齊魯　泛指今山東一帶地區。古代齊國的疆域約當今山東泰山以北的黃河流域及膠東半島地區，魯國的疆域約當今山東泰山以南的汶、泗、沂、洙四水流域。(80)臨菑　即今山東淄博的臨淄區。(81)臨河置戍　沿著河邊派兵把守。(82)非禮　不合乎古禮。(83)穢行　指跟別人私通。(84)霸杜二陵　霸陵是漢文帝劉恆的陵墓，在今陝西長安東。杜陵是漢宣帝劉詢的陵墓，在今陝西西安東南。(85)薄太后陵　劉恆之母薄太后的陵墓，在霸陵之南。(86)詔收其餘　下令收集那些沒被盜賊弄走的東西。(87)以實內府　以充實皇宮的府庫。按，《史記．文帝本紀》有所謂「治霸陵皆以瓦器，不得以金銀銅錫為飾」云云，今《通鑑》又言「盜發漢霸、杜二陵及薄太后陵，得金帛甚多；詔收其餘以實內府」，則《史記》所言未必實也。(88)辛巳　六月十九。(89)上黨　晉郡名，郡治壺關，在今山西長治北。(90)八月癸亥　八月初二。(91)襄垣　晉縣名，縣治在今山西襄垣北。(92)陽曲　晉縣名，縣治在今山西陽曲西南，太原北四十五里。當時劉琨的大本營在此。(93)宜以為先　應該把長安列為先攻打的對象。(94)王貢　原為陶侃的部下，後投杜弢。見本書卷八十八建興元年。95佳人　優秀的人才。96白頭賊　意謂當盜賊的說不定何時被殺，沒有見過一個能活到老的。97橫腳馬上　言其放肆傲慢之狀。98斂容下腳　改變臉色，放下腳來。99長沙　即今湖南長沙，時為杜弢的大本營，晉朝湘州的州治所在地。100赦其所部　對其部下的將士一概不予追究。101始自選置　從此有權自己任命。102寖益驕橫　越來越驕縱蠻橫。寖，漸。益，越發。103王如之降　王如是變民頭領，於永嘉六年被迫降於王敦。104難畜　難以教養、駕御。105狷急　急躁。106不能容養　不能寬容、包涵。107角射爭鬬　因為比試射箭而發生爭鬥。108潛畜異志　即陰謀稱帝。109因閒宴　趁著一個安閒宴會的時機。110惡　討厭；不高興。111陽驚　假裝大吃一驚。陽，通「佯」。假裝。112張光死　張光原為梁州刺史，被楊難敵打敗憤鬱而死，事見本書卷八十八建興元年。113第五猗　人名，姓第五，名猗。114武關　在陝西丹鳳東南。115杜曾　荊州叛亂分子胡亢的部下，被任為竟陵太守，後襲殺胡亢。事見本書卷八十八建興元年。116襄陽　即今湖北襄樊之襄陽區。117分據漢沔　分別佔據著漢水流域地區。當時漢水的上游稱沔水。118先料其將　首先分析其統兵將領的思想個性特徵。料，估計；分析。119使君　敬稱陶侃。當時對州刺史、郡太守敬稱「使君」。120石城　即今湖北鍾祥，城三面環山，正面絕壁，下臨漢江，當時為竟陵郡的郡治所在地。121突侃陳　衝破陶侃的軍隊行列。122將趨順陽　準備前往順陽。順陽縣治在今河南淅川縣東。123宛　晉縣名，縣治即今河南南陽。124襄城　晉郡名，郡治即今河南襄城。125覽所　石覽所在的襄城。126為崧書　以父荀崧的名義寫信。127丹水　晉縣名，縣治在今河南淅川縣之丹水北岸。128鴟梟　貓頭鷹，傳說這種鳥長大後即啄食母親，所以人們常用牠來比喻忘恩負義的惡人。129州土　指荊州境內。130識　記；記住。131疾　嫉妒。132必不出　肯定要被王敦所扣押。133左轉　降任。134大賊　指杜弢。135忌戾難事　猜忌暴戾，難以為其部下。136涓口　在今湖北漢陽西北九十里之涓水入漢水之口。137江安　晉縣名，縣治在今湖北公安北。138意　猜想；認為。139承侃風旨　稟承陶侃的意思。140數四　四個來回。141當裁天下　應該能夠裁決天下大事。142何此不決乎　為什麼在這件事情上如此下不了決心。143周訪與侃親姻　周訪的女兒嫁給陶侃的兒子陶瞻為妻。144便夜發　即刻連夜出發前往廣州。145引其子瞻為參軍　扣留其子陶瞻為人質。146交州　晉州名，州治龍編，在今越南河內東北。147王機自以盜據廣州　王機原是王澄的僚屬，後來乘亂被擁立為廣州刺史，事見本書卷八十八永嘉六年。148更求交州　請求調到交州當刺史。149杜弘　杜弢的部將。150詣機降　前來投降王機。151降杜弘　使杜弘歸降。152鬱林　晉郡名，郡治在今廣西桂平西南。153脩則子湛　脩則之子脩湛。154行州事　代理州刺史的職務。155始興　晉郡名，郡治曲江，即今廣東韶關市。156小桂　晉縣名，即今廣東連州。157何事遣兵　有什麼必要派兵。158一函紙　一封信；一道公文。159百甓　一百塊磚。160不堪事　不能承擔任務。161自勞　自己進行勞動鍛鍊。162弓矢　帝王賜給功臣的器物，以表示其所受的寵遇，是九錫中的一種。[163]陝東伯　主管陝縣以東事務的諸侯霸主。[164]歲盡集上　年末集中向皇帝報告。[165]北地　晉郡名，郡治即今陝西耀州。[166]馮翊　晉郡名，郡治即今陝西大荔。[167]萬年　晉縣名，與櫟陽縣同城而治，在今西安之閻良區。[168]上郡　晉郡名，郡治膚施，在今陝西榆林東南。[169]去黃白城　從黃白城撤離。黃白城在陝西三原東北十里。[170]靈武　漢縣名，縣治在今寧夏靈武城北。[171]徵兵於丞相保　時丞相司馬保率軍屯駐在今河南開封一帶。[172]蝮虵　一種毒蛇，體灰褐色，有黑褐色斑紋，能傷人致死。「蝮虵螫手，壯士斷腕」是古代成語，意謂有些東西該捨棄就得捨棄，不能因小失大。[173]斷隴道　切斷關中與天水河西之間的隴山通道，意即拋棄隴山以西不要了。[174]逞其私志　意即他將會挾天子以令諸侯。[175]稆　野穀；不種而自生的穀物。[176]歸于長安　送到長安呈獻給皇帝司馬業。

【校　記】[1]朝廷以用度不足　原無此七字。據章鈺校，甲十一行本、乙十一行本、孔天胤本皆有此七字，張敦仁《通鑑刊本識誤》、張瑛《通鑑校勘記》同，今據補。

【語　譯】三年（乙亥　西元三一五年）

春季，正月，吳興功曹徐馥殺死了吳興郡太守袁琇後，擁眾數千人，他想尊奉周札為首領。周札聽到消息後，大驚失色，就把此事告訴了義興郡太守孔侃。周勰知道叔父周札與自己的意見不同，因此沒敢發動變亂。徐馥的黨羽害怕了，就反過來攻打徐馥，把徐馥殺死，起兵響應徐馥的孫弼也被殺死。周札的兒子周續也聚集眾人響應徐馥，左丞相司馬睿商議發兵討伐周續。王導說：「如果派出去的軍隊少了不足以平定賊寇，多派軍隊則城內兵力空虛。周續的族弟黃門侍郎周莚忠誠果敢，很有智謀，請派周莚一人前往，就可以除掉周續。」司馬睿聽從了王導的建議。周莚日夜兼程趕往義興郡，到了義興，正要進城的時候，在門口遇到周續，周莚對周續說：「我要與你一同去拜訪孔太守，有重要事情商議。」周續不肯去，周莚就硬拉著周續強迫他一同前往。到了太守府衙，坐定之後，周莚突然對孔侃說：「您為什麼讓亂臣賊子坐在這裡？」周續的衣服中經常攜帶著利刀，聽到這話後，他立即拔刀逼近周莚，周莚大聲喝令義興郡傳教官吳曾格殺周續。周莚想趁機殺死周勰，周札不同意，就把罪過推到周勰的堂兄周邵身上而把周邵殺死了。周莚沒有回家看望母親，就快馬加鞭地離去了，他的母親狼狽地在後追趕他。司馬睿任命周札為吳興郡太守，任命周莚為太子右衛率。因為周氏是吳地的豪門望族，所以沒有對他們進行窮究嚴辦，對待周勰還跟從前一樣進行安撫。

晉愍帝司馬業下詔，命令平東將軍宋哲把軍隊屯紮在華陰縣。〇成主李雄冊立任氏為皇后。

二月十二日丙子，晉愍帝任命琅邪王司馬睿為丞相、大都督、統領朝廷內外各種軍事，任命南陽王司馬保為相國，任命荀組為太尉、兼任豫州牧，任命劉琨為司空、都督并州・冀州・幽州三州諸軍事。劉琨辭讓司空一職，沒有接受此項任命。

南陽王司馬模失敗後，在他手下擔任都尉的陳安逃往秦州投奔了司馬模的長子司馬保。司馬保命令陳安率領一千多人去討伐叛變的羌人，他對陳安十分寵信，待遇優厚。司馬保的將領張春因此心懷妒忌，就誣陷陳安，說陳安心懷不軌，請司馬保除掉陳安。司馬保不同意，張春就安排刺客刺殺陳安。陳安被刺傷後，策馬跑回了隴城，但仍然派遣使者到司馬保那裡去，向司馬保貢獻物品，從不間斷。

晉愍帝下詔，晉封拓跋猗盧的爵位為代王，為他設置文武官員，將代郡、常山郡賞賜給他作食邑。代王拓跋猗盧向劉琨請求將擔任并州從事的雁門人莫含給他，劉琨於是派莫含前往拓跋猗盧那裡。莫含不願意去，劉琨對莫含說：「因為并州勢孤力弱，我又缺乏才幹，然而仍然能夠在匈奴人劉聰和羯人石勒二股力量之間生存下來，全靠代王拓跋猗盧的力量。我傾心相奉並將全部資財拿出來貢獻給他，又讓我的長子到他那裡做人質去侍奉他，就是希望能為朝廷洗雪奇恥大辱。您希望做個忠臣，為什麼只留戀我們一起共事的情誼，而忘記了為國家作貢獻的大節呢！您去輔佐代王，如果能成為他的心腹，就是并州的依靠啊。」莫含這才同意前往。代王拓跋猗盧非常敬重莫含，經常讓莫含參與重大決策的謀劃。

代王拓跋猗盧執法嚴酷，在他的國內如果有人犯法，犯法人所屬的整個部落就會被全部處死，男女老少互相攙扶著前往法場就死。有人問他們：「你們這是到哪裡去呀？」他們回答說：「去送死。」卻沒有一個人敢逃跑藏匿起來。

征討都督王敦派遣荊州刺史陶侃、歷陽內史甘卓等人去討伐流民首領杜弢，前後經過了幾十次戰鬥，杜弢的將士損失慘重，於是就向丞相司馬睿請求投降，司馬睿不答應。杜弢寫信給南平郡太守應詹，述說自己與應詹「過去我們同心協力討伐樂鄉的叛亂，我二人本來是同甘共苦、休戚與共。後來在湘州，因為怕死，為了求得生存，才聚眾造反。如果能念及以往的情誼，幫我向司馬睿說明我的委屈，向司馬睿表明我的誠意，讓我加入到正義隊伍的行列，或者讓我率領軍隊向北掃清中原，或者讓我向西攻打李雄奪取成都，以贖我往日的罪惡，即使為國捐軀，我也覺得如同獲得再生一樣。」應詹便把杜弢的書信呈送給司馬睿，並且說：「杜弢是益州的秀才，一向享有清高的名聲，因為被鄉人脅迫而做了錯事。如今悔惡向善，應當派遣使者前去安撫、招納，以平息江州、湘州的叛亂。」司馬睿於是派前任南海郡太守王運去接受杜弢的投降，同時赦免杜弢叛逆的罪行，任命杜弢為巴東監軍。杜弢已經投降並接受了司馬睿的任命，然而其他將領仍然不停地攻打他。杜弢不勝憤怒，就殺了王運再次造反，他派遣手下將領杜弘、張彥殺死了臨川內史謝摛，進而攻陷了豫章。

三月，尋陽郡太守周訪攻擊張彥，殺死了張彥，杜弘逃往臨賀縣。○漢實行大赦，改年號為建元。

漢東宮延明殿降下血雨，太弟劉乂感到很厭惡，就去詢問太傅崔瑋、太保許遐。崔瑋、許遐藉機對劉乂說：「陛下以往封殿下為皇太弟，只不過是想以此來安定眾人之心罷了，他的心裡早就想把天下傳給他的兒子晉王劉粲了，王公以下所有臣子無不迎合著他的心思，順著他的旨意辦。如今又任命晉王劉粲為相國，使用的儀仗和他的實際權柄，早已超過了東宮，朝中各種事務，無不由他裁決。各親王都設置營兵用來作他的羽翼，殿下的大勢已去，殿下不僅不能繼承天下，恐怕旦夕之間就可能發生難以預測的災禍，不如早作打算。如今東宮左、右、前、後四衛率所統的精兵總計不下於五千，相國劉粲好隨便活動，出入戒備不嚴，只需派一位刺客就行了。大將軍勃海王劉敷沒有一天不外出，可以採用偷襲的辦法奪取他的營寨。其他的親王都還年幼，本來就容易控制。假如殿下有這個心思，二萬精兵很容易弄到手，擂著戰鼓直入雲龍門，負責守衛的將士，有誰不倒戈以迎接殿下呢！不必擔心大司馬劉曜會有什麼反對的表現。」劉乂沒有聽從他們的勸說。東宮舍人荀裕告發崔瑋、許遐勸說劉乂謀反，漢主劉聰於是逮捕了崔瑋、許遐，把他們關押在詔獄中，假借其他事由把他們殺死了。然後派遣冠威將軍卜抽率軍監守東宮，將劉乂軟禁起來，不允許他再會見部下。劉乂憂憤恐懼得不知如何是好，就給漢主劉聰上了一道表章，乞求去做一個平民百姓，並請求撤銷幾個兒子的封號，又極力讚美晉王劉粲，請求立晉王劉粲為皇位繼承人。卜抽壓下劉乂的奏章，不向劉聰轉呈。

漢青州刺史曹嶷全部佔有了故齊國、魯國之間的郡縣，親自坐鎮臨淄城，擁有十多萬軍隊，沿著黃河部署兵力把守。石勒向劉聰上表說：「青州刺史曹嶷有割據東方的野心，請發兵討伐他。」漢主劉聰恐怕石勒消滅曹嶷之後，將無法控制，就沒有批准石勒的請求。

漢主劉聰把中護軍靳準的兩個女兒靳月光、靳月華納入宮中，立靳月光為上皇后，劉貴妃為左皇后，靳月華為右皇后。擔任左司隸的陳元達極力進行勸阻，他認為同時冊立三位皇后，不合乎禮法。劉聰很不高興，就任命陳元達為右光祿大夫，表面上表示優待尊崇，而實際上是剝奪了他的權力。於是，太尉范隆等人都請求劉聰允許自己把職位讓給陳元達。劉聰不得已，只得重新任命陳元達為御史大夫，儀同三司。靳月光與人私通，陳元達向劉聰奏報揭露她的穢行，劉聰不得已廢掉了靳月光。靳月光羞愧恚恨而自殺，劉聰因此憎恨陳元達。

夏季，四月，晉愍帝頒布大赦令。

六月，盜墓賊挖掘了漢文帝劉恆、漢宣帝劉詢以及劉恆之母薄太后的陵墓，挖出了很多金銀布帛。朝廷因為用度不足，司馬業下詔，將陵墓中那些沒有被盜賊拿走的物品收集起來納入皇宮的府庫。〇十九日辛巳，晉國再次實行大赦。

漢大司馬劉曜率軍進攻上黨郡。八月初二日癸亥，劉曜在襄垣縣打敗了劉琨的軍隊。劉曜正想進攻劉琨所在的陽曲縣，漢主劉聰派遣使者對劉曜說：「佔據長安的晉國小朝廷還沒有平定，應當把長安作為首先進攻的目標。」劉曜於是仍舊回到蒲坂駐紮。

陶侃與杜弢互相攻打，杜弢派遣王貢出來挑戰，陶侃遠遠地對王貢說：「杜弢只是益州的一個小官吏，盜用國庫的錢財，他父親死了也不去奔喪。你本來是個很優秀的人才，為什麼要跟隨他呢？天下難道有活到老的盜賊嗎？」王貢開始時還態度傲慢地把腳橫在馬上，聽了陶侃的一番話後，臉色便開始嚴肅鄭重起來，把腳也放了下去。陶侃知道他可以被打動，就又派使者去勸說王貢，並剪下自己的頭髮作為信物，王貢於是向陶侃投降。杜弢的軍隊立時潰散，杜弢逃走，死於途中。陶侃與南平郡太守應詹率軍向長沙進軍，攻克了長沙，湘州境內全部平定。丞相司馬睿以皇帝的名義對其部下的將士一概不予追究，擢升王敦為鎮東大將軍，加封都督江州、楊州、荊州、湘州、交州、廣州六州諸軍事、江州刺史。王敦從此有權自行挑選、設置刺史以下官員，同時也越來越驕縱蠻橫起來。

當初，變民首領王如投降王敦的時候，王敦的堂弟王稜喜愛王如的驍勇善戰，請求王敦把王如撥在自己的麾下為將。王敦說：「這類人陰險強悍，難於駕御，你的性子急躁，不能寬容、包涵他，反而會成為禍端。」王稜堅決請求，王敦就把王如撥給了王稜。王稜把王如安排在自己身邊，對他非常寵愛、厚待。王如多次與王敦手下的將領比試射箭而發生爭鬥，王稜就用棍子責打王如，王如認為自己受到了極大的侮辱。等到王敦陰謀稱帝的時候，王稜每每勸諫王敦。王敦對王稜不能與自己同心感到惱怒，就暗中派人激將王如，讓王如殺死王稜。在一次便宴上，王如請求王稜容許自己舞劍助興，王稜同意了他。王如一邊舞劍一邊向王稜靠近，王稜心感厭惡就大聲呵斥他，王如把劍逕直向前刺殺了王稜。王敦聽到消息後，裝作很吃驚的樣子，立即把王如逮捕起來殺死了。

當初，朝廷聽到梁州刺史張光已死的消息後，就任命擔任侍中的第五猗為安南將軍、監管荊州・梁州・益州・寧州四州諸軍事、荊州刺史，第五猗從武關出發前去赴任。杜曾在襄陽迎接第五猗，他為自己哥哥的兒子聘娶了第五猗的女兒，於是聚集起一萬多人，與第五猗分別佔據了漢水、沔水流域。

陶侃消滅了杜弢之後，乘勝進攻杜曾，他有些不把杜曾放在眼裡。陶侃手下司馬魯恬勸諫陶侃說：「凡是作戰，應當首先分析其統兵將領的思想個性特徵。如今您手下的將領沒有人能比得過杜曾，所以不要輕易地逼近杜曾。」陶侃不聽勸告，繼續前進把杜曾圍困在石城。杜曾的軍隊大多數是騎兵，杜曾悄悄地打開城門，派騎兵衝破陶侃的軍隊行列，繞到陶侃的背後，從後面襲擊了陶侃的軍隊，陶侃的軍隊死了幾百人。杜曾準備前往順陽縣，他下馬拜別陶侃，告辭而去。

當時荀崧統領荊州、江北諸軍事，駐紮在宛縣，杜曾率軍包圍了荀崧。荀崧的士兵很少而且糧食已盡，他想向過去的老部下、現任襄城太守的石覽求救。荀崧的小女兒荀灌年僅十三歲，率領幾十個勇士，翻越城牆連夜突圍，一邊作戰一邊前進，終於到達石覽所在的襄城。她又以父親荀崧的名義寫了一封信，向南中郎將周訪求救。周訪派自己的兒子周撫率領三千名士兵與石覽一起前去救援荀崧，杜曾這才逃遁而去。

杜曾又寫信給荀崧，請求討伐丹水縣的盜賊為自己贖罪，荀崧答應了他的請求。陶侃寫信給荀崧說：「杜曾兇惡狡猾，正是俗話所說的那種長大後就吃掉母親的鴟梟。此人不死，荊州境內就不可能得到安寧，您應當記住我的話。」荀崧因為宛縣軍隊數量很少，想借助杜曾作為外援，所以沒有聽從陶侃的勸告。杜曾又率領著二千多名流民圍攻襄陽，圍攻了幾天，沒有攻下就退走了。

王敦所寵信的吳興人錢鳳因為嫉妒陶侃的功勞，屢次在王敦面前詆毀陶侃。陶侃準備回到江陵，想親自向王敦作解釋。朱伺和安定人皇甫方回勸阻陶侃說：「您去了一定回不來。」陶侃不聽。陶侃到了王敦那裡，王敦留下陶侃不許他返回荊州刺史任上，將他降職，改任為廣州刺史，王敦任命自己的堂弟、擔任丞相府軍諮祭酒的王廙為荊州刺史。荊州的將吏鄭攀、馬雋等人前往王敦那裡，上書請求王敦為荊州留下陶侃。王敦非常生氣，不答應他們的請求。鄭攀等人認為陶侃剛剛消滅了巨寇杜弢，不僅沒有受到表彰反而被貶職，於是群情激憤；又因為王廙猜忌暴戾，難以在其手下供事，於是就率領著自己的三千多部眾屯紮在溳口，向西去迎接杜曾。被王敦任命為荊州刺史的王廙遭到鄭攀等人的襲擊，便逃往江安縣。杜曾與鄭攀等人到北邊迎接第五猗聯合抗拒王廙。王廙督促各軍討伐杜曾，又被杜曾打敗。王敦認為鄭攀的行動是稟承了陶侃的旨意，於是就披上鎧甲、手執長矛準備殺掉陶侃，他出去了又進來，進來了又出去，一共往返了四個來回。陶侃嚴肅地對他說：「使君是人中英雄，處事一向果斷，完全有能力裁決天下大事，為何在這件事情上如此地猶豫不決呢！」於是陶侃起身去廁所。擔任諮議參軍的梅陶、擔任長史的陳頒對王敦說：「周訪與陶侃是兒女親家，就像是左右手的關係，豈有砍斷人的左手而右手不動的道理呢！」王敦的怒氣才稍微緩和下來，於是擺設了盛大筵席為陶侃餞行。陶侃立即連夜出發前往廣州，王敦將陶侃的兒子陶瞻留下任用為參軍。

當初，交州刺史顧祕去世後，交州人擁戴顧祕的兒子顧壽為代理交州刺史。在刺史手下擔任帳下督的梁碩發兵攻打顧壽，把顧壽殺死，梁碩於是控制了交州。王機深知自己的廣州刺史職位是靠非法奪取的，擔心王敦前來討伐自己，就向王敦請求調到交州擔任交州刺史。碰巧杜弢的部將杜弘向王機投降，王敦就想借助王機的勢力討伐梁碩，於是就把杜弘的投降算作王機的功勞，批准了王機的請求，將王機轉到交州擔任刺史。王機到達鬱林縣，梁碩已經將前任交州刺史脩則的兒子脩湛迎接到交州代理交州刺史的職務，他們出兵阻止王機。王機無法進入交州，就與杜弘以及廣州將領溫卲、交州秀才劉沈另行商議，決定重新回去佔據廣州。陶侃前往就任廣州刺史，他到達始興郡時，廣州人都勸說陶侃應當在這裡停下來觀察清楚廣州的形勢變化，不可輕易進入廣州，陶侃不聽，直接到達廣州，而各郡縣都已經去迎接王機了。杜弘派遣使者向陶侃詐降，陶侃看透了他們的陰謀，便派軍進攻杜弘，把杜弘打敗，隨後又在小桂捕獲了劉沈。陶侃派遣擔任督護的許高率軍去討伐王機，將王機趕跑。王機在逃跑的路上病死，許高掘出王機的屍體，砍下了王機的人頭。諸將都向陶侃請求乘勝進攻溫卲，陶侃笑著說：「我的威名已經傳播出去，何需派軍隊討伐他，只要有一封書信就可以讓廣州安定下來。」於是寫了一封信曉諭溫卲。溫卲感到恐懼就逃走了，追兵在始興郡逮住了溫卲。杜弘前往王敦那裡投降，廣州於是完全平定。

陶侃在廣州無事可做，就在早晨把一百塊磚從屋裡運到屋外，傍晚再把這一百塊磚從屋外運進屋內。人們問他為什麼這樣做，陶侃說：「我的志向是要收復中原，生活過分安逸，恐怕將來不能承擔任務，所以就自己勞苦自己。」○王敦任用杜弘為將領，對杜弘非常寵愛信任。

九月，漢主劉聰派遣大鴻臚賞賜給石勒弓箭，下詔冊封石勒為主管陝縣以東事務的諸侯霸主，可以代表皇帝自行決定軍事行動，可以自行任命刺史、將軍、守宰，封爵為列侯，在年末集中向皇帝彙報一次情況。

漢大司馬劉曜進犯晉國管轄下的北地郡，晉愍帝下詔任命麴允為大都督、驃騎將軍，率軍抵抗劉曜的進攻。冬季，十月，任命索綝為尚書僕射、都督宮城諸軍事。劉曜佔領了馮翊郡，馮翊郡太守梁肅逃奔萬年縣。劉曜轉而進攻上郡。麴允撤離黃白城，駐紮在靈武縣，因為軍力弱小，不敢前進。

晉愍帝屢次向丞相司馬保徵兵，司馬保左右的人都說：「毒蛇咬了手指，壯士就會為了保住生命而砍下手腕。如今胡人的勢力強盛，應當切斷關中與天水河西之間的隴山通道，以觀察時局的發展變化。」擔任從事中郎的裴詵說：「如今毒蛇已經咬了人的腦袋，腦袋可以砍下來嗎？」司馬保於是任命鎮軍將軍胡崧兼任前鋒都督，等待各軍聚集以後就出發。麴允準備保護晉愍帝到司馬保那裡去，索綝提醒他說：「司馬保得到天子，必然會挾天子以令諸侯。」麴允這才打消了投奔司馬保的念頭。從這以後，長安以西，不再有人向朝廷貢奉物品，百官忍飢挨餓，生活極其困苦，全靠採摘野生的草籽充飢，勉強維持著生存。

涼州軍士張冰撿到一枚玉璽，玉璽上的文字是「皇帝行璽」，軍士將它獻給涼州刺史張寔，張寔的僚屬都來向張寔道賀。張寔說：「這不是臣子應當保留的東西。」立即派使者把這枚玉璽送往長安。

四年（丙子　西元三一六年）

春，正月，司徒梁芬議追尊吳王晏❶，右僕射索綝等引魏明帝詔❷以為不可，乃贈太保，謚曰孝。

漢中常侍王沈、宣懷❸、中宮僕射郭猗等皆寵幸用事。漢主聰游宴後宮，或三日不醒，或百日不出。自去冬不視朝，政事一委相國粲，唯殺生❹除拜❺乃使沈等入白之。沈等多不白，而自以其私意決之。故勳舊❻或不敘❼，而姦佞小人有數日至二千石❽者。軍旅歲起，將士無錢帛之賞，而後宮之家賜及僮僕，動至數千萬。沈等車服、第舍踰於諸王❾，子弟中表❿為守令者三十餘人，皆貪殘為民害。靳準闔宗⑪諂事之⑫。

郭猗與準皆有怨於太弟乂，猗謂相國粲曰：「殿下光文帝之世孫⑬，主上之嫡子，四海莫不屬心⑭，柰何欲以天下與太弟乎？且臣聞太弟與大將軍⑮謀因三月上巳⑯大宴作亂，事成，許以主上⑰為太上皇，大將軍為皇太子，又許衛軍⑱為大單于。二王⑲[1]處不疑之地，並握重兵，以此舉事，無不成者。然二王貪一時之利，不顧父兄，事成之後，主上豈有全理⑳！殿下㉑兄弟，固不待言㉒；東宮、相國、單于，當在武陵兄弟㉓，何肯與人也。今禍期甚迫，宜早圖之。臣屢言於主上，主上篤於友愛㉔，以臣刀鋸之餘㉕，終不之信。願殿下勿泄，密表其狀。殿下儻不信臣言[2]，可召大將軍從事中郎王皮、衛軍司馬劉惇，假之恩意㉖，許其歸首㉗以問之，必可知也。」粲許之。猗密謂皮、惇曰：「二王逆狀，主上及相國具知之矣，卿同之乎㉘？」二人驚曰：「無之。」猗曰：「茲事已決，吾憐卿親舊㉙并見族㉚耳。」因歔欷㉛流涕。二人大懼，叩頭求哀。猗曰：「吾為卿計，卿能用之乎？相國問卿，卿但云『有之』；若責卿不先啟㉜，卿即云『臣誠負死罪，然仰惟主上寬仁，殿下敦睦㉝，苟言不見信㉞，則陷於誣譖㉟不測之誅，故不敢言也。』」皮、惇許諾。粲召問之，二人至不同時㊱，而其辭若一，粲以為信然。

靳準復說粲曰：「殿下宜自居東宮㊲以領相國，使天下早有所繫㊳。今道路之言，皆云大將軍、衛將軍欲奉太弟為變，期以季春㊴。若使太弟得天下，殿下無容足之地矣。」粲曰：「為之柰何？」準曰：「人告太弟為變，主上必不信。宜緩東宮之禁㊵，使賓客得往來。太弟雅好待士，必不以此為嫌，輕薄小人不能無迎合太弟之意為之謀者。然後下官為殿下露表其罪㊶，殿下收㊷其賓客與太弟交通㊸者考問之。獄辭既具㊹，則主上無不信之理也。」粲乃令[3]卜抽引兵去東宮㊺。

少府㊻陳休、左衛將軍卜崇為人清直，素惡沈等，雖在公座㊼，未嘗與語，沈等深疾之。侍中卜幹謂休、崇曰：「王沈等勢力足以回天地㊽，卿輩自料親賢孰與竇武、陳蕃㊾？」休、崇曰：「吾輩年踰五十，職位已崇，唯欠一死耳。死於忠義，乃為得所，安能俛首佞眉㊿以事閹豎乎！去矣卜公，勿復有言！」

二月，漢主聰出臨上秋閤(51)，命收陳休、卜崇及特進綦毋達(52)、太中大夫公師彧(53)、尚書王琰、田歆、大司農朱諧[4]，並誅之，皆宦官所惡也。卜幹泣諫曰：「陛下方側席求賢(54)，而一旦戮卿大夫七人，皆國之忠良，無乃不可乎！藉使休等有罪，陛下不下之有司(55)，暴明其狀(56)，天下何從知之？詔尚在臣所(57)，未敢宣露，願陛下熟思之。」因叩頭流血。王沈叱斡曰：「卜侍中欲拒詔乎？」聰拂衣而入[58]，免斡為庶人。

太宰河間王易、大將軍勃海王敷、御史大夫陳元達、金紫光祿大夫西河王延[59]等皆詣闕表諫曰：「王沈等矯弄詔旨，欺誣日月[60]，內諂陛下[61]，外佞相國[62]，威權之重，侔於人主[63]，多樹姦黨，毒流海內。知休等忠臣，為國盡節，恐發其姦狀，故巧為誣陷。陛下不察，遽加極刑[64]，痛徹天地，賢愚傷懼。今遺晉未殄[65]，巴蜀不賓[66]，石勒謀據趙魏[67]，曹嶷欲王全齊[68]，陛下心腹四支，何處無患！乃復以沈等助亂，誅巫咸[69]，戮扁鵲[70]，臣恐遂成膏肓之疾[71]，後雖救之，不可及已。請免沈等官，付有司治罪。」聰以表示沈等，笑曰：「羣兒為元達所引[72]，遂成癡也。」沈等頓首泣曰：「臣等小人，過蒙陛下識拔，得灑掃閨門[73]，而王公、朝士疾臣等如讎，又深恨陛下。願以臣等膏鼎鑊[74]，則朝廷自然雍穆[75]矣。」聰曰：「此等狂言常然[76]，卿何足恨乎！」聰問沈等於相國粲，粲盛稱沈等忠清。聰悅，封沈等為列侯。

太宰易又詣闕上疏極諫。聰大怒，手壞其疏[77]。三月，易忿恚而卒。易素忠直，陳元達倚之為援，得盡諫諍。及卒，元達哭之慟，曰：「『人之云亡，邦國殄悴[78]。』吾既不復能言，安用默默苟生乎！」歸而自殺。

初，代王猗盧愛其少子比延，欲以為嗣，使長子六脩出居新平城[79]，而黜其母。六脩有駿馬，日行五百里，猗盧奪之以與比延。六脩來朝，猗盧使拜比延，六脩不從。猗盧乃坐比延於其步輦[80]，使人導從[81]出遊。六脩望見，以為猗盧，伏謁路左[82]。至，乃比延，六脩慚怒而去。猗盧召之不至，大怒，帥眾討之，為六脩所敗。猗盧微服逃民間，有賤婦人識之，遂為六脩所弒。拓跋普根[83]先守外境，聞難來赴[84]，攻六脩，滅之。

普根代立，國中大亂，新舊[85]猜嫌，迭相誅滅。左將軍衛雄、信義將軍箕澹久佐猗盧，為眾所附，謀歸劉琨，乃言於眾曰：「聞舊人忌新人悍戰[86]，欲盡殺之，將柰何？」晉人及烏桓皆驚懼，曰：「死生隨二將軍。」乃與琨質子遵帥晉人及烏桓三萬家、馬牛羊十萬頭歸于琨。琨大喜，親詣平城[87]撫納之，琨兵由是復振。

夏，四月，普根卒。其子始生，普根母惟氏立之。

張寔下令：所部吏民有能舉其過者，賞以布帛羊米。賊曹佐[88]高昌隗瑾[89]曰：「今明公為政，事無巨細，皆自決之。或興師發令，府朝[90]不知，萬一違失[91]，謗無所分[92]。羣下畏威，受成[93]而已。如此，雖賞之千金，終不敢言也。謂宜少損聰明[94]，凡百政事，皆延訪羣下[95]，使各盡所懷，然後采而行之，則嘉言自至，何必賞也。」寔悅，從之，增瑾位三等。◯寔遣將軍王該帥步騎五千入援長安，且送諸郡貢計[96]。詔拜寔都督陝西[97]諸軍事，以寔弟茂為秦州[98]刺史。

石勒使石虎攻劉演[99]于廩丘[100]，幽州刺史段匹磾使其弟文鴦救之。虎拔廩丘，演奔文鴦軍，虎獲演弟啓以歸。

寧州刺史王遜，嚴猛喜誅殺。五月，平夷[101]太守雷炤、平樂[102]太守董霸帥三千餘家叛降於成[103]。

六月丁巳朔[104]，日有食之。

秋，七月，漢大司馬曜圍北地[105]太守麴昌，大都督麴允將步騎三萬救之。曜遶城縱火，煙起蔽天，使反間紿允[106]曰：「郡城已陷，往無及也。」眾懼而潰。曜追敗允於磻石谷[107]，允奔還靈武，曜遂取北地。

允性仁厚，無威斷，喜以爵位悅人。新平[108]太守竺恢、始平[109]太守楊像、扶風[110]太守竺爽、安定[111]太守焦嵩，皆領征、鎮[112]，杖節[113]，加侍中、常侍[114]，村塢主帥，小者猶假銀青將軍[115]之號。然恩不及下[116]，故諸將驕恣而士卒離怨，關中危亂。允告急於焦嵩[117]，嵩素侮允[118]，曰：「須允困，當救之[119]。」

曜進至涇陽[120]，渭北諸城悉潰。曜獲建威將軍魯充、散騎常侍梁緯、少府皇甫陽。曜素聞充賢，募生致之[121]。既見，賜之酒曰：「吾得子，天下不足定也。」充曰：「身為晉將，國家喪敗，不敢求生。若蒙公恩，速死為幸。」曜曰：「義士也。」賜之劍，令自殺。梁緯妻辛氏美色，曜召見，將妻之。辛氏大哭曰：「妾夫已死，義不獨生。且一婦人而事二夫，明公又安用之！」曜曰：「貞女也。」亦聽自殺，皆以禮葬之。

漢主聰立故張后侍婢樊氏為上皇后，三后[122]之外，佩皇后璽綬者復有七人。嬖寵用事，刑賞紊亂。大將軍敷[123]數涕泣切諫，聰怒曰：「汝欲乃公[124]速死邪？何以朝夕生來哭人？」敷憂憤，發病卒。

河東、平陽[125]大蝗，民流殍[126]者什五六[127]。石勒遣其將石越帥騎二萬屯并州[128]，招納流民，民歸之者二十萬戶。聰遣使讓勒，勒不受命，潛與曹嶷相結。

八月，漢大司馬曜逼長安。

九月，漢主宴羣臣於光極殿，引見太弟乂。乂容貌憔悴，鬢髮蒼然[129]，涕泣陳謝[130]。聰亦為之慟哭，乃縱酒極歡，待之如初。

焦嵩、竺恢、宋哲皆引兵救長安，散騎常侍華輯監131京兆132、馮翊133、弘農134、上洛135四郡兵，屯霸上136，皆畏漢兵彊，不敢進。相國保遣胡崧將兵入援，擊漢大司馬曜於靈臺137，破之。崧恐國威復振則麴、索138勢盛，乃帥城西諸郡兵屯渭北不進，遂還槐里139。

曜攻陷長安外城，麴允、索綝退保小城以自固。內外斷絕，城中飢甚，米斗直金二兩，人相食，死者太半，亡逃不可制；唯涼州義眾140千人，守死不移。太倉141有麴數十䴵142，麴允屑之143為粥以供帝，既而亦盡。冬，十一月，帝泣謂允曰：「今窮厄144如此，外無救援，當忍恥出降，以活士民。」因歎曰：「誤我事者，麴、索二公也！」使侍中宗敞送降牋於曜。索綝潛留敞，使其子說曜曰：「今城中食猶足支一年，未易克也。若許綝以車騎[5]、儀同145、萬戶郡公者，請以城降。」曜斬而送之，曰：「帝王之師，以義行146也。孤將兵十五年，未嘗以詭計敗人，必窮兵極勢147，然後取之。今索綝所言如此，天下之惡一也148，輒相為戮之149。若兵食審未盡150者，便可勉強固守；如其糧竭兵微，亦宜早寤天命151。」

甲午152，宗敞至曜營。乙未153，帝乘羊車，肉袒、銜璧、輿櫬154出東門降。羣臣號泣，攀車執帝手，帝亦悲不自勝。御史中丞馮翊吉朗歎曰：「吾智不能謀，勇不能死，何忍君臣相隨，北面事賊虜乎！」乃自殺。曜焚櫬受璧[155]，使宗敞奉帝還宮[156]。丁酉[157]，遷帝及公卿以下於其營。辛丑[158]，送至平陽。壬寅[159]，漢主聰臨光極殿，帝稽首於前。麴允伏地慟哭，扶不能起。聰怒，囚之，允自殺。聰以帝為光祿大夫，封懷安侯。以大司馬曜為假黃鉞[160]、大都督、督陝西諸軍事、太宰，封秦王。大赦，改元麟嘉[161]。以麴允忠烈，贈車騎將軍，謚節愍侯。以索綝不忠，斬于都市[162]。尚書梁允、侍中梁濬等及諸郡守皆為曜所殺，華輯奔南山[163]。

干寶[164]論曰：「昔高祖宣皇帝[165]以雄才碩量，應時而起，性深阻[166]有若城府，而能寬綽以容納[167]；行數術以御物[168]，而知人善采拔[169]。於是百姓與能[170]，大象始構[171]。世宗[172]承基，太祖[173]繼業，咸黜異圖[174]，用融前烈[175]。至于世祖[176]，遂享皇極[177]，仁以厚下，儉以足用，和而不弛[178]，寬而能斷；掩[179]唐、虞之舊域，班正朔於八荒[180]，于時有『天下無窮人』之諺。雖太平未洽[181]，亦足以明[182]民樂其生[183]矣。

「武皇既崩，山陵未乾，而變難繼起。宗子[184]無維城之助[185]，師尹[186]無具瞻之貴[187]，朝為伊、周[188]，夕成桀、跖[189]；國政迭移[190]於亂人，禁兵外散於四方[191]。方岳[192]無鈞石之鎮[193]，關門[194]無結草之固[195]。戎、羯稱制[196]，二帝失尊[197]，何哉？樹立失權[198]，託付非才[199]，四維不張[200]，而苟且之政[201]多也。

「夫基廣[202]則難傾，根深則難拔，理節[203]則不亂，膠結[204]則不遷。昔之有天下者所以能長久，用此道也。周自后稷[205]愛民，十六王[206]而武始君之[207]，其積基[208]樹本[209]如此其固。今晉之興也，其創基立本，固異於先代[210]矣。加以朝寡純德之人[211]，鄉乏不貳[212]之老，風俗淫僻[213]，恥尚失所[214]。學者以莊、老為宗而黜六經，談者以虛蕩為辯[215][6]而賤名檢[216]，行身[217]者以放濁為通[218]而狹節信[219]，進仕者以苟得為貴[220]而鄙居正[221]，當官者以望空為高[222]而笑勤恪[223]。是以劉頌屢言治道[224]，傅咸每糾邪正[225]，皆謂之俗吏。其倚杖虛曠[226]，依阿無心[227]者，皆名重海內。若夫文王日昃不暇食[228]，仲山甫[229]夙夜匪懈[230]者，蓋共嗤黜以為灰塵[231]矣。由是[232]毀譽亂於善惡之實[233]，情慝[234]奔於貨欲之塗[235]。選者[236]為人擇官[237]，官者為身擇利[238]。世族貴戚之子弟，陵邁超越[239]，不拘資次[240]。悠悠風塵[241]，皆奔競之士[242]；列官千百，無讓賢之舉。子真著崇讓[243]而莫之省[244]，子雅制九班[245]而不得用。其婦女不知女工[246]，任情而動[247]，有逆于舅姑[248]，有殺戮妾媵[249]，父兄弗之罪也，天下莫之非也。禮法刑政，於此大壞，『國之將亡，本必先顛[250]』，其此之謂乎？

「故觀阮籍之行[251]，而覺禮教崩弛之所由；察庾純、賈充之爭[252]，而見師尹之多僻[253]；考平吳之功，而知將帥之不讓[254]；思郭欽之謀[255]，而寤戎狄之有釁[256]；

覽傅玄、劉毅之言[257]，而得百官之邪；核傅咸之奏[258]、錢神之論[259]，而覩寵賂之彰[260]。民風國勢，既已如此，雖以中庸之才[261]、守文之主[262]治之，猶懼致亂[263]，況我惠帝以放蕩之德[264]臨之哉！懷帝承亂即位，羈以彊臣[265]；愍帝奔播[266]之後，徒守虛名。天下之勢既去，非命世之雄材[267]，不能復取之矣[268]！」

石勒圍樂平[269]太守韓據于坫城[270]，據請救於劉琨。琨新得拓跋猗盧之眾，欲因其銳氣以討勒。箕澹、衛雄諫曰：「此雖晉民，久淪異域，未習明公之恩信，恐其難用。不若且內收鮮卑之餘穀[271]，外抄胡賊[272]之牛羊，閉關守險，務農息兵，待其服化感義，然後用之，則功無不濟矣。」琨不從，悉發其眾，命澹帥步騎二萬為前驅，琨屯廣牧[273]為之聲援。

石勒聞澹至，將逆擊之。或曰：「澹士馬精彊，其鋒不可當，不若且引兵避之，深溝高壘以挫其銳，必獲萬全。」勒曰：「澹兵雖眾，遠來疲弊，號令不齊，何精彊之有！今寇敵垂至[274]，何可捨去。大軍一動，豈易中還[275]。若澹乘我之退而逼之，顧逃潰不暇，焉得深溝高壘乎！此自亡之道也。」立斬言者。以孔萇為前鋒都督，令三軍：「後出者斬！」勒據險要，設疑兵於山上，前設二伏，出輕騎與澹戰，陽[276]為不勝而走。澹縱兵追之，入伏中。勒前後夾擊澹軍，大破之，獲鎧馬萬計。澹、雄帥騎千餘奔代郡[277]，韓據棄城走，并土震駭。

十二月乙卯朔[278]，日有食之。

司空長史[279]李弘以并州[280]降石勒。劉琨進退失據，不知所為。段匹磾遣信邀之，己未[281]，琨帥眾從飛狐[282]奔薊[283]。匹磾見琨，甚相親重，與之結婚[284]，約為兄弟。勒分徙[285]陽曲、樂平民于襄國[286]，置守宰[287]而還。

孔萇攻箕澹于代郡，殺之。

萇等攻賊帥馬嚴、馮䐗[288]，久而不克。司、冀、并、兗流民數萬戶在遼西，迭[289]相招引，民不安業。勒問計於濮陽侯張賓，賓曰：「嚴、䐗本非公之深仇，流民皆有戀本[290]之志，今班師振旅[291]，選良牧守[292]使招懷之，則幽、冀之寇可不日而清，遼西流民將相帥而至[293]矣。」勒乃召萇等歸，以武遂令[294]李回為易北[295]督護，兼高陽[296]太守。馬嚴士卒素服回威德，多叛嚴歸之。嚴懼而出走，赴水死。馮䐗帥其眾降。回徙居易京[297]，流民歸之者相繼於道。勒喜，封回為弋陽子[298]，增張賓邑千戶，進位前將軍，賓固辭不受。

丞相睿聞長安不守，出師露次[299]，躬擐甲冑[300]，移檄四方，刻日北征。以漕運稽期[301]，丙寅[302] [7]，斬督運令史淳于伯[303]。刑者以刀拭柱，血逆流上，至柱末二丈餘而下，觀者咸以為冤。丞相司直劉隗上言：「伯罪不至死，請免從事中郎周莚等官。」於是右將軍王導等上疏引咎，請解職。睿曰：「政刑失中304，皆吾闇塞305所致。」一無所問。

隗性剛訐306，當時名士多被彈劾，睿率皆容貸307，由是眾怨皆歸之308。南中郎將王含，敦之兄也，以族彊位顯，驕傲自恣，一請309參佐及守長至二十許人，多非其才。隗劾奏含，文致甚苦310，事雖被寢311，而王氏深忌疾312之。

丞相睿以邵續為冀州刺史。續女壻廣平劉遐聚眾河、濟之間313，睿以遐為平原內史314。

托跋普根之子又卒，國人立其從父鬱律315。

【章旨】以上為第三段，寫晉愍帝司馬業建興四年（西元三一六年）一年間的大事，主要寫了漢主劉聰荒淫酒色，殺戮大臣，小人設謀挑動丞相劉粲與太弟劉乂的矛盾，劉聰諸子劉易、劉敷、劉延與陳元達等苦勸無效；寫了拓跋猗盧寵愛少子，虐待長子六脩，被六脩所殺，六脩又被其弟普根所殺；普根又死，國人遂立猗盧之子鬱律為君；寫了漢將劉曜打敗晉將麴允，又進攻長安，攻陷外城，晉愍帝司馬業向劉曜投降，以及《通鑑》作者引入了晉臣干寶所寫的對西晉政治的大段評論；寫了劉琨被石勒的部將打敗，進退失據，只好逃到薊城依附段匹磾等等。

【注釋】❶吳王晏　司馬晏，愍帝司馬業的生父。❷魏明帝詔　魏明帝曹叡曾下詔，凡親王子弟，入宮繼位為帝者，不能追尊其生父生母為皇帝皇后，見本書卷七十一太和三年。❸宣懷　姓宣，名懷。❹殺生　指判定大臣的生死。❺除拜　授任官爵。❻勳舊　為劉淵王朝的創建立過功勳的舊臣。❼不敘　得不到提升。❽二千石　朝廷九卿或地方刺史、郡守一級的高官。二千石包括中二千石、二千石、比二千石三等。❾沈等車服句　車服，車馬、服飾。古代官僚貴族的車馬、服飾以及房屋的建造等，都有規定的格局，不能超越自己的名分。❿中表　「中」指本族門之內的人員，「表」指姑舅等親戚家的人員。⓫闔宗　整個家族。⓬諂事之　向王沈等人獻媚討好。⓭光文帝之世孫　劉淵的嫡孫。劉淵被諡為光文帝。世孫，嫡孫。⓮屬心　歸心。屬，歸。⓯大將軍　此指劉敷，劉粲的弟弟。⓰三月上巳　古時以陰曆三月上旬的「巳」日為「上巳節」，通常規定為三月三日。⓱主上　指劉聰。⓲衛軍　即衛大將軍劉勱，也是劉粲的弟弟。⓳二王　指劉敷、劉勱二位親王。⓴主上豈有全理　劉聰還能保全生命嗎。㉑殿下　敬稱劉粲。㉒固不待言　就更不用說啦，意即都將被殺。㉓當在武陵兄弟　意即上述三個要職，都將被劉乂的各個兒子所分任。武陵，當是劉乂的長子此時被封為武陵王。㉔篤於友愛　看重與劉乂的兄弟親情。㉕刀鋸之餘　郭猗是宦官，受過閹割，故以「刀鋸之餘」自稱。㉖假之恩意　對之以恩惠相許。假，加；給予。㉗許其歸首　允許他們棄暗投明。歸首，自首；歸附。㉘卿同之乎　你準備與劉敷、劉勱同流合汙嗎。同，合流。㉙親舊　親人和故舊。㉚并見族　一起跟著被滅族。㉛歔欷　抽泣的樣子。㉜責卿不先啓　問你為何不及早報告。㉝敦睦　厚道；待人友好。㉞苟言不見信　如果我的報告一旦不被信任。㉟誣譖　誣衊、詆毀。㊱至不同時　不是同一個時間進見。㊲殿下宜自居東宮　時皇太弟劉乂居東宮。㊳早有所繫　及早有所歸附。㊴期以季春　約定好在春末動手。㊵緩東宮之禁　放鬆出入東宮的門禁。㊶露表其罪　公開表奏太弟的罪行。㊷收　拘捕。㊸交通　來往。㊹獄辭既具　口供一旦齊備。㊺去東宮　離開東宮。劉聰派卜抽率兵監守東宮是從去年開始。㊻少府　朝官名，九卿之一，負責為皇帝私家理財。㊼公座　大庭廣眾；公開場合。㊽回天地　旋轉乾坤，以喻能改變帝王的觀點、態度。㊾親賢孰與竇武陳蕃　你們與皇帝的親密程度與你們自身的賢明的程度，能超過漢朝的竇武、陳蕃嗎。竇武，字游平，漢桓帝的岳父，靈帝時為太尉。陳蕃，字仲舉，靈帝時為太傅。二人謀誅宦官，事洩被殺。詳見《後漢書》本傳與本書卷五十六建寧元年。㊿俛首佢眉　柔順討好的樣子。佢，通「低」。(51)上秋閤　大殿的西閣。(52)特進綦毋達　姓綦毋，名達。特進是朝廷賞給功臣元老的一種榮譽稱號，地位崇高而無實權。(53)太中大夫公師彧　姓公師，名彧。太中大夫是帝王的侍從官員，備參謀顧問之用。(54)側席求賢　自己不坐正位，以表示對賢者的恭敬。(55)不下之有司　不讓主管部門審問他們的罪行。(56)暴明其狀　公布他們的罪狀。(57)詔尚在臣所　收殺陳休、卜崇七人的詔令還在我那裡放著。卜幹當時為侍中，詔書須由門下省頒布，所以卜幹可以扣下詔書提出勸諫。(58)拂衣而入　一甩袖子回到內室。拂衣，生氣、不屑的樣子。59西河王延　劉延，與河間王劉易、勃海王劉敷都是劉聰的兒子。60欺誣日月　欺天瞞日，指蒙蔽劉聰。61內諂陛下　對內向陛下您討好。諂，以言語向人獻媚。62外佞相國　對外花言巧語以哄騙相國劉粲。63侔於人主　和皇帝您相同。侔，相比；相當。64遽加極刑　突然之間對陳休、卜崇等處以極刑。65遺晉未殄　苟延殘喘的晉王朝尚未消滅。殄，滅。66巴蜀不賓　巴蜀的李雄還沒來臣服。67趙魏　指今河北、河南一帶地區。68全齊　整個今天的山東地區。69巫咸　商王大戊的忠臣，又是善用龜筮占卜的巫師。70扁鵲　春秋末戰國初的名醫，這裡用以比忠良之臣。71膏肓之疾　指不可救藥的病症。72引　鉤引；詿誤。73灑掃閨門　打掃房子衛生，故意極言其身分地位之賤。74膏鼎鑊　給鼎鑊塗點油，即被鼎鑊煮死。鼎鑊，古代煮水的大鍋。75雍穆　和睦太平。76常然　經常如此。77手壞其疏　親手把奏疏撕得粉碎。78人之云亡二句　語出《詩經・瞻卬》，意謂賢人一旦不存，國家就要滅亡了。79新平城　也叫南平城，在今山西應縣西南。80坐比延於其步輦　讓比延坐在猗盧所坐的轎子上。步輦，軟轎，類似今之所謂「滑竿」。81導從　前有導者，後有從者，猶今所謂「簇擁」。82伏謁路左　在路邊跪倒拜見。83拓跋普根　拓跋猗盧之子，六脩之弟。84來赴　給晉愍帝小王朝送來訃告，並請示要討伐六脩的弒父之惡。85新舊　拓跋普根的部眾是原純索頭部落，故稱為「舊人」；而拓跋猗盧的部眾是由索頭部落、漢人及烏桓人共同組成，故稱「新人」。86悍戰　強悍善戰。87平城　在今山西大同東北，為拓跋猗盧的南都。88賊曹佐　官名，賊曹的副手，主管緝捕盜賊。89高昌隗瑾　高昌人姓隗名瑾。高昌古城在今新疆吐魯番東南。90府朝　公侯郡守辦公及會見僚屬的場所，此指州府官員。91違失　指處置失當。92謗無所分　沒有人替您分擔責任，完全由您一個人負責。93受成　按既定的命令辦事。94少損聰明　留著點聰明不用，意即先讓別人說說、講講。95延訪羣下　多聽聽僚屬們的意見。延訪，請來問問。96送諸郡貢計　把所屬各郡給朝廷進貢的東西和各郡收支的帳簿都送到司馬業小朝廷。97陝西　陝縣以西。取周公與召公的分陝而治之意。98秦州　州治冀縣，在今甘肅甘谷縣東。99劉演　劉琨之姪，被劉琨任命為兗州刺史。100廩丘　晉縣名，縣治在今山東鄆城西北，晉時為兗州的州治所在地。101平夷　晉郡名，郡治即今貴州畢節。102平樂　晉郡名，轄地約在今雲南西北部與四川西南交界的一帶地區。103叛降於成　叛變晉朝，投降了成都的李雄政權。104六月丁巳朔　六月初一是丁巳日。105北地　晉郡名，郡治即今陝西耀州。106使反間紿允　派間諜送假情報欺騙麴允。紿，欺騙。107磻石谷　在今陝西銅川市東北，當時的北地郡城東北。108新平　晉郡名，郡治即今陝西彬縣。109始平　晉郡名，郡治在今陝西興平東北。110扶風　晉郡名，郡治在今陝西乾縣東。111安定　晉郡名，郡治在今甘肅涇川縣西北。112皆領征鎮　都加有四征或四鎮將軍稱號。113杖節　都授予他們旌節。旌節是帝王授予使臣的一種信物，以表示他有某種特殊權力。114加侍中常侍　並授予他們侍中、常侍這樣一種帝王近臣的加官。115假銀青將軍　封以將軍稱號，給以銀印與青色綬帶。116恩不及下　對自己身邊的僚屬卻不給什麼好處。117焦嵩　安定人，據眾駐紮在長安附近。118素侮允　一向瞧不起麴允。119須允困二句　等你到走投無路的時候，我會救你。須，等。120涇陽　涇水之陽。涇水由西北流來，在長安城東北匯入渭水。121募生致之　懸賞要求把魯充活著捉來。122三后　指劉聰已封的上皇后樊氏、左皇后劉氏、右皇后靳月華。123大將軍敷　劉敷，太弟乂的同胞弟，劉聰的同父異母弟。124乃公　你老子；你爸爸。125河東平陽　晉時之二郡名，河東郡的郡治安邑，在今山西夏縣西北，平陽郡的郡治在今山西臨汾西南，當時為劉聰政權的首都所在地。126流殍　流浪、餓死。127什五六　十分之五六。128屯并州　并州當時為劉琨的大本營，石越無由得去。胡三省曰：「時勒蓋遣越屯上黨，招納并州統內也。」129蒼然　灰白色。130陳謝　表達其一種難以言表的淒涼之情。131監　監督；控制。也是統領的意思。132京兆　晉郡名，郡治長安，在今陝西西安北部。133馮翊　晉郡名，郡治臨晉，即今陝西大荔。134弘農　晉郡名，郡治即今河南靈寶。135上洛　晉郡名，郡治上洛，即今陝西商縣。136霸上　古地名，在今陝西西安東，因地處霸水西側的高原上而得名。古代咸陽、長安附近的軍事要地。137靈臺　周代遺留的祭臺，在當時長安城西四十里。138麴索　麴允、索綝。139槐里　晉縣名，縣治在今陝西興平東南。140涼州義眾　涼州刺史張軌父子派遣的援軍。141太倉　國家的糧倉。142有麴數十䴵　有酒糟幾十塊。䴵，同「餅」。圓形的塊狀。143屑之　將麴餅碾成細麵。144窮厄　窮困受罪。145儀同　「儀同三司」的簡稱。儀同三司是對功臣元老的一種榮譽待遇，意即令其享受三司（司徒、司馬、司空）的排場。146以義行　靠著仁義存活。147窮兵極勢　即兵窮勢極，無計可施。148天下之惡一也　天下人所討厭的事情都是一樣的。149輒相為戮之　現在我替你們把他的兒子殺了。150審未盡　的確還有剩餘。151早寤天命　早一點明白上天的意思。152甲午　十一月初十。153乙未　十一月十一。154肉袒銜璧輿櫬　肉袒，袒露著臂膀。輿櫬，用車拉著棺材。肉袒、銜璧、輿櫬是古代帝王向人投降的通用儀式，表示認罪服罪。155焚櫬受璧　這也是古代接受他國帝王投降的通用儀式。156奉帝還宮　將晉愍帝暫時送回宮裡。157丁酉　十一月十三。158辛丑　十一月十七。159壬寅　十一月十八。160假黃鉞　授予他黃銅大斧，意即使他有生殺大權。161改元麟嘉　在此之前劉聰的年號是建元。162都市　京都平陽的市場。163南山　即終南山，屬秦嶺山脈，在長安城南。164干寶　字令升，東晉人，著有《晉紀》。165高祖宣皇帝　即司馬懿，司馬炎篡魏稱帝後，追諡之曰「宣皇帝」。166性深阻　性情深沉而又曲折，即俗所謂老奸巨猾。167而能寬綽以容納　又能做出一種氣度恢宏而能容納人才的樣子。168行數術以御物　玩弄權術以駕御人才。數術，指手段。御，駕御。169善采拔　善於選拔人才。170百姓與能　各個官僚貴族都肯定他的才能。百姓，百官。與，肯定；贊同。171大象始構　一個國家政權的規模，就這樣初步形成了。172世

宗　指司馬師。[173]太祖　指司馬昭。[174]咸黜異圖　都挫敗了持不同政見的人。指內誅李豐、夏侯玄，外平毌丘儉、文欽、諸葛誕等。[175]用融前烈　因而發揚光大了前輩的事業。烈，事業。[176]世祖　即司馬炎。[177]享皇極　登上了皇帝的寶座。皇極，猶言帝位。[178]和而不弛　對群臣百官寬和而不放任。[179]掩　覆蓋；轄有。[180]班正朔於八荒　對全國乃至四周的蠻荒地區頒布了新章程、新制度。正朔，指曆法。每當一個新的王朝建立，總是要改用一套新曆法。八荒，國家四周的蠻荒地區。蠻荒皆用晉之曆法，表示歸服。[181]未洽　不徹底；不充分。[182]明　表明；證明。[183]民樂其生　百姓們對自己的生活感到滿意。[184]宗子　皇室子弟，指八王。[185]無維城之助　不能成為皇帝的捍衛者。《詩經・板》有所謂「懷德維寧，宗子維城。無俾城壞，無獨斯畏」。[186]師尹　指朝廷的高級官員。[187]無具瞻之貴　不具備給全國作榜樣的素質。《詩經・節南山》有所謂「赫赫師尹，民具爾瞻」。[188]伊周　伊尹、周公。前者是商湯的佐命元勳，後者是周武王的佐命元勳。[189]桀跖　夏桀和盜跖。前者是夏朝的亡國之君，後者是傳說中的大盜，都被用為古代惡人的代表。[190]迭移　一次次地轉移。[191]外散於四方　指被各個諸侯王所控制。[192]方岳　獨當一面的大員，如都督、刺史等。[193]無鈞石之鎮　指起不到一點穩定局面的作用。鈞石，古代重量單位，三十斤為一鈞，四鈞為一石。[194]關門　關卡、城門。[195]無結草之固　連結草絆敵人之馬的作用都比不上。「結草」是《左傳》中的一個典故，說有個老人的鬼魂為感謝魏顆對他女兒的恩情，當魏顆被人追殺時，這個老人就用編結野草的辦法以絆追兵的馬蹄。[196]戎羯稱制　指劉聰、石勒相繼稱王。[197]二帝失尊　指懷帝司馬熾、愍帝司馬業先後被人所俘虜。[198]樹立失權　在確立接班人的問題上沒有很好地權衡利弊，即錯誤地立了晉惠帝司馬衷。[199]託付非才　委託的顧命大臣不是好材料，指楊駿等一群惡人。[200]四維不張　指禮、義、廉、恥四種準則不能得到提倡。[201]苟且之政　敷衍了事、得過且過的處理、決斷。[202]基廣　基礎打得大。[203]理節　政務有條理、有節制。[204]膠結　指人心牢固。[205]后稷　周族始祖，名棄，善於種植各種穀類。舜時任后稷之官，主管農事。事跡見《詩經・生民》。[206]十六王　指周族自后稷起至周武王中經十六代。[207]武始君之　到周武王才統一天下而稱王。[208]積基　奠定基礎。[209]樹本　建立根本。[210]固異於先代　本來就和商、周取得政權的方式不同，是靠著篡位而得來的。[211]朝寡純德之人　朝廷上掌權的是賈充、荀勗、何曾等一群寡廉鮮恥之徒。純德，品德高尚專一。[212]不貳　一心為國，不存二念。[213]淫僻　淫靡、怪誕，指縱酒、頹放、清談等等。[214]恥尚失所　討厭什麼與喜歡什麼都沒有正確標準。尚，追求。[215]以虛蕩為辯　把那些說空話、說廢話的人看做是雄辯。[216]賤名檢　看不起堅守節操的人。[217]行身　持身、行事。[218]以放濁為通　把任意胡來看做是豁達。通，暢達；不拘小節。[219]狹節信　認為堅持節操信用是狹隘。[220]以苟得為貴　誰能取得高官厚祿誰就被認為是有本事。苟得，不擇手段地奪得。[221]鄙居正　把遵循正道的人看做是鄙陋。[222]以望空為高　把那些不辨是非，胡亂應付的官僚看做是高尚。望空，不辨是非，胡亂應付。[223]笑勤恪　那些忠於職守、辛勤辦事的人反而受到嘲笑。[224]劉頌屢言治道　劉頌是晉武帝時代的直臣，其上書論時政見本書卷八十二太康十年。[225]傅咸每糾邪正　傅咸也是晉武帝時的直臣，其糾彈時弊見本書卷八十二永熙元年。邪正，偏義複詞，這裡即指邪，邪臣、弊政。[226]倚杖虛曠　拄著手杖只是空談，對國家社會不負責任。[227]依阿無心　依附阿諛權貴，自己沒有主見。[228]文王日昃不暇食　周文王每天總是忙到很晚了還顧不上吃飯。昃，日西斜。[229]仲山甫　周宣王時的大臣。[230]夙夜匪懈　起得很早、睡得很晚地不得休息。夙，清早。夜，天黑。[231]共嗤黜以為灰塵　都被恥笑、貶低得如同灰塵。[232]由是　因此；從此。[233]毀譽亂於善惡之實　是非善惡與表揚譴責完全錯位。[234]情慝　感情、心思。[235]奔於貨欲之塗　全部用在追求金錢與滿足欲望。[236]選者　執掌選擇官員的人。[237]為人擇官　按照某些人的意願和指令選官。[238]為身擇利　為個人謀取私利。[239]陵邁超越　指被破格提拔。[240]資次　資歷、次序。[241]悠悠風塵　指整個官場。[242]皆奔競之士　都是一群追逐名利的傢伙。[243]子真著崇讓　劉寔，字子真，為批判奔競之風曾著有〈崇讓論〉，以倡導禮讓尊賢，見本書卷八十二太康十年。[244]莫之省　整個社會沒人理睬。省，看。[245]子雅制九班　劉頌字子雅，為抑制奔競之風曾提出任用官吏的九班之制，見本書卷八十二太康十年。[246]其婦女不知女工　有些女人不會做針線活。女工，指紡紗、織布、刺繡等。[247]任情而動　想幹什麼就幹什麼。[248]逆干舅姑　頂撞公婆。逆干，頂撞；冒犯。舅姑，公婆。[249]妾媵　泛指婢女。媵，隨嫁侍女。[250]國之將亡二句　語出《左傳》閔公元年。本，根本，以喻道德禮法。顛，倒塌。[251]阮籍之行　阮籍字嗣宗，魏末的竹林七賢之一，以酣飲放達聞名。事見本書卷七十八景元二年。[252]庾純賈充之爭　庾純、賈充在司馬炎跟前相互指責對方不顧禮法事，見本書卷七十九泰始八年。[253]師尹之多僻　朝廷名公巨卿之行為多邪惡。僻，邪惡。[254]將帥之不讓　晉滅吳國後，王渾、王濬之相互爭功、彼此攻擊事，見本書卷八十一太康元年。[255]郭欽之謀　郭欽提議將雜居於今山西境內的匈奴人遷出境外事，見本書卷八十一太康元年。[256]寤戎狄之有釁　可以明白後來所發生的這些少數民族攪亂中原，是中原統治者給他們提供了可乘之機。[257]傅玄劉毅之言　傅玄、劉毅對西晉官場黑暗的揭露，見本書卷八十一太康五年。[258]傅咸之奏　傅咸上書揭露西晉官場的貨賂公行事，見本書卷八十二惠帝元康四年。[259]錢神之論　魯褒寫〈錢神論〉以諷西晉之惡劣世俗，見本書卷八十三元康九年。[260]寵賂之彰　濫賞和賄賂問題之嚴重與明目張膽。[261]中庸之才　具有中等才智的君主，與低能兒晉惠帝相對而言。[262]守文之主　能遵守成法，維持國家秩序的帝王。守文，維持現狀，與創造有為相對而言。[263]猶懼致亂　還怕出現亂子。[264]放蕩之德　指辦什麼事沒有一定的原則。[265]羈以彊臣　受到強橫大臣的控制。彊臣，指司馬穎、司馬顒、司馬越等人。[266]奔播　猶言「奔波」，指晉懷帝被劉聰所俘之後，司馬業的東奔西跑。[267]非命世之雄材如果不是超越一世的英才。268不能復取之矣　無論如何是沒法挽救取回政權的了。按，以上干寶的評論文字見於《晉書》卷五所引。269樂平　晉郡名，郡治沾縣，在今山西昔陽西南三十里。270坫城　即坫縣縣城。271鮮卑之餘穀　指平城所存的糧食。當時因箕澹、衛雄率眾歸劉琨，故平城歸劉琨所管。272胡賊　指劉聰、石勒。273廣牧　晉縣名，縣治在今山西壽陽北。274垂至　將要來到。275豈易中還　還能夠半路折回來嗎。276陽　同「佯」。假裝。277代郡　晉郡名，郡治即今河北蔚縣東北的代王城。278十二月乙卯朔　十二月初一是乙卯日。279司空長史　劉琨的長史。時劉琨任司空。280并州　劉琨的并州州治在陽曲，今山西太原北。281己未　十二月初五。282飛狐　山口名，在今河北淶源北、蔚縣南，兩崖峭立，一線微通，蜿蜒百里，自古以來為河北平原與山西北部邊郡間的交通咽喉。283薊　即今北京市，當時為幽州的州治所在地。段匹磾當時任幽州刺史。284結婚　結成兒女親家。285分徙　強制搬遷。286襄國　晉時縣名，縣治在今河北邢臺西南，當時為石勒的大本營所在地。287置守宰　在樂平、陽曲二郡派駐郡守與縣令。288馬嚴馮睹　幽州、冀州地區的變民首領。289迭　不斷地。290戀本　留戀本土。291班師振旅　將這些流民帶回老家。「振旅」是古代回師的一種儀式。292良牧守　好的州刺史與郡太守。293相帥而至　相互招呼前來歸附。294武遂令　武遂縣的縣令。武遂縣的縣治在今河北武強東北。295易北　易水以北。296高陽　晉時郡名，郡治博陸，即今河北蠡縣。297易京　古城名，在今河北雄縣西北。298弋陽子　封號名，「弋陽」表示封地，「子」是爵級。299露次　住宿在荒郊野外，這是古代哀悼國破家亡的一種儀式。300躬擐甲冑　親自穿戴盔甲。擐，穿戴。301漕運稽期　運送物資的船隻耽誤了日期。302丙寅　十二月十二日。303淳于伯　姓淳于，名伯。按，以上種種都是司馬睿故意做出的恣態，其實他根本不想出兵援救司馬業小王朝。304政刑失中　寬嚴失當。305闇塞　昏聵不明。306剛訐　剛直，好攻人之短。307容貸　寬容；饒恕。308眾怨皆歸之　一切怨恨都集中到了劉隗身上。309一請　一次就請求任用。310文致甚苦　提出的罪狀，上綱極高。311被寢　被司馬睿壓下不辦。312忌疾　忌恨。313河濟之間　黃河、濟水的夾角內，約當今之山東、河北、河南三省的交界地區。314平原內史　平原國的行政長官。平原是當時的封國名，都城在今山東平原縣南。315鬱律　拓跋猗盧之子，普根之弟，後被諡為平文帝。

【校　記】[1]二王　原誤作「三王」。據章鈺校，孔天胤本作「二王」，張敦仁《通鑑刊本識誤》同，今據校正。下文作「二王」，尚不誤。[2]言　原無此字。據章鈺校，甲十一行本、乙十一行本皆有此字，張敦仁《通鑑刊本識誤》同，今據補。[3]令　據章鈺校，甲十一行本、乙十一行本皆作「命」。[4]朱諧　嚴衍《通鑑補》改作「朱誕」。[5]車騎　原無此二字。據章鈺校，甲十一行本、乙十一行本皆有此二字，張敦仁《通鑑刊本識誤》同，今據補。⑥辯 原作「辨」。據章鈺校，甲十一行本、乙十一行本皆作「辯」，今從改。⑦丙寅 原無此二字。據章鈺校，甲十一行本、乙十一行本皆有此二字，張瑛《通鑑校勘記》同，今據補。

【語譯】 四年（丙子　西元三一六年）

春季，正月，晉司徒梁芬建議愍帝司馬業為自己的生父吳王司馬晏追尊封號，右僕射索綝等人引用魏明帝曹叡的詔書作為例證，認為不可行，就追贈司馬晏為太保，謚號為「孝」。

漢擔任中常侍的王沈、宣懷、擔任中宮僕射的郭猗等人都因為受到劉聰的寵愛而手中握有大權。漢主劉聰在後宮遊玩飲宴，有時醉酒三天都醒不過來，有時長達一百天不出後宮。從去年冬天開始就不曾上朝議事，朝中政務一概委託給相國劉粲處理，只有判定大臣的生死、授官拜爵等事劉粲才讓王沈等人入宮請示劉聰。而王沈等人大多數情況下並不請示劉聰，而是自行按照自己的意見裁決，所以建立過功勳的老臣有的就得不到提升，而奸佞小人有的在幾天之內就升到俸祿二千石的職位。戰爭連年不斷，將士們得不到金錢布帛的賞賜，而劉聰對後宮嬪妃的娘家人，就連僮僕都有賞賜，而且動不動就賞賜幾千萬。王沈等人的車子、衣服、房舍的豪華程度超過了親王，他們的子弟、姑表兄弟中擔任郡守、縣令的就有三十多人，個個都貪婪殘暴，成為百姓的禍害。靳準整個家族的人都向王沈等人獻媚討好。

漢中宮僕射郭猗與靳準都怨恨太弟劉乂，郭猗對擔任相國的劉粲說：「殿下是光文帝的嫡孫子，陛下的親兒子，四海之內沒有人不擁護您，為什麼要把天下讓給太弟呢？而且我聽說太弟劉乂與大將軍劉敷密謀策劃想利用三月上巳節宴會的機會作亂，事情成功之後，答應讓主上為太上皇，大將軍劉敷為皇太子，又答應衛大將軍劉勱為大單于。二位親王處在不被懷疑的地位，並且都手握重兵，憑藉著這些有利條件發動政變，沒有不成功的道理。而二位親王貪圖一時的利益，就會不顧及父親、哥哥的利益，事情成功之後，皇帝的性命還能保全嗎！至於殿下和兄弟們，就更不用說了；即使是東宮、相國、單于這些位置，也一定會落到太弟劉乂的兒子武陵王兄弟之手，如何肯讓給別人。如今災禍發生的日期日益臨近，形勢十分緊迫，應當及早劃除他們。我屢次向主上進言，主上十分看重與劉乂之間的兄弟親情，就憑我這個受過閹割的宦官身分，主上肯定不會相信我。希望殿下不要把這個祕密洩露出去，悄悄地上一道表章向主上說明情況。殿下如果不相信我說的話，可以把在大將軍手下擔任從事中郎的王皮、在衛大將軍手下擔任司馬的劉惇找來詢問，許給他們好處，准許他們棄暗投明，一定可以問出事情的真相。」劉粲贊同郭猗的意見。郭猗暗中對王皮、劉惇說：「劉敷、劉勱二位親王的悖逆情況，主上以及相國全都知道了，你們準備與劉敷、劉勱同流合汙嗎？」二人大驚失色，說：「沒有這回事。」郭猗說：「這件事情已經決定了，我可憐你們的親人和故舊就要一起跟著被滅族了。」並抽泣著顯出一副很傷心的樣子。王皮、劉惇二人非常恐懼，就給郭猗磕頭請求搭救。郭猗說：「我已經為你們想了個辦法，只是你們能聽我的嗎？如果相國問你們，你們只管說『有這回事』；如果責問你們為什麼不先報告，你們就說『我們確實身犯死罪，然而因為主上寬厚仁愛，殿下為人厚道，待人友善，倘若我們對您說了您不相信，我們就等於犯了誣陷罪而遭受不可預測的殺戮，所以不敢說。』」王皮、劉惇表示願意按照他說的去做。劉粲召問王皮、劉惇二人，二人並不是同時到達，而言辭卻完全一樣，劉粲於是認為他們說的是真話。

靳準又去對劉粲說：「殿下應當住在東宮，以太子的身分兼任相國，讓天下人早日有所依附。如今街談巷議，都說大將軍劉敷、衛大將軍劉勱準備擁戴太弟謀亂，約定春末發動。如果讓皇太弟得了天下，殿下就沒有立足之地了。」劉粲說：「應該怎麼辦呢？」靳準說：「有人告發太弟叛亂，主上必定不相信。應當放鬆對東宮的禁衛，讓賓客能夠自由往來。太弟素來敬重讀書人，必然不會對此產生懷疑，那些輕薄小人中肯定會有人為迎合太弟的心思而為太弟出謀劃策。然後我為殿下公開上表奏明太弟的罪狀，殿下逮捕那些與太弟有往來的賓客進行審問。有了口供，那麼主上就沒有不相信的道理了。」劉粲於是下令卜抽率領軍隊撤離東宮。

擔任少府的陳休、擔任左衛將軍的卜崇為人清正耿直，平常就非常厭惡王沈等人，即使是在公開場合，也從來沒有與他們說過話，所以王沈等非常忌恨他們。擔任侍中的卜幹對陳休、卜崇二人說：「王沈等人的勢力完全能夠改變皇帝的看法、態度，你們估計你們與皇帝的親密程度與你們自身的賢明程度，能超過漢朝的竇武、陳蕃嗎？」陳休、卜崇說：「我們的年齡都已經超過了五十歲，職位已經很高，只欠一死了。為忠義而死，就是死得其所，豈能曲頸低眉去奉承那些宦官呢！走吧卜公，請不要再說了！」

二月，漢主劉聰出宮來到上秋閣，下令逮捕陳休、卜崇以及特進綦毋達、太中大夫公師彧、尚書王琰、田歆、大司農朱諧，全部誅殺，這些人都是宦官所厭惡的人。卜幹哭泣著向劉聰進諫說：「陛下正在誠心誠意地招攬賢才，卻在一日之中殺戮七位卿大夫，他們都是國家的忠良，這樣做恐怕不可以吧！即使陳休等人有罪，陛下卻不把他們交給司法部門審理，向天下公開宣布他們的罪狀，天下人又怎麼知道他們為什麼被殺呢？收捕誅殺陳休、卜崇等七人的詔令還在我那裡放著，沒敢對外宣布，希望陛下深思熟慮一下。」他磕頭請求，以至於額頭流血。王沈呵斥卜幹說：「卜侍中想要抗詔不遵嗎？」劉聰一甩袖子進入後宮，下令罷了卜幹的官，將他貶為平民。

擔任太宰的河間王劉易、大將軍勃海王劉敷、御史大夫陳元達、金紫光祿大夫西河王劉延等人都到宮門上表勸諫漢主劉聰說：「王沈等人假傳皇帝聖旨，欺天瞞日，在皇宮之內討好陛下，在皇宮之外阿諛奉承相國，他們手中所掌握的威權，和皇帝您相當，他們大量樹立奸黨，毒害遍及全國。他們知道陳休等人都是忠臣，甘願為國盡節盡忠，因為懼怕陳休等人揭發他們的奸謀罪狀，所以巧妙地設下陷阱誣陷他們。陛下一時疏忽，就突然要對這些人動用極刑，天地都為此而感到悲痛，不論是賢能的人還是愚鈍的人都感到傷心和恐懼。如今苟延殘喘的晉王朝還沒有完全被消滅，盤踞巴、蜀的李雄還沒有臣服，石勒正陰謀割據趙、魏，曹嶷正想全部佔有齊地稱王，陛下的心腹四肢，何處沒有災禍呢！卻又使王沈等人得以幫助作亂，誅殺屠戮巫咸、扁鵲一樣的忠臣，我擔心朝廷即將病入膏肓，今後雖然竭力挽救，恐怕也來不及了。懇請陛下免去王沈等人的官職，把他們交付司法部門治罪。」劉聰把奏章讓王沈等人觀看，並笑著對他們說：「這些孩子被陳元達牽著鼻子走，竟然都成了白痴。」王沈等人磕頭哭泣著說：「臣等都是地位卑微的小人物，過分蒙受陛下的賞識提拔，有幸替陛下打掃房間，而那些王公大臣痛恨我等就像仇敵一樣，他們還非常怨恨陛下。希望陛下用鼎鑊把我們烹死，朝廷自然就和睦太平了。」劉聰說：「此等狂言我經常聽到，你們何必放在心上呢！」劉聰向相國劉粲詢問對王沈等人的看法，劉粲極力稱讚王沈等人忠貞清廉。劉聰很高興，就把王沈等人都封為列侯。

太宰河間王劉易又到皇宮門口上疏，極力勸諫不要誅殺七位大臣。劉聰大怒，親手把奏章撕得粉碎。三月，劉易因為憤怒恚恨過度而死。劉易為人一向忠厚正直，陳元達依靠他，把他作為後援，才得以在劉聰面前極盡諫諍之責。看到劉易去世，陳元達哭得十分悲痛，他說：『賢人已經不存在，國家就要滅亡了。』我既然不能再進諫，何必再默默地苟且活在這個世上呢！」回到家中就自殺了。

當初，代王拓跋猗盧喜愛自己的小兒子拓跋比延，就準備立他為繼承人，於是讓長子拓跋六脩去鎮守新平城，隨後又廢黜了拓跋六脩的母親。拓跋六脩有一匹寶馬，一日能跑五百里，拓跋猗盧強行索要過來，轉手就賜給了拓跋比延。拓跋六脩回朝拜見拓跋猗盧，拓跋猗盧讓拓跋六脩去叩拜自己的弟弟拓跋比延，拓跋六脩拒絕從命。拓跋猗盧就讓拓跋比延坐在自己乘坐的轎子裡，讓人前呼後擁地跟隨著出遊。拓跋六脩望見轎子，以為是自己的父親拓跋猗盧出遊，就在路的左邊跪下叩拜。等到了跟前一看，裡面坐的竟然是拓跋比延，拓跋六脩感到非常慚愧與憤怒，就返回了新平城。拓跋猗盧召見拓跋六脩，拓跋六脩不來，拓跋猗盧於是大怒，就率人討伐拓跋六脩，卻被拓跋六脩打敗。拓跋猗盧倉促換上平民的衣服逃到民間躲藏，被一位貧賤的女人認了出來，於是拓跋猗盧被自己的兒子拓跋六脩所弒。拓跋普根原本在邊境駐防，聽說拓跋猗盧被拓跋六脩所弒的消息，就給晉愍帝小王朝送來訃告，並請示要討伐六脩的弒父之惡，拓跋普根攻打拓跋六脩，將拓跋六脩消滅。

拓跋普根繼承拓跋猗盧做了索頭部落酋長和代王，國中秩序從此一片混亂，拓跋普根的人和原來拓跋猗盧的人互相猜疑，你殺我我殺你。左將軍衛雄、信義將軍箕澹一直輔佐拓跋猗盧，民心都歸向他們，他們計劃投奔并州刺史劉琨，就對眾人說：「聽說拓跋普根的部眾嫉恨我們新索頭部落的人強悍善戰，想要把我們全部殺掉，你們看該怎麼辦呢？」新索頭部落中的漢人和烏桓人都很驚惶恐懼，他們都說：「是死是活都跟著二位將軍。」於是衛雄、箕澹就與劉琨留在索頭部落中作人質的兒子劉遵一起率領三萬家漢人、烏桓人，還有十萬頭馬、牛、羊歸順了劉琨。劉琨喜出望外，親自到平城安撫、接納他們，劉琨的勢力因此重新振作起來。

夏季，四月，拓跋普根去世。他的兒子剛出生，拓跋普根的母親惟氏扶持這位還沒有名字的小孫子繼承了拓跋普根的權位。

涼州刺史張寔下令：凡是自己的部下，不論是官是民，有誰能舉報他的過錯，就賞給誰布、帛、羊、米。擔任賊曹佐的高昌人隗瑾說：「如今您主持涼州的政務，事情無論大小，全都由自己親自裁決。有時候興師發令，州府的官員都不知道，萬一處置失當，就完全由您一人負責，別人無法分擔責任。下屬官員畏懼您的威嚴，只是按照您的命令辦事而已。這樣的話，就算獎勵千金，始終也不會有人敢出來說話。建議您稍微留下一些聰明不用，凡是各種政務，要多聽聽僚屬們的意見，使他們能夠暢所欲言，然後採納好的建議去實行，那麼好建議自然就來了，何必採用獎賞的辦法呢？」張寔非常高興，就採納了他的建議，提拔隗瑾連升三級。〇張寔派遣將軍王該率領步兵、騎兵五千人去援助長安，同時送去各郡進貢給朝廷的東西和收支帳簿。晉愍帝司馬業下詔，任命張寔都督陝縣以西各種軍事，任命張寔的弟弟張茂為秦州刺史。

石勒派石虎率軍前往兗州治所廩丘攻打劉演，幽州刺史段匹磾派自己的弟弟文鴦去援救劉演。石虎攻克了廩丘，劉演逃奔到文鴦的軍中，石虎俘虜了劉演的弟弟劉啟而後班師。

寧州刺史王遜，嚴厲兇猛，喜好殺人。五月，平夷郡太守雷炤、平樂郡太守董霸率領三千多家背叛了晉朝，投降了成主李雄。

六月初一日丁巳，發生日蝕。

秋季，七月，漢大司馬劉曜率軍圍困了北地郡太守麴昌，大都督麴允率領三萬步兵、騎兵趕來救援麴昌。劉曜圍繞著城垣放火，煙霧遮天蔽日，又派間諜送假情報欺騙麴允說：「郡城已經陷落，去也來不及了。」麴允的軍隊由於懼怕一下子就潰散了。劉曜隨後追趕麴允，一直追到磻石谷，把麴允打敗，麴允逃回靈武縣，劉曜於是攻佔了北地郡。

麴允天性仁慈寬厚，沒有威嚴，處事不果斷，喜歡以爵位取悅別人。新平郡太守竺恢、始平郡太守楊像、扶風郡太守竺爽、安定郡太守焦嵩，都加有四征或四鎮的將軍稱號，都授予他們旌節，並授予他們侍中、常侍這樣一種帝王近臣的加官，就連村壘的主帥，即使是官職最小的也封以將軍稱號，授予銀印、青色綬帶。然而在自己身邊的僚屬卻得不到任何好處，因而造成諸將驕橫恣肆而士兵離心怨恨，關中危機四伏，十分混亂。麴允向安定郡太守焦嵩告急，焦嵩一向瞧不起麴允，他說：「等到麴允走投無路的時候，我自然會去救他。」

漢大司馬劉曜率軍到達涇陽，晉國渭水以北各城全部瓦解崩潰。劉曜俘虜了建威將軍魯充、散騎常侍梁緯、少府皇甫陽。劉曜早就聽說魯充是個賢能之人，就懸賞要求把魯充活著捉來。等到見了魯充，就賞給魯充酒喝，並對他說：「我得到先生，何愁天下不能平定呢。」魯充說：「我身為晉國的將領，國家敗壞到如此程度，我不敢求生。如果蒙受你的恩惠，請趕快賜我一死，才是我的榮幸。」劉曜說：「真是義士啊。」就賞給魯充一把劍，讓他自殺了。梁緯的妻子辛氏，容貌很美，劉曜召見她，想納她為妻。辛氏大哭，說：「我的丈夫已經死了，按照節義，我不能一個人獨自活在這個世上。況且如果一個婦人卻願意侍奉二個丈夫，您要這種女人做什麼呢！」劉曜說：「真是一個烈女子。」也聽從她自殺了，劉曜以禮埋葬了他們。

漢主劉聰立已故張皇后的婢女樊氏為上皇后，除三位皇后之外，佩帶皇后璽印、綬帶的還有七個人。那些受劉聰寵幸的人掌握著朝政大權，刑罰、賞賜一片混亂，毫無章法。大將軍劉敷多次哭泣著懇切勸諫，劉聰怒氣沖沖地說：「你是不是希望老子我早點死了？不然的話為什麼從早到晚來我這裡哭鬧？」劉敷憂慮憤怒之下，一病身亡。

河東郡、平陽郡鬧蝗災，百姓四處流浪、餓死的，十個人當中就有五六個。石勒派遣他的將領石越率領二萬騎兵屯駐在并州，專門招納那些逃荒的流民，前來投奔他的有二十萬戶。劉聰派遣使者前來責備石勒，石勒拒絕接受劉聰的命令，暗地裡與曹嶷互相勾結。

八月，漢大司馬劉曜率軍逼近長安。

九月，漢主劉聰在光極殿宴請文武群臣，召見太弟劉乂。劉乂容貌憔悴，鬢髮蒼白，痛哭流涕地向劉聰表達自己那種難以言表的淒涼之情。劉聰也被感動得失聲痛哭，於是縱情飲酒，極盡歡樂，對待劉乂就像當初那樣。

安定郡太守焦嵩、新平郡太守竺恢、宋哲都率領軍隊前來增援長安，散騎常侍華輯統領京兆郡、馮翊郡、弘農郡、上洛郡四郡的軍隊，駐紮在霸上，但他們都畏懼漢軍的強大，不敢向漢軍進攻。相國司馬保派遣胡崧率領軍隊入朝救援，在靈臺向漢大司馬劉曜發起進攻，打敗了劉曜。胡崧擔心國威復振之後，麴允、索綝的勢力就會更加強大，竟然率領長安城以西各郡的軍隊屯紮在渭水以北不再前進，隨後又返回了槐里縣。

劉曜率軍攻陷了長安外城，麴允、索綝迫不得已只得退到內城堅守。城內與城外的各路援軍的聯繫全部斷絕，城中糧食匱乏，人們飢餓到了極點，一斗米價值黃金二兩，已經到了人吃人的地步，死亡的超過了一半，逃亡的已經無法阻止；只有從涼州來的一千多名忠義之士還在堅守，面臨著死亡的威脅毫不動搖。皇家的倉庫裡還有幾十塊酒糟，麴允把酒糟磨碎熬成粥供給晉愍帝司馬業食用，酒糟很快也吃完了。冬季，十一月，晉愍帝向麴允哭泣著說：「如今窮困受罪到了這樣的程度，外面又無救援之兵，我應當忍受著恥辱出城向漢軍投降，以救活城中的百姓。」又歎息著說：「耽誤我大事的人，是麴允、索綝二位大臣啊！」司馬業派擔任侍中的宗敞去向劉曜送交降書。索綝暗中扣留了宗敞，他派自己的兒子去對劉曜說：「如今城內的糧食還完全可以支持一年，很不容易攻克。如果答應給與車騎將軍、儀同三司、萬戶郡公的話，就願意獻出長安城向你們投降。」劉曜把索綝的兒子殺了，派人將他的人頭送回長安，對長安的人說：「堂堂的帝王軍隊，行事要講究仁義。我率領軍隊征戰十五年，從來不靠使用陰謀詭計打敗敵人，每次必然使對方的兵勢窮困到了極點，實在是無計可施的時候，然後才去奪取。如今索綝竟然說出向我索要封賞的話，天下人所厭惡的事情是一樣的，我就替你們把他的兒子殺了。如果你們的軍隊確實還有糧食吃，就可以勉強堅守；如果你們已經到了糧食枯竭、兵力衰微的地步，也應該早點明白上天的意思。」

十一月初十日甲午，宗敞來到劉曜的軍營遞交降書。十一日乙未，晉愍帝乘坐著一輛用羊拉的車子，袒露著臂膀、口中銜著玉璧、用車拉著棺材從長安城東門出來向劉曜投降。群臣悲號哭泣，攀著晉愍帝的車子、拉著晉愍帝的手不捨得鬆開，晉愍帝也不勝悲傷。擔任御史中丞的馮翊人吉朗歎息著說：「我的智慧不足以為皇帝出謀劃策保有國家，我的勇力不能用在戰場上為殺敵而死，怎麼再忍心跟隨著皇帝，面朝北去侍奉賊虜呢！」就自殺了。劉曜燒毀了晉愍帝的棺材，接受了他的玉璧，他派宗敞護送晉愍帝暫時回到長安的皇宮。十三日丁酉，劉曜把晉愍帝以及公卿以下的晉臣全部遷往他的大營。十七日辛丑，將晉愍帝等人押送到漢的都城平陽。十八日壬寅，漢主劉聰駕臨光極殿，晉帝司馬業在劉聰面前磕頭。麴允趴在地上痛哭，扶都扶不起來，劉聰大怒，就把麴允囚禁起來，麴允在獄中自殺。劉聰任命司馬業為光祿大夫，封為懷安侯。任命大司馬劉曜假黃鉞、大都督、統領陝縣以西各種軍事、太宰，封劉曜為秦王。實行大赦，改年號為「麟嘉」。劉聰認為麴允對晉朝忠誠性情剛烈，就追贈他為車騎將軍，諡號「節愍侯」。認為索綝不忠，就在平陽街市上將索綝斬首示眾。尚書梁允、侍中梁濬等以及各郡守全部被劉曜殺害，散騎常侍華輯逃入終南山。

干寶評論說：「過去高祖宣皇帝司馬懿憑藉著自己的雄才大略，順應形勢而崛起，他性情深沉而又曲折就像城府一樣，能做出一種氣度恢宏而能容納人才的樣子；雖然以玩弄權術來駕御人才，然而也能識別人才、善於選拔任用人才。於是各個官僚貴族都肯定他的才能，一個國家政權的規模，就這樣初步形成了。世宗司馬師在此基礎上繼續開創，太祖司馬昭繼承了父、兄的事業，剷除了持不同政見的人，因而發揚光大了前人的事業。到了世祖司馬炎，便順利地登上了皇帝的寶座，他對下仁愛寬厚，力行節儉而使國家財用富足，對文武百官寬和而不放任，寬容而有決斷；國家疆域廣大，超過了唐堯、虞舜時期的版圖，對全國乃至四周的蠻荒地區頒布了新章程、新制度，當時就流傳著『天下無窮人』的諺語。雖然沒有進入真正的太平盛世，也足以表明人民對自己的生活感到滿意了。

「武皇帝司馬炎逝世後，陵墓上的泥土還沒有乾透，而變故災難就相繼而起。皇室子弟不能成為皇帝的捍衛者，朝廷的高級官員不具備給全國作榜樣的素質，早晨還是伊尹、周公那樣的佐命元勳，晚上就成了夏桀和盜跖那樣的暴君和盜賊；國家政權被一次次地轉移到作亂人的手裡，保衛皇宮的禁衛軍被各個諸侯王所控制。獨當一面的地方官員起不到一點穩定局面的作用，關卡、城門連結草絆倒敵人馬匹的作用也起不到。戎人劉聰、羯人石勒相繼稱王，懷帝司馬熾、愍帝司馬業相繼被俘，完全失去了皇家的尊嚴，這是什麼原因呢？是因為在確立接班人的問題上沒有很好地權衡利弊，錯誤地立了晉惠帝司馬衷，所委託的顧命大臣不是好材料，禮、義、廉、恥四種做人的準則沒有得到提倡，而敷衍了事、得過且過的處理、決斷太多的緣故。

「基礎深廣的建築就不容易倒塌，根紮得很深的大樹就不容易被拔起，辦事有條理有節制就不容易紊亂，人心牢固就不容易發生變亂。過去享有天下的人所以能使他的國家長治久安，就是因為他們深深懂得這個道理。周朝從他們的祖先后稷愛民開始，中間經過了十六代人的努力，一直到周武王才統一天下開始稱王，他們奠定的基礎、建立的根本，是如此的堅固。如今晉朝的興起，在創立基礎、樹立根本方面，本來就和商、周取得政權的方式不同，是靠篡位而得來的。再加上朝廷掌權的是賈充、荀勗、何曾等這樣一群寡廉鮮恥之徒，地方缺少一心為國、不存二念的臣子，風俗崇尚淫靡、怪僻，討厭什麼追求什麼，都沒有一個正確的標準。學者以莊子、老子為正宗而貶斥儒家學派的《六經》，談論的人把那些說空話、說廢話的人看做是雄辯而看不起堅守操守的人，在立身處事方面，把任意胡來看做是豁達，而把堅持節操信用看做是狹隘；在仕途上，把不擇手段地取得高官厚祿的人看做是有本事，而把那些遵循正道、靠才能、憑業績得到提升的官員視作鄙陋；在為官方面，把不辨是非、胡亂應付的不負責任行為看做是高尚，而對勤謹工作、恪盡職守的行為進行嘲笑。因為劉頌屢屢談論治國之道，傅咸每每糾正邪臣、弊政，所以都被看做是庸俗的官吏。那些拄著手杖只是空談，對國家對社會不負責任，依附阿諛權貴，自己沒有主見的人，卻都名重四海。像周文王那樣日已偏西還沒有功夫吃飯，仲山甫每天都起得很早、睡得很晚顧不得休息地工作、一點也不鬆懈的人，大概都要遭受恥笑、被貶低得如同灰塵了。因此，是非善惡與表揚譴責完全錯位，所有的感情、心思全部用在追求金錢與滿足欲望上。執掌選擇官吏的人按照某些人的意願和指令選官，當官的人全在為個人謀取私利。豪門貴戚的子弟就破格提升，不受資歷、次序的限制。整個官場，都是一些追逐名利的傢伙；官員成百上千，卻沒有一個肯於讓賢的人。劉寔根據當時的社會情況著作〈崇讓〉卻沒有一個人理睬，劉頌為抑制奔競之風曾提出任用官吏的九班之制卻得不到君主的採納。有些婦女不懂得紡紗、織布、做針線活，縱情任性，想幹什麼就幹什麼，有的頂撞、冒犯公婆，有的殺戮丈夫的姬妾和隨嫁的侍女，而她們的父兄卻不責備她們，天下也沒有人認為她們的行為不對。禮教、刑法、政治制度已經完全破壞，『國家將要滅亡的時候，道德禮法必然先遭到破壞，』大概說的就是這種情況吧！

「所以觀察阮籍的行為，就能知道禮法鬆弛崩潰的原因；觀察庾純、賈充的爭論，就能知道朝廷名公巨卿的行為是多麼的邪惡；考察平定吳國之後將士爭功，就能知道將帥之間的互不相讓；回想郭欽將雜居於今山西境內的匈奴人遷出境外的建議，就能明白後來所發生的這些少數民族攪亂中原，是中原統治者給他們提供了可乘之機；瀏覽傅玄、劉毅對西晉官場黑暗的揭露，就可以清楚文武百官貪贓枉法的實情；根據傅咸揭露西晉官場貨賂公行的奏章、魯褒為諷西晉之惡劣世俗而寫作的〈錢神論〉，就可以看出當時濫賞和賄賂問題是多麼的嚴重和明目張膽。民間風俗、國家形勢已經如此，即使讓一個具有中等才智、能遵守成法、維持國家秩序的帝王來治理這個國家，還怕會引起變亂，何況是晉惠帝司馬衷這樣一個辨什麼事情都沒有一定原則的皇帝來治理國家呢！懷帝司馬熾在大亂之中繼承皇位，處處受到強權大臣的控制，根本無法施展他的才能；愍帝司馬業東奔西走，只是徒有一個皇帝的虛名而已。天下大勢已去，如果不是超越一世的雄才，無論如何是沒法再挽救取回政權的了！」

石勒把樂平郡太守韓據圍困在坫城，韓據向劉琨求救。劉琨新得到拓跋猗盧的部眾，就想借助他們的銳氣討伐石勒。箕澹、衛雄都勸阻他說：「這些人雖然都是晉國人，但長久地淪落在塞外異鄉，對您的恩德、信義還不熟悉，恐怕很難使用他們。不如暫且把平城鮮卑剩餘的糧食收集過來，在轄區之外掠奪劉聰、石勒的一些牛羊，關閉關卡、據守險要，鼓勵農耕、停止戰爭，等到他們服從了教化、感受到仁義的熏陶，然後再派他們出兵打仗，那時一定會成功。」劉琨不聽他們的勸告，把所有的兵力都拉上戰場，他命令箕澹率領二萬步兵騎兵為前鋒，劉琨率軍屯紮在廣牧縣，為他做聲援。

石勒聽到箕澹率軍將至的消息，就要率軍前去迎擊。有人說：「箕澹的軍隊兵強馬壯，其鋒銳不可當，不如暫且率領軍隊躲避一下，深挖溝高打壘，先挫敗他的銳氣，然後再與他交鋒，必定能大獲全勝。」石勒說：「箕澹的軍隊雖然人數眾多，然而遠道而來軍士已經疲憊不堪，號令又不統一，有什麼精銳強悍可言呢！如今敵人即將到來，我們怎麼可以不戰而退。大軍一旦行動，中途返回談何容易。如果箕澹趁我退卻而進攻我們，我們恐怕連潰散逃命都來不及，又怎麼能夠深溝高壘呢！這是自取滅亡的辦法。」立即把提此建議的人殺了。石勒任命孔萇為前鋒都督，號令三軍：「最後出戰的立即斬首！」石勒佔據險要地形，在山上布置了疑兵，在前沿陣地部署了二處伏兵，出動輕騎兵與箕澹交戰，又假裝失敗逃走。箕澹縱兵追趕，進入石勒的埋伏。石勒的軍隊前後夾擊，把箕澹打得大敗，繳獲鎧甲馬匹數以萬計。箕澹、衛雄率領一千多名騎兵投奔代郡，韓據棄城逃走，此次戰役使并州全境都感到震動和驚駭。

十二月初一日乙卯，發生日蝕。

司空劉琨的長史李弘把并州獻給了石勒。劉琨進退都沒有了依靠，不知如何是好。段匹磾派人送信邀請他，十二月初五日己未，劉琨率領部眾從飛狐谷投奔段匹磾所在的薊城。段匹磾見到劉琨，對他非常熱情尊重，與他結為兒女親家，結拜為異姓兄弟。石勒把陽曲、樂平的百姓強制搬遷到自己的大本營襄國，又為陽曲、樂平二郡設置了郡守和縣令然後班師而回。

石勒的部將孔萇率軍前往代郡攻打箕澹，殺死了箕澹。

孔萇等人率軍攻打變民首領馬嚴、馮睹，攻了很久不能取勝。當時司州、冀州、并州、兗州的流民有數萬戶滯留在遼西，他們互相招朋喚友前往遼西，百姓不能安居樂業。石勒向濮陽侯張賓請教，張賓說：「馬嚴、馮睹本來和您沒有深仇大恨，流民都有留戀本鄉本土的思想，如果整頓部隊班師之後，就選擇好的州刺史、郡守，讓他們招徠流民、安撫百姓，那麼盤踞在幽州、冀州的賊寇用不了多久就可以肅清了，逃到遼西的流民就會互相招呼著前來歸附了。」石勒遂命孔萇等人回師，任命武遂縣令李回為易北督護，兼任高陽郡太守。馬嚴的士兵一向佩服李回的威望和美德，於是很多人都背叛了馬嚴而歸降了李回。馬嚴心懷恐懼落荒出逃，落入水中淹死。馮賭率領部眾向李回投降。李回把郡治遷移到易京，流民投奔他的絡繹不絕於道路。石勒非常高興，立即封李回為弋陽子，為張賓的封邑增加一千戶，並擢升張賓為前將軍，張賓堅決辭讓不肯接受封賞。

丞相司馬睿聽說長安已經失守，立即調動軍隊準備北伐，他住宿在荒郊野外，身上穿戴著盔甲，傳令四方各州郡，約好日期出師北伐。因為運輸物資的船隻耽誤了日期，十二月十二日丙寅，殺死了主管督運糧草的督運令史淳于伯。劊子手把刀在柱子上擦拭，刀上的鮮血突然順著柱子逆流而上，衝出柱子二丈有餘而後才流向地面，圍觀的人都認為淳于伯死得冤枉。為丞相司馬睿擔任司直的劉隗上書說：「淳于伯罪不當死，請免去從事中郎周莚等人的官職。」於是右將軍王導等人上書引咎辭職。司馬睿說：「政令刑罰寬嚴失當，都是因為我自己昏庸、不明事理造成的。」一概不予追究。

劉隗性情剛直，好攻擊別人的短處，當時有名的人士大多遭受他的彈劾，司馬睿一般都加以寬容、饒恕，因此眾人的怨恨都集中到了劉隗身上。擔任南中郎將的王含，是王敦的哥哥，因為他的家族勢力強大、爵位顯赫，就驕橫傲慢得不得了，他任意胡為，想幹什麼就幹什麼，一次就請求任用參謀輔佐人員以及郡守官吏二十多人，而大多數人都不稱職。劉隗於是彈劾王含，他在彈劾王含的奏章中對王含的罪狀無限上綱，事情雖然被司馬睿壓下沒有對王含進行查辦，然而王氏對劉隗已經是恨之入骨了。

丞相司馬睿任命邵續為冀州刺史。邵續的女婿廣平人劉遐在黃河、濟水一帶聚集部眾，司馬睿任命劉遐為平原內史。

托跋普根的兒子又死了，國人擁立他的叔叔拓跋鬱律繼位。

【研　析】本卷寫晉愍帝建興二年（西元三一四年）至建興四年共三年間的西晉與前趙、成漢等國的大事，其中可議論的主要有以下幾點：

其一，石勒手下有謀士名叫張賓，可以說是石勒的智囊，為石勒籌謀劃策百不失一。當石勒已將王浚騙得如醉如痴，準備一舉消滅他時，石勒猶豫不發。張賓曰：「夫襲人者，當出其不意。今軍嚴經日而不行，豈非畏劉琨及鮮卑、烏桓為吾後患乎？」勒曰：「然。為之柰何？」賓曰：「彼三方智勇無及將軍者，將軍雖遠出，彼必不敢動；且彼未謂將軍便能懸軍千里取幽州也。輕軍往返，不出二旬，藉使彼雖有心，比其謀議出師，吾已還矣。且劉琨、王浚，雖同名晉臣，實為仇敵。若脩牋于琨，送質請和，琨必喜我之服而快浚之亡，終不救浚而襲我也。用兵貴神速，勿後時也。」勒曰：「吾所未了，右侯已了之，吾復何疑！」讀到這段文字，立刻讓我們想到曹操的北征烏丸。《三國志・魏書・郭嘉傳》云：「太祖將征袁尚及三郡烏丸，諸下多懼劉表使劉備襲許以討太祖，嘉曰：『公雖威震天下，胡恃其遠，必不設備。因其無備，卒然擊之，可破滅也……表，坐談客耳，自知才不足以御備，重任之則恐不能制，輕任之則備不為用，雖虛國遠征，公無憂矣。』」二者的框架相同，是史實本來如此呢？還是歷史家在描寫智謀人物時後對前者有所借鑑呢？

其二，漢主劉聰派趙染進攻長安。「染屯新豐，索綝將兵出拒之。染有輕綝之色。長史魯徽曰：『晉之君臣，自知強弱不敵，將致死於我，不可輕也。』染曰：『以司馬模之彊，吾取之如拉朽，索綝小豎，豈能汙吾馬蹄、刀刃邪！』晨，帥輕騎數百逆之，曰：『要當獲綝而後食。』綝與戰于城西，染兵敗而歸，悔曰：『吾不用魯徽之言以至此，何面目見之！』先命斬徽，徽曰：『將軍愚愎以取敗，乃復忌前害勝，誅忠良以逞忿，猶有天地，將軍其得死於枕席乎！』」「要當獲綝而後食」，來源於《左傳》的「余姑翦滅此而朝食」，這且不說。而魯徽因有先見之明反被趙染所殺一事，又與《三國志》的田豐因有先見之明而被袁紹所殺的情節相同。《三國志・魏書・袁紹傳》寫田豐勸袁紹要自居己地，以逸待勞，不要急於南出與曹操爭勝。袁紹不聽。「豐懇諫，紹怒甚，以為沮眾，械繫之。紹軍既敗，或謂豐曰：『君必見重。』豐曰：『若軍有利，吾必全；今軍敗，吾其死矣。』紹還，謂左右曰：『吾不用田豐言，果為所笑。』遂殺之。」二者的框架相同，語言也大致相同，是史實本來如此呢？還是歷史家描寫人物時後對前者有所借鑑呢？

其三，司馬遷對漢代的歷朝皇帝多有嘲諷，只有對漢文帝肯定較多。《史記・孝文本紀》說漢文帝死前曾下令：「治霸陵皆以瓦器，不得以金銀銅錫為飾，不治墳，欲為省，毋煩民。」而本卷則說「盜發漢霸、杜二陵及薄太后陵，得金帛甚多。朝廷以用度不足，詔收其餘以實內府。」這幾句是引自《晉書・愍帝紀》。而《晉書・索綝傳》還說：「盜發霸、杜陵，多獲珍寶。帝問漢陵中物何多耶？綝對以漢天子即位一年而為陵，天下貢賦三分之一充山陵，武帝享年久長，比崩，而茂陵不復容物。赤眉取陵中物不能減半，於今猶有朽帛委積，金玉未盡。此二陵是儉者耳。」梁玉繩說：「文帝之葬特差少於諸陵，而非真薄也。豈景帝不從遺詔之故乎？」看來《史記》的記事也未必完全可信。

其四，本卷詳細記述了劉聰的宦官郭猗哄騙、挑動丞相劉粲與其叔太弟劉乂結怨內訌的過程，可謂觸目驚心。文章說：「郭猗與準皆有怨於太弟乂，猗謂相國粲曰：『殿下光文帝之世孫，主上之嫡子，四海莫不屬心，柰何欲以天下與太弟乎？且臣聞太弟與大將軍謀因三月上巳大宴作亂，事成，許以主上為太上皇，大將軍為皇太子，又許衛軍為大單于。……今禍期甚迫，宜早圖之。臣屢言於主上，主上篤於友愛，以臣刀鋸之餘，終不之信。願殿下勿泄，密表其狀。殿下儻不信臣言，可召大將軍從事中郎王皮、衛軍司馬劉惇，假之恩意，許其歸首以問之，必可知也。』粲許之。猗密謂皮、惇曰：『二王逆狀，主上及相國具知之矣，卿同之乎？』二人驚曰：『無之。』猗曰：『茲事已決，吾憐卿親舊并見族耳。』因歔欷流涕。二人大懼，叩頭求哀。猗曰：『吾為卿計，卿能用之乎？相國問卿，卿但云「有之」；若責卿不先啓，卿即云「臣誠負死罪，然仰惟主上寬仁，殿下敦睦，苟言不見信，則陷於誣譖不測之誅，故不敢言也。」』皮、惇許諾。粲召問之，二人至不同時，而其辭若一，粲以為信然。」如此有權勢而又如此周密的拉幫結派、共同哄騙、誣陷，真是天羅地網，防不勝防，一個心地善良、正直清白的人誰能想到人世間還有一種專門精於此道的螭魅魍魎？春秋時代的驪姬、戰國時代的鄭袖、秦朝的趙高，都是郭猗其人的祖先，而古今中外又何時沒有這種人呢？只是偽裝得深，不易讓人看破而已。

文學的・歷史的・哲學的・宗教的 古籍精華 盡在三民

古籍今注新譯叢書

哲學類

新譯四書讀本
新譯論語新編解義
新譯學庸讀本
新譯孝經讀本
新譯易經讀本
新譯乾坤經傳通釋
新譯周易六十四卦經傳通釋
新譯易經繫辭傳解義
新譯禮記讀本
新譯儀禮讀本
新譯孔子家語
新譯老子讀本
新譯帛書老子
新譯老子解義
新譯莊子讀本
新譯莊子本義
新譯莊子內篇解義
新譯列子讀本
新譯管子讀本
新譯墨子讀本
新譯公孫龍子
新譯晏子春秋
新譯鄧析子
新譯荀子讀本
新譯尹文子
新譯尸子讀本
新譯鶡冠子
新譯鬼谷子
新譯韓非子
新譯呂氏春秋
新譯韓詩外傳
新譯淮南子
新譯春秋繁露
新譯新書讀本
新譯新語讀本
新譯潛夫論
新譯論衡讀本
新譯申鑒讀本
新譯人物志
新譯張載文選
新譯近思錄
新譯傳習錄
新譯呻吟語摘
新譯明夷待訪錄

文學類

新譯詩經讀本
新譯楚辭讀本
新譯文心雕龍
新譯六朝文絜
新譯世說新語
新譯昭明文選
新譯古文觀止
新譯古文辭類纂
新譯樂府詩選
新譯古詩源
新譯千家詩
新譯詩品讀本
新譯花間集
新譯南唐詞
新譯絕妙好詞
新譯唐詩三百首
新譯宋詩三百首
新譯宋詞三百首
新譯元曲三百首
新譯明詩三百首
新譯清詩三百首
新譯清詞三百首
新譯唐人絕句選
新譯拾遺記
新譯搜神記
新譯唐才子傳
新譯唐傳奇選
新譯宋傳奇小說選
新譯明傳奇小說選
新譯容齋隨筆選
新譯明散文選
新譯明清小品文選
新譯人間詞話
新譯白香詞譜
新譯幽夢影
新譯菜根譚
新譯小窗幽記
新譯圍爐夜話
新譯郁離子
新譯歷代寓言選
新譯賈長沙集
新譯揚子雲集
新譯建安七子詩文集
新譯曹子建集
新譯阮籍詩文集
新譯嵇中散集
新譯陸機詩文集
新譯陶淵明集
新譯江淹集
新譯庾信詩文選
新譯初唐四傑詩集
新譯駱賓王文集
新譯王維詩文集
新譯孟浩然詩集
新譯李白詩全集
新譯李白文集
新譯杜甫詩選
新譯杜詩菁華
新譯高適岑參詩選
新譯昌黎先生文集
新譯劉禹錫詩文選
新譯柳宗元文選
新譯白居易詩文選
新譯元稹詩文選
新譯李賀詩集
新譯杜牧詩文集
新譯李商隱詩選

新譯范文正公選集
新譯蘇洵文選
新譯蘇軾文選
新譯蘇軾詞選
新譯蘇軾詩選
新譯蘇轍文選
新譯曾鞏文選
新譯王安石文選
新譯唐宋八大家文選
新譯柳永詞集
新譯李清照集
新譯辛棄疾詞選
新譯陸游詩文選
新譯歸有光文選
新譯唐順之詩文選
新譯徐渭詩文選
新譯袁宏道詩文選
新譯薑齋文集
新譯顧亭林文集
新譯納蘭性德詞
新譯方苞文選
新譯閒情偶寄
新譯鄭板橋集
新譯袁枚詩文選
新譯李慈銘詩文選
新譯聊齋誌異選
新譯閱微草堂筆記
新譯浮生六記
新譯弘一大師詩詞全編

教育類

新譯爾雅讀本
新譯顏氏家訓
新譯聰訓齋語
新譯曾文正公家書
新譯三字經
新譯百家姓
新譯幼學瓊林
新譯增廣賢文・千字文
新譯格言聯璧

歷史類

新譯史記
新譯漢書
新譯後漢書
新譯三國志
新譯資治通鑑
新譯史記——名篇精選
新譯尚書讀本
新譯周禮讀本
新譯逸周書
新譯左傳讀本
新譯公羊傳
新譯穀梁傳
新譯春秋穀梁傳
新譯戰國策
新譯國語讀本
新譯說苑讀本
新譯新序讀本
新譯吳越春秋
新譯西京雜記
新譯列女傳
新譯越絕書
新譯燕丹子
新譯東萊博議
新譯唐六典
新譯唐摭言

宗教類

新譯金剛經
新譯高僧傳
新譯碧巖集
新譯百喻經
新譯楞嚴經
新譯梵網經
新譯圓覺經
新譯法句經
新譯六祖壇經
新譯禪林寶訓
新譯維摩詰經
新譯經律異相
新譯阿彌陀經
新譯無量壽經
新譯妙法蓮華經
新譯景德傳燈錄
新譯大乘起信論
新譯釋禪波羅蜜
新譯八識規矩頌
新譯永嘉大師證道歌
新譯華嚴經入法界品
新譯地藏菩薩本願經
新譯悟真篇
新譯无能子
新譯坐忘論
新譯列仙傳
新譯抱朴子
新譯神仙傳
新譯性命圭旨
新譯老子想爾注
新譯周易參同契
新譯道門觀心經
新譯養性延命錄
新譯樂育堂語錄
新譯沖虛至德真經
新譯長春真人西遊記
新譯黃庭經・陰符經

地志類

新譯山海經
新譯水經注
新譯佛國記
新譯大唐西域記
新譯洛陽伽藍記
新譯徐霞客遊記
新譯東京夢華錄

政事類

新譯商君書
新譯鹽鐵論
新譯貞觀政要

軍事類

新譯孫子讀本
新譯司馬法
新譯尉繚子
新譯三略讀本
新譯六韜讀本
新譯吳子讀本
新譯李衛公問對

◎新譯唐六典

朱永嘉、蕭木／注譯

《唐六典》是在開元時期問世的一部官制書，對唐代國家機器的結構組成和運作程序，作出了在當時具有法律意義的敘述和規定。對於現代讀者而言，它向我們提供了一個在帝王制度下，從朝廷到鄉里的國家狀態的完整典型，從而豐富並加深我們對歷史及現實的認識。本書是目前唯一的《唐六典》全注全譯本，由復旦大學歷史系兩位資深教授共同執筆。認識中國歷史，本書不但讓您能綱舉目張，且得其精髓。